U0792409

农业软科学研究丛书（2013—2017）

粮食安全与农业结构调整

LIANGSHI ANQUAN
YU NONGYE JIEGOU TIAOZHENG

张天佐　主编

中国农业出版社
农村设物出版社
北　京

农业软科学研究丛书（2013—2017）
编 辑 委 员 会

主　编　张天佑

编　委　（按姓氏笔画排序）

于　冷　王秀东　王忠海　王济民

毛世平　龙文军　白永刚　刘建水

孙炜琳　杨洁梅　张　辉　段晋苑

贺军伟　黄延信　韩　洁

CONTENTS 目录

综　述

粮食安全事关国计民生。保障粮食自主安全和重要农产品供给，推进农业供给侧结构性改革，建设现代农业，提升农产品质量、效率和竞争力是新时期农业工作的重要内容。本书对 2013—2017 年农业部软科学立项课题相关成果进行编辑整理，形成 5 章内容综述如下。

一、保障粮食自主安全

粮食安全是国家安全的重要组成部分，保障粮食自主安全是国家粮食安全的基石，是促进经济发展、保障社会稳定、实现国家自立的重大发展战略。立足我国国情，必须坚持立足国内粮食基本自给的方针，着力提高粮食生产能力，完善宏观调控机制，加快构建供给稳定、储备充足、调控有力、运转高效的粮食保障体系，保障粮食自主能力。

（一）新时期粮食安全形势

综合考虑我国的耕地情况、人口情况、农业基础设施状况、粮食综合生产能力状况、气候变化、粮食单产等因素，我国的粮食安全仍存在很大隐患，潜伏着一些不安全因素。此外，我国粮食供求的主要矛盾已经开始由总量矛盾转向结构矛盾，粮食的区域平衡和品种调剂问题越来越需要引起高度重视。在农业技术进步没有大的突破的情况下，我国粮食产量的增长幅度将趋缓，而需求受人口增长和消费结构变化的影响将呈刚性增长趋势，未来粮食自给率下降、外贸依存度提高以及人均占有量增长缓慢预示着我国粮食安全水平有下降趋势。

从我国粮食产业发展与趋势看，粮食生产快速发展、消费平稳增加，贸易规模不断扩大，且总体以进口为主。我国高度重视粮食生产，出台了一系列支持粮食生产发展的政策措施，粮食综合生产能力已经迈入了 6 亿吨的新台阶。谷物消费变动情况从整体来看，口粮消费所占比例最大，饲料粮消费增长速度最快，其他消费类型所占比例较小。粮食生产结构发生重要变化，改变了“以粮为纲”的农业发展格局，走上市场化发展道路。粮食播种面积从1978年的12 058.7万公顷减至2013年的11 195.6万公顷，占农作物播种面积的比例相应从80.34%降至68.01%。在粮食生产内部，以增强区域竞争力、提升市场价值的结构性变化也体现得越来越明显。农业经营体制与农业本身的特性实现了吻合，农业劳动者的积极性得到充分调动，在工业化水平不断提高、农业要素供给能力大大增强、农产品流通体制改革不断深入、工农城乡关系明显改善的背景下，以提高劳动生产率和收益水平为基本取向，家庭承包经营、小规模直接组织生产的粮食生产方式发生了重要变化，近10年来专业化、规模化和社会化水平加快提高。除小麦、水稻、玉米等口粮外，马铃薯等主要农产品均体现出稳定的供求关系。

从粮食安全政策框架、粮食生产扶持政策、粮食流通政策、粮食加工政策、粮食储备及库存管理政策、粮食贸易政策6个方面入手，结合基本国情，分析我国粮食产业政策。粮食安全政策框架是在坚持立足国内生产满足需求的方针下，以主产区和种粮农民作为扶持重点、以科技进步作为提高单产的基本途径，实行粮食省长负责制；粮食生产扶持政策涵盖补贴政策、科技扶持政策、改善基本生产条件政策等；粮食流通政策涉及粮食价格支持、粮食流通体制改革、现代流通体系建设等方面；而粮食加工、储备及库存管理、贸易政策等均是为支持国内农业产业发展，加强农业产业竞争力提升而提出的针对性政策举措。

从我国粮食供求及中长期趋势来看，随着人口增加以及居民生活水平的不断提高，粮食需求刚性增长，供求缺口不断加大。数量平衡压力长期存在，品种平衡有待改善，对大豆来说，我国的大豆生产基本处于“失守”的状态，生产波动明显。国际粮食市场仍将大起大落，国内外粮食价格差距不断扩大，贸易对粮食产业安全的影响不断加深等。因此，伴随着国内“四化同步”深入推进和对外全面提高开放水平，未来我国粮食安全将面临前所未有的挑战，需要采取多种措施综合应对。

（二）粮食安全影响因素比较

通过市场供给与需求两个方面，分析粮食安全影响因素。粮食生产是社会再生产和自然再生产的有机结合，其生产能力自然受到社会、经济和气候等多种因素的影响。所利用的资源包括光照、降水和土地资源，也包括投入的机械、畜力等固定资产，种子、肥料、饲料、农药、农膜、电力等流动资产，还包括劳动力和技术等社会投入，同时受到政策因素等诸多方面的影响。粮食消费主要包括口粮消费、饲用消费、工业消费、种子消费及损耗等，其中口粮消费是主体。口粮消费主要受人口总量、城乡人口结构和人均收入变化等因素的影响，结合饲料消费及工业消费等，大致分为社会经济发展、人口增长、收入水平、加工业发展、城市化进程、农村市场发育等方面的需求影响因素。

（三）新型粮食安全观的构建

新常态下粮食安全类型的划分在变化：一是市场性粮食安全问题。即指生产者对粮食价格的反应而诱致的粮食安全问题。二是能力性粮食安全问题。即指生产能力对粮食安全的影响，对是否具备解决粮食安全问题的能力而诱发的粮食安全问题。三是灾害性粮食安全问题。即指自然灾害诱致的粮食减产和绝收的粮食安全问题。四是“人造性”粮食安全问题。即指不是由粮食短缺诱致的，而是由社会性心理恐慌和舆论夸大其词“制造”出来的粮食安全问题。

我国未来粮食安全的战略目标应该选择保障谷物安全，以谷物的可持续生产支撑粮食的可持续消费，坚持以国内生产实现谷物基本自给的目标，未来我国谷物自给率应不低于95%，净进口量不超过国内消费量的5%。而从长期来看，应从加快转变粮食生产方式的关键环节入手，以创新作为驱动稳步提升粮食产能，持续增加生产效率，构建五位一体的我国特色粮食安全观——保障数量安全、质量安全、生态安全、产业安全和营养安全。

新时期，粮食的概念已经由单一食用饲用需求品嬗变为经济型多用途产品，玉米从传统意义上的粮食作物重新定位为加工业原料和饲料原料，粮食玉米变成了经济玉米。在品质追求上，优质玉米的品种正在增加，新形势下的玉米结构调整已不再重复简单的板块加减的惯有模式，开始从营养品质、商业品质、加工品质入手，实现玉米结构内在品质的整体升级。在“过腹转化”上，玉米经济带动了畜牧业的发展和产业化经营水平的不断提高，使其成为主导产业。在工业化精深加工上，玉米告别了作为粮食安全主要品种的历史，成为农产品加工业和食品制造业的当家品种。

二、保障重要农产品供给

新时期粮食安全要求不仅要保障口粮自给，还对重要农产品的供给保障提出了具体要求。文中选取以糖料、花生、大豆等作物产品及生猪、肉牛、肉羊等畜产品作为重要农产品供给分析对象，分析其供给现状及发展趋势。

（一）主要农产品供给现状

（1）大豆。我国是大豆的原产国，也曾是世界最大的大豆生产国。作为大豆四大主产国之一，我国大豆生产在世界大豆生产中仍然占据着十分重要的地位。大豆产业链长，关乎种植业、养殖业、饲料工业和食品工业等多个行业的发展，在国民经济发展中发挥着重要作用。目前，国内大豆需求主要依靠进口大豆来满足，进口大豆占大豆消费量的80%以上。压榨消费是大豆消费的主要形式，在大豆消费中占到八成以上。大豆除直接食用外，豆油和豆粕是大豆的主要消费产品。一方面随着经济发展、人口增长以及城镇化的发展，国内大豆需求呈刚性增长；另一方面国内大豆生产日渐萎缩，因此，短期内还将依靠大量进口来满足大豆需求。国内大豆供需矛盾日益突出，大豆供给主要依赖国际市场。

（2）油料花生。我国是世界上最大的花生生产国和消费国。2013 年我国花生收获面积为 466 万公顷，占全国主要油料作物收获面积的 18%，占世界花生收获面积的 18%。花生（带壳）产量为 1 686 万吨，占全国主要油料作物总产量的 20%，占世界花生（带壳）产量的 37%。花生单产为 3 618 千克/公顷，是我国主要油料作物平均单产的 5 倍多，是世界花生平均单产的 2 倍。截至 2013 年，花生种植面积达到 463.3 万公顷，总产量达 1 697.2 万吨，单产达 3 663 千克/公顷，总产量和单产均达到历史最高水平。从省级层面来看，2013 年，我国花生生产规模指数超过 2%的省份有：河南、山东、广东、河北、辽宁、四川、湖北、广西、安徽、江西、吉林、湖南、福建、江苏，上述 14 个省份花生播种面积占全国的比例为 95.50%。

（3）糖料。我国既生产甘蔗糖，也生产甜菜糖。改革开放以来，我国糖料总产量整体上呈现增长态势，从 1978 年的 2 382 万吨，上涨到了 2015 年的 12 499.96 万吨，涨幅达到 424.81%。糖料种植面积已达波峰，2012 年种植面积达到改革开放以来种植面积新高，为 203.1 万公顷。此后连续 3 年呈现下降趋势，到 2015 年已经下降到了 173.7 万公顷。糖料单产波动幅度较小，30 多年来基本上呈现稳步上升的态势。其中，甘蔗的单位面积产量平稳上涨，从 1978 年的 38 505 千克/公顷上升到了 2015 年的 73 121 千克/公顷，增幅达

89.90%；甜菜单位面积产量则有较为明显的提高，从1978年的8 175千克/公顷提高到2015年的58 681千克/公顷。糖料品种布局集中度逐步提高，表现为甜菜种植的逐步萎缩和甘蔗种植的大幅提高。主要品种创新研发能力不足，全国甘蔗品种仍以台糖系列和粤糖系列为主，两大系列品种目前占总种植面积的88.1%。甘蔗生产逐步向广西、云南及其边缘地区集中，甜菜生产逐步向新疆、内蒙古集中。1992年以来，我国对制糖能力较差的企业进行改进和合并，糖厂数量明显减少，而优势企业的规模不断扩大。

（4）畜产品。就畜产品供给而言，生猪产业在我国是关系国计民生的基础产业，在畜牧业中始终占据着主导地位。改革开放以来，我国生猪业取得了长足的发展，生猪存栏量从1980年的30 543.1万头增加到2015年的45 112.5万头，增长52%；出栏量从1980年的19 860.7万头增加到2015年的70 825.0万头，增长2.57倍；猪肉总产量从1980年的1 134.1万吨增加到2015年的5 486.5万吨，增长3.84倍。从肉牛、肉羊产业来看，牛羊存栏规模呈现两阶段，1978—2000年存栏量不断上升，从2005年起，羊的存栏量开始出现下降，2011年减至28 235.8万只，比最高水平下降了7.2%。能繁母畜养殖户积极性显著下降，牛羊肉产量增速放缓，但供给基本满足消费需求。

（二）日韩地区重要农产品供给保障与调控经验

日本农业是东亚农业的典型，人口众多，资源匮乏，国土面积约70%为山地、丘陵，仅沿海的平原地区适宜农耕。2011年，日本总人口为1.278亿人，可耕地面积为456万公顷，人均耕地面积约0.535亩*。韩国现有耕地面积169.8万公顷，占国土面积的17%。水田占到耕地的2/3，近年水稻种植面积为85万公顷左右，占耕地面积的50.3%。总人口4 839万人，人均耕地面积0.53亩。总体来看，在人口资源关系、经济社会结构、农业发展历史等方面，日本、韩国与我国有诸多的相似性。借鉴日韩地区农产品供给保障与调控经验，我国应将现行的一系列粮食补贴政策通过立法的形式，明确实施方法、资金来源、补贴方式，确保自给能力，克服阶段性和地区差异性。结合当前国内外农业发展形势，我国应选择性促进国内生产、适当扩大经营规模，通过粮食补贴政策，增强粮食自给能力，有效实施国际贸易管制，加大政府相关部门

* 亩为非法定计量单位，1亩≈667 $米^2$。

对农业国际合作的政策、经验的研究力度，鼓励实力强大的企业进入全球粮食供应网络的关键环节，建立海外补充体系，为保障我国粮食安全发挥作用。

三、农业结构调整

（一）农产品需求变化

粮食消费量增长较快，进口量不断增加。近 10 年来粮食消费量年均增长 2.6%，2012 年粮食消费总量突破 6 亿吨。从品种结构看，稻谷和小麦的消费量相对稳定，玉米和大豆消费量增长较快。从用途看，食用消费较为稳定，饲用和工业消费增长较快，2013 年饲料用粮占三大主粮消费总量的 27.6%，工业用粮占 16.8%。粮食进口量大幅增加，三大主粮全面净进口。2013 年进口总量达 8 645 万吨，较 2004 年增长 158%。

城乡居民食品消费数量增长较快，结构不断升级，城乡间差异较大。城镇居民消费习惯逐渐向获取更多的动物蛋白转变，消费结构更加多样化。粮食购买量稳中有降，肉类购买量不断增长。食品消费逐渐由数量增长方面向营养结构、消费环境、消费便利等方面转变，在外就餐在居民尤其是城镇居民食物消费中占据越来越大的比例。人口老龄化步伐和城镇化进程加快，人口结构变化带来粮食需求刚性增长。一方面，人口数量和年龄结构变化将引致粮食需求缓慢增长，另一方面，人口城镇化拉动消费升级也会刺激粮食需求的刚性增长。随着老龄人口膳食营养需求的改变，部分农产品需求下降，但下降相对有限。基于营养目标和考虑人口结构的粮食消费将延缓粮食需求的快速增长。人口老龄化步伐加快，老年人抚养率比较高，考虑人口结构变化，2020 年和 2025 年粮食需求总量将分别达 6.03 亿吨和 6.13 亿吨。

农民工市民化是影响食物消费的重要因素。农村劳动力在向城镇转移和市民化过程中，不仅在食物系统供应链中的地位发生了根本改变，由食物的生产者和供给者变为消费者和需求者，而且随着在城镇就业率和收入水平的提高，他们消费习惯、消费模式发生了重大改变，食物消费数量和结构也随之改变。因此，目前数量已经高达 2.63 亿的农民工，特别是 1.63 亿外出农民工，是影响我国食物供求的重要因素。在农民工市民化的整个过程中，人均食物消费量都在增加，但在不同阶段、不同类别食物上则呈现出明显的结构特征。第一阶段需要重点关注的食物为奶类、蔬菜水果、植物油和肉类，第二阶段需要重点关注的食物为奶类、其他粮食、肉类和蔬菜水果。

（二）部分主要农产品需求特征与趋势分析

国内马铃薯按消费形式大致可分为3种：一是马铃薯的鲜薯消费，它主要是通过零售市场，包括超级市场和蔬菜店等作为蔬菜食用。二是加工品消费，主要在加工厂大量烹调加工，用于制作薯片等快餐点心及马铃薯淀粉。三是马铃薯的非食用消费，主要为种薯消费。我国马铃薯市场分布按区域划分主要有五大优势市场：东北市场、华北市场、西北市场、西南市场及南方市场，其特点表现为种薯市场缺口大、加工产品需求量大、专用薯供不应求。

杂粮市场需求持续旺盛。由于生活水平的提高，人们的食物结构不断改善，注重食物消费营养的全方位和品质多样性，对营养性、保健性和杂食性的要求日益增强，杂粮及其制品成为市场销售前景较好的消费商品，同时饲料工业对杂粮原料的需求也在不断增加。我国小杂粮价格也普遍低于其他国家。据调查，我国荞麦、豆类产品价格仅为国际市场价格的10％左右，市场潜力巨大。从国内国外两个市场的需求看，大力发展杂粮经济，可以促进农业粮食结构调整，开辟农业增效、农民增收的新路子。

我国谷子消费结构变化，以食品、加工为主。消费量大幅下滑并进入稳定期，2009年我国谷子的消费量仅为122.6万吨，不到1984年的1/5，2009年以后消费量基本稳定。我国小米消费以散户为主，消费者集中在北方，主要包括东三省、内蒙古、河北、河南、陕西、山西、山东、北京等省份，并且中老年人消费者居多。近年来，江西、浙江、福建、广东等南部省份消费者开始逐步接受和消费小米。消费者的年龄段也有所扩展，以合理膳食为目标的中青年消费者有所增加。短期内小米批发价格呈下降趋势，预计未来3～5年小米批发价格将继续下滑，而谷子的价格受小米市场的影响，谷子消费量有望提升，谷子消费的多样化将促进谷子消费总量增加，同时养生保健和杂粮热持续升温，有利于促进谷子消费。

我国杂豆国内消费量总体呈现快速下降的趋势，但近年来消费量呈增长趋势。2013年我国杂豆总消费量（包括食用消费量、饲用消费量和其他消费量）为482.20万吨，占世界总消费量的6.6％，较1961年减少了45.24％。食用需求在我国杂豆需求中的比例不断下降，成为我国杂豆最主要的需求来源。食用需求量和人均食用需求量均呈下降趋势。2013年，我国杂豆食用需求量为

191.30万吨，人均年食用需求量为1.35千克，分别为1961年的25.97%和12.37%。食用需求在杂豆需求中的比例从1961年的83.66%降至2013年的39.67%。与此同时，我国杂豆的饲用消费量呈明显的增长趋势，2013年达到247.30万吨，在杂豆需求中的比例已从1961年的1.74%增至2013年的51.29%。

葡萄产品增长明显，类别间差异较大。我国鲜食葡萄消费以国产葡萄为主，葡萄市场消费总量表现出持续增长的态势。2016/2017年度，我国鲜食葡萄市场消费总量达到1 015万吨，比2015/2016年度的962.17万吨增长了52.83万吨，鲜食葡萄市场消费量增幅比较大。我国的葡萄酒市场潜力巨大，葡萄酒消费正走向日常性消费。随着居民保健、营养意识的加强，人们生活水平的提高，葡萄酒消费文化的日益传播，葡萄酒的消费人群、消费频率以及消费量将进一步提高。我国的葡萄酒产量大大少于葡萄酒消费量，二者相差5亿多升。因此，我国的葡萄酒市场消费中，进口葡萄酒占据了非常重要的地位。

（三）农业供给侧结构性改革的重点领域

我国推进农业供给侧结构性改革的根本原因是农业生产要素利用效率低、农业制度和政策供给不足。从短期来看，主要集中在“供给约束”上，即由政府采取的价格支持政策引起的市场扭曲及局部性产能过剩。从长期来看，问题主要集中在人口与劳动、资本与金融、资源与产权、技术与创新、制度与分工等要素和制度层面的“供给抑制”。当前我国农业领域最突出的制度和政策问题主要体现在5个方面：土地制度、农业经营体制、农民专业合作组织制度、农业科技进步制度、农业支持政策。

现阶段的结构优化调整需要从调整产业结构、品种结构、品质结构和区域结构四方面入手。农业产业结构调整的重点在于一二三产业融合，特别是农业加工业与农产品流动产业，对促进区域三产业融合具有较强的推动作用。我国当前最突出的问题是结构性矛盾，要适度调节玉米的产量，通过粮改豆、粮改饲来控制生产，促进供求平衡；并按照大农业大食物的观念，发展优质特色农业和附加值高的畜养业；重点发挥农产品优势布局带动作用，推动不同区域统筹协调。通过优化农业产业结构，生产效益高、销路好、品质好、竞争力强的适销对路的农产品，提高农业投入要素生产和配置效率。从农业制度层面，通过加快基本制度的深化改革，完善土地制度和农民专业合作组织制度，推进农业科技制度改革，能够为农业供给侧结构性改革提供良好的制度环境。从农业政策层面，通过创新完善农业支持政策，提高政策利用效率，可以为农业供给侧结构性改革提供良好的政策环境。从宏观省级实践层面而言，不同的省份具有不同的省情，在推进农业供给侧结构性改革的过程中，应既要统筹兼顾，又要具有针对性，切忌全国上下“一刀切”。

壮大新产业、新业态，拓展农业产业价值能在很大程度上推进农业供给侧结构性改革，解决农民增收难的问题。“互联网＋产业链”是农业新产业、新业态的主要体现。调查显示：农民运用互联网获取农业生产、服务以及销售各个环节的信息，拓展了知识面；“互联网＋产品”在产后的销售环节上开始出现；“互联网＋服务”在产中环节悄然兴起，发展迅速，在很大程度上解决了农业生产社会化服务体系不健全的问题；“互联网＋休闲农业”吸引很多年轻人到农村创业。为推进“互联网＋产业链”等新业态的发展，推进农业供给侧结构性改革，促进农民增收，宏观层面做好基础工作，完善法律体系、切实转变思维方式、建好基础设施和平台、加强网络监控；中观层面注重培训和示范、鼓励和引导“互联网＋服务”，“互联网＋农业融资”，大力发展物联网系统；微观主体做好市场，准确定位，注重农产品的质量，推进品牌建设，融合线上线下渠道。

推进农业供给侧结构性改革重点的选择，应该通过增强农业的创新能力、竞争能力和可持续发展能力，更好地满足人民日益增长的美好生活需要，更好地促进农业增效、农民增收和农村增绿，更好地提高农业土地产出率、资源利用率和劳动生产率。重点领域包括加强粮食安全保障机制建设，构建现代农业产业体系、生产体系、经营体系，深化涉农重点领域和关键环节改革。推进农业供给侧结构性改革的难点同样突出，需重点关注深化稻谷、小麦价格形成机制改革，推进大数据在农业供给侧结构性改革中的应用，推进农业的绿色转型和发展，发挥新型城镇化对推进农业供给侧结构性改革的引领带动作用等。

（四）农产品结构优化

面对资源环境约束趋紧、生产成本持续攀升等困境，农产品结构优化旨在强化农业基础地位，促进农民持续增收，调整农业产业结构，改善农业发展质量，促进粮食、经济作物、饲草料三元种植结构协调发展。当前，城镇化发展既影响粮经饲种植格局，也影响粮经饲种植结构调整方向。水资源、耕地资源严格限制粮经饲三元结构的发展。经济新常态下，主要农产品供应总量充足，以便更多追求发展的质量和效益，优化生产结构、促进三产业融合。因此，要以科技为支撑，创新发展现代农业；坚持绿色发展理念，实现“三农”可持续发展；从全产业链和全球角度开展农产品供需预警和决策；开放发展，多渠道、多角度保证粮食和食品安全；加快构建农民收入保障“安全网”。

在探讨区域农产品结构调整方法路径问题中，以白城市为例，研究影响农业产业结构调整的主要问题，提出符合实际的农业产业结构调整思路和方法，为促进扶贫攻坚工作提供产业支撑，为发展现代农业提供具有实践意义的理论参考。提出农业产业结构调整的政策建议，做好生态保障，以配套措施做保障，特别是建设现代农业产业体系、生产体系、经营体系，积极推进农村土地股份化改造，建立农村土地规模经营监测制度，建设国家级生态经济跨省合作区，进一步扩大“粮改饲”试点范围，设立产业转型发展引导基金，提高土地经营权抵押贷款试点水平。

在我国农业发展阶段性变化、农产品需求变化、农业国际竞争力及新阶段农民持续增收的共同目标下，质量提升是实现农业提质增效的重要举措。加快由主要满足量的需求转向更加注重满足质的需求，要处理好农产品数量增长与质量提升的关系、我国农业由粗放到集约的发展方式转变、秸秆利用与粪便处理等面源污染的重大问题，提升我国农业现代科技与物质装备支撑能力。最后，提出守住国家粮食安全底线，确保粮食的生产能力不降低；加大农业资源保护力度，不断拓展开发农业多种功能；优化农业产品产业结构，做好农业提质增效基础工作；强化农业科技装备支撑，助推农业供给质量全面提升；培育新型农业经营主体，探索多种形式农业规模经营；大力推动农业种养结合，促进农业资源要素循环利用等应对策略。

四、农业示范区现代化建设

（一）现代农业支撑体系建设

现代农业发展是顺应国内外市场环境和发展趋势变化，通过对农产品生产、农业生产要素和政策制度供给等方面进行不断调整，提高农业产出质量、效率和增强农业国际竞争力的过程。农业供给侧结构性改革是我国现代农业改造发展的必然要求，是提高现代农业水平的重要推手，是加快农业现代化建设的重要路径。分析总结沿海发达地区苏浙沪鲁四个省份现代农业发展特点、经验，探讨了在现代农业产业体系、生产体系、经营体系、支持保护体系等方面存在的“短板”问题，并提出了以农业经营体制和科技创新为重点，完善现代农业创新发展新机制；以城乡融合和三产业融合为重点，完善现代农业协调发展新机制；以环境友好和产品安全为重点，完善现代农业绿色发展新机制；以多元投入和两个市场为重点，完善现代农业开放发展新机制；以护农、强农、惠农为重点，完善现代农业共享发展新机制的现代农业五大新机制。总结了守住国家粮食安全底线，确保粮食的生产能力不降低；加大农业资源保护力度，不断拓展开发农业多种功能；优化农业产品产业结构，做好农业提质增效基础工作；强化农业科技装备支撑，助推农业供给质量全面提升；培育新型农业经营主体，探索多种形式农业规模经营；大力推动农业种养结合，促进农业资源要素循环利用的转变路径。

（二）国家现代农业示范区建设

国家现代农业示范区是以现代产业发展理念为指导，以新型农民为主体，以现代科学技术和物质装备为支撑，采用现代经营管理方式的可持续发展的现代农业示范区域，其发展终极目标就是实现并示范农业现代化。而农业现代化是一个综合性、历史性和国际性的概念，也是一个动态化的过程，实现传统农业向现代农业转变，用现代科学技术和工业技术装备武装农业，以现代科学管理方法和理念来管理农业。其根本目的是改变农业生产技术落后、劳动生产率低的局面，加强资源、科技投入，提高劳动生产率、资源利用率、土地产出率和加工增值率，实现产业化、信息化和城镇化，提高人民生活水平，达到优化生态环境、实现可持续发展。

当前，现代农业示范区（带）建设成效显著，农业产业体系进一步完善提升，现代农业支撑体系及农业基础设施进一步强化，农村改革创新取得新成果。但总体而言，示范区建设仍面临基础设施、加工业滞后、经营管理水平及资源配置不充分等问题。通过资源禀赋、经济社会发展、政府目标定位、经营主体结构、农业体制机制及支持政策的相关影响因素分析，提炼出平度、沛县、肇东、湄潭、田东、玉田、长沙等不同资源禀赋条件、建设目标及构建重点的路径选择。

（三）现代农业示范区建设典型案例剖析

作为西部特色现代农业发展的一个比较成功的案例，以宁夏回族自治区银川市贺兰县为研究对象，对贺兰示范区现代农业5个特色产业的发展、现代农业建设实现的5个路径和农业经营体制机制改革创新的5个方面的实践总结，分析了贺兰示范区推进农业现代化的做法与成效、经验与启示、机遇和挑战，提出了打造西部特色农业现代化“贺兰模式”即“统筹兼顾、紧围特色、优质高效、整合要素、改革创新”。该模式的价值与启示在于西部地区农业现代化也具有相对优势，要夯实农业基础支撑，不断释放现代农业在推进区域经济发展中的“持久张力”；要发挥“后发优势”，不断释放现代农业在推进区域经济发展中的“持久拉力”；要走差异化道路，不断释放现代农业在推进区域经济发展中的“持久动力”；要加大对现代农业的扶持，不断释放现代农业在推进区域经济发展中的“持久推力”。同时，提出优势特色产业由扩规模向提效益转变、产业化经营由初级形态向高级阶段递进、农业社会化服务体系由点到面全面拓展、农业农村改革由局部试点向全县推广应用的对策建议，为西部地区现代农业发展提供了参考和借鉴，对今后西部地区农业现代化发展具有重要意义。

五、质量提升与品牌建设

（一）农产品质量安全追溯系统分析

农产品质量安全问题关系公众身体健康、产业有序发展和社会和谐稳定，受到社会各界广泛关注。较之过去，农产品质量安全监管机制日趋合理，但农产品源头问题及属地问题是质量安全监管的主要问题。采用适度规模可溯源机制是源头管理的有效策略之一，通过适当集中，降低分散性、流动性，提高可控性，同时可溯源机制的构建和实施有利于对源头的追溯和监控。我国目前实施可追溯系统的对象主要是初级农产品，涵盖了粮食、蔬菜、水果、肉类、水产品等，实施的范围主要是具有规模的企业及农场。现阶段构建的食品安全可追溯系统具有两个明显的特点：一是行业覆盖面窄。选择的实施单位比较窄，没有覆盖大多数食品生产、加工组织。二是食品链内覆盖面短。可追溯系统并没有涵盖整个食品链，通常只实现了某一个或几个环节的信息追溯。初步建立农产品质量安全可溯源体系，避免行业覆盖面窄和食品链内覆盖面短阻碍农产品质量安全可溯源。加强行业立法强制执行，通过出台相应生产规范或操作指南等办法，引导其他农产品经营者自愿建立可追溯体系。建设全国统一规范和“三分法”的农产品可溯源体系，指导农产品经营企业按标准进行生产、加工和储运，帮助其逐步建立农产品物流追溯体系，提高我国农产品的整体竞争力。建立农产品物流追溯信息管理平台，从政府层面建立区域性农产品物流追溯信息管理平台，对农产品生产和流通过程中所有应公开的信息实现全程、实时实地跟踪，为消费者提供农产品整条供应链的追溯服务，分担农产品经营企业的物流追溯成本。

（二）农产品质量安全监管

农产品质量安全监管可以从法律法规、机构设置和重要监管机制三个方面进行梳理。我国农产品质量安全法律体系可分为三个层次：一是由全国人大及其常务委员会制定的法律，具有最高的法律效力；二是由国务院根据宪法和法律制定的法规；三是由国务院各部委及其他具有行政管理职能的机构根据法律和法规制定的规章。监管机制与监管机构是密切联系的，从监管机制上看，风险评估机制、检验检测机制、质量认证机制、应急响应机制、可追溯机制、信息披露机制、公众参与机制将随着不同的职能部门参与而发挥机制功能。最后在国内外先进经验的基础上，提出建立健全符合我国实际且与国际标准接轨的法律体系，完善我国农产品质量安全各监管机制，治理地方性突出问题，提升基层监管能力，提高检验检测水平，建设农产品质量安全监管综合信息系统的对策建议。

（三）我国农业品牌建设与对策分析

我国农产品品牌建设问题突出，对品牌建设基础重要性认识不足，新型农业经营主体无法充分掌握其品牌建设的具体规律，农业集群内部各品牌未能协调发展，区域品牌发展后劲不足。通过调查黑龙江五常大米、山东寿光蔬菜等地方农产品品牌建设，提出了区域品牌建设与企业品牌建设的形成条件，并对当下品牌发展模式及运行机理进行分析。通过积极谋划品牌顶层设计，制定品牌发展体系和规划；强化市场主体地位，加快推进农业标准化；大力培育新型经营主体，打造品牌农产品新型产业链。充分发挥建设主体间联动效应；不断创新流通方式，强化品牌宣传推介；逐步健全品牌体系，积极开展品牌评估认定等推动农产品品牌建设。同时，针对农户农场和合作社、龙头企业、农业园区、行业协会及政府多方位实施主体品牌建设，分别梳理基于各自特点的品牌建设步骤，总结一般规律，提出相应对策。

对于新媒体时代特色农产品品牌建设而言，充分利用特色农产品在产品差异性及新媒体时代信息流通便利性及高效性等方面的特点，推动一批特色农产品品牌的建设。文中梳理了基于政府主导、企业主导、互联网企业主导及村级微商主导的各类农产品品牌建设与推广行为，对特色农产品与新媒体平台优势的结合，激发优质、高效的农产品品牌效应具有推动作用。最后，以蔬菜品牌建设为例，在充分考虑品牌建设与挑战的基础上，提出基于供给侧结构性改革的蔬菜品牌建设的路径方案选择。

第一章

保障粮食自主安全

粮食安全关乎民族兴亡、世界兴衰，是一个古今中外研究议论的永恒课题。党的历届中央领导集体都从国内外形势的新变化出发，提出了加强农业基础地位、确保国家粮食安全的重大举措。至今学术界至少已形成如下共识：粮食安全是国家安全的重要组成部分，粮食生产能力安全（以下简称“粮食产能安全”）是国家粮食安全的基石；它们是关系全人类最基本的生活保障，是集政治、经济、社会、文化、生态于一体的综合命题；它们是系统工程，纵向涉及生产、资源、贮藏、调运、加工、流通、供应等内容，横向关乎工业、商务、金融、教育、科技、文化、卫生、工商、税务、环保等环节；它们是国际性问题，全球库存谷物粮食低于安全线的严峻现实更要求各国必须重视粮食安全；粮食安全问题是“三农”工作核心内容，是“中国梦”的首要问题，必须放在至高重要的战略地位。中央领导集体非常重视国家粮食安全问题。在总结了以往我国粮食安全的历史经验的基础上，中央本着科学发展、实事求是的原则，最终确立了“以我为主、立足国内、确保产能、适度进口、科技支撑”的20字国家粮食安全战略。2015年1月农业部部长韩长赋在《求是》杂志撰文，把“更加注重提高粮食产能，挖掘粮食生产新潜力”作为持久保障国家粮食安全的首要重点任务。世界银行2014年发布的专题报告《中国粮食消费结构的转变》认为，现阶段中国经济的快速增长改变了饮食结构，导致需要消耗更多资源，会对未来粮食生产造成压力，建议中国在重视粮食安全的同时，对食品安全给予同样的重视。这意味着新形势下对于粮食安全的研究只不过是“行百里者半九十”，问题没有终结，探索永无止境。

第一节 新时期粮食安全的形势变化

粮食是关系国计民生的重要商品，保障国家粮食安全始终是治国安邦的头等大事，是促进经济发展、保障社会稳定、实现国家自立的重大发展战略。立足我国国情，必须坚持立足国内粮食基本自给的方针，着力提高粮食生产能力，完善宏观调控机制，加快构建供给稳定、储备充足、调控有力、运转高效的粮食保障体系，确保国家粮食安全。目前我国农业和农村经济发展正处于一个新的历史阶段，特别是加入世界贸易组织（WTO）后，经济全球化进程不断加快，我国已成为世界上农业开放度最高的国家之一，我国粮食市场的开放程度进一步加大，中国与世界粮食市场之间的互动影响越来越明显，同时我国农业和农村经济结构的战略性调整正在更深的层次上进行。因此，本文通过对改革开放以来国内资源环境条件、粮食供求格局和国际贸易环境变化等进行分析整理，分产品、分区域系统分析国内外粮食供求形势和地区差异特征，从生产、流通、加工、消费、贸易以及政策等角度，定性和定量分析国内外粮食供求影响因素，测算其影响程度及作用机理，预测未来中国粮食总供给量、贸易量和需求量等。研究加入WTO以来中国粮食贸易与国际竞争力的变化、原因及趋势，分析国内外粮食政策运行机制及实施效果，探索开放条件下中国粮食贸易的战略选择和调控措施。为细化和落实中央提出的20字粮食安全新战略方针，在以上研究基础上，进一步确定中国粮食发展的优先顺序，探索并提出新时期新形势下保障国家粮食安全的具体思路和政策措施。

一、中国粮食产业发展现状及趋势

（一）中国粮食供求形势

新常态下我国粮食生产的分布已经由沿袭千年的旧模式步入新格局，主要体现在由“南粮北调”变为“北粮南移”、农机化助推粮食产能的提升、我国粮食增产具有世界意义、做到了谷物基本自给、口粮绝对安全。我国江南地区过去一直是粮食主产区，特别是大米主产区，现在已经成为大米的主销区，亘古以来的“南粮北调”已经逆转为“北粮南移”。东北地区成为最大商品粮基地是全国粮食空间格局变化显著之点，从总量来看，东北粮食总产量已经达到11 500万吨的水平，接近全国总量的1/5。粮食商品率高，意味着一旦发生粮荒，东北地区能往外调出更多的粮食。与其他粮食主产区相比，东北地区粮食生产潜力巨大，且增产势头更是超过了其他众多粮食主产区。据保守估算，东北地区的粮食产能可以提高350亿斤*，占全国增产千亿斤粮食的1/3。农机化整体水平得到了阶段性提升。改革开放以来，我国粮食农业机械化耕种水平大幅提升，粮食生产手段从人力、畜力为主转向机械化、半机械化，确保粮食产量有了较大的增长。农业机械化的整体推进、快速发展的良好态势提高了农业生产的效率，降低了劳动强度，为粮食连年增收和其他农产品产能建设提供了有力的装备支撑。我国粮食增产具有世界意义，目前全球粮食年贸易量不及我国年粮食消费量的1/2，全球大米贸易量仅相当于中国大米消费量的1/4。

1. 粮食生产快速发展

粮食生产方面，改革开放30多年来，中国粮食生产实现了历史性跨越，取得了举世瞩目的伟大成就。粮食播种面积由1978年的12 058.7万公顷减少到2003年的9 941万公顷，之后逐年增加，2013年恢复至11 195.6万公顷，而粮食单产水平迅速提高，总产量由30 000万吨相继登上了35 000万吨、40 000万吨、45 000万吨、50 000万吨和60 000万吨的台阶，并跃居世界第一位，2013年中国粮食总产量已达到60 194万吨，人均粮食占有量398千克，达到世界平均水平，成功地解决了占世界1/5人口的吃饭问题，为世界粮食安全做出了巨大贡献（图1-1）。

中国粮食产量波动具有一定的周期性并且粮食产量的增长与波动总是相对应地交替形成和出现。从中华人民共和国成立以来的粮食波动看，每当粮食生产连续增长几年后，总是由于外界因素的影响，粮食增长率降到一个相对较低水平，并在这个水平上持续几年的徘徊。这种周期性，体现了粮食生产波动形成的规律性特征。另外，连续性是中国粮食产量波动的另外一个特点，表现在粮食产量一旦下降就需要很长时间才能恢复过来的特点。近20年来尤为明显，1998年粮食产量达到一个高峰51 229.5万吨后，就出现四年减产周期，而且从2004年到2008年连续5年增产后才恢复到原来的水平（表1-1）。而近年来中国粮食生产持续稳定发展，实现了连续10年增产，为保障国家粮食安全

---

* 斤为非法定计量单位，1斤=0.5千克。

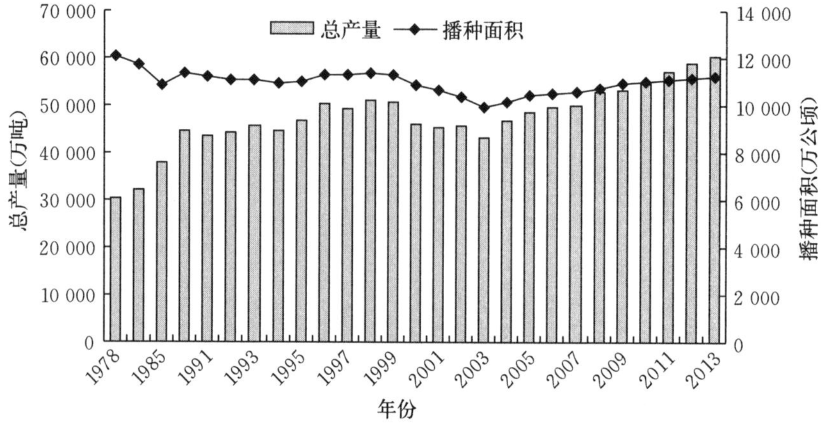

图 1-1　1978—2013 年中国粮食播种面积和总产量

数据来源：《中国统计年鉴 2013》(十三农业部分)。

奠定了坚实基础，也为处理国内外复杂的局面、促进国民经济平稳较快发展提供了有力支撑。

表 1-1　中国粮食及其产品总产量

单位：万吨

年份	粮食	谷物	稻谷	小麦	玉米	豆类
1978	30 476.5		13 693.0	5 384.0	5 594.5	
1980	32 055.5		13 990.5	5 520.5	6 260.0	
1985	37 910.8		16 856.9	8 580.5	6 382.6	
1990	44 624.3		18 933.1	9 822.9	9 681.9	
1991	43 529.3	39 566.3	18 381.3	9 595.3	9 877.3	1 247.1
1992	44 265.8	40 169.6	18 622.2	10 158.7	9 538.3	1 252.0
1993	45 648.8	40 517.4	17 751.4	10 639.0	10 270.4	1 950.4
1994	44 510.1	39 389.1	17 593.3	9 929.7	9 927.5	2 095.6
1995	46 661.8	41 611.6	18 522.6	10 220.7	11 198.6	1 787.5
1996	50 453.5	45 127.1	19 510.3	11 056.9	12 747.1	1 790.3
1997	49 417.1	44 349.3	20 073.5	12 328.9	10 430.9	1 875.5
1998	51 229.5	45 624.7	19 871.3	10 972.6	13 295.4	2 000.6
1999	50 838.6	45 304.1	19 848.7	11 388.0	12 808.6	1 894.0

（续）

年份	粮食	谷物	稻谷	小麦	玉米	豆类
2000	46 217.5	40 522.4	18 790.8	9 963.6	10 600.0	2 010.0
2001	45 263.7	39 648.2	17 758.0	9 387.3	11 408.8	2 052.8
2002	45 705.8	39 798.7	17 453.9	9 029.0	12 130.8	2 241.2
2003	43 069.5	37 428.7	16 065.6	8 648.8	11 583.0	2 127.5
2004	46 946.9	41 157.2	17 908.8	9 195.2	13 028.7	2 232.1
2005	48 402.2	42 776.0	18 058.8	9 744.5	13 936.5	2 157.7
2006	49 804.2	45 099.2	18 171.8	10 846.6	15 160.3	2 003.7
2007	50 160.3	45 632.4	18 603.4	10 929.8	15 230.0	1 720.1
2008	52 870.9	47 847.4	19 189.6	11 246.4	16 591.4	2 043.3
2009	53 082.1	48 156.3	19 510.3	11 511.5	16 397.4	1 930.3
2010	54 647.7	49 637.1	19 576.1	11 518.1	17 724.5	1 896.5
2011	57 120.8	51 939.4	20 100.1	11 740.1	19 278.1	1 908.4
2012	58 958.0	53 934.7	20 423.6	12 102.3	20 561.4	1 730.5
2013	60 194.0	55 269.0	20 361.0	12 193.0	21 849.0	1 595.0

数据来源：《中国统计年鉴 2013》（十三农业部分）。

第一阶段：快速增长阶段（1978—1984 年）。

这一阶段，中国粮食播种面积由 12 058.7 万公顷下降到 10 884.5 万公顷，减少了 1 174.2 万公顷，减幅 9.7%；单产首次突破 200 千克，达到 240.5 千克，提高了 42.8%；总产量由 30 476.5 万吨增加到 37 910.8 万吨，增加了 7 434.3万吨，增幅 24.4%，总产量迈上 35 000 万吨台阶，是中华人民共和国成立以来粮食增长最快的时期。在此期间，单产和总产量增长最快的均是小麦，其年均增长率分别为 8.3%和 8.5%。但由于基数最大，稻谷仍是支撑这一阶段粮食增产的第一大品种。稻谷、小麦、玉米的增产量分别约占粮食增产总量的 40.3%、33.1%和 17.0%。由于稻谷和小麦主要作为口粮，这种粮食增产的品种结构，适应了当时主要解决温饱问题的阶段目标。

第二阶段：徘徊增长阶段（1985—1994 年）。

1985 年粮食播种面积减少了 3.6%，加之遭受严重自然灾害，当年粮食总产量减少 2 819.7 万吨，减幅 6.9%。1986—1989 年粮食播种面积有所恢复，总产量在 40 000 万吨左右。1990 年粮食播种面积恢复到 11 346.6 万公顷，亩产首次超过 250 千克，达到 262 千克，总产量达到 44 624.3 万吨，创历史最高水平。随后几年，粮食生产出现徘徊，播种面积下降，总产量在 45 000 万吨波动。这一阶段，单产和总产量增长最快的均是玉米，其年均增长率分别为 3.0%和 5.0%，玉米播种面积继续增加，水稻和小麦面积减少，玉米对粮食增产的作用迅速凸显，占到粮食增产总量的 53.7%，玉米增产量超过粮食增产总量的半壁江山。小麦对粮食增产的作用略超过稻谷，二者对粮食增产的作用分别为 20.4%和 11.2%。大豆和薯类对粮食增产的作用分别达到 5.4%和 6.4%。

第三阶段：稳定增长阶段（1995—1999 年）。

1998 年粮食播种面积达到 11 378.7 万公顷，比 1994 年增加了 3.9%；亩产突破 300 千克，总产量达到 51 229.5 万吨，再创历史最好水平。1996—1999 年中国人均粮食占有量连续 4 年超过 400 千克，是历史上最高的一次。1995 年和 1996 年粮食生产快速发展。1996 年总产量达 50 452.8 万吨，增长率为 8.1%，首次跨上 50 000 万吨的大台阶。1997 年粮食产量比上年减少了 1 035.1万吨，减幅为 2.05%。1998 年粮食增长率为 3.7%。1999 年虽然粮食增长率为−0.76%，但仍保持 50 000 万吨水平。此次粮食产量的上升导致粮价下跌，严重挫伤农民种粮的积极性。这一阶段，在玉米播种面积继续增加、稻谷面积有所恢复、小麦面积基本稳定的情况下，单产增长最快的是小麦（2.7%），其次是稻谷（1.3%），玉米对粮食增产的作用有所下降，为 38.5%，稻谷和小麦对粮食增产的作用有所增加，分别为 31.8%和 27.9%。而大豆和薯类对粮食增产的作用分别达到 0.7%和 9.1%。

第四阶段：连续减产阶段（2000—2003 年）。

粮食播种面积由 1999 年的 11 316.1 万公顷下降到 2003 年的 9 941 万公顷，单产由每亩 300 千克下降到 289 千克，总产量由 50 838.8 万吨减少到 43 069.5万吨，出现粮食播种面积、单产、总产量同时下降的局面，是改革以来中国粮食生产滑坡最严重的时期。这一阶段，粮食面积和产量都在减少，其中只有玉米的播种面积和产量在增加，玉米产量的年均增长率为 3.0%，其他粮食作物，包括稻谷、小麦、大豆和薯类的产量都在减少。

第五阶段：恢复发展阶段（2004 年至今）。

2004 年以来，在国家连续出台一系列强农惠农富农政策、经济社会带动力明显增强、气候总体有利、科技水平快速提高、生产手段快速改进的背景

下，粮食生产进入了一个新的发展阶段，实现中华人民共和国成立以来首次“十连增”。粮食播种面积由2003年的9 941万公顷恢复到2013年的11 195.6万公顷，亩产由289千克提高到358千克，总产量由43 069.5万吨增加到60 194万吨，亩产、总产量双双超历史最好水平。10年间，粮食产量累计增加17 125万吨，单产提高69.7千克，是中华人民共和国成立以来粮食总产量增加最多、单产提高最快的时期。这一阶段，玉米产量增长最快，为67.7%，其次是小麦（32.6%）和稻谷（13.7%）。玉米对粮食增产的贡献率达67%。

2. 粮食生产结构发生重要变化

中国实行家庭承包经营制度以后，随着粮食供求关系的改善，中国很快改变了“以粮为纲”的农业发展格局，走上市场化发展道路。粮食播种面积从1978年的12 058.7万公顷减至2013年的11 195.6万公顷，占农作物播种面积的比例相应从80.34%下降至68.01%。在粮食生产内部，以增强区域竞争力、提升市场价值的结构性变化体现得越来越明显。

（1）区域性结构特征越来越明显。由于自然资源占有水平具有明显的区域差异，各地工业化、城镇化水平差异较大，科技水平、投入水平快速变化，20世纪80年代以来中国粮食生产空间格局发生了重要变化。1980年，粮食主产区、产销平衡区、主销区产量占粮食总产量的比例分别为69.3%、16.5%、14.2%，而近年来，粮食主产区的这一比例已经多年超过75%，产销平衡区为18%左右，主销区下降到6%左右。产销平衡区和主销区的人均粮食占有量分别低于全国平均水平10%和70%左右。如果按照全国人均粮食消费水平与全国人均粮食占有量全国平均水平相当来估计，主销区粮食缺口为7 000万吨以上，人均需要调入280千克。自20世纪80年代以来，由于珠三角地区、长三角地区经济快速发展，吸纳人口迅速增加，耕地数量明显减少，而东北地区、华北地区、黄淮地区的粮食生产水平快速提高，粮食生产重心向北方转移。1980年，南方地区、北方地区粮食产量所占比例为55.35%、44.65%，近年这一比例连续多年稳定在40%、60%左右。这就是说，南方地区粮食缺口在7 000万吨以上，人均需要从北方调运100千克。

（2）品种结构发生重要变化。这一方面体现最为明显的是玉米的地位明显提升。由于近年能源价格的大幅提升，使得利用产量较高的玉米生产生物乙醇变得有利可图。近年来，中国玉米的生产得到迅速发展，播种面积、产量分别从2003年的2 406.8万公顷、11 583万吨增加到2012年的3 503万公顷、

20 561万吨，增加了45.54%、77.51%，占粮食播种面积、产量的比例分别从24.22%、26.90%提高到31.50%、34.88%。

（3）品质得到提升。尽管粮食主要由分散农户进行生产，但由于各地有各地的特色，如果能够将特色凸显出来，并不断提升质量，就能形成市场竞争力，对带动农民增收产生明显的带动作用。作为第一粮食生产大省，黑龙江近年来突出绿色、有机、无公害产品优势，实施优质粮食品牌战略。作为最大的水稻生产大省，湖南省已经开始在50个县建设150万亩高档优质稻标准化生产基地。作为最大的小麦生产大省，河南的优质粮比例从2000年的13.8%提高到2012年的75%以上。近年来，各地的粮食品牌建设取得显著成效，尤其是大米，已经涌现出一批市场竞争力强、具有明显地方特色的优质品牌。例如，黑龙江的“北大荒”“响水”“古龙”“查哈阳”“五常”，吉林的“米字牌”“金榜稻禾”“御圣一品”，湖南的“金健”“天龙”“金霞”“盛湘”“聚宝”，江苏的“楚雪”“景山”“星鹰”“盱宝”，江西的“金佳”“玉珠”“十八滩”“仙湖绿月”“三湾”，湖北的“国宝”等。小麦、玉米品牌建设也取得明显成效，例如河南的“优谷源”面粉，吉林的“陆路雪”糯玉米等。

3. 粮食生产方式加快转变

尽管不同历史时期的农地制度有所不同，但小规模家庭精耕细作已在中国延绵了数千年。这种生产方式的内敛性很强，劳动力、种子、肥料等生产要素由家庭配置，生产结构尽可能满足家庭多种需要，物质和能量循环也基本上处于封闭状态。传统的生产方式是在长期探索中形成的，具有极强的稳定性，也是构成自然经济、村庄社会的基础。工业革命以后，生产手段越来越发达，市场的发育水平越来越高，农业的装备条件发生革命性变化。中华人民共和国成立后不久，为加快建设工业和城镇，中国在极短的时间内就建立起了人民公社体制，农业生产规模也确实迅速扩大，农业生产条件大为改善，生产手段明显改进。但由于劳动者的积极性受到抑制，生产方式的现代化转换受到阻碍。改革开放以后，农业经营体制与农业本身的特性实现了吻合，农业劳动者的积极性得到充分调动，在工业化水平不断提高、农业要素供给能力大大增强、农产品流通体制改革不断深入、工农城乡关系明显改善的背景下，以提高劳动生产率和收益水平为基本取向，家庭承包经营、小规模直接组织生产的粮食生产方式发生了重要变化，近10年来专业化、规模化和社会化水平加快提高。

（1）专业化。中国地域辽阔，由于地理条件和气候类型多样，农作物品种

丰富。但具体到区域来看，品种专业化特征一直比较明显。例如在黑龙江，玉米和水稻的种植面积都非常大，该省将这两个品种作为主要品种，而多数粮食主产省在每个生产季节仅选择一个最主要的作物品种，总体上每年都集中在1～2个品种上，主产省的专业化程度均明显提高。就播种面积而言，吉林（玉米）、黑龙江（玉米、水稻）、河南（小麦、玉米）、江苏（稻谷、小麦）的专业化水平提高幅度比较大，分别从33.69%、31.13%、60.65%、64.55%提高到71.25%、67.5%、84.52%、82.2%，分别提高了37.56个、36.37个、23.87个、17.65个百分点。

（2）规模化。据农业部2012年年底的摸底调查，中国南方经营耕地面积50亩以上、北方100亩以上的种粮大户68.2万户，占全国农户总数的0.28%；经营耕地面积1.34亿亩，占全国耕地面积的7.3%；生产粮食7 460万吨，占全国粮食总产量的12.7%；有粮食生产合作社5.59万个，入社社员513万人；经营耕地7 218万亩，占全国耕地总量的4.0%；生产粮食4 855万吨，占全国粮食总产量的8.2%。种粮大户粮食平均亩产486千克，粮食生产合作社平均亩产545千克，分别高出全国平均水平133千克和192千克。

（3）社会化。与规模化相应发展起来的是生产性服务的社会化程度明显提高，服务内容主要涉及农资、农机、植保等方面。例如在农机服务中，截至2012年年底，全国拥有各类农机化作业服务组织16.7万个、农机户4 192.3万个、农机化专业服务组织0.7万个，拥有固定资产原值50万元以上的主体达到7.8万个。农机专业户、农机合作社数量分别为519.6万个、3.44万个，完成专业化服务面积40亿亩（其中跨区作业面积5.14亿亩），占机械化作业面积的2/3左右。农业机械化作业经营收入4 779亿元，利润1 858亿元。

4. 口粮供求形势稳定

（1）稻谷。水稻生产方面，改革开放以来，中国水稻生产取得了举世瞩目的成就。1978—2013年中国稻谷产量由13 693万吨提高到20 361万吨，增加了6 668万吨，总增幅48.7%，年均递增1.1%（表1-2）。20世纪90年代以来，中国稻谷产量逐年增长，1997年达到20 073.5万吨为当时最高产量，总产量较1949年增长了3倍，之后水稻生产出现连续6年减产，2003年跌至16 065.6万吨（仅相当于1983年以前的产量），此后在粮食生产扶持政策的推动下，稻谷产量实现缓慢恢复性增长，2011年开始突破20 000万吨，2012年达到20 423.6万吨的历史最高产量。

表 1-2 2000—2013 年中国稻谷平衡表

单位：万吨

项　　目	2000 年	2001 年	2002 年	2003 年	2004 年	2005 年	2006 年
生产量	18 791.1	17 758.5	17 454	16 065.6	17 908	18 059.2	18 171.8
进口量	38.7	26.4	47.5	83.8	78.6	102.6	72.8
年度新增供给量	18 829.8	85	17 501.5	16 149.3	17 986.5	18 161.8	18 244.7
食用消费	15 682	15 584	15 476	15 359	15 238	15 203	15 175
其中大米	10 820.6	10 753	10 678.4	10 597.7	10 514.2	10 490.1	10 470.8
其中糠麸	4 861.4	4 831	4 797.6	4 761.3	4 723.8	4 712.9	4 704.2
饲料消费	1 461	1 554	1 647	1986	1 728	1 645	1 680
工业消费	905	914	919	888	791	790	1 000
种用量	175	160	148	139	118	116	118
年度国内消费	18 223	18 212	18 190	18 372	17 875	17 754	17 973
出口量	255.7	237.8	346.7	254.5	123.5	141.9	174.9
年度总消费量	18 478.7	18 449.8	18 536.7	18 626.5	17 998.5	17 895.9	18 147.9
年度节余量	351.1	−664.8	−1 035.2	−2 477.2	−11.9	265.9	96.7
项　　目	**2007 年**	**2008 年**	**2009 年**	**2010 年**	**2011 年**	**2012 年**	**2013 年**
生产量	18 603.4	19 189.7	19 510.4	19 576.1	20 100.1	20 428.5	20 361
进口量	53.3	36.3	55.3	88.9	284.7	200	450
年度新增供给量	18 656.7	19 226	19 565.7	19 664.9	20 384.8	20 628.5	20 750
食用消费	15 200	15 650	16 150	16 550	16 900	17 200	17 500
其中大米	10 488	10 798.5	11 143.5	11 419.5	11 661	11 868	12 075
其中糠麸	4 712	4 851.5	5 006.5	5 130.5	5 239	5 332	5 425
饲料消费	1 660	1 500	1 550	1 630	1 618	1 526	1 322
工业消费	1 100	1 050	1 050	1 100	1 200	1 300	1 250
种用量	119	118	119	120	122	124	125
年度国内消费	18 079	18 318	18 869	19 400	19 840	20 150	20 197
出口量	183.4	99	93.1	65.2	63.6	50	50
年度总消费量	18 262.4	18 417	18 962.1	19 465.2	19 903.6	20 200	20 247
年度节余量	144.3	809	1 002.6	197.1	400.1	527.8	503

注：此表中，产量数据与表 1 中稻谷产量数据略有不同，主要是由于近年来中国统计对之前的数据有调整，而本表中的数据依据之前没有调整的数据。

数据来源：《中国统计年鉴 2013》（十三农业部分）；国家粮油信息中心，《食用谷物市场供需状况月报》（2011—2014 年），每月一期（内部资料）。

大米消费方面，中国大米消费总体上表现为稳中略降的趋势，波动幅度在1%以内徘徊，年消费量为1亿～1.2亿吨。中国大米消费量主要经历了4个阶段：第一阶段，大米消费量由1980年的0.97亿吨增至1984年的1.25亿吨。第二阶段，由1988年的1.18亿吨增至1990年的1.33亿吨；1994—1997年，消费量增长速度放缓，由1.22亿吨增至1.40亿吨。第三阶段，1997年之后，中国大米消费量略有下降，2007年中国大米消费量下降为1.05亿吨。第四阶段，2008—2013年，中国大米消费量实现恢复性增长，2013年已达到1.21亿吨。

（2）小麦。小麦生产方面，改革开放以来，中国小麦产量快速增长，单产大幅提高。如图1-2所示，1978年中国小麦产量仅为5 384万吨，2013年达到12 193万吨，比1978年增长1.26倍，年均增长2.36%，增量是中华人民共和国成立以来最多的时期。特别是近年来，在极端天气频发、外部环境复杂等多重考验下，中国小麦生产在国家加强政策扶持以及农业科技进步等因素的综合作用下实现历史罕见的连续10年增产，累计增产达3 409万吨，对于保供给稳物价、实现经济平稳较快增长，做出了重要贡献。

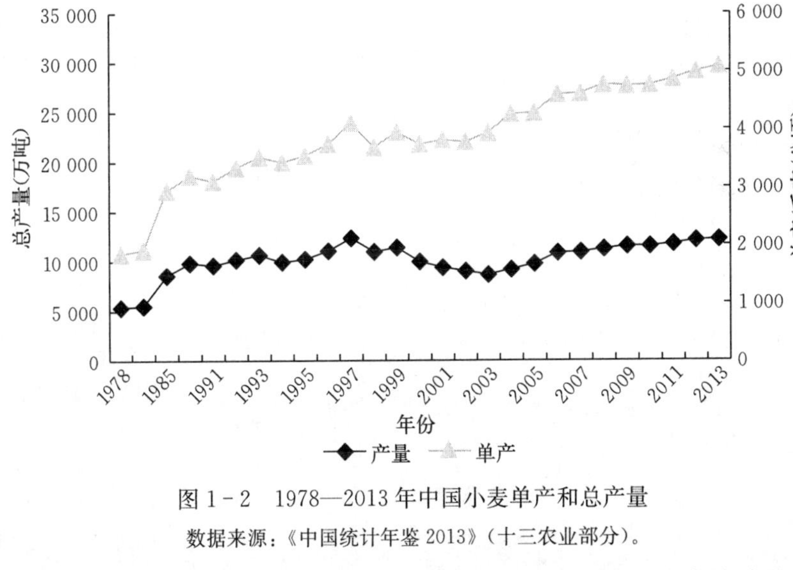

图1-2　1978—2013年中国小麦单产和总产量

数据来源：《中国统计年鉴2013》（十三农业部分）。

小麦消费方面，中国小麦消费包括直接消费与间接消费。直接消费主要指口粮消费（或制粉消费），即根据居民的饮食习惯，将小麦磨制成面粉而进行的消费；间接消费主要包括饲料消费、工业消费、种子消费以及损耗等。近年来，随着人口持续增长、居民收入水平不断提高以及工业化、城镇化进程加快，中国小麦总消费量持续增长，2013 年达到 12 200 万吨，比 1992 年增长 18.11%。其中食用消费、饲用消费、工业消费、种用量和损耗分别为 8 750 万吨、1 500 万吨、1 230 万吨、420 万吨和 300 万吨，分别比 1992 年增长 −2.78%、49 倍、9.25 倍、−8.50%和−58.33%（表 1－3)。

表 1－3　1992—2013 年中国小麦消费量

单位：万吨

年份	直接消费量	饲用消费量	工业消费量	种用量	损耗量	间接消费总量	小麦消费总量
1992	9 000	30	120	459	720	1 329	10 329
1993	9 200	40	130	510	660	1 340	10 540
1994	9 300	50	135	490	610	1 285	10 585
1995	9 400	70	140	512	630	1 352	10 752
1996	9 400	80	140	510	640	1 370	10 770
1997	9 500	100	145	520	700	1 465	10 965
1998	9 500	120	180	505	640	1 445	10 945
1999	9 400	200	200	510	550	1 460	10 860
2000	9 300	400	220	500	500	1 620	10 920
2001	9 200	550	250	480	350	1 630	10 830
2002	9 000	650	250	440	350	1 690	10 690
2003	8 750	480	320	396	470	1 666	10 416
2004	8 700	300	280	357	410	1 347	10 047
2005	8 700	200	260	342	350	1 152	9 852
2006	8 650	400	350	324	300	1 374	10 024
2007	8 600	500	400	325	280	1 505	10 105
2008	8 100	720	650	468	300	2 138	10 238
2009	8 050	750	1 040	469	300	2 559	10 609
2010	8 150	1 350	1 080	469	300	3 199	11 349
2011	8 300	2 600	1 150	469	300	4 519	12 819
2012	8 400	2 300	1 200	470	300	4 270	12 670
2013	8 750	1 500	1 230	420	300	3 450	12 200

数据来源：《中国统计年鉴 2013》（十三农业部分）；国家粮油信息中心，《食用谷物市场供需状况月报》（2011—2014 年），每月一期（内部资料）。

(3) 玉米。玉米生产方面，中国玉米产量总体呈增加趋势，从 1978 年的 5 594.5 万吨增至 2013 年的 21 849 万吨，增长了 2.9 倍，年均增长率达 4%（图 1-3）。分阶段看，1978—1993 年，产量呈现增加趋势，年均增长率为 4.1%；1993—2003 年，产量波动较大，其中 1997 年和 2000 年出现较大幅度减产，年均增长率仅为 0.6%；2003 年至今，产量大幅提高，累计增长 88.6%，年均增长 6.6%，为改革开放以来增长最快的阶段。2012 年，玉米产量首次突破 2 亿吨，达到 2.06 亿吨，超过稻谷成为中国第一大粮食作物。

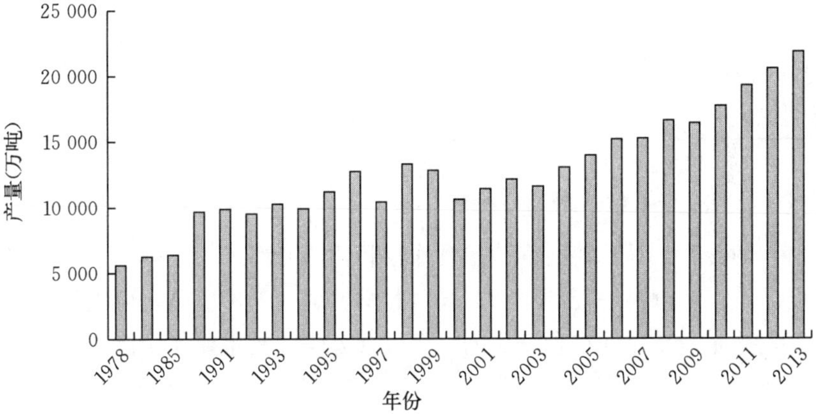

图 1-3　1978—2013 年中国玉米产量变化

数据来源：《中国统计年鉴 2013》（十三农业部分）。

玉米消费方面，中国玉米消费包括食用消费、饲料及损耗、工业消费和种用消费。其中，以饲料级损耗为主，占消费总量的 60%以上；其次为工业消费，约占消费总量的 30%；食用消费约占消费总量的 9%；种用量占消费总量的比例不足 1%。2013 年，中国玉米消费总量约为 1.92 亿吨，其中食用消费量为 1 800 万吨，饲料及损耗量为 12 000 万吨，工业消费量为 5 200 万吨，种用消费量为 150 万吨（表 1-4）。

表 1-4　中国玉米供求平衡分析

单位：万吨

项　　目	2008 年	2009 年	2010 年	2011 年	2012 年	2013 年
生产量	16 591.7	16 397.4	17 724.5	19 278.1	20 560	21 848.9
进口量	5	129.6	97.9	523	270.2	400

（续）

项　　目	2008年	2009年	2010年	2011年	2012年	2013年
年度供给量	16 596.7	16 527	17 822.4	19 801.1	20 830.2	22 248.9
食用消费量	1 385	1 440	1 395	1 400	1 750	1 800
饲料及损耗量	9 000	10 000	12000	11 200	11 500	12000
工业消费量	3 830	4 700	5 800	5 300	5 200	5 200
种用量	128	130	130	131	145	150
年度国内消费量	14 343	16 270	19 325	18 031	18 595	19 150
出口量	50	15.1	11	29.4	7.9	15
年度总消费量	14 393	16 285.1	19 336	18 060.4	18 602.9	19 165
年度节余量	2 203.7	241.9	−1 513.6	1 740.7	2 227.3	3 083.9

数据来源：《中国统计年鉴 2013》（十三农业部分）；国家粮油信息中心，《食用谷物市场供需状况月报》（2011—2014年），每月一期（内部资料）。

（4）马铃薯。马铃薯与其他粮食作物相比具有高产、耐旱、耐寒和耐贫瘠的优良品质，可以缓解资源压力；同时，马铃薯营养价值高，可以作为三大主粮的有效补充，是保证粮食安全的一个重要筹码，其重要作用体现在以下几个方面。

① 对于低收入贫困人口而言，马铃薯是重要的食物来源和收入来源。粮食安全问题，说到底是低收入国家面临的问题，是低收入人群能不能买得到和能不能买得起粮食的问题。在许多发展中国家，最贫穷和最缺乏食物的农户将马铃薯作为食物和营养的主要或次要来源。中国西部一些贫困地区，曾经长期靠土豆渡过生活难关，“洋芋丰收半年粮，洋芋歉收心发慌”。孟加拉国倡导人民多吃土豆，用土豆代替稻米，以解决粮食不足问题。这些地区的家庭重视马铃薯，因为它能够产生大量的膳食热能并在其他作物可能歉收的情况下保证相对稳定的产量。马铃薯种植还是许多小规模生产者的一个重要收入来源，这也是确保粮食安全的基本条件（保证能够买得起粮食）。在许多发展中国家，城市人口和收入的增长以及膳食的多样化导致快餐、小吃和方便食品等各行业对马铃薯的需求不断增加。以农业为基础的经济体在结构上不断向城市化社会的转变为马铃薯生产者及其在价值链中的贸易和加工伙伴开辟了新的市场机会。

② 在开放条件下，马铃薯能够有效缓解贸易不确定性给粮食安全带来的影响。对已减少的国际谷物和其他农产品供应的激烈竞争造成了全世界粮食价

格的暴涨，它可给低收入国家带来粮食短缺和社会动荡的风险。有助于降低风险的一项战略就是粮食生产多样化，生产不易受变幻无常的国际市场影响并且营养丰富及用途多样的主粮作物即马铃薯，它与大米、小麦和玉米不同，马铃薯不是一种全球交易的商品，其价格通常取决于当地的供求情况。粮农组织最近对70余个世界最脆弱国家开展的调查发现，马铃薯价格的涨幅远远低于谷物的涨幅。因此，马铃薯是一种应当大力推荐的粮食安全作物，它有助于保护低收入国家免受国际粮食价格上涨带来的危险。

③ 与其他粮食作物相比，马铃薯种植能够节约农业资源。根据马铃薯的种植条件，它非常适合那些土地有限而劳动力充裕的地方，而这种条件是大多数发展中国家的特点。与其他主要作物相比，马铃薯可以种植在气候更恶劣、更干旱的环境中，高度适应各种耕作制度。由于其生长周期较短，它非常适合与稻米进行双作，也适合与玉米和大豆进行间作。从贫瘠的安第斯高原到非洲和亚洲的热带低地，马铃薯可以在高达4 300米的高度和不同的气候条件下生长。水资源匮乏是农业生产面临的重要瓶颈，面对城市和工业用户的激烈竞争，农业对水的需求从长远来看是不可持续的。因此，部门必须大幅提高其单位用水量的产量。与任何其他主要作物相比，马铃薯在有效用水方面优势明显，每单位用水量生产的马铃薯比其他粮食更多。增加马铃薯在膳食中的比例将会减轻对水资源的压力。

④ 马铃薯营养丰富，在许多国家的膳食多样化方面发挥着作用。马铃薯是一种多用途、富含碳水化合物的食物，受到全世界的高度欢迎，而且其制作和食用方法多种多样。新鲜马铃薯含有大约80%的水分和20%的干物质。干物质的60%～80%为淀粉。按干重计算，马铃薯的蛋白含量与谷物的蛋白含量相同，但是比其他作物块根和块茎的蛋白含量要高得多。此外，马铃薯的脂肪含量较低，并且富含多种微量营养素，特别是维生素C。如果带皮食用，一个150克中等大小的马铃薯可提供一个成人每日需要量的近一半（100毫克）。马铃薯是铁的来源，而其维生素C的高含量促进铁的吸收。它是维生素B_1、维生素B_3和维生素B_6以及钾、磷和镁等矿物质的良好来源，而且含有叶酸、泛酸和核黄素。马铃薯还含有能够帮助预防老年疾病的膳食抗氧化剂以及有利于健康的膳食纤维。在许多发展中国家特别是城市地区，收入的提高正在推动食品消费向热能含量更高的食品过渡。作为这种过渡的一部分，对马铃薯的需求日益增长。在南非，马铃薯的消费量在城市地区不断上升。在中国，收入的

提高和城市化的推进导致对加工马铃薯的需求增加。因此，马铃薯已经在许多国家的膳食多样化方面发挥着作用。

（二）中国粮食贸易变化

加入 WTO 以来，中国已成为世界上农业开放度最高的国家之一，农产品贸易快速发展，国际国内两个市场相互作用不断增强。当前中国农产品贸易正在进入一个新的阶段，进出口规模迈向新台阶，净进口产品不断增加，农产品贸易对中国产业的影响更加直接、更加全面、更加深刻。与此同时，中国粮食贸易快速发展，贸易规模不断扩大，贸易格局发生显著变化，粮食贸易也进入一个新的发展阶段。

1. 中国粮食贸易总体变化

加入 WTO 以来，中国粮食贸易规模不断扩大，总体以进口为主。2002 年，中国粮食贸易总量为 2 931 万吨，2003 年突破 4 000 万吨，达到 4 514 万吨，2004—2008 年贸易量在 3 500 万～4 500 万吨波动，2009 年增至 4 742 万吨，2010 年猛增至 6 191 万吨，2011 年略降至 5 951 万吨，2012 年猛增至 7 371万吨，2013 年达到 7 917 万吨。贸易总量在波动中不断上升，2013 年贸易总量较 2002 年增长了 1.7 倍，年均增长 9.45%（图 1－4）。

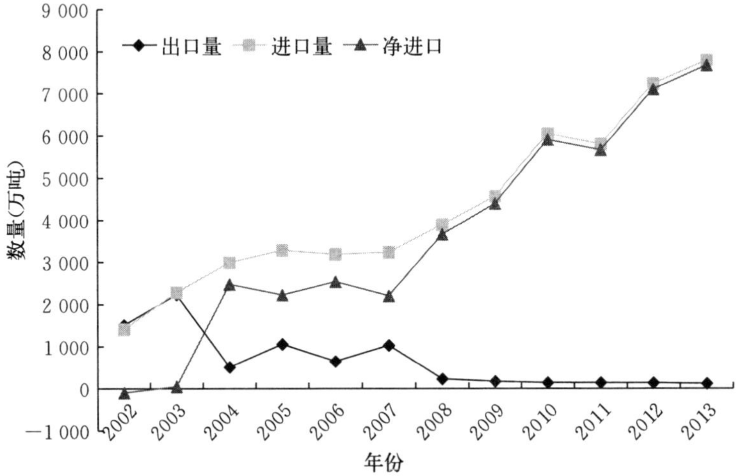

图 1－4　2002—2013 年中国粮食贸易量变化情况

数据来源：根据中国海关统计数据整理。

出口方面，中国粮食出口量呈现先增后减的特点。2002 年，粮食出口量为 1 514 万吨，2003 年达到 2 231 万吨，之后波动减少，2005 年和 2007 年出口量较大，均超过了 1 000 万吨，2008 年之后出口量明显减少，2012 年和 2013 年仅为 133.7 万吨和 120.9 万吨。粮食出口量占粮食产量的比例很小，2003 年最高时仅为 5.18%，一般年份均在 1%～4%，2008 年之后基本保持在 0.5%以下。

进口方面，中国粮食进口量呈现先减后增的特点。2002 年，粮食进口量为 1 417 万吨，2003 年达到 2 283 万吨，2005 年增至 3 289 万吨，2009 年增至 4 560 万吨，2010 年进一步增至 6 050 万吨，2011 年略降至 5 808 万吨，2012 年增至 7 237 万吨，2013 年再增长为 7 796 万吨。2013 年粮食进口量较 2002 年增长了 4.5 倍，年均增长 16.77%。尽管粮食进口量不断增长，但占粮食总产量的比例不大，除大豆外的谷物进口量占粮食产量的比例最大为 4.4%，目前在 2%左右。由于加入 WTO 后大豆进口增长较快，粮食进口量占产量的比例有所增加，由 2002 年的 3.10%增至 2013 年的 12.95%。

中国粮食贸易多数年份呈现净进口，净进口量先减后增，且规模呈扩大趋势。2002 年中国粮食呈现净出口，净出口量为 97.5 万吨，2003 年开始净进口，净进口量为 52.1 万吨，2004 年之后净进口量不断增加，2008 年达到3 663万吨，2009 年增至 4 397 万吨，2011 年为 5 665 万吨，2012 年猛增至7 103万吨，2013 年再增长为 7 675 万吨。总体来看，中国粮食出口竞争力较弱，处于比较劣势；而粮食进口在中国市场需求推动下不断增加。

2. 中国粮食贸易产品结构变化

加入 WTO 以来，中国粮食贸易品种结构不平衡，且波动性较大。出口方面，粮食出口以小麦、玉米、稻谷和大豆产品为主，合计占粮食出口量的比例呈现先上升后下降的趋势。四种产品出口量所占比例 2002 年为 98.71%，此后均保持在 90%以上，2008 年之后有所下降，2011 年为 83.56%，2012 年增至 85.53%，2013 年为 86.26%（图 1－5）。谷物出口以小麦、稻谷和玉米为主，三者出口量占谷物出口总量的八成以上。加入 WTO 以来，中国大部分年份谷物出口大于进口，出口量年度间波动较大。谷物出口品种以小麦、稻谷和玉米为主，占谷物出口总量的比例多数年份保持在 90%以上，近年来略有下降，但仍占八成以上。

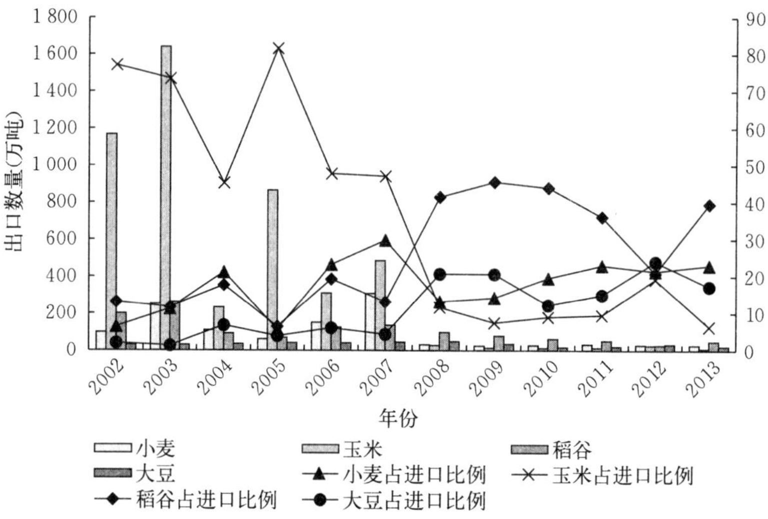

图 1-5 2002—2013 年中国粮食出口数量及比例变化

数据来源：根据中国海关统计数据整理。

粮食进口以大豆产品为主，近年来小麦、玉米和稻谷产品的比例有所上升。2002 年以来大豆是主要进口品种，所占比例从 2002 年的 79.9%上升到 2003 年的 90.86%，2004—2006 年比例有所下降，为 67%～89%，2007 年之后回升至 90%以上，2011 年为 90.62%。由于稻谷、小麦和玉米的进口量快速增长，2012 年大豆占粮食进口的比例降至 80.68%，2013 年为 81.29%。虽然小麦、玉米和稻谷产品所占比例较低，但近几年有所上升，分别从 2008 年的 0.11%、0.13%和 0.85%上升至 2013 年的 7.10%、4.19%和 2.91%（图 1-6）。

3. 中国粮食贸易国别结构变化

中国粮食进口来源地比较集中，主要来自发达国家。粮食是土地密集型产品，世界粮食生产主要集中在土地资源丰富的发达国家。2013 年，小麦进口主要来自美国、加拿大和澳大利亚，占小麦进口总量的 96%；玉米进口主要来自美国，占玉米进口总量的 91%；大豆进口主要来自巴西、美国和阿根廷，占大豆进口总量的 95%；大米进口主要来自越南、巴基斯坦和泰国，占大米进口总量的 98%。

粮食出口市场相对分散，主要为周边亚洲国家和地区。韩国、朝鲜、日本和我国香港地区是我国粮食最主要的出口市场，2013 年向这 4 个市场的谷物

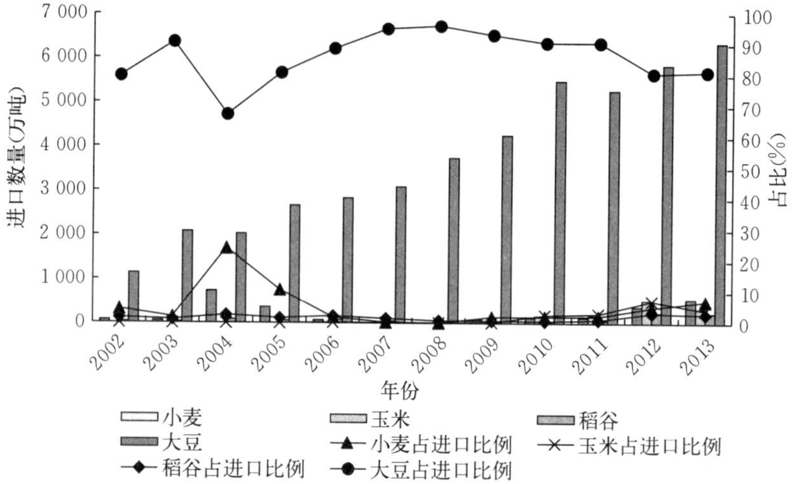

图 1-6　2002—2013 年中国粮食进口数量及比例变化

数据来源：根据中国海关统计数据整理。

出口量占我国谷物出口总量的 86%。小麦出口市场主要是朝鲜和我国香港地区，占小麦出口总量的 90%以上；玉米出口市场主要是朝鲜，占玉米出口总量的 90%以上；大豆出口市场主要是韩国、美国、日本和朝鲜，占大豆出口总量的 85%以上；大米出口市场主要是朝鲜、韩国、日本和我国香港地区，占大米出口总量的 80%以上，近几年向南非等国家出口有所增加。

（三）中国粮食市场与价格变化

1. 粮食价格形成发展变化

粮食价格是由市场形成还是由政府制定，与经济体制密切相关并随着经济体制的变化而变化。改革开放以来，我国粮食价格历经计划和市场两种经济形态，其形成机制的演变大致经历了以下 4 个阶段。

第一阶段：政府统一定价时期（1984 年之前）。

1984 年之前，我国对粮食实行的是统购统销政策，并不断提高定购价格，全国范围内对粮食实行计划收购和计划销售。政府对粮食价格实行统一管理，主要由政府统一定价。这期间，政府不断调整粮食价格。1979 年，政府大幅度提高粮食收购价格，当年中央掌握的 6 种粮食（小麦、稻谷、大豆、玉米、高粱、谷子）每 50 千克加权平均统购价格由 10.64 元提高到 12.68 元，提价

幅度为20.9%。1980—1984年，粮食收购价格一直呈上升趋势，其间粮食收购价格指数累计上升51.8%。另外，由于统购价格较低，政府还实行超购加价政策。1979—1984年，政府收购粮食中超购加价收购所占比例从39%增加到71%。从1983年开始，又从单一的统购统销引入价格“双轨制”，即在不触动计划经济体制前提下，引入部分市场因素，主要是缩小统一派购品种范围和提高农副产品价格，只是市场定价那部分对粮食的购销调整和价格形成不起作用。这一时期，无论是生产者价格还是消费者价格均由政府决定，粮食价格呈现出政府主导型特征。

第二阶段：取消统购，改革统销价格（1985—1992年）。

1985年1月，中共中央《关于进一步活跃农村经济的十项政策》宣布取消粮食统购，实行合同定购。合同定购内粮食按“倒三七”比例价收购，定购以外的粮食实行议购，价格随行就市，如果议购价格低于原统购价，政府按原统购价敞开收购，由此粮食收购价格呈现定购价和议购价“双轨”并存格局。但这一时期，由于取消统购，却未取消统销，改革不配套，以至于虽然粮食收购价格有所提高，但销售价格基本不变，从而出现了价格“倒挂”现象。定购价格高于统销价格20%，而超购价格高于统销价格80%。价格倒挂造成巨额财政补贴。1985年补贴202亿元，1989年为408亿元，1990年为440亿元。为此，1991年国家提高了长期未动的粮食统销价格，当年城市统销粮食价格提高50%。1992年在定购价格提高20%的同时将城市销售价格再提高50%，基本上实现了购销同价。与此同时，部分地区进行了“一步到位，全面放开粮价”的改革试点。这个时期，在定购范围内，粮食价格呈政府主导型，在议购范围内则是由市场主导粮食价格。因而这个时期的粮食价格呈现出政府和市场主导的混合型特征。

第三阶段：收购保护价与市场价并存时期（1993—2003年）。

1993年2月，国务院《关于加快粮食流通体制改革的通知》指出“粮食价格改革是粮食流通体制改革的核心”，并于当年放开了粮食收购价格，建立了粮食收购保护价格制度。同时，各地陆续展开放开粮食销售价格试点。至1993年年底，全国95%以上的县市放开了粮食销售价格。由此粮食收购价格由合同定购价格向保护价格转变，粮食销售价格由政府定价向市场价格转变，粮食价格进入收购保护价和销售市场价并存时期。1993年年末，在全国粮食供求平衡矛盾并不突出的情况下，出现了全国性粮食价格大幅度上涨。为此，

1994年，国务院两次发出通知再次对粮食收购进行管制。1997年，粮食流通体制改革确定要进一步完善粮食价格机制。1998年推进按保护价敞开收购农民余粮，粮食收储企业实行顺价销售。2001年7月31日，国务院下发《关于进一步深化粮食流通体制改革的意见》，粮食价格逐步全面放开。到2003年6月，全国31个省、自治区、直辖市粮食价格完全放开的有16个。粮食销售价格市场化，使粮食统购统销制度彻底结束，粮食价格市场化已成为不可逆转的趋势。

第四阶段：最低收购价与市场价并存时期（2004年至今）。

2004年1月，中共中央、国务院《关于促进农民增加收入若干政策的意见》明确提出“从2004年开始，国家将全面放开粮食收购和销售市场，实行购销多渠道经营”。3月，国家发展改革委、财政部、国家粮食局、中国农业发展银行等先后发出通知，宣布2004年早籼稻、中籼稻、粳稻和晚籼稻的最低收购价分别为每千克1.40元、1.44元、1.5元和1.44元，这是我国首次实施粮食收购的最低收购价政策。由此，我国粮食价格开始了最低收购价与市场价并存的新阶段。一般情况下粮食收购价格由市场供求决定，政府在充分发挥市场机制的基础上实行宏观调控，必要时由国务院决定对短缺的重点粮食品种，在粮食主产区实行最低收购价格。最低收购价格与市场形成价格并存逐渐成为政府调控粮价的一个重要手段。当市场粮价低迷时，政府以最低收购价收购粮食，一旦市场价格高于最低收购价就停止政府收购。最低收购价的实施，对防止粮价下跌、稳定农民收入、促进粮食生产，保障粮食安全具有重要意义。

2. 粮食价格波动及发展趋势

改革开放以来，中国粮食价格曾出现过3次上涨。第一次是1988—1989年粮价上涨。这轮上涨的原因是价格“闯关”引发的商品价格全面上涨对粮价的拉力，再加之粮食购销体制改革的推力，形成了价格上涨局面。

第二次是1993—1995年的粮价暴涨。当时，粮食产量并未出现异常波动，但粮食流通体制发生了重大变革。粮食销售已由原来的国家控制逐渐转变为众多粮食企业的个体行为。过去的粮价上涨完全取决于国家的意志，而市场经济形势下的粮价上涨则直接决定于农民和粮食企业的行为。在当时全国粮食统一市场没有形成、自然灾害频繁发生的情况下，大部分企业和农民都预期粮食生产必然会出现减产的局面，因而刺激了粮价的持续上升。而农用生产资料价格的有增无减更是从根本上推动了粮价的上涨。

2004年的价格上涨则主要是因为通货膨胀和粮食减产。2003年年初的玉米价格同比突然增长了4%，并到4、5月份上涨了8%，随着2003年7月，非典疫情结束，价格管制松动，粮食价格迅速上涨。另外，2003年的旱灾和水灾都重于常年。淮河发生了特大洪水，加上其他灾害。2003年总受灾面积占播种面积的35.7%，成灾面积占21.3%，在近20年灾害严重程度里排第二位。再加上之前的粮食价格低迷，农民种粮积极性不高，种粮相对收益较低，使得2003年的粮食产量为1989年以来15年中的最低。而且，当时南方粮食购销市场已经放开，国有企业失去垄断地位，私人粮商进入收购粮食。政府也因为考虑到粮价已经低位运行多年，为提高农民的种粮积极性，保障粮食安全，因而也并未调用大量库存平抑粮价。

自2009年以来，我国粮价又进一步稳定上涨，我国粮价持续上涨已成常态。这一阶段粮食价格上涨主要是由于国家不断提高粮食收购价。2014年白小麦、红小麦、混合麦每斤最低收购价均为1.18元，较2006年分别提高0.46元、0.49元和0.49元；稻谷每斤最低收购价格水平也有较大幅度提高，早籼稻1.35元，中晚籼稻1.38元，粳稻1.55元，较2005年分别提高了0.65元、0.66元和0.8元。此外，农资价格变化、城市化发展等也影响粮价变化。

二、中国粮食产业政策

2003年以来中国粮食实现连续10年增产，最重要的原因就是中国政府不断出台强农惠农富农政策、构建新型农业农村政策框架、加大粮食生产支持保护力度。

（一）粮食安全政策框架

中国根据粮食产业的特殊性质，结合本国国情，适应市场经济体制和对外开放日益扩大的要求，初步探索建立起了新时期粮食安全支持政策框架体系。

1. 坚持立足国内生产满足需求的方针

中国既是粮食生产大国，也是粮食消费大国，每年的粮食产量和消费量都占世界的25%左右。目前世界每年的粮食贸易总量约2亿吨，仅相当于中国粮食消费总量的40%。中国国内粮食生产每减产1个百分点，就相当于要从国际市场进口约500万吨，占世界粮食贸易总量的2.5%。而且从长期看，由于国际粮食市场供需呈偏紧趋势，大量进口可能会造成国际市场粮价大幅度上

涨。因此，中国坚持把立足国内生产满足粮食需求作为确保粮食安全的基本方针。近10年来，中国粮食自给率基本保持在95%以上。这不仅对解决国内粮食安全，而且为世界粮食安全做出了重大贡献。

2. 实行粮食省长负责制

从20世纪90年代开始，中国为了强化地方政府的粮食安全责任，开始实施"米袋子"省长负责制，即由省级政府与行政首长负责本省的粮食供应，要求保证粮食种植面积，提高单产水平，增加粮食储备，调剂供求平衡，稳定粮食价格。围绕贯彻粮食省长负责制，部分省、自治区、直辖市制定实施了粮食生产目标责任制并明确了相关考核办法。以省（自治区、直辖市）内的市、县人民政府作为考核对象，对市县人民政府在重视粮食生产、加大农业投入、强化粮食生产能力建设、开展粮食高产创建活动、健全粮食生产社会化服务体系等方面的行为进行考核，并相应建立了奖惩机制，以确保中央和省级政府有关粮食安全的政策措施有效地贯彻执行。

3. 以主产区和种粮农民作为扶持重点

实行粮食大县奖励政策，通过以奖代补的形式，对产粮大县为国家粮食安全做出的贡献进行奖励，国家的农业投资、国有土地出让金和新增农业综合开发资金也向粮食主产区倾斜，调动地方政府重农抓粮的积极性。实行取消农业税等涉农税收，实施对种粮农民直补等补贴以及主要粮食品种的最低收购价政策，提高了粮食生产比较效益，调动农民种粮积极性。支持主产区进行粮食转化和加工。扶持主产区发展以粮食为主要原料的农产品加工业，重点是发展精深加工业。国家通过技改贷款贴息、投资参股、税收政策等措施，支持主产区建立和改造一批大型农产品加工、种子营销和农业科技型企业。

4. 以科技进步作为提高单产的基本途径

中国把依靠科技提高单产作为保障国家粮食安全的重要途径，大力加强农业科技创新和推广应用。农业基础研究和高新技术研究取得新进展，超级稻研究育成了一批新品种和新材料，居世界领先地位。农业科技成果转化应用效果明显，从20世纪90年代中期开始实施"种子工程"，共推广新品种1 200多个，其中优质高产多抗品种411个，主要农作物良种覆盖率达到95%。保护性耕作、测土配方施肥、节水灌溉和旱作农业等一大批先进实用技术大面积推广。从2005年开始，又启动了农业科技入户工程，推广应用了一大批先进适用技术。2006年中央1号文件明确，继续实施粮食丰产科技工程，立足东北、华北和长江中下游三大平原，以水稻、小麦、玉米三大粮食作物为主攻方向，涵盖全国13个粮食主产区，力求通过一系列关键技术重大突破，为全面提升中国粮食综合生产能力提供科技支撑。1996—2012年，农业科技进步贡献率提高20个百分点，良种覆盖率达到95%以上。粮食单产水平显著提高，粮食品质结构不断优化，2008年粮食综合优质率达到80%。

5. 提高粮食生产的物质装备水平

组织实施优质粮食产业工程。在全国13个粮食主产省、自治区选择484个县（场），重点实施优质专用良种繁育、病虫害防控、标准粮田、现代农机装备推进和粮食加工转化项目，重点建设一批国家优质专用粮食基地。提高农业投入品利用效率。中央财政安排专项补助，推广测土配方施肥先进技术，为农民提供免费测土、配方和施肥指导服务，加快农业机械化发展。从2004年开始，各级财政拿出一部分资金，对农民个人、农场职工、农机专业户和直接从事农业生产的农机服务组织购置和更新大型农机具给予一定补贴，推进农业机械化发展。

6. 提升低收入人口的食物安全保障水平

除了质量安全，中国还一贯高度重视食物的分配安全，通过多种措施来保障低收入人口的食物安全。一是推进农村改革发展，保持经济长期持续发展，实施大规模持续减贫战略，通过经济增长来解决大部分农村人口的食物安全保障问题。1978年以来，中国经济保持了接近两位数的增速，农民人均收入年均增长率超过7%，数以亿计的农村人口解决了温饱问题。二是逐步构筑农村社会安全网，保障农村特定贫困群体的食物安全。目前中国已经初步形成了一套农村社会安全网体系。社会救助政策主要包括农村“五保”供养制度、贫困户定期定量救济政策、临时救济措施、灾害救助制度、最低生活保障制度。医疗救助政策主要包括合作医疗、贫困人口医疗救助制度等。教育救助政策主要是“两免一补”政策等。农村社会安全网络的构建，初步解决了特定贫困群体的食物安全保障问题。三是实施针对大学生和城镇贫困人口和低收入阶层的粮食供应保证制度，在物价上涨时通过发放临时补贴、建立与物价变动相适应的低保制度等措施，使其生活水平不因物价上涨而降低，食物安全得到保障。

（二）粮食生产扶持政策

1. 补贴政策

为促进农民增收，提高农民种粮积极性，从2002年开始，中国开始在3

个县进行对农民直接补贴的试点。经过两年的试点工作，2004 年粮食直补政策在全国 29 个省份铺开。这一政策实施以来，补贴规模逐年增加，截至 2006 年累计发放补贴资金 390 亿元（2004 年 116 亿元、2005 年 132 亿元、2006 年 142 亿元）。2007 年按照中央 1 号文件要求，各地粮食直接补贴资金要达到粮食风险基金的 50%，全国补贴总额达 151 亿元。2006 年在石油综合配套调价改革启动后，为稳定农民种粮收益，中央财政又新增补贴资金 120 亿元，对种粮农民柴油、化肥等农业生产资料增加实施综合直补。2007 年，中央财政大幅提高农资综合直补力度，新增补贴资金 156 亿元，补贴总额达到 276 亿元。2008 年中央财政在 276 亿元补贴规模的基础上，新增 206 亿元农资综合直补资金，进一步加大对种粮农民的补贴力度。新增补贴资金后，2008 年农资综合补贴资金达到 482 亿元，比上年增长 75%，加上从粮食风险基金中预计列支的 151 亿元粮食直补资金，2008 年对种粮农民的两项直接补贴资金规模达到 633 亿元。

2012 年，中央财政安排的粮食直补、良种补贴、农资综合直补、农机具购置补贴分别达到 151 亿元、224 亿元、1 078 亿元和 200 亿元，四项补贴合计达到 1 653 亿元，较 2006 年增长了 4 倍（表 1－5）。2013 年，中央安排的“四补贴”达到 1 700.6 亿元。同时开展技术服务补贴政策，主要包括面向农业生产服务的农民培训补助、小麦“一喷三防”、玉米地膜覆盖、南方水稻集中育秧、东北水稻大棚育秧、东北秋粮及南方水稻增施肥促早熟、有机质提升、深松整地作业等防灾减灾稳产增产关键技术良法补助政策。2013 年，中央财政安排 2.1 亿元，在 21 个县（市、区）采取以奖代补等方式支持开展国家现代农业示范区改革与建设试点。尽管这方面的资金总量目前并不大，但增长很快，成为国家支持粮食生产的重要切入点。

表 1－5　中国农业四补贴资金规模及结构

单位：亿元

年份	四补贴	农资	良种	直补	农机
2012	1 653	1 078	224	151	200
2011	1 406	860	220	151	175
2010	1 345	835	204	151	155
2009	1 275	756	199	190	130

（续）

年份	四补贴	农资	良种	直补	农机
2008	1 030	716	123	151	40
2007	514	276	67	151	20
2006	310	120	42	142	6

数据来源：农业部统计资料。

2. 科技扶持政策

中国之所以能够用仅占世界7%的耕地养活占世界1/5的人口，科技支撑所起的作用非常关键。经过长期努力，中国建立了包括教育、科研、科技推广在内的农业科技体系，适应市场经济的能力总体上越来越强，这在发展中国家并不多见。总体来看，农业科技体制机制不断完善，农业发展的科技贡献率不断提高，2013年达到55.2%。

农业教育体系主要包括高等教育、中等职业教育、广播电视教育，目前共有独立设置的农林本科院校38所，473所高等学校举办涉农专业，涉农本科专业达到1 493个。中等农业职业教育体系比较完整，基本上每个地级市都设立了农业学校或者相关专业，每个县设立了中等农业职业教育学校或相关专业。农业科研体系包括以中国农业科学院、涉农高校为主体的农业重大基础理论研究体系，以国家级农业科研机构、涉农高等院校、涉农重点企业参与形成的重大关键技术研究体系，以区域省级农业科研机构、农业高等院校为主体的区域创新体系。据农业部门概算，中国共有农业科研人才27万人，其中农业科研机构6.6万人、涉农高校3.4万人、省级以上农业龙头企业17.0万人。从中央到乡镇，全国都设立了农业科技推广机构。

近年来，国家密集出台专门针对或涉及农村科技工作的政策文件，2012年的中央1号文件以农业科技为主题，明确界定了农业科技“具有显著的公共性、基础性、社会性”，强调强科技、保发展。支持农业教育、科研和科技推广体系的政策主要包括：实施卓越农林教育培养计划，进一步提高涉农学科（专业）生均拨款标准，加大国家励志奖学金和助学金对高等学校涉农专业学生倾斜力度，在农林水等专业实行定向招生，对到农村和边远地区工作的高校毕业生实行学费补偿和国家助学贷款代偿政策，对中等职业教育免费，实施职业技能培训补贴，加快培养农业科技领军人才和创新团队，调整科技成果评价导向，完善基层农技推广人员职称评定标准，普遍健全乡镇或区域性农业技术推广公共服务机构，完善管理体制，全面实行人员聘用制度，推行县主管部门、乡镇政府、农民三方考评办法，实施农业技术推广服务特岗计划，改善基层农技推广机构办公用房和仪器等工作条件，实施基层农业技术推广体系改革与建设示范县项目，提高农技推广人员待遇水平，支持高等学校和科研院所承担农技推广项目，推行推广教授和推广型研究员制度，实施科技特派员农村科技创业行动等。这些政策的出台，使得农业科技经费保障机制更加健全、管理体制更为完善、运行机制更具活力，对粮食生产的支撑作用明显增强。

3. 基本生产条件加快改善

中华人民共和国成立以来，中国以水利为重点的基础设施条件大为改善，生产手段大为改进。尤其是近几年来，中国水利建设进入了一个新的发展阶段，机械化水平快速提高，对粮食生产发展起到了基本支撑作用。

（1）基础设施建设大为加强。近年来，国家对农村基础设施建设的投入继续加大，中央预算内投资用于农业和农村建设的投资比例为一半左右。在中央投入带动下，社会的投入也快速增加，粮食生产基础设施条件正在加快改善。

水利是农业基础设施建设的重点。从 2 000 多年的历史来看，中国降水区域之间，年际分布不均，每年要发生一次旱灾或者水灾。中华人民共和国成立以后，中国采取了最广泛动员的方式，围绕防洪、供水、灌溉等水利工程，开展了气壮山河的水利建设，初步形成了大中小微结合的水利工程体系。改革开放以后，农业水利建设继续得到发展。“十一五”期间，全国水利建设投资总规模超过 7 000 亿元（其中中央 2 934 亿元），比“十五”时期增加近 1 倍。目前，中国已经建成 9.7 万座水库，农田有效灌溉面积达到 6 200 万公顷。“十一五”期间，中国净增灌溉面积 380 多万公顷，改善灌溉面积 1 270 万公顷，新增节水能力 189 亿米^3，新增粮食综合生产能力 2 000 万吨。中国农业用水效率明显提高，2000—2011 年，节水灌溉工程面积由 1 640 万公顷增加到 2 870 万公顷，其中喷灌、微灌、低压管道输水等高效节水灌溉面积由 590 万公顷增加到 1 250 万公顷。

2011 年，中共中央、国务院专门发出以水利为主题的中央 1 号文件，要求往后 10 年全社会水利年平均投入比 2010 年高出一倍，投入总量达到 4 万亿元。2013 年，中央用于江河治理、水库建设及除险加固等项目的资金达到 512.9 亿元。

（2）农业机械化水平迅速提高。机械化水平是农业现代化水平的直接标志。2004 年，中国颁布了第一部《农业机械化促进法》，标志着农业机械化进入了一个全新的发展阶段。2010 年，国务院发出《关于促进农业机械化和农机工业又好又快发展的意见》（国发〔2010〕22 号），对促进农业机械化发展进行了部署。从 2004 年开始，中国出台了农机具购置补贴，当年中央财政的补贴为 0.7 亿元，此后逐年大量增长，2012 年增加到 215 亿元，补贴购置各类农机具 2 272.6 万台（套）。2005—2012 年，全国农机总动力从 6.85 亿千瓦增加到 10.26 亿千瓦。2012 年，全国农作物耕种收综合机械化水平达到 57.1%，较“十五”末提高 21 个百分点。这说明中国粮食生产实现了由以人畜力为主向以机械作业为主的重大转变。

（3）基本农田保护和建设不断加强。中国实施了最为严格的耕地保护制度，这是粮食生产发展的底线。1998 年，国务院颁发了《基本农田保护条例》，要求划定的基本农田面积应当达到耕地总量的 80%以上。目前，全社会的基本农田保护意识逐步确立，基本农田保护法规制度框架基本形成。新一轮土地利用总体规划（2006—2020 年）提出全国耕地保有量到 2010 年和 2020 年分别保持在 12 120 万公顷和 12 033.33 万公顷。在规划期内确保 10 400 万公顷基本农田数量不减少、耕地质量有提高。2010 年耕地总面积保持在 12 801 万公顷以上，基本农田面积 10 856 万公顷以上，占现有耕地总面积的 83.5%以上。

（三）粮食流通政策

1. 价格政策

2004 年开始，国家对早籼稻、中晚籼稻、粳稻实行最低收购价政策，当年价格分别为 1 400 元/吨、1 440 元/吨、1 500 元/吨，从 2006 年开始对白小麦、红小麦、混合麦实行这一政策，价格分别为 1 440 元/吨、1 380 元/吨、1 380元/吨。2014 年，以上品种最低收购价分别为 2 700 元/吨、2 760 元/吨、3 100 元/吨、2 360 元/吨、2 360 元/吨、2 360 元/吨，分别比最初实行时提高了 92.9%、91.7%、106.7%、63.9%、71.1%、71.0%（表 1－6）。与之同时，对玉米和大豆实行临时收储政策。2013 年，内蒙古、辽宁、吉林、黑龙江的玉米临时收储价格分别为 2 260 元/吨、2 260 元/吨、2 240 元/吨、2 220 元/吨；大豆的临时收储价格为 4 600 元/吨。正是由于最低收购价、临时收储价的托底，粮食销售价格能够维持在一个相对合理的水平，使得农户尤其是主产区农户可以自由选择在价格相对较高的时间出售粮食，获得比较稳定的利润。

表 1-6　中国稻谷和小麦最低收购价

单位：元/吨

年份	早籼稻	中晚籼稻	粳稻	白小麦	红小麦	混合麦
2004	1 400	1 440	1 500			
2005	1 400	1 440	1 500			
2006	1 400	1 440	1 500	1 440	1 380	1 380
2007	1 400			1 440	1 380	1 380
2008	1 540	1 580	1 640	1 540	1 440	1 440
2009	1 800	1 840	1 900	1 740	1 660	1 660
2010	1 860	1 940	2 100	1 800	1 720	1 720
2011	2 040	2 140	2 560	1 900	1 860	1 860
2012	2 400	2 500	2 800	2 040	2 040	2 040
2013	2 640	2 700	3 000	2 240	2 240	2 240
2014	2 700	2 760	3 100	2 360	2 360	2 360

数据来源：国家发展和改革委员会。

2. 粮食流通体制改革

经过多年攻坚，粮食流通体制改革取得了突破性进展。样本省份的国有粮食企业改制已经基本完成。2013 年，全国国有粮食系统 27 个省份实现盈利，盈利 82.3 亿元。与之同时多元化流通主体也得到快速发展。到“十一五”期末，全国具有粮食收购资格的经营者有 8.75 万家，受企业委托或与企业合作的农村粮食经纪人有 36.2 万人。目前黑龙江、安徽、江西、河南的粮食经营企业有 2 600 家、2 600 家、4 600 家、6 000 家左右，黑龙江、安徽、河南的粮食经纪人分别达到 1.3 万、1.3 万、2 万多人。体制的理顺，既有效发挥了国有粮食企业主渠道作用，总体利于解决农民粮食销路问题，而且对活跃粮食市场、形成有效竞争机制、保持合理粮价起到了非常重要的促进作用。2013 年，各类粮食企业收购粮食 3.4 亿吨，其中最低收购价临时收储 8 245 万吨。通过托市减损，促进农民增收 430 亿元以上。全年投放政策性粮食 3 480 万吨，组织跨省移库 1 350 万吨，产销对接 1910 万吨。黑龙江、吉林、安徽、河南、湖北正常年景全社会粮食收购量达到 3 190 万吨（2013 年）、3 000 万吨（2013 年）、1 500 万吨（2012 年）、3 250 万吨（2012 年）、1 515 万吨（2013 年）。

3. 现代流通体系

储备能力明显增强，为粮食收购提供了重要保障。2010 年，中国粮食仓储企业的有效仓容达到 3.5 亿吨，比 2005 年增加了 0.9 亿吨。比较完整的市场体系已经形成，到“十一五”期末，已经建立国家粮食交易中心 22 家，各类粮食批发市场 400 余家，放心粮油生产企业已建立各类销售网点 17 万多个（城镇 11 万多个、农村 6 万多个）。2010 年，全国各类粮食批发市场的粮油成交量 14 000 万吨。全国统一的粮食竞价交易系统已经建立，“十一五”时期共交易政策性粮油 24 562 万吨。

随着工业化、城镇化的深入发展和人口流动性增强，中国粮食物流建设取得显著进展。据第六次人口普查结果，中国大陆地区居住地与户口登记地所在的乡镇街道不一致且离开户口登记地半年以上的人口，比 2000 年增加 1.17 亿人，增长 81.03%，由此带来粮食消费区域结构的重要改变，粮食调运能力显得愈为重要，否则不仅人口流入地区满足不了需求，而粮食主产区则消费不足，由此给生产带来严重影响。经过长期建设，中国粮食调运能力大为增强，目前每年跨省运输的粮食达到近 1.5 亿吨，仅东北地区每年就有 3 000 万吨通过铁路运往关内。

（四）粮食加工政策

改革开放以来，尤其是进入 21 世纪以来，伴随着人们生活水平的提高、社会结构的变化、生活方式的转变、产业结构的调整，中国粮食需求结构发生了重要转变，突出体现在高级化、多样化、专门化、便捷化、能源化等方面，使得动物性食品、方便食品、饲料粮、能源加工转化用粮等快速增加，对粮食加工业发展提出了新的要求。适应这种趋势，近年来中国粮食加工业进入了一个新的发展阶段，“十一五”时期，粮食加工业实现高速发展。2010 年，粮食工业总产值、销售收入、利税总额分别达到 2.6 万亿元、2.3 万亿元、2.3 万亿元，分别比 2005 年增加 2.64 倍、2.32 倍、2.90 倍。

黑龙江近年通过深入实施“打绿色牌，走特色路，建设绿色食品强省”的发展战略，2012 年全省规模以上食品加工企业实现增加值 543 亿元。在长春大成、吉林德大、天景食品集团等一大批实力较大的玉米加工龙头企业的带动下，吉林的农产品加工企业呈现出集群化发展特征。2011 年，以玉米、水稻、大豆为主的粮食加工量达 1 500 万吨，占产量的一半左右。通过实施粮食产业化提升工程，安徽 2013 年的粮食加工业总产值达到 1 700 亿元，有 5 个主食产业集群年产值超 20 亿元，优质粮油订单面积超过 200 万公顷。江西实施 60 个大型粮食精深加工项目，粮食加工水平快速升级。2013 年的稻谷加工量达到 1 700 万吨以上，粮食加工转化率达 80%以上，粮油加工业总产值超过 1 000亿元。作为第二产粮大省，河南的粮食加工业发展实现全新突破，加速了从“粮仓”到“厨房”的转变进程。2012 年，河南的粮油加工业企业数量为 3 000 多家，年粮食加工转化能力达 3 500 万吨，总产值达到 1 671.8 亿元。2012 年，湖南粮食加工业完成销售收入 1 020 亿元，有 300 多家规模粮食加工企业，年加工能力已突破 1 000 万吨。

在一些地区，粮食加工转化已经发展成为当地的支柱产业。2012 年，吉林省榆树市有酒类、玉米、豆类、稻米、医药五类与粮食加工紧密相关的企业有 208 个、8 个、115 个、107 个、5 个。华威药业、浙江福地农业开发、榆树钱酒业、京粮集团古船米业、中粮生化液糖等规模大、优势明显、带动力强的粮食加工项目相继实施，形成了规模化、专业化、集群化的发展格局。山东省平度市农业产业化整体水平较高，有粮油类加工企业 30 余家，年可加工转化小麦、玉米、花生 120 万吨以上，占总产量的 65%，年销售额达到 23.3 亿元，年实现利润 7 900 万元。江苏盐城市建设粮食加工集中区，发展了一批具有地域、产业特色的粮油精深加工企业，形成油脂加工、麦芽加工、面粉加工、大米加工、料加工等五大精深加工产业链条，粮食加工产品年销售额超过 100 亿元。

（五）粮食储备及库存管理政策

为稳定粳稻、大豆、玉米等粮食产品的生产，“十一五”时期，国家针对上述粮油产品出台了临时收储政策，从实践来看，临时收储政策覆盖的产品范围逐步扩大，收储机制进一步规范化，逐步完善中央战略专项储备与调节周转储备相结合、中央储备与地方储备相结合、政府储备与企业商业最低库存相结合的粮食储备调控体系，增强国家粮食安全。

2007 年，东北玉米上市后，收购价格持续走低，国家有关部门先后下达了两批中央储备和国家临时储存玉米收购计划，由中储粮总公司指定企业按照规定价格（中等品玉米收购价格每 50 千克分别为：内蒙古、辽宁 71 元，吉林 70 元，黑龙江 69 元）进行收购，以稳定玉米市场价格，确保农民利益不受损失，国家多掌握粮源。另外，为进一步做好东北地区粳稻收购工作，切实保护农民利益，国家在 2008 年 3 月 21 日适当提高吉林、黑龙江两省粳稻最低收购价格水平的同时，对辽宁省粳稻实行国家临时储存收购，具体收购价格等有关事宜均比照吉林、黑龙江两省粳稻最低收购价政策执行。此外，国家还采取了召开产销衔接洽谈会、补贴运输费用等措施引导关内企业到东北地区采购粳稻（大米），支撑粮食收购价格。

2008 年，受全球金融危机影响，中国粮食价格开始呈现下跌趋势，为稳住粮价，国家启动了临时储备粮收购政策。10 月 20 日，国家启动第一批粮食收储计划，临时收储稻谷 1 000 万吨，大豆 150 万吨，玉米 500 万吨，合计 1 650万吨；12 月 3 日，国家启动第二批临时存储粮食收购计划，临时收储稻谷 750 万吨、玉米 500 万吨、大豆 150 万吨，合计 1 400 万吨；12 月 25 日，国家启动第三批粮食收储计划，收储玉米 2 000 万吨；2009 年 1 月 12 日，国家出台第四批粮食临时收储计划，计划在东北大豆产区收储大豆 300 万吨，在南方稻谷产区收储稻谷 500 万吨，总计 800 万吨。2008 年 10 月底至 2009 年 1 月，国家连续四批临时收储计划共计收购粮食 5 850 万吨，约占粮食总产量的 11%。分品种而言，玉米收储量约占产量的 20%，大豆约为 36.4%，稻谷约为 11%。

之后临时收购政策每年进行，至 2013 年国家继续修改完善并及时公布小麦、早籼稻和中晚稻最低收购价执行预案。夏粮收购开始后，由于小麦和早籼稻市场价格低于最低收购价水平，在主产省先后启动了小麦、早籼稻最低收购价执行预案，并根据收购情况及时增加委托收储库点，满足农民售粮需要。根据秋粮上市和市场价格情况，在黑龙江、安徽和江西等省启动了中晚稻最低收购价执行预案。根据生产形势和市场价格情况，继续对油菜籽、大豆、玉米等实行了临时收储政策。冬、春播油菜籽临时收储政策于收获后在 15 个省（自治区）适时启动。大豆、玉米临时收储先后于秋粮收获季节在东北 4 省（自治区）启动，敞开收购农民余粮。2013 年各类粮食企业共收购粮食 3.4 亿吨，其中最低收购价和临时收储粮食 8 245 万吨，通过提价托市、优质优价、帮助农户整粮减损等措施促进种粮农民增收 430 亿元以上。年末粮食库存总量继续保持历史较高水平，库存消费比继续处于安全合理的水平，国家库存粮食质量总体良好，依存率达95%以上。

（六）粮食贸易政策

1. 进口政策

中国加入WTO后立即取消小麦、玉米、稻谷、大米、豆油、花生油、棕榈油、葵花油、棉籽油、菜籽油、玉米油、芝麻油等的单一许可证。对其中的一些重要农产品，实行关税配额管理政策。实行关税配额管理的具体产品有小麦、玉米、大米（中短粒）、大米（长粒）、豆油、棕榈油、菜籽油、食糖、羊毛和棉花，对这些产品实行配额内低关税，配额外高关税，并且配额量不断增加，在实施期时达到最终配额量水平（表1-7）。其中，对豆油、棕榈油和菜籽油实施关税配额管理的时间只能是2005年之前，从2006年起取消关税配额管理，转而实行单一关税政策，也就是进一步降低市场准入的门槛。

表1-7 中国实行关税配额管理的农产品

	最初配额量（万吨）	最终配额量（万吨）	配额内税率（%）	实施期（年）	国有贸易比例（%）
小麦	788.4	963.9	1、6、9、10	2004	90
玉米	517.5	720	1、9、10	2004	71～60
大米，中短粒	166.25	266	1、9	2004	50
大米，长粒	166.25	266	1、9	2004	50
豆油	211.8	358.71	9	2005	42～10
棕榈油	210	316.8	9	2005	42～10
菜籽油	73.92	124.3	9	2005	42～10
食糖	168	194.5	20～15	2004	70
羊毛	25.325	28.7	1	2004	
棉花	78.075	89.4	1	2004	33

资料来源：根据《中国加入WTO协议书》有关内容整理。

中国在关税配额管理方法上也做出了承诺。WTO的有关法律文件对农产品关税配额的分配等管理方法并没有统一的规定。在加入WTO谈判中，中国对农产品进口配额发放等管理方法提出了一系列承诺。其中最主要的内容是：①规定垄断性国有贸易在进口配额中的份额，将一定的配额份额分配给非国有贸易。②规定配额获得者在9月15日前没有使用配额签订进口合同的，要将未使用配额交回，重新分配。③对于没有使用完配额和没有交回配额的实体，对其以后申请配额规定了限制措施。

中国分别承诺了每个执行关税配额产品的国有贸易比例及具体贸易企业。除了小麦、玉米和食糖外，其他产品国有贸易的比例在50%以下（包括50%）。进行国有贸易的具体企业分别是：粮食有中国粮油食品进出口总公司，植物油有中国粮油食品进出口总公司、中国土产畜产进出口总公司、中国华润总公司、中国南光进出口总公司、中国良丰谷物进出口总公司、中谷粮油集团公司，食糖有中国粮油食品进出口总公司、中国出口商品基地建设总公司、中国海外贸易总公司、中国糖业酒类集团公司、中国商业对外贸易总公司，烟草有中国烟草进出口总公司，棉花有中国纺织品进出口总公司、北京九达纺织品集团公司、天津纺织工业供销公司、上海纺织原料公司。

从农产品关税配额数量、农产品进口关税水平和关税结构的特点看，中国农产品贸易政策改革在扩大市场开放上的取向非常明显。第一，中国农产品关税配额数量巨大。从世界比较看，中国的农产品关税配额数量与WTO其他所有成员的配额数量相比，小麦和玉米为50%以上，其他产品都在几倍乃至几十倍以上；从市场比较关系看，中国小麦、玉米和大米配额数量分别相当于商品性消费总量的20%、8%和15%左右，均远远超出WTO 5%的最低市场准入要求。第二，中国农产品进口关税已处于相当低的水平，不存在关税高峰现象。中国自加入WTO以来，农产品平均关税水平下降很快，而且高关税商品数量大幅度减少，符合WTO关于削减关税水平和消除关税高峰现象的倡导。第三，中国实行关税配额管理的农产品品种减少，配额扩大，配额内税率较低。配额内的关税率除了食糖略高一点之外，其他均为1%，几乎等于没有。

在开放农产品市场方面，中国还有几条重要承诺。一是对农产品的病虫害检疫和质量检验将采取符合国际规范的做法。二是放弃在执行期内使用特殊保障措施的权利。这是指中国不能使用适用于发展中国家的某些例外及特殊和差别待遇，也不能在进口增加可能造成市场波动时，使用适用于所有国家的特别保护机制。这意味着，当遇到农产品进口激增的情况时，中国只能根据WTO协议的一般保障条款来对本国市场提供保护，或启动反补贴、反倾销措施。但是，中国承诺允许WTO成员防范从中国进口产品激增的特殊保障措施，即在加入WTO后的12年内，允许其他成员在面临从中国进口产品激增，从而实际或可能造成对其本国市场的冲击时，采取限制性措施。这一限制措施的条件和办法相当于一般保障措施，但有两点更加特殊：其一，如果限制措施实施不超过2～3年，则不需要像一般保障措施要求的那样对中国进行补偿；其二，可以专门针对中国，而不是像一般保障措施那样不分产品的来源地。

2. 出口政策

在出口补贴方面，中国承诺加入WTO后不再对任何农产品进行出口补贴。为了使中国产品在运输成本和税负方面与国际产品保持公平，自2001年年底以来中国主要采取了两项相关政策：一是取消铁路建设基金。自2002年4月1日对铁路运输的稻谷、小麦、大米、小麦粉、玉米、大豆等征收的铁路建设基金实行全额免征。当时规定减免措施执行期限暂定至2005年年底，之后将不再出台类似减轻铁路建设基金的政策，目前免征的期限将继续延长。国家免征的铁路建设基金占总运输费用的30%～40%，此举使粮食从产区经铁路运往销区的运输成本平均降低了40%左右。二是大宗谷物出口退税。出口退税是完全符合WTO规则的，旨在增强出口产品的国际竞争力。2002年4月1日，国务院批准对大米、小麦和玉米实行零增值税税率政策，并且出口免征销项税。2005年新的出口退税政策又补充规定，对小麦粉、玉米粉等农产品加工产品的退税率由5%调高到13%。

为了确保粮食供应，稳定粮食价格水平，缓解贸易顺差，财政部和国家税务总局2007年12月17日联合发布，从2007年12月20日起取消小麦、稻谷、大米、玉米、大豆等84类原粮及制粉产品的出口退税。

受世界主要产粮国粮食减产和生物燃料需求旺盛等因素的影响，全球粮食价格大幅攀升。为避免中国粮食价格因受国际粮价上涨影响而产生涨价预期，确保中国市场供应和价格稳定，同时也参考世界贸易组织其他成员的相应做法，经国务院批准，国务院关税税则委员会决定，从2008年1月1日至12月31日，对小麦、玉米、稻谷、大米、大豆等原粮及其制品共57个8位税目产品征收5%～25%不等的出口暂定关税。

三、中国粮食供求与国际粮食市场互动影响

（一）世界粮食供求变化特点

1. 世界粮食产量不断提高，近10年增速明显加快

21世纪以来，在科学技术不断发展的带动下，世界粮食产量增速明显

加快。2013 年世界粮食产量达到创纪录的 24.98 亿吨，较上年增长 8%，较 2004 年增长 20.6%。近 10 年世界粮食产量增速明显加快，2004—2013 年的年均增速为 2.1%，在上一个 10 年 0.7%的水平上增长了 1.4 个百分点。分品种来看，玉米是增长最快的粮食品种，年均增长率为 3.5%，大米为 2.2%，小麦为 1.3%。玉米产量增加使其占谷物的比例显著提高，2004 年以来玉米占谷物总产量的比例从 35.2%增加到 39.8%，增长了 4.6 个百分点，而同一时期大米从 19.6%略增至 19.8%，仅增长了 0.2 个百分点，小麦和其他谷物所占比例分别下降了 1.9 个和 2.9 个百分点。2013 年中国谷物总产量达到 4.85 亿吨，比 2012 年增长 1.7%，占世界谷物总产量的 19.4%。

2. 世界粮食消费量平稳增长，工业用粮成为新的增长点

世界粮食消费量平稳增长，2013 年粮食消费量达 24.18 亿吨，较 2004 年增长 20.2%，年均增长 2.1%，较上一个 10 年快 0.9 个百分点。口粮消费仍是粮食最主要的消费途径，2013 年为 10.99 亿吨，占消费总量的 45.5%；饲料消费为 8.48 亿吨，占 35.1%；其他用途 4.72 亿吨，占 19.5%。2004—2013 年，以工业用粮为主的其他用途增速明显加快，占粮食消费量的比例快速提高，从 16.1%增至 19.5%，增长了 3.4 个百分点；同一时期食用和饲料消费所占比例均呈下降态势，分别减少 1.0 个和 2.4 个百分点。分品种来看，玉米同样是增长最快的品种，2004—2013 年年均增长 3.4%，大米年均增长 2.1%，小麦年均增长 1.3%。玉米消费量占消费总量的比例显著提高，从 34.4%增至 38.7%，提高了 4.4 个百分点；大米所占比例维持在 20%左右；小麦所占比例从 30.8%降至 28.8%，下降了 2.0 个百分点；其他谷物从 14.7%降至 12.3%，下降了 2.4 个百分点。2013 年中国谷物消费量达到 4.96 亿吨，比 2012 年增长 3.7%，占世界谷物总消费量的 20.5%。

3. 世界粮食供求形势有所好转，库存水平有所提升

2004—2013 年，有 4 年世界粮食消费量大于产量，其中包括 2006—2007 年连续两年产量不足导致供求缺口达到 5 880 万吨，引发全球粮价高涨；2010 年旱灾造成小麦减产，且玉米需求旺盛导致产不足需，产需缺口为 1 770 万吨；2012 年旱灾再次影响世界粮食产量，产需缺口达 2 460 万吨。除此之外的多数年份产量能够满足消费需求。由于产量再创新高，2013 年世界粮食供求形势好转，库存水平有所回升，库存量达到5.64亿吨，为20年来的最高水平，库存消费比为23%，大大高于2007年18.4%的历史最低水平（图1-7）。

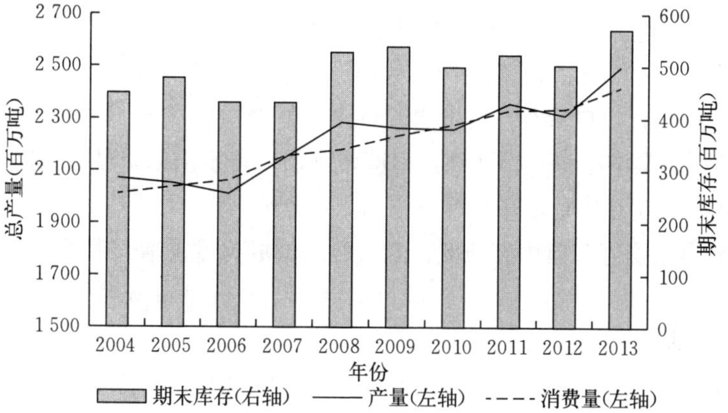

图1-7　2004—2013年世界粮食产量和消费量变化

数据来源：联合国粮农组织统计数据。

分品种来看，近10年来世界大米供求形势较为宽松，除2004年有160万吨的供求缺口外，其他年份的产量均足以满足消费需求，且期末库存量连续6年增加，2013年达到1.8亿吨，创20年来的新高，库存消费比为36%，处于历史较高水平。世界小麦供求形势由略紧转为相对宽松，10年间有4年存在产需缺口，其他年份略有剩余。2013年小麦产量再创新高，消费平稳增长，产大于需1 240万吨，库存量为1.67亿吨，增长6.7%，库存消费比为23.6%，增长了1.1个百分点。世界玉米近10年消费量增长迅速，年均增速达3.4%，较上个10年增加2.3个百分点；产量增长仍略高于消费增长，年均增长3.5%；供求形势由紧平衡转为较宽松，10年间有2年产不足需，其他年份略有盈余；2013年玉米产量创历史新高，达到9.94亿吨，增长13.4%，玉米库存量从1.29亿吨回升至1.77亿吨，增幅高达37%；库存消费比从2012年的14.7%升至17.8%。

（二）世界粮食贸易变化特点

1. 世界粮食贸易增速快于产量，出口集中度提高

近10年世界粮食贸易量增长较快，从2004年的2.45亿吨增加到2013年

的 3.14 亿吨，年均增长 2.8%，明显高于 1994—2003 年均 1.8%的增长水平，也较产量 2.1%的年均增长率高 0.7 个百分点。近 10 年世界主要粮食出口国中，阿根廷、加拿大、欧盟、俄罗斯、乌克兰、澳大利亚、巴西和印度等国家和地区出口量均保持增长，其中乌克兰、俄罗斯、巴西和印度增长速度明显快于其他国家和地区。美国出口量呈明显下降趋势，较 10 年前下降约 3 成，但仍为世界最大的粮食出口国。泰国的出口量基本稳定，年度间变化不大。这 10 个国家的粮食出口量合计占世界粮食出口量的比例从 83%提高至 85%，世界粮食的出口集中度提高。此外，中国粮食出口量也出现明显下降，出口量由 10 年前的 1 000 万吨左右降至目前的 100 多万吨。

2. 世界粮食进口集中度降低，新兴经济体成为需求增长的重要组成部分

近 10 年世界前十大主要粮食进口国（地区）的进口量占贸易量的比例略有下降，从 10 年前的 49.6%降至目前的 48.9%。由于日本、墨西哥、韩国等传统进口国的进口需求基本稳定，世界谷物进口需求呈平稳增长态势，新兴经济体的谷物进口量随人口增长、收入增加呈明显上升趋势。沙特阿拉伯、印度尼西亚和阿尔及利亚进口量增加，分别较 2003 年增长 57.4%、53.0%和 43.4%；巴西粮食进口量增长 32.1%；埃及谷物进口量达到 1 540 万吨，较 2004 年增长 21.3%；中国也成为粮食进口国，2013 年进口 2 800 万吨，较 2004 年增长 75%。随着新兴国家人口持续增长以及经济形势的发展，粮食进口量会继续增加。此外，欧盟等发达地区粮食进口也呈现出增长趋势，2013 年欧盟进口量为 1 480 万吨，较 10 年前增长 35.8%。

3. 小麦是粮食贸易的主体，也是增长最快的品种

在粮食贸易结构中，小麦是粮食贸易的主体，占世界谷物年贸易总量的 45%左右，其次是玉米，约占 33%，大米约占 12%。小麦贸易量 2011 年达到顶峰，为 1.48 亿吨，之后贸易量减少，2013 年为 1.42 亿吨。科技进步促进玉米深加工产业的发展，导致玉米贸易量明显增加。2013 年世界玉米贸易量达到 1.03 亿吨，较上年增长 2.9%，再创历史新高。大米贸易量相对较少，2013 年贸易量为 3 740 万吨，比 2004 年增长 25.5%。从增长速度来看，小麦是贸易量增长最快的品种，2004—2013 年均增长率为 2.8%，较上个 10 年快 1.5 个百分点；大米年均增长率略低于小麦，近 10 年为 2.6%，与上个 10 年基本持平；玉米贸易量的年均增长率为 2.1%，明显慢于上个 10 年 3.7%的平均增速。

（三）中国粮食供求与国际市场之间的互动影响

1. 国际市场变化对中国供求的影响

（1）总体看，近年来中国粮食进口增长较快，但对粮食供求安全的影响不大。2001—2008年，中国小麦、大麦在多数年份呈净进口，玉米和大米基本呈净出口，粮食产品总体保持净出口，但净出口量不断减少，由2003年的近2 000万吨下降到2008年的32.1万吨。从2009年开始粮食总体转为净进口；2010年玉米转为净进口，改变了保持13年之久的净出口格局；2011年在时隔15年之后玉米、大米、小麦三大产品再次全部呈现净进口。2012年，进口增势更加迅猛，净进口1 248万吨，小麦、玉米、大米净进口量分别达到341.5万吨、495.1万吨和208.9万吨。2013年，粮食进口继续增加，进口量为1 458.5万吨，但增速有所放缓，由上年的1.6倍降至4.3%。其中，小麦产品进口553.5万吨，同比增长49.6%；玉米产品进口326.6万吨，同比下降37.3%；稻谷产品进口227.1万吨，同比下降4.1%。尽管中国粮食产品全部呈现净进口且数量不断增加，但由于占消费量的比例不大，粮食整体仍保持很高的自给水平。2012年中国粮食表观消费量为55 182.7万吨，净进口量占表观消费量的比例仅为2.3%，进口对国内供需总量平衡格局和价格的影响有限。

（2）短期看，2013年国际市场价格走低对国内造成压力，2014年仍将下行。尽管2013年国际粮食市场价格下行增加了中国粮食进口，对国内产业发展造成一定的压力，但对国内供需总量平衡格局和价格的影响有限。在2013年全球粮食产量再创新高的背景下，2014年国际粮食价格依然面临较大的下行压力。据联合国粮农组织预测，世界玉米市场供应量充足将导致2014年价格下行，国际大米价格在进口需求疲软的影响下将对2014年市场再次形成压力，世界小麦库存量得到补充，价格仍有下降空间。在目前国内外粮食市场已经形成较大价差的形势下，2014年国际粮食价格的下行走势将对中国粮食市场及贸易带来一定影响，需要密切关注。

（3）长期看，粮食国内外价差呈持续扩大趋势，粮食安全将面临越来越大的挑战。2004年以来，中国粮食价格受需求拉动、成本推动以及价格政策等因素影响稳中趋升，2004年以来，中国大米、玉米和小麦价格分别累计上涨1.16倍、1倍和80.9%。与国际市场相比，国内粮食价格不断上涨使得中国粮食竞争力持续下降，除粮食危机外的多数时间国际粮食价格均低于国内。尤其是近两年，国际粮食在离岸价的基础上加上运费、保险、关税、进口增值税以及港杂费后的到岸税后价已经显著低于国内销区价格。2013 年受全球粮食增产以及供求紧张形势有所好转的影响，国际市场粮食价格高位回落，国内外粮食价差不断扩大。2013 年泰国大米到岸税后价与国内晚籼米销区价的价差由 126 元/吨增至 721 元/吨，美国小麦到岸税后价与国内优质麦销区价的价差由 52 元/吨增至 409 元/吨，美国玉米到岸税后价与国内三等玉米销区价的价差由 41 元/吨增至 537 元/吨。

2. 中国供求变化对国际市场的影响

（1）大豆。随着中国大豆进口的持续增长，中国大豆供求变化对国际市场的影响在四大粮食品种中是最大的。1996 年以前中国还是大豆净出口国，且大豆出口的年际间变化也很稳定，1991 年大豆出口 111 万吨，占世界大豆出口量的比例仅为 2.76%。但是中国大豆进出口在 1996 年发生了质的改变，当年大豆进口 110 万吨，出口 19 万吨，净进口量 91 万吨。之后，大豆进口量一直飙升，到 2006 年已达 1996 年进口量的 26 倍，为 2 826 万吨。2013 年达到 6 337.5万吨，占国际市场份额的 61%，中国也成为世界大豆进口量最多的国家。同时中国也使世界大豆市场更加活跃，交易量 2012 年比 1997 年增加了 6 260万吨，整整翻了两番。目前中国大豆种植面积大幅减少，中国大豆产量不足消费量的 20%，而其余 80%主要依靠进口。

尽管中国大豆进口量巨大，占国际市场份额的一半以上，但中国对大豆价格却没有话语权，是大豆价格的被动接受者。2003 年中国大豆进口较上年增加 83%，达到 2 074.1 万吨，而国际大豆价格也从 2003 年 7 月的 229 美元/吨上涨至 2004 年 4 月的 377 美元/吨。国际市场时刻关注着中国的大豆需求，每当国家为了补充大豆储备，国家粮食局和发展改革委员会决定购买进口大豆，向国际大豆市场询价的时候，国际大豆价格立即暴涨。资料显示，国储在 2011 年 10 月 11 日向国际市场询价的当天，芝加哥商品交易所大豆期货暴涨，其中交投最活跃的 CBOT 11 月大豆期货收盘攀升 58 美分，涨幅 4.9%。中国大豆每年缺口已达 6 000 万吨以上，这样庞大的缺口，在国际市场上所占据的巨大份额，使中国已无法不被动接受国际上不合理的大豆定价方式。

（2）玉米。改革开放后，中国玉米出口开始逐步增加，1992 年玉米出口超过 1 000 万吨。1995—1996 年受国家政策调控出口大幅缩减到 251 万吨和

197万吨。1997年开始又有所恢复，出口量上升到900万吨。2003年由于政府对玉米出口每吨高达44美元的出口退税和减免大宗谷物铁路建设基金的政策效应，玉米出口达到1 547万吨的历史最高水平，在国际贸易市场占有20%的份额。以后年份玉米出口呈下降趋势，而且年际之间波动也比较大。2004年玉米出口232万吨，2005年又增长到861万吨，2006年再下降到307万吨。由于国际形势和国内宏观政策的影响，2007年玉米出口量降到了近10年来的历史最低点56万吨。整体来看，2007年以前中国在国际玉米市场上还是一个净出口国。2008年以后，中国已转变为玉米净进口国，当年进口158万吨，占总供给量的0.95%，占国际贸易量的3.1%。2011年中国玉米进口量达到175.36万吨，占总供给量的0.90%，占国际贸易量的4.2%；2012年中国玉米进口量更是达到520.8万吨，同比增长近2倍，占国际贸易量的6.2%。中国玉米供求形势变化直接引起国际玉米市场的波动。2008年中国开始由玉米净出口国转变为净进口国，国际玉米价格达到1 032元/吨，较上年上涨31%。

（3）大米。在近些年的大米贸易中，中国基本保持平衡且略倾向于出口。中国大米出口的地区和国家由于经济和政治的原因而极不稳定，且年际间出口变化也较大。中国大米进口量的市场份额比较低，且年际间变化也很大。中国的大米贸易主要是进行品种结构的调节，也包含政治和经济因素。整体看中国大米贸易在国际市场上影响不大。

（4）小麦。2007年以前，中国在小麦贸易中是净进口国，出口量非常小，有的年份基本没有小麦出口，即使在出口量最大的2003年也只有224万吨。中国小麦出口量在国际小麦市场所占的份额也非常低，2003年也仅是2%。中国小麦进口量在2001年以后开始逐年下降，2008年不足50万吨，在国际贸易量中所占的份额也不足1%，远低于20世纪90年代中期10%的水平。近年来中国小麦进口量基本占国际小麦贸易量的2%左右，对国际市场的影响不明显。

（四）中国粮食安全与贸易面临的形势与挑战

近年来，中国粮食有助于填补国内粮食品种的供应缺口，缓解了国内农业资源压力，同时对品种结构进行调节，这对促进国内粮食产业持续稳定发展发挥了十分重要的作用。但是，中国农业规模小、组织化程度低，与发达国家和主要出口国农业基础竞争力存在很大差距，在缺乏有效调控和支持保护手段的情况下，粮食产品的进口对国内产业发展造成了不利影响和潜在风险。

1. 需求不断增长与国内资源约束的矛盾加剧

随着中国经济的发展、居民收入水平的提高以及城镇化进程加快，中国粮食消费量将呈持续增长态势。据《国家粮食安全中长期规划纲要（2008—2020年）》预测，到2020年人均粮食消费量为395千克，需求总量为5 725亿千克。其中，口粮消费总量为2 475亿千克，占粮食消费需求总量的43%；饲料用粮需求增加，到2020年将达到2 355亿千克，占粮食消费需求总量的41%。食用植物油消费量继续增加，2020年人均消费量为20千克，消费需求总量将达到2 900万吨。但资源紧张对粮食生产的约束日益加大，中国的粮食生产条件不容乐观。中国人均耕地面积仅为1.4亩，不足世界平均水平的一半；人均水资源占有量约1 800米^3，仅为世界平均水平的1/4，是世界人均水资源极少的13个贫水国之一；耕地平均拥有的水资源量日益紧张，华北地区近年来地下水位明显下降，农业生产已经处于水资源短缺的窘境。同时，气候变化将带来前所未有的挑战，全球变暖影响加剧，极端天气不断增多，自然灾害多发频发，对粮食生产的影响增大。在中国耕地面积持续减少、农田水利条件恶化以及极端灾害天气影响频繁的形势下，粮食增产的难度将越来越大。据农业部测算，2020年中国粮食产需缺口将达到0.28亿～0.29亿吨，2030年中国粮食产需将存在0.12亿～3.69亿吨的缺口，国内粮食产需缺口长期存在将加大中国粮食的进口需求。

2. 粮食安全新目标与竞争力下降的矛盾加剧

2014年中央提出要构建新形势下的国家粮食安全战略，即综合考虑国内资源环境条件、粮食供求格局和国际贸易环境变化，实施以我为主、立足国内、确保产能、适度进口、科技支撑的国家粮食安全战略，确保谷物基本自给、口粮绝对安全。这就需要更加积极地利用国际农产品市场和农业资源，有效调剂和补充国内粮食供给。在重视粮食数量的同时，更加注重品质和质量安全，在保障当期供给的同时，更加注重农业可持续发展。但近年来，国内外粮食价差呈持续扩大趋势，中国粮食国际竞争力趋于减弱。2004年以来，中国粮食价格受需求拉动、成本推动以及价格政策等因素影响稳中趋升，与国际市场相比，国内粮食价格不断上涨使得中国粮食竞争力持续下降，除粮食危机外的多数时间国际粮食价格均低于国内。尤其是近两年，国际粮食在离岸价的基础上加上运费、保险、关税、进口增值税以及港杂费后的到岸税后价已经显著低于国内销区价格，国内外粮食价差不断扩大。2013 年泰国大米到岸税后价与国内晚籼米销区价的价差由 126 元/吨增至 721 元/吨，美国小麦到岸税后价与国内优质麦销区价的价差由 52 元/吨增至 409 元/吨，美国玉米到岸税后价与国内三等玉米销区价的价差由 41 元/吨增至 537 元/吨。综合来看，中国粮食在价格、成本及品质等方面都不具有优势，这就会导致中国从国际粮食市场大量进口低价粮食品种，从而在一定程度上冲击国内粮食种植，影响到未来国内粮食生产供给的稳定性。

3. 技术集成要求与小规模生产方式的矛盾加剧

中国是典型的人多地少的国家，人均耕地面积仅为 1.4 亩，居世界第 67 位，不足世界平均水平的一半。在此基础上实施的家庭联产承包经营，促使农业经营方式转变为“集体所有、分户经营”，农户对土地单家独户的分散的经营模式，极大地调动了农民生产积极性，推动了农业生产的快速发展，适应了改革开放之初中国较低的生产力水平，因而具有积极的历史意义。但在中国农业发展的新阶段，随着工业化和城镇化的快速推进，过去一家一户的小农经济生产模式受到巨大挑战，土地经营规模较小的弊端逐渐显现出来。农民过小的土地经营规模，不仅大大限制了劳动生产率的提高，而且制约了先进生产技术的应用和推广，阻碍了农业机械化的大范围推进，不利于传统农业向现代农业转型。追求利润最大化是农民应用先进科学技术的主要目的，由于较小的土地经营规模使得种植效益偏低，农民缺乏应用新技术、新成果的内在动力。同时，农民的土地大多零星分散，一户多块，大型农业机械和栽培及病虫害防治技术难以发挥应有的作用，即使能够采用，也因生产规模小而效益不高。在江苏射阳县四明镇调查发现，规模经营的小麦耕种机械作业成本为 130 元/亩，比分散经营减少 35 元/亩，种子成本减少 47 元/亩，两项合计减少 82 元/亩；应用于规模经营的大型机械装备小麦播种 7 道工序仅需要 100 元/亩，较农户分散经营又降低了 30 元/亩。在未来一段时期内，过小的土地经营规模仍将制约尖端的、集成的农业技术在生产中的应用和推广，制约农业科技成果转化为现实生产力，进而制约粮食单产水平的提高和粮食持续增产。

4. 全面对外开放与政府现有调控能力的矛盾加剧

未来随着多双边谈判的推进，中国农产品市场将越来越开放，但中国对农业的支持保护水平非常有限，不足以弥补与出口强国的竞争力差距。由于加入WTO承诺巨大，中国现有农产品平均关税水平为15.2%，不足世界平均水平的1/4，84%的农产品税目的关税低于29%，其中25%的农产品税目税率低于10%。关税形式单一，从价税比例达99%，关税制度极其透明，实施税率和约束税率一致。粮棉油糖等大宗产品虽然实行关税配额制，但配额内关税低，除食糖配额内关税为15%外，其他产品多数只有1%；配额外关税最高也只有65%；关税配额量相当大，均占到该产品世界总配额量的2/3甚至90%以上。实行贸易保护的空间非常有限，这使得中国粮食的国际竞争力与主要出口国的差距越来越大，在制定价格政策和补贴政策时与贸易政策协调难度也越来越大。在这种环境下，为确保产业安全和粮食安全，将对宏观调控提出更高要求，对政策协调和体制机制提出更高要求。

四、中国粮食中长期供求趋势

通过以上对中国粮食及其产品生产和消费发展现状的分析，以下将研究确定中国粮食供给和需求的主要影响因素，包括收入、粮食价格、人口、要素投入、受灾率、净进口量、库存等，然后运用CGE一般均衡模型对未来10年的中国粮食供求形势进行预测，全面把握未来中国粮食生产、消费和贸易的发展趋势。

（一）模型介绍

CGE模型是多部门的一般宏观经济模型，可以加入政府干预，具有很强的政策变量耦合能力，CGE模型的研制和应用日渐广泛，成为研究市场行为、政府政策作用和经济发展的有效工具。世界银行与20多个国家合作，研制了各国的CGE模型，为这些国家制订经济计划和经济政策，调整经济结构起到了十分重要的作用。目前CGE模型已被广泛应用于研究长期经济增长与结构变化、投资评价、发展战略选择、收入分配、贸易政策以及外部冲击下的结构调整甚至经济改革等经济管理问题。CHINAGEM模型是基于澳大利亚ORANI-G基础上建立的中国的动态CGE模型，其中包含57个部门，企业、居民、政府、投资部门、贸易部门等六大主体，劳动、土地、资本等五大生产要素。

模型分为生产、消费、贸易、价格等几大模块。其中生产模块具有以下特点：①要素之间不完全替代；②产品市场与要素市场完全竞争；③生产的规模报酬不变。消费模块具有以下特点：①效用皆采用 STONE _ GEARY 效用函数表示，且追求效用最大化；②边际储蓄倾向不变；③界定了复合商品的概念，在需求、生产、贸易中都表现为复合商品。贸易模块具有以下特点：①进口采用小国假设；②不同国家之间的资本可以流动；③进口供给采取了Amington假设；④世界价格外生；⑤出口需求采取小国假设。价格模块具有以下特点：①市场价格在完全竞争市场下生成；②生产者价格与生产部门一一对应；③生产者价格加上运输费用和税收后为消费者价格。

（二）模拟结果

本研究利用 CHINAGEM 模型对未来 10 年中国粮食产业发展进行趋势预测。结果显示，按照目前现有趋势，由于中国城市化进程的加快以及国家扩大内需政策的实施，2014—2023 年中国粮食消费量将持续增长，预计 2023 年将达到 84 082 万吨，而产量将达到 69 295 万吨，出口量将达到 171 万吨，进口量将达到 14 956 万吨（表 1－8 至表 1－12）。

表 1－8　2014—2023 年中国粮食供求预测

单位：万吨

年份	产量	进口量	出口量	总消费量
2014	61 046	8 685	128	69 523
2015	62 584	8 921	137	71 299
2016	63 533	9 586	138	72 976
2017	64 565	10 248	143	74 677
2018	65 336	11 006	145	76 199
2019	66 190	11 716	152	77 756
2020	67 064	12 380	161	79 285
2021	67 844	13 195	168	80 873
2022	68 480	14 161	170	82 474
2023	69 295	14 956	171	84 082

表 1-9　2014—2023 年中国稻谷供求预测

单位：万吨

项目	2014 年	2015 年	2016 年	2017 年	2018 年	2019 年	2020 年	2021 年	2022 年	2023 年
生产量	20 306	20 161	20 023	19 983	19 936	20 071	20 209	20 276	20 343	20 414
进口量	319	319	323	324	326	327	329	330	333	334
期初库存量	8 882	10 160	11 110	11 819	12 369	12 751	13 133	13 516	13 900	14 282
总供给量	29 506	30 640	31 456	32 126	32 631	33 150	33 670	34 121	34 576	35 031
总需求量	29 506	30 641	31 456	32 126	32 631	33 150	33 670	34 121	34 576	35 031
消费量	19 690	19 876	19 980	20 096	20 220	20 356	20 491	20 559	20 627	20 697
口粮消费量	17 023	17 166	17 230	17 300	17 380	17 461	17 550	17 577	17 610	17 647
饲料消费量	1 369	1 424	1 476	1 526	1 576	1 624	1 666	1 701	1 733	1 761
工业消费量	1 121	1 096	1 073	1 056	1 039	1 031	1 026	1 019	1 013	1 007
其他消费量	177	190	201	214	226	239	250	261	271	281
出口量	56	56	57	59	60	61	63	63	64	66
期末库存量	9 760	10 710	11 419	11971	12 351	12 733	13 116	13 500	13 884	14 269
库存变化量	878	550	309	153	−18	−19	−17	−16	−16	−14

表 1-10　2014—2023 年中国小麦供求预测

单位：万吨

项目	2014 年	2015 年	2016 年	2017 年	2018 年	2019 年	2020 年	2021 年	2022 年	2023 年
生产量	12 228	12 288	12 349	12 410	12 469	12 520	12 572	12 610	12 647	12 685
进口量	350	310	268	252	238	260	275	286	298	310
期初库存量	9 661	10 073	10 407	10 683	10 929	11 136	11 331	11 513	11 699	11 893
总供给量	22 239	22 672	23 023	23 345	23 636	23 916	24 178	24 409	24 644	24 889
总需求量	22 239	22 672	23 023	23 345	23 636	23 916	24 178	24 409	24 644	24 889
消费量	12 136	12 234	12 310	12 386	12 470	12 555	12 635	12 680	12 721	12 757
口粮消费量	8 325	8 357	8 371	8 388	8 412	8 440	8 467	8 464	8 461	8 457
饲料消费量	1 405	1 438	1 485	1 527	1 585	1 636	1 665	1 700	1 728	1 749
工业消费量	1 350	1 383	1 400	1 421	1 425	1 435	1 461	1 475	1 490	1 510
种子用量	569	571	571	568	568	566	565	565	565	565
损耗量	487	485	483	481	480	478	477	476	476	477
出口量	30	30	30	30	30	30	30	30	30	30
期末库存量	10 073	10 407	10 683	10 929	11 136	11 331	11 513	11 699	11 893	12 101
库存变化量	412	334	276	246	207	194	182	186	195	208

表 1-11　2014—2023 年中国玉米供求预测

单位：万吨

项目	2014 年	2015 年	2016 年	2017 年	2018 年	2019 年	2020 年	2021 年	2022 年	2023 年
生产量	21 774	22007	22 655	22 994	23 308	23 588	23 863	24 146	24 422	24 692
进口量	450	280	283	401	311	733	1 002	1 037	1 036	1 200
期初库存量	5 852	7 645	8 414	9 164	9 696	9 634	9 462	9 121	8 572	7 851
总供给量	28 076	29 932	31 352	32 560	33 315	33 955	34 328	34 304	34 029	33 742
总需求量	28 076	29 932	31 352	32 560	33 315	33 955	34 328	34 304	34 029	33 742
消费量	20 421	21 508	22 178	22 855	23 674	24 487	25 202	25 728	26 174	26 533
口粮消费量	714	714	712	710	708	707	706	702	699	696
饲料消费量	12 580	13 056	13 334	13 630	14 078	14 532	14 947	15 255	15 537	15 767
工业消费量	6 150	6 785	7 173	7 551	7 918	8 274	8 570	8 785	8 948	9 074
其他消费量	977	953	959	965	970	975	979	985	990	996
出口量	10	10	10	8	8	5	5	5	5	5
期末库存量	7 645	8 414	9 164	9 696	9 634	9 462	9 121	8 572	7 851	7 204
库存变化量	1 793	769	750	532	−63	−171	−341	−550	−721	−647

表 1-12　2014—2023 年中国大豆供求预测

单位：万吨

项目	2014 年	2015 年	2016 年	2017 年	2018 年	2019 年	2020 年	2021 年	2022 年	2023 年
生产量	1 543	1 575	1 607	1 640	1 679	1 717	1 752	1 788	1 822	1 860
进口量	6 757	6 844	6 993	7 068	7 221	7 343	7 490	7 647	7 804	7 983
期初库存量	514	567	590	584	560	557	556	553	551	546
总供给量	8 814	8 986	9 190	9 292	9 460	9 616	9 798	9 988	10 177	10 389
总需求量	8 814	8 986	9 190	9 292	9 460	9 616	9 798	9 988	10 177	10 389
消费量	8 218	8 366	8 575	8 700	8 872	9 029	9 213	9 406	9 600	9 814
出口量	30	31	31	31	31	31	31	31	31	31
期末库存量	566	589	584	561	557	556	554	551	546	544

注：由于在模型测算中产品分类为油料，即得出的结果是油料产品的供求预测，此表根据大豆在油料产品中所占的比例进行折算后所得结果，主要指标为产量按照 1/3 比例，进口量按照 95%比例进行折算。

（三）测算结果的对比分析

影响中国粮食供求的因素较多、机制复杂，如果对粮食中长期供求形势进行详尽地评估，简单依赖经验判断难度很大，市场分析模型的开发在一定程度上解决了这一问题。目前关于中国粮食中长期供求的预测主要有以下几种方法：

1. 全球农产品中长期供求预测模型

目前，全球涉及多国、多产品的农产品中长期供求预测模型主要包括经济合作组织（OECD）与联合国粮农组织（FAO）联合开发的 AGLINK-COSIMO 模型，食物与农业政策研究所（FAPRI）开发的 FAPRI 模型以及美国普度大学开发的动态 GTAP 模型等。

AGLINK-COSIMO 模型是由 OECD 和 FAO 联合开发的多国、多产品动态局部均衡模型（multimarket and region partial equilibrium model），涉及 55 个国家、18 个品种，2007 年以后考虑到生物质能源对农产品市场的影响日益加剧，又将生物乙醇及生物柴油纳入数据库中。该模型主要用来分析重点农产品生产国、消费国和贸易国的生产、需求和贸易情况，并对重点农产品价格进行预测。模型中整合了 OECD 的农业政策数据库，设计生产者转移和消费者转移政策对农产品生产、消费和贸易的影响机制，根据不同的假设条件进行相应的政策模拟。FAO－OECD 政策设定中主要以成员方、非成员方专家的问卷调查结果为依据。预测结果见表 1－13。

表 1－13　OECD-FAO 中国粮食供需预测

品种	年份	产量（万吨）	进口量（万吨）	出口量（万吨）	消费量（万吨）	食用量（万吨）	人均消费量（千克）	缺口量（万吨）
小麦	2010—2012	11 772.0	210.0	30.3	11 875.8	8 283.3	61.5	103.8
	2022	12 710.6	278.4	23.9	12 939.1	8 215.6	59	228.5
大米	2010—2012	13 799.0	165.6	36.5	13 059.5	—	77.8	−739.5
	2022	13 657.4	149.4	30.4	14 012.7	—	76.6	355.3
粗粮	2010—2012	20 068.1	537.0	14.1	20 071.1	12 237.2	11.2	3.0
	2022	25 681.1	1 323.8	11.0	27 012.0	17 641.3	13.9	1 330.9

资料来源：《OECD-FAO Agricultural Outlook 2013－2022》。

FAPRI模型是由密苏里州立大学和爱达荷州立大学共同开发的多国别、多产品动态局部均衡模型，包括谷物、油籽、畜产品、乳制品、糖料及生物质能源几个子模块，并将不同农产品价格和政策进行了连接。该模型对美国国内农业产业的分析有所侧重，主要用于评估政策变化对农产品产量、价格和贸易的影响，FAPRI中国小麦和玉米供需预测见表1-14和表1-15。食物与农业政策研究所每年发布10年的基线预测，并对宏观经济、农业政策进行模拟，模拟方案最后由政府和产业专家进行审查（预测结果中没有大米产品的预测结果）。

表1-14 FAPRI中国小麦供需预测

单位：万吨

年份	产量	食用和其他	饲料	总消费量	缺口量	净进口量
2014	12 326.2	10 442.4	1 867.2	12 309.6	−16.6	92.6
2015	12 377.6	10 483.4	1922.8	12 406.2	28.6	105.5
2016	12 476.6	10 545.9	1 974.1	12 520	43.4	119.5
2017	12 526.5	10 576.5	2 027.3	12 603.8	77.3	133.4
2018	12 561.5	10 588.6	2 076.1	12 664.7	103.2	147.5
2019	12 649.3	10 632.7	2 125.5	12 758.2	108.9	163.1
2020	12 704.9	10 670.9	2 174.3	12 845.2	140.3	178.4
2021	12 748.6	10 691	2 225.6	12 916.6	168	193.6

资料来源：FAPRI，http：//www. fapri. iastate. edu/models/cropinsurance. aspx。

表1-15 FAPRI中国玉米供需预测

年份	播种面积（万公顷）	单产（吨/公顷）	产量（万吨）	期初库存（万吨）	国内供给（万吨）	饲用消费（万吨）	食用和其他（万吨）	期末库存（万吨）	国内消费（万吨）
2014	3 449.6	5.82	20 090.0	4 646.8	24 736.8	13 926.2	6 007.0	5 037.2	24 970.4
2015	3 462.1	5.93	20 539.5	5 037.2	25 576.8	14 467.7	6 119.5	5 237.0	25 824.2
2016	3 510.7	6.02	21 144.9	5 237.0	26 381.9	15 063.4	6 086.7	5 495.7	26 645.7
2017	3 535.7	6.11	21 600.5	5 495.7	27 096.2	15 557.2	6 183.9	5 633.2	27 374.3
2018	3 576.3	6.20	22 172.5	5 633.2	27 805.7	16 068.4	6 238.5	5 792.7	28 099.6
2019	3 616.4	6.29	22 733.1	5 792.7	28 525.8	16 574.0	6 314.1	5 947.8	28 835.8
2020	3 657.3	6.36	23 260.4	5 947.8	29 208.2	17 071.7	6 381.8	6 080.9	29 534.4
2021	3 689.5	6.43	23 709.7	6 080.9	29 790.6	17 516.7	6 470.1	6 144.6	30 131.4

资料来源：FAPRI，http：//www. fapri. iastate. edu/models/cropinsurance. aspx。

动态 GTAP 模型是根据新古典经济理论设计的多国、多部门一般均衡模型。在 GTAP 模型框架中，首先建立可详细描述每个国家（地区）生产、消费、政府支出等行为的子模型，然后通过国际间商品贸易的关系，将各子模型连接成一个多国多部门的一般均衡模型。在此模型框架下进行政策模拟时，可以同时探讨该政策对各国各部门生产、贸易、商品价格、要素供需、要素报酬、国内生产总值以及社会福利水平变化等方面的影响。但 GTAP 模型对于农产品的分类比较粗，无法预测具体粮食品种的中长期供求形势。

2. 国内粮食供求预测方法比较

对国内农产品进行长期供求预测主要包括两种方法，一是趋势法，根据历史数据，结合未来宏观经济、要素禀赋、政策等因素的变化预测中长期农产品供需形势。此方法对分析者的现实把握能力要求较高，如姜长云结合未来人口变化、收入变化、偏好变化以及生产技术变化等对未来中国主要农产品供需形势进行了预测。另一种方法是经济模型法，该方法首先利用农产品供需、价格、政策等的历史数据，结合市场均衡理论，建立与现实相结合的农产品市场模型，再根据未来一系列假设进行中长期预测。近年来，国内学者开发了适用于中国农产品市场特征的长期预测模型，根据模型特点，主要分为局部均衡模型和一般均衡模型。

中国科学院黄季焜等人基于中国农业生产历史数据开发了中国农业政策预测模型 CAPSiM。该模型是中国学者构建中国农业局部均衡模型的首次尝试，其主要目标是对中国主要农产品供给、需求和贸易进行分析预测，并分析各种政策和外界冲击对中国各种农产品生产、消费、价格、市场和贸易的影响。CAPSiM 模型主要以中国为研究对象，并未考虑世界主要农产品生产国、消费国及贸易国的农业形势变化，也未考虑中国国内的区域差异。

其基准方案模拟结果为：中国粮食需求增长在未来 10 年将显著高于供给增加，粮食自给率不断降低。在现有农业生产资源、政策、技术增长和需求变化条件下，中国粮食产量在 2020 年产量将达到 5.75 亿吨，年均增长幅度约 0.52%。然而粮食需求在 2020 年产量将达到 6.63 亿吨，年均增长幅度约为 1.1%。由于需求增长速度显著高于生产，中国粮食自给率将不断下降，中国粮食总体自给率将从 2009 年的 92.5%下降到 2020 年的 87%，每年下降接近 0.5 个百分点。然而，不同粮食作物的供需状况和自给率变化存在显著差异。未来 10 年中国大米不仅保持完全自给，而且还略有出口。模拟结果显示，

2020 年中国大米净出口量将达到 315 万吨，中国大米自给率将保持在 102%左右。小麦自给率虽然将有所下降，但依然保持较高水平的自给率，2020 年中国小麦净进口量预计为 275 万吨，小麦自给率将保持在 98%左右。但中国玉米自给率将显著下降，玉米产量在 2020 年将达到 2.1 亿吨，虽然产量增长显著高于水稻和小麦，但玉米总需求在 2020 年将达到 2.3 亿吨，预计 2020 年中国玉米供需缺口在 2 000 万吨左右，自给率将下降到 91%。大豆供需缺口将进一步加大，预计在 2020 年中国大豆进口量将达到 7 200 万吨，自给率降到 18%。

其高经济增长方案模拟结果为：在高经济增长方案下，由于粮食需求进一步提高，中国粮食的自给率将进一步下降。根据预测，在高经济增长方案下，2020 年中国粮食自给率将下降到 86%；但大米自给率将保持 101%，小麦自给率也将保持 96%，而玉米自给率将下降为 89%，大豆自给率将下降为 17%。

其高技术进步方案模拟结果：在该模拟方案下，由于技术进步加快，中国粮食单产和总产量将高于基准方案，国内粮食自给率明显提高。根据预测，2020 年，中国粮食自给率将为 89%；大米、小麦、玉米和大豆的自给率将分别为 103%、99%、93%和 19%。

此外，陈艳红等采用 ARMA 模型对中国粮食总体供求趋势进行了预测，ARMA 模型是由 AR（P）和 MA（Q）的有效组合和搭配的结果，其基本思想是将预测对象随时间推移而形成的时间序列数据视为一个随机序列，用一定的数学模型来近似描述这个序列，该模型一旦被识别后就可以从时间序列数据的过去值及现在值来预测未来值，其预测结果见表 1-16。

表 1-16 ARMA 模型预测结果

年份	粮食供给量（亿千克）	粮食需求量（亿千克）	人口（亿人）	粮食生产与需求比例（%）
2012	5 757.92	5 768.88	13.53	99.81
2013	5 799.97	5 811.59	13.60	99.80
2014	5 749.40	5 755.30	13.63	99.90
2015	6 058.30	6 051.04	13.67	100.12
2016	5 793.51	5 773.88	13.68	100.34
2017	5 861.85	5 800.94	13.69	101.05

资料来源：陈艳红、胡胜德、申倩，2013. 基于 ARIMA 模型的中国粮食供求平衡及预测，中国农业科学（5）：24-26。

第二节 粮食安全影响因素比较

粮食是人们须臾不可或缺的必备品，粮食安全问题是一个世界性的全局问题。中共十八大以后，新一届中央领导集体提出了“以我为主、立足国内、确保产能、适度进口、科技支撑”的新形势下国家粮食安全战略，强调要坚守“确保谷物基本自给、口粮绝对安全”的战略底线。为了实施这一战略，对新常态下我国粮食产能的变化从供需两方面影响因素等进行多维度的分析、研究和思考，是完全必要的。

一、粮食供给主要影响因素

粮食生产是社会再生产和自然再生产的有机结合，其生产能力自然受到社会、经济和气候等多种因素的影响。所利用的资源包括光照、降水和土地资源；所投入的劳动资源包括机械、畜力等固定资产，也包括种子、肥料、饲料、农药、农膜、电力等流动资产，还有劳动力和技术等社会投入，同时受到社会大环境等许多方面的影响。

（一）资源要素

直接作用于粮食生产的资源要素主要包括可耕地面积、水资源、农业生态环境等要素。资源要素是粮食生产最基本的决定性条件。耕地的效用不仅仅在于生产了多少粮食，更重要的是所有耕地作为一个整体所能提供给一个国家的食物安全保障。提高土地利用率和土地生产率是增强粮食综合生产能力的前提。用水供给是提高粮食综合生产能力的基本条件。水资源要素对粮食生产的保障体现在确保必要的人均水资源拥有量、不断治理并提高水资源质量和水资源利用率。农业生态环境要素则主要是指维护现有农业自然资源的生态能力，以及对丧失和部分丧失生态功能的农业资源如何重新恢复其生态能力，保持甚至增加农业自然资源的生态容量，保证农业自然资源能够永续利用的能力。

1. 耕地资源

根据《基本农田保护条例》规定：经国务院批准占用基本农田的，应划补数量和质量相当的基本农田。但受片面追求经济发展的影响，一些地方在大量占用优质农田后，补充的是质量较低、灌溉条件较差的耕地，且不少为坡耕地。一是数量减少。1978—1995 年中国耕地减少 440 万公顷，年均减少 24.5 万公顷；1996—2012 年耕地减少 833 万公顷，年均减少 76 万公顷。二是质量下降。据农业部调查分析，目前中国有 67%左右的耕地为中低产田。据环境保护部调查，目前全国受污染的耕地约 1 000 万公顷，污水灌溉污染耕地 217 万公顷，固体废弃物堆存占地和毁田 13 万公顷，合计约占耕地面积的 1/10 以上。酸雨发生面积占国土面积的 40%以上，比 20 世纪 80 年代增加 1 倍多。三是占优补劣问题突出。据国土资源部资料表明，2001—2009 年，全国占补耕地为 209 万公顷。专家分析，新开垦耕地与占用的熟耕地相比，一般相差 2～3 个地力等级（1 个等级为每公顷 1 500 千克粮食产量），影响粮食生产能力 600 万吨以上。

2. 水资源

中国是全球 13 个水资源最贫乏的国家之一，水资源总量为 28 400 亿米^3，人均淡水占有量不足世界平均水平的 1/4。耕地每公顷水资源为 2.25 万米^3 左右，仅为世界平均水平的一半。水资源地域和季节分布非常不均，北方地区人口、耕地所占比例为 46%和 60%，而水资源总量仅为 7%。一是总量短缺。全国水资源总量由 1997 年的 28 124 亿米^3 下降到 2011 年的 23 257 亿米^3，减少 4 867 亿米^3。同期，全国总用水量由 5 566 亿米^3 上升到 6 080 亿米^3，增加 514 亿米^3。在正常情况下全国农业年缺水总量为 300 亿～400 亿米^3，而且水资源时空分布不均，进一步加剧了部分地区水资源短缺状况。二是与其他行业用水矛盾加剧。工业用水量由 1997 年的 1 121 亿米^3 增加到 2011 年的 1 460 亿米^3，增加 339 亿米^3，占总用水量的比例由 20.1%上升到 24.0%；生活用水量由 525 亿米^3 增加到 785 亿米^3，增加 260 亿米^3，占总用水量的比例由 9.4%上升到 12.9%。同期，农业用水量由 3 920 亿米^3 下降到 3 720 亿米^3，减少 200 亿米^3，占全国总用水量的比例由 70.4%下降到 61.2%。三是实际灌溉面积比例下降。全国农田有效灌溉面积由 2000 年的 5 500 万公顷增加到 2011 年的 6 040 万公顷，增加 540 万公顷。因水源紧缺等原因，实际灌溉面积由 4 793 万公顷增加到 4 993 万公顷，仅增加 200 万公顷，占有效灌溉面积的比例由 87.2%下降到 82.7%。旱涝保收面积由 2 680 万公顷增加到 2 780 万公顷，仅增加 100 万公顷，占有效灌溉面积的比例由 48.7%下降到 46.0%。

3. 自然灾害

受全球气候变暖影响，近年来中国气候变化起伏大、差异大，不仅导致突发性极端天气多发频发，而且增加了灾害发生的不确定性，加大了农业防灾减灾、灾后恢复生产的难度和压力。2004 年因自然灾害损失粮食 3 050 万吨，2005 年 3 450 万吨，2006 年 4 470 万吨，2007 年 5 395 万吨，2008 年 4 925 万吨，2009 年和 2010 年都达到 5 000 万吨以上，粮食因灾损失总体呈逐年加重趋势。同时，病虫害发生也呈加重趋势。一方面，气候变暖有利于农业病虫害的安全越冬，越冬虫源、菌源基数增加，起始发育时间提前，发育速度加快，发育期缩短，繁殖力增强，虫害越冬界限北移、迁飞危害范围扩大。同时解除了低温对某些病虫害分布范围的限制，扩大了害虫的适生区和严重发生区，使中国主要粮食作物病虫害发生面积扩大，频率增加，危害加重。如小麦条锈病越冬菌源区范围扩大等。另一方面，栽培和耕作方式的变化，有利于本地病虫害的发生；跨区联合收割加速病虫跨区域传播蔓延；品种的单一化种植导致自然控害能力减弱，常发性病虫害发生面积扩大，次生性病虫害发生逐年加重。

（二）科技要素

科技要素是稳定和扩大粮食生产能力的支撑力量。这主要包括农业科技研究要素、农业科技成果转化要素、农业科技推广要素等三方面。其中，农业科技研究能力对粮食综合生产能力起决定性作用。农业科技成果转化要素主要影响科技成果转化率。农业科技推广要素则是指农业科学技术能否在粮食生产中有效推广及其被粮食生产者迅速掌握。农业科学技术的应用领域十分广阔。生物、化学技术的应用都有利于提高产量。有的生物化学技术能直接提高单产，有的能增强抗旱、抗涝、抗虫害、抗倒伏，从而间接提高单产。机械、物理技术的推广应用有助于提高粮食生产单位时间的效率，减轻劳动强度，降低生产成本。

1. 育种技术

总的来说，中国粮食育种技术已经达到世界先进水平，特别是水稻和小麦。例如在小麦育种技术领域，据统计，中华人民共和国成立以来小麦品种已更新了若干次，每次更新都使小麦产量增加 10%以上（娄源功，2002）。在不计成本的小面积产量创纪录试验中，英国冬小麦品种 1982 年单产达到 15 705 千克/公顷，中国自主研发的春小麦品种 1978 年单产达到 15 300 千克/公顷，冬小麦品种 1999 年单产达到 11 595 千克/公顷。在黄淮海平原大面积推广的多数品种单产一般可超过 7 500 千克/公顷，不少品种具有单产 9 000 千克/公顷以上的产量潜力，大面积单产已达到 6 000 千克/公顷左右。近年来育成推广的兰考 18、泰山 23 等超高产品种都具有单产 11 250 千克/公顷左右的产量潜力（肖世和，2007）。

2. 栽培技术

从栽培技术来看，近年来一些栽培技术的应用和推广对促进粮食单产和效益的提高发挥了重要作用。例如，机械化秸秆还田技术把作物秸秆直接或间接地转化为肥料，可改善土壤理化性状，增加土壤有机质含量，培肥地力。经测定：连续 2～3 年实施秸秆还田技术的地块，土壤有机质含量能增加 0.06%～0.10%，速效钾含量可提高 25%～30%，含氮量能增加 1.06%～1.15%，土壤抗干旱的能力明显提高，小麦增产幅度为 5%～12%。

3. 测土配方施肥

从 2005 年开始，中国全面推广应用测土配方施肥技术，通过测土了解和掌握土壤供肥性能、土壤肥力的变化状况，合理配置肥料资源，提高肥料利用率，促进农民节本增效。中央和地方财政给予补贴，免费为农民提供测土配方施肥的技术服务。测土配方施肥实施 7 年来，中央财政累计投入资金 57 亿元，项目县（场、单位）达到 2 498 个，基本覆盖所有农业县（场），实现了从无到有、由小到大、由试点到“全覆盖”的历史性跨越。2012 年，中央财政投入资金 7 亿元，测土配方施肥技术推广面积达 8 000 万公顷以上，惠及全国 2/3 的农户。据对农户抽样调查，应用测土配方施肥技术的田块，小麦、水稻、玉米每公顷增收 450 元以上；蔬菜、果树等作物每公顷增收达 1 500 元以上。截至 2011 年，通过实施测土配方施肥，全国累计减少不合理施肥 700 多万吨，据专家推算，相当于节约燃煤 1 820 万吨，减少二氧化碳排放 4 730 万吨。

（三）资本要素

资本要素是粮食生产的物质基础。资本要素包括劳动力要素、可移动物质要素和不可移动物质要素等。农业劳动力是实现粮食综合生产能力最重要的能动因素。农业劳动力素质在产前、产中、产后各个环节中影响粮食综合生产能力。可移动物质要素包括农业机械、化肥、农药、种子等的使用。不可移动物质要素主要指各种农业基础设施水平，直接决定了粮食生产抵御自然灾害的能力。如果资金欠缺、投入不足，就会直接制约种子、化肥、农药、机械等可移动物质要素数量的增加和质量的提高，进而制约粮食综合生产能力的提高。在其他条件不变的情况下，如果资本要素供给充足，则其他要素的数量就多、质量就好；反之，则相反。

1. 劳动力投入

劳动力是粮食生产中最活跃、最积极的因素。随着非种植业和非农业部门中就业机会的增加，农业劳动力逐年向非农产业转移，对粮食生产发展会产生一定的负面影响。据农业部调查分析，1993—2003 年，农村劳动力外出由 6 200万人增加到 9 820 万人，年均增加 360 多万人；2003—2008 年，农村劳动力外出由 9 820 万人增加到 1.26 亿人，年均增加近 700 万人。目前全国约有 2.26 亿农民外出务工经商，其中大多为青壮年劳动力。留乡务农劳动力中，从事农业为主的劳动力越来越多的是中老年和妇女，平均年龄达到 45 周岁，农业劳动力素质呈现结构性下降。同时 3 种粮食平均劳动力投入逐年递减，由 1978 年每公顷 499.5 工日减少到 2012 年 91.7 工日，下降了 81.7%，而劳动工日的逐年降低带来了劳动生产率的逐年提高。

2. 物质投入

物质投入主要指种子、化肥、农机、排灌等方面的投入费用，改革开放以来，中国粮食生产中化肥投入最高，而且增长幅度最大，机械作业投入增长幅度次之，排灌投入和种子投入都是稳中略升，这些物质投入的增长，极大地促进了粮食单产水平的提高。

化肥是中国粮食生产中的重要投入要素，化肥具有增加作物产量、培肥土壤、改进品质、发挥良种增产潜力的积极作用。平衡施肥技术既能提高作物产量，又能提高农产品品质。从总体趋势来看，除 1990—1992 年有明显波动外，粮食化肥用量年际变化不大，在波动中呈缓慢上升趋势，从 1978 年的 228 千克/公顷上升到 2012 年的 348.3 千克/公顷，这表明粮食生产的化肥投入量日趋稳定。

农业机械投入主要包括机耕、机种、机割及机械灌溉，能够提高粮食生产效率，提高各环节的操作质量。1980 年以来，粮食生产机械化水平迅速提高，从 1981 年的 12.6%上升到 2013 年的 59%，这表明随着农业劳动力的不断转移，农业用工成本逐年加大。为了保证粮食种植收益最大化，农民在种植粮食时选择用资本购买或雇佣机械替代劳动用工，特别是有助于提高劳动生产率的农业机械。1978—2012 年，粮食生产机械作业费用增长了 135 倍，年均增长

15.6%。机械作业费用的快速增长体现了粮食生产机械化水平的提高，对粮食单产的提高具有重要的促进作用。

（四）政策要素

政策要素是粮食生产的保障条件，制度对其他要素起制约和导向作用。政策要素包括财政政策、生产政策、农业社会化服务和组织管理制度等。财政政策的作用表现为政府通过具体的制度安排，使资本更多、更快地进入粮食生产领域，保证粮食生产的持续投入和粮食生产正常运行。财政制度直接决定着粮食产能建设的投入水平。农业社会化服务包括各类农业社会服务机构有效提供粮食市场需求信息、农业生产资料信息、生产技术信息以及气象信息等方面的制度，包括产前、产中和产后服务 3 个方面。组织管理制度是指政府各部门有效配合、相互协调，为粮食生产服务的工作制度。

二、粮食需求主要影响因素

粮食消费主要包括口粮消费、饲用消费、工业消费、种子消费及损耗等，其中口粮消费是主体。口粮消费主要受人口总量、城乡人口结构和人均收入变化等因素的影响。一般而言，人口总量的增加会引起口粮消费的增加，如果人口的城乡和收入结构同时发生变化，则情况较为复杂。由于城镇居民的口粮消费量远小于农村居民，因此如果城镇人口增加的幅度大于农村，口粮消费总量就会减少。这种由于人口结构变化引起的口粮消费减少，可以抵消人口总量增加对口粮消费的影响。随着收入增加，居民的口粮消费可能减少。近年来，中国粮食饲用消费增长幅度较大，在粮食总消费中的份额不断提升。随着收入和城镇人口的增加，对畜产品的需求逐渐增加，从而对饲料粮的需求不断加大，其增加幅度取决于饲料报酬率的提高程度。在平均饲料报酬率提高的情况下，对饲料需求的增加幅度要小于对畜产品需求的增加幅度。在饲料报酬率较高的畜产品（如禽蛋奶和水产品）所占比例提高的情况下，全部畜产品的平均饲料报酬率也相应提高。工业消费近年来增长也比较明显，特别是酿酒消费随着酒类消费的增加而明显增加，种子消费和损耗相对稳定，短期内不会发生显著变化。

（一）经济发展

研究表明，经济增长对一国粮食消费的影响在不同经济发展阶段有明显不同的特征：居民人均收入处于低水平时，温饱问题的解决会推动人均粮食消费量的增加，主要表现在粮食消费量的增长；人均收入处于中等水平时，居民饮食结构中动物性食品比例提高，人均粮食消费量将经历一个先升后降、波动变化并趋于稳定的过程，主要表现为人均粮食消费量不断减少，人均工业和饲用粮食消费量成为粮食消费量的主要增长点；人均收入处于高水平时，居民饮食结构已相对稳定，粮食消费量增长主要取决于人口增长。迹象表明，中国正处于第二个阶段，经济增长带来了人均粮食消费量的下降和消费结构的调整。

经济发展促进了居民收入水平的提高和城镇化建设进程的加快。随着居民收入水平的提高，城乡居民对粮食口粮的需求减少，但是对高品质粮食的消费持续增加，对粮食制品在数量和质量上的要求更高，这使得居民的粮食消费结构和消费水平不断升级。城镇化进程加快，农村人口不断向城镇转移，使得城镇人口不断增加，农村人口相对减少，城镇居民粮食消费量的比例将有所增加。由于农村居民粮食消费能力高于城镇居民，因此城镇化有利于粮食消费总量的降低。此外，随着城市化水平的提高，农村居民受到城市居民饮食文化的影响，在外消费所占比例将有所增加。因此城镇化不仅影响粮食消费水平，而且影响粮食消费结构。

（二）人口增长

1992—1998 年，人口增长导致中国粮食消费呈刚性增长。1992—1998 年，中国人口从 11.72 亿人增加到 12.48 亿人，增长了 6.5%，年均增长 1.1%；而同期粮食消费总量从 10 329 万吨增加到 10 945 万吨，增长了 6.0%，年均增长 1.0%；同期粮食直接消费量从 9 000 万吨增加到 9 500 万吨，增长了 5.6%，年均增长 0.9%。可见这一阶段，中国粮食消费与人口增长呈显著正相关关系。但是 1998 年以后，中国人口自然增长率已低于 1%，且呈逐年下降趋势，特别是随着城镇人口增加，中国粮食消费量开始逐渐减少。2012 年中国人口继续增长为 13.47 亿人，预计中国人口还将持续增长，人口的刚性增长将直接推动粮食消费量的长期增长。

（三）收入水平

收入水平提高使粮食直接消费量呈下降趋势，使人均粮食直接消费量呈先升后降趋势。粮食直接消费是口粮消费，随着居民收入水平增加，食品消费结构发生改变，主食消费不断减少，肉禽蛋奶等副食消费迅速增加。中国粮食人均直接消费量从1997年以后开始下降，2012年农村和城市人均口粮消费量下降到164千克和79千克左右，分别较1997年下降36.7%和18.6%。人均粮食直接消费量减少使得粮食直接消费总量减少的幅度大于人口增长所带来的增加的幅度，从而使得粮食直接消费的数量与比例均呈下降趋势。

收入水平较低时，粮食消费的收入弹性为正值，即收入增长使粮食消费量增加。据测算，城市居民粮食消费的收入弹性为0.1，即收入增长1%会使粮食消费增加0.1%，而农村居民粮食消费的收入弹性为0.19（黄季焜，1995）。但这种影响会随着城乡居民收入的增长而变化，粮食消费的收入弹性会逐渐下降，并且最终会变为负值，目前亚洲一些发展较快的国家已经出现了这种情况（黄季焜，1998）。

（四）加工业发展

近年来，中国粮食加工业迅速发展，加工产品结构不断调整，质量不断提高，品种不断增加。各类粮食加工产品在质量、档次、品种、功能以及包装等方面基本适应了城乡居民生活水平提高和不同消费层次的需要。此外，粮食加工技术水平有了质的提升，一系列高新技术在粮食加工业中推广应用，企业技术水平有了较大提高。这些技术的推广应用进一步推动了粮食加工业发展，对粮食的数量和品质提出了更高的要求，从而带动居民粮食消费量和消费结构的变化。

（五）城市化进程

城市化发展对粮食消费具有很大影响，原因是城乡居民膳食结构存在明显差异。2012年，中国农村居民人均粮食消费量平均为164千克，约为城镇居民的2.1倍。副食品消费方面，农村居民人均消费明显低于城镇居民。如果一个农村居民变为城镇居民，将使粮食直接消费每年减少20～40千克，尽管增加副食消费量会使粮食间接消费量有所增加，但粮食直接消费减少量大于间接消费增加量，因此中国农村居民转变为城镇居民会使粮食消费总量减少。改革开放以来中国城市化进程明显加快，城市化率由1978年的17.9%增加到2012年的52.6%，年均增长3.3%，成为中国粮食直接消费量减少的主要原因之一。随着中国城镇化建设的发展，城市化率会进一步提高，粮食消费量将呈继续减少的趋势。但是这种趋势不会无限发展，因为随着收入水平的提高，城乡膳食结构的差别会逐渐变小直至完全消失，粮食消费量会逐渐趋于稳定。

（六）农村市场发育

农村市场发育日益完善使粮食消费量呈下降趋势。在收入和价格水平一定的条件下，初级食品（如肉、新鲜水果等）的消费量与市场发育水平显著相关，市场发育程度每提高10%，农民自产粮食和蔬菜消费将分别下降1%和2.1%，而以市场购买为主的肉类产品、水果和其他食品消费量则分别提高3%、2.1%和1.9%（黄季焜，1996）。目前中国农村消费品市场发育很不完善，许多地区的农民购买肉类、新鲜水果等商品很不方便，使他们获得该类食品的交易成本增加，消费决策受到限制，即使收入有所增长，也不能完全按自己所希望的商品品种和数量进行消费。据统计，中国农民收入的货币化程度已经达到84%，但是主食消费中外购的仅占13%，自给自足份额高达87%。随着农村市场发育的日趋完善，将促进农村居民消费方式的转变，增加肉、禽、蛋、奶、水产品以及新鲜水果等食物的消费，减少包括粮食等粮食产品的消费量。因此，农村市场发育日趋完善，将使粮食消费量进一步降低。

第三节　新型粮食安全观的构建

在过去的30年里，中国大力增加粮食生产，改善了粮食安全状况，但粮食安全仍然是中国面临的一个艰巨挑战。无论从粮食产量波动指数还是从自给率、储备率水平看，我国粮食安全水平都是比较高的，粮食安全状况的改善为我国经济的持续高速增长和社会稳定创造了有利条件，我国在粮食安全方面所取得的成就得到了包括FAO世界银行等在内的国际组织的普遍赞誉。但是综合考虑我国的耕地情况、人口情况、农业基础设施状况、粮食综合生产能力状况、气候变化、粮食单产等因素，我国的粮食安全仍存在很大隐患，潜伏着一些不安全因素。此外，我国粮食供求的主要矛盾已经开始由总量矛盾转向结构矛盾，粮食的区域平衡和品种调剂问题越来越需要引起高度重视。从总体看加入WTO以来中国粮食供求是安全的。未来中国粮食安全面临的形势将越来越复杂，挑战越来越多。主要包括：随着人口增加以及居民生活水平不断提高，粮食需求刚性增长，供求缺口不断加大；国内水、耕地、劳动力等农业资源约束越来越强，农业生产环境成本不断提高；世界主要粮食生产国和出口国的粮食支持政策和贸易政策加快调整；受极端气候、生物质能源、投机资本等非传统因素影响，国际粮食市场仍将大起大落，国内外粮食价格差距不断扩大，贸易对粮食产业安全的影响不断加深等。

新时期，粮食的概念已经由单一食用饲用需求品嬗变为经济型多用途产品，玉米从传统意义上的粮食作物重新定位为加工业原料和饲料原料，粮食玉米变成了经济玉米。在品质追求上，优质玉米的品种正在增加，新形势下的玉米结构调整已不再重复简单的板块加减的惯有模式，开始从营养品质、商业品质、加工品质入手，实现玉米结构内在品质的整体升级。在“过腹转化”上，玉米经济带动了畜牧业的发展和产业化经营水平的不断提高，使其成为主导产业。在工业化精深加工上，玉米告别了作为粮食安全的主要品种的历史，成为农产品加工业和食品制造业的当家品种。马铃薯重返主粮行列，使主粮产能得到了新的提升。从粮食安全的角度上看，实施马铃薯主粮化战略可为国家粮食安全提供新的保障；从营养健康角度上看，实施马铃薯主粮化战略是健康营养引领食品消费的有益选择；从居民不同需求角度上看，实施马铃薯主粮化战略是谋求粮食结构多元化的蹊径；从产业构成角度上看，实施马铃薯主粮化战略是一项多方协同的复合系统工程。

随着政治、经济、社会、环境生态的变化和非传统因素的突发，我国粮食安全的类型、层面的划分开始趋于多元化、复杂化。因此，新常态下粮食安全类型的划分在变化：一是市场性粮食安全问题。即指生产者对粮食价格的反应而诱致的粮食安全问题。如整体性比较效益低而诱致的粮食安全、阶段性的低价格诱致的粮食安全问题、大资本投机性介入而造成的粮食安全问题。二是能力性粮食安全问题。即指生产能力对粮食安全的影响，对是否具备解决粮食安全问题的能力而诱发的粮食安全问题。一个国家只要有一定数量的农地和粮食产能，任何粮食安全问题都不足为虑。三是灾害性粮食安全问题。即指自然灾害诱致的粮食减产和绝收的粮食安全问题。四是“人造性”粮食安全问题。即指不是由粮食短缺诱致的，而是由社会性心理恐慌和舆论夸大其词“制造”出来的粮食安全问题。粮食安全层面的区别在细化：一是产品层面的粮食安全；二是资源层面的粮食安全；三是生态层面的粮食安全；四是消费层面的粮食安全。我国的粮食安全是产品安全、资源安全和生态安全三位一体的粮食安全。

一、从立足国内资源自给自足向合理利用境外资源和市场转变

经过长期的努力建设，我国经济社会发展水平和面临的国际环境已经发生了重大变化。第一，我国出口大量增加，2012 年年底的外汇储备达到 3.31 万亿美元，依靠粮食出口换取外汇的时代已经过去。第二，我国的国际政治经济地位大为提高，对我国实行粮食禁运的代价较大，一般国家在正常情况下不大可能使用这种手段。第三，世界粮食生产发展已经进入了一个新的发展阶段，2002 年以来世界粮食总产量增加了 1/4，而且收获面积还大有增加余地，粮食供应处于稳步增加的状态。第四，我国的购买和投资能力大为提高，有可能与国外粮食生产供应者建立比较稳定的贸易关系，也具备在构建国际粮食贸易新秩序方面有所作为的基础。第五，适度进口农产品，对于增加国内农产品供应、丰富农产品市场、优化农业结构、提高城乡居民生活水平，具有重要帮助。第六，近年我国粮食生产成本快速增加，不仅农民难以承受，国家财政承担的压力也在不断加大，适度进口部分粮食，对于降低生产成本和国家财政压力，对于平抑国内粮食价格和物价，是有利的。总的来说，我国已经基本具备了主动利用国际资源和市场调剂国内余缺的能力，这是一个历史性的变化。在国际有较大利用空间的状态下，适度降低粮食自给水平，不仅必要，而且有利。应将利用国外资源市场作为重大长期战略，作为我国农业、经济发展、国际贸易战略的重要组成部分纳入顶层设计之中。

目前，我国谷物能够基本满足国内需求，大豆等油料主要靠进口解决，利用国际资源和市场客观上已经成为弥补国内大量缺口的重要途径。而随着对粮食和其他农产品需求的增加，基本依靠国内生产完全平衡供需的道路已经走不通。一方面世界农业生产发展的潜力还非常大，合理利用境外资源和市场不仅能够缓解国内资源和市场供给压力，而且能够利用我国经济快速发展的机遇带动世界粮食生产登上新的台阶，为构建新的国际经济秩序做出重要贡献。而另一方面，美国、巴西、阿根廷等国家正在主动积极利用中国的需求，不断扩大国际农产品市场。这说明，如果能够实现不同国家的战略衔接，可以实现农产品、水土资源互利互惠的跨国配置。从世界耕地资源和粮食生产状况来看，至 20 世纪 80 年代末，随着“绿色革命”和农业科技成果的推广应用，世界粮食面积和总产量都有很大增长。目前，大洋洲、美洲、欧洲的人均耕地占有水平分别为 1.29 公顷、0.40 公顷、0.37 公顷，除了满足自己需求外，有大量的耕

地可以用来生产农产品供出口。此外，非洲、俄罗斯等地区也有大量的可耕地资源。特别是一些发达国家，由于采用集约化农作方式，农业技术水平及机械化程度普遍较高，单位农业劳动力的粮食产量比发展中国家高得多，由于粮食供给能力强，美国、法国、澳大利亚等产粮大国采取休耕，粮食增产的潜力很大。如果能够制定合理的战略，利用国际资源和市场满足国内需求的前景广阔。

但也必须坚持基本原则：第一，坚持以持续稳定提高国内农业综合生产能力为前提。在构建国际政治经济新秩序的过程中，既充满机遇，也充满风险，出现世纪粮食生产大滑坡和粮食禁运的可能性是存在的。不断提高自身的生产能力，是主动参与和利用国际资源和市场、提高谈判能力的基础。一旦出现不确定因素，就可以采取紧急措施启动国内粮食生产扩大计划，以应对不利局面。第二，确定开放市场的优先顺序。按照农产品转化品——非基本需求农产品——非口粮谷物——口粮的开放顺序，在现阶段可以适度扩大粮食转化品，如肉类、饲料、食用油、粮食深加工产品等的进口，以控制国内粮食加工转化需求；适度增加开放属于非基本需求、占用土地面积较大的农产品的进口，如大豆、棉麻等；如果有必要继续增加进口，可以考虑放开深加工粮、饲料粮的部分市场。但对于口粮，在任何情况下，必须实现总量供求平衡，并尽可能减少结构性缺口。第三，坚持逐步放开的原则。为避免世界粮食市场波动，我国放开粮食进口限制的进度要与世界粮食生产能力和市场供应水平提高步伐基本相一致，这不仅利于将进口成本限制在一定水平，也有助于避免缺粮的发展中国家因价格大涨面临困境。

继续完善粮食最低收购价政策，并将实施范围覆盖到所有粮食主产区。完善最低收购价定价机制，在补偿生产成本基础上，适当提高最低收购价水平，保障种粮农民的合理收益。探索建立粮食目标价格补贴制度，将价格支持政策与收入补贴政策相结合，探索实施主要粮食品种的目标价格补贴，保障种粮农民收益。完善临时收储政策，调控市场价格，防止生产大起大落。加强对粮食生产、消费、进出口、储运等监测，建立预警监测体系和市场信息会商机制，密切跟踪市场变化，适时启动应急预案。加强对外资进入粮食流通、加工领域的监管，修改完善《外商投资产业目录》和《关于外国投资者并购境内企业的规定》，健全外资并购的审查和监管机制，建立外资进入我国农业领域的预警和跟踪监督机制。

强化农业产业损害监测预警，在产业受到损害时，一是要及时有效启动“两反一保”贸易救济措施，二是要加强对国内产业的贸易补偿，切实维护我国农业产业安全。农业一头连接千家万户生产者、一头连接千家万户消费者，控制了流通仓储加工环节就控制了产业制高点。对此必须尽快建立和实施外资进入农业产业的安全审定制度，加强对外资进入农业产业的监管，制定适合农业产业特点的反垄断实施细则，维护农业产业安全。要研究建立强制性企业贸易与经营信息报告制度，提高市场运行的可预测性和透明度，强化企业社会责任。

要积极参与国际粮农事务，发挥我国在国际粮农事务中的作用，了解国际农产品市场动向。进一步强化对大宗农产品国际市场的监测、研判和预警等基础性工作，对重点国家、重点市场、重点品种的农产品供需和贸易情况进行监测，强化对国际市场价格、供需动态、贸易形势以及贸易政策等信息的收集分析、研究和预警，综合运用关税、关税配额、技术性措施、国有贸易等手段，对大宗农产品贸易进行因时因势的有效调控，确保国内生产和市场的稳定。要进一步加强公益性公共服务，切实提高国内农业企业应对国际市场波动和风险的能力。

二、从追求全面保障向保重点转变

中华人民共和国成立以来，我国走的是一条依靠国内生产基本满足国内需求的道路。对我国这样一个人口大国来说，这是必要的，也是必然的。但在目前已经利用 8 亿亩以上国外土地面积、国内土地产出能力满足不了农产品自我供需平衡，以及包括大豆在内的粮食自给率已经低于 90%的现实背景下，我国对哪些产品必须立足国内生产、哪些产品要利用国外资源及利用到什么程度解决，确实需要进行战略抉择。重点要从 4 个层面考虑：

一是确保口粮绝对安全。口粮自给自足，是确保粮食安全的基本要求。2012 年，我国口粮消费为 24 275 万吨，其中稻谷、小麦、玉米、大豆、其他品种分别为 16 656 万吨、5 705 万吨、1 145 万吨、620 万吨、1 240 万吨。不仅要在总量上确保安全，而且要考虑不同城乡、区域、不同群体的消费特点，确保各个品种都能自给。加上考虑特殊时期、特殊情景的因素，口粮保障目标还要比实际消费量高一些。随着口粮消费总体水平和消费结构的变化，保障目标再根据情况进行调整。考虑到提高城乡居民生活质量、丰富口粮品种的需要，也要考虑一定比例的口粮进口。

二是确保谷物基本自给。在世界农产品供求紧张的情况下，谷物产品是最容易被列入各国政府实施贸易管制甚至禁止贸易的产品。从产品可替代性来看，现有的口粮消费和绝大多数饲料粮很难找到能量和营养相当又受消费者欢迎的替代品种。因此，对人口大国而言，确保谷物基本自给是实现国家安全的要求。对于不同谷物，由于用途不同，自给水平应当有所区别。对饲料粮、工业用粮，可以适当放宽限制，而主要作为口粮的品种，限制则要相对严格。

三是确保高价值品种具有较强竞争力。从目前的情况来看，肉、禽、蛋、奶、水产品、蔬菜等品种的竞争力较强，是农民的重要增收渠道。尽管我国城镇化率已经过半，而且将继续提高，但我国将长期有4亿以上的人口在农村生产生活，因此要确保农村劳动力有就业机会和增收渠道，有选择性地加强支持。

四是确保生产潜力得到充分释放。尽管我国粮食自给率不断下降，但仍有很大的生产潜力：①饲料种植。近十几年来，我国的畜产品、水产品的消费需求在快速增加，饲料粮的消费量也相应快速增长。1995—2012年，我国饲料用粮从1.29亿吨增加到2.33亿吨，增加幅度为80.24%，年均增速达到8.78%，与口粮消费量减少形成明显对照。目前，我国的种植结构仍然具有“以粮为纲”的色彩，生产饲料对谷物依赖程度过高。但从营养当量来看，苜蓿、青贮玉米等饲料作物可以整体利用，生产效率明显比谷物要高。而且，饲料作物对水土的适应性比谷物更高，发展难度不大。建立粮、饲并重的种植制度，应当成为我国实现重要农产品供给的重要切入点。②油料。我国有种植大豆的传统，但单产大大低于美国、巴西、阿根廷等国家，大豆产量明显下滑。要加快改良大豆品种，改善大豆产业的基础设施条件，力争大豆单产水平有较大提高。我国适合种植油菜的土地面积非常大，在油菜品种改良取得明显进展、产量和效益水平可以得到明显提高的情况下，要制订专门的扶持计划。山地油料市场前景看好，价值也很高。要合理利用山区资源，大力发展油茶、油橄榄、核桃、板栗等木本粮油产业，建设一批名、特、优、新木本粮油生产基地。③杂粮。我国的干旱、半干旱及半湿润的偏旱地区（主要分布于昆仑山、秦岭、淮河以北的15个省份）占国土面积的52.5%，其中旱作耕地占总耕地面积的34.0%。这些地区发展杂粮杂豆的潜力很大，在国际市场上也颇受欢迎。要针对华北、东北、西北地区干旱连年加重、地下水过量开采等情况，因地制宜地压缩水稻等高耗水作物，发展谷子、黍稷、龙爪稷、食用豆类等杂粮杂豆作物。

加大农业科技投入，着力推进农业科技创新体系、农技推广体系建设，加大高素质农民培训和农村实用人才培养力度。积极推进政府主导的多元化、多渠道农业科研投入机制建设，重点突破制约粮食生产的育种、病虫害防控等瓶颈技术难题。加强农业科研基地、区域性科研中心的创新能力建设，深入实施现代农业产业技术体系专项。整合科研资源，加快实施转基因重大专项，尽快培育一批增产潜力大、具有突破性的高产优质品种。加快农业技术推广体系机制创新和能力建设，构建以国家农技推广机构为主体、科研单位和大专院校广泛参与的农业科技成果推广体系。增加对粮油高产创建的补贴资金规模，促进技术集成推广，提高技术到位率。

三、从注重保供给向保可持续发展转变

我国粮食连年增产，其代价是地力、产能严重透支，若在高起点上继续保持好势头，难度正在加大。据专家分析，粮食等农产品的“天花板（价格冒顶）”“地板”（成本挤压）、“黄线（补贴临界）”“红灯（环境透支）”现象日益凸显，逼迫我们必须打组合拳，把粮食安全特别是口粮安全纳入国家安全决策的重要议题。尽管我国粮食生产连年增产，但在现阶段工业化、城镇化进程加快的背景下，在高起点上继续保持粮食发展的好势头，仍面临诸多挑战，面临的形势更加严峻，各种困难接踵而至，与日俱增。由于农产品需求刚性增长与资源硬约束趋紧并存，将使粮食等农产品供求长期处于紧平衡状态；由于农产品供求总量平衡与结构性紧缺并存，未来缺口继续扩大结构性矛盾将长期存在；由于生产成本上升与比较效益下降并存，必将影响农村基层干部农民的重农抓粮的生产积极性；由于劳动力结构性短缺与家庭小规模经营并存，“谁来种地”的问题将日益突出；由于基础设施薄弱与自然灾害频发并存，农田设施老化、气象灾害和生物灾害频发依然是粮食安全的巨大威胁。这些“并存”，集中凸显了不断加剧的资源环境约束与日益增长的农产品需求之间的矛盾，农产品质量安全的保证能力与人民群众日益提高的消费期望、农业比较效益与农民增收的诉求、农业科技水平与现代农业转型升级的要求、农业劳动力结构性短缺与现代化生产经营的需求的不相适应。

我国的人口数量众多，资源和生态环境承受的压力一直较大。农业能否实

现可持续发展，农村区域的生态文明建设能否切实推进，对我国生态文明建设、实现中华民族永续发展具有决定性的意义。必须树立尊重自然、顺应自然、保护自然的生态理念，把生态文明建设放在突出位置，合理利用水土资源、科学投入各种化学投入品、发展环境友好型农业，将农业发展成为既能提供农产品，也能提供良好环境的产业。切实转变农业发展方式，努力建设美丽乡村，是走出有中国特色农业现代化道路过程中的重要任务。按照建设资源节约型社会的要求，加强宣传教育，提高全民粮食安全意识，形成全社会爱惜粮食、反对浪费的良好风尚。改进粮食收购、储运方式，加快推广农户科学储粮技术，减少粮食产后损耗。积极倡导科学用粮，控制粮油不合理的加工转化，提高粮食综合利用效率和饲料转化水平。引导科学饮食、健康消费，抑制粮油不合理消费，促进形成科学合理的膳食结构，提高居民生活和营养水平。建立食堂、饭店等餐饮场所“绿色餐饮、节约粮食”的文明规范，积极提倡分餐制。抓紧研究制定鼓励节约用粮、减少浪费的相关政策措施。

要根据不同粮食产品的需求结构、特点和趋势，以及在粮食安全中的地位，确定切实可行的阶段性自给率目标和合理的粮食产业结构。要结合利用国际市场的可能和发展国内生产的潜力，优化生产力布局，加强优势区域规划，加快优势产业带建设，确保粮食产品基本播种面积和基本供给能力。要研究建立必要的体制机制，有效统筹国内生产和进口需求，确保国内产业政策与贸易政策相衔接，国内生产力布局与充分利用国际市场相匹配，国内供需趋势与进出口调控相协调，逐步形成统一、开放的大农业、大市场、大流通格局，不断增强我国农业产业和粮食国际竞争力，更好地应对与国际市场逐步融合所带来的机遇与挑战。

四、从小规模家庭分散经营向构建新型农业经营体系转变

在面临国外大规模生产且获得高额补贴的大农场竞争下，必须加强对我国农业的支持和保护。要充分利用世界贸易组织赋予的“绿箱”和“黄箱”政策空间，进一步加大财政支农力度、强化生产性支持，努力实现财政支持总量增加、比例提高、结构优化。要着力解决当前农村金融信贷服务发展滞后的问题，可借鉴法定储备金制度研究制定制度性措施，强化金融信贷机构的社会责任，如规定各类信贷机构用于农业的贷款比例等，确保金融和信贷资金流向农业，切实加强对农业的金融信贷支持。

第一，农业经营主体绝对收益水平亟待提高。在市场经济条件下，经营主体就业领域固然有多种多样的选择，但只有在成本利润率达到社会平均水平、绝对收益达到当地平均水平时，这个行业才具有足够的吸引力。目前的种粮成本利润率与其他行业相比并不低，但由于经营规模较小，户均种粮利润仅相当于 1 个劳动力外出 2 个月的工资收入。提高单个经营主体的绝对收益水平，客观要求改变小规模分散经营的现状。

第二，农业生力军亟待培养。城镇有大量的就业机会、更完善的公共服务和更高的生活质量，农村人口（尤其是青年人群）向城镇迁移，是世界性的普遍现象。我国城乡经济社会发展差距较大，青年人群先行迁移的倾向更为明显。2012 年，全国农民工总量达到 26 261 万人，外出农民工达到 16 336 万人。外出农民工中，40 岁以下的占 80%以上，而农业劳动力年龄水平则显著提高，农业劳动力高龄化的特征明显体现。只有创新农业经营体系，才能留住和造就有文化、懂技术、会经营的新型农民，才能为现代农业建设注入新生力量。

第三，农户适应市场的能力迫切需要增强。我国农户经营规模小、面临的问题多、适应市场的能力低，创新统一经营方式、完善经营体制和优化产业组织体系、加快发展社会化服务，已经成为转变农业发展方式、建设现代农业迫切需要解决的问题。要适应经济持续健康发展、社会结构深刻变革、新型工农城乡关系加快形成的新形势，按照党的十八大和 2013 年中央 1 号文件关于“构建集约化、专业化、组织化、社会化相结合的新型农业经营体系”的要求，不断提升农业经营体系的经营能力、增强农业服务体系的服务能力。构建新型农业经营体系，是一项非常艰巨而又充满制度风险的历史任务，我国农业曾经走过了一条艰难曲折的道路，有着深刻的历史教训。在我国农业发展仍然处于变数较多、不确定性很大的转轨期，必须通过大力发展组织化、社会化的生产经营服务体系，为家庭经营走向现代化架起新的桥梁，丰富和完善农村基本经营制度，确保新型农业经营体系健康推进。

要适应经济持续健康发展、社会结构深刻变革、新型工农城乡关系加快形成的新形势，加快构建集约化、专业化、组织化、社会化相结合的新型农业经营体系，不断提升农业经营主体的经营能力。第一，加快农民种粮合作社发展。要加大支持力度、完善支持方式、加强示范带动，继续促进种粮合作社健康快速发展。发挥小型和地缘性合作经济组织在提高内部凝聚力方面的优势与大型、跨地域合作组织在形成市场优势方面的优势，鼓励支持合作社以产品和产业为纽带发展联合社。支持合作社办加工企业，延长产业链，提高农产品附加值，提升引领能力。第二，大力培育社区性家庭农场。可以考虑将具备达到一定经营规模、经营者为农村集体经济组织成员、非农忙季节一般不雇工、经过统一注册登记 4 个特征的经营主体明确为家庭农场，对具备一定条件的地区，给予必要的资金、技术和政策支持，积极探索规模适度的家庭农场发展模式。第三，发展跨社区粮食生产大户。加强土地承包经营权流转管理和服务，鼓励有条件的地方建立为农民土地承包经营权流转的各种服务平台，发展土地流转中介服务组织，促进土地流转，发展种粮大户。

以产业化经营、社会化服务为支撑解决“如何种粮”问题，以完善扶持政策延伸产业链条。完善产业化经营项目财政补助和贷款贴息政策，通过对农产品生产基地、产地初加工、精深加工、流通服务体系等环节的扶持，形成全产业链生产，让农民和新型农业经营主体放心发展规模化、标准化、专业化生产基地。支持龙头企业与合作社、农民建立紧密的利益联结机制，实现合理分工，让农民从产业链增值中获取更多利益。放宽立项门槛，将注册登记的种养大户、家庭农场、农业社会化服务组织纳入扶持范围，实现对新型农业经营主体的全覆盖。合理引导工商企业到农村发展良种种苗繁育、高标准设施农业、规模化养殖等适合企业化经营的现代种养业。支持龙头企业采取订单农业、“企业＋合作社”“企业＋农户”等模式，带动农户发展规模化生产。引导加工、流通领域龙头企业向产业园区集中，以产业基地（园区）为平台，提高产业集中度和企业集聚度。

探索产业化资金投入新机制。探索利用股权投资基金、股权引导基金等方式，引导社会资本投入农业综合开发，共同扶持壮大农业产业化龙头企业。加大贷款贴息扶持力度，撬动更多金融资本投入农业产业化发展。扩大产业化经营项目“先建后补”试点省份，探索财政资金扶持农业产业化发展的有效模式。

支持农民合作组织开展社会化服务。发挥农民合作社、专业技术协会、涉农企业等各类合作组织的作用，支持其为农业生产经营提供低成本、便利化、全方位的服务。鼓励项目区农户组建用水户协会，合理收取水费，为农田灌排用水、设施管护提供低成本、便利化服务。加强部门项目建设，以新型农业经营主体为载体，推动全程社会化服务体系建设，扩大新型农业社会化服务特别是土地托管服务试点项目建设。

加强农产品市场流通服务体系建设。加大对农产品流通环节扶持力度，支持农业产业化龙头企业发展仓储及冷链物流设施，向乡镇和农村延伸生产营销网络。探索对农产品电子商务的支持政策，支持企业建立电子商务平台及信息化建设。发挥供销社扎根农村、联系农民、点多面广的优势，与农民开展合作式、订单式生产经营服务，搞好产销对接、农社对接，提高服务的规模化水平。

第二章

保障重要农产品供给

几年来，随着棉油糖、肉蛋奶等产业的全面发展，农产品市场供应充足、品种丰富、价格稳定，为经济社会的发展提供了基础支撑。但未来人口总量增加、城镇人口比例上升、居民消费水平提高、农产品工业用途拓展，为我国农产品需求呈刚性增长带来持续压力。对于主要粮食作物之外的其他大宗农产品，必须根据其需求结构、特点和趋势，综合考虑利用国际市场的可能、发展国内生产的潜力、保障农民生计、保护农业生态环境以及确保进口主动权和话语权的需要，确定切实可行的阶段性自给率目标。国内生产，要在明确基本播种面积、基本产量目标的基础上，优化大宗农产品生产力布局，加强优势农产品区域布局规划。要充分考虑自然地理条件的制约以及间套作与可持续发展的需要，加强支持力度，加快优势产业带建设，确保大宗农产品基本播种面积和基本供给能力。

第一节　主要农产品供给现状

一、中国大豆产业发展与供求安全

（一）中国大豆生产发展历程及现状

1. 中国大豆生产在世界大豆生产中的重要地位

中国是大豆的原产国，也曾是世界最大的大豆生产国。自 20 世纪 50 年代，中国大豆生产在世界大豆生产中的地位不断发生变化。作为大豆四大主产国之一，中国大豆生产在世界大豆生产中仍然占据着十分重要的地位。

2. 大豆生产对国民经济发展的重要意义

大豆是重要的粮食、油料作物，大豆还可加工成大豆粉、组织蛋白、浓缩蛋白、分离蛋白，是重要的食品工业原料，同时也是重要的饲料作物。大豆产业链长，关乎种植业、养殖业、饲料工业和食品工业等多个行业的发展，在国民经济发展中发挥着重要作用。大豆已成为中国进口量最大、用汇最多的农产品。

3. 大豆产量变化

自改革开放以来，大豆总产量不断增长，但波动较大。可分为1978—2004年的低起点快速发展阶段和2004—2012年的高位下滑阶段。1978年确立的家庭联产承包经营使得大豆生产在波动中缓慢回升，大豆产量从1978年的757万吨增至2004年的1 740万吨，增长了1.3倍。2004—2012年，由于竞争作物比较利益挤压、进口大豆抑价效应、生产成本上涨等因素的影响，中国大豆生产明显下滑，大豆产量从2004年的1 740万吨降到2013年的1 220万吨，下降了30%，特别是近4年来连续下降（图2-1）。

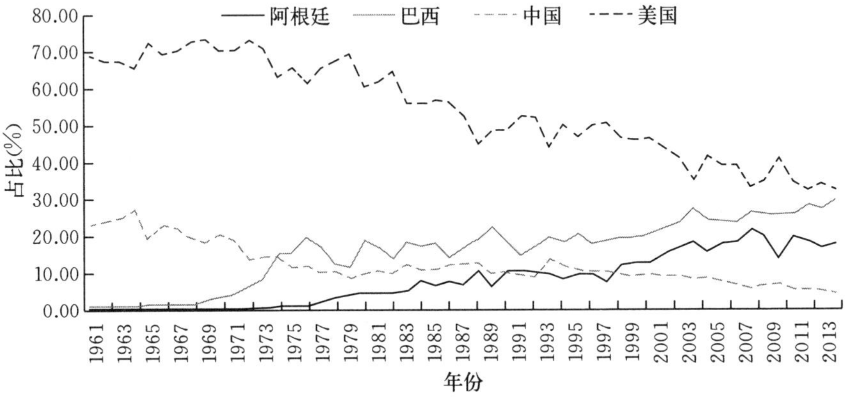

图2-1　主产国大豆产量在世界大豆总产量中的比例变化

数据来源：FAOSTAT。

4. 大豆区域布局变化

按照我国大豆生产布局区划，将三大生产区域大体上做如下划分：北方春作大豆区、黄淮海夏作大豆区和南方多作大豆区。

1978—2012年，3个大豆种植区大豆播种面积占全国的比例变化较大。北方地区大豆播种面积在1978—2009年增加较多，其面积占全国的份额从39.4%扩大到60.2%，2010年面积开始下降，份额也下降到2012年的51.3%。黄淮海地区大豆播种面积持续减少，比例从43.9%下降到2009年的

27.4%，自2010年份额开始增加，增加到2012年的32.2%。南方地区大豆播种面积在1978—2005年稳步上升，2006年下降幅度较大，此后缓慢回升，所占份额总体变化不大，基本维持在10%～20%。

（二）中国大豆贸易发展历程及现状

1. 大豆贸易现状

改革开放以来，中国大豆贸易经历了从净出口（1983—1995年），再到净进口（1996—2013年）的曲折发展阶段。目前中国是世界上最大的大豆进口国，大豆也成为中国进口量最大、用汇最多的农产品。在大豆贸易发展变化的同时，大豆的主要加工品豆油和豆粕的贸易也在不断地发展变化。

2. 大豆在粮食贸易中的重要地位

随着居民生活水平的提高和消费结构的升级，豆产品、畜产品及水产品的消费量日益增加，直接推动大豆需求量不断上涨，1997年，我国由大豆净出口国转为净进口国，此后大豆进口量总体呈持续上涨态势。2013年，我国大豆进口量达6 337.54吨，大豆总产量为1 220万吨。因此，在开放经济条件下，大豆国际贸易的健康发展对充分发挥我国农业生产的比较优势，合理配置土地资源具有十分重要的意义。

3. 大豆主要贸易国

（1）大豆主要出口市场。中国大豆出口市场分布较为广泛。从各主要出口市场来看，日本和朝鲜一直都是中国大豆的主要输出地。自1998年起，对韩国的大豆出口增加，且出口比例不断上升。自2004年以来对美国的大豆出口增加，出口比例也不断增加，2012年，对其出口量达28.4%，成为中国大豆第二大出口市场（表2-1）。

表2-1 2004—2012年中国大豆主要出口市场及其比例

单位：%

年份	日本	朝鲜	韩国	美国	合计
2004	55.48	10.53	19.06	8.15	93.22
2005	46.12	9.81	23.26	9.71	88.90
2006	39.84	9.33	19.25	11.00	79.42

（续）

年份	日本	朝鲜	韩国	美国	合计
2007	29.66	9.44	35.86	8.66	83.62
2008	18.52	6.49	53.34	10.43	88.78
2009	14.60	7.45	48.63	14.52	85.20
2010	28.80	15.75	26.38	9.06	79.99
2011	20.61	9.21	46.48	8.23	84.53
2012	13.20	9.69	41.50	28.40	92.79

数据来源：根据 FAOSTAT 数据整理计算，2012 年数据来源于《2013 中国农产品贸易发展报告》。

（2）大豆进口主要来源地。1996 年中国大豆开始大规模进口，进口来源地也进一步集中，主要是美国、巴西和阿根廷，进口迅速增长的 17 年里，每年从 3 国进口大豆合计均占中国大豆进口总量的 93%以上（图 2-2）。

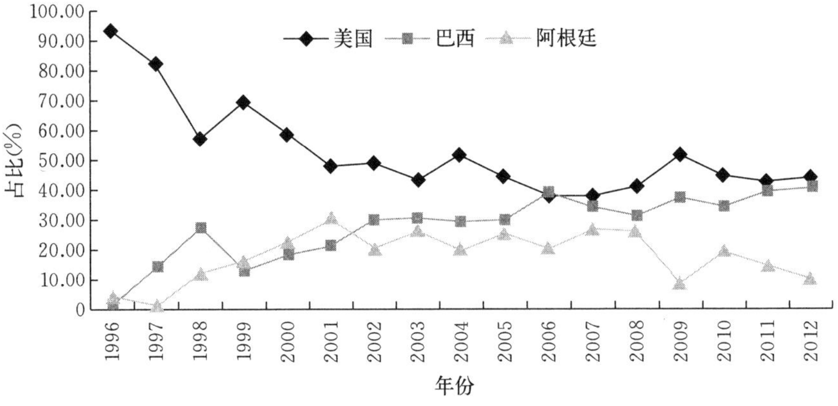

图 2-2　1996—2012 年中国大豆进口主要来源国及其比例变化

数据来源：根据 FAOSTA 数据计算整理。

（三）中国大豆流通发展现状及特点

1. 中国大豆价格变化

（1）大豆收购价格。随着大豆流通体制的变化，国家对大豆收购价格体制也做了相应的调整，因此，改革开放后大豆收购价格的变化大致经历了以下两个阶段：1979—1992 年的价格改革与定购价格和议购价格并存阶段和 1993 年以来的价格市场化阶段。

1979—1992 年的价格改革与定购价和议购价并存阶段。这一时期，大豆收购价格除在 1990—1991 年略有下降外，总体上仍稳定提高。除个别年度外（1981 年），大豆收购价格的变动也基本与粮食保持一致（表 2-2）。

表 2-2　1985—1992 年大豆价格变动情况

年份	订购价格（元/千克）	议购价格指数（上年=100）	议购价高于定购价（元/千克）	指数（上年=100）	议购价上浮比例（%）
1985	0.67	—	0.76	—	13.4
1986	0.70	105.3	0.88	115.2	25.7
1987	0.74	104.9	0.93	106.4	25.7
1988	0.75	101.3	1.03	110.0	37.3
1989	0.78	104.9	1.40	136.1	79.5
1990	0.83	106.0	1.33	95.6	60.2
1991	0.88	106.1	1.26	94.1	43.2
1992	0.91	103.0	1.48	117.5	62.6

数据来源：《中国农业发展报告》，2000 年。

1993 年以来的价格市场化阶段。市场化改革以来，由于受市场供求影响，粮食价格波动较大，大豆收购价格在波动中上升。1993 年国家对大豆实行最低保护价政策，我国大豆收购价格 1993 年提高了 22.7%，以后每年均有提高，1998 年，由于大豆退出了政府保护价范围，收购价格明显下降。1998—2012 年，大豆收购价格波动更为频繁。2008 年起，国家将东北三省和内蒙古大豆纳入临时收储范围，近 3 年大豆收购价格持续提高。

（2）大豆销售价格。市场化改革以前，大豆收购价格变动总体上与粮食收购价格保持一致。1985—1987 年购销价格的偏离，则是价格市场化改革的结果。1988 年以来，大豆市场价格总体呈上升趋势，从 1.29 元/千克提高到 5.59 元/千克，但 1998 年以来波动较大。2008 年出现暴涨，涨幅达 52.1%，2009 年再次下跌，跌幅达 16.7%，近 3 年来恢复上涨，但仍不及 2008 年的价格水平。

2. 中国大豆价格发展趋势

国内大豆价格主要受国内大豆供需关系、国际大豆价格、生猪养殖业发展以及国家相关政策等因素的影响。

国内大豆供给量呈现下降趋势，国内市场对于大豆的需求却是有增无减。2013/2014 年度中国大豆消费量为 7 965 万吨，较 2012/2013 年度增加 347 万吨，中国消费量持续稳定增长，但国内产量却连年下滑，导致大豆自给率严重下滑，对外依存度进一步扩大。因此国际大豆价格对国内大豆价格的影响很大。由于预计后期国际大豆价格将维持较高行情，有可能继续上涨，对国内大豆价格也将产生联动效应，拉动国产大豆价格上涨。

生猪养殖业明显趋好，但市场风险仍然很大。由于猪肉价格较高，农民生猪养殖热情高涨，后期对饲料的需求将大幅增加，将会拉动豆粕需求，从而推动大豆价格上涨。但是后期猪肉价格有可能出现新一轮的下跌周期，市场风险仍然非常大，后期对大豆价格上涨仍可能产生较大的抑制作用。

（四）中国大豆供求平衡历程及现状

1. 大豆供求分析

（1）大豆供需平衡表。总体来看，我国大豆供给与需求均呈迅速增长态势。从大豆总供给来看，供给量从 1998 年的 2 522.2 万吨增长到 2012 年的 9 099.9万吨，年均增长率为 10.4%（表 2－3）。

表 2－3　1998—2013 年中国大豆供需平衡表

单位：万吨

年份	国内总供给量	期初库存量	产量	进口量	国内总需求量	出口量	期末库存量
1998	2 522.2	687.8	1 515.2	319.3	1 858.6	17.0	646.6
1999	2 503.5	646.6	1 425.1	431.9	1 825.8	20.4	657.3
2000	3 240.3	657.3	1 541.4	1 041.9	2 649.7	21.1	569.6
2001	3 504.3	569.6	1 540.7	1 394.0	3 236.0	24.8	243.4
2002	3 025.5	243.4	1 650.7	1 131.4	2 554.5	27.6	443.5
2003	4 057.0	443.5	1 539.4	2 074.1	3 797.7	26.8	232.6
2004	3 996.0	232.6	1 740.4	2 023.0	3 581.7	33.5	380.8
2005	4 674.8	380.8	1 635.0	2 659.0	4 314.6	39.7	320.6
2006	4 741.0	320.6	1 569.7	2 823.7	4 317.2	37.9	385.9
2007	4 867.6	385.9	1 400.0	3 081.7	4 175.1	45.7	646.9
2008	5 945.5	646.9	1 555.0	3 743.6	4 727.1	46.5	1 171.9

（续）

年份	国内总供给量	期初库存量	产量	进口量	国内总需求量	出口量	期末库存量
2009	6 917.0	1 171.9	1 490.0	4 255.1	5 205.5	34.7	1 676.9
2010	8 666.7	1 676.9	1 510.0	5 479.8	6 748.4	16.4	1901.9
2011	8 601.5	1 901.9	1 450.0	5 249.6	6 623.7	20.8	1956.9
2012	9 099.9	1 956.9	1 305.0	5 838.0	7 206.2	31.8	1 861.9
2013	—	1 861.9	1 175.0	6 250.0	—	25.0	1 661.9

数据来源：期初库存量和期末库存量数据来自中华粮网。

注：由于期初库存量和期末库存量为跨年度数据（如 1998/1999 年度），因此国内大豆需求量会与实际需求量略有差异。

从大豆需求来看，需求量从 1998 年的 1 858.6 万吨增长到 2012 年的 7 206.2万吨，年均增长率为 11.0%，快于大豆总供给的增长。从期末库存的变化来看，我国大豆期末库存量 1998—2007 年呈下降趋势且波动较大。

（2）大豆库存消费比变化。近 15 年来，大豆库存消费比呈现出先下降，而后迅速上升的特点。1998—2004 年，库存消费比从 35.7%下降到 5.6%，2005—2011 年，迅速回升，2013 年大豆库存消费比较 2011 年下降 9.8%，近 3 年来库存消费比均保持在 24%以上，供需相对稳定（图 2-3）。

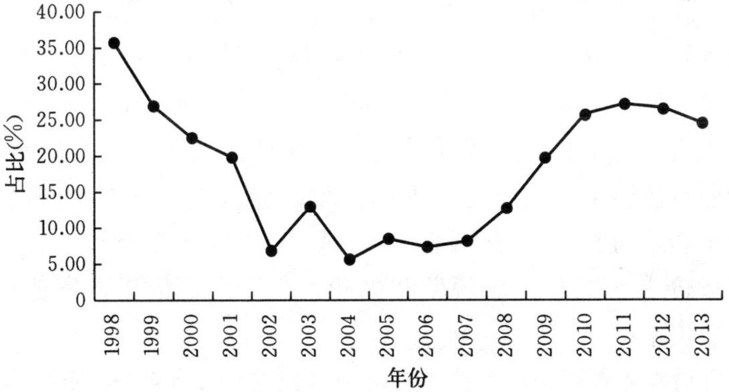

图 2-3　1998—2012 年大豆库存消费比变动

数据来源：中华粮网。

2. 大豆供求特点

目前国内大豆需求主要依靠进口大豆来满足，进口大豆占大豆消费量的

80%以上。压榨消费是大豆消费的主要形式，在大豆消费中占到八成以上。大豆除直接食用外，豆油和豆粕是大豆的主要消费产品。

3. 大豆供求趋势展望

国内大豆供需矛盾日益突出，大豆供给主要依赖国际市场。一方面随着经济发展、人口增长以及城镇化的发展，国内大豆需求呈刚性增长；另一方面是国内大豆生产日渐萎缩，短期内还将依靠大量进口来满足大豆需求。

二、油料花生供给与产业发展趋势

（一）我国近现代花生生产现状

目前，中国是世界上最大的花生生产国和消费国。2013 年中国花生收获面积为 466 万公顷，占全国主要油料作物收获面积的 18%，占世界花生收获面积的 18%。花生（带壳）产量为 1 686 万吨，占全国主要油料作物总产量的 20%，占世界花生（带壳）产量的 37%。花生单产为 3 618 千克/公顷，是中国主要油料作物平均单产的 5 倍多，是世界花生平均单产的 2 倍。花生已经成为我国四大油料经济作物之一，2013 年在我国粮棉油农作物（稻谷、小麦、玉米、棉花、大豆、花生、油菜籽、芝麻）中，花生种植面积和总产量分别名列第六位和第四位。

改革开放以来，尤其是进入 21 世纪以来，花生总成本不断升高，净利润波动频率较高、波动幅度较大。生产成本一直是我国花生生产总成本的主要组成部分，但土地成本在总成本中所占比例在不断上升。在土地成本中，自营地折租占据主要地位，说明我国花生生产主要是利用自家承包土地进行，较少通过流转土地进行花生生产。2011 年人工成本在生产成本中所占比例超过了物质与服务费用比例，并有进一步扩大的趋势。在人工成本中，家庭用工折价占 95%以上，说明我国花生生产主要依靠自家劳动力进行，较少进行雇工生产。

在物质与服务费用中，直接生产费用是其主要组成部分，间接生产费用伴随着农业税的取消大幅下降。直接生产费用呈波浪上升态势，主要原因是种子费、化肥费、农药费、租赁作业费和机械作业费的上升。种子费仍是直接生产费用中比例最高的项目，化肥费用成为第二大项目，在肥料使用中，相对于农家肥而言，农民对化肥的依赖程度越来越高，机械作业费用比例增长较为明显，说明我国花生生产的机械化程度有所提高。

在我国粮棉油农作物中，棉花的每亩生产成本和每亩净利润均高于花生，而3种粮食平均，大豆和油菜籽的每亩生产成本和每亩净利润均低于花生。2013年花生价格大幅下降和生产成本大幅上升导致其净利润大幅下降，其他粮棉油农作物的价格虽未发生剧烈波动，但由于生产成本均有不同程度上涨，净利润下降幅度也较大，其中，油菜籽和棉花已经出现严重亏损。

2004年以来，与河北、山东、福建、广东和广西等东南沿海省份相比，辽宁、河南、安徽和四川省的农业生产要素相对比较充裕，经济发展水平相对比较落后，其花生生产成本也相对较低，较低的生产成本使得其花生生产具有明显的价格竞争优势，这也是这些省份花生生产扩大的重要原因。

1978—2013年，花生油消费总量由27.2万吨增至276.5万吨，花生仁消费总量由233.6万吨增至1 643.7万吨，年均增长率分别为7.61%和6.39%。自改革开放以来国内花生油和花生仁均处于供求紧平衡状态。花生仁国内消费主要包括榨油、直接食用和饲料消费，2013年3项所占比例分别为52.99%、40.34%、6.67%。1978—2013年，榨油和直接消费在花生仁消费总量中所占比例分别上升了3.05%和3.59%，而饲料消费所占比例下降了6.64%。

中国花生仁和花生油的国际贸易以出口为主，进口相对较少。2002年以来花生仁出口量及世界排名呈现显著下降趋势。20世纪90年代中期以来花生油出口量也开始明显下降，2009—2011年不足1万吨，低于1978年水平。

随着人们饮食结构的调整和营养水平的升级，我国城乡居民对花生及花生油等花生制品的需求量日益增加，国家开始加大对花生生产的政策支持力度。2010年中央1号文件明确将花生纳入良种补贴范围，花生生产者的积极性再次得到提高。截至2013年，花生种植面积达到463.3万公顷，总产量达1 697.2万吨，单产达3 663千克/公顷，总产量和单产均达到历史最高水平。这一时期，信息技术、现代生物技术、机械化生产收获技术为花生科技进步做出了重要贡献，信息专家系统、优质高产专用新品种、油脂高效栽培技术、机械化播种收获和初加工技术在我国花生生产实践中得到普遍应用。

（二）我国花生生产成本收益分析

花生种植的成本收益变化是影响农民种植花生积极性的关键因素。该部分首先对改革开放以来我国花生生产的总成本、净利润和成本利润率等成本收益指标的变化进行分阶段剖析；其次对种植花生的总成本进行逐级分解，分析其各级成本构成及变化情况；然后对花生与粮棉油农作物生产成本与收益进行比较分析；最后对不同省份花生生产成本进行比较分析，以期描述中国花生生产的成本收益状况及其变化规律。

1. 花生成本构成分析

根据《全国农产品成本收益资料汇编》关于农产品成本的划分方法，对花生成本做如下划分：每亩总成本包括每亩生产成本和每亩土地成本。每亩生产成本包括每亩物质与服务费用和每亩人工成本，每亩土地成本包括流转地租金和自营地折租。每亩物质与服务费用包括直接生产费用和间接生产费用两部分，每亩人工成本包括家庭用工折价和雇工费用两部分。直接生产费用包括种子秧苗费、农家肥费、化肥费、农膜费、农药费、畜力费、机械作业费、排灌费、燃料动力费、棚架材料费和其他直接费用；间接生产费用包括固定资产折旧、小农具购置修理费和其他间接费用等。

（1）花生总成本构成分析。在我国花生总成本构成中（图 2-4），生产成本是总成本的主要组成部分，1978—2013 年，花生生产成本由 53.98 元/亩增至 1 095.35 元/亩，36 年增长了 19 倍，土地成本由 2.08 元/亩上升至 221.75 元/亩，增长了 106 倍。从二者所占比例来看，1978—2013 年，生产成本比例由 96.29%降至 83.16%，土地成本比例由 3.71%升至 16.84%，这一变化过程表明，生产成本仍是总成本的主要组成部分，但土地成本在总成本中所占比例在不断上升。

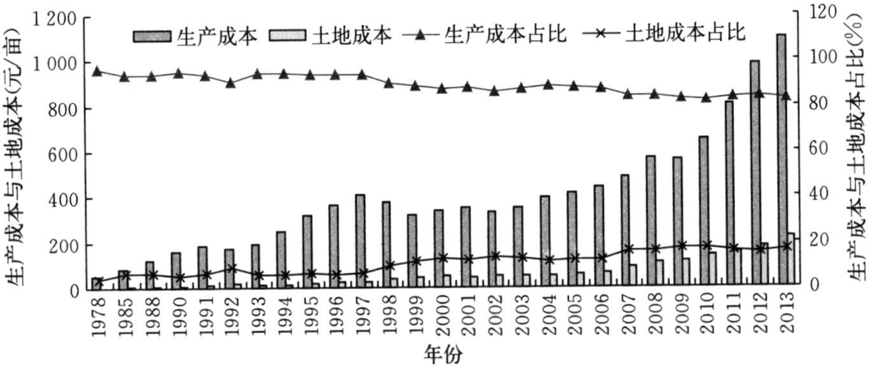

图 2-4 中国花生总成本构成变化（1978—2013 年）

数据来源：历年《全国农产品成本收益资料汇编》。

（2）花生生产土地成本构成分析。在我国花生生产的土地成本构成中（图2-5），自营地折租占据主要地位，说明我国花生生产主要是利用自家承包土地进行，较少通过流转入土地进行花生生产。

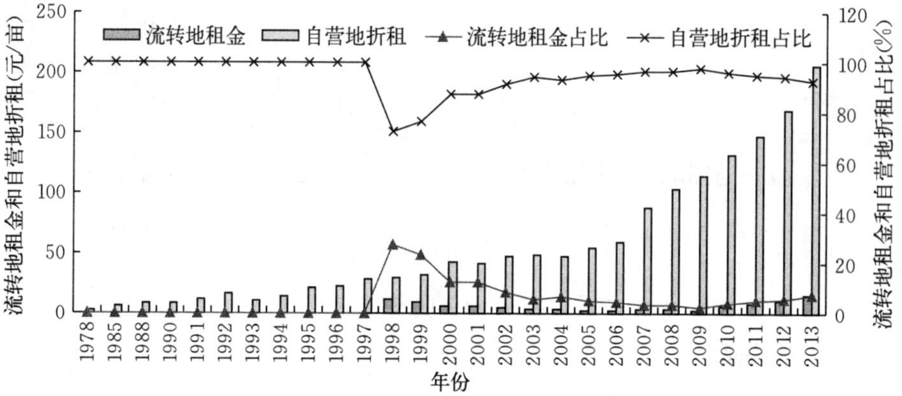

图2-5 中国花生生产土地成本构成变化（1978—2013年）

数据来源：历年《全国农产品成本收益资料汇编》。

（3）花生生产成本构成分析。在我国花生生产成本构成中（图2-6），物质与服务费用和人工成本所占比例基本相当。从1978年至2013年，花生物质与服务费用由25.42元/亩增至449.84元/亩，36年增长了17倍，人工成本由28.56元/亩升至645.51元/亩，增长了22倍。从二者所占比例来看，2011年以前，绝大部分年份物质与服务费用比例高于人工成本，2011年以后，我国人工成本迅速上升，其比例开始明显高于物质与服务费用。2013年，人工成本占比达58.93%，物质与服务费用占比为41.07%。

（4）花生生产人工成本构成分析。在我国花生生产的人工成本构成中（图2-7），家庭用工折价占95%以上，说明我国花生生产主要依靠自家劳动力进行，较少进行雇工生产。

（5）花生物质与服务费用构成分析。在我国花生物质与服务费用构成中（图2-8），直接生产费用是物质与服务费用的主要组成部分，从1978年至2013年，花生直接生产费用呈波浪上升趋势，由21.04元/亩增至446.25元/亩，36年增长了20倍，而间接生产费用在2003年之前伴随着税金的增加是逐渐上升的，2006年中国完全取消了农业税，间接生产费用随之大幅减少，2013年降至3.59元/亩，低于1978年水平。从二者所占比例来看，1978年至

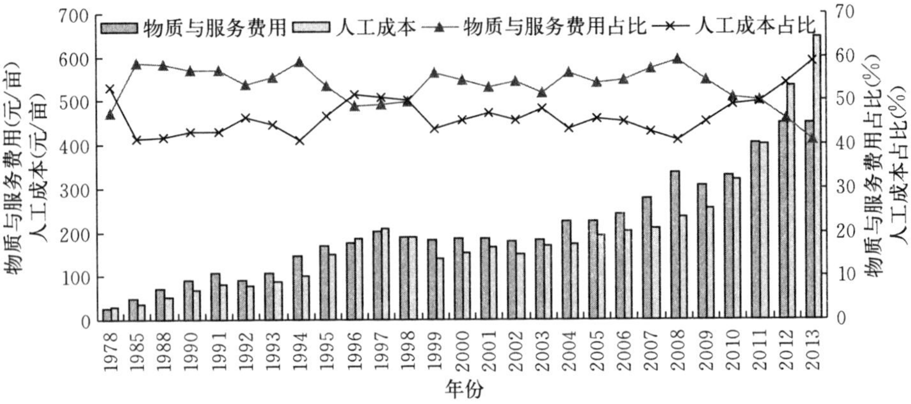

图 2-6　中国花生生产成本构成变化（1978—2013 年）

数据来源：历年《全国农产品成本收益资料汇编》。

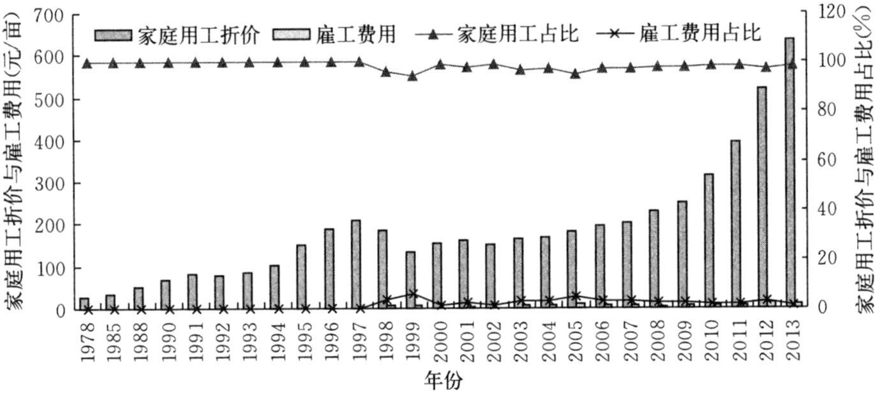

图 2-7　中国花生生产人工成本构成变化（1978—2013 年）

数据来源：历年《全国农产品成本收益资料汇编》。

2013 年，直接生产费用比例由 82.77%升至 99.20%，间接生产费用比例由 17.23%降至 0.80%，这一结果表明，我国花生物质与服务费用绝大部分用于直接生产费用。

（6）我国花生直接生产费用构成分析。花生直接生产费用呈波浪上升态势（图 2-9），主要原因是种子费用、化肥费用、农药费用、租赁作业费用和机械作业费用的上升（表 2-4）。从 1978 年至 2013 年，花生直接生产费用由 21.04 元/亩增至 446.25 元/亩，36 年增长了 20 倍，其中，种子费用由 9.58

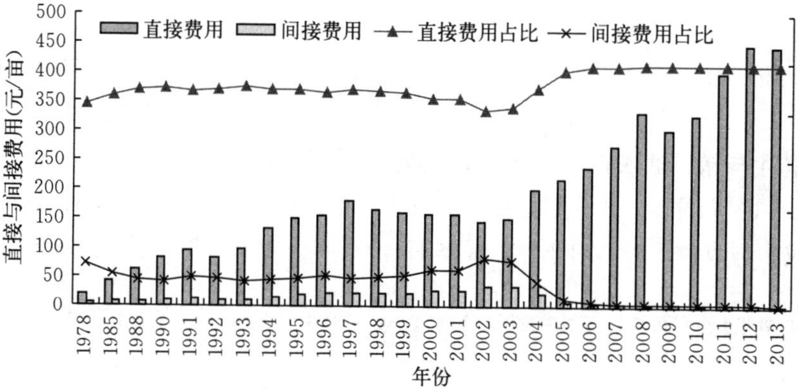

图 2-8 中国花生物质与服务费用构成变化（1978—2013 年）

数据来源：历年《全国农产品成本收益资料汇编》。

元/亩上升至 170.44 元/亩，增长了 17 倍；化肥费用由 1.89 元/亩上升至 129.78 元/亩，增长了 68 倍；农药费用由 0.39 元/亩上升至 34.09 元/亩，增长了 86 倍；租赁作业费用由 2.75 元/亩上升至 88.18 元/亩，增长了 31 倍；机械作业费用由 0.14 元/亩上升至 67.23 元/亩，增长了 479 倍；排灌费用由 0.18 元/亩上升至 8.18 元/亩，增长了 44 倍。

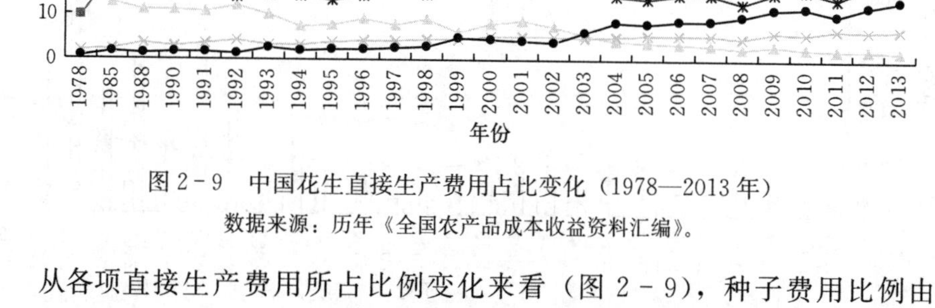

图 2-9 中国花生直接生产费用占比变化（1978—2013 年）

数据来源：历年《全国农产品成本收益资料汇编》。

从各项直接生产费用所占比例变化来看（图 2-9），种子费用比例由 48.26%降至 32.97%，但仍然是直接生产费用中比例最高的项目；化肥费用比例由 9.52%上升至 25.11%，成为直接生产费用中第二大项目；与化肥费用变化趋势相反，农家肥费用比例由24.79%降至1.91%，说明在肥料使用中，农民对化肥的依赖程度越来越高；农药费用比例从1.96%上升至7.00%；租赁作业费用的比例较为稳定，一直维持在15%左右；机械作业费用的比例增长较为明显，从0.71%增至13.01%，说明我国花生生产的机械化程度在不断提高。

2. 花生与粮棉油农作物生产成本、效益比较分析

图2-10至图2-13分别是对花生与3种粮食平均、大豆、油菜籽、棉花的生产成本与收益比较。对于生产成本而言，1978—2013年，棉花每亩生产

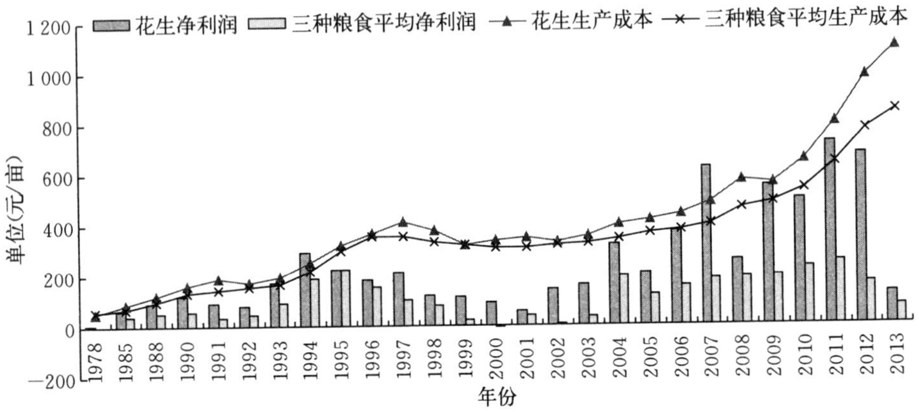

图2-10　花生与三种粮食平均成本与收益比较（1978—2013年）

数据来源：历年《全国农产品成本收益资料汇编》。

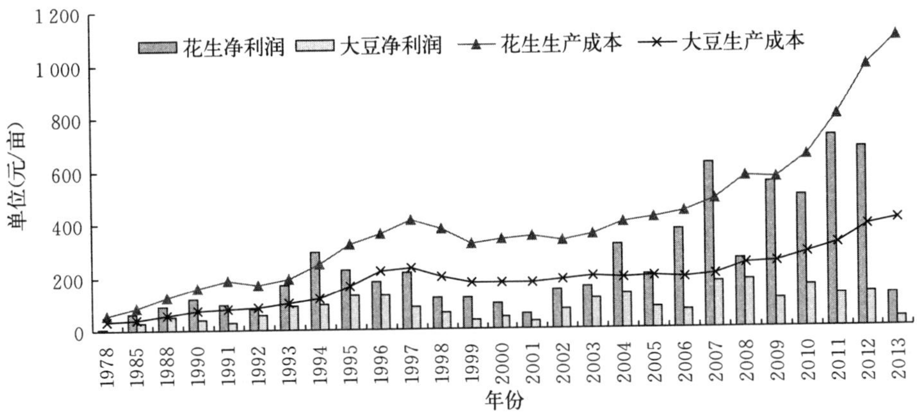

图2-11　花生与大豆成本与收益比较（1978—2013年）

数据来源：历年《全国农产品成本收益资料汇编》。

成本比花生年均高 68.95%，而 3 种粮食平均、大豆和油菜籽的每亩生产成本分别比花生年均成本低 13.19%、51.57%和 31.85%；对于净利润而言，1978—2013 年，棉花每亩净利润比花生年均高 8.39%，而 3 种粮食平均、大豆和油菜籽的每亩净利润分别比花生年均低 54.55%、57.57%和 105.85%。2013 年花生价格大幅下降和生产成本大幅上升导致其净利润大幅下降，其他粮棉油农作物的价格虽未发生剧烈波动，但由于生产成本均有不同程度上涨，净利润下降幅度也较大，其中，油菜籽和棉花已经出现严重亏损。

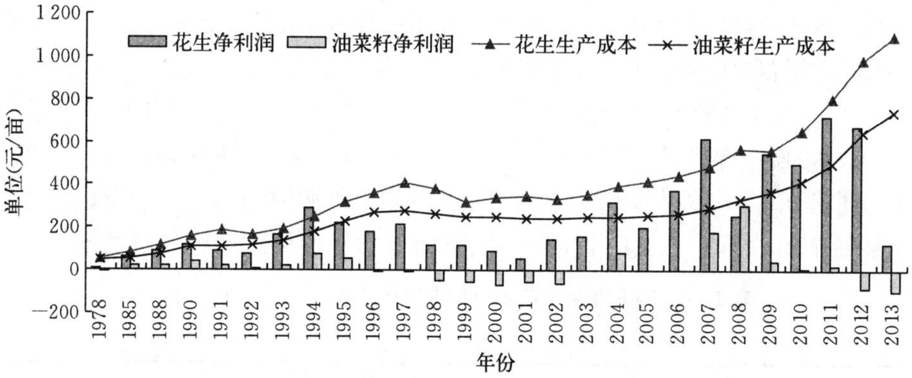

图 2-12 花生与油菜籽成本与收益比较（1978—2013 年）

数据来源：历年《全国农产品成本收益资料汇编》。

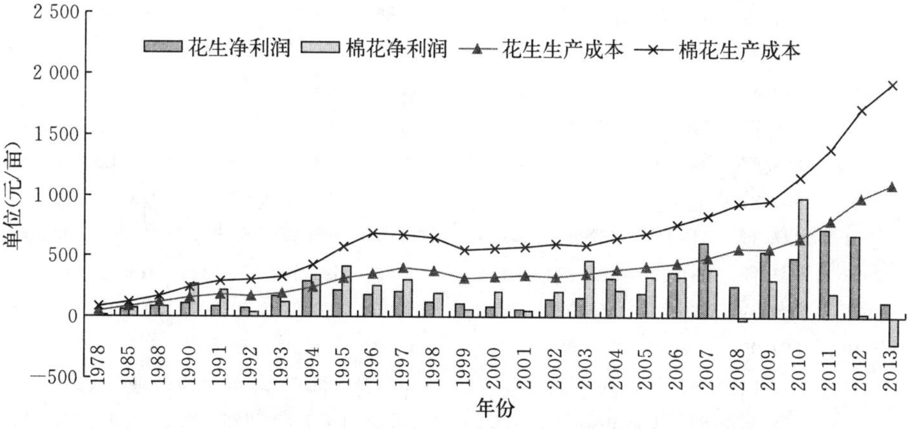

图 2-13 花生与棉花成本与收益比较（1978—2013 年）

数据来源：历年《全国农产品成本收益资料汇编》。

3. 不同省份花生生产成本比较

不同省份拥有农业生产要素的充裕程度不同，资本、土地和劳动力等生产要素的使用成本存在明显差异，农业生产要素相对充裕的省份，其生产要素使用成本相对较低，农业生产要素相对匮乏的省份，其生产要素使用成本相对较高。不同省份经济发展水平不同，资本、土地和劳动力等生产要素用于花生生产的机会成本也存在显著差异，经济发展水平相对较高的省份，其生产要素用于花生生产的机会成本也相对较高，经济发展水平相对较低的省份，其生产要素用于花生生产的机会成本也相对较低。生产要素的使用成本和用于花生生产的机会成本的高低共同决定了花生生产成本的高低，花生生产成本的高低又进一步决定了花生价格是否具有竞争优势，从而决定了未来花生发展潜力的大小。

表 2－4 列出了部分花生主产省近 15 年来花生生产成本情况，反映了各省花生生产成本的绝对量及其变化情况。表 2－5 进一步计算了不同年份各省花生生产成本与同期全国平均水平的比值，反映了各省花生生产成本的相对变化情况，可以看出某一省份在不同年份其花生生产成本相对于全国平均水平的纵向变化情况。

表 2－4　部分花生主产省份花生生产成本（1999—2013 年）

单位：元/亩

年份	辽宁	河南	安徽	四川	河北	山东	福建	广东	广西
1999	313.68	340.25	248.25	344.17	316.57	354.62	381.15	330.87	298.20
2000	344.63	293.41	217.49	375.85	294.68	391.70	395.84	298.63	329.93
2001	344.18	342.20	241.61	374.98	332.86	366.19	376.49	305.58	310.81
2002	325.08	279.94	237.47	237.83	308.01	387.07	385.42	323.16	278.10
2003	319.38	287.27	233.72	241.53	325.36	385.71	364.73	310.92	325.63
2004	379.72	366.71	321.24	269.95	397.44	483.34	509.55	413.67	382.47
2005	396.87	376.49	394.75	283.17	423.84	493.55	592.21	406.12	401.84
2006	401.34	392.59	435.39	338.82	460.66	500.82	577.23	453.19	407.30
2007	447.35	419.07	467.60	336.41	570.67	567.35	659.77	499.89	472.78
2008	502.17	481.50	535.38	422.73	605.89	695.66	719.41	575.92	605.26
2009	480.51	450.42	537.03	552.09	608.05	674.84	693.62	567.37	549.26
2010	574.95	555.28	581.08	597.13	706.02	744.98	867.07	677.82	663.76
2011	677.73	705.76	765.07	732.28	884.34	925.09	1 052.54	805.33	785.17
2012	788.65	887.70	976.87	937.76	1 109.68	1 117.53	1 221.74	966.61	981.96
2013	918.25	922.65	1 018.95	1 118.58	1 215.40	1 233.71	1 681.62	1 119.01	1 200.35

数据来源：《全国农产品成本收益资料汇编》（历年）。

表 2-5 部分花生主产省份花生生产成本与同期全国平均水平的比值（1999—2013 年）

年份	辽宁	河南	安徽	四川	河北	山东	福建	广东	广西
1999	0.96	1.05	0.76	1.06	0.97	1.09	1.17	1.02	0.92
2000	1.05	0.90	0.67	1.15	0.90	1.20	1.21	0.91	1.01
2001	1.03	1.03	0.73	1.13	1.00	1.10	1.13	0.92	0.93
2002	1.06	0.91	0.77	0.77	1.00	1.26	1.26	1.05	0.91
2003	1.03	0.93	0.75	0.78	1.05	1.24	1.17	1.00	1.05
2004	0.97	0.94	0.82	0.69	1.02	1.23	1.30	1.06	0.98
2005	0.95	0.90	0.94	0.68	1.01	1.18	1.41	0.97	0.96
2006	0.91	0.89	0.99	0.77	1.05	1.14	1.31	1.03	0.92
2007	0.91	0.85	0.95	0.68	1.16	1.15	1.34	1.01	0.96
2008	0.88	0.84	0.94	0.74	1.06	1.22	1.26	1.01	1.06
2009	0.85	0.79	0.95	0.97	1.07	1.19	1.22	1.00	0.97
2010	0.87	0.84	0.88	0.90	1.06	1.12	1.31	1.02	1.00
2011	0.83	0.87	0.94	0.90	1.09	1.14	1.29	0.99	0.96
2012	0.79	0.89	0.98	0.94	1.11	1.12	1.22	0.97	0.98
2013	0.79	0.80	0.88	0.97	1.05	1.06	1.45	0.97	1.04

数据来源：根据《全国农产品成本收益资料汇编》（历年）相关数据计算得出。

表 2-5 显示，自 2004 年以来，河北、山东、福建、广东和广西的花生生产成本与同期全国平均水平的比值基本都大于 1，虽然广东和广西有部分年份小于 1，但也处于接近 1 的水平，说明这 5 个省份的花生生产成本高于或基本持平于同期全国平均水平。而辽宁、河南、安徽和四川省的花生生产成本与同期全国平均水平的比值均小于 1，说明这 4 个省份的花生生产成本低于同期全国平均水平。这是因为与河北、山东、福建、广东和广西等东南沿海省份相比，辽宁、河南、安徽和四川省的农业生产要素相对比较充裕、经济发展水平相对比较落后，较低的生产成本使得其花生生产具有明显的价格竞争优势，这也是这些省份近 10 年花生生产扩大的重要原因。

纵向看，各省花生生产成本的绝对量都是呈增长态势（表 2-4）。但从相对量来看，各省情况不尽相同。1999—2013 年，但其花生生产成本与同期全国平均水平的比值整体呈现不断下降趋势，说明辽宁省花生生产成本与同期全国平均水平相比是在逐步下降的。河南省表现出同样的趋势，安徽、河北和福建省花生生产成本与同期全国平均水平的比值呈“缓慢上升”的变化趋势，四川省呈“U”形变化趋势，山东和广东呈波动下降趋势，广西呈波动上升趋势（表2-5）。

（三）我国花生进出口贸易发展概况

中国不仅是世界上第一花生生产大国和消费大国，而且是世界花生贸易大国。图2-14显示，自改革开放以来中国花生仁出口量占世界花生仁总出口量的比例波动较大。1978年至1991年呈波动上升趋势，1991年达到了历史最高峰38%，1997年降至11.21%，21世纪初又基本恢复到1997年水平，但之后又开始不断下降，2011年降至6.98%。而中国花生仁进口量占世界花生仁总进口量的比例除2011年为3.31%外，其他年份均不到1%。

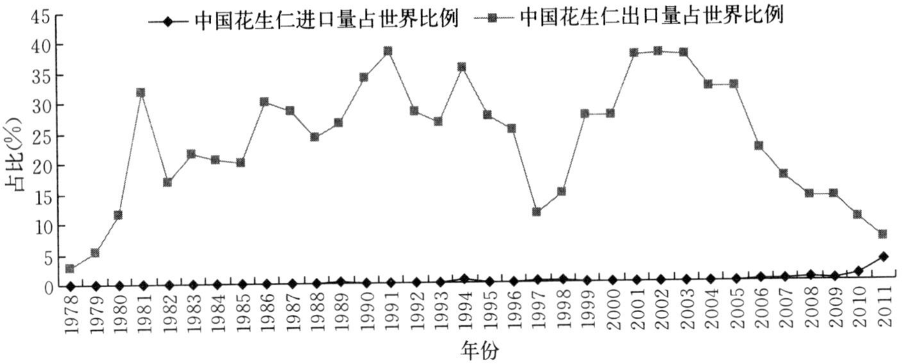

图2-14 中国花生仁进出口量占世界比例（1978—2011年）

数据来源：根据FAOSTAT相关数据整理得出。

中国花生油出口量占世界花生油总出口量的比例在1978年至1995年波动频率较高、波动幅度也较大。1986年达到了历史最高峰28.32%，1992年达到历史最低谷1.97%，自1995年以来波动相对平缓，2011年该比例为4.50%；而中国花生油进口量占世界花生油总进口量的比例均保持在0.30%以下（图2-15）。

由此可见，中国花生仁和花生油的国际贸易以出口为主，进口相对较少。虽然中国花生仁和花生油出口贸易波动较大，但在国际市场上仍具有重要地位。表2-6反映了中国花生仁和花生油出口的绝对量及其世界排名状况，可

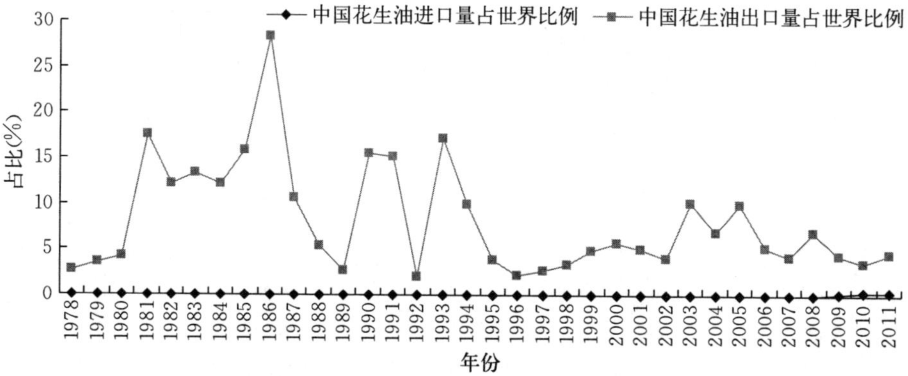

图 2-15　中国花生油进出口量占世界比例（1978—2011 年）

数据来源：根据 FAOSTAT 相关数据整理得出。

以看出，花生仁出口量自改革开放以来呈现波动上升态势，1994 年为 41.316 万吨，达到历史最高峰，经历了 7 年的低谷期，2002 年再次达到历史最高值 42.902 万吨，之后一直呈下降趋势，世界排名也由第 1 位下降至第 5 位。花生油出口量在 20 世纪 80 年代至 90 年代中期以前除个别年份低于 2 万吨以外，其余年份均高于 2 万吨，且排名世界前 3 名，但是自 1995 年以来，花生油出口量除 2003 年和 2005 年略高于 2 万吨以外，其余年份均低于 2 万吨，且 2009—2011 年不足 1 万吨，低于 1978 年水平，2011 年世界排名第 7。

表 2-6　中国花生仁和花生油出口量及世界排名

年份	花生仁		花生油	
	出口量（万吨）	世界排名	出口量（万吨）	世界排名
1978	1.810	6	1.120	10
1979	3.520	6	1.740	6
1980	7.570	2	1.990	7
1981	23.870	1	5.640	1
1982	11.400	2	5.470	3
1983	15.569	2	7.080	2
1984	14.310	2	3.666	2
1985	16.335	2	5.162	2
1986	26.242	1	10.612	1

（续）

年份	花生仁		花生油	
	出口量（万吨）	世界排名	出口量（万吨）	世界排名
1987	22.904	1	4.068	3
1988	20.856	1	1.859	4
1989	21.667	1	0.941	9
1990	34.774	1	5.405	2
1991	37.091	1	4.352	3
1992	27.027	2	0.618	10
1993	27.707	1	5.035	2
1994	41.316	1	3.031	3
1995	35.198	1	1.090	8
1996	30.058	1	0.589	9
1997	12.510	4	0.860	11
1998	14.858	3	1.006	7
1999	28.593	1	1.298	5
2000	33.088	1	1.474	5
2001	40.786	1	1.357	5
2002	42.902	1	1.104	7
2003	39.999	1	2.530	4
2004	32.532	1	1.420	6
2005	36.344	1	2.024	5
2006	23.435	1	1.296	5
2007	20.437	2	1.029	6
2008	16.702	3	1.070	6
2009	17.466	3	0.980	7
2010	12.657	4	0.779	6
2011	11.567	5	0.875	7

数据来源：FAOSTAT。

（四）我国花生生产布局变动解析

使用花生生产规模指数来分析中国花生生产布局状况。花生生产规模指数是指某地区某个时期花生播种面积占同期全国花生播种面积的比例。该指标能够很好地衡量各地区花生生产对全国的贡献程度。从省级层面来看，2013年，中国花生生产规模指数超过2%的省份有：河南、山东、广东、河北、辽宁、四川、湖北、广西、安徽、江西、吉林、湖南、福建、江苏，上述14个省份花生播种面积占全国的比例为95.50%（表2-7）。

表2-7 2013年各省份花生生产规模指数及排序

序号	地区	生产规模指数	序号	地区	生产规模指数
1	河南	22.39	14	江苏	2.03
2	山东	16.84	15	云南	1.07
3	广东	8.42	16	贵州	0.94
4	河北	7.68	17	陕西	0.71
5	辽宁	7.37	18	黑龙江	0.54
6	四川	6.83	19	浙江	0.40
7	湖北	4.32	20	内蒙古	0.44
8	广西	4.21	21	山西	0.17
9	安徽	4.04	22	新疆	0.10
10	江西	3.53	23	北京	0.07
11	吉林	3.20	24	天津	0.03
12	湖南	2.44	25	上海	0.02
13	福建	2.19			

注：广东省包括海南省，四川省包括重庆市。

数据来源：根据《中国统计年鉴》相关数据整理。

从七大经济区域来看，华东、华中、华南、东北、西南、华北、西北的花生生产规模指数分别为：29.06%、29.15%、12.63%、11.11%、8.84%、8.38%、0.83%。从三大地带来看，东部地带花生生产规模指数为45.05%，中部地带为40.63%，西部地带为14.32%。从南、北方两大种植产区来看，北方产区花生生产规模指数为59.56%，南方产区为40.44%。

（五）中国花生生产布局变化情况

花生生产布局同时受到自然资源条件、社会经济条件和技术水平等因素的影响。中国幅员辽阔，各地区自然资源条件不同，改革开放以来各地区社会经济条件和技术水平的发展也存在严重的区域不平衡问题，因此，花生生产布局也随之发生了较大的变化。本部分分别基于省级和区域层面数据对中国花生生产布局的变动进行统计分析。

1. 省级花生生产布局变化分析

（1）花生主产省变动分析。使用生产规模指数指标分析花生主产省及其变动情况。本文将生产规模指数大于1%的花生生产省份定义为花生主产省。在花生生产规模指数约大于1%的数值上筛选出相关省份，并按照从大到小排序，再按照时间序列进行比较，可以看出历年花生主产省的变化情况（表2-8）。

表2-8　1978—2013年中国花生主产省份及其生产规模指数

单位：%

1978年		1981年		1985年		1989年		1993年	
省份	指数	省份	指数	省份	指数	省份	指数	省份	指数
山东	27.66	山东	27.06	山东	27.70	山东	24.83	山东	22.75
广东	20.90	广东	17.39	广东	12.10	河南	14.77	河南	17.64
广西	8.98	河北	10.61	河南	10.86	广东	12.23	广东	11.11
河北	7.53	河南	7.91	河北	9.99	河北	10.26	河北	9.74
四川	4.67	安徽	6.02	辽宁	7.58	广西	5.32	广西	5.59
福建	4.36	广西	5.42	广西	5.17	四川	5.21	四川	4.94
安徽	3.96	江苏	4.40	四川	4.92	安徽	4.23	安徽	4.55
江苏	3.70	辽宁	4.31	安徽	4.16	江苏	3.95	江西	3.88
河南	3.69	四川	3.84	江苏	4.04	江西	3.12	江苏	3.71
江西	2.61	福建	3.47	福建	2.62	福建	2.97	湖南	3.15
辽宁	2.47	江西	1.97	湖北	1.99	辽宁	2.82	福建	2.79
湖南	2.45	湖南	1.70	江西	1.93	湖南	2.46	辽宁	2.71
湖北	1.93	湖北	1.52	湖南	1.59	湖北	2.23	湖北	2.36
北京	1.45	云南	1.08	陕西	1.44	陕西	1.58	陕西	0.96
1997年		2001年		2005年		2009年		2013年	
省份	指数	省份	指数	省份	指数	省份	指数	省份	指数
山东	21.07	山东	19.46	河南	21.01	河南	22.29	河南	22.39
河南	20.27	河南	19.15	山东	18.98	山东	17.70	山东	16.84
河北	10.74	河北	9.91	河北	9.41	河北	8.91	广东	8.42

（续）

1997年		2001年		2005年		2009年		2013年	
省份	指数	省份	指数	省份	指数	省份	指数	省份	指数
广东	10.21	广东	7.82	广东	7.52	广东	8.23	河北	7.68
广西	5.82	四川	6.08	四川	6.83	四川	6.95	辽宁	7.37
安徽	5.00	安徽	6.02	广西	5.23	辽宁	5.95	四川	6.83
四川	4.95	广西	4.82	安徽	5.12	湖北	4.20	湖北	4.32
江西	3.83	江苏	4.61	江苏	3.74	安徽	4.13	广西	4.21
湖南	3.40	湖北	4.21	辽宁	3.70	广西	3.67	安徽	4.04
江苏	3.15	辽宁	3.69	湖北	3.68	江西	3.34	江西	3.53
福建	2.65	江西	3.67	湖南	2.95	吉林	2.80	吉林	3.20
湖北	2.56	湖南	2.89	江西	2.90	江苏	2.41	湖南	2.44
辽宁	1.86	福建	2.12	吉林	2.40	湖南	2.39	福建	2.19
云南	0.91	吉林	1.44	福建	2.30	福建	2.24	江苏	2.03

自1978年以来，中国花生主产省变化不大，但部分省份在主产省中的位次发生了较大的变化。山东省花生播种面积1978年位居全国第1，2005年被河南省超越，之后一直处于全国第2的水平；河南省花生播种面积1978年仅排名全国第9，但一直呈现稳定上升的趋势，2005年超越山东省，至2013年一直位居全国第1，河北省作为花生主产省的位次相对较为稳定；辽宁省一直处于花生主产省行列，但在1978年仅排名全国第11，之后又分别经历了波动下降和波动上升的过程，2013年排名全国第5；湖北省花生播种面积也从1978年的第13名上升到2013年的第7名；吉林省从2001年开始步入花生主产省的行列，之后其位次呈现稳步缓慢上升的趋势，2013年位居全国第11；福建省花生播种面积1978年排名全国第6，之后呈现逐步下降的趋势，近10年基本保持在主产省最后一名的位次；江苏省作为花生主产省的位次也出现了较大幅度的下滑，从1981年的第7名降至2013年的第14名；广西也从1978年的第3名降至2013年的第8名；广东省花生播种面积在全国的位次也有所下降；其余主产省的位次未发生较明显变化。

（2）花生生产布局变化类型。从花生播种面积的绝对量和相对量两个维度，分别运用花生播种面积和花生生产规模指数两个指标来综合考察各省花生生产布局的变化情况。花生播种面积和生产规模指数的变动可以反映出花生生产空间布局的变化。通过归纳分析，可以将全国各省花生生产布局变化概括为以下 4 种类型，分别是扩张型、稳定型、收缩型和波动增长型，图 2－17 至图 2－20分别代表了这 4 种类型。自 1978 年至 2013 年的连续时间序列数据表明，各省花生播种面积和花生生产规模指数具有不同的变化轨迹，4 种类型之间差距较大。

在图 2－16 中，自改革开放以来，河南省的花生播种面积和花生生产规模指数整体呈现出明显的上升趋势。花生播种面积由 1978 年的 6.530 万公顷上升至 2013 年的 103.727 万公顷，增加了近 15 倍，花生生产规模指数也从 1978 年的 3.69%上升至 2012 年 22.39%，成为中国花生第一生产大省。吉林、江西、湖北、四川、新疆等地区的花生播种面积和生产规模指数也均有不同程度上升，同属于扩张型。

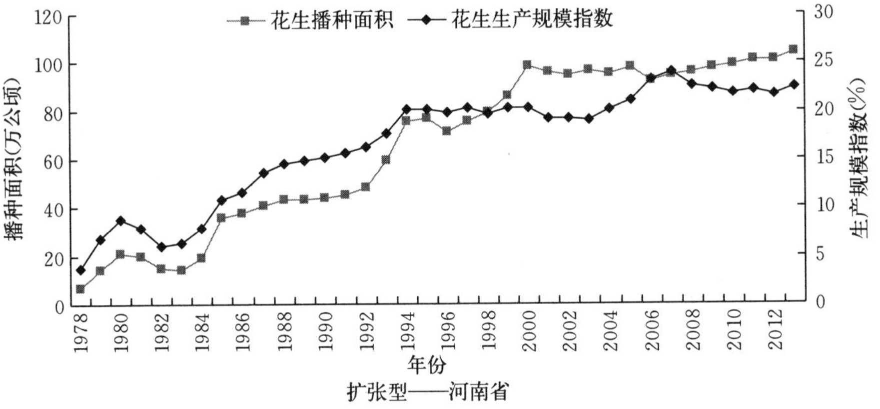

图 2－16　河南省花生播种面积与生产规模指数变化趋势（1978—2013 年）

数据来源：根据 1979—2014 年《中国统计年鉴》相关数据计算得出。

在图 2－17 中，山东省的花生播种面积虽呈波动上升趋势，但花生生产规模指数却是下降的。花生播种面积由 1978 年的 48.910 万公顷上升至 2013 年的 78.034 万公顷，升幅达 60%，花生生产规模指数从 1978 年的 27.66%降至 2013 年 16.84%。由于河南省花生播种面积增幅较大，导致山东省花生生产规模指数下降。广东、河北、安徽、福建、广西和云南等地区的花生生产状况与山东省相似，同属于稳定型。

在图 2－18 中，北京市的花生播种面积和花生生产规模指数整体呈现出明显的下降趋势。花生播种面积由 1978 年的 2.570 万公顷降至 2013 年的 0.303

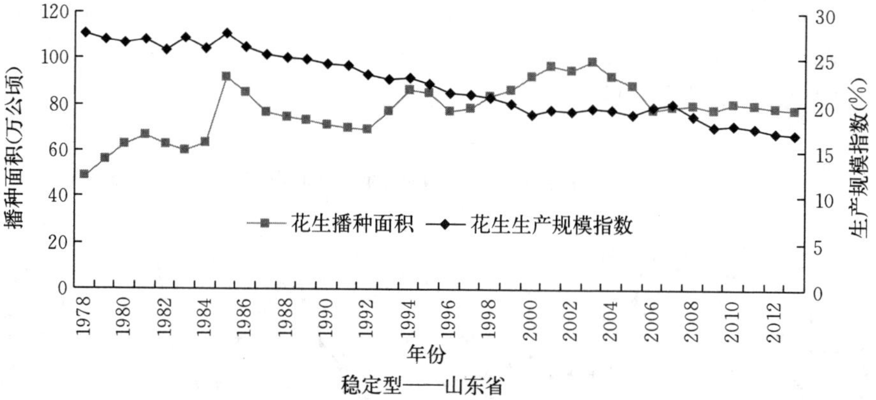

图 2-17　山东省花生播种面积与生产规模指数变化趋势（1978—2013 年）

数据来源：根据 1979—2014 年《中国统计年鉴》相关数据计算得出。

万公顷，降幅达 88.21%，花生生产规模指数也从 1978 年的 1.45%降至 2013 年 0.07%，作为收缩型地区的典型，北京市花生生产状况在一定程度上代表天津、山西等地区的情况。

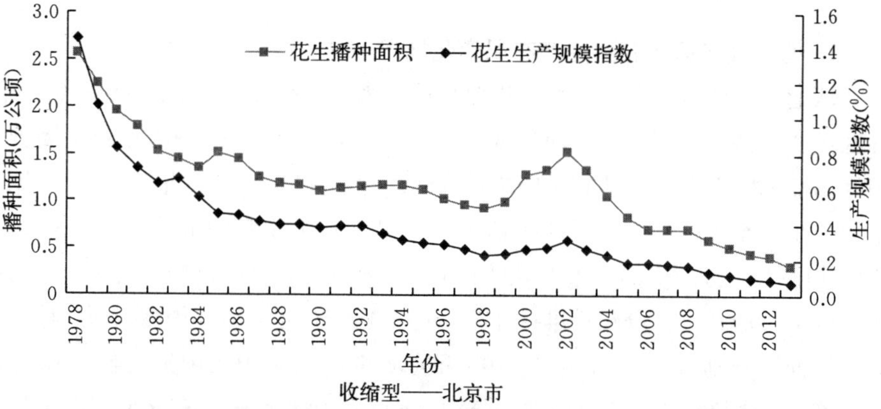

图 2-18　北京市花生播种面积与生产规模指数变化趋势（1978—2013 年）

数据来源：根据 1979—2014 年《中国统计年鉴》相关数据计算得出。

在图 2-19 中，辽宁省的花生播种面积和花生生产规模指数变化幅度较大，分别在 20 世纪 80 年代中后期和 21 世纪初先后经历了两次大起大落，2007 年又开始出现大幅上升，2011 年达到历史最高峰。花生播种面积由 1978 年的 4.370 万公顷变化至 2013 年的 34.147 万公顷，增长了近 7 倍，花生生产规模指数也从 1978 年的 2.47%上升至 2013 年 7.37%，属于典型的波动增长型。此外，黑龙江、江苏、浙江、湖南、贵州、陕西等地区的花生生产在增长过程中也存在较为明显的波动。

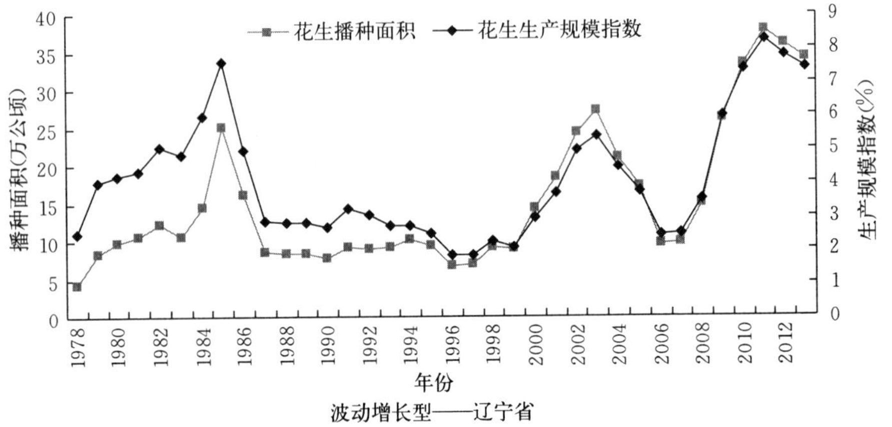

图 2-19　辽宁省花生播种面积与生产规模指数变化趋势（1978—2013 年）

数据来源：根据 1979—2014 年《中国统计年鉴》相关数据计算得出。

2. 七大经济区域花生生产布局变化情况

从七大经济区域花生播种面积变化情况来看（图 2-20），1978—2013 年，各区域花生播种面积均有不同程度上升。其中，华东地区 2001 年花生播种面积为 180.930 万公顷，达到了历史最高峰，之后又降至 20 世纪 90 年代中期的水平并维持至今。华中地区花生播种面积呈现较为稳定的上升趋势，从 1978 年的 14.270 万公顷增至 2013 年的 135.046 万公顷，已超过华东地区。华南地区花生播种面积大部分年份维持在 50 万公顷至 60 万公顷。华北和西南地区花生播种面积分别从 1978 年的 16.700 万公顷和 12.550 万公顷扩大至 2013 年的 38.826 万公顷和 40.969 万公顷，分别增长了一倍和两倍。东北地区花生播种面积增长幅度较大，2013 年达到 51.464 万公顷，超过了华北和西南地区，仅次于华南地区水平。西北地区也从 0.52 万公顷增至 3.854 万公顷。

从七大经济区域花生生产规模指数变化来看（图 2-21），改革开放后，华东、华南和华北地区的花生生产规模指数分别下降了 14%、17%和 1%，而华中、东北、西南和西北地区的花生生产规模指数则分别上升了 21%、9%、2%和 1%。

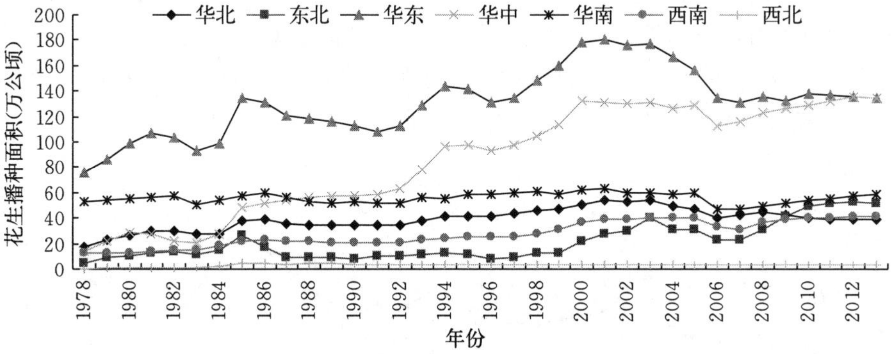

图 2-20　中国七大经济区域花生播种面积（1978—2013 年）

数据来源：根据 1979—2014 年《中国统计年鉴》相关数据计算得出。

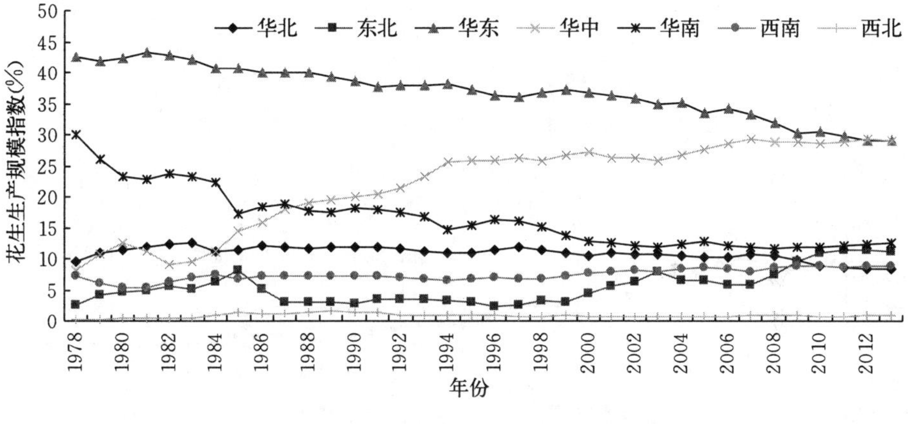

图 2-21　中国七大经济区域花生生产规模指数（1978—2013 年）

数据来源：根据 1979—2014 年《中国统计年鉴》相关数据计算得出。

3. 三大地带花生生产布局变化情况

从三大地带花生播种面积变化来看，东、中、西部地带分别呈波动缓慢上升、快速上升和缓慢上升趋势（图 2-22）。东部地带花生播种面积从 1978 年的 121.620 万公顷上升至 2013 年的 208.712 万公顷，增长了 71.61%。中部地带花生播种面积 1978 年仅为 26.230 万公顷，低于同期西部地带水平，但其花生播种面积增长较快，很快超越西部地带，2013 年达到 188.249 万公顷，增长了 6.18 倍，与东部地带差距逐步缩小。西部地带花生播种面积从 1978 年的 28.950 万公顷增至 66.339 万公顷，增长了 1.29 倍。从三大地带花生生产规模指数来看，东部地带从 1978 年的 68.79%降至 2013 年的 45.05%，中部地带从 1978 年的 14.84%上升至 2013 年的 40.63%，西部地带从 1978 年的 16.37%降至 2013 年的 14.32%（图 2-23）。

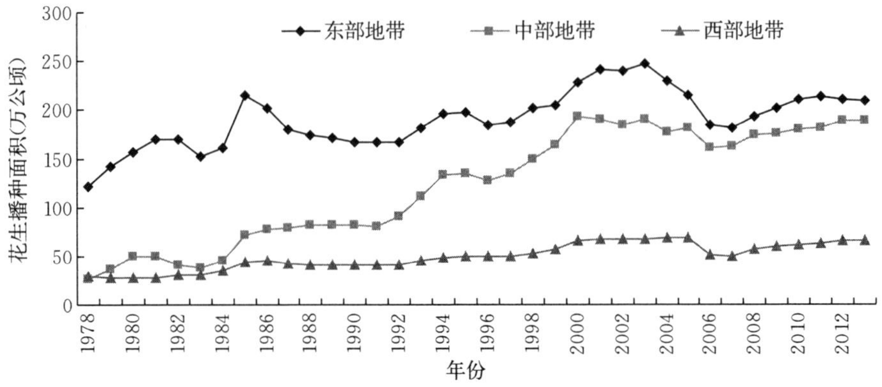

图 2-22　1978—2013 年三大地带花生播种面积

数据来源：根据 1979—2014 年《中国统计年鉴》数据整理。

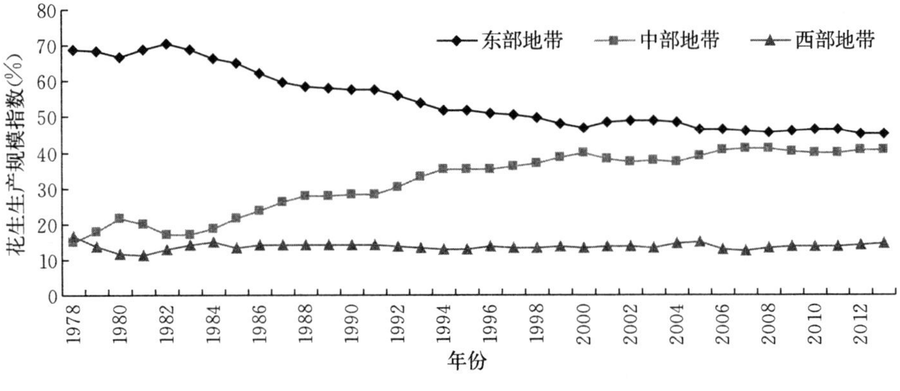

图 2-23　1978—2013 年三大地带花生生产规模指数

数据来源：根据 1979—2014 年《中国统计年鉴》数据整理。

4. 南、北方花生生产布局变化情况

从南、北方花生播种面积变化情况来看（图 2-24），自改革开放以来，南、北方地区花生播种面积均整体呈现上升趋势。1978 年，南方地区花生播种面积为 99.53 万公顷，2013 年扩大为 187.373 万公顷，而北方地区花生播种面积从 1978 年的 77.27 万公顷增至 2013 年的 275.926 万公顷，在 1980 年就超过了南方地区，之后一直处于领先地位。从南、北方两大种植区占同期全国花生播种面积比例来看，北方产区从 1978 年的 43.70%上升到 2013 年的 59.56%，南方产区从 1978 年的 56.30%降至 2013 年的 40.44%（图 2-25）。

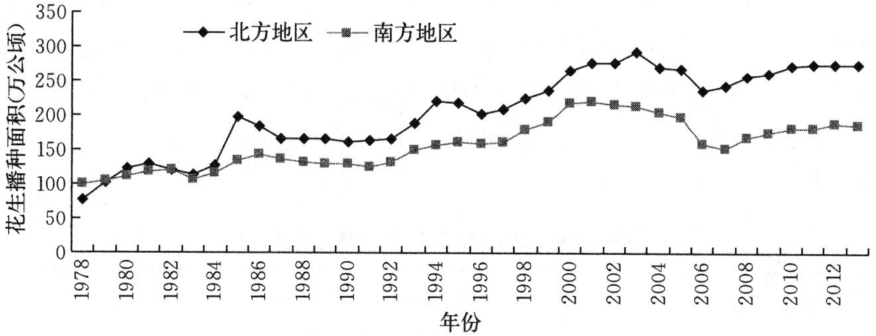

图 2-24　1978—2013 年南、北方花生播种面积

数据来源：根据 1979—2014 年《中国统计年鉴》数据整理。

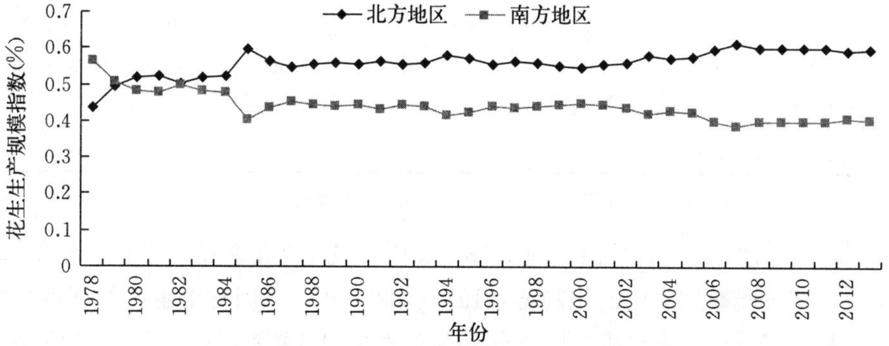

图 2-25　1978—2013 年南、北方花生生产规模指数

数据来源：根据 1979—2014 年《中国统计年鉴》数据整理。

（六）中国花生产地空间格局演化

1. 中国花生产地集中度变化分析

借助于产地集中度系数可以衡量全国花生生产集中程度的高低，从总体上衡量我国花生生产布局的变化情况。花生产地集中度系数计算步骤如下：①按照各地区花生种植面积占全国花生种植面积的比例分为6组，计算出各组地区数占所有地区数的比例 P_i（%）和各组花生种植面积占全国花生种植面积的比例 Y_i（%）。②计算各组花生种植面积占全国花生种植面积的累加比例 U_i（%）。③将累加比例按照等级两两相加得到 V_i（%），即 $V_i=U_{i-1}+U_i$，第一组不变。④将 V_i 与相应地区数占所有地区数比例 P_i 相乘得到 S_i，求 $\sum S_i$ 得到 S。⑤运用公式 $G=S/10\,000-1$ 计算得到花生产地集中度系数 G。以2013年为例，计算我国花生产地集中度系数如表2-9所示。产地集中度系数越高，说明花生种植主要集中在少数区域，表明花生生产的集中程度越高。通过观察历年产地集中度系数变化情况，可以看出花生生产集中（或分散）程度的变化。

表2-9　2013年花生产地集中度系数

比例分组	P_i（%）	Y_i（%）	U_i（%）	V_i（%）	S_i	G
10%以上	6.90	38.68	38.68	38.68	266.76	—
7%～10%	10.34	23.61	62.29	100.97	1 044.52	—
5%～7%	3.45	12.07	74.36	136.65	471.21	—
3%～5%	17.24	14.63	88.99	163.35	2 816.38	—
1%～3%	13.79	7.67	96.66	185.65	2 560.69	—
1%以下	48.28	3.34	100.00	196.66	9 493.93	—
$\sum$	100.00	100.00			16 653.48	0.66

数据来源：根据2014年《中国统计年鉴》资料经笔者计算得出。

根据上述方法，计算出我国1978—2013年花生产地集中度系数。图2-26描述了花生产地集中度变化趋势：1978—2013年，我国花生生产的产地集中度系数呈现波动下降趋势。1978年花生产地集中度系数高达0.71，2013年下降为0.66，这表明中国花生生产的集中程度有所下降，或者说花生生产正在由集中走向分散。比较而言，中国梨生产也正在由集中走向分散，梨产地集中度系数从1978年的0.58降至2008年的0.45；中国肉鸡生产也呈现出同样的变化趋势，肉鸡生产的产地集中度系数从1985年的0.56降至2005年的0.50；而中国蔬菜和生猪生产却在由分散走向集中，其中，蔬菜产地集中度系数从1979年的0.38上升至1999年的0.44，猪肉生产的产地集中度系数从1998年的0.41上升至2006年的0.45。虽然中国花生产地集中度系数呈下降趋势，但与上述几种农产品相比，花生种植仍属于生产较为集中的农业产业。

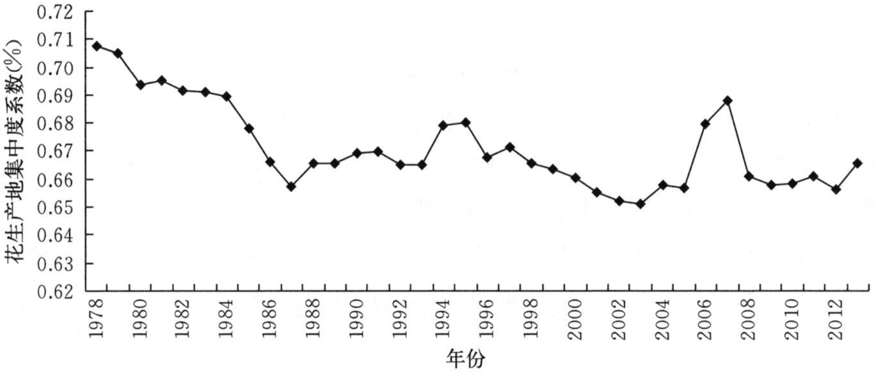

图 2-26 1978—2013 年我国花生生产地集中度变化趋势

数据来源：根据《中国统计年鉴》历年相关数据经笔者计算得出。

2. 中国花生生产重心演变轨迹

为进一步揭示我国花生生产布局变迁的具体过程及其数量关系，运用区域重心分析法通过计算地区间花生生产重心年度变化量，绘制中国花生生产重心区域演变轨迹，定量研究并直观表达这种变迁过程。花生生产重心是指某个时期花生生产（可以用播种面积或产量指标度量，本文采用播种面积指标）分布在某个区域上的力矩达到平衡的点（地理重心）。任何一个地区花生播种面积的变动都会促使全国花生生产重心发生偏移。当花生生产重心朝着某个方向发生移动时，表明该方向上的花生播种面积增长较快，对花生生产的贡献程度就越大，而花生生产重心的移动速度可以很好地衡量花生生产的区域调整强度。

花生生产重心的计算公式如下：

$$J_t = \frac{\sum_{i=1}^{n} A_{it} J_i}{\sum_{i=1}^{n} A_{it}} \tag{2-1}$$

$$W_t = \frac{\sum_{i=1}^{n} A_{it} W_i}{\sum_{i=1}^{n} A_{it}} \tag{2-2}$$

式中，J_t 和 W_t 分别为第 t 年花生生产重心所在地理位置的经度值和纬度值，J_i 和 W_i 分别为 i 省省会所在地的经度值和纬度值，A_{it} 为 i 省第 t 年花生播种面积，n 为地区数量。

花生生产重心移动距离的计算公式如下：

$$D=C\times[(J_a-J_b)^2+(W_a-W_b)^2]^{\frac{1}{2}} \qquad (2-3)$$

式中，D 为花生生产重心之间的距离，C 为常数，是把地理坐标（以度为单位）转换为平面距离所对应的值，取 111.111 千米，J_a、W_a 和 J_b、W_b 分别为第 a 年和第 b 年花生生产重心所在地理位置的经度值和纬度值。

表 2-10 给出了 1978—2013 年中国花生生产重心的坐标、重心移动方向、移动距离和移动速度，图 2-28 以平面图方式直观地描绘了自改革开放以来全国花生生产重心的演变轨迹。

表 2-10　1978—2013 年中国花生生产重心演变轨迹

年份	花生生产重心坐标			花生生产重心坐标移动	
	经度（°）	纬度（°）	移动方向	移动距离（千米）	移动速度（千米/年）
1978	114.24	30.71	—	—	—
1981	114.85	31.98	东北	156.39	52.13
1984	114.60	32.01	西北	28.61	9.54
1987	114.29	32.12	西北	36.72	12.24
1990	114.17	32.11	西南	12.55	4.18
1993	114.26	32.23	东北	15.71	5.24
1996	114.05	32.14	西南	25.60	8.53
1999	114.21	32.38	东北	32.69	10.90
2002	114.45	32.76	东北	50.44	16.81
2005	114.36	32.79	西北	11.07	3.69
2008	114.47	33.07	东北	33.80	11.27
2011	114.71	33.16	东北	27.73	9.24
2012	114.68	33.10	西南	7.30	7.3
2013	114.64	33.52	西北	46.53	46.53

从表 2-10 可以看出，自改革开放以来，中国花生生产重心在东经 114.05°～114.85°、北纬 30.71°～33.52°变化，花生生产重心一直处于中国几

何中心（东经 103.50°、北纬 36°）的东南方向，说明东南地区作为中国传统的花生生产区域其花生生产仍在全国占据重要地位。花生生产重心整体呈现出向东北方向移动的演变趋势，在花生生产重心移动的整个过程中，主要有两次大的方向变动：第一次是 1981 年，花生生产重心开始向西北方向移动，第二次是 1996 年，花生生产重心再次转向东北方向。这是因为以河南省为代表的华中地区和以辽宁省为代表的东北地区花生生产的增长速度超过了其他地区，对全国花生生产起到了明显的拉动作用。

进一步观察花生生产重心的演变轨迹，可以看出有 3 个比较明显的阶段性变化：

第一阶段：1978—1981 年花生生产重心径直朝东北方向快速移动。3 年时间移动了 156.39 千米，移动速度为 52.13 千米/年，是整个移动过程中移动最快的阶段，表明这 3 年间，东北地区花生生产的增长速度较快。

第二阶段：1981—1996 年花生生产重心朝西北方向缓慢移动。15 年时间移动了 119.19 千米，整个过程改变了 3 次方向。1981—1987 年连续向西北方向移动了 65.33 千米，之后向西南方向移动了 12.55 千米，然后转向东北方向移动了 15.71 千米，之后又向西南方向移动了 25.60 千米。整个过程移动速度相对比较均匀而且缓慢，表明在这一阶段，中国各地区的花生生产都出现了较快的增长，但相比较而言，以河南省为代表的华中地区花生生产增长幅度更大，持续时间更长。

第三阶段：1996—2013 年花生生产重心在波动中再次朝东北方向移动。1996—2002 年向东北方向快速移动了 83.13 千米，2002—2005 年向西北偏斜了 11.07 千米之后又继续向东北方向移动了 61.53 千米，2012—2013 年这一年间向西北方向移动了 46.53 千米。

3. 中国花生区域比较优势变化分析

产地集中度系数是从总体上量化我国花生生产集中程度的高低。区域比较优势指数是分别从效率、规模以及综合比较优势的角度来分析我国花生生产布局的变动。花生生产效率是当地自然资源禀赋以及各种物质投入水平和科技进步等诸多因素的综合体现；花生种植规模则是当地自然资源禀赋、劳动与物质可投入能力、花生经济效益以及政策支持等因素的综合体现。花生生产效率与种植规模相互作用所形成的花生生产综合实力是自然资源禀赋、社会经济条件、科学技术、花生经济效益和政策支持等因素综合作用的结果。因此，分别从效率、规模和综合比较优势的变化等不同角度解析花生生产布局的变动。

（1）区域比较优势测算方法。效率比较优势指数 EAI（efficiency advantage index）反映一定区域内某种农作物生产相对于同期全国水平的土地产出率。它用某地区某作物单产与同期全国平均单产相比来表示，计算公式如下：

$$EAI_{ij}=\frac{AP_{ij}}{AP_j} \tag{2-4}$$

式中，EAI_{ij} 为 i 区 j 种作物的效率比较优势指数，AP_{ij} 为 i 区 j 种作物单产，AP_j 为全国 j 种作物平均单产。

$EAI_{ij}<1$，说明 i 地区 j 种农作物的生产效率与全国平均水平相比处于劣势；$EAI_{ij}>1$，说明 i 地区 j 种农作物的生产效率与全国平均水平相比处于优势。EAI_{ij} 值越大，说明 i 地区 j 种农作物的生产效率优势越强。通过对历年各省花生效率比较优势指数的比较，可以分析花生在生产效率上的优势区域及其变化情况。

规模比较优势指数 SAI（scale advantage index）主要是从规模化角度反映作物的比较优势，是指某个时期某地区某种作物种植面积占农作物种植面积比例与同一时期全国该种作物种植面积占农作物种植面积比例的比值。用公式表示为：

$$SAI_{ij}=\frac{GS_{ij}/GS_i}{GS_j/GS} \tag{2-5}$$

式中，SAI_{ij} 为规模比较优势指数，GS_{ij} 为 i 区 j 种农作物的播种面积，GS_i 为 i 区所有农作物的播种面积之和，GS_j 为全国 j 种农作物的播种面积，GS 为全国所有农作物的播种面积之和。

$SAI_{ij}<1$，说明与全国平均水平相比，i 区 j 种作物在生产规模上处于劣势；$SAI_{ij}>1$，说明与全国平均水平相比，i 区 j 种作物在生产规模上处于优势。SAI_{ij} 值越大，说明作物的规模比较优势越明显。通过对历年各省花生规模比较优势指数的比较，可以分析花生在生产规模上的优势区域及其变化情况。

综合比较优势指数 AAI（aggregated advantage index）是效率比较优势指数和规模比较优势指数综合作用的结果，能够更为全面地反映一个地区在作物生产上的优势程度。计算公式如下：

$$AAI_{ij}=\sqrt{EAI_{ij}\times SAI_{ij}} \qquad (2-6)$$

$AAI_{ij}<1$，说明与全国平均水平相比，i 区 j 种作物不具有综合比较劣势；$AAI_{ij}>1$，说明与全国平均水平相比，i 区 j 种作物具有综合比较优势。AAI_{ij} 值越大，综合比较优势越明显。通过对历年各省花生综合比较优势指数的比较，可以分析花生在综合生产能力上的优势区域及其变化情况。

（2）中国花生优势区域变化分析。

① 效率优势区域变化分析。表 2-11 列出了自改革开放以来中国花生生产具有效率比较优势的省份，可以看出花生效率优势区域的大致变化。山东和江苏具有相对较稳定的效率比较优势，新疆、安徽、河南的花生效率比较优势指数自改革开放以来提高很快，跨入花生效率优势区域行列。北京、天津、上海、湖北都曾经是我国花生效率比较优势显著的省份。

表 2-11 中国花生生产具有效率比较优势的省份（1978—2013 年）

年　份	具有效率比较优势区域（$EAI>1$）
1978	上海、山东、江苏、浙江、福建、四川、吉林、湖北
1983	山东、江苏、辽宁、山西、湖北
1988	江苏、山东、陕西、新疆、北京、安徽、山西、吉林、湖北
1993	新疆、甘肃、山东、北京、江苏、安徽、上海、河南、湖北、天津
1998	新疆、山东、湖北、江苏、安徽、河南、上海、北京
2003	山东、湖北、西藏、河北、天津、上海
2008	山东、新疆、河南、安徽、江苏、天津、河北
2013	新疆、安徽、河南、山东、甘肃、吉林、江苏

资料来源：根据《中国统计年鉴》历年相关数据经笔者计算得出。

② 规模优势区域变化分析。表 2-12 列出了自改革开放以来具有花生规模比较优势的省份，可以看出花生规模优势区域的大致变化。山东、广东具有显著且稳定的花生规模比较优势，这两个省的花生规模比较优势指数基本都大于 2。河北省未发生明显变化，一直具有较强花生规模比较优势。河南、辽宁两省的花生规模比较优势指数提高很快，跨入显著规模比较优势区域行列。广西、福建在 20 世纪 80 年代前后曾经是我国花生规模比较优势显著的省份，进入 80 年代后半期以来，花生规模比较优势开始下降，但仍较强。北京花生规模比较优势自改革开放以来不断下滑，从具有显著规模比较优势到具有较强规

模比较优势，最后失去规模比较优势。江西省自 20 世纪 90 年代以来开始跨入较强规模比较优势行列，并基本保持稳定。

表 2-12 中国花生生产具有规模比较优势的省份（1978—2013 年）

年　份	具有显著规模比较优势区域（$SAI>2$）	具有较强规模比较优势区域（$SAI>1$）
1978	广东、山东、北京、广西、福建、	河北
1983	山东、广东、福建、广西、	河北、辽宁、北京
1988	山东、广东、	河南、福建、河北、广西、辽宁
1993	山东、广东、河南	河北、广西、福建、辽宁、江西
1998	山东、河南、广东	河北、广西、福建、安徽、江西
2003	山东、辽宁、河南	广东、河北、北京、福建、广西、江西
2008	山东、河南、广东	河北、福建、辽宁
2013	辽宁、河南、山东、广东	福建、河北、广西、江西

资料来源：根据《中国统计年鉴》历年相关数据经笔者计算得出。

③ 综合优势区域变化分析。表 2-13 列出了自改革开放以来中国花生生产具有综合比较优势的省份，可以看出花生综合优势区域的大致变化。山东、广东、河北、福建具有相对较稳定的花生生产综合比较优势。河南花生综合比较优势自改革开放以来上升较快，2013 年成为中国花生生产综合比较优势排名第一的省份。辽宁省自 2003 年重新跨入花生综合比较优势区域行列，且保持上升态势。北京和广西曾经是我国花生生产综合比较优势显著的省份。吉林省 2013 年也成为花生综合优势区域。

表 2-13 中国花生生产具有综合比较优势的省份（1978—2013 年）

年　份	具有综合比较优势的省份（$AAI>1$）
1978	山东、广东、福建、北京、广西、河北
1983	山东、广东、辽宁、福建、河北、广西、北京
1988	山东、广东、河南、河北、福建、北京、江苏
1993	山东、河南、广东、河北、福建、北京、广西
1998	山东、河南、广东、河北、安徽、福建
2003	山东、河北、河南、广东、辽宁、北京、福建、湖北
2008	山东、河南、广东、河北、辽宁、福建
2013	河南、山东、辽宁、广东、河北、福建、吉林

资料来源：根据《中国统计年鉴》历年相关数据经笔者计算得出。

（3）中国花生区域比较优势变化分析。表2－14描述了中国花生生产省份效率、规模及综合比较优势的变化情况。自改革开放以来，北京、天津、广东花生效率比较优势上升，但规模比较优势下降幅度大于效率比较优势上升幅度，导致综合比较优势下降；江苏、福建、山东、广西、贵州、云南效率和规模比较优势均出现不同程度下降，导致综合比较优势出现不同程度下降；河北、辽宁、黑龙江、安徽、河南、湖南、陕西、新疆的花生效率和规模比较优势均有不同程度上升，使得综合比较优势出现不同程度上升；山西、吉林、上海、浙江、江西、湖北、四川花生效率比较优势下降，但规模比较优势上升，除四川省综合比较优势下降，其余省份综合比较优势均出现不同程度的上升。

表2－14 中国花生生产省份效率、规模及综合比较优势变化情况

省份	*EAI*			*SAI*			*AAI*		
	1978年	2013年	变化	1978年	2013年	变化	1978年	2013年	变化
北京	0.66	0.82	0.16	3.16	0.44	－2.72	1.45	0.60	－0.85
天津	0.59	0.95	0.36	0.89	0.11	－0.78	0.72	0.32	－0.40
河北	0.97	1.00	0.03	1.21	1.44	0.23	1.08	1.20	0.12
山西	0.70	0.63	－0.07	0.02	0.07	0.05	0.11	0.22	0.11
辽宁	0.76	0.89	0.13	0.76	2.88	2.12	0.76	1.60	0.84
吉林	1.19	1.03	－0.16	0.01	0.97	0.96	0.11	1.00	0.89
黑龙江	0.33	0.78	0.45	0.02	0.07	0.05	0.08	0.24	0.16
上海	2.27	0.73	－1.54	0.02	0.07	0.05	0.22	0.23	0.01
江苏	1.38	1.02	－0.36	0.65	0.44	－0.21	0.94	0.67	－0.27
浙江	1.34	0.77	－0.57	0.09	0.28	0.19	0.35	0.47	0.12
安徽	0.89	1.29	0.40	0.74	0.74	0.00	0.81	0.98	0.17
福建	1.22	0.72	－0.50	2.42	1.58	－0.84	1.72	1.07	－0.65
江西	0.83	0.75	－0.08	0.69	1.05	0.36	0.76	0.89	0.13
山东	1.43	1.21	－0.22	3.87	2.53	－1.34	2.35	1.75	－0.60
河南	0.74	1.24	0.50	0.51	2.57	2.06	0.61	1.79	1.18
湖北	1.07	0.93	－0.14	0.37	0.88	0.51	0.62	0.90	0.28
湖南	0.69	0.69	0.00	0.44	0.46	0.02	0.55	0.56	0.01
广东	0.76	0.77	0.01	4.26	2.50	－1.76	1.80	0.92	－0.88

（续）

省份	EAI			SAI			AAI		
	1978年	2013年	变化	1978年	2013年	变化	1978年	2013年	变化
广西	0.79	0.76	−0.03	2.52	1.13	−1.39	1.41	0.92	−0.49
四川	1.22	0.66	−0.56	0.59	0.85	0.26	0.85	0.75	−0.10
贵州	0.76	0.52	−0.24	0.53	0.29	−0.25	0.64	0.39	−0.25
云南	0.67	0.44	−0.23	0.47	0.25	−0.22	0.56	0.33	−0.23
陕西	0.80	0.80	0.00	0.08	0.27	0.20	0.25	0.47	0.22
新疆	0.78	1.55	0.77	0.01	0.03	0.02	0.10	0.22	0.12

资料来源：根据《中国统计年鉴》历年相关数据经笔者计算得出。

4. 我国花生生产布局变化影响因素分析

根据农业生产经济学理论，所有的农业生产过程都是自然再生产和经济再生产密切联系、彼此交错、相互作用的统一过程。花生生产作为自然再生产过程，它要受到自然资源和基础设施条件的影响；作为经济再生产过程，它又要受到经济体制、社会经济发展水平、经济效益、技术进步、产业政策和市场需求等条件的制约。

（1）耕地资源与水利设施因素。

① 耕地资源。耕地资源是农民面临的主要资源约束。在耕地资源一定的条件下，花生与其他农作物播种面积呈现此消彼长的关系。在耕地资源不断减少的情况下，花生与其他农作物的播种面积也必然会发生一定的变化。近年来，随着我国城镇化进程的不断推进，非农用地迅速增加，耕地资源被不断地占用，再加上人口数量不断扩张，人均耕地面积在不断减少。相对而言，人均耕地面积能够更加准确地反映各区域耕地资源的充裕程度。由于各区域城镇化进程和人口增长速度不尽相同，其人均耕地面积的变化也存在不同程度的差异。从图2-27可以看出，自19世纪80年代以来，各区域的人均耕地面积均呈现不同程度的下降趋势。2013年，人均耕地面积由小到大分别为：华南、华东、华中、西南、华北、西北和东北。人均耕地面积减少幅度较大的区域为华北、华东和华南地区，人均耕地面积减少幅度较小的区域为东北、华中和西南地区（图2-28）。

② 水资源与水利设施条件。水利设施条件的改善是中国花生生产布局变化的重要影响因素。从各区域有效灌溉面积（图2-29）及其年均增长率

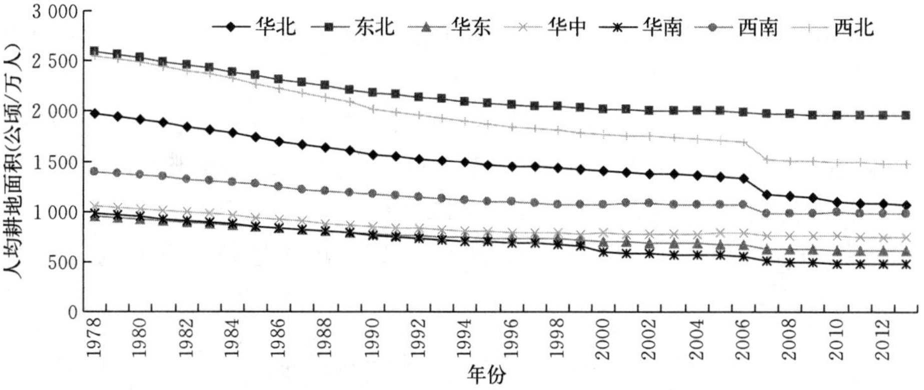

图 2-27　各区域人均耕地面积变化趋势（1978—2013 年）

资料来源：根据《中国统计年鉴》（1979—2014 年）和《中华人民共和国 55 年统计资料汇编》相关数据计算得出。

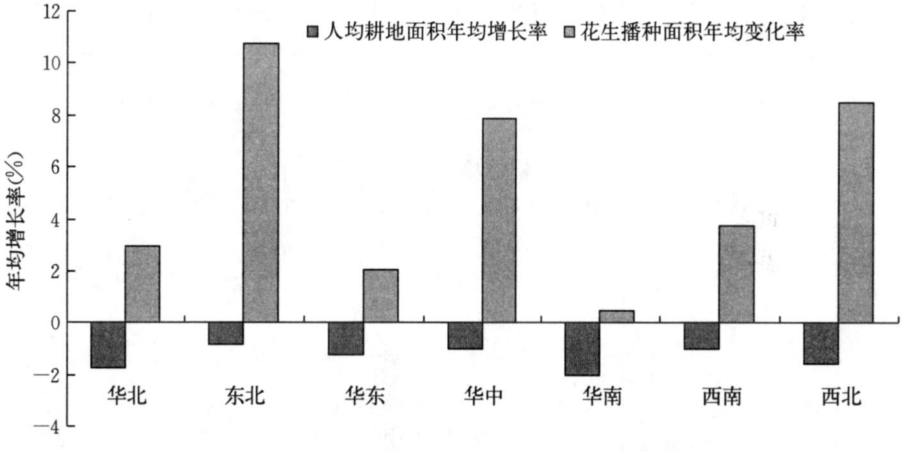

图 2-28　各区域人均耕地面积与花生播种面积年均增长率（1978—2013 年）

资料来源：根据 1979—2014 年《中国统计年鉴》和《中华人民共和国 55 年统计资料汇编》相关数据计算得出。

（图 2-30）来看，首先是东北地区有效灌溉面积增长最明显，1978 年东北地区有效灌溉面积最低，为 264.880 万公顷，到 2013 年增至 826.009 万公顷，年均增长率为 3.58%，在七大区域中排名由最后一名上升至第四名，超过了华南、西南和西北地区，已经接近华北和华中地区水平。其次是华中和华北地区，不管是有效灌溉面积的绝对量还是年均增长率都处于较高水平。华东地区一直是有效灌溉面积最大的区域，而且也保持了稳定缓慢增长的态势，年均增长率为0.57%。华南地区自1993年被东北地区超越，成为全国有效灌溉面积最低的区域，30年来有效灌溉面积年均增长率为−0.04%，是全国唯一的有效灌溉面积年均增长率为负的区域。西南和西北地区的有效灌溉面积也基本呈现逐年增长态势，分别从1978年的445.860万公顷和505.781万公顷增至2013年的611.817万公顷和794.937万公顷，年均增长率分别为0.97%和1.32%。

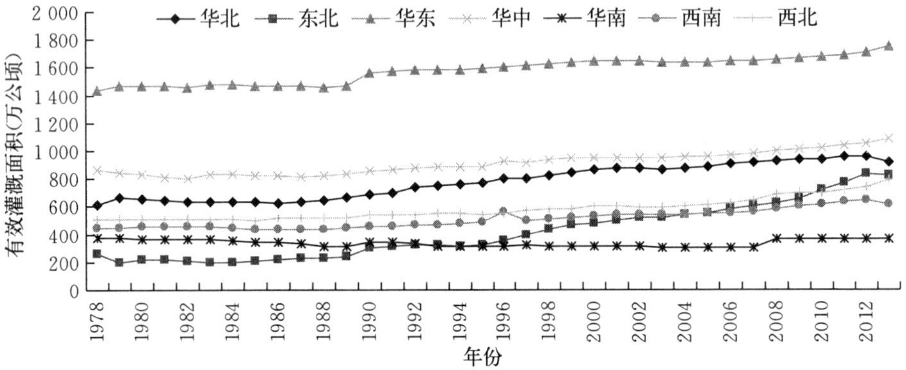

图2-29　各区域有效灌溉面积（1978—2013年）

资料来源：根据《中国统计年鉴》（1979—2014年）相关数据计算得出。

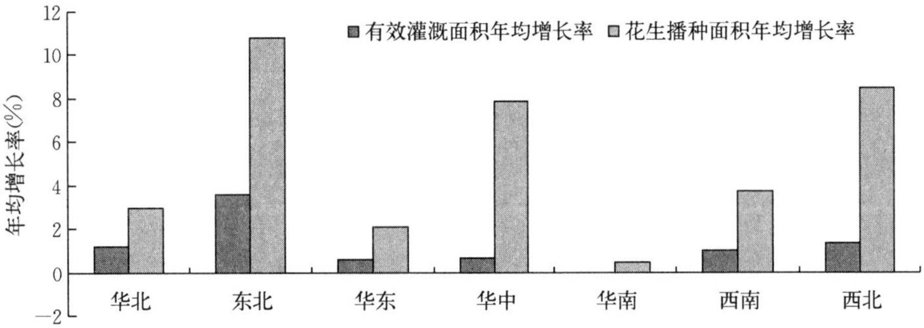

图2-30　各区域有效灌溉面积和花生播种面积年均增长率（1978—2013年）

资料来源：根据《中国统计年鉴》（1979—2014年）相关数据计算得出。

从各区域有效灌溉面积占耕地面积的比例（图2-31）及其年均增长率（图2-30）来看，虽然东北地区有效灌溉面积占耕地面积比例（以下简称

“有效灌溉面积比例”）的年均增长率为 3.73%，是所有区域中最高的，但截至 2013 年其有效灌溉面积比例仍较低，仅为 38.51%，仅高于西南地区，这说明东北地区水利设施条件的建设与改善仍有很大的成长空间。其次是华北地区，1978—2013 年有效灌溉面积比例的年均增长率为 1.68%，2013 年该区域有效灌溉面积比例达到 50.30%。西北地区有效灌溉面积比例的年均增长率为 1.78%，2013 年其有效灌溉面积比例超过了华北地区。2013 年西南地区有效灌溉面积比例最低，为 32.03%。华东和华中地区的有效灌溉面积比例一直处于领先地位，保持着较为平缓且平稳的增长态势。华南地区有效灌溉面积比例年均增长率仅为 0.34%，是 30 年来年均增长率最低的一个区域，有效灌溉面积比例由 1978 年的第三名降至 2013 年的第五名，被西北和华北地区超越。

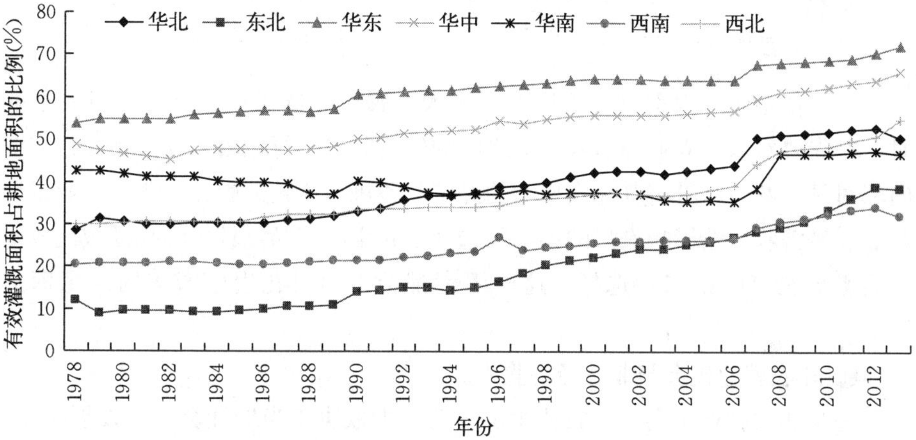

图 2-31　各区域有效灌溉面积占耕地面积的比例（1978—2013 年）

资料来源：根据《中国统计年鉴》（1979—2014 年）相关数据计算得出。

有效灌溉面积比例反映了各区域水利设施建设与完善程度，各区域水利设施建设与完善程度不同，决定了其花生播种面积自然也会有所差异。有效灌溉面积比例年均增长率和花生播种面积年均增长率的趋势之间表现出一定的相关性（图 2-32），二者之间的相关系数为 0.756 2，说明有效灌溉面积比例与花生播种面积之间具有正的相关关系，这种正的相关关系表现为两者整体上具有基本一致的变化趋势。有效灌溉面积比例增长幅度较大的东北、西南、西北、华中和华北地区，其花生播种面积增长幅度也相对较大。而有效灌溉面积比例增长幅度较小的华东和华南地区，其花生播种面积增长幅度也相对较小。

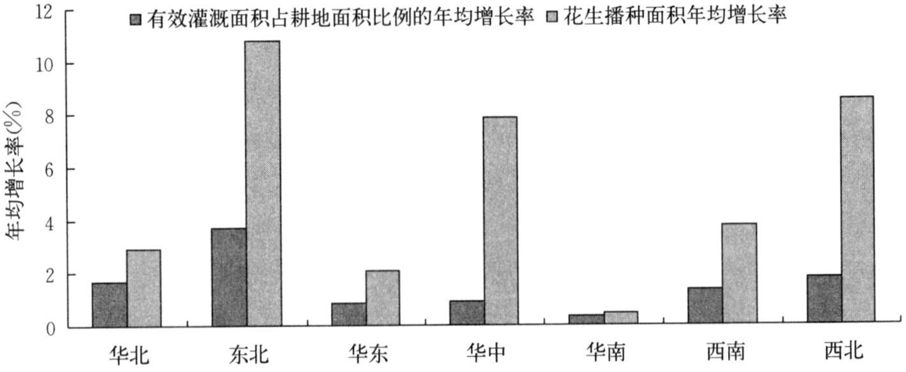

图 2-32　各区域有效灌溉面积占耕地面积比例和花生播种面积的年均增长率（1978—2013 年）

资料来源：根据《中国统计年鉴》（1979—2014 年）相关数据计算得出。

（2）社会经济因素。作为理性经济人，农户在选择自己所要从事的产业时，首先要对从事农业与非农产业之间的经济收益进行比较，其次还要在农业内部对种植花生与种植其他农作物的经济收益进行比较。因此，非农就业机会与非农经济收入会影响农户的第一种选择，花生的产品比较优势与区域比较优势会影响农户的第二种选择，这些因素都会进而对花生生产布局产生深远影响。

① 非农就业机会与非农经济收入。

一是非农就业机会。非农就业机会的多少取决于当地社会经济发展水平，社会经济发展水平越高，非农就业机会相对越多。本文以“每万平方千米二三产业增加值”作为衡量某个地区社会经济发展水平的指标。从各区域每万平方千米二三产业增加值来看（图 2-33），20 世纪 90 年代以前，各区域每万平方千米二三产业增加值都比较低，而且差距不大，20 世纪 90 年代以后开始出现差距，进入 21 世纪后，各区域之间的差距越来越大，截至 2013 年，每万平方千米二三产业增加值最高的两个区域分别是华东与华南地区，这两个区域同时也是每万平方千米二三产业增加值年均增长率最高的区域（图 2-34）。华中地区每万平方千米二三产业增加值及其年均增长率在七大区域中均排名第三。

二是非农经济收入（农户不同产业劳动投入量决策分析）。农户仍是中国最主要的经营单位。目前，中国农业正处在由自给自足的自然经济向商品化、

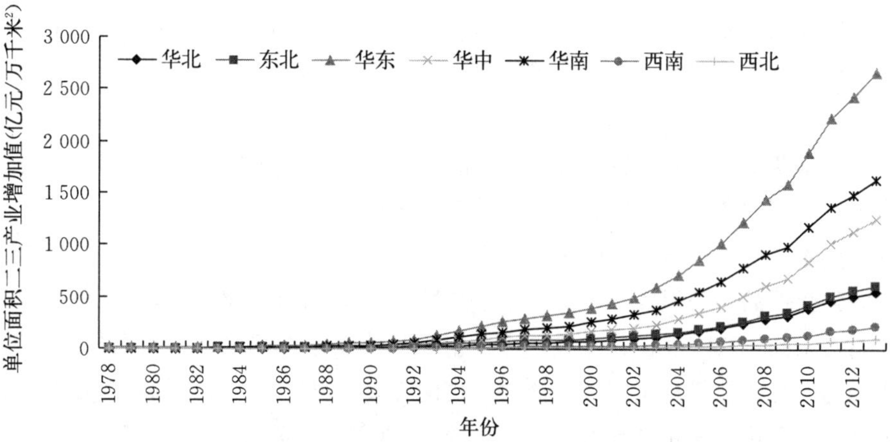

图 2-33 各区域每万平方千米二三产业增加值（1978—2013 年）

资料来源：根据《中国统计年鉴》（1979—2014 年）和《中华人民共和国 55 年统计资料汇编》相关数据计算得出。

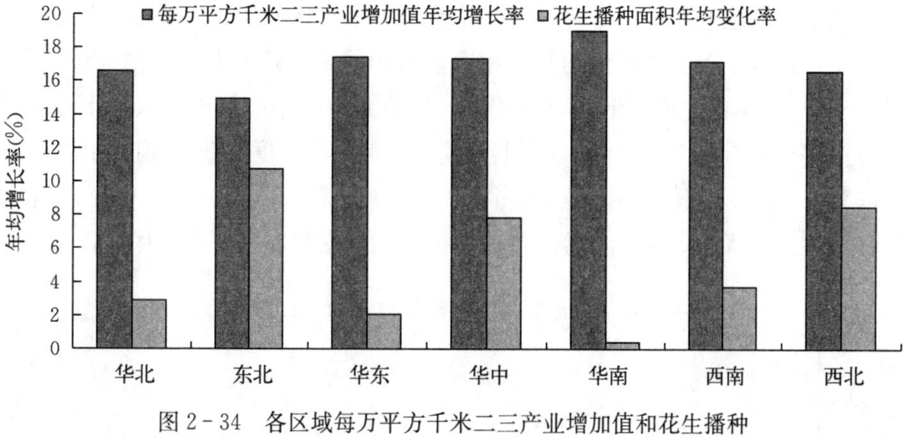

图 2-34 各区域每万平方千米二三产业增加值和花生播种面积年均增长率（1978—2013 年）

资料来源：根据《中国统计年鉴》（1979—2014 年）和《中华人民共和国 55 年统计资料汇编》相关数据计算得出。

专业化生产的市场经济的过渡阶段，农户自给自足的特点仍然很明显，但市场在农村经济发展中的导向作用也日益突出。家庭农户是中国农业的主体，其生产的特征为分散经营、独立决策、参与市场的经济活动日益频繁。当前农户生产经营活动中一个突出的特点是既未放弃农业生产，又通过从事其他多种产业的经营，通过多种渠道和方式获取家庭收入。在这种生产经营方式中，将多少劳动投入到农业生产中，将多少劳动用于从事其他行业，这是农户在其生产经营过程中首先需要考虑做出决策的问题。

② 花生的产品比较优势与区域比较优势。

一是花生的产品比较优势。花生的产品比较优势即在同一区域内花生与其他农作物相比所具有的优势。花生的产品比较优势是指花生的价格、产量、质量、要素禀赋、技术、规模等多方面综合能力的体现。为了便于量化分析以及考虑到数据的可获得性，本文以花生与其他农作物的经济效益指标（单位面积利润）来衡量其产品比较优势，即花生与其他农作物相比单位面积利润越高，花生的产品比较优势越明显，这种比较优势会给农户带来较高的经济收入，农户必将会分配更多的土地用于种植花生。图 2 - 35 至图 2 - 44 描述了 1980—2013 年中国 10 个花生主产省份花生与其他主要农作物每亩净产值情况。广东、广西和四川的甘蔗每亩净收益远远高于花生，而且呈波动上升态势。自 1980 年以来，河南、山东、河北、安徽和江苏的棉花每亩净收益和花生每亩净收益也均呈现波动上升态势，而且棉花每亩净收益大部分年份高于花生每亩净收益，近两年各省份花生的每亩净产值有超越或接近棉花每亩净产值之势，但由于 2013 年花生价格下跌幅度较大，导致其每亩净产值再次大幅下跌。粮食每亩净产值自 1980 年以来也呈上升趋势，但上升幅度和波动幅度均比棉花、甘蔗和花生小。总体而言，花生的每亩净收益要普遍高于水稻、小麦、玉米等粮食作物以及大豆和油菜籽等油料作物，而低于棉花和甘蔗等经济作物。

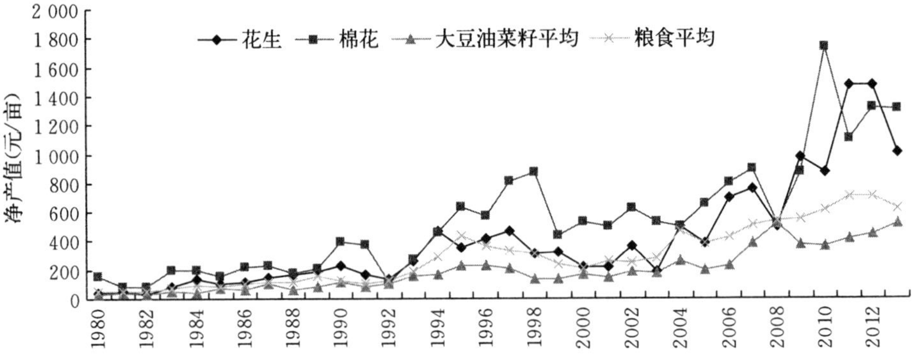

图 2 - 35　河南省花生与其他主要农作物每亩净产值（1980—2013 年）

数据来源：《全国农产品成本收益资料汇编》（1980—2014 年）。

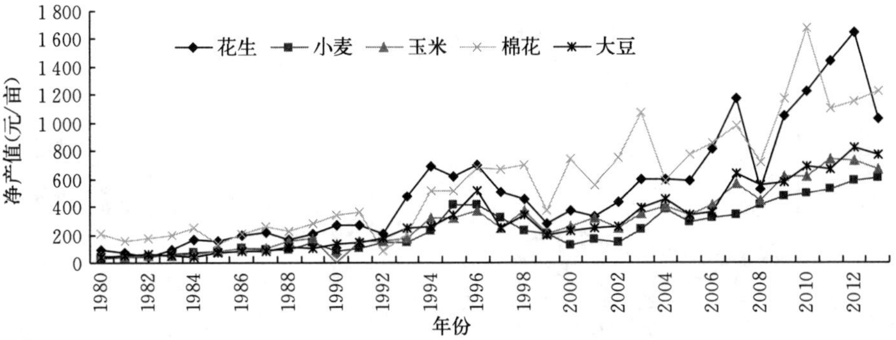

图 2-36　山东省花生与其他主要农作物每亩净产值（1980—2013 年）

数据来源：《全国农产品成本收益资料汇编》（1980—2014 年）。

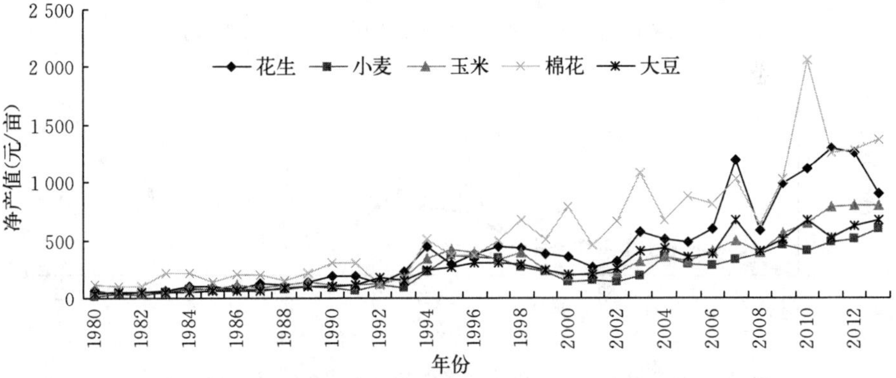

图 2-37　河北省花生与其他主要农作物每亩净产值（1980—2013 年）

数据来源：《全国农产品成本收益资料汇编》（1980—2014 年）。

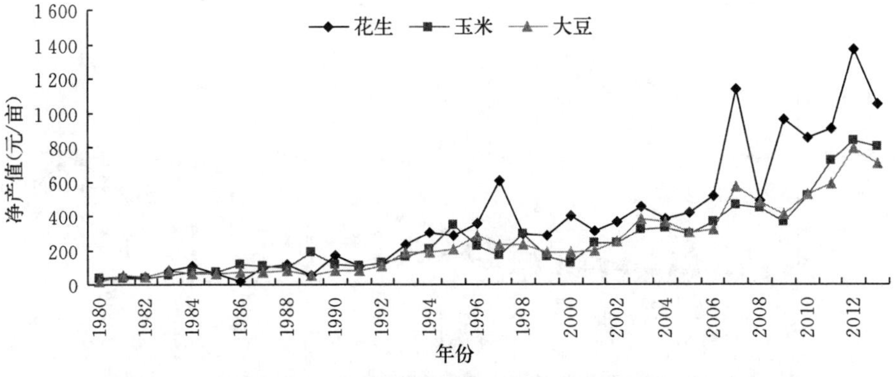

图 2-38　辽宁省花生与其他主要农作物每亩净产值（1980—2013 年）

数据来源：《全国农产品成本收益资料汇编》（1980—2014 年）。

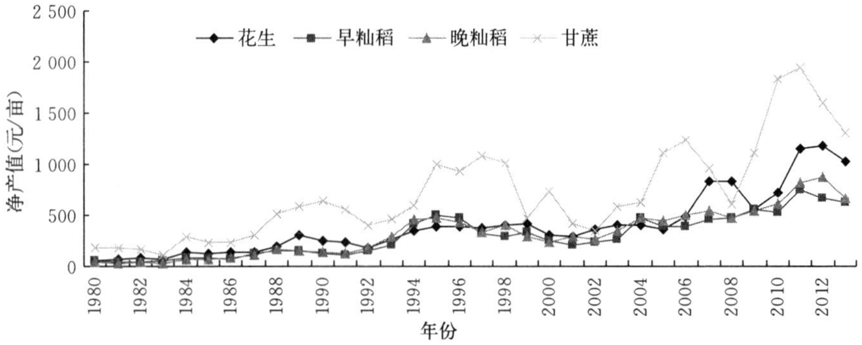

图 2-39　广东省花生与其他主要农作物每亩净产值（1980—2013 年）

数据来源：《全国农产品成本收益资料汇编》（1980—2014 年）。

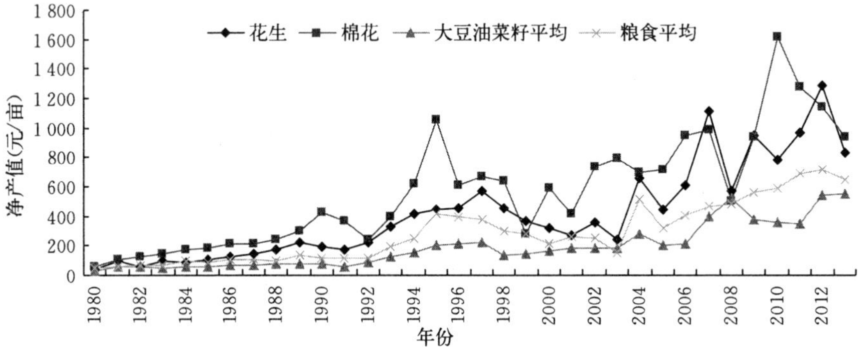

图 2-40　安徽省花生与其他主要农作物每亩净产值（1980—2013 年）

数据来源：《全国农产品成本收益资料汇编》（1980—2014 年）。

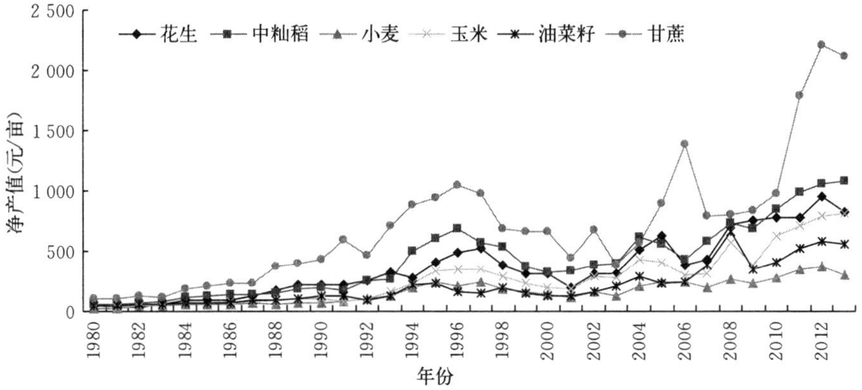

图 2-41　四川省花生与其他主要农作物每亩净产值（1980—2013 年）

数据来源：《全国农产品成本收益资料汇编》（1980—2014 年）。

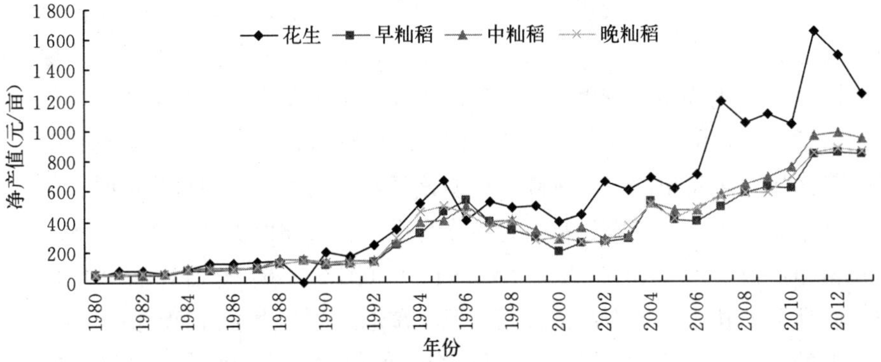

图 2-42　福建省花生与其他主要农作物每亩净产值（1980—2013 年）

数据来源：《全国农产品成本收益资料汇编》（1980—2014 年）。

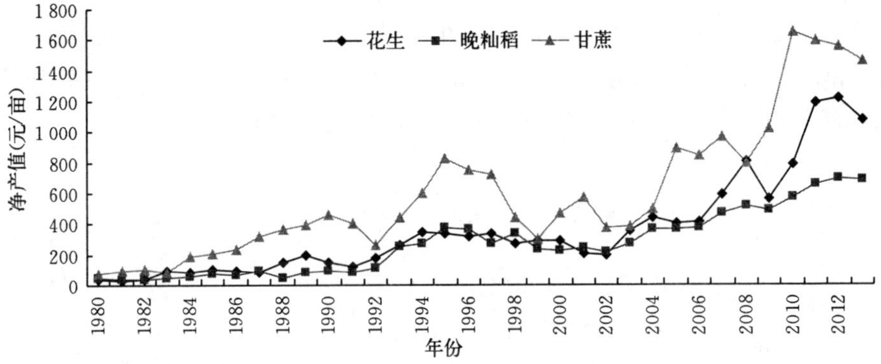

图 2-43　广西花生与其他主要农作物每亩净产值（1980—2013 年）

数据来源：《全国农产品成本收益资料汇编》（1980—2014 年）。

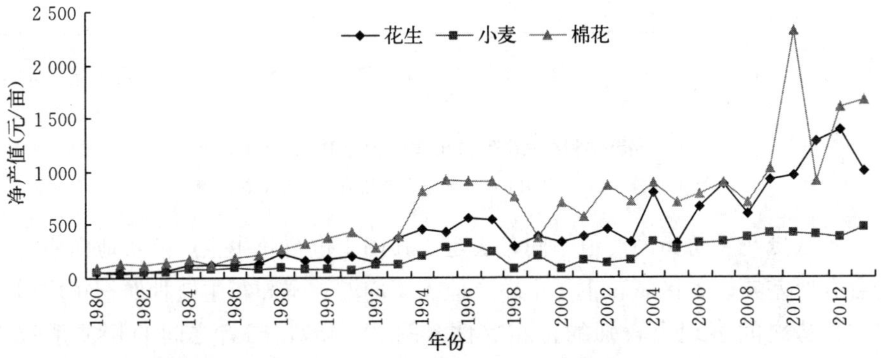

图 2-44　江苏省花生与其他主要农作物每亩净产值（1980—2013 年）

数据来源：《全国农产品成本收益资料汇编》（1980—2014 年）。

二是花生的区域比较优势。农产品区域比较优势应该是指区域农产品价格、质量、要素禀赋、政策、技术、规模、营销等多方面综合能力的体现。花生的区域比较优势将对花生的区域生产布局产生重要影响。为了便于量化分析以及考虑到数据的可获得性，仍以花生每亩净产值指标来衡量其区域比较优势。某区域花生每亩净产值越高，说明该区域在花生生产的自然资源、要素禀赋、技术条件等方面具有优势，应该作为重点发展和保护的区域。从各区域花生每亩净产值（图 2-45）及其年均增长率（图 2-46）来看，2012 年，华中与华东地区的花生每亩净产值最高，但华东地区的花生每亩净产值年均增长率是最低的。东北地区 2012 年花生每亩净产值仅次于华中和华东地区，年均增长率最高。华南地区 1980 年花生每亩净产值为 60.02 元，在所有区域中排名第二，仅次于同年华北地区水平，但由于年增长率较低，至 2012 年华南地区花生每亩净产值降至第五名。2013 年由于花生价格大幅下跌，且成本继续大幅上涨，二者共同导致各区域花生每亩净产值均严重下滑，花生每亩净产值从高到低分别为东北、华东、华南、华中、华北和西南地区。

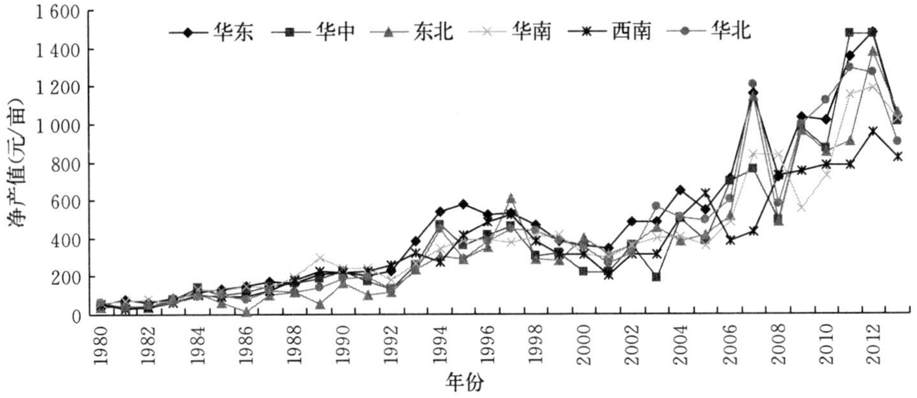

图 2-45　各区域花生每亩净产值（1980—2013 年）

数据来源：1980—2014 年《全国农产品成本收益资料汇编》。

各区域花生每亩净产值不同，决定了其用于进行花生生产的耕地面积自然也会有所差异。各区域花生每亩净产值的年均增长率和花生播种面积年均增长率的趋势之间表现出较强的正相关性（图 2-46），二者之间的相关系数为 0.878 6，说明花生每亩净产值对花生播种面积具有较强的影响，这种影响表现为两者整体上具有基本一致的变化趋势。花生每亩净产值年均增长率较高的区域如东北、华中、华北和西南地区，其花生播种面积年均增长率也相对较高，而花生每亩净产值年均增长率较低的区域如华东和华南地区，其花生播种面积年均增长率也相对较低。

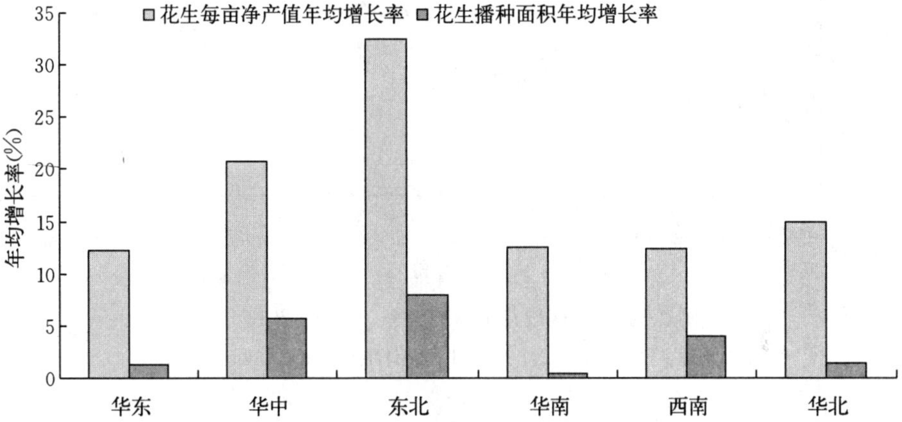

图 2-46　各区域花生每亩净产值与花生播种面积年均增长率（1981—2013 年）

资料来源：根据 1980—2014 年《中国统计年鉴》《全国农产品成本收益资料汇编》相关数据计算得出。

（3）技术进步因素。技术进步对农业生产布局的影响主要表现在单产水平的高低。技术进步将有助于提高单产水平，从而增加农户的经济收益，作为理性经济人，农户倾向于选择单产水平较高的农作物品种，所有农户决策的加总最终决定了不同农作物的播种面积，从而形成了特定的农业生产布局。从各区域花生单产水平（图 2-47）及其年均增长率（图 2-48）来看，1981 年华中地区花生单产水平最低，但年均增长率较高，2013 年已经成为花生单产水平最高的区域。华东地区自 1978 年以来花生单产水平最高，但年均增长率低于华中地区，2009 年被华中地区超越。华北地区保持着较为平稳的增长速度，花生单产水平也一直维持在第三名。东北和西北地区虽然年均增长率均较高，但到 2013 年其花生单产水平在 7 个区域中仅分别排名第四和第五。华南和西南地区的花生单产水平及其年均增长率均最低。

各区域花生单产水平不同，决定了其用于进行花生生产的耕地面积自然也会有所差异。各区域花生单产年均增长率和花生播种面积年均增长率的趋势之间表现出较强的正相关性（图 2-48），二者之间的相关系数为 0.837 4，说明花生单产水平对花生播种面积具有较强的影响，这种影响表现为两者整体上具

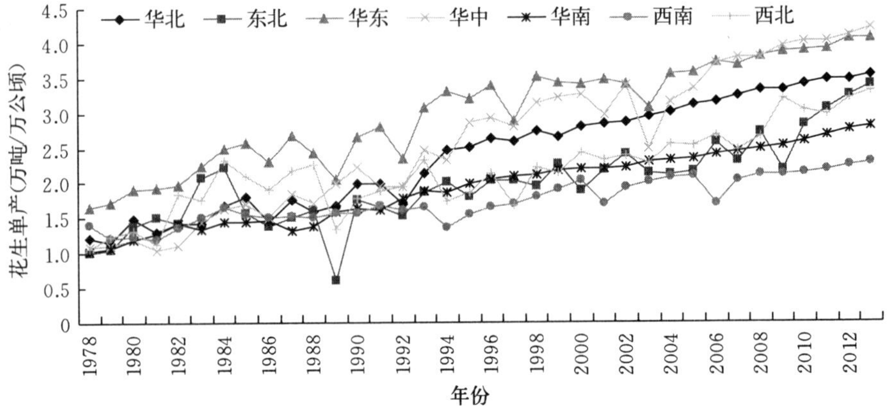

图 2-47　各区域花生单产水平（1978—2013 年）

资料来源：根据 1979—2014 年《中国统计年鉴》相关数据计算得出。

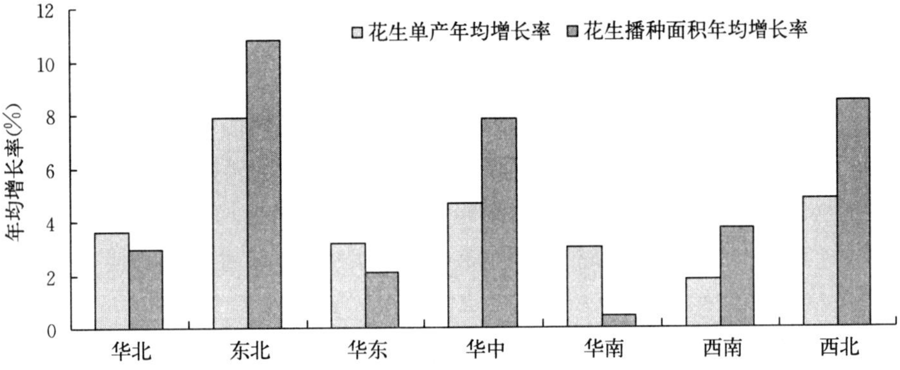

图 2-48　花生单产和播种面积年均增长率（1979—2013 年）

资料来源：根据 1979—2014 年《中国统计年鉴》相关数据计算得出。

有基本一致的变化趋势。花生单产年均增长率较高的区域如东北、华中、西北地区，其花生播种面积年均增长率也相对较高，而花生单产年均增长率较低的区域如华东、华南和华北地区，其花生播种面积年均增长率也相对较低。

（4）制度与政策因素。

① 粮食流通体制改革。1993 年 2 月，国务院颁布《关于加快粮食流通体制改革的通知》，指出要加快全国粮食市场体系建设，全面放开食油购销价格和经营，取消国家食油收购计划、食油定量供应政策和食油指令性调拨计划。

同年 4 月，全国 95%以上的县市都放开了粮食价格和经营。至此，全国的粮食销售价格基本全部放开，实行了 40 年的城镇居民粮食供应制度（即统销制度）被取消。这意味着统购统销政策退出历史舞台，农民逐渐成为独立的商品生产经营者，可以根据市场需求来配置资源、调节生产。这样的市场环境对于花生生产布局变化将产生不同的作用，从图 2－49 可以看出，粮食流通体制改革后各区域花生年均播种面积均高于改革前水平，说明统购统销政策对农民制订花生生产计划和配置土地资源具有明显的限制。

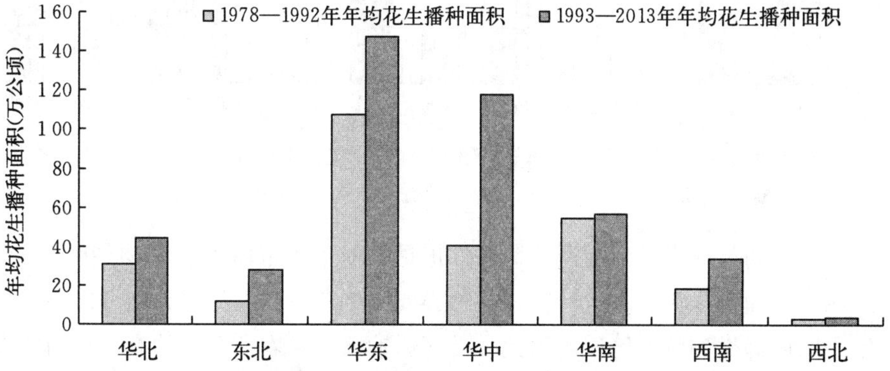

图 2－49　粮食流通体制改革前后各区域花生年均播种面积（1978—2013 年）

资料来源：根据 1979—2014 年《中国统计年鉴》相关数据计算得出。

② 花生产业政策。为了加快花生良种及配套技术推广，促进花生产业健康发展，2010 年国家启动实施花生良种补贴试点，在农业部与财政部办公厅印发的《2010 年花生良种补贴项目实施指导意见的通知》中将河北、辽宁、吉林、江苏、安徽、江西、山东、河南、湖北、广东、广西、四川等 12 个省份划为补贴范围。为了更加清楚直观地看出花生良种补贴政策的实施效果，分别计算了这 12 个省份自 1998 年以来每 4 年花生的平均播种面积，如图 2－50 所示。

自 1998 年以来，每 4 年平均花生播种面积除河北和江苏省呈持续下降态势、吉林省呈持续上升态势外，其他省份均呈现下降然后在实现花生良种补贴年份反弹的趋势。从花生良种补贴实施后 4 年（2010—2013 年）比花生良种补贴实施前 4 年（2006—2009 年）花生播种面积增长率来看，12 个花生良种补贴试点省份的平均值为 18.44%，而非试点省份的平均值为 13.82%。说明花生良种补贴政策对农民生产花生的积极性和花生播种面积有明显影响。

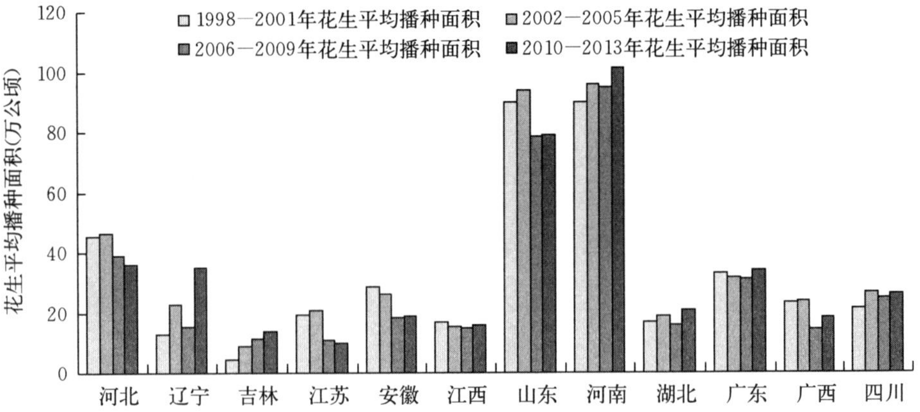

图 2-50　花生良种补贴前后 12 个试点省份平均每 4 年花生播种面积（1998—2013 年）

资料来源：根据 1999—2014 年《中国统计年鉴》相关数据计算得出。

（5）交通运输因素。交通运输条件也是农业生产布局的重要影响因素，交通运输一方面可以为农业生产输送各种必要的生产资料，另一方面可以将产品从生产区域运送到消费区域，因此，交通运输条件对农业资源的充分利用和农业地域分工具有重要的影响。便利的交通运输条件可以促进农业生产合理布局，交通运输对农业区域分工的促进作用主要表现在以下几个方面：第一，随着交通运输条件的改善，农产品的运输距离延长。第二，随着交通运输条件的改善，农产品生产布局可以根据各区域优势进行合理优化。第三，随着交通运输条件的改善，农产品交易效率提高，农业生产的地域集中程度增强。

从公路交通运输情况来看（图 2-51、图 2-52），各区域每万平方千米公路里程均出现不同程度增长，华中、华东地区增长速度较快。截至 2013 年，华中地区每万平方千米公路里程为 1.26 万千米，是公路运输网络密度最大的区域，其次是华东地区。华南地区虽然在 2013 年每万平方千米公路里程数排名第三，但其年均增长率却是最低的，华北、东北、西南、西北地区尽管在 2013 年每万平方千米公路里程数较少，但均保持了相对较高的年均增长率。

从铁路交通运输情况来看（图 2-53、图 2-54），各区域每万平方千米铁路里程及其增长速度差异较大。华南地区铁路里程每万平方千米增长率是最高的，其次是华东地区。华东地区每万平方千米铁路里程及其增长率均处于较高水平，华中地区每万平方千米铁路里程增长率虽然低于华东地区，但其铁路运

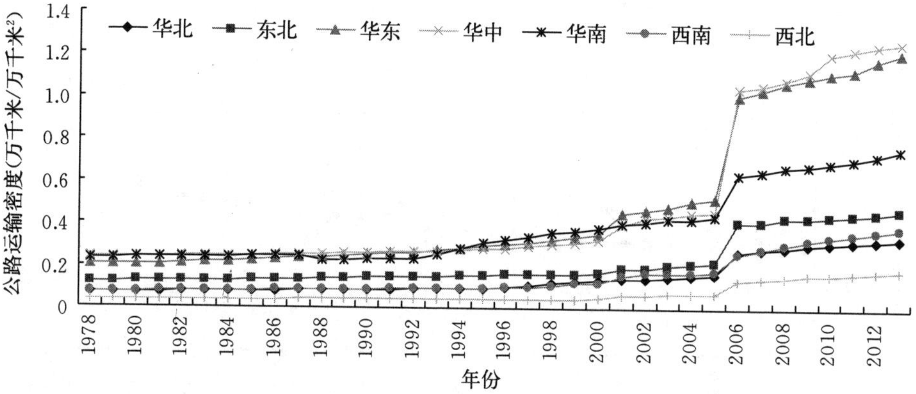

图 2-51　各区域每万平方千米公路里程（1978—2013 年）

注：2005 年起公路里程包括村道。

资料来源：根据 1979—2014 年《中国统计年鉴》和《中华人民共和国 55 年统计资料汇编》相关数据计算得出。

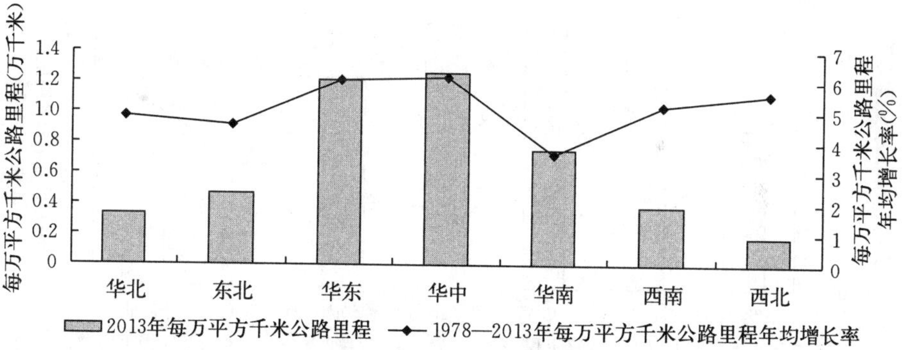

图 2-52　各区域每万平方千米公路里程及其年均增长率

资料来源：根据 1978—2014 年《中国统计年鉴》和《中华人民共和国 55 年统计资料汇编》相关数据计算得出。

输网络分布密度近几年与华东地区不相上下。东北地区 1978 年每万平方千米铁路里程最长，但在之后的三十几年中增长率最低，2008 年被华中和华东地区超越。华北地区每万平方千米铁路里程及其增长率在七大区域中均处于中游水平。西南和西北地区每万平方千米铁路里程虽然保持了一定的增长率，但由于基础薄弱，仍处于最低水平。

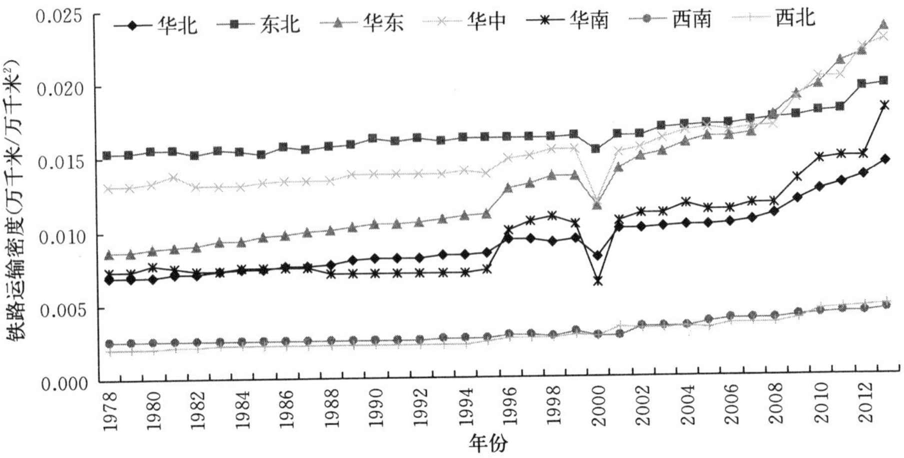

图 2-53　各区域每万平方千米铁路里程（1978—2013 年）

资料来源：根据 1979—2014 年《中国统计年鉴》和《中华人民共和国 55 年统计资料汇编》相关数据计算得出。

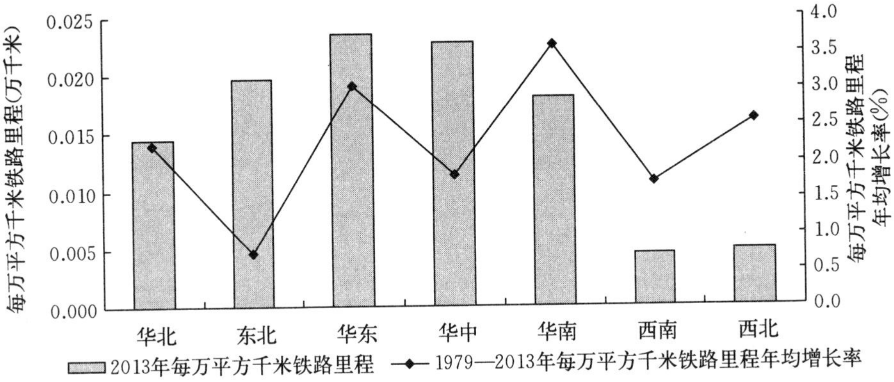

图 2-54　各区域每万平方千米铁路里程及其年均增长率

资料来源：根据 1979—2014 年《中国统计年鉴》和《中华人民共和国 55 年统计资料汇编》相关数据计算得出。

（6）市场需求因素。随着经济条件的提高和膳食结构的改善，人们对花生及其制品的消费需求在不断增长。一般来讲，花生的市场需求数量和品种需求结构与花生生产布局存在较为密切的联系。花生主要生产区域基本上也是花生的主要消费区域和主要销售区域。花生作为一种普通消费品，其生产布局与人口数量和密度具有密切联系，一个地区的人口数量是该地区花生消费能力的体现，可以在一定程度上反映该地区可能达到的最大花生需求量。

从各区域人口数量及其年均增长率（图 2-55、图 2-56）来看，自改革开放以来，各地区人口数量均出现不同程度增长。虽然华东地区人口数量年均增长率不高，但由于基数大，截至 2013 年，华东地区仍是中国人口数量最多的区域，其次是华中和西南地区。华北地区人口数量年均增长率较高，2013 年其人口数量在七大区域中排名第四。华南地区人口数量年均增长率最高，进入 21 世纪后，人口数量已接近华北地区。西北地区虽然人口数量年均增长率较高，但由于基数少，2013 年其人口数量仍是全国最低的区域。东北地区人口数量仅高于西北地区，人口数量年均增长率仅高于西南地区。

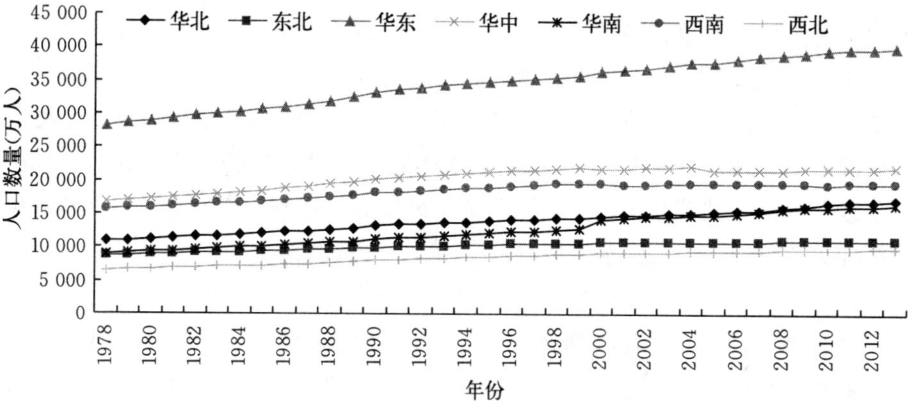

图 2-55　各区域人口数量（1978—2013 年）

资料来源：根据 1979—2014 年《中国统计年鉴》相关数据计算得出。

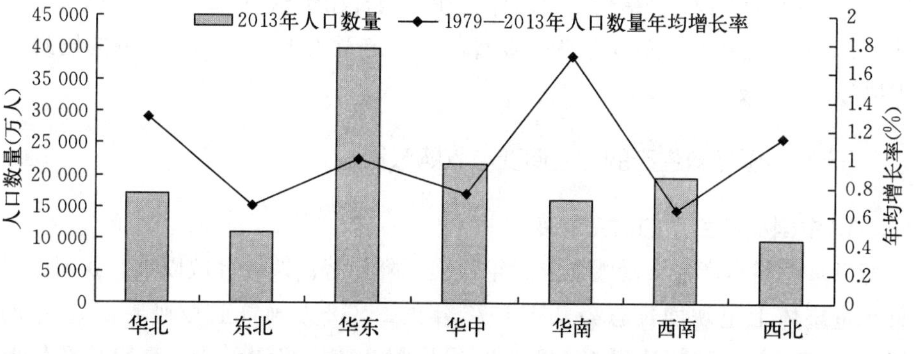

图 2-56　各区域人口数量及年均增长率

资料来源：根据 1979—2014 年《中国统计年鉴》相关数据计算得出。

三、糖料供给与发展趋势

我国既生产甘蔗糖，也生产甜菜糖。甘蔗糖在我国的生产可以追溯到2000年以前，而甜菜糖的生产则始于1908年。历史上，食糖在我国对外贸易中一直处于重要地位，直到19世纪末期，糖、茶叶和丝绸都是我国三大重要出口商品（Mazumdar，1998）。目前，甘蔗糖约占我国食糖（sugar）总产量的93.01%（2014/2015榨季），生产地主要集中在我国西南部的广西壮族自治区和云南省。甜菜糖占食糖总产量的6.99%，主要集中在我国西北部的新疆维吾尔自治区和内蒙古自治区。

1949年之后，我国在农业生产中遵行“以粮为纲”的方针，糖粮争地的矛盾十分突出，导致我国糖料生产严重不足，因此经历了相当长一段时期的食糖短缺。直到20世纪80年代，家庭联产承包经营在我国农村的广泛确立，极大地调动了农民发展农业生产的活力和积极性，糖业才得到快速发展，食糖短缺状况不断缓解。到1990年，我国基本摆脱了食糖短缺的困扰。此后，我国逐步改革食糖短缺背景下建立的糖业统购统销经营体制，市场力量在糖料种植和糖业发展方面逐渐发挥主要作用，糖业效率也得到了较大提高（司伟，2007）。

经过20世纪90年代的糖业改革，我国最终建立了“产品（食糖）市场化，原料（糖料）政府定价”的特殊糖业经营体制。然而，2001年我国以较低的糖业贸易门槛加入WTO，接着，农业市场化程度的加深使得糖业生产的资源禀赋瓶颈显现，但是政府并没有制定有效的糖业支持政策，这改变了我国糖业的生产与市场竞争结构，突出体现在我国食糖价格与国际市场食糖价格倒挂。2010年以来我国食糖进口量激增，在一定意义上说，关税配额的贸易管理措施已经失效。

（一）中国糖料生产的时空演变与收购政策

1. 中国糖料生产的时空演变

（1）糖料总产量波动上涨，近年面临下降趋势。改革开放以来，我国糖料总产量整体上呈现增长态势。从1978年的2 382万吨，上涨到了2015年的12 499.96万吨，涨幅达到424.81%。但从图2-57可以看出，糖料总产量增长态势整体上呈现波动式，近几年，特别是2014年和2015年均面临下降趋势。我国糖料总产量总体上呈现 2～3 年的连续增长，又 2～3 年的连续降低趋势。但总体上是增长幅度大于降低趋势，因此糖料总产量仍然保持增长态势。

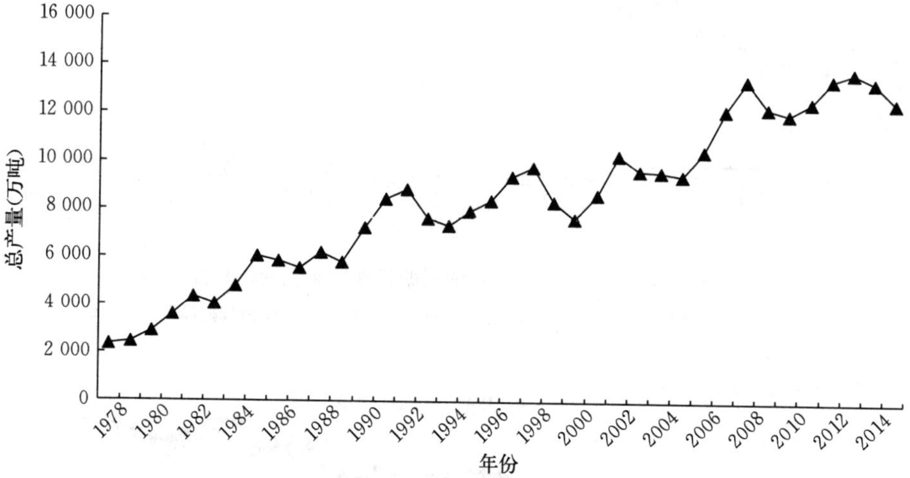

图 2 - 57　1978—2015 年中国糖料总产量变化趋势

数据来源：中华人民共和国农业部种植业管理司“农作物数据库”。

（2）糖料种植面积已达波峰，近年有进一步下降趋势。1978—1991 年，我国糖料种植面积基本处于波动上涨态势。从改革开放初期的 88 万公顷，增长到 1991 年的 194.7 万公顷，增幅达到 121.33%。1991 年以后，我国糖料种植面积基本处于波动状态，但种植面积多在 151.4 万公顷到 199.8 万公顷之间波动。2012 年种植面积达到改革开放以来种植面积的新高，为 203.1 万公顷。此后连续 3 年呈现下降趋势，到 2015 年已经降到了 173.7 万公顷，降幅达到 14.50%（与 2012 年比较）（图 2 - 58）。

（3）糖料单产小幅波动，呈现稳步上涨趋势。糖料单产波动幅度较小，30 多年来基本上呈现稳步上升的态势。其中，甘蔗的单位面积产量平稳上涨，从 1978 年的 38 505 千克/公顷上升到了 2015 年的 73 121 千克/公顷，增幅达 89.90%。甜菜单位面积产量则有较为明显的提高，从 1978 年的 8 175 千克/公顷提高到 2015 年的 58 681 千克/公顷，提高幅度达 6.18 倍，如图 2 - 59 所示。随着新品种的广泛推广，新的种植技术的大范围使用，糖料单位面积产量还有进一步提升的空间。

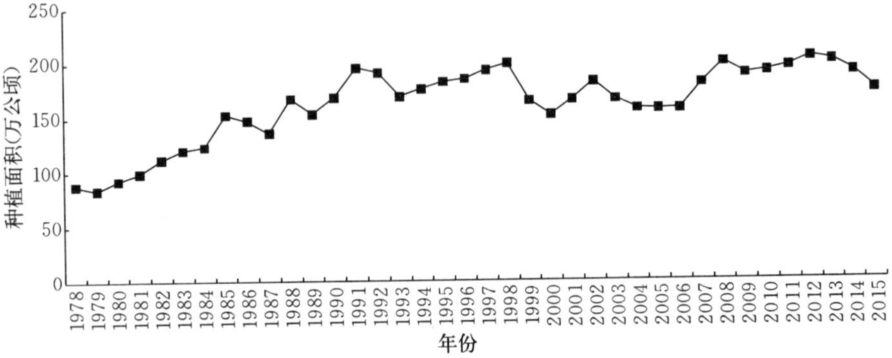

图 2-58　1978—2015 年中国糖料种植面积变化趋势

数据来源：中华人民共和国农业部种植业管理司“农作物数据库”。

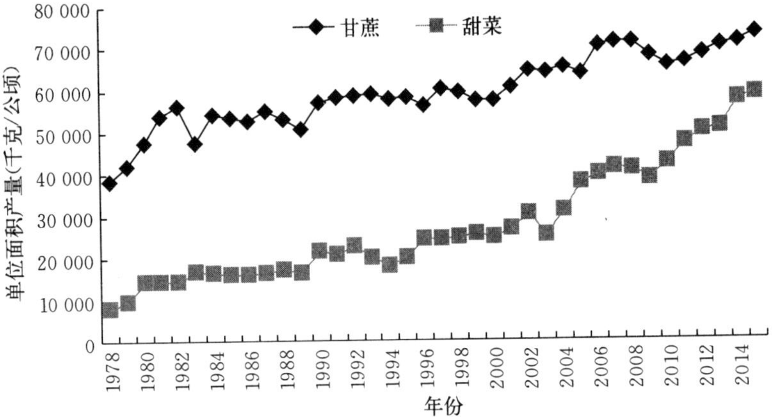

图 2-59　1978—2015 年中国糖料单位面积产量变化趋势

数据来源：中华人民共和国农业部种植业管理司“农作物数据库”、2016 年《中国统计年鉴》。

2. 中国糖料生产品种结构演变

（1）种植品种逐渐集中于甘蔗。随着技术水平的提高和地区优势的自然选择，我国糖料品种布局集中度逐步提高，表现为甜菜种植的逐步萎缩和甘蔗种植的大幅提高。如图 2-60 所示，我国甜菜种植面积已经由 1991 年种植面积的峰值 78.3 万公顷降到 2015 年的 13.7 万公顷，下降幅度达到 82.52%。而同时，甘蔗种植面积却保持与全国糖料种植面积相同的增减趋势，种植面积由 1978 年的 54.9 万公顷增至 2015 年的 160 万公顷，增幅达到 191.38%。

产生这一现状的原因主要有以下几点：第一，甜菜替代作物较多，导致甜菜比较优势逐年下降，甜菜种植面积逐步被替代作物取代。甜菜的替代作物在新疆主要是棉花，在东北则主要是大豆和玉米。第二，甘蔗主要种植在坡地的特性使其不易被其他作物替代，因此种植面积得以保持，且在地形适宜甘蔗种植的广西逐年提高。

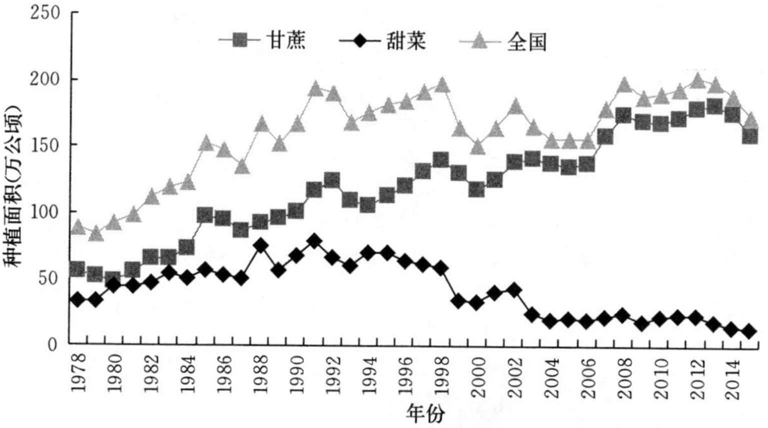

图 2-60　1978—2015 年中国甘蔗和甜菜种植面积变化趋势

数据来源：中华人民共和国农业部种植业管理司“农作物数据库”。

（2）主要品种创新研发能力不足。糖料生产是整个糖业的基础。近年来，我国各地虽然培育出了粤糖 93-159、桂糖 29 号、云蔗 05-51、福农 41 号等一系列甘蔗新品种，在产量、糖分、抗逆性、宿根等单一性状方面有所提高，但综合性状仍难超越新台糖系列，推广面积十分有限。全国甘蔗品种仍以台糖系列和粤糖系列为主，两大系列品种目前占总种植面积的 88.1%，其他品种约占总种植面积的 11.9%，如图 2-61 所示。甜菜品种主要以德国 KWS 系列、比利时安地系列和瑞士先正达为主，三大系列占甜菜总种植面积的 81.43%，如图 2-62 所示。

以中国最大的甘蔗糖产区广西为例。新台糖 22 号品种占广西甘蔗种植面积的 70%，如果算上新台糖系列的其他品种，这一比例为 85%，粤糖系列占 7.6%。新台糖 22 号自 1997 年引入广西，已有 20 多年时间。由于后续研发服务能力不足，该品种的单产呈下降趋势，宿根产量更低，且病虫害严重。但是，目前仍然没有研发出可以大范围替代新台糖 22 号的品种。

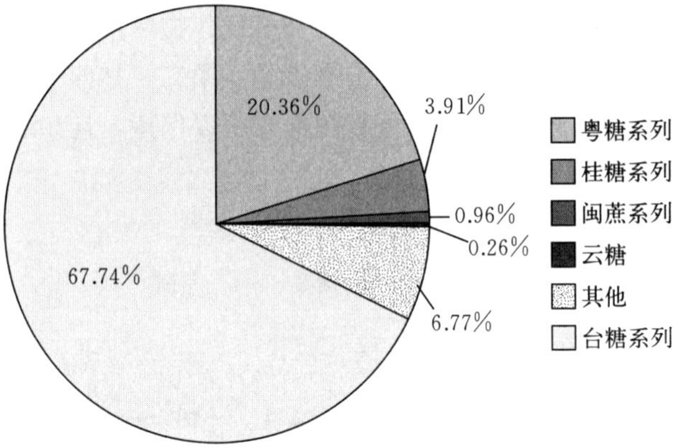

图 2-61　2014—2015 年制糖期甘蔗品种种植比例

数据来源：2014—2015 年制糖期《中国糖业年报》。

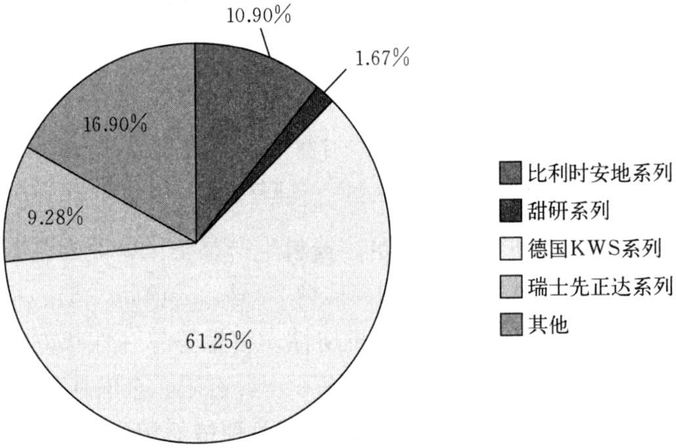

图 2-62　2014—2015 年制糖期甜菜品种种植比例

数据来源：2014—2015 年制糖期《中国糖业年报》。

中国糖料优良品种的选育和引进主要有两条渠道，一是民营企业育种。二是中国农业科学院系统的育种（即国家育种）。广西甘蔗品种的培育与推广主要是第一个渠道。民营企业品种推广有一系列值得讨论的问题。重要的是，在中国糖业不断向西南与西北边境省区集聚的时候，国家糖料研发人员配置和研发资金仍然投向 20 年前的糖料主产区，且地区间并没有建立有效的科研协作机制。例如，尽管福建省甘蔗产量占中国甘蔗产量的比例仅有 0.37%（2015

年数据)，但仍然是甘蔗产业国家研发投入的重点区域。黑龙江省甜菜糖业日渐萎缩，但仍然占有相当大份额的国家科研资源。不得不说，这是中国糖业发展的独特现象，亟须在政策上改变这一扭曲现象。

3. 中国糖料生产区域演变

(1) 甘蔗生产逐步向广西、云南及其边缘地区集中。历史上，福建省和广东省一直是中国甘蔗主产区。20 世纪 80 年代中国从计划经济向市场经济转型过程中，这些地区农业资源的机会成本快速增加，加上国家糖业发展政策的调整，甘蔗生产不断向广西、云南等经济欠发达的省份转移，如图 2 - 63 所示。自 1986 年云南甘蔗产量超过福建，并在 1999 年超过广东，1992 年广西甘蔗产量超过广东，两省成为中国甘蔗产量最大的省之后，甘蔗糖业不断向广西、云南集中。截至 2015 年年底，广西和云南两省甘蔗种植面积分别达到 97.37 万公顷和 31.147 万公顷，分别占全国甘蔗种植面积的 70.33%和 19.47%。两省的甘蔗总产量分别为 7 504.92 万吨和 1 930.05 万吨，分别占到甘蔗总产量(11 696.8 万吨) 的 64.16%和 16.50%。甘蔗糖业向生产成本较低的区域转移不仅表现在糖业生产的省份间转移，还表现在甘蔗糖业也不断向广西、云南等地的边缘地区聚集。比如，广西崇左市 2015 年的甘蔗产量已占广西甘蔗糖产量的 31.74%。

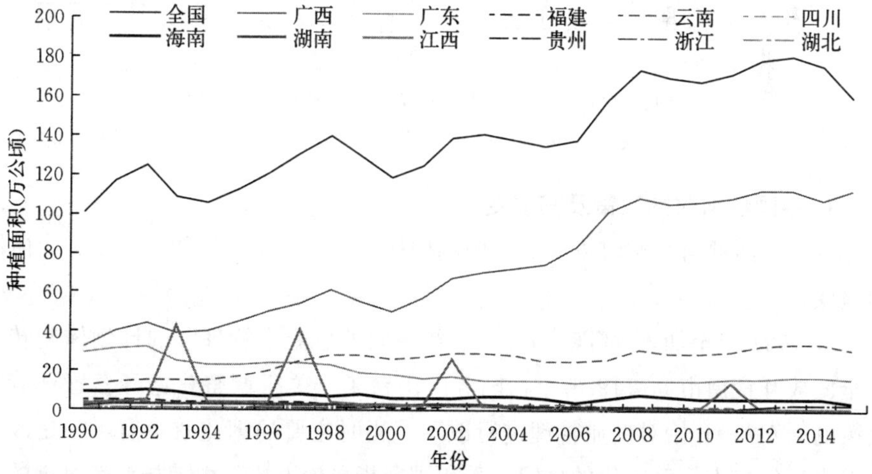

图 2 - 63　1990—2015 年中国甘蔗主产省种植面积变化趋势

数据来源：中华人民共和国农业部种植业管理司“农作物数据库”、1991—2016 年《中国统计年鉴》。

（2）甜菜生产逐步向新疆、内蒙古集中。甜菜生产的区域转移表现在甜菜的主要产区由黑龙江转移到新疆，甘肃、吉林等传统甜菜产区逐步退出甜菜生产。1990 年之前，黑龙江是中国甜菜的主产区。1990 年其甜菜种植面积为 35.83 万公顷，约占全国甜菜种植面积（67.0 万公顷）的 53.48%，如图 2 - 64 所示，产量约占中国甜菜糖总产量（1 452.45 万吨）的 43.51%。这之后，市场化带动了农业生产结构的调整，中国粮食生产从南向北转移，黑龙江逐渐成为中国粮食的主产区，加上甜菜糖市场不景气，其甜菜糖业日趋衰落。目前，新疆是最大的甜菜产区，甜菜产量约占中国甜菜总产量的 55.81%。黑龙江和内蒙古分别占 7.29%和 28.65%（2015 年份额）。

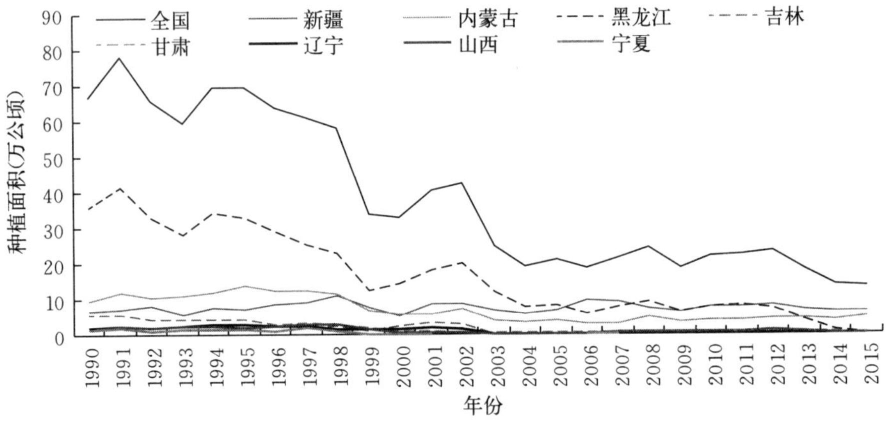

图 2 - 64　1990—2015 年中国甜菜主产省种植面积变化趋势

数据来源：中华人民共和国农业部种植业管理司“农作物数据库”、1991—2016 年《中国统计年鉴》。

4. 中国糖料收购政策及其演变

（1）中国糖料收购政策演变。中国糖料收购政策主要经历了以下 3 个阶段的演变。

① 1991 年至加入 WTO 前。从“统一收购、集中管理”的计划体制转变为全面放开食糖市场。1991 年，国务院出台了《关于调整食糖经营管理有关政策的通知》，开始对糖业管理进行改革。当时主要的糖业政策有，一是改变食糖出厂价格由国家定价的情况，采用国家指导价方式，由市场调节食糖的流通价格。二是建立中央和地方两级食糖储备制度体系，中央进口糖和国内生产糖分别由中央和地方储备，食糖储备政策主要是通过国家和地方根据每年的市

场状况，收购或投放储备糖以稳定糖价。在这一阶段，糖业政策的目标主要是保护糖农和糖企利益，增强国家调控市场能力。

② 加入 WTO 后至 2008 年。这一阶段的政策目标转变为以调整市场供求平衡为主。这一阶段，国内食糖调控政策从以收储为主变为收放结合。由于食糖市场化已达到较高程度，因此食糖调控重点向糖料价格调控转变，部分地区开始实行糖料收购政府定价，糖料收购与糖价二次联动政策。如广西，对全区糖料蔗采用一种普通糖料蔗收购首付价、优良品种加价政策，同时采取糖—蔗价格挂钩联动、二次结算的管理方式。此外，根据中国加入 WTO 谈判结果，中国开始实行对部分大宗农产品进口关税配额管理制度，食糖也是这类农产品之一。进口关税配额制度的实施对中国糖业造成了较大冲击，中国糖业越来越受到国际食糖市场的影响。

③ 2009 年至今。受金融危机影响，国际糖价波动导致国内糖价受到较大影响，国内糖价的波动也较为强烈。因此，防范市场异常波动，保障市场有效供应成为这一阶段食糖政策的调控目标。首先，食糖临时收储政策出台，其政策力度逐步加大，对食糖市场的影响越来越大。其次，二次联动的糖料收购政策在食糖主产区全面推出，初步形成糖农和糖企“风险共担，利益共享”的利益联结机制。最后，为了保障食糖的市场有效供给，在非糖料主产区也逐步建立起省级食糖储备制度。

（2）现行糖料支持政策。现行我国糖料支持政策主要包括价格支持政策、生产性补贴政策以及挂钩的直接补贴政策。

① 价格支持政策。目前，中国价格支持政策主要是指政府制定的糖料收购价政策以及食糖临时收储政策。

糖料收购价政策。糖料收购价格政策主要是指糖料的政府定价政策。自 1990 年以来，中国的糖料收购价定价政策经历了从国家定价到国家指导价再到省级政府定价与市场调控相结合的转变。目前，在糖料主产区主要采用的糖料收购价政策为省级政府定价，以及糖料收购与糖价挂钩的二次结算政策。

糖料收购价省（自治区、直辖市）级政府定价政策。2011 年，国家发展改革委员会出台《完善糖料收购价格政策的通知》，明确规定，广西、广东、云南、海南和新疆 5 个主产区糖料价格要纳入政府定价目录，统一实行省级政府定价。具体做法是由发展改革委员会综合考虑各地糖料生产者的成本收益情况、市场价格、制糖企业成本效益等因素，制定出基准价格和浮动范围，具体由主产区省级物价部门在规定范围内自行制定。以广西为例，2014/2015 榨季糖料收购价格一般定价为每吨 400 元。

糖料与糖价二次结算政策。该政策最早开始于广西，并逐步在糖料主产区推广。该政策的具体做法为，在榨季开始前，自治区政府制定糖料蔗的收购价格政策，规定当年的普通糖料蔗的收购首付价，以及与其联动的一级白砂糖的平均含税销售价和联动系数。在榨季结束后，广西各地区需要对食糖的销售价格进行核定，若一级白砂糖的平均含税收购价格高于联动价格时，则根据联动，企业与糖农进行二次结算。反之，则按原定的糖料收购低价作为最终的收购价格。

随着近年来糖料生产成本的大幅提高，糖料收购价格却呈现下降势头，且年季间波动较大。例如 2013/2014 榨季，广西糖料收购价格为每吨 440 元。到了 2014/2015 榨季，糖料收购价格下降为每吨 400 元。糖料收购价格关乎糖农的生产积极性，收购价格及与其他作物的比较收益影响农户的种植决策，糖料收购价格政策的公布时间及操作方式也影响该政策的实际效果。

食糖临时收储政策。虽然食糖临时收储政策是针对成品糖而非糖料，但是食糖价格与糖料价格息息相关，该政策的目标试图稳定产品市场以促进原料生产，由于糖料主产区采取二次结算的糖料价格制度，因此，临时收储政策影响糖料农户的生产预期进而影响生产决策。临时收储政策的实施源于 2008 年金融危机所导致的国际农产品价格暴跌的局面。在此背景下，国家为了保护农民利益，逐步建立起包括食糖在内的重要农产品的临时收储政策。中国食糖的临时收储政策开始于 2011/2012 年制糖期。2012 年，政府以每吨 6 550 元启动 100 万吨的临时收储计划，收储时间为 2012 年 2 月 10 日。2012/2013 榨季，政府决定继续以每吨 6 100 元的价格实行 300 万吨的临时收储。

然而，临时收储政策在其实施过程中却陷入了两难局面。由于中国的关税配额政策导致了食糖进口门槛低，而随着国内食糖生产成本迅速上涨，国内糖价一方面已难以支持糖业发展，另一方面却仍高于进口食糖价格。在这样的背景下，临时收储政策产生了“托市效应”，拉大了国内外市场的食糖价差，导致关税配额内和配额外的进口食糖都有盈利机会，从而促使食糖进口量激增。进口激增和食糖增产的双重压力不仅导致糖价下跌，国家也因而承担了巨大的财政压力和库存压力。重要的是，糖价下跌必然引起糖料收购价格的下调，甚至出现糖料种植农户不能收到出售糖料款的现象。

② 生产性补贴政策。糖料生产性补贴主要指农机购置补贴、良种补贴和其他补贴。

农机购置补贴。中国自 2004 年开始，对农业生产实行农机购置补贴，以鼓励农民购买农机工具，提高农业生产能力。政府在糖料生产区也实行农机购置补贴，主要方式是对糖料种植机、收获机等机具进行敞开补贴。例如，广西 2015—2017 年的农机购置补贴实施方案中规定，甘蔗种植机、甘蔗收获机试行中央补贴资金敞开补贴。

良种补贴。中国的良种补贴开始于 2002 年，是针对农民购买优良品种进行的补贴。目前，糖料的良种补贴并没有被纳入中央财政对良种补贴的范畴。虽然如此，但大部分糖料主产区政府都实行了良种价外加价的政策。如云南省规定优良品种加价最高为普通糖料蔗收购价格的 10%。各州、市根据当地情况具体确定优良品种范围以及等级差价。淘汰品种在普通糖料蔗收购价格的基础上每吨减少 30 元收购。

其他补贴。糖料主产区还根据实际的糖料生产情况，对糖农进行适当的糖料生产性补贴，如地膜补贴、化肥投入的补贴等。

生产性补贴虽然很重要，但是由于国家对糖料的生产补贴项目较少，补贴力度不足，政策效果并不明显，对于糖料生产的激励作用不大。目前，纳入中央财政的有关糖料生产的补贴政策仅有农机补贴，良种补贴政策则是由食糖主产区自行实施的，而其他生产要素补贴就更是处于匮乏状态。

③ 挂钩的直接补贴政策。与粮棉油等作物不同，国家并没有针对糖料的全国层面的直接补贴，目前国家层面对于糖料农户的挂钩直接补贴基本处于空白状态。然而，部分主产区仍然根据当地糖业发展情况，制定了各类与糖料生产行为挂钩的直接补贴，以保障糖料农户的收益，提高农户的生产积极性，稳定糖料生产。广西便是一个案例。近年来，广西开始对糖料的主产区、县进行与生产挂钩的直接补贴。例如，2015 年柳城县对连片 5 亩以上的甘蔗改扩种的补贴面积达到 16 566 亩，补贴金额达到 828.31 万元。田东县出台甘蔗生产扶持政策，对新扩种和翻种甘蔗给予每亩约 400 元的补贴。

虽然挂钩的直接补贴能够提高糖料生产者的收益，对稳定糖料生产有积极作用，但是目前挂钩的直接补贴仅在部分糖料主产区实施，较为分散，并未形成完整的补贴体系，因此这一政策对于糖料生产的总体影响值得深入讨论。

（二）中国制糖业与食糖生产的竞争与供给结构

1. 中国制糖企业现状分析

（1）制糖企业生产能力分析。自从1992年我国开放食糖经营以来，我国制糖企业进行了空前的产业结构调整，对制糖能力较差的企业进行改进和合并，糖厂数量明显减少，而优势企业的规模不断扩大，企业生产能力得到了较大幅度提高。以我国糖产量最大的省份广西为例，目前全区现有机制糖厂104间。从糖厂分布来看，糖料蔗的主要种植区糖厂分布相对多些，像糖料蔗种植大市崇左市有17间，来宾市有14间，南宁市有17间，柳州市有12间。

2013/2014榨季，全区30户制糖企业（104间糖厂），开机生产糖厂102间（蒙山永安制糖和永凯黎糖分公司停产），额定日榨蔗能力69.19万吨，比上榨季增加0.67万吨，增长0.98%；单厂平均日榨蔗能力6 783吨，同比增加131吨，增幅1.97%。日榨蔗能力万吨以上糖厂有24间，最大的是东门南华糖业有限责任公司，日榨蔗能力2.3万吨。

（2）制糖企业市场结构分析。已有研究表明，NEIO模型是测度市场结构的重要模型。本部分将利用NEIO模型对我国制糖企业市场结构进行分析。

① 模型设定。实证研究中取资本（k）、劳动（l）和中间投入品（m）3种投入品用来估计中国制糖企业市场力量的NEIO实证模型如下：

$$x_k/y=b_{kk}+b_{kl}(w_l/w_k)^{\frac{1}{2}}+b_{km}(w_m/w_k)^{\frac{1}{2}}+b_k/y \tag{2-7}$$

$$x_l/y=b_{ll}+b_{kl}(w_k/w_l)^{\frac{1}{2}}+b_{lm}(w_m/w_l)^{\frac{1}{2}}+b_l/y \tag{2-8}$$

$$x_m/y=b_{mm}+b_{km}(w_k/w_m)^{\frac{1}{2}}+b_{lm}(w_l/w_m)^{\frac{1}{2}}+b_m/y \tag{2-9}$$

$$\ln y=\alpha-\delta\ln\left(\frac{p}{s}\right)+\rho\ln\left(\frac{q}{s}\right) \tag{2-10}$$

$$p=[b_{kk}w_k+b_{ll}w_l+b_{mm}w_m+2b_{kl}(w_kw_l)^{\frac{1}{2}}+2b_{km}(w_kw_m)^{\frac{1}{2}}+2b_{lm}(w_lw_m)^{\frac{1}{2}}]/(1-\theta/\delta) \tag{2-11}$$

式中，x_k、x_l和x_m分别表示资本、劳动和中间投入品的投入数量，w_k、w_l和w_m分别表示资本、劳动和中间投入品的价格，y表示产品的产量，p表示产品的销售价格，q表示国民生产总值当年值，S=1+通货膨胀率。

通过求解方程（2-7）到方程（2-11），可以求出食糖的价格需求弹性（δ）和猜测弹性（θ）。设定$\varepsilon=1/\theta$，则可以得到市场力量计算公式：$L=\theta\varepsilon$。

可以利用猜测弹性 θ 偏离完全竞争的程度来衡量产业的市场结构，利用市场力量 L 来测算制糖行业是否具有市场力量。因此，市场力量的大小，不仅取决于市场结构，同时还取决于产业的需求条件，也就是产品的价格需求弹性。

② 数据来源。本部分使用 1990—2014 年中国制糖产业时间序列数据计算制糖企业市场结构。数据中资本投入以制糖产业的固定资产净值代替，资本价格以我国中长期固定资产贷款利率代替，劳动投入以制糖产业年末平均工人数代替，工人工资以农林牧渔业工人平均工资代替。中间投入品用糖料生产量代替，糖料价格用糖料收购价格的平均值代替。变量中，固定资产净值劳动投入数据来自《中国食品工业年鉴》和《中国轻工业年鉴》。中长期固定资产贷款利率来自《中国统计年鉴》。食糖产量、国民生产总值和糖料收购价格数据来自相应年份的《中国统计年鉴》。通货膨胀率根据国家统计局公布的 CPI 计算得到。

③ 结果分析。利用 Eviews 6.0 软件，对上述方程采用似乎无关联回归的估计方法，将 3 种投入品的价格和国民生产总值作为工具变量，得到模型中各个系数的估计值（表 2－15）。可以看到，食糖的需求价格弹性为 0.009 885，为缺乏价格弹性。可能是因为伴随人们生活水平的提高，食糖作为热量供应的功能大幅度减弱，人们对食糖的直接消费量越来越少所导致的。

表 2－15　NEIO 模型估计结果

系数名称	估计值	标准差	t 检验值
B_{kk}	－4 090.356	951.593 7	－4.298 427
B_{kl}	－1.146 527	3.095 767	－0.370 353
B_{km}	83.448 80	27.218 65	3.065 868
B_{k}	1.80E＋10	4.98E＋09	3.615 443
B_{ll}	－0.050 889	0.003 591	－14.171 22
B_{lm}	0.369 880	0.035 059	10.550 10
B_{l}	99 190.02	56 642.27	1.751 166
B_{mm}	3.040 779	0.843 469	3.605 087
B_{m}	40 820 377	6 752 138.	6.045 548
α	1.103 042	0.455 417	2.422 050
n	0.009 885	0.036 321	0.272 152
ρ	0.928 061	0.035 492	26.148 32

根据表2－15估计结果，本部分进一步对历年食糖产业的猜测弹性和勒纳指数进行了测算，结果如表2－16所示。从表2－16可以看出，90年代到2014年，我国制糖产业的猜测弹性一直在0.04到0.07之间波动，说明制糖企业的结构变化不大。由于猜测弹性接近于0但明显不等于0，说明制糖企业接近完全竞争的市场结构类型。中国制糖企业大多分布在广西、云南、广东、福建、新疆、内蒙古和黑龙江等糖料生产地区，制糖市场行业进入壁垒很低，产品差异性很小。同时，由于制糖企业在地方财政上的贡献，制糖企业地方都给予重点保护，企业规模较小。以我国糖料重要生产地区广西壮族自治区为例，该地区几乎每个县都有制糖厂，2013/2014榨季全区104家糖厂中，国有及国有控股企业5户（20间糖厂），总日榨蔗能力为13.70万吨，占全区的19.80%。外商投资及控股企业3户（14间糖厂），总日榨蔗能力为15.40万吨，占全区的22.26%。民营投资及控股企业22户（70间糖厂），总日榨蔗能力为40.09万吨，占全区的57.94%。

表2－16　历年我国制糖业猜测弹性和勒纳指数

年　份	θ	L
1990	0.005 744	0.581 125
1991	0.005 983	0.605 218
1992	0.006 597	0.667 332
1993	0.007 072	0.715 413
1994	0.007 005	0.708 65
1995	0.006 767	0.684 589
1996	0.006 278	0.635 075
1997	0.006 065	0.613 542
1998	0.006 165	0.623 654
1999	0.006 208	0.628 053
2000	0.006 456	0.653 075
2001	0.006 867	0.694 658
2002	0.006 739	0.681 715
2003	0.006 66	0.673 718
2004	0.006 131	0.620 27
2005	0.005 625	0.569 017

（续）

年　份	θ	L
2006	0.006 004	0.607 39
2007	0.006 05	0.612 049
2008	0.005 94	0.600 871
2009	0.005 556	0.562 033
2010	0.004 892	0.494 857
2011	0.004 696	0.475 11
2012	0.004 745	0.480 061
2013	0.004 905	0.496 241
2014	0.005 114	0.517 319

同时，通过分析勒纳指数可以知道，我国制糖企业已经具有一定程度的市场力量。这主要是因为，经过 90 年代我国食糖市场放开，以及制糖企业经过多样化资产重组后，部分制糖企业已经拥有一定的规模。

2. 中国食糖替代品对食糖市场竞争结构的影响

（1）食糖替代品市场现状分析。中国传统糖的消费主要是用甘蔗和甜菜压榨而成的糖，有少量高倍甜味剂补充，主要是糖精。然而，2000 年之后，以玉米淀粉为原料加工而成的淀粉糖产业快速发展，其在中国糖业消费市场中的重要性凸显，这改变了中国糖业的市场结构。

淀粉糖业在中国兴起有多方面的原因：一是政策环境。中国在 2000 年前后倡导农业结构调整以应对当时的农产品供给过剩，发展农产品加工业就是农业结构调整的重要内容。农产品加工政策的引导为淀粉糖业发展提供了外部环境。二是市场空间的释放。中国在 21 世纪初完成了从食糖的热量功能需求向甜味剂功能需求的转变（司伟，2012）。在食品和饮料业甜味需求的拉动下，食糖消费快速增加。这为淀粉糖业提供了市场机会。而且，糖精钠退出甜味剂市场也腾出了市场空间。

当然，淀粉糖业迅速发展最重要的原因是淀粉糖相对于食糖竞争力的提升。生产环节上的多重不利因素推动了食糖生产成本攀升，加上糖业市场调控体系不给力，食糖价格持续上涨。食糖价格的上涨增加了含糖食品与饮料工业的生产成本，而玉米淀粉业的发展以及制造淀粉糖技术的成熟降低了淀粉糖的生产成本，扩大了淀粉糖在食品与饮料工业中的应用范围。而且，与以玉米为原料的燃料乙醇产业不同，以玉米淀粉为原料的淀粉糖加工业并不属于被玉米加工政策抑制的目标。因此，淀粉糖产业快速发展，其产量由2000年的118.9万吨增加到2013年的1 225万吨（图2-65）。越来越多的食品与饮料加工企业采用淀粉糖替代食糖。

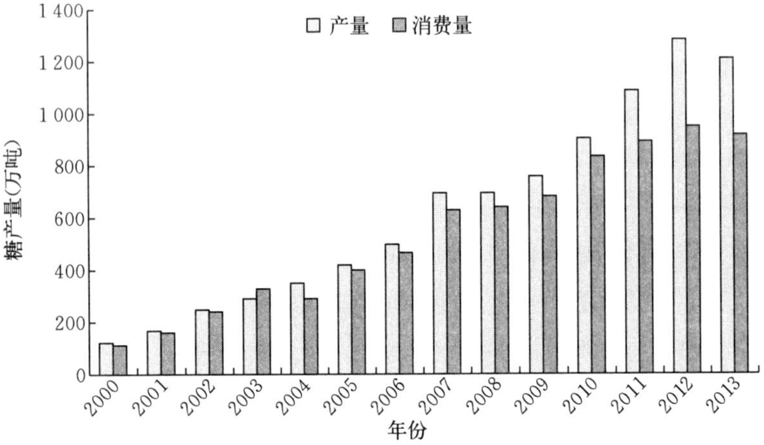

图2-65　中国淀粉糖产量与消费量

数据来源：《中国糖业的动向及问题》。

淀粉糖加工业高度集聚于中国北部玉米产区。由于北方甜菜糖业日渐萎缩，且约80%的食糖产量集中在西南边陲的广西和云南两省，因此，在玉米加工业布局上，中国把河北、山东和吉林作为淀粉糖主产区，以弥补北方市场食糖供给的不足。数据显示，河北、山东和吉林淀粉糖总产量占全国淀粉糖总产量的80%。其中，山东省所占的比例最大，为61.2%，河北和吉林分别占14.7%和13%。

从总量看，中国消费了900多万吨的淀粉糖。然而这些淀粉糖并没有完全用于替代食糖。这里的关键问题是，传统的使用食糖的食品与饮料加工业究竟消费了多少淀粉糖？理论上，如果不考虑替代技术因素，食品与饮料工业中淀粉糖对食糖的替代取决于二者之间的比价。然而这种方法不完全适用于研究淀粉糖与食糖的替代关系。其原因在于，即使使用淀粉糖的成本相比采用食糖的成本具有绝对优势，企业也没有完全使用淀粉糖以替代食糖。这是因为，是否使用淀粉糖是一个时间过程，取决于食品与饮料制造企业的产品配方和新产品特色的评估等。更何况与其他国家淀粉糖主要以高果玉米糖浆（HFCS）为主不同，中国淀粉糖种类繁多，缺少可靠的统计资料，计算其替代食糖的份额并不容易。我们的估计表明，中国目前约有 200 万吨的食糖需求被淀粉糖所替代。

（2）淀粉糖对食糖市场竞争结构的影响。

① 研究方法。由于淀粉糖对食糖的替代，不仅取决于二者的价格差距，还与食品工业的配方以及对新产品的评估等因素有关。因此，传统利用需求模型计算食糖和淀粉糖的交叉价格弹性的做法在分析淀粉糖对食糖的替代中并不可行。同时，罗杰斯创新采用理论为我们提供了分析淀粉糖对食糖替代的理论基础。该理论认为创新扩散的传播过程可以用一条S形曲线来描述。经验研究中广泛使用逻辑斯蒂增长模型来估计和测算S形曲线。本文部分也采用此方法对淀粉糖对食糖的替代做分析。

该模型的一般形式为：

$$P_t = K/[1+e^{-(a+bt)}] \qquad (2-12)$$

将公式（2-12）两边取对数可以得到：

$$\ln\left(\frac{P_t}{K-P_t}\right) = a+bt \qquad (2-13)$$

式中，P_t表示淀粉糖在 t 年的累积市场份额；K 表示最高市场份额或均衡值；a 是常数项；b 是采用率系数；t 是时间变量。

② 模型估计结果。根据司伟、朱海燕（2013）测算结果显示，K 为 0.25 时，淀粉糖采用遵循最优的实践路径，因此本部分也采用 K 等于 0.25。利用 1995—2010 年我国淀粉糖（主要是指碳酸饮料、果汁饮料、乳制品、饼干、糖果、糕点、速冻食品、罐头、冷冻食品 9 个行业所使用的淀粉糖）累积市场份额数据，本部分估算出了参数 a 和 b。

估算结果如下：

$$\ln\left(\frac{P_t}{K-P_t}\right) = -3.786+0.228t \qquad (2-14)$$

$$(-28.24) \quad (16.53)$$

公式中，调整的R^2为 0.95，表明该模型模拟结果较好。同时，t 统计量表明参数在 95%的统计下显著。

利用公式（2-14），我们看到了 2011 年到 2028 年我国淀粉糖对食糖的替代份额情况，如图 2-66 所示。

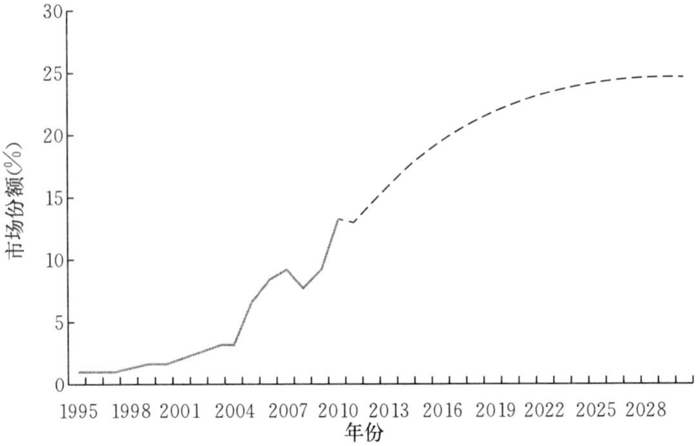

图 2-66　淀粉糖市场份额的变动趋势

淀粉糖的消费增长将显著改变食品饮料工业中糖的消费结构。传统的以甘蔗和甜菜为原料的食糖在糖的总需求中市场份额下降，淀粉糖所占的比例上升。2010 年食糖占糖总需求的 86.6%，淀粉糖仅占 13.4%；如果预测结果实现的话，2020 年食糖占总需求的 77.7%，而淀粉糖将占糖需求总量的 22.3%，淀粉糖在食品饮料业糖的总需求中的比例将比 2010 年增加 9%。

3. 中国食糖生产状况分析

食糖生产直接与糖料的供给紧密相关。由于糖料种植具有周期性生长的自然规律，一般以 5～8 年为一个周期，前半个周期增产，后半个周期减产，导致我国食糖产量一直保持着周期性波动并呈现总体上升的趋势。我国食糖产量由 1993/1994 榨季的 602.3 万吨增长到 2007/2008 榨季的 1 484.02 万吨，达到历史以来的最高产量。但后面连续 3 个榨季大幅减产，产量分别只有 1 243.12 万吨、1 073.83 万吨和 1 045.42 万吨，降幅分别为 16.2%、27.6%和 29.6%，直到 2011/2012 榨季才开始恢复增产，并一直将增产趋势持续到 2013/2014 榨季。2014/

2015 榨季食糖产量又呈现下降趋势，下降到 1 055.60 万吨（图 2－67），造成 2014/2015 榨季我国食糖产量下降的主要原因是糖料种植面积的大幅度缩减。同时，从图 2－68 可以看出，甘蔗糖在我国食糖生产供给结构中占据极其重要的地位，其份额从 1993/1994 榨季的 83.36％提高到 2014/2015 榨季的 93.01％，且一直保持在 79.12％的份额上。与此相反的是，甜菜糖产量进一步萎缩，所占产量份额从 1993/1994 榨季的 16.64％进一步下降到了 2014/2015 榨季的 6.99％。

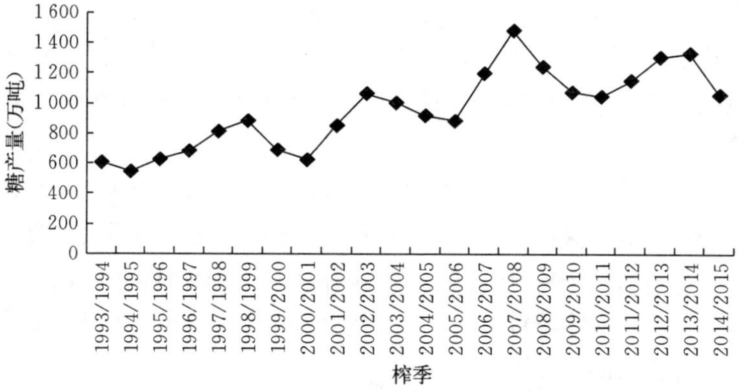

图 2－67　1993/1994 榨季至 2014/2015 榨季我国食糖产量

数据来源：历年《中国糖业年报》。

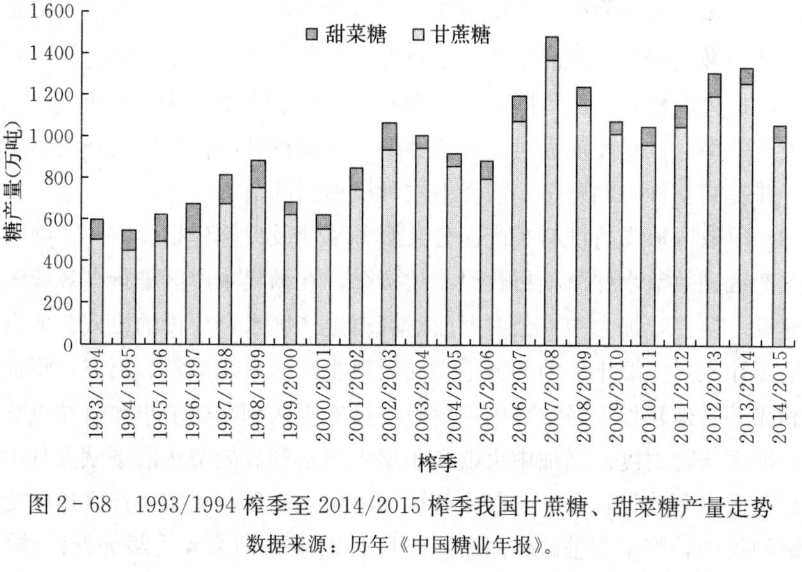

图 2－68　1993/1994 榨季至 2014/2015 榨季我国甘蔗糖、甜菜糖产量走势

数据来源：历年《中国糖业年报》。

4. 糖业政策选择

(1) 完善价格支持政策。目前，中国糖业的价格支持政策并未起到支持糖料生产的作用，糖料生产仍然受到价格波动和成本上升带来的冲击。在此背景下，探讨新的糖料价格支持政策尤为重要。在当前的糖业政策讨论中，“市场定价、价补分离”是重点关注的政策改革方向。与传统的价格支持政策相比，价补分离具有一定的优势。因此，在目前食糖面临困境的前提下，推动糖料价补分离改革试点，运用新的政策来逐步替代效果不佳的价格支持政策，作为稳定糖料生产的一个可行的政策选择。在地区的选择上，可以将广西、云南、新疆等最主要的糖料生产区作为改革的试点地区，实施食糖价补分离制度，在3～5 年之后，根据试点情况，再考虑是否将该政策进一步推广到全国。

(2) 探索对糖料生产农户的直接补贴政策。对糖料农户实行与种植糖料挂钩的直接补贴，对于保障糖农的收益，稳定糖料生产而言有重要意义。可选择的政策，一是对糖农按种植面积进行直接补贴，从而增加糖农的收益，提高其种植糖料的信心，保障糖料生产。二是按照糖料农户每年交给糖厂的糖料数量补贴。后一种方法的政策执行成本低。

目前，也许最紧要的是，应该将糖料生产纳入农资综合补贴的范畴，使糖料与粮食作物享有同等的补贴政策，避免歧视性农产品政策影响农户的作物选择偏好，造成农业生产的结构性扭曲。中央和糖料主产区政府应该提高对糖料生产补贴的补贴标准，扩展生产补贴政策的覆盖范围。一是要加大对农机补贴的投入，扩大农机补贴的范围，促进糖料生产的机械化，从而降低生产成本，提高生产效率。二是要加大对良种的补贴，将良种补贴范围扩展到全国所有主产区，并提高良种补贴资金，增强糖农种植糖料的信心。

(3) 争取国家支持糖料主产区公共服务事业及设施建设。第一，国家设立糖料主产区高效节水灌溉项目建设专项资金，在糖料主产区推行高效灌溉项目试点建设。第二，加大中央公共财政对糖料主产区水利建设的投入。请求国家将土地出让收益上缴中央的部分适当向糖料主产区水利倾斜。第三，将糖料蔗基地和甜菜基地建设项目纳入中央财政小型农田水利高效节水灌溉试点县项目建设，加大扶持力度。增加中央财政小型农田水利高效节水灌溉试点县项目蔗区、甜菜区水利建设资金。第四，建议国家加大蔗区和甜菜生产区道路交通设施建设的投入，将主要蔗区和甜菜生产区道路纳入国家和省级公路的建、修、管、养范围。第五，建议国家通过对糖料主产区农业社会化服务组织，如农机合作社、糖业协会等给予财政补贴，通过培育农业社会化服务组织，引导提供社会服务，解决生产成本过高、效率低的问题。

（4）优化食糖管理体制，让食糖储备制度回归本位。建议尽快将目前分散在发展改革委员会、商务部、农业农村部等部委中的管理食糖的职权和责任集中起来，由国务院的一个职能部门统一管理，负责食糖供求平衡、糖料种植、加工生产、国内流通、进口出口、库存（储备）等宏观调控和行业发展的有关工作，解决目前“政出多门”的问题，进一步提升管理效率。

改革国家食糖储备政策。适当的政策实施时机与节奏，是获得有效调控的关键。建立更加积极、灵敏的调控决策体系，对国储仓点进行科学规划布局是获得有效调控绩效的保障。建议国家对国内市场食糖储备调控机制进行整合，建议国家重点收储主产区的国产白砂糖，统筹考虑是否需要这么多量的应急储备，最终让储备政策回归政策本身的定位。

第二节　主要畜产品供给与产业发展

一、生猪业发展问题研究

生猪产业在我国是关系国计民生的基础产业，在畜牧业中始终占据着主导地位。改革开放以来，我国生猪业取得了长足的发展，生猪存栏量从 1980 年的 30 543.1 万头增加到 2015 年的 45 112.5 万头，增长 52%。出栏量从 1980 年的 19 860.7 万头增加到 2015 年的 70 825.0 万头，增长 2.57 倍。猪肉总产量从 1980 年的 1 134.1 万吨增加到 2015 年的 5 486.5 万吨，增长 3.84 倍。如今，中国是世界最大的生猪生产和猪肉消费大国，中国猪肉产量已经占全球的一半左右，生猪产业的发展关系到农民增收、农村发展，在畜牧产业中地位突出（潘国言，2011；陈瑶生等，2015）。

但是，随着生猪产业的不断发展，生猪养殖与水环境保护的矛盾日益突出，尤其是在南方水网地区养殖密度越来越高。由于区域布局不尽合理，农牧结合不够紧密，对当地水资源造成了严重破坏。2015 年，农业部发布《关于促进南方水网地区生猪养殖布局调整优化的指导意见》。该意见提出，要对上海、浙江、江苏、广东、安徽、江西、山东、河南、湖北、湖南等地的生猪养殖业做出调整和优化。2016 年 4 月，农业部又出台《生猪产业发展规划》正式提出了生猪产业由南向北的转移。同时，2015 年年底下调玉米临储收购价格，随后在 2016 年明确取消了在东北三省和内蒙古自治区实行了 8 年的玉米临时收储制度，按照“市场定价、价补分离”的原则，建立“市场化收购”加“补贴”的新机制。玉米托市政策的取消，导致玉米价格大幅下跌，生猪养殖的饲料成本下降，多年的玉米库存高企也面临着严重的去库存压力。充分考虑到生猪养殖业所遇到的资源压力和玉米产区的政策调整，2017 年中央 1 号文件提出优化南方水网地区生猪养殖区域布局，引导产能向环境容量大的地区和玉米主产区转移。

（一）生猪产业发展现状

1. 生猪产业发展情况分析

（1）猪肉生产在波动中增长。可以从两个方面衡量生猪的生产：一是生猪的出栏量与存栏量；二是猪肉的产量。图 2 - 69 是 1996—2015 年玉米主产区生猪年出栏与年底存栏数量的折线图，从图中可以看出，从 1996 年开始，我国玉米主产区生猪的年出栏量和年底存栏虽有波动，但整体呈上升的态势。其中，出栏量增长幅度较大，从 1996 年的 10 245.9 万头，增加到 2015 年的 21 660.3万头，累计增幅 111.4%。年末存栏量从 1996 年的 8 980.8 万头，增加到 2015 年的 13 480.5 万头，累计增幅 50.1%。1996—2015 年，与上一年相比，玉米主产区生猪出栏量只有 2006 年、2007 年、2011 年、2015 年出现了负增长，其余年份均稳定增长，增长幅度为 2.4%～21.5%不等。与上一年

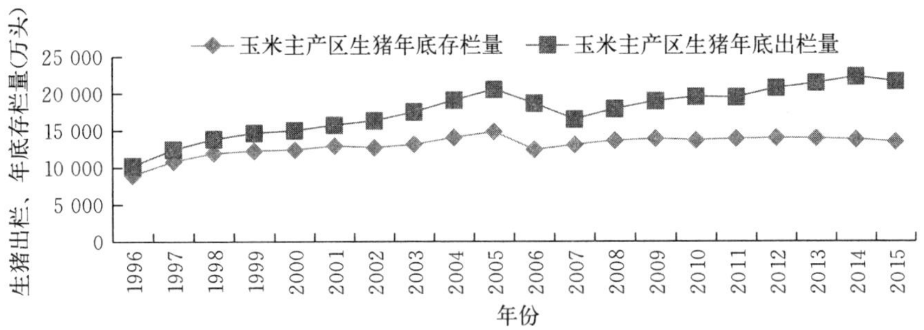

图 2 - 69　1996—2015 年中国玉米主产区生猪年出栏与年底存栏数量

资料来源：《中国统计年鉴》（1997—2016 年）。

相比，玉米主产区生猪年底存栏量负增长的年份有 2002 年、2006 年、2010 年、2013 年、2014 年和 2015 年，其他年份年底存栏量均为正增长，增长幅度为 0.6%～20.8%不等。

图 2-70 为 1996—2015 年玉米主产区猪肉产量，发展趋势与年底生猪出栏量类似，出现波动性上涨，除 2006 年、2007 年、2011 年和 2015 年外，其余年份均稳定增长，增长幅度为 0.1%～24.0%不等，累计涨幅 102.0%。

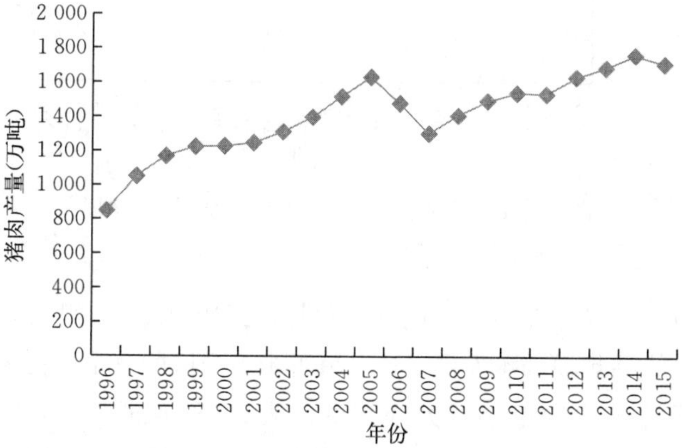

图 2-70　1996—2015 年中国玉米主产区猪肉产量

资料来源：《中国统计年鉴》(1997—2016 年)。

(2) 猪肉产量增幅略高于全国水平。1996—2015 年，全国猪肉产量从 3 158.0万吨增加到 5 486.6 万吨，增幅 73.7%。玉米主产区猪肉产量从 847.9 万吨增加到 1 712.8 万吨，增幅 102.0%，增幅高于全国平均水平 28.3 个百分点。从图 2-71 中可以反映出玉米主产区猪肉产量占全国比例的变化，1996 年玉米主产区 7 个省份猪肉总产量占全国猪肉总产量的 26.8%，到 2015 年提高到 31.2%。其中，2005 年之前增速较快，2005 年达到峰值 35.8%，随后连续两年回落，2007 年下降到 30.4%，以后波动幅度较小，保持稳中略涨状态。

(3) 规模化程度不断提升。长期以来，我国生猪养殖以散养为主，但进入 21 世纪以来，城镇化发展加速，城乡交流增强，在农村劳动力逐渐趋紧、生猪养殖成本逐年增加的影响下，散养的比较优势不断下降。有些散养户逐渐退出，有些散养户通过增加养殖规模、提高标准化程度实现规模化、专业化养

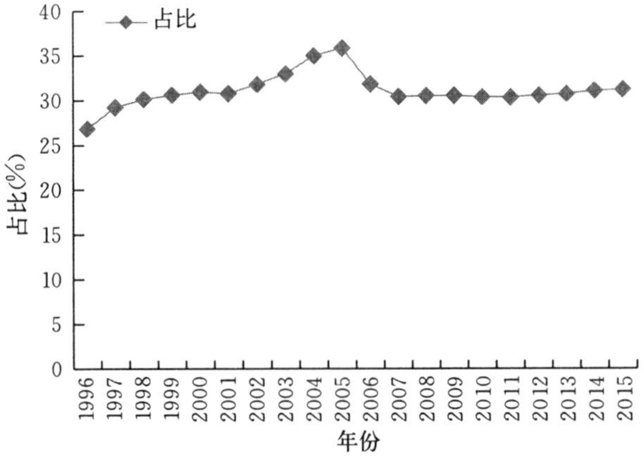

图 2-71 玉米主产区猪肉产量占全国的比例

资料来源：《中国统计年鉴》(1997—2016 年)。

殖，从而提升了规模化养殖场的比例，尤其是经历过 21 世纪初的猪肉价格大幅波动以后，生猪规模养殖发展迅速。就玉米主产区的 7 个省份来说，具体表现为：小规模养殖户数量逐年大幅减少，从 2002 年的 2 430.4 万个减少到 2015 年的 538.1 万个，净减少 1 892.4 万个，减少了 77.9%。年出栏生猪 50 头以上的规模养猪场（户）逐年大幅增加，从 2002 年的 48.0 万个增加到 2015 年的 94.0 万个，净增加 46.0 万个，增长了近一倍。养猪场（户）总数明显减少，从 2002 年的 2 478.5 万个减少到 2015 年的 632.0 万个，净减少 1 846.4万个，减少了 74.5%。大型养殖场增加幅度尤为明显：年出栏 500～2 999头的养殖场（户）数量从 2002 年的 9 269 个增加到 2015 年的 89 134 个，增加了 8.6 倍。年出栏 3 000～9 999 头的养殖场（户）数量从 2002 年的 756 个增加到 2015 年的 6 907 个，增加了 8.1 倍。年出栏 10 000～49 999 头的养殖场（户）数量从 2002 年的 202 个增加到 2015 年的 1 123 个，增加了 4.6 倍。年出栏 50 000 头以上的养殖场（户）数量从 2002 年的 4 个增加到 2015 年的 90 个，增加了 21.5 倍（表 2-17）。

中国生猪业规模化趋势与世界生猪业发展的总体规律基本一致，符合生猪产业发展的客观规律，许多发达国家的生猪养殖也曾经历过明显的规模化过程。以美国为例，1982—2002 年，生猪养殖数量提高了 10%，但养殖户的数量却降低了 76%（谭莹等，2010）。

表 2-17　2002 年、2015 年玉米主产区生猪饲养规模情况对比

2002 年玉米主产区生猪饲养规模情况							
省份	年出栏 1～49 头 场（户）数	年出栏 50～99 头 场（户）数	年出栏 100～499 头 场（户）数	年出栏 500～ 2 999 头 场（户）数	年出栏 3 000～ 9 999 头 场（户）数	年出栏 10 000～ 49 999 头 场（户）数	年出栏 50 000 头以上 场（户）数
河北	5 195 441	59 767	18 318	1 636	163	59	3
内蒙古	1 949 415	5 937	859	30	2	0	0
辽宁	2 032 078	56 237	15 102	1 149	45	16	1
吉林	1 235 889	6 357	1 296	162	31	2	0
黑龙江	695 059	58 064	7 007	428	27	4	0
山东	4 527 115	102 417	24 678	2 345	144	37	0
河南	8 669 619	90 669	23 370	3 519	344	84	0
7 个省份总和	24 304 616	379 448	90 630	9 269	756	202	4
2015 年玉米主产区生猪饲养规模情况							
省份	年出栏 1～49 头 场（户）数	年出栏 50～99 头 场（户）数	年出栏 100～499 头 场（户）数	年出栏 500～ 2 999 头 场（户）数	年出栏 3 000～ 9 999 头 场（户）数	年出栏 10 000～ 49 999 头 场（户）数	年出栏 50 000 头以上 场（户）数
河北	987 066	48 849	31 222	11 679	867	196	9
内蒙古	912 927	22 032	7 292	1 935	118	15	2
辽宁	819 998	101 676	39 375	10 572	697	77	3
吉林	547 117	90 006	44 712	8 659	586	47	2
黑龙江	346 026	62 008	35 085	5 236	524	86	3
山东	772 972	154 379	82 649	23 665	1 556	171	19
河南	994 479	59 235	64 072	27 388	2 559	531	52
7 个省份总和	5 380 585	538 185	304 407	89 134	6 907	1 123	90

资料来源：《中国畜牧业年鉴 2003》《中国畜牧兽医年鉴 2016》。

（4）省份间发展差异较大。从玉米主产区生猪养殖总量来看，华北地区明显高于东北地区（图 2-72）。2015 年玉米主产区生猪出栏 21 660.3 万头，主要集中在河北、山东、河南 3 省，分别为 3 551.1 万头、4 836.1 万头和 6 171.2万头，3 省合计 14 558.4 万头，占玉米主产区生猪出栏总数的 67.2%。

东北三省一区 2015 年生猪出栏总量为 7 101.9 万头，其中辽宁最高，为 2 675.7万头，内蒙古最低为 898.5 万头，辽宁以外，黑龙江、吉林、内蒙古两省一区的生猪养殖规模很小，发展空间较大。

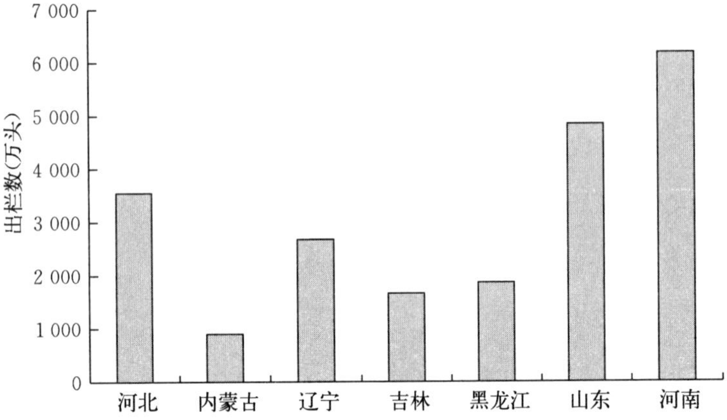

图 2-72　2015 年玉米主产省年底生猪出栏量

资料来源：《中国统计年鉴 2016》。

从玉米主产区生猪业发展的变动趋势看，尽管各省生猪产量都有所提高，但其增长的差异比较显著，各省内部调整明显（图 2-73，表 2-18）。增长幅度大小排序为辽宁>黑龙江>河南>山东>吉林>河北>内蒙古。其中，辽宁省生猪养殖规模增幅最大，生猪出栏量从 1996 年的 1 131.0 万头增加到 2015 年的 2 675.7 万头，增幅达 136.6%，生猪出栏占有量上升了 3.3 个百分点。内蒙古自治区生猪养殖规模增幅最小，从 1997 年的 746.1 万头增加到 2015 年的 898.5 万头，增幅仅有 20.4%，生猪出栏占有量下降了 1.9 个百分点。

从区域角度来看，东北三省整体增长幅度较大，黑龙江、吉林、辽宁 3 省年底出栏总量从 1997 年的 3 126.0 万头增加到 2015 年的 6 203.4 万头，整体增幅达 98.4%，生猪出栏占有量从 25.1%增加到 28.6%，增长了 3.5 个百分点。华北各省增长幅度不一，河南省增幅较大，从 1997 年的 3 123.4 万头增加到 2015 年的 6 171.2 万头，增幅为 97.6%。山东省和河北省增幅未达到平均水平，从 1997 年的 2 801.1 万头、2 653.2 万头，增加到 2015 年的 4 836.1 万头、3 551.1 万头，增幅分别为 72.7%和 33.8%。总体来看，过去 10 多年间，生猪业的发展有从南向北转移的倾向。

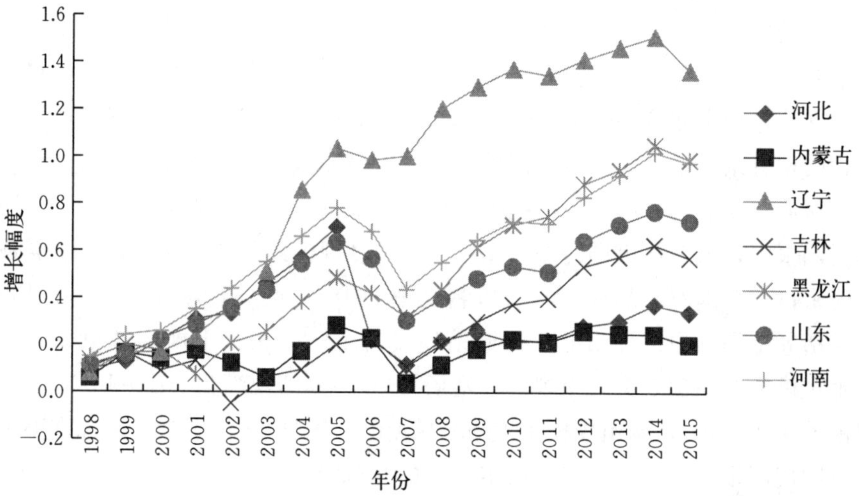

图 2-73　1998 年以来玉米主产区各省年底生猪出栏增长幅度

数据来源：《中国统计年鉴》(1998—2016 年)。

表 2-18　1997 年、2015 年玉米主产区各省年底生猪出栏头数及增长幅度

省　份	1997 年年底生猪出栏（万头）	出栏占有量（%）	2015 年年底生猪出栏（万头）	出栏占有量（%）	年底出栏增长幅度（%）
河北	2 653.2	21.3	3 551.1	16.4	33.8
内蒙古	746.1	6.0	898.5	4.1	20.4
辽宁	1 131.0	9.1	2 675.7	12.4	136.6
吉林	1 058.44	8.5	1 664.3	7.7	57.2
黑龙江	936.54	7.5	1 863.4	8.6	99.0
山东	2 801.1	22.5	4 836.1	22.3	72.7
河南	3 123.4	25.1	6 171.2	28.5	97.6
7 省总计	12 449.78		21 660.3		74.0

数据来源：《中国统计年鉴》(1998 年、2016 年)。

(5) 市场需求发生转变。随着人民收入水平的不断提高和消费者对公共卫生与食品安全问题的日益关注，畜产品的市场需求发生了根本性的转变，精瘦肉、好风味、高质量、生态安全、品牌化都成了新的需求点，中国生猪产业与其他行业一样，正从以数量需求为主转向以质量需求为主。

2. 不同规模养殖场（户）的成本收益分析

鼓励生猪产能向玉米主产区转移是国家农业供给侧结构性改革战略布局中的重要一环，也符合区域资源配置的客观规律。但在支持玉米主产区生猪养殖业发展的过程中涉及一个关键性问题，就是应该扶持多大规模的养殖场（户）。在我国现有条件下多大的养殖规模算适度规模经营？值得研究和探讨。

从成本收益的角度分析不同养殖规模养殖场（户）的成本、收益、利润和投资回报率，试图从市场经济的角度分析适度规模经营的规模范畴，所需数据主要来自《全国农产品成本收益资料汇编 2016》。因此，用其标准进行划分，将生猪养殖场（户）分为散户，养殖规模为 1～30 头；小规模养殖场（户），养殖规模为 31～100 头；中规模养殖场（户），养殖规模为 101～1 000 头；大规模养殖场（户），养殖规模为 1 000 头以上。表 2-19 为根据这一标准整理出的不同规模生猪养殖场（户）成本收益情况对照。

表 2-19　2015 年不同规模生猪养殖场（户）成本收益情况

项　　目	单　位	散　户	小规模	中规模	大规模
每头					
主产品产量	千克	116.13	119.45	118.65	114.99
产值合计	元	1 827.19	1 853.56	1 845.74	1 767.26
主产品产值	元	1 810.64	1 838.35	1 832.51	1 756.79
副产品产值	元	16.55	15.21	13.23	10.47
总成本	元	1 835.35	1 679.86	1 600.24	1 535.16
生产成本	元	1 835.14	1 677.66	1 597.47	1 531.72
物质与服务费用	元	1 324.32	1 421.53	1 432.84	1 429.11
人工成本	元	510.82	256.13	164.63	102.61
家庭用工折价	元	510.82	247.1	117.47	9.67
雇工费用	元		9.03	47.16	92.94
土地成本	元	0.21	2.2	2.77	3.44
净利润	元	−8.16	173.7	245.5	232.1
成本利润率	%	−0.44	10.34	15.34	15.12
每 50 千克主产品					
平均出售价格	元	779.57	769.51	772.23	763.89
总成本	元	783.05	697.4	669.52	663.57

（续）

项　　目	单　位	散　户	小规模	中规模	大规模
生产成本	元	782.96	696.48	668.36	662.08
净利润	元	－3.48	72.11	102.71	100.32
附：					
每头用工数量	日	6.55	3.27	2.07	1.16
平均饲养天数	日	159.27	152.76	146.94	136.2

数据来源：《全国农产品成本收益资料汇编 2016》。

（1）不同规模养殖场（户）的成本分析。如表 2－20 所示，从成本角度分析，规模养殖具有生产成本优势，但不同规模之间相差不大：2015 年，全国小规模、中规模、大规模的养殖场（户）的每头总成本分别为 1 679.86 元、1 600.24元和 1 535.16 元，排序为：小规模＞中规模＞大规模。全国小规模、中规模、大规模的养殖场（户）的每 50 千克主产品的成本分别为 769.51 元、772.23 元和 763.89 元，排序为：中规模＞小规模＞大规模。无论是从每头总成本，还是从每 50 千克主产品的成本来看，规模养殖均低于散户。这与实地调研所获得的信息较为一致，调研中，黑龙江养殖大户表示，散户每头生猪养殖成本比 500 头以上的规模养殖场（户）高 100～200 元。

表 2－20　2015 年不同规模生猪养殖场（户）成本对照

项　　目	单　位	散　户	小规模	中规模	大规模
每头					
主产品产量	千克	116.13	119.45	118.65	114.99
总成本	元	1 835.35	1 679.86	1 600.24	1 535.16
生产成本	元	1 835.14	1 677.66	1 597.47	1 531.72
物质与服务费用	元	1 324.32	1 421.53	1 432.84	1 429.11
人工成本	元	510.82	256.13	164.63	102.61
土地成本	元	0.21	2.2	2.77	3.44
每 50 千克主产品					
平均出售价格	元	779.57	769.51	772.23	763.89
总成本	元	783.05	697.4	669.52	663.57

数据来源：《全国农产品成本收益资料汇编 2016》。

物质服务费用和人工成本共同决定了4种养殖规模生猪生产成本或总成本的先后排序，但对比可知，人工成本最终决定了4种养殖规模每头总成本或生产成本的排序。4种养殖规模生猪的年度物质服务费用差距并不大，大规模养殖场（户）平均比散户多104.79元/头，即7.9%，但年度每头人工成本差距较大，散养比大规模养殖场（户）平均多408.21元/头，即397.8%。虽然散户的物质与服务费用略低于规模养殖场（户），但由于散户的人工成本明显偏高，导致其总成本高于规模养殖场（户）。

（2）不同规模养殖场（户）的收益分析。从表2-21中可以发现，以每头猪为标准计量，小规模的产值最高，平均为1 853.56元/头，4种养殖规模生猪的收益排序为：小规模＞中规模＞ 散户＞大规模。这与不同养殖规模出售生猪时的重量直接相关，其主产品产量与产值的排序相同，关联度较高。其中，大规模养殖场（户）生猪出栏时的重量最轻，仅为114.99千克/头，这与出栏时间有关，大规模养殖场（户）的饲养时间最短，平均仅为136.2天。结合饲养天数和产值来分析，小规模和中规模养殖场（户）的生产优于散户，他们的平均饲养天数比散户少，但是每头猪的重量和产值却比散户多。2015年，我国小规模、中规模生猪养殖场（户）平均饲养天数为152.76天和146.94天，分别比散户少6.51天和12.33天，但产值为1 853.56元/头和1 845.74元/头，分别比散户多26.37元/头和18.55元/头。

表2-21　2015年不同规模生猪养殖场（户）产值及饲养天数对照

项　　目	单　位	散　户	小规模	中规模	大规模
每头					
主产品产量	千克	116.13	119.45	118.65	114.99
产值合计	元	1 827.19	1 853.56	1 845.74	1 767.26
平均饲养天数	日	159.27	152.76	146.94	136.2

数据来源：《全国农产品成本收益资料汇编2016》。

（3）不同规模养殖场（户）的利润分析。生产利润关系到养殖户的盈亏，对经营者的养殖意愿产生直接影响。在2015年生猪养殖的成本收益数据中可以看到，中规模生猪养殖场（户）每头生猪的净利润最高，可以达到245.5元/头，其次为大规模，为232.1元/头，然后是小规模和散户，其中散户净利润为负，为−8.16元/头。中规模生猪养殖场（户）的每50千克主产品净利润也在 4 种规模中居首，每 50 千克为 102.71 元，折合净利润 2.05 元/千克，大规模次之，每 50 千克为 100.32 元，折合 2.01 元/千克，然后是小规模和散户，每 50 千克分别为 72.11 元、−3.48 元，折合 1.44 元/千克、−0.07 元/千克。单从每头生猪产生利润的角度出发，随着养殖规模的扩大，规模效应逐渐体现，到中等规模时各种资源和生产配置达到最优化，继续扩大规模，其规模效应已经不明显了。

需要说明的一点是，由于数据的可获得性，相关部门最新的生猪成本收益数据只更新到 2015 年年末，因此，本节是以 2015 年生猪的成本收益为基础进行分析，虽然绝对值与 2017 年情况有所差异，但是各规模之间的排序和相对值基本一致，不影响对不同规模养殖场（户）的比较分析。

（4）不同规模养殖场（户）的投资回报率分析。养殖效率同样关键，它既可以衡量经济主体效益的好坏，也可以反映经济主体对资源配置的效果。本文用生猪养殖的成本利润率来表示，从表 2-31 中可以看到，中规模生猪养殖场（户）每头生猪的成本利润率最高，可以达到 15.34%，其次为大规模、小规模和散户，分别为 15.12%、10.34%和−0.44%。

综合分析 2015 年我国 4 种养殖规模的成本收益数据，可以发现，大规模养殖场（户）的生产优势在于低成本，但由于其产值低于中规模养殖场（户），最后的净利润和成本利润率均是中规模养殖场（户）占优。相对于散户来说，小规模生产优势也比较明显，成本低、产值高，具有一定优势。玉米主产区生猪养殖的扩大易稳不易快，考虑到目前我国散养户的数量仍然较大，因此，应以鼓励散养户和小规模养殖场（户）增加养殖规模为主，大力推进中规模生猪养殖场的建设，适度发展大规模养殖场，只有这样才能达到适度发展，有效过渡的目的。

3. 各省间玉米种植、生猪养殖的统一性及生猪养殖成本收益对比分析

（1）玉米种植与生猪养殖的统一性分析。将 7 个省份的玉米播种面积、玉米产量、生猪出栏量和它们各自在全国总量中的占比进行对比，并用各省玉米产量在全国占比和生猪产量在全国占比的比值来表示发展的匹配度，比值越大，发展潜力越大，比值越小，发展潜力越小，比值小于 1 的时候表明该省份的生猪出栏量在全国的占比大于玉米产量在全国的占比。

从表 2-22 中可以看出，玉米主产区生猪养殖整体偏弱，玉米种植和生猪养殖在全国所占的比例差异较大，生猪发展的潜力巨大。2015 年，7 个省份的玉米播种面积为 2 521.1 万公顷，玉米产量为 15 579.1 万吨，分别占全国总量的 66.1%和 69.4%，但生猪出栏量仅为 21 660.3 万头，占全国总出栏量的 30.6%。

表 2-22　玉米主产区生猪养殖和玉米种植规模分省份对比

省份	玉米播种面积		玉米产量		生猪出栏		匹配度
	面积（万公顷）	占全国百分比	数量（万吨）	占全国百分比	数量（万头）	占全国百分比	
河北	324.81	8.5%	1 670.4	7.4%	3 551.1	5.0%	1.48
内蒙古	340.72	8.9%	2 250.8	10.0%	898.5	1.3%	7.90
辽宁	241.68	6.3%	1 403.5	6.2%	2 675.7	3.8%	1.65
吉林	380.0	10.0%	2 805.7	12.5%	1 664.3	2.3%	5.32
黑龙江	582.12	15.3%	3 544.1	15.8%	1 863.4	2.6%	6.00
山东	317.38	8.3%	2050.9	9.1%	4 836.1	6.8%	1.34
河南	334.39	8.8%	1 853.7	8.3%	6 171.2	8.7%	0.95
7 省总量	2 521.1	66.1%	15 579.1	69.4%	21 660.3	30.6%	2.27

数据来源：《中国统计年鉴 2016》。

在玉米主产区的 7 个省份中，华北地区（河北、山东、河南）玉米产量和生猪出栏量匹配度较高，尤其是河南省，生猪出栏量在全国的占比已经高于玉米产量在全国的占比，从种植带和养殖带统一的角度出发，已经不需要再承接额外的生猪产能。

东北三省和内蒙古的玉米种植和生猪养殖的规模严重失调，尤其是内蒙古、黑龙江和吉林，2015 年，播种面积分别占全国的 8.9%、15.3%和 10.0%，玉米产量分别占全国的 10.0%、15.8%和 12.5%，但生猪出栏量只有全国的 1.3%、2.6%和 2.3%，在全国占比的比值分别达到 7.9、6.0 和 5.3。由于近年来，辽宁生猪的生产地位提高较快，辽宁玉米生产和生猪存栏量的匹配度相对较好，2015 年玉米产量占全国的 6.2%，生猪出栏量占全国的 3.8%。

从以上对比可以看出，东北产区，尤其是内蒙古、黑龙江、吉林的生猪业发展相对落后，接下来的发展潜力较大，可以承接较多的生猪产能转移，应重点推进。而华北产区本身就是生猪养殖大省，不必盲目扩大产能，应在提升品质、减少污染等方面多下功夫。

（2）各省间生猪养殖成本收益对比分析。对各省间小规模、中规模和大规模的成本收益进行对比分析。

综合表2－23、表2－24、表2－25，从每头猪的成本收益来看，河北、内蒙古、黑龙江的净利润总体较好，3个省份各种规模生猪养殖场（户）的净利润都基本达到或超过了全国平均水平，成本利润率全部超过全国平均水平。其中，内蒙古的净利润在小规模、中规模和大规模中均排名第一，分别达到280.07元/头、369.01元/头和578.29元/头，成本利润率在中规模和大规模中居于首位，分别达到14.03％、19.15％和34.41％；黑龙江小规模养殖场（户）的成本利润率最高，为14.41％。内蒙古的高利润源自它的高收益，平均每头生猪养殖的成本和收益都比较高。黑龙江和河北的高利润源自它的低成本，这两个地区每头成本和收益均比较小。这主要与生猪出栏时的天数和重量有关。内蒙古小规模、中规模、大规模生猪出栏的天数分别为194.00天、192.48天和185.33天，大幅高于全国平均的152.76天、146.94天和136.20天。每头猪的主产品产量分别为142.34千克、144.12千克和138.63千克，同样大幅高于全国平均产量的119.45千克、118.65千克和114.99千克。黑龙江和河北的生猪养殖天数和出栏时每头生猪的主产品产量则均低于全国平均水平。

表2－23　2015年玉米主产区小规模生猪养殖场（户）成本收益情况

项　　目	单位	全国平均	河北	内蒙古	辽宁	吉林	黑龙江	山东	河南
主产品产量（每头）	千克	119.45	112.08	142.34	119.1	125.69	109.03	112.58	114.07
产值合计	元	1 853.56	1 684.99	2 276.62	1 804.28	1 853.67	1 610.18	1 663.49	1 729.81
总成本	元	1 679.86	1 499.09	1 996.55	1 676.44	1 743.11	1 407.42	1 571.51	1 653.86
生产成本	元	1 677.66	1 496.45	1 996.55	1 676.41	1 741.26	1 406.94	1 568.39	1 650.36
物质与服务费用	元	1 421.53	1 286.81	1 692.12	1 421.04	1 415.31	1 177.62	1 365.67	1 363.09
人工成本	元	256.13	209.64	304.43	255.37	325.95	229.32	202.72	287.27
土地成本	元	2.2	2.64		0.03	1.85	0.48	3.12	3.5
净利润	元	173.7	185.9	280.07	127.84	110.56	202.76	91.98	75.95
成本利润率	%	10.34	12.4	14.03	7.63	6.34	14.41	5.85	4.59

数据来源：《中国畜牧兽医年鉴2016》。

表 2-24　2015 年玉米主产区中规模生猪养殖场（户）成本收益情况

项　　目	单位	全国平均	河北	内蒙古	辽宁	吉林	黑龙江	山东	河南
主产品产量（每头）	千克	118.65	108.74	144.12	117.07	125.03	109.07	116.65	114.57
产值合计	元	1 845.74	1 627.99	2 295.55	1 766.04	1 861.87	1 648.4	1 766.4	1 782.4
总成本	元	1 600.24	1 385.88	1 926.54	1 667.14	1 754.75	1 401.89	1 531.34	1 586.68
生产成本	元	1 597.47	1 383.4	1 926.54	1 666.74	1 752.61	1 399.74	1 529.25	1 583.14
物质与服务费用	元	1 432.84	1 241.43	1 657.23	1 447.46	1 465.77	1 190.05	1 388.36	1 379.2
人工成本	元	164.63	141.97	269.31	0.28	286.84	209.69	140.89	203.94
土地成本	元	2.77	2.48		0.4	2.14	2.15	2.09	3.54
净利润	元	245.5	242.11	369.01	98.9	107.12	246.51	235.06	195.72
成本利润率	%	15.34	17.47	19.15	5.93	6.1	17.58	15.35	12.34

数据来源：《中国畜牧兽医年鉴 2016》。

表 2-25　2015 年玉米主产区大规模生猪养殖场（户）成本收益情况

项　　目	单位	全国平均	河北	内蒙古	辽宁	吉林	黑龙江	山东	河南
主产品产量（每头）	千克	114.99	104.09	138.63	116.56	122.37	104.96	111.6	111.47
产值合计	元	1 767.26	1 563.32	2 259.09	1 759.09	1 850.99	1 593.32	1 607.42	1 770.55
总成本	元	1 535.16	1 262.61	1 680.8	1 621.07	1 700.3	1 383.29	1 502.39	1 497.05
生产成本	元	1 531.72	1 260.2	1 672.57	1 620.03	1 698.34	1 379.71	1 500.67	1 493.29
物质与服务费用	元	1 429.11	1 181.15	1 534.94	1 451.97	1 434.67	1 173.52	1 406.26	1 361.59
人工成本	元	102.61	79.05	137.63	168.06	263.67	206.19	94.41	131.7
土地成本	元	3.44	2.41	8.23	1.04	1.96	3.58	1.72	3.76
净利润	元	232.1	300.71	578.29	138.02	150.69	210.03	105.03	273.5
成本利润率	%	15.12	23.82	34.41	8.51	8.86	15.18	6.99	18.27

数据来源：《中国畜牧兽医年鉴 2016》。

此外，山东、河南的小规模生猪养殖场（户）的净利润较差，中规模、大规模生猪养殖场（户）的净利润相对居中。吉林省、辽宁省生猪养殖的净利润总体偏低。

从成本收益数据角度分析，河北、黑龙江、内蒙古每头生猪养殖的效益较好，比较适宜发展生猪养殖。需要注意的是，每头猪的净利润数据并不一定能绝对地反映出生猪养殖优势，还要综合考虑市场、地域、运输、原料供给等多方面因素。

（二）美国玉米带生猪养殖做法与启示

在环保重压下，生猪养殖战线北移。未来，东北三省和内蒙古等生猪发展潜力增长区将会出现诸多现代化的规模化养殖场，将承接养殖转移重任。然而，“南猪北上”因粪便处理、污水排放等资源环境问题，在民间及网络引起争议，被认为是将生态污染源从发达地区向欠发达地区转移。那么，如何既支持“生猪北上”，又考虑粪污的资源化利用？如何既支持标准化、规模化养殖，又开展绿色生态养殖？如何既考虑“为养而种”，也考虑“为种而养”，实现新型种养结合、农牧循环发展关系？成为政府和学界的关注焦点。

美国是仅次于中国的生猪养殖大国，规模化、专业化和集约化水平高，并且生猪养殖主要集中在中西部地区的玉米带，种养结合特点突出，粪污治理已取得一定成效。故本文从全产业链视角出发，总结分析美国玉米带种养结合的经验和做法，为我国“南猪北上”的绿色着陆提供借鉴，为全国生猪产业布局的进一步优化提供思路。

1. 美国生猪养殖发展现状

生猪是美国畜牧业生产的重要组成部分，猪肉产量排在禽肉和牛肉之后稳居第三，约占肉类总产量的 27.7%，猪肉产值占农产品产值的比例在 6%左右。2016 年，美国生猪存栏 7 005 万头，占世界生猪存栏总量的 8.8%。生猪出栏 12 556 万头，占世界生猪出栏总量的 10.4%。猪肉产量 1 131.2 万吨，占世界猪肉总产量的 10.5%，是仅次于中国的第二大猪肉生产国。同时，美国还是世界上最大的猪肉和猪肉制品出口国，2016 年猪肉出口 237.4 万吨，主要出口到东亚、拉美、加拿大以及澳大利亚。

（1）生猪养殖带与玉米种植带高度重叠。美国玉米主产区在五大湖的西南部，即美国的心脏地带（heartland region），爱达荷州和伊利诺伊州是全美玉米产量最多的两个州，两州产量约占全美的 1/3，内布拉斯加州第三，明尼苏达州第四，印第安纳州第五，南达科他州第六，堪萨斯州第七，密苏里州第八，威斯康星州第九，俄亥俄州第十。以上 10 个州的玉米产量占美国玉米总产量的近 90%。由于美国实行大豆和玉米轮作，美国大豆主产区正好涵盖其玉米主产区。玉米带和大豆主要种植区为养猪生产提供了充足和廉价的饲料玉米和豆粕，所以这些地区一直是美国最主要的生猪产区。1980 年，全美生猪存栏量最高的 5 个州均来自这些地区，存栏量最高的 10 个州也有 8 个来自这些地区，这 8 个州的生猪存栏占全国的 68.7%。到 2016 年，全美生猪存栏量最高的 10 个州则有 9 个来自这些地区（北卡罗来纳州除外），9 个州的生猪存栏占全国存栏总量的 71.5%。其中，爱达荷州一直是最主要的生猪主产州，而且存栏量占全国总量的比例不断上升，已经从 1980 年的 25.0%上升至 2016 年的 30.1%（表 2-26）。

表 2-26　美国生猪养殖地区分布（存栏量）

排序	1980 年		2000 年		2016 年	
	地区	占比	地区	占比	地区	占比
1	爱达荷	25.0%	爱达荷	24.0%	爱达荷	30.1%
2	伊利诺伊	10.2%	北卡罗来纳	14.8%	北卡罗来纳	12.5%
3	明尼苏达	7.9%	明尼苏达	9.2%	明尼苏达	11.1%
4	印第安纳	7.1%	伊利诺伊	6.6%	伊利诺伊	6.9%
5	密苏里	6.2%	印第安纳	5.3%	印第安纳	5.5%
6	内布拉斯加	6.1%	内布拉斯加	4.8%	内布拉斯加	4.6%
7	北卡罗来纳	3.8%	密苏里	4.6%	密苏里	4.2%
8	佐治亚	3.5%	俄克拉荷马	3.7%	俄亥俄	3.6%
9	俄亥俄	3.3%	堪萨斯	2.4%	俄克拉荷马	2.9%
10	堪萨斯	2.9%	俄亥俄	2.4%	堪萨斯	2.6%
前 10 占比		76.1%		77.8%		83.8%

数据来源：USDA。

（2）生猪养殖规模化水平很高。从 19 世纪 80 年代初，美国的牲畜养殖补贴政策按照生产面积支付，导致两极分化严重，小型猪场难享国家优惠。因不具备成本优势且无法保证产品品质而难以适应行业整合，散户和小规模养殖户快速退出，生猪养殖场数量锐减近 90%，由 70 年代末的 65 万家减少到现阶段的 7 万家左右。但行业整体产能提高近 22%，生猪年总出栏量增加 35%，由 8 000 多万头提升到 1 亿多头，场均存栏量增长 10 倍。从出栏结构来看，1982 年，年出栏在 1 000 头以下的养殖场生猪出栏量占总出栏量的 69.2%，年出栏在 5 000 头以上养殖场生猪出栏量占总量的比例不足 5%。到 2012 年，年出栏在 1 000 头以下的养殖场生猪出栏量占总出栏量的比例仅 1.2%，年出栏在 5 000 头以上养殖场生猪出栏量占总量的比例则高达 91.2%（表 2-27）。

表 2-27　1982—2012 年美国生猪养殖规模结构变化

年出栏数量（头）	1982 年	1992 年	2002 年	2012 年
1～99	9.2%	2.2%	0.4%	0.2%
100～199	10.1%	2.9%	0.4%	0.1%
200～499	26.2%	10.0%	1.2%	0.3%
500～999	23.7%	15.6%	2.3%	0.6%
1 000～1999	16.0%	20.4%	4.5%	1.4%
2 000～4 999	9.8%	20.7%	10.0%	6.2%
>5 000	4.9%	28.2%	81.2%	91.2%

数据来源：USDA。

（3）订单生产比较成熟。因养猪业基础设施缺乏，北卡罗来纳州养猪业的决策者采用了一种由大型企业牵头，通过与农场主签订生产订单来组织生产、加工和销售的一体化经营模式，这种一体化协作经营模式的采用推动了生猪养殖技术的不断提高，降低了养殖成本，促进了该地区养猪业的迅猛发展，成为美国的第二大生猪产区。由于环保意识的加强，1997 年北卡罗来纳州政府暂定规模在 250 头以上的生猪养殖场的新建和扩建，降低了其生猪养殖增长的势头。与此同时，以爱达荷州为代表的传统玉米带生猪养殖区为了缓解世界竞争的压力，不得不调整养猪业的产业结构，纷纷采用了订单化生产模式。1992 年，全美订单化生猪养殖场比例仅为 3%，2014 年已达 65%。

2. 美国玉米带种养结合做法分析

（1）通过饲料生产内部化推进种植业、养殖业的一体化发展。美国的大型农场多采用种养结合的生产模式，从种植制度安排到生产、销售等各个环节都高度重视种植业与养殖业之间的相互影响。种植业与养殖业之间在饲草、饲料、肥料 3 个物质经济体系之间形成相互促进、相互协调的关系。美国的生猪产业通过产业内部的整合，实现了纵向一体化的生产方式，许多饲料加工厂从利润中心转化为纵向一体化企业的一个成本环节。2012 年美国饲料生产总量达到 1.65 亿吨，商业饲料只有 50%左右，美国排名前 10 的饲料公司大部分饲料产品都是被内部关联的饲养场消耗，而我国绝大多数饲料都是商业饲料。此外，美国单独做商品饲料生产的企业通常与养殖企业进行订单生产，通过合约的形式将饲料生产和生猪养殖有效绑定。

（2）通过对种植业的巨额补贴保障原料供给、降低养殖业生产成本。美国从1933年《农业调整法》出台以来，每隔5～6年就出台一项农业法案，以保证强化农业国内支持政策。其中，对种植业的支持力度较大，2008—2014年，玉米种植业补贴金额超过81亿美元。随着国际环境和国内财政预算情况的变化，美国政府对粮食的补贴方式进行过多次调整，从价格支持到收入补贴，再到后来的价格损失保障项目和农业风险保障项目，种类繁多，但都起到了保障种植业生产的目的。统计数据显示，2008—2014年，美国玉米总产量从3.07亿吨增加到3.61亿吨，始终居于世界首位。美国政府对种植业的巨额补贴，还降低了养殖农场主的饲料成本和肉类食品加工企业的采购成本，提高了生猪养殖业竞争力。据测算，1997—2005年，美国前四大生猪企业从饲料补贴中所节省的成本总计达42.84亿美元。

（3）通过严格立法和种养循环减少生猪集中饲养的粪便污染。美国的生猪养殖朝着规模化、专业化方向发展，生猪产能不断向玉米主产区转移，这导致区域内生猪数量与耕地面积不相匹配，生猪数量太多而耕地面积太少。过去养猪场处理粪肥的方式比较简单，多为就近处理，或不处理就排放，容易产生氮和磷严重超标、地表水过度污染、细菌免疫力提高、空气质量下降、土壤重金属污染等多种问题。此外，粪便储存不慎还容易引发事故。1995年，北卡罗来纳州一个占地8英亩*的猪粪池的一侧发生破裂，2 500万加仑**的猪粪涌进新河，淹没了农田，杀死了数百万鱼类及其他生物。

针对上述情况，美国采取积极的应对措施，取得了较好效果。一是完善立法。颁布和完善了《净水法案》《清洁空气法》《综合环境反应、赔偿和责任法》《紧急规划与社区知情权法》等有关养殖业污染防治的联邦法律。按法律规定，养殖场需按联邦标准储存和处理粪便污水，将粪便污水作为养分还田，提高土壤有机肥，减少水土流失，达到种、养业协调发展。要求出栏2 500头以上的规模猪场一年内的舍饲时间必须大于45天。新建猪场在施工前，必须得到联邦一级的环境保护局、陆军工程兵团、州级环境保护部以及县计划委员会、县上诉委员会、县级检测员等政府部门或群体的批准，还要通知厂址约

* 英亩为非法定计量单位，1英亩≈4 046.86米^2。

** 加仑为非法定计量单位，1加仑（美）=3.785 412升；1加仑（英）=4.546 092升。

80 米范围内的所有居民。二是推动种养结合。美国幅员辽阔，地域间的粪污管理系统存在一定差异，但大部分猪粪最终都是用于农田施肥。在猪场审批之初，猪场就要向有关部门提交一份完整的粪污管理计划，其中包括产粪量（即营养物质产生量）、粪便储存类型、储存量、排放或应用的方法、使用粪便的时间等，并定期监测粪便的存储情况、用水情况、使用或排放记录、每一季作物使用的营养物质量等。在粪肥使用过程中，需要测定土壤和粪污中的氮、磷含量，根据作物营养需求确定施肥量，并且为减少挥发，多采用注射填埋的方式进行施肥。在玉米带，一个存栏 2 500 头母猪的猪场大约产生 160～200 吨粪便，可以给 8 000～12 000 亩的土地施肥。部分大型养猪场还开办肥料加工，将加工后的猪场废弃物当作商品出售，从而达到经济、生态、社会效益的统一。通常，猪粪肥仅有化肥价格的一半左右，猪粪所创造的价值相当于商品猪利润的 10%～20%，粪污产生的有机肥销售后可达到农场生产成本的 9%以上。三是提供政策支持和资金激励。其中，一项重要的措施是环境质量激励计划（EQIP）。该项目对畜禽粪便污染防治的资金支持力度较大，不但为采取环保措施的生猪养殖者分担环保工程措施实施成本的 75%，还通过补贴鼓励农牧民以政府的环境标准进行生产生活。2007 年，包括爱达荷州和明尼苏达州在内的 18 个州建造了 36 个沼气工程项目，建造成本 3 410 万美元，美国联邦政府依照激励计划补贴了 2 500 万美元。

（4）通过订单生产联盟实现专业化、产业化生产。随着生猪养殖专业化程度的提高，各养殖环节之间更多地采用了订单形式进行合作。订单生产是指业主企业提供仔猪、饲料、药物、运输和技术服务等，以付费的方式把猪交由猪场饲养，养殖者根据统一标准建设猪舍，购置标准化的设备并配备相应劳动力从事生猪养殖。很多业主企业是大型屠宰加工企业，这些公司与多家养殖场签订合同，从而拥有较高的生猪生产能力。如史密斯菲尔德食品公司（Smithfield Foods）在 2014 年出栏的生猪来自 500 多家公司制农场和 190 家合作制农场。订单生产方式明确规定了各方的权利和义务，尤其对各方投入品和各方所得进行详尽、明确的说明。养殖户将生猪以固定价格出售给企业，不受生猪市场行情变化的影响。订单生产也为屠宰加工提供稳定的生猪供应，有利于屠宰加工厂有效控制生猪品质，也解决了生猪养殖场双方节省大量交易成本。

在订单生产的推动下，美国养殖方式从传统的自繁自育逐渐转变为专业化生产。目前美国养殖场从事专业化生产，除传统类型之外还包括以下 4 种类型：繁殖-保育猪（种猪场）、繁殖-架子猪（种猪场）、保育猪-架子猪（仔猪哺育场）、架子猪-育成猪（育肥猪场）。其中，种猪场致力于种猪选育及仔猪繁殖。仔猪哺育场所提供专门的哺育设施、专业化的饲料和人工管理，当猪仔的体重达到 40～60 磅*后将其转移至育肥猪场。育肥猪养殖场主要负责生猪饲养至出栏标准，育肥过程采用专业的饲料配方和科学养殖技术。不同环节的养殖规模差异较大，2016 年，种猪场平均养殖规模达到年出栏量 3.5 万头，育肥场的年均出栏量仅为 7 593 头，自繁自育的传统养殖场的养殖规模最小（表 2－28）。养殖场的专业化极大地提高了养殖的生产效率，同时也有利于疫病的防控。

表 2－28　2016 年不同阶段生猪养殖规模

单位：头

类型	繁殖-保育猪	架子猪-育成猪	繁殖-育成猪
年出栏量	35 250	7 593	4 763

数据来源：USDA。

相比于自繁自养农场，专业的育肥农场在饲料、人工及生产成本等方面效率更高，成本消耗更低。根据美国农业部统计，专业的育肥场在先进的喂养技术支撑下，其饲料系数相比于自繁自养农场要高出 1.65 倍。同时受益于规模经济效益及专业饲养人员的高素质，专业化的猪场在人工效率方面要高出育繁一体化猪场近 4 倍，总的生产成本可减少 37％。

订单化生产发展迅速，但不同养殖环节、不同地区的订单生产比例不尽相同。根据美国农业部调查，传统生猪养殖场在 1992 年占比 60％以上，到 2004 年，这一占比下降到不足 20％，专门的育肥猪场数量已到达 80％左右。到 2016 年，所有的仔猪哺育场都是订单养殖的，从事繁殖-保育环节的种猪场有 62％是订单生产，从事繁殖-架子猪环节的种猪场 49％是订单生产。另外，育肥场的订单化比例也较高，但不同地区存在较大差异。以北卡罗来纳州为代表的南海岸地区的生猪育肥场全部实现了订单化，北月牙区订单化生产的比例为 91％，以爱达荷为代表的中心地区，进行订单化育肥的比例为 75％（表 2－29）。

---

* 磅为非法定计量单位，1 磅＝0.453 6 千克。

表 2-29　2016 年美国生猪订单生产所占比例

单位：%

类型	繁殖-保育猪	保育-架子猪	繁殖-架子猪	架子猪-育成猪		
地区	全国	全国	全国	中心地区	北月牙区	南海岸
比例	62	100	49	75	91	100

数据来源：USDA。

注：繁殖-育成猪全为自繁自养，订单生产比例为 0%，在表格中不再呈现。

（5）围绕玉米主产区的饲料成本优势开展区域分工合作。20 世纪 90 年代，美国的生猪养殖开始出现地区的专业化，各地根据自己的资源特点进行生猪区域化养殖。由于在繁殖-架子猪阶段，劳动和设备等非饲料成本占绝大份额，而生猪肥育阶段和繁殖-保育猪的主要成本来自饲料耗费（表 2-30）。所以劳动力密集型或管理密集型的生猪生产区宁愿从事仔猪繁育而不愿进行生猪育肥。所以，在非玉米带区从事仔猪繁育专业化生产，玉米带边缘区，尤其是玉米带的东南、南、西南部的边缘地带，则专注于仔猪哺育阶段。然后，该地区生产的断奶仔猪被运到低玉米价格的玉米带区，如运至爱达荷州进行专业化肥育生产。

表 2-30　2016 年不同阶段生猪养殖成本构成

类别	繁殖-保育猪		繁殖-架子猪		架子猪-育成		出生到育成	
	成本（美元）	占比（%）	成本（美元）	占比（%）	成本（美元）	占比（%）	成本（美元）	占比（%）
饲料成本	138.1	60.5	74.2	58.4	36.7	51	31.1	56.3
架子猪	0	0	1.5	1.2	17.9	24.9	0.0	0.0
保育猪	0	0	0	0	4.3	6	0.0	0.0
劳动成本	35.3	15.4	25.6	20.2	2.6	3.7	7.9	14.3
设备费用	37.2	16.3	20	15.8	6	8.3	9.4	17.0
其他成本	17.7	7.7	5.7	4.5	4.5	6.2	6.8	12.3
总成本	228.2	100	127.1	100	72	100	55.2	100

数据来源：USDA。

以玉米带的爱达荷州和明尼苏达州为例，2016 年，两地的生猪出栏量分别为 4 820 万头和 1 961 万头，位居全美前两位。但它们的能繁母猪存栏量分别为 103 万头和 55 万头，按全美的平均养殖水平测算，这两地的仔猪繁殖量远低于其生猪出栏量，调入仔猪的数量分别为 2 207 万头和 556 万头。而伊利诺伊、密苏里、俄克拉荷马等临近各州能繁母猪产能大于其生猪出栏量，调出仔猪的规模分别为 115 万头、164 万头和 312 万头（表 2 - 31），这些地区的种猪场和仔猪哺育场补充了爱达荷和明尼苏达自身母猪产能的不足，养殖的区域分工明显且规模大。

表 2 - 31　2016 年爱达荷等地生猪出栏和能繁母猪存栏量

单位：万头

地　　区	生猪出栏量	能繁母猪存栏量	调入仔猪
爱达荷	4 820.0	103.0	2 206.9
明尼苏达	1 961.4	55.0	566.1
北卡罗来纳	1 749.9	88.0	−482.7
伊利诺伊	1 255.3	54.0	−114.7
密苏里	940.1	43.5	−163.5
印第安纳	853.7	27.0	168.7
俄克拉荷马	829.5	45.0	−312.2
内布拉斯加	810.0	41.5	−242.9
南达科他	476.2	19.0	−5.8
俄亥俄	432.4	20.0	−75.0

数据来源：USDA。

注：调入仔猪＝该州能繁母猪存栏量×25.37－生猪出栏量。

（6）通过高度集中的加工和销售环节形成规模和品牌优势。屠宰加工环节集中度高且形成品牌。2010 年以 Smithfield 为首的前四大屠宰加工企业占领了国内猪肉屠宰加工领域近 70%的市场份额，屠宰加工领域显现出极高的市场集中度。美国的猪肉加工处理量大，全国约 2/3 的猪肉被加工处理，加工猪肉的产品种类较多，主要包括香肠、火腿肉、熏肉等。例如，仅 2006 年就有 1.05 亿头生猪被加工处理成约 210 亿磅猪肉产品，并被终端市场消费掉。美国猪肉加工业高度集中，仅史密斯菲尔德（Smithfield Foods，27%）、泰森

（Tyson，17%）、JBSS/A（11%）、Excel（9%）、荷美尔（Hormel，8%）5个公司就控制了全美生猪肉加工量约72%的市场份额，并形成了自己的品牌，为广大消费者接受。

屠宰加工企业加速整合的背后是下游终端零售商快速的规模扩张，猪肉零售市场集中度显著提高。前四大零售商在20世纪80年代初的市场份额为16%左右，到2009年这一数据已经超过50%，行业前20的零售商囊括了近82%的猪肉销售市场。大规模的零售商具有较强的议价能力，并且出于品质保证和降低成本的考虑，他们更倾向于向大型的屠宰加工企业采购，这进一步倒逼加工型企业的整合。

从生猪销售的方式来看，拥有存栏量5万头以下的养猪公司以零售渠道为主，随着规模增大，选择议价订单和自有渠道进行销售的养猪公司增多，这是美国生猪销售的主要方式。存栏量在5万～50万头的养猪公司或大型养殖场主要采用协议订单的方式出售。存栏量50万头以上的公司，一般为经营一体化的屠宰加工企业和饲料企业所有，生猪出栏主要用于自身屠宰加工，最主要的销售渠道是议价订单和企业自有渠道。从整个产业来看，1992年，通过订单销售额仅占美国农场销售额的5%，到2004年这项比例提高到67%。目前为消费者提供何种品牌的猪肉产品也被列入订单安排。

（7）通过完善社会化服务体系保持生猪养殖业稳定持续。生猪生产组织化程度较高，协会作用巨大。美国畜牧业生产的社会化服务主要依靠各种行业协会和专业组织，这些组织主动为生产者提供产前、产中、产后的全面系统的服务。美国养猪者协会遍及美国，其经费来自生猪销售，在生猪科技研发和政策推广方面发挥了巨大作用。其主要工作有：推广政府环保计划和提高猪肉质量的计划，协调公共关系和政策，与大学推广部门联合为养猪农场主提供各种培训，与饲料生产企业和各种行业协会（如美国养猪协会、大豆协会、谷物协会、动物蛋白质和油脂提炼协会、动物科学协会、肉品协会等）以及学术研究机构合作开展各种科研活动。美国注重引导培育生产者组织，提高生产的组织化程度，充分发挥各类生产者组织在科技推广、市场对接、政策宣传、保护生产者权益等方面的作用。在美国，除农业部下设推广局体系进行技术推广和培训外，众多的养猪者协会为农场主提供各种培训，与饲料生产企业、各种行业协会和学术研究机构合作开展科研活动。

美国政府通过不断完善畜牧业生产信贷和市场信息服务体系，为农场主生产提供充足的信贷支持。政府成立了庞大的农业信贷体系，基本满足农场主生产过程中的各种贷款需求，它包括 4 家联邦土地银行及地方土地银行会（向农场主提供不动产抵押），12 家联邦中间信贷银行（提供中、短期贷款）以及由他们组成的地方协会（提供生产贷款）。同时，美国农业部向生产者提供完善的市场信息服务，定期发布季度生猪养殖业报告，包括天气、生产和价格信息以助生产。此外，美国建立了成熟的猪肉期货市场来指导调节生产。

（8）通过对科技的高度重视来提高猪肉产量和质量。高度重视科技的作用，建立多方参与的技术推广机制。美国非常重视生物技术的研发与应用，选育和推广良种是美国畜牧业发展的一个重要经验。种猪生产大多由专业公司负责，这些专业公司除供应优良种猪外，还出售冷冻精液供专业猪场配种利用，种猪场通过人工授精技术来保证供应育肥猪品种的优良性。政府、协会整合科研机构和市场多方力量共同进行科技推广。受益于先进的育种、饲料配方及管理技术，美国生猪胴体重稳步增加，虽然生猪存栏量和屠宰量时有波动，但猪肉产量保持稳步增长。1961—2010 年，美国生猪胴体重从 63.1 千克/头增至 92.3 千克/头，猪肉产量从 520 万吨增至 1 020 万吨，增加近 1 倍。

3. 启示

一是借“南猪北上”之势，打造种养结合的生猪主产区。养猪业为耗粮型畜牧业，需要消耗大量的玉米等粮食作物。通过种养结合的方式，在东北和内蒙古等地打造全国猪肉产品重要供应基地，不仅能够发挥生猪饲养成本低的优势，而且能够促进产业规模化、组织化、专业化、集约化发展。

二是推进生猪养殖订单化，打造产业一体化的种养结合模式。在推进东北和内蒙古地区种养结合模式建设时，一方面，积极探索产业链不同环节主体之间的订单化生产模式，加强玉米种植和生猪养殖的整合程度，多方联手共同解决粪污治理问题，并通过定向生产和供应降低养殖户养殖风险，推进猪肉品牌建设。另一方面，根据地区资源禀赋，加强玉米带和边缘地区的整合程度，打造繁育、育肥阶段相分离的专业化生猪养殖模式。

三是完善相关立法的同时，降低执行成本。与玉米带不同，北卡罗来纳州由于土地的粪污消耗能力所限，已不再允许扩建新的猪场。这也是中国走规模化养殖道路不得不考虑的核心问题。目前中国畜禽废弃物处理和管理已经进入加强监管、以疏为主、疏堵结合、综合利用的新阶段。伴随着法律措施的强化，中国各地涌现出一系列粪污处理利用典型技术和模式，政府也出台了一系列的激励措施。但畜牧业经济可持续、法律执行成本低的措施仍然处于不断探索之中，亟须加强国际合作加以完善。

四是加大科技含量，提升服务水平。积极发挥国家生猪产业技术创新战略联盟等单位优势，建立农科教、产学研一体化农业技术推广联盟。积极引导大学生、科技人员等各类人才集中支持生猪生态养殖等农业循环经济建设，全面提升畜禽养殖及其废弃物资源化利用等技术水平，促进科技成果加快从实验室走向市场。持续加大科技含量的同时，注重引导培育生产者组织，提高生产的组织化程度，充分发挥养猪合作社、行业协会以及各类生产者组织力量在科技推广、市场对接、政策宣传、保护生产者权益等方面的作用，提升产业服务水平。

二、草食畜产品供给与保障

（一）草食畜产品生产发展的总体特点

2000—2011 年，世界草食畜产品产量保持快速上涨，牛肉总产量从 5 910 万吨增至 6 630 万吨，增幅 12.3%，羊肉总产量从 1 160 万吨增至 1 340 万吨，增幅 15.9%，兔肉总产量从 129 万吨增至 172 万吨，增幅 33.8%。与上个 10 年相比，21 世纪以来，世界肉类总产量年均增速略有下降，而草食畜产品产量年均增长率由 0.87%提高到 1.14%，牛肉年均增长率由 0.66%大幅上升至 1.06%，羊肉年均增长率由 1.79%略降至 1.35%，禽肉、猪肉年均增长率下降较多，约分别降低 0.83 个和 1.41 个百分点（表 2-32）。

表 2-32　近 30 年来世界主要肉类生产年均增长率比较

单位：%

	1980—1989 年	1990—1999 年	2000—2011 年
肉类	2.79	2.66	2.24
牛肉	1.61	0.66	1.06
羊肉	2.81	1.79	1.35
兔肉	2.62	3.18	2.68
草食畜产品	1.79	0.87	1.14
禽肉	4.72	5.24	4.41
猪肉	2.87	2.56	1.17

数据来源：FAO，如无特殊说明下同。

虽然草食畜产品产量保持快速上涨趋势，但由于基数小且年均增长速度仍然较低，其在肉类中的比例略有下降。2000—2011年，草食畜产品占肉类比例由30.72%降至27.261%，牛肉占比由25.23%降至22.19%，羊肉由4.94%降至4.49%，兔肉占比基本持平，由0.55%升至0.58%（表2-33）。现阶段，世界肉类生产仍然以猪肉、禽肉为主。

表2-33　2000年以来主要草食畜产品在肉类中的占比

单位：%

肉产品	2000年	2002年	2004年	2006年	2008年	2011年
牛肉	25.23	24.47	24.12	24.23	23.01	22.19
羊肉	4.94	4.76	4.83	4.82	4.82	4.49
兔肉	0.55	0.59	0.56	0.60	0.56	0.58
草食畜产品	30.72	29.82	29.51	29.65	28.38	27.26
禽肉	29.29	30.28	30.76	30.99	33.03	36.90
猪肉	38.43	38.26	38.09	37.74	37.05	34.21

2011年，全球牛羊肉总产量为7 974万吨，占全球肉类总产量的26.68%。除中国、俄罗斯外，世界各主产国草食畜产品在肉类中所占比例均高于世界平均水平，其中巴基斯坦最高，占比达71.35%，澳大利亚、阿根廷和印度占比较高，都在50%以上，中国占比在各主产国中最低，仅为13.14%（表2-34）。

表2-34　2011年世界主要国家牛羊肉生产情况

国家	牛肉（吨）	羊肉（吨）	牛羊肉总产量（万吨）	总量排名	牛羊肉总产量占肉类比例（%）
美国	11 983 308	69 536	1 205	1	28.39
中国	6 475 000	3 937 000	1 041	2	13.14
巴西	9 030 000	113 150	914	3	37.39
印度	2 589 320	890 000	348	4	55.86
澳大利亚	2 109 875	537 235	265	5	65.03
阿根廷	2 419 700	56 900	248	6	54.37
巴基斯坦	1 536 000	443 000	198	7	71.35

（续）

国家	牛肉（吨）	羊肉（吨）	牛羊肉总产量（万吨）	总量排名	牛羊肉总产量占肉类比例（%）
墨西哥	1 803 932	100 385	190	8	31.73
俄罗斯	1 625 469	189 015	181	9	23.98
法国	1 566 453	126 974	169	10	29.04
世界总产量	66 333 803	13 406 972	7 974	—	26.68

1. 世界肉牛生产特点

进入20世纪后，世界牛肉生产结束了之前10年的原地踏步，年均增长率由上个10年的0.66%大幅升至1.06%。2000—2011年，随着国际市场对牛肉的需求量日益增加，全球活牛饲养数量持续增加，存栏量由14.8亿头稳步增至16.2亿头，累计增长9.7%，牛肉产量呈现出波动增长的趋势。2000—2007年，全球牛肉总产量保持增长，由5 910万吨增至6 650万吨，2008年由于贸易条件恶化、主要饲养国家牧草质量下降等原因，全球牛肉产量降到6 440万吨，最近两年保持增长，2011年牛肉总产量达到6 630万吨。

世界肉牛单产呈现波动小幅增长趋势，2005年以后一直保持在200千克/头以上，2011年单产为207.2千克/头。各肉牛生产国由于采用不同生产模式且技术管理水平存在差异，单产水平差异显著。生产大国中，日本肉牛单产居全球第一，远远高于其他国家，于1999年单产就超过400千克/头，2011年达到426.1千克/头，美国和法国单产高，都在300千克/头以上，澳大利亚、巴西和阿根廷单产也较高，在220千克/头以上，中国、印度、俄罗斯和苏丹单产较低，尤其是中国，单产仅为140.2千克/头，在前十大牛肉生产国中位列倒数第二，仅高于印度（表2-35）。

表2-35　2011年世界肉牛生产单产前10名的国家

单位：千克/头

国家	日本	新加坡	卢森堡	以色列	美国	加拿大	爱尔兰	英国	韩国	奥地利
单产	426.1	375.0	357.4	350.0	341.3	340.4	332.4	329.8	328.3	322.7

全球牛肉生产主要集中在美国、巴西、中国、印度、阿根廷、澳大利亚等国，2011年，美国生产牛肉1 198万吨，排名世界第一，占全球牛肉总产量的

18.1%，巴西和中国位列第二、第三位，分别生产牛肉903万吨和648万吨，分别占全球牛肉总产量的13.6%和9.8%，世界前六大牛肉生产国家的产量占全球总产量的50%以上。

过去10年来，世界牛肉生产格局变化不大，美国、巴西、中国、印度、阿根廷和澳大利亚一直是牛肉生产大国。与2000年相比，美国、阿根廷和俄罗斯牛肉产量略有减少，发展中国家的巴西、中国、印度和墨西哥产量增长较多。主要生产国肉牛单产均有所提高，其中美国、澳大利亚、法国单产提高较多，使得其在肉牛存栏有所减少的情况下保持了产量的稳定（表2-36）。

表2-36 世界主要牛肉生产国生产情况

排名	国家	2011年		2000年	
		产量（万吨）	单产（千克/头）	产量（万吨）	单产（千克/头）
1	美国	1 198	341.3	1 230	327.2
2	巴西	903	230.9	658	211.2
3	中国	648	140.2	516	129.7
4	印度	259	120.5	224	119.8
5	阿根廷	242	222.9	272	219.2
6	澳大利亚	211	263.3	199	229.8
7	墨西哥	180	205.1	141	201.9
8	俄罗斯	163	189.8	189	155.1
9	法国	157	302.0	153	279.0
10	巴基斯坦	154	148.2	89	147.7

一是肉牛品种趋向大型化。自20世纪60年代以来，肉牛生产从原来饲养体型小、早熟、易肥的英国肉牛品种转向欧洲的大型肉牛品种，如法国的夏洛来、利木赞和意大利的契安尼娜、罗曼诺拉、皮埃蒙特等。二是利用杂交优势，提高肉牛单产水平。近年来，国外肉牛业中广泛采用轮回杂交、“终端”公牛杂交、轮回杂交与“终端”公牛杂交相结合的3种杂交方法提高单产。三是充分利用青贮饲料和农副产品进行育肥。肉牛在利用粗饲料的比例上仅次于

绵羊和山羊。国外在肉牛饲养中，精料主要用在育肥期和繁殖母牛的分娩前后，架子牛主要靠放牧或喂粗饲料，但其粗饲料大部分是优质人工牧草。四是生产向集约化、工厂化方向发展。国外肉牛的饲养规模不断扩大，大的饲养场可以养到30万～50万头，肉牛生产从饲料的加工、清粪、饮水到疫病的诊断全面实现了机械化、自动化和科学化，动物育种、动物营养、动物生产、机械、电子学科的最新成果有机地结合创造出了肉牛生产惊人的经济效益。五是利用奶牛群发展肉牛生产。欧共体国家生产的牛肉有45%来自奶牛，美国是肉牛业最发达的国家，仍有30%的牛肉来自奶牛，日本肉牛饲养量比奶牛多，但所产牛肉55%来自奶牛群。利用奶牛群发展牛肉一方面是利用奶牛群生产的奶公牛犊进行育肥，另一方面是发展奶肉兼用品种来生产牛肉，欧洲国家多采用此种方法进行牛肉生产。

2. 世界肉羊生产特点

世界养羊业的发展随着人类生产生活、消费需求的变化而变化。世界养羊业经历了从16～17世纪开始出现时期注重羊毛生产逐步发展到如今肉用为主的生产方向。例如，英国现有的35个羊品种都是以产肉为主的品种，新西兰肉毛兼用品种达到98%，美国肉毛兼用品种也达80%。

（1）产量稳步增长，生产效率有所提高。近10年来，世界羊肉存栏量和产量保持持续上涨趋势。2000—2011年，绵羊和山羊存栏量由181 120万头稳步增至超过20亿头，达到201 770万头，累计增长11.4%，年均增长率近1%，随着肉羊存栏量增加，羊肉产量从1 157万吨增至1 341万吨，累计增长16%，年均增长率为1.35%。从总体来看，肉羊生产效率有所提高。

（2）生产重心不断从发达国家转移到发展中国家。目前，世界肉羊生产主要集中在中国、印度、澳大利亚、新西兰等国家，中国羊肉产量在世界占有绝对优势，2011年羊肉产量393.7万吨，约占世界羊肉总量的30%，世界前10个国家的羊肉总产量约占世界的60%。过去10年来，世界羊肉生产重心不断从发达国家转移到发展中国家。发展中国家肉羊生产发展迅速，占世界比例不断增加，中国、印度、尼日利亚、阿尔及利亚等发展中国家羊肉产量均实现较快增长，尤其是中国，羊肉产量由269万吨增加到393.7万吨，而发达国家如澳大利亚、新西兰、英国羊肉产量则有所减少，澳大利亚羊肉产量由2000年的69.1万吨减至53.7万吨，新西兰由53.4万吨减至46.7万吨，英国则由38.3万吨减至28.9万吨（表2-37）。

表 2-37 世界主要羊肉生产国生产情况

排名	国家	2011年		2000年	
		产量（万吨）	单产（千克/头）	产量（万吨）	单产（千克/头）
1	中国	393.7	26.3	269.0	13.6
2	印度	89.0	9.5	69.0	10.6
3	澳大利亚	53.7	22.5	69.1	20.6
4	新西兰	46.7	14.2	53.4	17.4
5	尼日利亚	46.4	19.6	33.7	12.1
6	巴基斯坦	44.3	15.0	46.7	16.5
7	土耳其	29.5	12.1	37.4	15.8
8	英国	28.9	30.8	38.3	20.8
9	苏丹	27.9	18.0	38.3	12.4
10	阿尔及利亚	27.0	16.3	17.6	16.2

（3）生产仍以绵羊为主，山羊地位呈日渐上升态势。20世纪80年代以来，世界肉羊生产一直以绵羊为主，但随着时间的推移，山羊所占比率逐步上升。山羊存栏量、出栏量比例分别由1980年的29.71%和28.96%稳步提高到2009年的44.76%和43.44%，而同期绵羊存栏量和出栏量则由70.29%和71.04%逐步下降到55.24%和56.56%。可以明显看出，二者差距越来越小。

（4）羔羊生产发展迅速，优质羊毛生产开始兴起。发达国家的肥羔生产在肉羊生产中发展迅速，美国、英国、澳大利亚和新西兰羔羊肉在羊肉总产量的比例都在70%以上。而毛用羊方面，世界许多国家开始生产优质羊毛并进行了相关育种工作。在澳大利亚，随着毛纺市场对羊毛细度提出了更高要求，较粗的细羊毛减产，而纤维直径在19微米以下的羊毛则大幅增产。

（二）我国肉牛、肉羊生产的发展变化

生产规模的改变

（1）牛羊存栏规模呈现两阶段。改革开放以后，农业生产力显著提高，畜牧业经济快速发展，牛羊养殖呈现稳定增长势头。1978年我国牛存栏仅7 072.4万头，1990年超过10 000万头，1999年达到历史最大值12 698.3万

头。1978年羊存栏量为16 994万只，1990年超过20 000万只，2004年存栏量达到最高值，为30 426万只，进入21世纪，牛存栏出现缓慢下降的趋势，到2011年减至10 360.5万头，比最高水平下降了18.4%。从2005年起，羊的存栏量开始出现下降，2011年减至28 235.8万只，比最高水平下降了7.2%。

(2) 能繁母畜养殖积极性显著下降。能繁母牛、能繁母羊存栏量降幅较大。“十一五”期间，全国能繁母牛、能繁母羊存栏比“十五”期间分别下降了10.2%、5.4%。并且，一些地方母畜是用作育肥而不是繁殖。根据对农区牛羊主产县的问卷调查，2011年河南5县、山东7县、河北9县的能繁母牛数量分别占当地肉牛存栏总数的43.6%、37.3%和34.7%，但作为基础母牛留下的只占能繁母牛数量的62.4%、53.2%和48.8%，其余母牛均作为育肥牛出售。在山东，肉牛能繁母牛存栏下降尤其明显，比1997年最高峰下降了54.59%。据当地的养殖户说，现在只能到最远的黑龙江购买架子羊进行育肥，而且羊越来越少，2016年在当地住1周就能够收到600只装一车回来，2017年要住上2周才能勉强收齐。

(3) 牛羊肉供给基本满足消费需求。在20世纪90年代初，我国的牛肉和羊肉产量仅100多万吨，此后牛羊肉生产稳步发展，到2012年牛肉产量达到662.3万吨，羊肉产量达到401万吨，分别比1990年增长了4.3倍和2.8倍。绝大部分年份牛肉供给有余，可出口创汇，即使近年来进口数量显著扩大，但是进口量占总产量的比例不足3%。因此，应该肯定地说，我国牛羊肉生产取得长足发展，基本满足了人们日益增长的消费需求。

此外，牛羊肉的生产发展速度快于猪肉生产，占肉类总产量的比例不断上升。从1990年到2012年，牛肉产量和羊肉产量的年均增长率分别达到7.85%和6.2%，而同期猪肉产量的年均增长率仅为3.94%。牛羊肉占肉类总产量的比例从8.1%增加到12.7%。

(4) 牛羊肉产量增速放缓。尽管牛羊肉生产总体呈现稳定发展，但是增长速度却逐步放缓。从1991—1997年，牛羊肉生产一直保持快速增长，牛肉产量年增长率为15%～40%，羊肉产量年增长率为10%～20%。从90年代后期开始，增长率不断下降，2002年出现负增长，尽管2003年恢复增长，但是此后增长率一直在低水平徘徊，2008年和2011年再次出现负增长。

虽然牛羊肉增长速度放缓的总趋势与猪肉等肉产品产量增长速度变化趋势一致，但是近年来发展速度则出现明显滞后。从2003—2012年10年的年均增长率看，牛肉为 2.24%，羊肉为 2.95%，肉类总产量达到 2.97%。从 2008—2012 年近 5 年的年均增长率看，牛肉下降为 1.94%，羊肉下降为 1.33%，肉类总产量则提高到 3.61%。

（三）成本收益的变化

1. 生产成本显著上涨

肉牛、肉羊生产成本大幅上涨。根据全国农产品成本收益资料，每头散养肉牛的总成本从 2006 年的 2 301 元增加到 2012 年的 7 450.9 元，增长了 2.24 倍。其中 2007 年和 2008 年的增长幅度较大，在 30%以上，2009 年和 2010 年增长幅度较小，在 10%以下，2011 年和 2012 年又出现快速增长，分别为 19%和 26%。每头散养肉羊的生产总成本从 2006 年的 283 元增加到 980 元，增长了 2.47 倍。其中，2007 年涨幅最大（48%），2009 年为负增长，2010 年和 2011 年的涨幅超过 20%，2012 年涨幅略有回落。

肉牛、肉羊的生产成本主要包括仔畜费、精饲料费、青粗饲料费等直接费用，固定资产折旧等间接费用以及人工成本。其中，仔畜费所占比例最大，散养肉牛中仔畜费约占 70%，散养肉羊中仔畜费约占 60%。仔畜费的大幅提高是造成牛羊生产成本显著增加的主要原因。2006—2012 年，每头散养肉牛的仔畜费从 1 208 元增加到 4 839 元，增长了 3 倍。每头散养肉羊的仔畜费用从 82 元增加到 402 元，增长了 2.9 倍。

精饲料费是另一项主要成本费用。从 2006 年到 2012 年，每头散养肉牛的精饲料费从 390 元增加到 1 300 元，增长了 2.33 倍，每头散养肉羊的精饲料费从 44 元增加到 155 元，增长了 2.53 倍。饲料价格上涨和使用数量增加是导致饲料费用增长的双重因素。无论是散养肉牛还是散养肉羊，饲料价格都上涨了 1 倍多，使用数量增长 60%左右。

人工成本是第三大成本构成要素。2006—2012 年，每头散养肉牛的人工成本从 452 元增加到 789 元，增长 75%，每头散养肉羊的人工成本从 113 元增加到 234 元，增长 189%。人工成本包括家庭用工折价和雇工费用。目前牛羊养殖的雇工数量还非常小，平均不到 2 个工日，人工成本中主要是家庭用工折价。尽管家庭用工天数在逐步下降，但是由于劳动日工价的显著上涨，全国平均劳动日工价从 2006 年的 16.9 元增加到 56 元，增长 2.3 倍，从而使得家庭用工总价增加。

2. 产品价格上扬带动收益增加

近年来，肉牛、肉羊生产效益连续大幅增加。2006—2012 年，每头散养肉牛的总产值从 2 916 元增加到 9 799 元，增长了 2.36 倍，每头散养肉羊的总产值从 373 元增加到 1 178 元，增长了 2.16 倍。总产值包括主产品产值和副产品产值，肉牛、肉羊的副产品产值非常小，可以忽略。主产品产值取决于主产品产量和出售价格，每头肉牛、肉羊主产品产量的增长幅度相对较小，出售价格的快速增长是带动产值上涨的主要动力。

2006—2012 年，每头散养肉牛的产肉量从 345 千克增加到 397 千克，提高了 15%，而肉羊的产肉量呈波动徘徊态势，几乎没有提高。这段时期，牛羊肉的价格却出现大幅度上涨，每千克牛肉出售价格从 8.2 元增加到 24.5 元，增长了 2 倍，其中 2007 年、2011 年和 2012 年的涨幅最大，超过 30%。每千克羊肉出售价格从 7.95 元增加到 26.8 元，增长了 2.4 倍，其中 2007 年、2010 年和 2011 年的涨幅最大，超过 20%。

3. 利润水平起伏波动

由于肉牛、肉羊生产的成本和收益同时上涨，因此利润变化存在不确定性，取决于两者的相对变化。2006 年每头散养肉牛的净利润为 615 元，2007 年增长 1 倍，达到 1 225 元，随后 3 年均呈波动下降。2009 年一头肉牛只能挣 930 元，2011 年和 2012 年利润出现大幅上涨，分别达到 1 689 元和 2 348 元。散养肉羊的净利润变化趋势类似，幅度相对较小，2006 年每头散养肉羊的净利润仅为 90 元，2007 年显著上涨后，随后 3 年处于回落，2009 年最低，2011 年和 2012 年显著回升至 200 元。

（四）生产变化的区域特征

1. 中原主产区

在 20 世纪 80 年代和 90 年代，该区域我国肉牛肉羊生产发展速度很快。1980—1999 年，这 4 个省份的牛存栏量由 919 万头增加到 3 607 万头，增长了近 3 倍，占全国牛存栏总量的比例从 13%提高到 28%，成为肉牛的主要生产区。相比之下，羊养殖的发展速度明显低于牛。从 1980 年到 1999 年，这 4 个省份的羊存栏量从 3 387 万只增加到 8 104 万只，增长了 1.4 倍，占全国羊存栏总量的比例从 18%增加到 29%，在全国肉羊生产中占有重要位置。

进入 21 世纪后，该地区牛羊养殖积极性显著下降，牛羊存栏量明显减少。

到2011年，这4个省份的牛存栏仅1 995万头，比1999年下降了45%，占全国的比例降为19%，减少了9个百分点。4省的羊总存栏量降为6 065万只，比1999年减少了34%，占全国的比例降为21%，比1999年减少了8个百分点。

不过，由于该地区牛羊产肉水平较高，牛羊肉占全国总量的比例要高于其牛羊存栏量的比例。尽管近年来比例也呈下降趋势，但是2011年这4个省份的牛肉产量合计占全国的34.1%，羊肉产量比例仅占全国的25.41%，依然是中国牛羊肉的主要供给地。

从肉牛生产来看，该区域中河南省牛存栏量最大，增长快，下降慢。1980—1999年，河南省牛存栏从340万头增加到1 341万头，增长2.9倍；山东省规模其次，从218万头增加到977万头，增长3.5倍；河北省规模最小，但增长幅度最大，从121万头，增长到694万头，增长了4.7倍。安徽省最初的牛存栏量仅次于河南省，为241万头，但是从1980年到1999年仅增长1.5倍，成为该地区牛存栏量最小的省份（仅595万头）。进入21世纪后，该地区牛羊存栏量都呈下降趋势。其中，下降幅度最大的是安徽，其牛存栏量2011年降为147万头，降幅达到75%；山东降为493万头，减少一半；河北降为400万头，降幅为42%；河南降为955万头，降幅为28%，依然是该区域牛存栏量最大的省份。

从肉羊生产来看，山东省的羊养殖规模最大，也较为稳定。1980—1999年，河南省和山东省的羊存栏量分别从1 148万只增加到2 786万只和从1 041万只增加到2 536万只，都增长了1.4倍。河北省羊存栏量居中，从815万只增长到2 064万只，增长了1.5倍。安徽省规模最小，增长速度也最慢，从383万只增加到718万只，增长了0.8倍。进入21世纪，河南省羊存栏量出现大幅下降，2011年降为1 865万只，比1999年减少了33%,；其次是河北，降为1 457万只，降幅达到29%；安徽降为592万只，降幅为18%；山东降幅最小，下降15%，降为2 151万只，超过河南，成为该地区羊存栏量最大的省份（表2-38）。

表2-38 中原主产区牛羊存栏量的变化

项目	主产区	1980年	1985年	1990年	1999年	2007年	2011年
牛存栏（万头）	河北	121	155	208	694	475	400
	安徽	241	398	501	595	143	147
	山东	218	258	512	977	571	493
	河南	340	610	893	1 341	1 031	955

（续）

项目	主产区	1980 年	1985 年	1990 年	1999 年	2007 年	2011 年
羊存栏（万只）	河北	815	721	1 075	2 064	1 584	1 457
	安徽	383	216	398	718	536	592
	山东	1 041	783	2 076	2 536	2 342	2 151
	河南	1 148	662	1 280	2 786	1941	1 865

2. 东北主产区

改革开放以来，该地区的牛羊存栏量基本保持增长态势。1980—2011 年，这 4 个省份牛存栏量从 700 万头增加到 1 948 万头，占全国牛总存栏量的比例从 10%提高到 19%。羊存栏量从 3 222 万只增加到 7 309 万只，占全国羊总存栏量的比例从 17%提高到 26%。

从牛羊肉来看，该地区牛的单产水平较高，2011 年这 4 个省份的牛肉产量占全国的比例达到 27%，高出牛存栏比例的 8 个百分点。羊的单产水平与全国水平基本相当，2011 年羊肉产量比例达到 28%，仅高出全国平均水平 2 个百分点。

内蒙古的牛存栏量在 1980—1999 年增长缓慢，基本保持在 350 万～400 万头，2000 年后出现显著增长，到 2011 年增长到 635 万头。黑、吉、辽三省的牛存栏量增长主要出现在 1990—2007 年，黑龙江牛存栏量从 237 万头增加到 523 万头，增长 1.2 倍，吉林从 188 万头增加到 539 万头，增长 1.9 倍，辽宁省从 151 万头增加到 332 万头，增长 1.2 倍。但是，从 2008 年至今，这 3 个省份的牛存栏量出现稳中有降的情况，特别是吉林省，2011 年其牛存栏量降为 424 万头，只有 90 年代末的水平。

该地区各省羊存栏的变化趋势基本相同，都是一直保持增长，21 世纪以来增长速度加快。20 世纪 80 年代和 90 年代，内蒙古的羊存栏量分别在 2 000 万只和 3 000 万只，进入 21 世纪后，羊存栏量迅速攀升到 4 000 万只，到 2011 年达到 5 276 万只。黑龙江羊存栏量从 1980 年的 303 万只增加到 1999 年的 481 万只，到 2011 年的 916 万只。辽宁省的羊存栏量从 195 万只增加到 348 万只，到 2011 年为 726 万只。吉林省的羊存栏量增长幅度相对较小，且近年来有下降情况（表 2-39）。

表 2-39 东北主产区牛羊存栏量的变化

项目	主产区	1980 年	1985 年	1990 年	1999 年	2007 年	2011 年
牛存栏（万头）	内蒙古	354	397	385	380	613	635
	辽宁	131	135	151	228	332	371
	吉林	112	167	188	413	539	424
	黑龙江	103	176	237	458	523	519
羊存栏（万只）	内蒙古	2 553	2 468	3 024	3 703	5 063	5 276
	辽宁	195	194	267	348	676	726
	吉林	171	151	234	342	457	392
	黑龙江	303	230	283	481	821	916

3. 西北主产区

该地区牛羊存栏量有所增加，但是增长速度较慢。1980—2011 年，这 6 个省份的牛存栏量合计从 1 621 万头增加到 2 051 万头，30 多年仅增长了 27%，因此在全国牛总存栏量的比例从 23%下降为 20%。羊存栏量从 1980 年的7 719万只增加到 2011 年的 9 040 万只，增幅仅为 17%，因此在全国羊总存栏量的比例从 41%下降为 32%，减少了 9 个百分点。

该区域的牛羊肉占全国的比例显著低于牛羊存栏量所占比例。2011 年，该区域的牛肉产量比例为 13.6%，比牛存栏比例小 6.4 个百分点；羊肉比例为 24%，比羊存栏量比例小 8 个百分点。这一方面是由于牛单产水平显著低于全国平均水平，另一方面尽管羊的单产水平高于全国平均水平，但是饲养周期长，出栏率相对较低，羊肉供给量较少。

该地区西藏的牛存栏量相对较大。从 1980 年的 466 万头增加到 2007 年的 622 万头，近年来存栏出现小幅度下降。青海牛存栏量在该地区列第二，其在 20 世纪 90 年代初存栏量较大，超过 500 万头，但是随后出现显著下降，尽管进入 21 世纪，牛存栏量有所恢复，但是 2011 年的存栏量还达不到 1980 年的水平。新疆和甘肃最初的牛存栏规模基本相当，在 200 万～250 万头，但是 2000 年以来新疆增长速度放缓，近年来还有所下降，而甘肃一直保持增长，到 2011 年甘肃牛存栏量增加到 434 万头，超过新疆 116 万头。陕西省牛存栏量在 20 世纪 90 年代最高时接近 250 万头，2000 年以后逐步下降，2011 年仅 150 万头。宁夏牛存栏量规模较小，不足 100 万头，但是一直保持增长，特别是 2000 年以来，增长势头非常显著。

该地区新疆的羊存栏量最大，超过 2 000 万只，其在 2007 年到达最高值 3 835万只，近年来存栏量出现明显下降，2011 年仅 3 016 万只。西藏和青海的羊存栏规模其次，均呈现稳中有降的趋势，2011 年分别为 1 646 万只和1 498万只，均低于 1980 年水平。甘肃省羊存栏与牛存栏相似，为稳步增长态势，从 1980 年的 1 188 万只增加到 1 757 万只。陕西省的存栏量在 600 多万只，与 1980 年水平相当。宁夏羊存栏量呈现稳步增长，2011 年达到 479 万只（表 2－40）。

表 2－40　西北主产区牛羊存栏量的变化

项目	主产区	1980 年	1985 年	1990 年	1999 年	2007 年	2011 年
牛存栏（万头）	西藏	466	499	506	528	622	615
	青海	487	516	539	378	447	442
	新疆	251	293	338	371	377	318
	甘肃	223	289	338	333	415	434
	陕西	176	185	242	247	166	150
	宁夏	20	23	28	56	97	92
羊存栏（万只）	西藏	1 825	1 627	1 677	1 689	1 707	1 646
	青海	1 613	1 328	1 608	1 640	1 497	1 498
	新疆	2 105	2 432	2 831	3 592	3 835	3 016
	甘肃	1 188	913	1 110	1 127	1 594	1 757
	陕西	666	341	613	583	668	643
	宁夏	322	310	318	377	385	479

4. 西南主产区

从存栏量看，该地区牛养殖规模最大，1980 年牛存栏量合计达到 2 278 万头，占全国的比例达到 32%，此后存栏量保持稳步增加，到 1999 年达到 3 365 万头，但是由于其增长速度低于中原地区的发展速度，因此占全国的比例下降为 26%。尽管 2000 年以来，存栏量也出现下降，但是由于其减少幅度小于其他地区，因此占全国的比例保持在 25%以上，2011 年还达到 27%。

该地区羊存栏量相对较小，20 世纪 80～90 年代期间不足 2000 万只，从 90 年代末开始出现显著增长，1999 年达到 2 756 万只，2007 年超过 3 000 万只，2011 年达到 3 194 万只。由于变化幅度较小，因此占全国的比例较为稳定，在11%水平。

受单产水平的影响，该地区牛肉产量占全国总产量的比例显著低于牛存栏量所占比例，2011年牛肉产量比例仅为14.3%，比牛存栏比例少了13.7个百分点。该地区羊肉产量比例与羊存栏比例很接近，2011年分别为11.7%和11.3%。

该地区四川省的牛养殖规模最大。从1990年以来，四川省的牛存栏量稳定在1 000万头到1 200万头；云南省稳定在700万头到800万头；广西和贵州的牛存栏量在1999年曾达到771万头和643万头规模，但是2000年以来下降幅度较大（表2－41）。

表2－41　西南主产区牛羊存栏量的变化

项目	主产区	1980年	1985年	1990年	1999年	2007年	2011年
牛存栏（万头）	重庆				161	94	125
	四川	917	940	1 008	972	985	968
	贵州	380	486	590	643	513	467
	云南	570	732	768	819	726	746
	广西	411	560	704	771	397	442
羊存栏（万只）	重庆				150	121	177
	四川	1 089	877	946	1 199	1 710	1 662
	贵州	202	147	178	330	222	256
	云南	747	724	722	836	826	901
	广西	80	67	81	241	155	198

同时，四川的羊养殖规模也是最大的。四川省尽管在20世纪80年代有所下降，但是90年代后增长显著，近年来稳定在1 800万只。云南省稳步增长，到2011年超过900万只。贵州和广西的羊存栏规模相对较小，不过近年来在全国大部分地区出现羊养殖规模下降的同时，其存栏量出现显著增长，2011年分别达到256万只和198万只。

（五）草食畜牧业发展模式及趋势

1. 国外畜牧业发展模式借鉴

（1）新西兰奶业经营体系与主导模式。

① 总体情况。新西兰现代畜牧业发达，在国民经济中占有重要地位，畜

牧业和畜产品加工业对 GDP 的贡献率在 50%以上。全国约有 6.5 万个农牧场，以家庭经营为主，是畜牧业的主要经营主体。新西兰牧场专业化水平高，有近 3/4 的牧场主要经营某一产品，大大提高了劳动生产率、资本生产率和全要素生产率。

② 奶业生产经营主体。奶业是新西兰畜牧业的重要组成部分。其生产经营主体主要是奶牛场，全国共有 11 600 多个奶牛场，饲养头数一般在 150 头以上，平均规模 366 头，规模化水平较高。新西兰草原和土地资源丰富，特别是拥有高质量的牧草，奶牛场都是采用牧场放牧饲养模式（表 2-42）。

表 2-42　新西兰不同规模奶牛场数量统计

奶牛头数（头）	奶牛场数量（个）	比例（%）
＜150	1 245	10.7
150～249	3 263	28.1
250～349	2 578	22.2
350～449	1 520	13.1
450～549	1 044	8.9
550～649	652	5.6
650～749	418	3.6
750～949	465	4.0
＞950	433	3.7
总计	11 618	100

③ 奶业经营组织模式。新西兰奶牛和乳品企业主要有两种合作模式，一是奶牛场参股乳品企业的合作制模式，二是奶牛场和独立的乳品企业通过合同收购的方式进行合作。奶牛场参股的合作制的乳品加工企业是新西兰乳品加工企业的主要形式，这些合作制乳品企业本身也属于这些提供奶源的奶农所有。96%以上的奶牛养殖企业与乳品加工企业之间是股份制的经济联合体，独立的乳品加工企业只占新西兰原料奶收购的 3%左右。2007 年合作乳品加工企业只剩下 3 家公司，分别是恒天然合作集团（Fonterra Co-operation Group）、Westland 合作乳品公司和 Tatua 合作乳品公司。以上 3 家公司原料奶收购量占当年全国从奶牛场收集牛奶固形物总量的 97%以上。其中，恒天然集团公司原料奶由大约 11 000 个持股的牧场主供应，原料奶牛收购量占新西兰总产

量的92%，在新西兰乳品加工业中占据主导地位，也受到牧场主的欢迎。因为拥有加工企业的所有权，牧场主在产业链中的地位和收益有了保障，奶农依据合同向企业供奶，企业根据国际市场行情，以尽可能高的价格向奶农支付奶款，企业加工增值所获取的利润定期给奶农分红，这种产业链利益分配格局，使得所有奶农都特别注重产品质量，关注和支持加工企业发展，形成双赢局面。

④ 社会化服务组织。新西兰先进的科技力量为奶业发展提供了有力的技术支撑。为了保证新技术能够及时在生产中得到应用，新西兰在奶业生产中非常重视科技推广。新西兰科技推广体系包括公共研究机构，主要包括农业研究所等8个研究所，以及奥克兰大学等8所大学，研发投资分别占新西兰的26%、37%，同时科技推广体系还包括财团所属的研究机构、私营研究机构（如Fonterra公司研究中心）等。其中，最主要的行业组织是新西兰奶农协会（Dairy NZ），该协会完全独立，由饲养奶牛的牧场主出资，授权一个管理委员会管理，同一些大学和咨询机构开展合作研究，奶农协会对每一位农场主股东负责，进行经营改进、产品和设施开发、凝聚和教育牧场主，对政府和相关利益主体施加影响，防范乳品行业风险等工作。

（2）巴西肉鸡产业经营体系与主导模式。

① 基本概况。巴西是世界肉鸡生产大国，其肉鸡产量仅次于美国和中国，是以加工鸡肉为主体的出口导向型发展模式。肉鸡产业在巴西的发展历史相对较短，20世纪60年代才被引入。并且，引入初期发展缓慢。直到进入80年代，一些实力雄厚的养禽公司相继出现，建设了一大批规模机械化养鸡场，并形成了集约化生产体系，使得巴西肉鸡生产快速增长，在拉丁美洲很快取得领先地位。随着巴西肉鸡生产的快速增长，2000—2010年巴西肉鸡出口持续增长，肉鸡出口量占其肉鸡生产总量的比例超过30%，已成为世界最大的肉鸡出口国。巴西的肉鸡产业发展迅速，首先得益于地大物博的地理优势和资源优势。这些优势使巴西的种植业发展迅速，进而带动了饲料业的迅猛发展，从而使肉鸡生产成本较低，在国际市场具有很大的比较优势。巴西的肉鸡养殖产业主要集中于南部和东南部，这两个区域的鸡肉产量分别约占国内总量的50%和27%。巴西肉鸡生产主要集中在这两个区域的主要原因在于：适合肉鸡养殖良好气候条件；毗邻消费城市，例如圣保罗和里约热内卢；大量便宜的劳动力。

② 生产经营主体及模式。在巴西，超过 90%的肉鸡生产来自纵向一体化公司或者合作公司。大型公司都是一条龙模式，有自己的孵化场、饲料厂，且拥有先进的加工厂。在养殖环节方面，产业链经营企业大多通过养殖合同交给养殖户来负责，而且合同养殖的占比非常高。在这样一种安排之下，产业链整合企业提供种鸡、饲料和兽医方面的服务，而合同养殖户则需要提供鸡舍、设备、水电和日常养殖管理服务等，合同养殖占国内肉鸡产量的 75%。巴西肉鸡纵向一体化公司和合作公司都实行较为严格的质量控制项目，保证了较高的肉鸡产品质量。近几年，一些最初为了处理粮食而成立的农民联合企业，已经扩张涉足家禽产业，他们往往从一些育种公司购买雏鸡，自己生产或者外购饲料和预混料。

2. 草食畜牧业发展模式分类标准与内涵

从草食畜牧业产业组织经营形式的角度，基于核心环节生产闭环的原则，仅对基本的组织模式做出分类。基于以上原则，本报告将我国草食畜牧业发展模式分为两大类，即单体自营模式（single agent self-employed，SASE）和多主体联营模式（multi-agent joint operation，MAJO）。其中，单体自营模式是指生产养殖各环节自行自由决策，不受其他经营主体的约束，其代表类型是家庭牧场、一体化企业。多主体联营模式是指多个主体以一定的机制或合约组成利益共同体，通过集体决策进行养殖，其代表类型是合作社、“纯订单式‘企业+’”模式、“二次返利式‘企业+’”模式（表 2-43）。

表 2-43 草食畜牧业发展模式的主要类型

模　式	代表类型
单体自营模式（single agent self-employed，SASE）	传统养殖户 家庭牧场 一体化企业
多主体联营模式（multi-agent joint operation，MAJO）	合作社 “纯订单式‘企业+’”模式 “二次返利式‘企业+’”模式 “车间组装式‘企业+’”模式（代表性的如母牛交给农户或者合作社，犊牛回收）

3. 草食畜牧业发展模式的现状、问题与趋势

(1) 适度规模化的草畜结合型家庭牧场将是支撑草食畜牧业发展的重要根基。草食畜牧业生产经营的规模化是世界性发展潮流，可以肯定，我国的畜牧业发展也不可能逆潮流而上。实际上，随着土地租金不断上涨、劳动成本大幅提高、饲料价格持续攀升、环境治理投入显著增加，草食畜禽养殖生产成本高长。“用工成本高、雇工难、环保严”倒逼养殖场户采用先进适用的生产技术，不断提高精细化、自动化生产管理水平，客观上形成了技术准入门槛。近年来，中央和地方各级政府不断出台有关政策措施，积极引导标准化规模养殖，加之市场波动的轮番洗牌，导致小规模分散养殖户大量退出，标准化、规模化、草畜结合型家庭牧场快速发展，已逐渐成为我国草食畜禽养殖业的主要生产组织模式。

(2) 资本化、产业一体化的企业渐成草食畜牧业的前沿主导。除了日常运营成本外，现代草食畜禽养殖业前期投入越来越大，生产标准要求越来越高。这种高投入、高产出的模式，客观上形成了现代草食畜禽养殖业的资金与技术准入门槛，决定了现在的规模化标准草食畜禽养殖业不再是以前的农村“副业”，而是要有一定资金实力和技术力量基础的专业化、规模化、集约化产业。因此，工商资本从事现代畜禽养殖业的优势不断显现。基于实地调研发现，产业化企业在草食畜产品加工业方面占有绝对的优势，是整个行业加工环节的主导，而这也是草食畜牧业产品附加值提升最为关键的一环，直接与消费者相连。消费需求导向时期，农业企业尤其是产业化龙头企业将会逐渐主导草食畜牧业的发展方向。

(3) 强化新型社会化服务体系建设，将成为推进现代草食畜牧业发展的必然选择。健全的社会化服务体系，是保障草食畜牧业生产经营主体从事专业化生产的基础。从经营活动过程看，草食畜牧业生产环节众多，单一主体全环节全覆盖，将会占用极大的资本和劳动力，难以保障专业化的生产。从经营主体看，农业劳动力低质化、老龄化严重，对公共产品性质的农业社会化服务需求旺盛。从现代草食畜牧业的经营要求来看，无论是现代物质装备还是现代科学技术，都需要培育新型职业农牧民。从传统作物农业来看，目前很多地方，如宁夏、黑龙江等省份，机械化、植保等服务发展快速，极大地促进了产业分工和专业化生产，降低了生产成本。调研发现，牧草生产过程中，生产经营主体对机械、植保等服务需求较大，有着强烈的意愿，养殖环节对技术需求较为普

遍。目前牧草耕、种、收机械服务已开始初步发展，但植保和草食畜禽养殖技术服务仍然不成规模，但可以预判的是，随着主体对产业分工细化优势认识的提高，未来新型社会化服务组织将会是草食畜牧业发展模式的主要组成部分，也将成为推进现代草食畜牧业发展的必然选择。

4. 草食畜牧业发展模式的优化路径

（1）大力推动草畜结合型养殖模式发展。按照资源禀赋差异和草食畜种差异，科学测算不同草食畜种与饲草地配置比例，指导各地区种草养畜、草畜结合，鼓励自营主体和联营主体发展草畜结合型养殖。设置奖补标准，明确草食畜种养殖与饲草料种植的匹配规模门槛，对符合标准的主体给予资金奖补，在内蒙古等主要牧区省份和云南等草山草坡地区率先开展试点。

鼓励商业性金融机构积极创新金融产品和服务方式，扩大草畜结合型养殖主体有效担保物范围，完善其小额信贷和联保贷款等制度，解决草畜结合型养殖主体贷款难、融资难等问题，推动草畜结合型养殖模式发展。

（2）培育新型草食畜牧业经营主体。建立省、市、县等三级高素质牧民资格认定制度，科学确定认定条件和标准，提升生产管理能力。鼓励各区域因地制宜制定家庭牧场建设标准、认定程序和注册登记制度，开展家庭农牧场信用等级评定，设置专项资金，给予奖励，将家庭农牧场纳入小额信贷和小微企业融资扶持范围。制定出台针对家庭农牧场在栏舍建设等基础设施补贴、贷款贴息等优惠、扶持、奖励政策，鼓励以农牧户入股、企业筹建等多种形式组建合作社。探索成立技术推广股份公司，支持专业技术人员创业从事有偿服务。引导产业化龙头企业和行业领军企业联合重组，着力培育一批产业关联度大、科技水平高、带动能力强的大型企业，加大对小微企业等畜禽养殖企业的政策扶持力度。

（3）多元化发展多主体联营模式。引导专业大户、家庭农牧场等合理确定草食畜禽养殖规模，发展多种形式的适度规模养殖。鼓励养殖户联合成立合作社，采取多种形式形成利益共同体，提高组织化程度和市场议价能力。引导龙头企业通过入股、信贷担保、技术支持等方式与农户、合作组织等生产经营主体深度合作，提高彼此的信任度。规范合同文本、明确双方权责关系，强化企业与农户的诚信意识，平等互利、友好协商，形成稳定的购销合作关系，大力推进订单农业的发展。发展并创新“龙头企业＋合作社＋农户”或“龙头企业＋家庭牧场”的经营模式，鼓励龙头企业采取股份分红、利润返还、二次返利等多种形式，将产品加工环节获取的附加值收益部分让利给农户、合作社等联结主体。通过订单生产、合同养殖、品牌运营、统一销售等方式延伸产业链条，完善企业与农户的利益联结机制，共享产品增值收益。

（4）发展完善社会化服务组织。强化政府在纯公共属性、排他性弱等类型服务方面的功能，加强财政支持，开展基层技能服务型人才培训，提升基层技术骨干的服务能力，同时完善人才流动和兼职制度，推进科研成果使用、处置、收益管理和科技人员股权激励改革试点。扩大政府购买公益性服务机制创新试点，积极发展养殖废弃物专业化处理、实用养殖技术指导、动物诊疗、高素质农民培训等服务，通过项目引导、财政扶持、税费优惠、信贷支持等措施，丰富财政支持手段，加快培育多种形式的行业协会、专业组织等社会化服务主体。依托现有县乡农技推广体系建立的科技服务中心（或科技综合服务站），将各级服务中心与各类专业服务组织相结合形成服务网络。支持建立交流平台，提供技术推广与培训、咨询服务、供应服务、生产服务、购销服务、管理咨询、市场信息服务等，提高农牧户等小规模生产者的生产技能，鼓励社会化服务组织积极探索合作式、订单式、托管式等服务模式。

5. 政策创设

（1）完善草畜养殖的政策支撑体系。推进粮食主产区和农牧交错带“粮改饲”进程，扩大“粮改饲”试点项目范围，推动建立粮饲兼顾的新型农牧业结构。推行牧草种植直接补贴、良种补贴、农机具购置补贴、农资综合补贴等政策，夯实饲草料生产基础。强化畜禽良种补贴、基础母畜补贴、动物防疫补贴、养殖机械购置补贴及标准化规模养殖奖励等政策，深入推进标准化规模养殖项目建设，加快推进畜禽养殖标准化示范的创建，促进生产方式转变，增强养殖环节综合生产能力。

（2）加大对牧草产业的扶持。牧草是草食畜禽的主粮，建议国家将主要牧草也列入粮食扶持政策之中，享受同等奖补政策。宏观区域尺度上，从冬闲田利用、调整种植业结构、天然草地改良等视角制定区域差异性牧草种植补贴政策，推动牧草产业发展。政策供给视角下，建议尽快制定出台牧草种植直补、牧草良种补贴、牧草机械购置补贴、草产品加工企业补贴等政策，推进牧草产业化发展。建立牧草生产与管理的专项科研重大项目，设立包括育种、栽培、加工、病虫害防控等专门研究部门，充分整合国家牧草产业技术体系，牧草科研机构等相关单位，重点开展草地资源开发、优质牧草品种选育、牧草标准化关键栽培技术、牧草加工技术等研究。依托国家牧草产业技术体系在全国设立的综合试验站及各地方草原站等部门，加大对牧草生产与管理的轻简化技术的示范推广。同时建立科研—示范—推广相结合的试验示范基地，加快科技成果的转化，积极推广创新技术，提高草业发展科技含量。抓好技术培训，提高草原工作者和农牧民的科技素质，并构建以高校及科研院所为依托的草业专业人才培养机制，为草业发展提供后备人才。

（3）强化金融信贷支持。引导政策性金融机构采取授信等多种形式，加大对龙头企业固定资产投资、农产品收购的支持力度。鼓励商业性金融机构积极创新金融产品和服务方式，扩大有效担保物范围，完善农牧户尤其是家庭牧场小额信贷和联保贷款等制度，加大对龙头企业、合作组织、家庭牧场等新型经营主体的支持力度。适当加大畜禽标准化养殖项目资金，并逐步将直接补贴调整为贷款担保奖补和贴息，推动解决规模养殖场户贷款难题。但坚决避免龙头企业做“甩手掌柜”，制定核查标准，强化龙头企业对养殖户的技术指导和培训，并以其带动能力作为贴息及政策性资金拨付的依据。

第三节　日本、韩国重要农产品供给保障与调控经验

日本农业是东亚农业的典型，人口众多，资源匮乏，国土面积约70%为山地、丘陵，仅沿海的平原地区适宜农耕。2011年，日本总人口为1.278亿人，可耕地面积为456万公顷，人均耕地面积约0.535亩。韩国现有耕地面积169.8万公顷，占国土面积的17%。水田占到耕地的2/3，近年水稻种植面积为85万公顷左右，占耕地面积的50.3%。总人口4 839万人，人均耕地面积0.53亩。总体来看，在人口资源关系、经济社会结构、农业发展历史等方面，日本、韩国与我国有诸多的相似性。对工业化、城镇化、国际化过程中如何处理食物保障与经济社会整体发展的关系、与国际市场的关系，日韩采取了大量的措施，建立了比较完整的食物保障体系。尽管日、韩的经济社会发展在不同阶段有不同的特征，面临的国际环境也在不断变化，但都会结合自身资源、发展阶段、经济社会结构、历史文化、饮食习惯等方面的特征，确定发展方向和目标，建立食物和重要农产品保障食物政策体系。

一、确保自给能力

由于人均耕地资源较少，市场开放程度日益提高，农业的比较优势较弱。在经济快速发展的阶段，农业自身比较利益低下的制约也日益明显，食物自给率总体均呈现下降趋势。第二次世界大战后到20世纪50年代初期，日本确立了粮食自给发展战略。从1955年开始，日本选择了粮食“基本口粮自给＋进口替代”及蔬菜、水果和畜产品自给的政策，粮食自给率下降。自1960年以来，日本的综合粮食自给率持续下降，到2012年按热量计算的综合粮食自给率为39%，全年谷物自给率仅为27%，主食用谷物自给率为59%。日本的谷物自给率也是逐渐下降的，在1960年、1970年、1980年、1990年、2000年、2010年，日本的谷物自给率分别为82%、46%、33%、30%、28%和27%（表2-44）。直到1996年，谷物自给率开始跌破30%，此后在1997—2012年的16年里维持在27%～28%。进入21世纪后，日本国民越来越关注粮食安全问题。日本2000年《食料·农业·农村基本计划》提出，到2010年将粮食自给率从40%提高至45%。2007年农林水产省《食料·农业·农村白皮书》将实现粮食自给率提升至45%的目标延期到2015年。在《新农政2008》农业施政纲要中，日本政府明确提出了要加快本国粮食安定供给体制建设的要求。尽管日本政坛多变，但近年对提高粮食保障水平的态度基本一致。

表2-44　日本、韩国食物自给率情况

单位：%

年　份	日　本		韩　国		
	热量综合粮食自给率	谷物自给率	热量综合粮食自给率（新系列）	热量综合粮食自给率（旧系列）	谷物
1960	79	82	—	—	—
1965	73	62	—	89.7	—
1970	60	46	79.5	85	78.2
1975	54	40	—	84	74.1
1980	53	33	70	73.6	53.3
1985	53	31	—	71.4	49.2
1990	48	30	62.6	67.2	43.8
1995	43	30	50.6	60.9	30

（续）

年份	日本		韩国		
	热量综合粮食自给率	谷物自给率	热量综合粮食自给率（新系列）	热量综合粮食自给率（旧系列）	谷物
2000	40	28	50.6	—	30.8
2005	40	28	45.5	—	29.4
2010	39	27	54	—	27.6
2011	39	28	44.5	—	22.6
2012	39	27	—	—	—

1965—1995 年（旧系列算法），韩国基于热量计算的粮食自给率从 89.7%持续下降到 60.9%，下降近 30 个百分点；按新系列的算法，考虑肉类的饲料自给率之后，粮食自给率从 1970 年的 79.5%下降到 1990 年的 62.6%，到 2007 年进一步下降到 44.1%。随后经历了 3 年回升期，2008 年、2009 年、2010 年的粮食自给率分别为 48.3%、50.1%和 54.0%，2011 年又下降为 44.5%。1966 年，韩国的谷物自给率超过 100%，达到 102.5%，随后急剧下降，从 1967 年起跌破 90%的关口，1970 年、1980 年、1990 年、2000 年、2010 年，韩国的谷物自给率分别为 78.2%、53.3%、43.8%、30.8%和 27.6%。自 1991 年起，韩国的谷物自给率跌破 40%，在 20 世纪 90 年代后半期维持在 30%左右，2003 年以后基本在 30%以下。

出于保证食物安全、保护传统文化、发挥农业多种功能等方面的考虑，日本、韩国地区一直在努力克服农业比较效益低下、农业劳动力减少带来的影响，采取措施应对国际市场的冲击，力图保持大米这一最基本口粮的自给，并力所能及提高主食的自给率。日本主食用谷物的自给率确实也大幅度下降，1960—2012 年下降了 30 个百分点，但自给率还保持在 60%左右。

从 2011 年 16 类食物来看，日本通过多种途径提高自给率的成效是比较明显的，这在以下几个品种体现得比较明显：一是口粮。作为基本口粮的大米，国内生产量为 856.6 万吨，占到岸国内消费量的比例达到 94.99%，对外依赖程度很低，净输入量为 82.6 万吨，仅占到岸国内消费量的 9.16%。薯类国内生产量为 328.0 万吨，占到岸国内消费量的比例达到 75.33%。二是高价值农产品。这不仅是实现食物保障的需要，也是农民的重要收入渠道。蔬菜、鱼贝类、海藻类国内生产量为 1 185.9 万吨、429.7 万吨、8.7 万吨，占到岸国内消费量的比例达到79.34%、52.24%、62.14%。三是原粮转化食物。淀粉、肉类、鸡蛋、牛奶及加工品、白糖、油脂、酱、酱油国内生产量为259.4万吨、316.9万吨、248.3万吨、753.4万吨、202.7万吨、194.6万吨、45.9万吨、82.1万吨，占到岸国内消费量的比例达到95.30%、54.11%、94.73%、64.80%、83.62%、66.99%、100.22%、101.73%（表2-45）。

表2-45　2011年日本主要食物生产和消费情况

食物种类	到岸国内消费量（万吨）	国内生产量（万吨）	净输入量（万吨）	国内生产量占消费的比例（%）	净输入量占消费的比例（%）
谷类	3 434.5	951.7	2 588.7	27.71	75.37
米	901.8	856.6	82.6	94.99	9.16
薯类	433.1	328.0	105.1	75.73	24.27
淀粉	272.2	259.4	14.4	95.30	5.29
豆类	358.1	31.0	313.4	8.66	87.52
蔬菜	1 494.8	1 185.9	308.9	79.34	20.66
果实	788.2	296.6	492.6	37.63	62.50
肉类	585.7	316.9	272.9	54.11	46.59
牛肉	125.0	50.5	73.6	40.40	58.88
猪肉	246.2	127.8	119.7	51.91	48.62
鸡肉	209.9	137.8	75.9	65.65	36.16
其他肉类	4.1	0.5	3.6	12.20	87.80
鸡蛋	262.1	248.3	13.8	94.73	5.27
牛奶及加工品	1 162.7	753.4	400.9	64.80	34.48
鱼贝类	822.6	429.7	395.2	52.24	48.04
海藻类	14.0	8.7	5.3	62.14	37.86
白糖	242.4	202.7	43.8	83.62	18.07
油脂类	290.5	194.6	95.5	66.99	32.87
植物油脂	249.9	163.5	87.2	65.43	34.89
动物油脂	40.6	31.1	8.3	76.60	20.44
酱	45.8	45.9	−0.3	100.22	−0.66
酱油	80.7	82.1	−1.5	101.73	−1.86
其他食品	441.7	204.1	236.6	46.21	53.57

韩国的大米能够实现自给，在1966—2011年，除个别年份外，各年的大米自给率均在90%以上，最高为1966年，达到111.9%。2010年和2011年韩国的大米自给率分别为104.6%和83%。在韩国的《农业、农村发展基本计划》中，韩国政府对粮食自给率、主粮自给率、大米自给率设定了目标值，其中对大米自给率的目标值设定，在2015年由原来的90%提升为98%，到2020年依旧高达98%。

二、选择性促进国内生产

日本尽管粮食自给率很低，但稻米自给率始终维持在较高水平，除某些灾害年份外，稻米自给有余。这是因为日本对稻米一贯采取了强固的国境保护政策，通过高补贴、高关税保护稻米产业。1995年，日本颁布实施《新粮食法》，实行各种直接或间接的价格补贴政策。直接的生产补贴政策包括生产资料购置补贴、保险补贴和自然灾害补贴等。市场价格补贴与产量挂钩支付，在1952年的《粮食管理法》中提出"高价收购，低价出售，差额由政府补贴"的办法。1995年，日本加入WTO，粮食生产补贴政策受到WTO规则的约束而发生了变化，补贴政策归入"黄箱"和"绿箱"政策体系之内，补贴性质由生产补贴转变为粮农收入补贴，即支持粮农增收的生产保障性补贴和部分保留能促进粮农增收的生产性基础设施补贴。1997年归入"绿箱"政策的补贴高达220亿美元。为了防止自主流通米价格下降对稻农收入的冲击，日本在1998年开始实施"稻作经营安定计划"，即利用稻作安定经营基金对100%完成政府生产调整任务的农户因价格下跌而导致的收入损失进行补偿。稻作安定经营基金的资金来源是农户拿出稻米基准价格2%资金，政府拿出基准价格6%资金。补贴办法是把前3年稻米价格的平均数作为基准价格，从稻作安定经营基金中支付基准价格与当年价格差额的80%。麦类、大豆及其他品种也分别设有基准收入和价格，当基准收入低于价格时，启动麦类安定经营资金、大豆交付金等进行补贴。1993—2002年期间"第四个土地改良长期计划"总补贴额高达41万亿日元，这两类补贴绝大部分都用于粮食生产。2000年，水稻生产者收入的60%来自政府"黄箱"政策补贴。2005年日本农林水产省农业支持新方案又增加了生产支付、收入差额支付、科技和水利环境保护支付等3种直接支付措施，其中科技、水利环境保护支持资金占整个预算额度的60%。

加入 WTO 以前，韩国主要通过价格支持、生产性专项补贴政策刺激农户的种粮积极性。加入 WTO 后，补贴政策转向直接补贴支付。主要措施包括：一是购销倒挂的价格支持。韩国从 1968 年开始实行大米双重价格制，即高价从农民手中买入大米，低价卖给城市居民，差价由政府补贴。购销的差价补贴资金来自《粮食管理法案》基础上建立的粮食管理基金。到 1993 年年底，粮食管理基金赤字 87 000 亿韩元，其中 88.5%是因补贴大米种植户所致。1993 年，韩国政府对购销补贴政策进行了调整，将过去完全依靠政府补贴农户转变为政府和国内消费者共同补贴农户。二是生产资料购买补贴。韩国政府自 1972 年起鼓励农户购买农业机械，并给予低息贷款补贴。从 20 世纪 70 年代起，政府委托农业协同中央会（农协，NACF）从厂家购买化肥、农药，然后低价卖给农户，差价由政府承担。韩国政府在 1993 年制订了“病虫害综合防治”和“养分综合管理”计划，旨在降低化肥、农药的施用量。1996 年，政府降低了化肥补贴标准，并于 2005 年彻底取消化肥补贴。三是农业基础设施建设投入。1971—1981 年，韩国重新规划了最大的 4 条河流周边的耕地（占全国耕地总面积的 54%），改造旧的灌溉系统，加强农田水利设施建设。1992—1998 年，韩国投资 42 万亿韩元实施“调整农村和渔村结构的措施”。随后，韩国政府又提出新投资 45 万亿元继续加强农业基础设施建设。四是粮食生产直接补贴支付。从 1998 年起，直接支付成为韩国主要的农业支持政策。粮食生产直接补贴政策主要体现在新环境农业直接支付（2006 年共发放 114 亿韩元）、农民提前引退直接支付、稻田直接支付计划、支持农协组织 4 个方面。五是大米所得保障直接补贴。如市场价格低于目标价格，政府向农户补贴目标价格与当年价格差额的 85%。在激发农民积极性的同时，韩国高度重视发展农业技术，主要从培育优质品种、扩大优良种子供给、推广优质栽培技术、引导农户和大米加工厂开展合作等方面予以支持。

三、适当扩大经营规模

针对户均农地经营规模较小、效率不高的问题，1975 年，日本在局部地区实施“农地利用促进事业”以促进农地流转。到 1980 年，政府修改《农地法》并提出《农地利用增进法》以促进土地使用权的流转，制定了租金补贴、减免土地收入税等优惠措施，鼓励农户出租或出卖土地。1993 年，日本修订了《农地法》和《农地利用增进法》，推行“认定农业生产者”制度，鼓励农地向认定农业生产者集中。在政策作用下，日本农地开始大规模流转和集中，表现为大规模农户增加和小规模农户减少，但“认定农业生产者”的经营规模仍难以超过5公顷。1999年7月，日本制定《新农业基本法》，提出发展“有效率和稳定的农业经营体”，继续鼓励农地向“认定农业生产者”集中。2007年4月1日，日本实施了“新的农业经营稳定政策”，将补贴对象由全体农户转向了具备一定经营条件的骨干农户，不分品种地对目标农户整体经营进行收入补贴。2009年，日本修订《农地法》，允许公司在一定条件下租赁农业土地开展经营。2010年日本农业经营主体为167.9个，比2005年减少了20%。但总体来看，日本扩大农业经营规模的进度并不理想。

2010年制订的《粮食、农业、农村基本计划》出台后，日本推动农业经营规模的力度明显加大。目标是未来10年内，80%以上农业经营主体的经营规模在平原地区达到20～30公顷，丘陵和山区达到10～20公顷。农业就业人员数量大幅度增加，从20万人扩大到40万人。农业经营主体使用的农地面积，从50%提升到80%。农业公司经营的数量，从1.25万个增加到5万个。制定扩大农业经营规模主体的名单和规划，实行“人地计划”。对培养研修人员的农业公司、教育机构，培养一名每年补贴120万日元，最多补贴2年。对青年农业就业人员研修，每年150万日元，最多可享受2年。对青年农业就业人员开始经营，每年补贴150万日元，最多可享受5年。对扩大农业经营规模的农户，每0.1公顷补贴10万日元。对提供0.5公顷以下、0.5～2公顷、2公顷以上租赁土地、不对租赁对象附加条件的农户，分别补贴30万日元、50万日元、70万日元。对农业经营者的长期大型借贷资金的利息，头5年予以全部补贴。

安倍第二届内阁成立后，为解决农业劳动者老龄化问题，推动农业经营规模扩大，再次革新农地政策。主要的内容包括建立和支援农地中介机构、土地集中合作补贴金、支援和推动建立数字化可视化农地登记账并确认撂荒耕地所有人的租赁意向、扩大经营规模补贴金、支援农地买卖、农地大面积集中整理改造、撂荒地紧急再利用补贴等。该新政将于2014年开始实施，年度直接和间接相关的预算达1 560亿日元。

到20世纪70年代前后，韩国开始解除对土地买卖和占有的限制性规定，鼓励务工农民交出土地，以利扩大农业生产规模。同时，在土地难以集中的地方，在保持土地分散占有前提下，拨出大量资金扶持或直接组织发展农业生产中的各种公司组织机构，推动农业生产的规模发展。1994 年韩国制定了新的《农地基本法》，新法进一步放宽土地买卖和租赁限制，在农业振兴区内鼓励农户拥有更大规模的土地面积（10～20 公顷）。允许建立拥有土地上限为 100 公顷的农业法人。1997 年通过《农地强制条例》确保农业振兴区的土地不被移用。政府还推出了农民退休支付计划，规定年龄超过 65 岁以上的农民，如果愿意把土地出售或出租给专业农民 5 年以上，可以获得总额为每平方米 258 韩元（约每公顷 2 580 美元）的补贴。这些政策的推行旨在进一步扩大农户的土地经营规模和提高农业的现代化水平。通过执行提高农户生产经营规模的政策，韩国计划到 2013 年平均经营 6 公顷以上耕地的农户占全国稻农的 50%，同时放宽拥有土地的上限，计划每年培养 1 000 名创业型农民，着力培养核心农户。

四、有效实施国际贸易管制

从 1955 年起，日本实行粮食进口战略，绝大部分小麦、饲料粮依赖进口。农产品自由化率也随之上升，按农产品种类测定，自由化率从 1959 年的 43% 上升至 1963 年的 92.1%。尽管日本在确保稻米主粮自给的基础上，采取了粮食进口替代战略，但其粮食进口并非完全放开，而是有次序放开的，选择了“先饲料和油籽，后小麦、稻米”的顺序，即首先放开玉米、大豆和油籽等进口。《稳定主要粮食供需及价格法》规定大米、小麦及高粱的进口只能由政府进行，且在国内粮食歉收时才能进口。直到 20 世纪 90 年代日本才开始放开小麦、稻米进口。就大米和小麦的净进口量而言，在 1990—1999 年比 1980—1989 年增加了 10 倍多，2000—2009 年又比 1990—1999 年增长了 40%。当前，日本对玉米、大豆及其他食物基本采取完全放开的进口策略，但对小麦仍有限制，且稻米进口管制更加严格。日本制定的《新粮食法》也对国内大米市场实行贸易保护，实施进口数量限制、关税化管理、进口大米用途限制、进口粮买入和卖出同时招标等措施，尽量降低国外低价稻米对本国稻米生产的冲击。

粮食进出口调控是韩国保障粮食安全的重要手段之一，主要手段是通过关税和配额进行调控。为保护国内的水稻产业，大米是韩国目前唯一受进口配额约束的项目。除配额措施外，关税是韩国粮食进出口调控的重要工具，谷物及其制品的最终约束税率平均高达 179.7%，即使是最惠国执行税率也高达

133.7%，并且92.7%的关税项目处于约束税率之下。制定进口大米的品种和品质要求，分国别配额分配。大米进口业务全部由国有贸易机构承担，进口后通过公开招标拍卖的形式销售给具有政府认定资质的大米流通企业，再由他们进行批发或零售业务。控制用于直接口粮消费的比例，如进口大米的10%～30%用于国内市场流通，余下部分由政府进行管理，主要用于食品加工对市场流通的进口大米进行原产地标识管理，要求列明产出国、生产日期、品种、等级、重量等内容。与之同时，加强外交关系，谋求进口来源多元化。

五、建立海外补充体系

为保障粮食安全，日本一方面努力提高粮食自给率，另一方面积极探索利用国外的土地、人力等生产资源，建立国内农业和海外农业两个互补体系，寻求多角度的粮食供给途径和方式。早在1899年便有日本官方资助的公司向秘鲁派出农场工人，这是日本有组织地在海外屯田的开始。自1908年起，日本政府和民间组织先后在巴西、哥伦比亚、巴拉圭等地展开了类似活动。20世纪40年代起，日本在东南亚建立了农场，80年代将垦荒范围扩至中国。20世纪70年代中期至90年代初是日本海外农业投资的高峰期，目前日本很多海外农业投资大多来自这一时期。据韩国《朝鲜日报》2008年3月4日报道，“日本在世界各地拥有1 200万公顷农田，相当于日本国内农田面积的3倍左右”。

为了补充国内粮食的产需缺口，除进口外，韩国也在积极拓展海外农业。20世纪70年代末，韩国政府选择在阿根廷购买土地，开启了海外屯田历程。自全斗焕总统起，韩国历任总统对海外农业开发高度重视。2008年初，李明博总统发出“建立海外粮食基地”的号召。2008年6月，韩国政府提出“10年海外农业开发战略计划”。2012年1月，韩国《海外农业开发合作法》正式生效。韩国海外农业开发的步伐紧跟日本，到2011年年底，韩国在海外农地的有效租赁面积达4.23万公顷，遍布亚洲、欧洲、非洲、美洲和大洋洲，涉及24个国家，主要种植大米、大豆、玉米等作物及其产品加工和出口，累计已生产17.1万吨大米、大豆和玉米。据韩国农林水产食品部2011年对海外农业开发的目标设定，2015年海外农业开发提供的谷物将达到91万吨，到2020年将达到138万吨。

第三章

农业结构调整

近年来，随着我国经济的快速发展、工业化和城镇化的快速推进，城乡居民生活水平不断提高，主要农产品消费总量持续增加、结构进一步优化。城乡居民人均肉、蛋、奶、水产品和食用植物油消费快速增加，替代了部分传统主食以及薯类等副食，推动人口粮食消费从峰值回落，全国口粮需求趋于稳定，粮食和主要农产品消费进入结构转型期。

第一节　农产品需求变化

一、人口结构变化对粮食需求影响研究

（一）我国粮食消费特征

1. 我国城乡居民食品消费数量和结构

（1）城镇居民粮食购买量稳中有降，肉类购买量不断增长。2004—2012年，城镇居民人均购买粮食（商品粮）数量先下降，后上升，整体趋于稳定。2004年为78.2千克，2008年下降至63.6千克，随后回升至80千克左右，2012年为78.8千克，基本和2004年持平。蔬菜购买数量9年下降10千克，如表3-1所示。

人均肉类购买数量由2004年的29.3千克上升至2012年的35.7千克，增长21.9%，年均增长2.5%。其中，猪肉购买量增加2千克，牛羊肉保持稳定，禽肉购买数量增长较快，增加4.4千克，增长68.8%。

城镇居民人均鲜蛋购买数量相对稳定，维持在10.5千克左右，鲜奶的购买数量不断下降，2012年为13.9千克，比2004年减少4.9千克，下降25.8%，

表 3-1　2004 年以来我国城镇居民人均购买主要食品量

单位：千克

主要食品	2004 年	2005 年	2006 年	2007 年	2008 年	2009 年	2010 年	2011 年	2012 年
粮食	78.2	77.0	75.9	78.7	63.6	81.3	81.5	80.7	78.8
蔬菜	122.3	118.6	117.6	117.8	123.2	120.5	116.1	114.6	112.3
植物油	9.3	9.3	9.4	9.6	10.3	9.7	8.8	9.3	9.1
猪肉	19.2	20.2	20.0	18.2	19.3	20.5	20.7	20.6	21.2
牛羊肉	3.7	3.7	3.8	3.9	3.4	3.7	3.8	4.0	3.7
禽类	6.4	9.0	8.3	9.7	8.5	10.5	10.2	10.6	10.8
鲜蛋	10.4	10.4	10.4	10.3	10.7	10.6	10.0	10.1	10.5
鲜奶	18.8	17.9	18.3	17.8	15.2	14.9	14.0	13.7	13.9
水产品	12.5	12.6	13.0	14.2	11.9	12.2	15.2	14.6	15.2

数据来源：历年《中国统计年鉴》。

可能的原因是酸奶、奶酪、奶片等鲜奶制品的购买数量不断增加。

人均水产品购买数量由 2004 年的 12.5 千克，增至 2012 年的 15.2 千克，增加 2.7 千克，增长 21.5%。从城镇居民人均购买主要食品数量变化可以看出，消费习惯逐渐向获取更多的动物蛋白转变，消费结构更加多样化。

（2）农村居民粮食消费量大幅下降，肉蛋奶消费量不断增长。2004—2012 年，农村居民粮食消费数量不断下降，2012 年为 164.3 千克，较 2004 年下降 54 千克，下降 24.5%，近 1/4。鲜菜消费量 9 年下降 21.9 千克，下降 20.6%，人均肉类消费量由 2004 年的 17.9 千克上升至 2012 年的 20.8 千克，增长 16.2%，年均增长 1.9%。其中，猪肉消费量增加 0.9 千克，牛羊肉增加 0.6 千克，禽肉消费量增长最多，增加 1.4 千克，增长 45.2%。

农村居民人均蛋及制品消费量 2012 年为 5.9 千克，比 2004 年增加 1.3 千克，增幅 28.3%。人均奶及制品消费量增长最快，2012 年为 5.3 千克，是 2004 年的 2.65 倍。

人均水产品消费量由 2004 年的 4.5 千克，增至 2012 年的 5.4 千克，增加 0.9 千克，增长 20%。农村居民人均主要食品消费量 2004 年以来除粮食和蔬菜外，均有较大幅度的增长，增幅均达到 20%以上，如表 3-2 所示。

表 3-2　农村居民人均主要食品消费量

单位：千克

主要食品	2004 年	2005 年	2006 年	2007 年	2008 年	2009 年	2010 年	2011 年	2012 年
粮食	218.3	208.8	205.6	199.5	199.1	189.3	181.4	170.7	164.3
蔬菜	106.6	102.3	100.5	99	99.7	98.4	93.3	89.4	84.7
植物油	4.3	4.9	4.7	5.1	5.4	5.4	5.5	6.6	6.9
猪肉	13.5	15.6	15.5	13.4	12.7	14	14.4	14.4	14.4
牛肉	0.5	0.6	0.7	0.7	0.6	0.6	0.6	1	1
羊肉	0.8	0.8	0.9	0.8	0.7	0.8	0.8	0.9	0.9
禽类	3.1	3.7	3.5	3.9	4.4	4.3	4.2	4.5	4.5
蛋及制品	4.6	4.7	5	4.7	5.4	5.3	5.1	5.4	5.9
奶及制品	2	2.9	3.1	3.5	3.4	3.6	3.6	5.2	5.3
水产品	4.5	4.9	5	5.4	5.2	5.3	5.2	5.4	5.4

数据来源：历年《中国统计年鉴》。

（3）城乡居民主要食品消费量差距较大，农村居民增长潜力较大。从城乡居民主要食品消费量的数据看，除去直接粮食消费外，农村居民食品消费数量远低于城镇居民。2012 年，农村居民人均肉类消费量和城镇居民人均购买量相差 14.9 千克，是城镇居民购买量的 41.7%。蛋及制品仅为城镇居民的 56.2%，奶及制品为城镇居民的 38.1%，水产品为城镇居民的 35.5%。2012 年农村居民人均食品消费量和 2004 年城镇居民人均食品购买量相比，差距仍然较大，猪肉、禽肉和水产品的差距不断增大，如表 3-3 所示。

（4）在外就餐对食品和粮食消费的影响。随着收入水平的提高和生活节奏的加快，食品消费逐渐由数量增长向营养结构、消费环境、消费便利等方面转变，在外就餐在居民尤其是城镇居民食物消费中占据越来越大的比例。居民在外就餐对食品和粮食消费的影响取决于在外就餐频率、在外就餐性质（工作餐、家庭聚餐、社交聚餐）、在外就餐类型（正餐、快餐、小吃等）、在外就餐地点（食堂、小吃店、饭店）等。由于统计难度较大，目前居民在外就餐消费数量、消费结构的统计数据不足，国内学者运用问卷调查对在外就餐进行研究。本部分利用二手数据资料分析居民在外就餐对粮食消费的影响。

表 3-3　农村居民人均主要食品消费量与城镇居民人均主要食品购买量差距

主要食品	2012 年		2004 年	
	购买量差距（千克）	占比（%）	购买量差距（千克）	占比（%）
粮食	85.5	208.5	86.1	210.1
蔬菜	−27.6	75.4	−37.6	69.3
植物油	−2.2	75.8	−2.4	74.2
猪肉	−6.8	67.9	−4.8	75.0
牛羊肉	−1.8	51.4	−1.8	51.4
禽类	−6.3	41.7	−1.9	70.3
蛋及制品	−4.6	56.2	−4.5	56.7
奶及制品	−8.6	38.1	−13.5	28.2
水产品	−9.8	35.5	−7.1	43.2
猪牛羊禽	−14.9	41.7	−13	55.6

数据来源：历年《中国统计年鉴》，计算所得。

在外就餐消费数额上，自“八五”时期以来，居民人均餐饮消费年均增长23.2%，2005 年全国人均在外餐饮支出达到 680 元，比改革开放初期 1978 年增长 118.4 倍（李瑾等，2007）。2010 年，我国城镇居民在外就餐占食物消费支出的比例为 21.2%，比 1990 年提高 13.3 个百分点。农村居民在外就餐占食物消费支出的 13.3%，比 1978 年提高了 11.3 个百分点（杜文雯，2014）。在外就餐的类别主要有工作餐、社交聚餐和家庭聚餐。工作餐主要是以食堂快餐等以便利为主要特征的用餐方式，社交聚餐和家庭聚餐则选择正餐厅这种带有多样化特征的就餐形式（孙玉香，2010）。

从食物摄取量来看，孙玉香（2010）研究发现，大多数人正餐消费了更多的肉类和较少的主食，但是工作餐如果是正餐形式，则跟在家就餐的量差别不大。可见，在外就餐的形式决定了消费的结构，同时在外就餐原因决定了在外就餐的形式，而且也影响着就餐的结构。

在外就餐食物消费种类方面，根据农业部“城乡居民畜产品消费研究”课题组调查，1998 年城镇居民人均肉类、禽蛋、奶类在外消费分别占各自总消费量的 33.6%、13%和 4.2%。目前人均肉类在外消费比例为 40%～45%，禽蛋、奶类比例基本不变（李瑾等，2007）。

2. 我国城乡居民粮食消费的质量安全情况

粮食质量安全指粮食产品的质量符合健康营养的需求。根据《中国粮食安全发展报告》，我国粮食质量安全仍存在很多问题，在农村地区表现更为突出。粮食质量安全主要受以下几方面影响：一是食品污染，包括化学污染和生物污染。化学污染指食品中农药、激素、兽药的残留，重金属超标等。生物污染包括食物霉变、微生物浸染后分泌的毒素等对食品造成的污染。二是加工过程中的不安全因素，包括不规范的操作和食品加工过程中的添加物。三是包装容器对食品的污染，主要是容器在与食品的接触过程中产生有害成分，污染了食品。四是故意制造的伪劣假冒产品，包括用化学制剂对产品进行处理和对已变质的产品进行处理冒充合格产品等。五是滥用食品标识，夸大食品作用，使消费者无法辨识。

从目前粮油食品市场粮油质检机构检测发现的情况看，粮食质量安全问题主要表现为 3 个方面：一是油脂酸价、溶剂残留量超标和掺混现象时有发生，个别企业情况严重。二是小麦粉、挂面、米粉中超标添加增白剂或添加非食品添加剂的现象未能完全杜绝，时有检出。三是粮油食品检测出重金属超标，主要为重金属镉，也有少量的铅。

（二）人口结构特征

1. 人口总量和增长速度

人口总量增长缓慢。2013 年末，我国总人口为 13.61 亿人，比 2000 年增加 0.93 亿人，年均增长 0.55%，如图 3－1 所示。

人口自然增长率不断下降。2000 年以来我国人口出生率不断下降，由 2000 年的 14.03‰降至 2013 年的 12.08‰，下降 1.95‰。人口死亡率由 2000 年的 6.45‰增至 2013 年的 7.16‰，增长 0.71‰。人口自然增长率由 2000 年的 7.58‰降至 2013 年的 4.92‰，如图 3－2 所示。

2. 人口性别和年龄构成

男性人口多于女性，差距越来越小。2000 年我国人口中男性为 6.54 亿

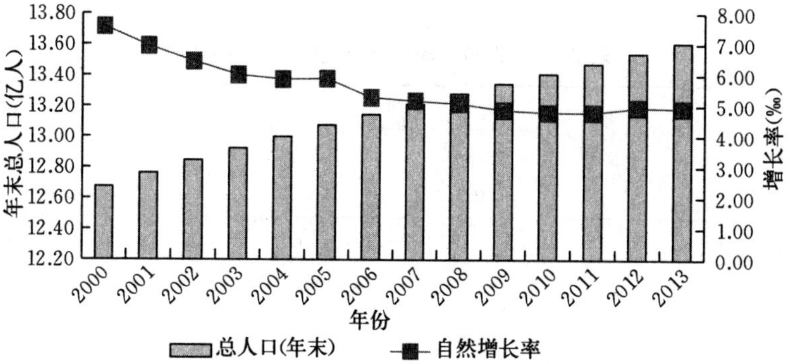

图 3-1　2000—2013 年我国人口总量和增长速度

数据来源：《中国人口和就业统计年鉴 2014》。

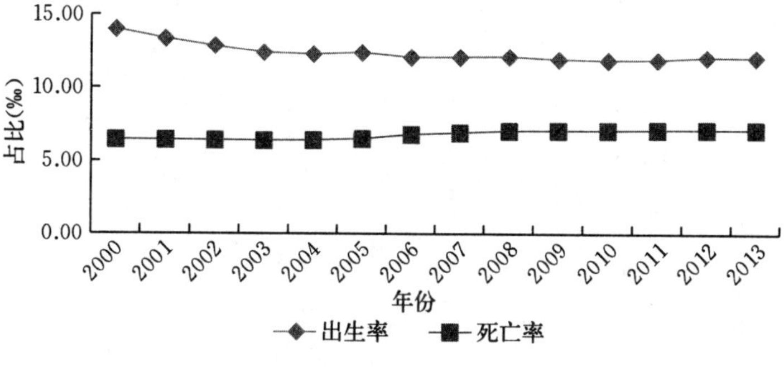

图 3-2　2000—2013 年我国人口出生率和死亡率

数据来源：《中国人口和就业统计年鉴 2014》。

人，占人口总数的 51.63%，男女性别比为 1.07∶1。2013 年我国人口中男性为 6.97 亿人，占人口总数的 51.24，男女性别比为 1.05∶1（表 3-4）。

社会总抚养占比下降，老年抚养占比上升。2000 年以来，我国人口年龄结构变化较大。随着出生率的下降，0～14 岁少儿在人口总数中占比越来越小，由 2000 年的 22.9%降至 2013 年的 16.4%，下降 6.5%。15～64 岁人口数由 2000 年的 8.89 亿人增至 2013 年的 10.06 亿人，占比由 70.1%上升至 73.9%。65 岁及以上老年人口的数量和在总人口中的占比均增长较快。2013 年 65 岁及以上老年人口为 1.32 亿人，比 2000 年增加 0.44 亿人，增长 50%，占总人口的比例为 9.7%，比 2000 年增加 2.7%，我国老龄化进程加快。社会总抚养占比下降，但老年抚养占比上升较快，由2000年的9.9%上升至2013年的13.1%，增加3.2%（表3-5）。

表3-4　2000—2013年我国人口性别构成

年份	总人口（亿人）	男		女	
		人口数（亿人）	占比（%）	人口数（亿人）	占比（%）
2000	12.67	6.54	51.63	6.13	48.37
2001	12.76	6.57	51.46	6.20	48.54
2002	12.85	6.61	51.47	6.23	48.53
2003	12.92	6.66	51.50	6.27	48.50
2004	13.00	6.70	51.52	6.30	48.48
2005	13.08	6.74	51.53	6.34	48.47
2006	13.14	6.77	51.52	6.37	48.48
2007	13.21	6.80	51.50	6.41	48.50
2008	13.28	6.84	51.47	6.44	48.53
2009	13.35	6.86	51.44	6.48	48.56
2010	13.41	6.87	51.27	6.53	48.73
2011	13.47	6.91	51.26	6.57	48.74
2012	13.54	6.94	51.25	6.60	48.75
2013	13.61	6.97	51.24	6.63	48.76

数据来源：《中国人口和就业统计年鉴2014》。

表3-5　2000—2013年我国人口年龄构成

年份	0～14岁		15～64岁		65岁及以上		总抚养占比（%）	少儿抚养占比（%）	老年抚养占比（%）
	人口数（亿人）	占比（%）	人口数（亿人）	占比（%）	人口数（亿人）	占比（%）			
2000	2.90	22.9	8.89	70.1	0.88	7.0	42.6	32.6	9.9
2001	2.87	22.5	8.98	70.4	0.91	7.1	42.0	32.0	10.1
2002	2.88	22.4	9.03	70.3	0.94	7.3	42.2	31.9	10.4
2003	2.86	22.1	9.10	70.4	0.97	7.5	42.0	31.4	10.7
2004	2.79	21.5	9.22	70.9	0.99	7.6	41.0	30.3	10.7

（续）

年份	0～14 岁		15～64 岁		65 岁及以上		总抚养	少儿抚养	老年抚养
	人口数（亿人）	占比（%）	人口数（亿人）	占比（%）	人口数（亿人）	占比（%）	占比（%）	占比（%）	占比（%）
2005	2.65	20.3	9.42	72.0	1.01	7.7	38.8	28.1	10.7
2006	2.60	19.8	9.51	72.3	1.04	7.9	38.3	27.3	11.0
2007	2.57	19.4	9.58	72.5	1.06	8.1	37.9	26.8	11.1
2008	2.52	19.0	9.67	72.7	1.10	8.3	37.4	26.0	11.3
2009	2.47	18.5	9.75	73.0	1.13	8.5	36.9	25.3	11.6
2010	2.23	16.6	9.99	74.5	1.19	8.9	34.2	22.3	11.9
2011	2.22	16.5	10.03	74.4	1.23	9.1	34.4	22.1	12.3
2012	2.23	16.5	10.04	74.1	1.27	9.4	34.9	22.2	12.7
2013	2.23	16.4	10.06	73.9	1.32	9.7	35.3	22.2	13.1

数据来源：《中国人口和就业统计年鉴 2014》。

3. 城乡人口数量变化

城镇化进程加快，城镇化率快速提高。2000 年以来，随着工业化的推进，我国城镇化进程加快，2000 年城镇人口为 4.59 亿人，占人口总数的 36.22%，2013 年城镇人口为 7.31 亿人，比 2000 年增加 2.72 亿人，城镇化率为 53.73%，比 2000 年增加 17.51%。进入 21 世纪以来，城镇化率平均每年提高 1 个百分点。随着城镇化进程的加快，农村长期居住的青壮年人口快速下降，城市中农民工数量快速增加。2000—2013 年，我国农村人口减少了 1.79 亿人，年均减少 1 377 万人，如图 3-3 所示。

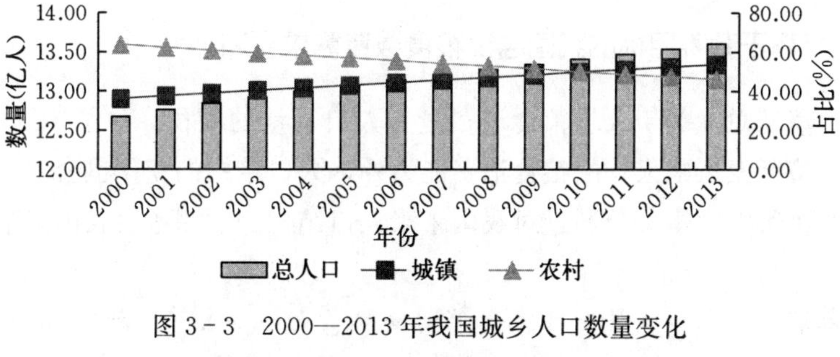

图 3-3　2000—2013 年我国城乡人口数量变化

数据来源：《中国人口和就业统计年鉴 2014》。

（三）人口总量和结构变化对粮食需求的影响

1. 人口数量和年龄结构变化引致粮食需求量稳定增长

2000—2012年，我国人口净增9 329万人，增长7.36%，按照年人均消费粮食400千克计算，每年增加粮食需求30亿千克左右。从人口增速来看，我国人口增长速度已经低于0.5‰并且呈继续下降趋势，人口总量变化对农产品需求的拉动作用将日趋下降。从人口年龄结构来看，当前我国正处于老龄化发展阶段。随着老龄人口数量和平均年龄的增加，膳食营养需求逐渐改变，老龄人口对农产品总量特别是对肉类产品及制品的需求下降，由此在一定程度上导致部分农产品需求下降，但这部分的需求下降相对有限。

2. 人口区域结构变化拉动消费升级引致粮食需求刚性增长

国际经验表明，工业化、城镇化快速推进阶段也是食品消费结构变化显著加快的阶段。随着我国工业化、城镇化的快速推进，居民收入水平提高，居民食物消费结构不断升级，肉、蛋、奶等动物性消费需求的增加带动了饲料粮消费的快速增长。一般而言，随着收入水平的提高，恩格尔系数会逐渐降低。改革开放前20多年的情况与这个判断是基本吻合的，城镇居民恩格尔系数由1978年58%下降到2003年的37%。但从2004年以来，城镇居民的恩格尔系数却一直在36%～38%之间徘徊，并没有随收入的增长同步下降，表明食品消费结构升级等因素延缓了食品消费占比下降的趋势，粮食消费仍处于刚性增长阶段。2000—2013年我国城镇化率由36.22%提高到53.73%，提高了17.51个百分点，城市人口每年大约增加1 000万人，仅农民变市民增加肉、蛋、奶消费一项，人均饲料粮就增加75千克。人口数量和结构变化两项合计，每年增加粮食需求35亿～40亿千克。

（四）基于营养目标的我国居民粮食数量需求预测

粮食消费总量等于人均粮食消费量和人口总量的乘积。除了传统的收入、价格等经济因素影响人均的粮食消费能力外，人口结构的变化也会对人均粮食消费量产生影响。本部分通过对我国未来人口结构的预测考察我国未来的粮食消费。

粮食消费总量＝人均食用粮食消费量×总人口÷0.75。除以0.75的理由在于粮食消费总量包括食物用粮和非食物用粮，借鉴已有研究结果，估计

2020年后食物用粮占总粮食消费的75%。预测结果可以看出，如果不考虑人口结构的情况下，2020年和2025年我国粮食需求总量分别为7.11亿吨和7.35亿吨，如果考虑人口结构变化的情况下，2020年和2025年我国粮食需求总量将分别为6.03亿吨和6.13亿吨，分别降低1.08亿吨和1.22亿吨（表3-6）。

表3-6　2015—2025年我国粮食消费预测

年份	人口总量（亿人）	不考虑人口结构变化的粮食消费总量（亿吨）	考虑人口结构变化的粮食消费总量（亿吨）	两种估计方法的差值（亿吨）
2020	14.04	7.11	6.03	1.08
2025	14.52	7.35	6.13	1.22

二、进城农民工食物消费结构变化

（一）基于农村入户调查的农民工进城前后食物消费结构变动分析

农民工进城前后食物消费结构的变化是农民工市民化食物消费结构变动的第一个阶段。为了能够直接分析农民工进城后食物消费的结构变化，课题组采用问卷调查的方式询问农民工的主观判断及自我估计的变化幅度，同时针对不同类型的农民工调查了其不同类型食物消费和变化情况。

1. 样本数据说明和统计描述

本次问卷调查在2013年夏季开展，样本覆盖了4个省份（北京、吉林、浙江和重庆），共走访70个村。问卷的目标人群为本研究定义的农民工。受时间和经费所限，本研究走访的大部分为农忙时节暂时返乡的农民工。为了保证问卷质量，本研究选择的调查样本大部分为农业部农村经济研究中心农村固定调查点的样本户。问卷内容包括样本的基本信息和食物消费信息两部分。本次调查共回收问卷744分，其中有效问卷469份，有效率为63%。样本分布整理在表3-7中。

表3-7　样本分布情况

样本数量	北京	吉林	浙江	重庆
469	10	54	43	362

资料来源：课题组问卷调查。

样本调查对象多数为男性，已婚，具有初中学历，而且多在制造业、建筑业和服务业就业。总体来看，男性样本占全部样本的82.3%，且85.9%的样本已婚。样本的受教育程度以初中学历为主，占2/3，高中以上学历的比例只有5.1%。按照国家统计局对农民工从事工作的行业分类，样本主要集中在制造业、建筑业和服务业3个领域，且工作大多比较固定（半年内未更换）。一半以上的样本选择自己外出务工，另有18.8%的样本全家（包括配偶、子女）均外出务工。本次调查的农民工有80.8%的样本属于国家统计局定义的外出农民工，其他样本为本地农民工。

表3-8　样本基本特征

变量	样本量	均值	标准差	最小值	最大值
年龄（岁）	469	39.0	10.6	18	68
初次外出务工距2013年的时间（年）	469	9.0	6.2	2	43
平均每年外出务工时间（月）	468	10.1	1.6	5	12
在目前工作地点工作的时间（年）	469	4.4	4.3	0	37
目前工作地点离家乡距离（0.5千米）	431	1 202.0	1 797.1	0	14 566.6
在目前工作地点共同居住的其他家庭成员数量（人）	248	2.0	1.1	0	7
上月总收入（元）	469	3 808.9	3 366.3	180	40 000
上月总支出（元）	462	1 378.1	995.0	0	12 000
上月食物支出（元）	454	730.2	519.5	0	4 500

资料来源：课题组问卷调查。

由表3-8可知，本次调查的农民工平均年龄为39岁，平均外出务工时间为9年，平均每年外出务工10.1个月。农民工大多远离家乡，目前工作地点平均离家乡601千米，且平均在目前工作地点工作了4.4年。在目前工作地点共同居住的其他家庭成员数量平均为2人。

农民工的收入水平相差悬殊，按上月收入计算，最大值为40 000元，最小值仅为180元，平均为3 808.9元。农民工的上月总支出平均为1 378.1元，是平均收入的36.2%，其中食物消费支出平均为730.2元，据此计算样本的平均恩格尔系数约为53%，相对较高。

农民工的务工地点分布广泛，除本次调查所在的4省份外，广东、福建和上海所占比例最大（图3-4）。

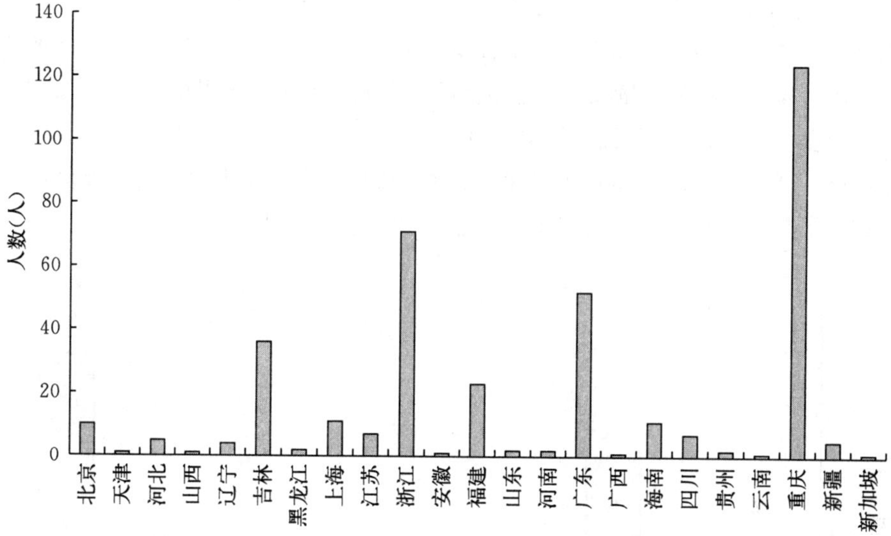

图 3-4　外出务工地点分布

资料来源：课题组问卷调查。

2. 农民工食物消费情况

本次调查重点关注农民工的家庭内食物消费情况（表 3-9）。总体来看，农民工样本中选择在家就餐的比例最高，超过了 50%，其次为在家与在外相结合的就餐类型，比例为 26.4%，全部在外就餐的样本占全部样本的 17.7%。从在外就餐次数来看，农民工平均每月在外就餐 19.5 次，按每月就餐总次数为 90 次计算，在外就餐的比例为 21.7%。

表 3-9　农民工食物消费总体特征

特征		样本量	比例（%）
就餐类型	在家就餐	252	53.7
	在外就餐	83	17.7
	在家与在外相结合	124	26.4
	无	10	2.1
		均值	标准差
	在外就餐次数	19.5	27.6
	在外就餐比例（在外就餐次数/90×100%）	21.7	30.7

资料来源：课题组问卷调查。

本次调查统计了农民工家庭上月购买大米、面粉、其他粮食、方便面、豆制品、植物油、动物油和上周购买蔬菜、水果、肉类、水产品和蛋类的数量。将农民工家庭食物购买量除以一起生活的家庭成员数量，可以得到农民工的人均家庭内食物消费量。如果按每年 12 个月、52 个周，且方便面平均每包含 90 克面粉计算，可以得到图 3-5 中的结果，其中，农民工平均每人每年消费粮食 88.99 千克、畜产品和水产品 160.9 千克、油脂 31.9 千克、蔬菜水果 205.21 千克。

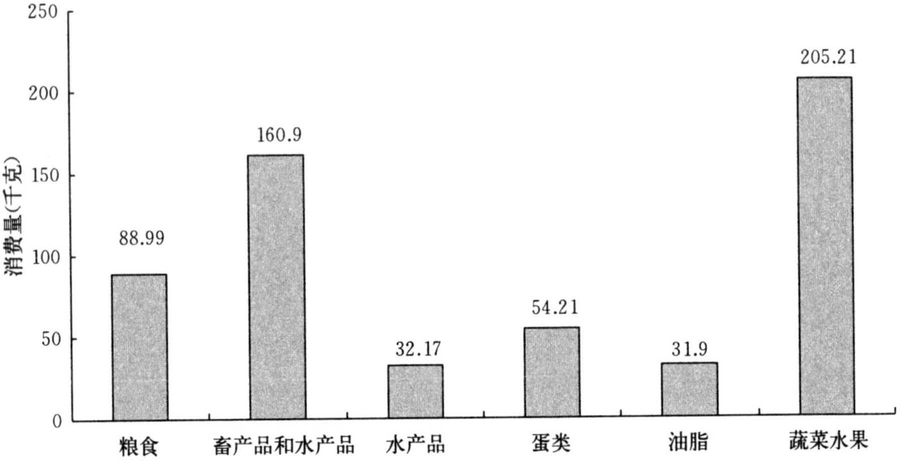

图 3-5　农民工年人均家庭内食物消费量

资料来源：课题组问卷调查。

3. 农民工进城前后食物消费结构变化

农民工进城后大米消费量明显减少，面粉、方便面、动物产品和蔬菜水果消费量增加。本次调查访问了农民工对进城前后食物消费结构变化的主观感觉，包括增加还是减少，增加或减少的比例，以及变化的原因，相关结果整理在表 3-10 至表 3-12 中。

表 3-10　农民工进城后与进城前食物消费量的变化百分比

单位：%

食物	大米	面粉	其他粮食	方便面	豆制品	植物油	动物油	蔬菜	水果	肉类	蛋类	奶类
变化	−4.0	2.9	−14.4	24.4	16.0	15.4	−41.6	13.5	23.8	14.0	12.7	42.5

注：正值表示进城后食物消费量增加，负值表示进城后食物消费量减少。

资料来源：课题组问卷调查。

表 3-11　样本中农民工进城后食物消费增加的比例和原因

食物	样本量	比例（%）	消费增加百分比（%）	增加原因占比（%）			
				饮食习惯	消费便利性	收入	其他
大米	89	19.0	13.7	65.3	16.3	6.1	12.2
面粉	90	19.2	11.3	76.3	13.6	1.7	8.5
其他粮食	35	7.5	14.7	48.5	45.5	6.1	0.0
方便面	90	19.2	34.6	27.6	60.5	1.3	10.5
豆制品	114	24.3	18.8	30.8	49.5	16.8	2.8
植物油	139	29.6	21.2	55.4	32.3	10.0	2.3
动物油	28	6.0	22.2	71.4	23.8	4.8	0.0
蔬菜	167	35.6	18.9	50.0	33.6	14.2	2.2
水果	208	44.3	29.8	15.6	26.9	53.3	4.2
肉类	149	31.8	20.7	24.1	12.1	62.4	1.4
蛋类	106	22.6	20.3	23.8	21.8	49.5	5.0
奶类	104	22.2	45.6	11.9	15.8	68.3	4.0

资料来源：课题组问卷调查。

表 3-12　样本中农民工进城后食物消费减少的比例和原因

食物	样本量	比例（%）	消费减少百分比（%）	减少原因占比（%）			
				饮食习惯	消费便利性	收入	其他
大米	104	22.2	20.2	78.0	12.0	4.0	6.0
面粉	38	8.1	18.9	64.9	24.3	2.7	8.1
其他粮食	41	8.7	45.3	60.0	22.5	2.5	15.0
方便面	12	2.6	32.0	70.0	20.0	0.0	10.0
豆制品	9	1.9	21.4	55.6	33.3	0.0	11.1
植物油	28	6.0	15.5	53.8	15.4	7.7	23.1
动物油	28	6.0	22.2	71.4	23.8	4.8	0.0
蔬菜	109	23.2	58.0	77.1	13.3	1.0	8.6
水果	21	4.5	37.7	10.0	25.0	20.0	45.0
肉类	27	5.8	24.5	60.0	8.0	4.0	28.0
蛋类	20	4.3	34.6	45.0	15.0	0.0	40.0
奶类	6	1.3	27.8	0.0	0.0	60.0	40.0

资料来源：课题组问卷调查。

农民工进城后食物消费总体特征：第一，粮食类中大米和其他粮食消费减少，但面粉和方便面消费增加。第二，动物油消费大幅减少，植物油消费增加。第三，动物产品和蔬菜水果的消费量均有不同程度的增加，其中奶类增幅最大（表 3-10）。这表明农民工进城后部分食物消费量会有所提高，并对城镇地区食物，尤其是奶类供给产生的压力较大。

农民工大米和其他粮食消费在进城后比进城前相对减少，面粉和方便面消费量相对增加，样本选择增加或减少的主要原因归因于饮食习惯发生变化。其中，其他粮食的消费进城后比进城前减少 14.4%。大米和面粉变化不大，大米进城后比进城前减少 4%，面粉增加 2.9%。农民工进城后豆制品消费相对增加 16%，增加的主要原因是消费便利性发生变化。

食用油的消费变化与食用油型相关，农民工进城后植物油消费明显相对增加，动物油消费大幅减少。与进城前相比，农民工的植物油消费增加了 15.4%，增加的主要原因是饮食习惯发生变化。动物油消费减少 41.6%，造成减少的主要原因也是饮食习惯发生变化。

农民工蔬菜水果的消费量同样在进城后有所提高，其中蔬菜消费量平均相对增加 13.5%，增加的主要原因是饮食习惯发生变化。水果消费量相对增加 23.8%，增加原因主要归因于收入提高、消费便利性和消费习惯的变化。

农民工动物产品的消费量在进城后有不同程度的提高，其中肉类相对增加 14%，蛋类增加 12.7%，奶类增幅最大，为 42.5%，而且增加的原因也主要归因于收入提高、消费习惯的变化以及消费的便利性。可见，农民工进城前后动物产品消费量相对增加是农民工进城前后食物消费结构变化的典型特征。

（二）基于住户调查的农民工取得城镇户籍前后食物消费差异分析

农民工市民化对我国食物消费安全影响的第二阶段是农民工取得城镇户籍前后的食物消费结构变化。因为很难掌握同一农民工取得城镇户籍前后的食物消费数据，因此本部分根据国家统计局城市社会经济调查总队（简称城调队）的城镇居民住户调查数据进行“反事实实验”，间接得到农民工取得户籍前后的食物消费差异，即有效把握“有无城镇户籍”对农民工食物消费的差异。

1. 样本的统计描述

国家统计局城调队的城镇居民住户调查数据按户籍分类可以分为城镇居民住户和农民工住户，根据倾向得分匹配法（propensity score matching，PSM）可以从城镇居民住户中匹配出部分样本，以“反事实实验”的形式构造出假想农民工取得城镇户籍后的对照组样本。经过匹配后的数据可以更准确反映由有无城镇户籍带来的食物消费量的差异。

本部分以农民工住户与城镇居民住户的样本数据为依照，从2007—2009年国家统计局城调队的城镇居民住户调查数据抽取农民工住户980户及与其相匹配的城镇居民住户883户的住户数据（表3-13）。考虑到不同收入阶层食物消费习惯会有较大差异，本部分还将农民工按人均可支配收入分为5层，也分别用倾向得分匹配法对其差异进行了估计和分析。

表3-13 匹配后农民工和城镇居民主要特征的对比

	2007年		2008年		2009年	
	样本个数	占比（%）	样本个数	占比（%）	样本个数	占比（%）
农民工	87	35.51	482	57.31	411	52.90
城镇居民	158	64.49	359	42.69	366	47.10

资料来源：课题组整理。

需要说明的是，下文中城镇居民的实际含义已经变为假想的取得城镇户籍后的农民工，但为了表述的便利，仍称之为“城镇居民”。

从表3-14可以看出，匹配后的农民工和城镇居民的个体及家庭特征都比较接近，基本达到在同一基准水平对农民工和城镇居民进行食物消费差异对比的预期效果。农民工人均可支配收入的3年平均值约为11 715元，城镇居民约为12 188元。农民工和城镇居民的人均食物消费支出3年平均值分别为3 269元和3 690元，人均在外购买食物支出3年平均值分别为579元和606元。样本户的个人和家庭特征方面，农民工家庭户主的平均受教育年限为9.77年，约为初中毕业水平，而城镇家庭户主约为10年，略高于农民工。农民工和城镇居民的家庭人口分别为3.18人和3.15人。农民工和城镇居民家庭的14岁以下儿童所占比例都在17%～18%，65岁及以上老人所占比例为4%左右。

表 3-14 匹配后农民工和城镇居民主要特征对比

		2007 年			2008 年			2009 年		
		总体	农民工	城镇居民	总体	农民工	城镇居民	总体	农民工	城镇居民
人均可支配收入（元，2007=100）	平均值	10 537.48	10 196.14	10 725.44	11 181.58	11 195.24	11 163.24	14 187.64	13 754.65	14 673.87
	标准差	6 880.37	7 566.72	6 489.17	8 467.23	8 638.42	8 243.75	10 613.20	9 888.46	11 366.21
家庭人口数（人）	平均值	3.09	3.09	3.09	3.22	3.23	3.21	3.20	3.23	3.16
	标准差	0.96	0.94	0.98	1.01	1.04	0.99	1.03	1.02	1.04
户主教育程度（年）	平均值	10.02	9.83	10.13	9.81	9.73	9.92	9.84	9.75	9.95
	标准差	3.15	2.85	3.31	2.98	2.84	3.16	2.84	2.88	2.81
家庭 14 岁以下儿童所占比例（%）	平均值	17.42	18.54	16.80	18.13	17.97	18.35	16.81	17.34	16.22
	标准差	18.31	19.07	17.90	18.73	19.37	17.85	18.03	17.83	18.25
家庭 65 岁及以上老人所占比例（%）	平均值	4.59	7.61	2.93	3.95	3.78	4.17	3.83	3.76	3.91
	标准差	15.69	22.49	9.89	14.09	14.94	12.89	14.04	14.43	13.60
人均食物消费支出（元，2007=100）	平均值	3 171.57	2 890.36	3 326.41	3 231.43	3 115.31	3 387.34	4 062.94	3 802.56	4 355.34
	标准差	1 750.19	1 611.26	1 808.46	1 990.79	1 985.24	1 990.33	2 678.41	2 455.31	2 884.10
人均在外购买食物支出（元，2007=100）	平均值	515.53	620.86	457.54	523.73	472.41	592.62	702.10	642.26	769.30
	标准差	751.66	984.51	581.04	803.70	759.97	855.16	1 257.87	1 026.27	1 473.85
家庭在外购买食物支出占食物支出比例（%）	平均值	14.55	17.08	13.16	13.78	13.18	14.57	13.87	13.93	13.80
	标准差	14.72	17.20	13.00	13.70	13.22	14.28	15.22	14.61	15.89

资料来源：课题组整理。

2. 农民工取得城镇户籍前后食物消费对比

根据经济学理论，居民的收入水平决定了其预算约束，从而成为影响其消费的重要因素，不同收入水平居民的消费行为、消费结构也会有所不同。因此，在分析过程中，将重点分析不同收入水平的农民工住户和匹配的城镇居民住户在大米、面粉、其他粮食制品、肉类（包括猪肉、牛肉、羊肉、禽肉、其他肉及制品）、蛋类、奶类、植物油、动物油以及蔬菜水果（包括新鲜蔬菜、干菜、新鲜水果和干果）等食物方面的差异。

需要说明的是，鉴于原始数据中奶类包括鲜奶、酸奶和奶粉，为了便于分析，需要将酸奶按 1∶1 的比例换算为鲜奶，奶粉按 1∶7 换算为鲜奶，同样，干菜需要按 1∶10 换算为新鲜蔬菜。

（1）基于全部样本的消费变化分析。利用倾向得分匹配法得到的由“是否有城镇户籍”这一因素导致的人均食物消费量差异结果整理在表 3－15。根据表 3－15 的结果可以看出：

第一，农民工与城镇居民（即农民工取得城镇户籍前后）各类食物人均消费差异均呈现显著差异，且农民工取得城镇户籍后的各类食物人均消费量均大于其取得户籍前。说明一旦农民工取得城镇户籍成为城镇居民，各类食物消费仍然存在一定的上升空间，这一点表明确保农民工市民化过程中第二阶段的粮食安全也不容忽视。

第二，各类食物中，农民工与城镇居民（即农民工取得城镇户籍前后）的动物产品和蔬菜水果人均消费差异较大，粮食类和食用油类的消费差异较小，说明随着农民工的市民化，畜产品和蔬菜水果的需求量将明显增加，粮食和食用油的增幅相对较小。

第三，畜产品中，农民工与城镇居民（即农民工取得城镇户籍前后）的奶类人均消费量差异最大。取得城镇户籍后奶类消费量将提高 35.3%，高于肉类的 26.8%和蛋类的 16.7%。

表 3－15 倾向得分匹配后的估计结果

	大米	面粉	其他粮食	肉类	蛋类	奶类	植物油	动物油	蔬菜水果
农民工	−0.126***	−0.131**	−0.311***	−0.268***	−0.167***	−0.353***	−0.100***	−0.208**	−0.232***

注：负值表示农民工的食物消费量低于城镇居民；***表示 1%的统计显著性水平。

资料来源：课题组估计结果。

（2）基于收入分层样本的消费差异分析。本研究将全部样本中的农民工人均可支配收入按分位数分为5等份，如表3－16所示。针对不同的收入阶层，本研究分别利用全部样本进行倾向得分匹配，得到可以用来横向比较的农民工和城镇居民样本，并对各收入层次的农民工和城镇居民的食物消费量差异分别进行了估计，估计结果见表3－17。

表3－16　农民工的人均可支配收入的分层结果

单位：元

项　　目		小于20%	20%～40%	40%～60%	60%～80%	大于80%
农民工	区间	[0，5 594.4]	[5 597.9，8 084.4]	[8 101.9，11 259.2]	[11 303.3，16 910.1]	[16 945.4，80 800.1]
	均值	3 876.0	6 774.0	9 422.4	13 589.2	26 049.0
	中位数	4 076.9	6 693.1	9 382.2	13 434.1	22 247.7
城镇居民	对应分位数	小于11%	11%～24%	24%～44%	44%～69%	大于69%

资料来源：课题组统计。

表3－17　不同收入阶层的倾向得分匹配估计结果

收入阶层	大米	面粉	其他粮食	肉类	蛋类	奶类	植物油	动物油	蔬菜水果
0%～20%	−0.226***	0.235*	0.307**	−0.195***	0.018	−0.127	−0.073	0.114	−0.071
20%～40%	−0.200***	0.311**	0.05	−0.297***	0.023	−0.108	−0.111**	0.055	−0.108***
40%～60%	−0.06	−0.08	−0.328**	−0.219***	−0.125**	−0.357***	−0.038	0.059	−0.173***
60%～80%	−0.013	−0.390***	−0.383***	−0.135***	−0.214***	−0.346***	−0.08	−0.423**	−0.224***
80%～100%	0.118*	−0.623***	−0.614***	−0.009	−0.139***	−0.229***	0.02	−0.714***	−0.153***

注：正值表示农民工的食物消费量高于城镇居民，负值表示农民工的食物消费量低于城镇居民；***、**、*分别表示1%、5%、10%的统计显著性水平。

资料来源：课题组估计结果。

从表3－17的估计结果可以发现：

第一，粮食类食物中，中低收入的农民工取得城镇户籍后面粉和其他粮食的消费量将减少。收入较低的农民工取得城镇户籍后大米消费量将增加，达到中等收入后是否取得城镇户籍无显著差异，收入最高的农民工取得城镇户籍后大米消费量将减少。中低收入的农民工取得城镇户籍前人均面粉和其他粮食消费量相对较高，但中高收入农民工群体取得城镇户籍前面粉和其他粮食消费量相对较低。说明随着农民工的市民化以及收入的提高，大米的消费量可能减少，面粉和其他粮食的消费量将会增加。

第二，畜产品中，各收入层次农民工取得城镇户籍前肉类和奶类人均消费量均低于取得城镇户籍后的消费量，但低收入农民工的蛋类人均消费量在取得城镇户籍后将减少。结果表明，农民工取得城镇户籍后对畜产品的需求存有较大的上升空间。

第三，食用油中，中高收入农民工的人均植物油消费量与是否取得城镇户籍无显著关系。中低收入农民工在取得城镇户籍后人均动物油消费量将减少，但差异不明显。高收入的农民工取得城镇户籍后将消费更多的动物油，可能为奶油、黄油等。这反映了农民工是否拥有城镇户籍对一般食用油的消费影响可能会较小。

第四，不同收入层次的农民工取得城镇户籍后对蔬菜水果的消费需求均将有所提高。

3. 农民工在市民化两阶段的食物消费变化

农民工城镇化的两个阶段即进城前后的第一阶段和取得城镇户籍的第二阶段，农民工的食物消费特征在这两个阶段呈现不同的特点，本研究将农民工在这两个阶段的食物消费情况进行比较分析。

第一阶段食物消费结构的变化主要是农民工进城后与进城前的对比，第二阶段食物消费结构的变化主要是农民工取得城镇户籍后与取得城镇户籍前的对比，两阶段的对比结果如表 3－18 所示。

总体来看，农民工在市民化两阶段的食物消费量都有不同程度的增加，其中奶类在这两个阶段均为增幅最大的食物。农民工在市民化的第二阶段，即取得城镇户籍后，粮食、肉类、蛋类以及动物油的人均消费量增长速度进一步加快，奶类、植物油和蔬菜水果人均消费量的增长速度有一定程度的回落。

可见，在今后确保城镇地区食物安全和供给平衡时，需要聚焦的食物对象的优先次序应有所区别，即在第一阶段需要重点关注的食物为奶类、蔬菜水果、植物油和肉类。在第二阶段需要重点关注的食物为奶类、其他粮食、肉类和蔬菜水果。需要审慎说明的是，该结论所反映的内容仅限于总体趋势，不同地区间可能会存在差异。

表 3-18　农民工在市民化两阶段的食物消费量变化

单位:%

	大米	面粉	其他粮食	肉类	蛋类	奶类	植物油	动物油	蔬菜水果
进城后与进城前	−4.0	2.9	−14.4	14.0	12.7	42.5	15.4	−41.6	37.3
有城镇户籍与无城镇户籍	12.6	13.1	31.1	26.8	16.7	35.3	10.0	20.8	23.2

资料来源：课题组问卷调查及课题组估计结果。

（三）农民工食物消费结构及其变化影响因素的实证分析

上述结果表明，农民工市民化过程中的两个阶段均呈现不同程度的总体食物需求增加的特征，下面对导致这一结果的影响因素进行实证分析。其中，第一阶段农民工进城前后食物消费变化的影响因素解析主要运用多水平混合效应模型（multilevel linear mixed model），也称混合数据模型进行实证分析，第二阶段运用多水平混合效应模型对农民工取得城镇户籍前后食物消费量的影响因素进行实证分析。

在农民工食物消费需求影响因素估计中，鉴于农民工进城前后食物消费调查数据和农民工取得户籍前后食物消费数据均为群体集中性数据（grouped data），直接运用最小二乘法估计会导致模型参数估计量有偏，而多水平混合效应模型的有约束最大似然估计可以有效获得无偏估计量。因此，接下来的两阶段农民工食物消费影响因素估计运用多水平混合效应模型进行实证分析。

多水平混合效应模型由固定效应部分（X_β）和随机效应部分（Z_μ）组成，其形式为：

$$y = X_\beta + Z_\mu + \varepsilon$$

式中，y 为因变量，X 为协变量，Z 为表示不同省份的群体变量，β、μ 为待估计参数，ε 为误差项。

1. 市民化第一阶段农民工食物消费结构变化的影响因素分析

下面基于农村问卷调查数据实证分析影响农民工食物消费结构变化的影响因素，即农民工的个体或家庭特征对食物消费结构变化的影响。

本研究选择大米、面粉、其他粮食、植物油、肉类、蛋类、奶类、蔬菜和水果等 9 种食物作为研究对象，共构建 9 个混合数据模型，其因变量（y）分别为农民工进城前后大米、面粉、其他粮食、植物油、肉类、蛋类、奶类、蔬菜和水果食物消费的百分数变化，即变化率为负值表示进城务工后食物消费减少的百分比，取值为正值表示进城务工后食物消费增加的百分比；自变量主要包括农民工的个体和家庭特征，即农民工务工月收入、农民工进城务工时的家庭规模（人口数）、农民工工作地点距家乡的距离、农民工的年龄、在目前工作地点工作的时间等变量（X），以及性别、婚姻状况和从事工作类型（制造业、建筑业、服务业以及批发零售业，对照组为交通运输仓储和邮政业）等虚拟变量（D）；随机效应部分的群体随机变量（Z）选择的是以省份来划分群体。

模型的具体形式为：$y=\ln X\beta_1+D\beta_2+Z_\mu+\varepsilon$，其中 $\ln X$ 为 X 的对数形式。X 每变动 1%，农民工进城前后食物消费的百分数变化 $\beta_1/100$ 个百分点，即各变量的消费弹性；D 取 1 时的农民工进城前后食物消费的百分数要比取 0 时多 β_2 个百分点。

基于农民工进城前后食物消费调查数据，根据农民工进城前后大米、面粉、其他粮食、植物油、肉类、蛋类、奶类、蔬菜和水果食物消费对其影响因素的混合数据模型，可以运用 OLS、ML 和 REML 等方法分别估计。其中，REML 是 AIC 最小的估计结果，REML 估计结果的系数含义见表 3-19，可以看出：

第一，农民工进城前后的时期，收入对大米、面粉、植物油和蛋类消费的影响为负向，对其他食物的影响为正向，但只有大米和蔬菜的影响是显著的。这表明农民工进城前后，农民工的大米和蔬菜的消费收入弹性分别为−0.04 和 0.06。

第二，显著影响市民化第一阶段农民工粮食类消费结构变化的因素主要有收入、家乡距工作地点的距离、在目前工作地点工作的时间、年龄和农民工的工作类型。

其中，影响大米消费结构变化的因素有农民工的月收入、家乡距工作地点的距离和在目前工作地点工作的时间。若家乡距工作地点的距离及在目前工作地点工作的时间分别增加 1%，农民工的大米消费量将分别减少 0.01%和 0.04%。年龄每增长 1%，农民工的面粉消费量将增加 0.05%；与从事制造、建筑、服务及批发零售业的农民工相比，从事交通运输仓储和邮政业农民工的面粉消费量分别高 7.04%、6.83%、8.41%和 7.60%。家乡距工作地点的距离和农民工的年龄分别增加 1%，农民工的其他粮食消费量将分别减少 0.01%和 0.09%；从事制造业和服务业的农民工其他粮食消费量分别比从事交通运输仓储和邮政业的农民工低 6.86%和 8.50%。

表 3-19 市民化第一阶段农民工食物消费结构变化的影响因素估计系数含义

自变量变化 1%，农民工消费量百分数增加的数值（消费弹性）	大米	面粉	其他粮食	植物油	蔬菜	水果	肉类	蛋类	奶类
月收入	−0.036*	−0.001	0.003	−0.002	0.062***	0.038	0.026	−0.023	0.001
家庭人口数	0.022	−0.011	0.020 4	−0.008	0.020	0.026	−0.010	−0.006	0.017
距工作地点的距离	−0.006**	0.002	−0.008**	0.012***	0.004	0.003	0.005	0.004	0.012**
在目前工作地点工作的时间	−0.037***	−0.002	0.016	0.004	−0.008	0.011	0.005	0.020*	0.018
年龄	−0.038	0.048**	−0.092*	0.081***	0.005	−0.031	0.005	−0.012	−0.024
取值为 1 比取值为 0 农民工消费量百分数增加的数值	**大米**	**面粉**	**其他粮食**	**植物油**	**蔬菜**	**水果**	**肉类**	**蛋类**	**奶类**
性别（1=男性，0=女性）	1.084	−1.254	−2.817	3.388**	2.848	3.619	0.947	2.616	3.312
婚姻（1=未婚，0=已婚）	−2.312	0.216	1.965	−2.262	−2.902	−5.274	−2.6	−0.781	−1.734
从事制造业（1=是，0=否）	7.774	−7.042**	−6.858**	1.039	1.009	4.493	2.969	2.979	4.28
从事建筑业（1=是，0=否）	8.274	−6.828**	−4.671	−1.135	−2.24	−0.649	0.413	0.04	1.587
从事服务业（1=是，0=否）	5.19	−8.410***	−8.499***	3.475	5.121*	9.206**	4.405	3.37	7.330*
从事批发零售业（1=是，0=否）	−3.709	−7.600*	−5.849	9.780**	1.898	19.007***	5.632*	15.394***	22.886***

注：***、**、* 分别表示 1%、5%、10%的统计显著性水平。

第三，家乡距工作地点的距离、年龄、性别和是否从事批发零售业等因素对农民工进城前后植物油消费结构的影响较为显著。男性的植物油消费量比女性高；家乡距工作地点的距离每增加1%，农民工植物油消费量增加0.01%；年龄每增长1%，农民工植物油消费量增加0.08%；与从事交通运输仓储和邮政业的农民工相比，从事批发零售业的农民工植物油消费量高9.78%。

第四，除收入外，显著影响蔬菜和水果消费结构变化的因素还有是否从事服务业及批发零售业。从事服务业的农民工与从事交通运输仓储和邮政业的农民工相比，蔬菜和水果消费量分别高5.12%和9.21%；而且从事批发零售业的农民工比从事交通运输仓储和邮政业的农民工的水果消费高19.01%。

第五，畜产品方面，从事批发零售业的农民工比从事交通运输仓储和邮政业的农民工的肉类消费高5.63%。在目前工作地点，工作的时间每增加1%，农民工的蛋类消费量增加0.02%；从事批发零售业的农民工比从事交通运输仓储和邮政业的农民工多消费15.39%的蛋类。家乡距工作地点的距离每增加1%，农民工的奶类消费量增加0.01%；从事服务业的农民工比从事交通运输仓储和邮政业的农民工多消费7.33%的奶类；从事批发零售业的农民工比从事交通运输仓储和邮政业的农民工的奶类消费量高22.89%。

2. 市民化第二阶段农民工食物消费量影响因素分析

本部分使用2007—2009年国家统计局城调队城镇居民住户调查数据中的农民工家庭作为样本。第一层次为住户层次，第二层次为省级层次。为了便于分析，本部分重点研究大米、面粉、其他粮食、肉类、蛋类、奶类、食用油（包括植物油和动物油）以及蔬菜水果（包括新鲜蔬菜、干菜、新鲜水果和干果）等8类食物。

本研究构建了大米、面粉、其他粮食、肉类、蛋类、奶类、食用油和蔬菜水果等8个混合数据模型。根据消费者行为理论，影响消费者消费需求的因素主要包括收入、商品自身价格和相关商品价格以及消费者的其他特征。模型的因变量为农民工的年人均各类食物消费量（y）；自变量为农民工的人均可支配收入、商品自身价格、相关商品价格、家庭人口和家庭在外购买食物支出占食物支出比例（X）；随机效应部分的群体随机变量（Z）选择的是以省份来划分群体。模型形式为双对数恩格尔需求方程：$\ln y = \ln X_{\beta} + Z_{\mu} + \varepsilon$。其中，$\beta$为各变量的消费弹性。

混合数据模型可以运用 OLS、ML 和 REML 等方法分别估计，其中，ML 是 AIC 最小的估计结果（蔬菜水果为 OLS），ML 和蔬菜水果的 OLS 估计结果的各变量弹性见表 3－20：

表 3－20　市民化第二阶段农民工食物消费量影响因素的弹性

弹性	大米	面粉	其他粮食	肉类	蛋类	奶类	食用油	蔬菜水果
人均可支配收入	0.448***	0.415***	0.405***	0.436***	0.444***	0.528***	0.417***	0.491***
粮食价格				−0.131*	0.186**	0.510***	−0.242***	0.048
大米价格	−2.302***	0.504*	0.605*					
面粉价格	0.253*	−1.611***	−0.286*					
其他粮食价格	0.009	−0.012	−1.057***					
畜产品价格	−0.018	0.008	−0.379**				−0.036	
肉类价格				−0.633***	−0.436***			−0.296***
蛋类价格				0.660***	−0.609***			0.230***
奶类价格				−0.053		−0.358***		−0.006
食用油价格	−0.053	−0.173	0.324*	0.011	−0.036		−1.216***	−0.043
蔬菜水果价格	0.296**	−0.209	−0.108	0.001	−0.356***		0.132	−0.648***
家庭人口数	−0.096	−0.249***	−0.277**	−0.212***	−0.258***	0.265**	−0.255***	−0.273
家庭在外购买食物支出占食物支出比例	−0.138***	−0.193***	−0.051*	−0.085***	−0.091***		−0.105***	−0.075
常数项	2.084***	0.875	1.098	0.199	1.443**	−2.631***	2.182***	2.108
AIC	1 972.827	2 164.044	1 978.62	1 509.665	1 611.278	2 525.472	1 906.275	1 039.576

注：***、**、* 分别表示 1%、5%、10%的统计显著性水平。

资料来源：课题组估计结果。

第一，人均可支配收入对食物消费具有显著影响，8 类食物的收入弹性从大到小依次为奶类、蔬菜水果、大米、蛋类、肉类、食用油、面粉和其他粮食，即农民工人均可支配收入每增加 1%，奶类、蔬菜水果、大米、蛋类、肉类、食用油、面粉和其他粮食人均食物消费量分别增加 0.53%、0.49%、0.45%、0.44%、0.44%、0.42%、0.42%和 0.41%。

第二，各类食物的自价格弹性均为负值，符合经济学理论。

第三，家庭人口数对除奶类外的食物消费产生显著的负向影响，说明家庭人口数越多，人均家庭内食物消费量越小，这也验证了 Deaton 和 Paxson

(1998) 提出的在发展中国家人均家庭内食物消费特征与恩格尔定律相反的观点。各类食物中，家庭人口数对蔬菜水平的人均消费量影响最大，对大米的影响最小。家庭人口每增加 1%，人均蛋类消费量减少 0.27%，人均肉类消费量减少 0.01%。

第四，家庭在外购买食物支出占食物支出比例对人均大米、面粉、其他粮食、肉类、蛋类和食用油的消费量有显著负向影响。家庭在外购买食物支出占食物支出比例每增加 1%，人均大米、面粉、其他粮食、肉类、蛋类和食用油的消费量分别减少 0.14%、0.19%、0.05%、0.09%、0.09%和 0.11%。

第二节 部分特色农产品需求特征与趋势分析

一、中国马铃薯产业发展现状

(一) 马铃薯生产总量特征分析

2007 年后马铃薯产量持续迅速增长。2000—2012 年，全国马铃薯总产量呈上升趋势，从 2000 年的 1 325.5 万吨增至 2012 年的 1 855.25 万吨（已按 1∶5的比例折算为粮食），产量增幅约为 39.9%，平均每年增长 40.75 万吨。如图 3-6 所示，全国马铃薯总产量的增长过程表现出明显的阶段性特征，这 13 年大致可以分为两个阶段：第一个阶段是 2000—2006 年，在这一期间，总产量是在小幅波动中缓慢上升的，从 2000 年的 1 325.5 万吨增至 2006 年的

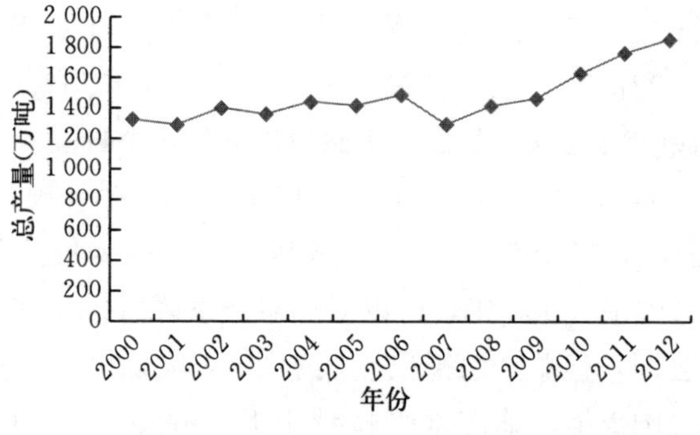

图 3-6 2000—2012 年全国马铃薯总产量波动图

1 487.1万吨；第二个阶段是2007—2012年，这一阶段马铃薯总产量持续上升且增长较快，由2007年的1 295.81万吨增至2012年的1 855.25万吨，增长了43%。

产业政策刺激种植面积快速增长。全国马铃薯种植面积从2000年的472.3万公顷增加到2012年的553.2万公顷，是2000年的1.17倍，平均每年增加6.2万公顷。从总体上来看，马铃薯种植面积的波动与马铃薯总产量的波动具有一致性（图3-7）。2000—2006年马铃薯种植面积在450万～500万公顷，2007年以后马铃薯种植面积持续快速上升。2007年后马铃薯种植面积的快速增长与国家的产业政策密切相关。2006年出台了《农业部关于加快马铃薯产业发展意见》，2008年将马铃薯纳入农产品优势区域布局规划，积极推进马铃薯生产逐步向优势产区集中，2009年开始对马铃薯生产实施良种补贴。在这些马铃薯产业政策的扶持下，马铃薯种植面积不断扩大。

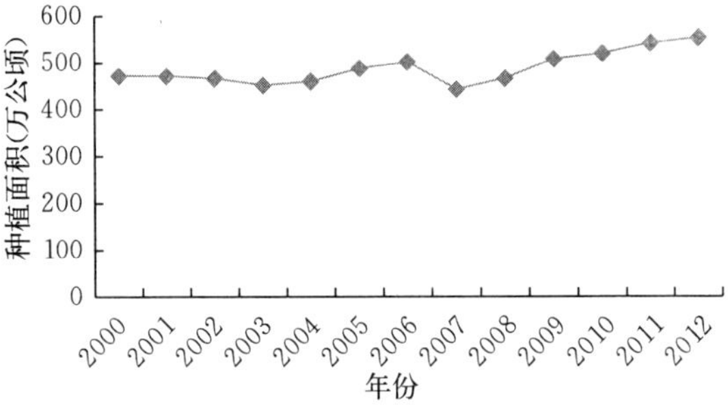

图3-7　全国马铃薯种植面积波动图

马铃薯单产总体上不断提高但波动较大。2000—2012年，全国马铃薯单位面积产量在总体上呈现出上升趋势，由2000年的2 806.38千克/公顷增至2012年的3 353.69千克/公顷，增幅约为19.5%。虽然马铃薯单产在总体上呈上升趋势，但单产水平很不稳定，大致可以分为3个阶段（图3-8），第一阶段为2000—2004年，由2000年的2 806.38千克/公顷增至2004年的3 141.71千克/公顷，增幅为11.9%，虽然在2001年略有下降，但影响很小；第二阶段：2005—2009年，可以看作单产下降阶段，在2008年回升至3 035.51千克/公顷，但单产水平依然低于2004年3 141.71千克/公顷；第三阶段：2009—2012年，单产水平持续上升，并在2011年达到最高水平3 475.46千克/公顷。马铃薯单产年际间波动频繁与马铃薯生产特点关系密切。由于目前我国马铃薯脱毒种薯使用比例依旧较低，马铃薯生产容易受到疫病的影响，特别是马铃薯晚期疫病对产量影响较大，加之农户种植技术粗放，绝大部分农户没有足够的意识及时防病，更换种植品种，造成单产水平容易发生波动。

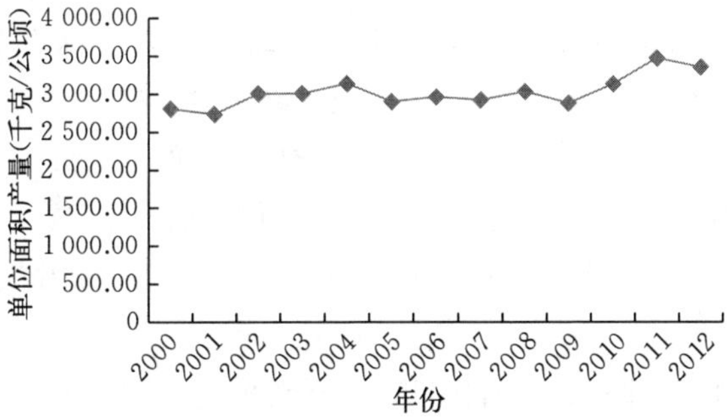

图 3-8　全国马铃薯单位面积产量波动图

2007 年以来种植面积对产量增长的贡献高于单产的贡献。经过测算，分别得到马铃薯种植面积和单位面积产量在 2000—2012 年以及 3 个时段 2000—2003 年、2004—2007 年、2008—2012 年对马铃薯总产量的贡献率（表 3-21）。从整个观察期来看，种植面积贡献率和单产贡献率相差不大，单产贡献率略高于种植面积贡献率。但分时段来看，二者之间还是有很大差别，在 2000—2003 年、2004—2007 年单产贡献率远远高于种植面积贡献率，这一时期，总产量的变化受单位面积产量变动的影响较大。2008—2012 年，种植面积变动对产量变动的影响要大于单产的变动，此时种植面积贡献率为 60%，单产贡献率为 40%，主要原因是这一时期种植面积快速增加，而单产的增速相对低于种植面积增速，并且单产逐年波动。但总体来看，近几年马铃薯单产对促进总产量增长的作用显著，这与这些年我国马铃薯育种业快速发展有着密切关系。

表 3-21　不同时段单产和种植面积对马铃薯产量的贡献率

	2000—2012 年	2000—2003 年	2004—2007 年	2008—2012 年
种植面积（%）	42.8	−154.9	35.2	60.0
单产（%）	57.2	254.9	64.8	40.0

（二）马铃薯生产的区域特征

西北、西南和东北是马铃薯主要生产区域。马铃薯生产在长期的演变过程中逐步形成了一定的区域格局，基于各省份的马铃薯种植品种及条件，将马铃薯生产格局划分为4个不同的区域，即北方一作区（吉林、黑龙江、辽宁、内蒙古、甘肃、青海、宁夏、新疆、河北、山西、陕西）、西南混作区（重庆、四川、云南、贵州、西藏、湖北、湖南）、中原二作区（山东、浙江、河南、安徽、江西、江苏、北京、天津、上海）和南方冬作区（广东、广西、福建、海南）。其中，北方一作区和西南混作区产量占全国总产量的90%以上，是我国最主要的马铃薯生产区。中原二作区和南方冬作区所占比例很小。

西南地区产量和种植面积增长迅速。马铃薯生产呈现出不同的区域变化特征，北方一作区马铃薯种植面积和产量虽然在量上保持绝对优势，但所占比例却呈下降趋势。近年来，西南混作区马铃薯生产呈现出良好的发展势头，不仅种植面积和产量迅速增长并且在全国所占的比例也不断上升。南方冬作区自2006年以来，马铃薯种植面积和产量也有小幅上升。中原二作区无论是种植面积还是产量所占比例都很小。从产量看，我国马铃薯总产量最高的区域是北方一作区，该区马铃薯产量占全国马铃薯总产量的46%～55%，产量由2000年的667.97万吨增至2012年的891.07万吨，虽然该区生产总量在全国保持第一，但是该区产量占全国总产量的比例却呈现出下降的趋势；西南混作区马铃薯产量占全国马铃薯总产量的38%～48%，该区增长较快，由2000年的507.17万吨增至2012年的853.13万吨，产量增加了68.21%，并且该区产量占全国总产量的比例呈现上升态势；南方冬作区保持基本稳定，略有上升；中原二作区在2000—2005年产量大幅下降，随后略有上升，但占全国总产量的比例很小，基本稳定在1.6%左右（表3-22）。从种植面积看，北方一作区在马铃薯种植面积上是四大区域之首，占全国马铃薯总种植面积的48%～57%，但该区种植面积增长缓慢，由2000年的265.665万公顷增至2012年的267.173万公顷，并且种植面积占全国总种植面积的比例近年来呈现出下降的趋势；西南混作区马铃薯种植面积增长很快，由2000年的173.583万公顷增至2012年的260.275万公顷，增加49.94%；南方冬作区及中原二作区种植面积较小，并保持基本稳定，南方冬作区略有上升（表3-23）。

表 3-22　四大区域马铃薯产量及所占比例

年份	北方一作区		西南混作区		南方冬作区		中原二作区	
	产量（万吨）	占比（%）	产量（万吨）	占比（%）	产量（万吨）	占比（%）	产量（万吨）	占比（%）
2000	667.97	50.39	507.17	38.26	50.80	3.83	99.66	7.52
2001	611.00	47.32	532.42	41.23	48.35	3.74	99.54	7.71
2002	738.29	52.59	530.12	37.76	45.40	3.23	89.94	6.41
2003	754.20	55.38	557.92	40.97	45.41	3.33	4.36	0.32
2004	761.07	52.70	629.97	43.62	46.77	3.24	6.33	0.44
2005	703.30	49.62	660.11	46.57	48.74	3.44	5.24	0.37
2006	730.90	49.15	701.40	47.17	49.00	3.30	21.52	1.45
2007	658.49	50.82	592.44	45.72	37.62	2.90	23.43	1.81
2008	742.57	52.46	628.11	44.37	39.34	2.78	21.15	1.49
2009	686.18	46.85	705.10	48.14	49.52	3.38	23.80	1.63
2010	808.51	49.58	740.31	45.40	57.60	3.53	24.25	1.49
2011	889.69	50.38	785.57	44.49	66.81	3.78	23.75	1.34
2012	891.07	48.03	853.13	45.98	72.72	3.92	38.33	2.07

表 3-23　四大区域马铃薯种植面积及所占比例

年份	北方一作区		西南混作区		南方冬作区		中原二作区	
	种植面积（万公顷）	占比（%）	种植面积（万公顷）	占比（%）	种植面积（万公顷）	占比（%）	种植面积（万公顷）	占比（%）
2000	265.665	56.25	173.583	36.75	14.160	3.00	18.929	4.01
2001	256.006	54.25	182.199	38.61	13.363	2.83	20.311	4.30
2002	258.419	55.37	180.845	38.75	12.933	2.77	20.478	4.39
2003	252.477	55.83	186.024	41.14	12.803	2.83	21.542	4.76
2004	246.025	53.52	199.426	43.38	12.955	2.82	20.176	4.39
2005	246.961	50.61	226.373	46.39	13.513	2.77	18.603	3.81
2006	270.169	53.86	212.374	42.34	13.020	2.60	18.317	3.65
2007	249.805	56.39	182.323	41.15	9.707	2.19	18.506	4.18
2008	268.187	57.51	185.951	39.87	9.943	2.13	17.399	3.73
2009	262.481	51.66	226.482	44.58	12.505	2.46	6.613	1.30
2010	264.952	50.90	233.894	44.94	14.958	2.87	6.701	1.29
2011	275.896	50.87	242.255	44.66	17.004	3.13	7.246	1.34
2012	267.173	48.30	260.275	47.05	17.137	3.10	8.610	1.56

马铃薯生产区域集中度逐步提高。全国马铃薯生产区域集中趋势明显，主要集中在北方一作区和西南混作区，主要马铃薯的生产省份内蒙古、贵州、甘肃、黑龙江、山西、云南、重庆、陕西、四川、湖北、宁夏、吉林种植面积可占全国总种植面积的80%左右，并有不断上升的趋势（表3-24）。从种植面积看，2000年马铃薯种植面积前十大省份的总种植面积为371.764万公顷，占全国总种植面积的78.17%。到2007年这一比例达到85.17%，2012年略有下降，但仍然保持在83.25%的水平（表3-25）。从总产量看，亦表现出同样的趋势。2000年马铃薯产量前十大省份的总产量为994.89万吨，占全国总产量的75.06%。到2012年，这一比例变为81.14%。

表3-24　不同年份主要省份马铃薯总产量

单位：万吨

2000年		2003年		2007年		2012年	
省份	产量	省份	产量	省份	产量	省份	产量
内蒙古	183.4	内蒙古	173.07	甘肃	206.64	四川	275
贵州	124.6	甘肃	150.06	贵州	152.73	甘肃	239.5
云南	107.3	云南	139.39	内蒙古	149.11	内蒙古	184.73
甘肃	104.99	贵州	135.5	四川	146.7	贵州	179.74
四川	92.2	四川	105.09	云南	136.99	云南	175
重庆	83.1	黑龙江	103.6	重庆	90	黑龙江	134.03
黑龙江	80.9	山西	79.26	陕西	56.84	重庆	118.27
山东	75.89	重庆	74.04	黑龙江	48.11	湖北	68.49
陕西	72.1	湖北	68.89	宁夏	41.4	陕西	66.7
山西	70.41	陕西	56.3	山西	39.33	吉林	63.89
总计	994.89		1 085.2		1 067.85		1 505.35
占全国百分比（%）	75.06		79.68		82.41		81.14

表3-25　不同年份主要省份马铃薯种植面积

单位：万公顷

2000年		2003年		2007年		2012年	
省份	种植面积	省份	种植面积	省份	种植面积	省份	种植面积
内蒙古	64.64	内蒙古	53.056	甘肃	65.783	四川	74.667
贵州	47.75	贵州	51.94	内蒙古	61.325	甘肃	68.493
甘肃	41.712	甘肃	49.655	贵州	60.49	内蒙古	68.135

（续）

2000 年		2003 年		2007 年		2012 年	
省份	种植面积	省份	种植面积	省份	种植面积	省份	种植面积
黑龙江	38.96	黑龙江	43.3	云南	44.337	贵州	67.627
山西	32.189	云南	41.98	重庆	30.685	云南	51.673
云南	31.69	山西	31.271	四川	27.881	重庆	35.017
重庆	30.88	四川	29.434	陕西	25.784	陕西	26.7
陕西	30.46	重庆	28.992	黑龙江	21.227	黑龙江	24.545
四川	30.357	陕西	24.0	宁夏	20.067	湖北	22.103
湖北	23.126	湖北	22.707	山西	19.769	宁夏	21.57
总计	371.764		376.335		377.348		460.53
占全国百分比（%）	78.17		83.21		85.17		83.25

由图 3－9 可以看见，除中原二作区外，各个区域的单位面积产量都有小幅上升，各区域的单产水平都不是很稳定，波动较大。中原二作区、南方冬作区单产水平一直以来都高于全国平均水平，北方一作区单产水平则在大部分时间都低于全国平均水平。但我们可以看到北方一作区单产水平增幅还是很大，2000—2012 年增长了 30%，西南混作区增长了 12%，南方冬作区增长 18%。

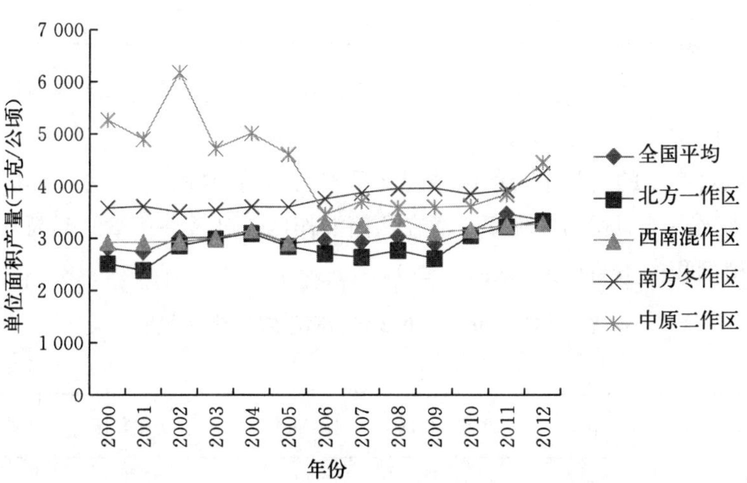

图 3－9　2000—2012 年四大区域马铃薯单位面积产量

马铃薯单位面积产量波动频繁且区域间差异较大。马铃薯主产区单产水平不高，甚至低于全国平均水平，非主产区单产水平却远远高于全国平均水平。分省份来看，马铃薯种植面积和产量的省份分布相对一致，但单产排序出现很大的变动。单位面积产量较高的省份并不是传统意义上的生产大省，如内蒙古、甘肃、黑龙江这些种植面积和总产量都很高的省份，其单位面积产量并不高。而新疆、西藏、广东这些种植面积和产量并不高的省份单位面积产量却很高（表 3－26）。

表 3－26　不同时间主要省份马铃薯单位面积产量

单位：千克/公顷

2000 年		2003 年		2007 年		2012 年	
省份	单产	省份	单产	省份	单产	省份	单产
山东	6 601.60	西藏	7 200.00	西藏	8 064.52	吉林	8 361.48
新疆	5 062.17	新疆	6 378.62	安徽	6 281.11	西藏	5 753.42
西藏	5 000.00	吉林	5 779.93	新疆	6 114.63	江西	5 564.52
广东	4 113.21	安徽	4 728.73	辽宁	5 980.59	黑龙江	5 460.48
安徽	4 054.05	青海	4 292.24	江西	5 780.36	广东	5 024.34
吉林	3 897.57	辽宁	4 276.46	四川	5 261.65	辽宁	4 993.17
辽宁	3 821.29	广东	4 005.00	广东	4 351.10	安徽	4 764.33
云南	3 385.93	四川	3 570.30	青海	4 041.65	新疆	4 574.75
福建	3 273.14	云南	3 320.39	湖南	3 959.54	海南	4 411.90
青海	3 225.11	福建	3 318.51	福建	3 591.21	广西	4 093.75

北方一作区产量增长主要来源于单产的提高，而西南混作区产量增长主要源自面积的扩大。从全国来看，2000—2012 年，单产对产量的贡献率要高于种植面积对产量的贡献率，但区域间又呈现出不同的特点，北方一作区单产贡献率要远远高于面积的贡献率。而在西南混作区，马铃薯产量的提高则主要依赖于种植面积的不断扩大（表 3－27）。

表 3－27　2000—2012 年不同区域贡献率分析

单位：%

	全国	北方一作区	西南混作区	南方冬作区	中原二作区
面积	42.8	1.7	73.2	48.7	88.6
单产	57.2	98.3	26.8	51.3	11.4

（三）马铃薯消费特征分析

1. 消费形式

国内马铃薯按消费形式大致可分3种：一是马铃薯的鲜薯消费，主要是通过市场，包括超级市场和蔬菜店等渠道出售，以“活薯”的形式作为蔬菜食用。二是加工品消费，主要在加工厂大量烹调加工，以“制品”的形式作为加工产品出现，主要用于制作薯片、油炸马铃薯及沙拉等快餐点心；另外也通过在工厂进行块茎处理生产出马铃薯淀粉，以“袋装粉”形式的淀粉原料作为食品工业和其他工业原料。三是马铃薯的非食用消费，主要为种薯消费。北方一作区是中国马铃薯的主产区，北方一作区仅有10%～20%的地区适宜留种，而大部分地区均需每3～5年更换一次种薯以解决马铃薯退化问题。中原二作区是中国重要的马铃薯产区，但该区域马铃薯易感染病毒，退化较快。据统计，该区域每年种薯消费量为5万～10万吨。而中国南方地区由于处于低纬度、低海拔地区，马铃薯病毒毒源多、病害严重，不适合留种，每年需从北方购买种薯10万吨以上。

2. 消费特点

一是种薯市场缺口大。中国马铃薯单产水平一直低于世界平均水平，其中一个主要的原因是种薯质量问题。提高种薯质量的关键是脱除引起品种退化的马铃薯病毒，而中国现有脱毒种薯推广面积不到20%，国家规划2015年脱毒种薯应用面积占种植面积的50%以上，缺口超过800万吨。种薯产业成为提高单产、增加种植业效益的瓶颈，具有巨大的市场需求。

二是加工产品需求量大。虽然中国目前马铃薯的主要加工产品是淀粉，但仍然用作中间产品，用途最为广泛的工业用产品如变性淀粉仍主要靠进口。因为马铃薯淀粉具有其他淀粉不能代替的独特品质和功能，如颗粒比其他的淀粉大，具有高黏性；支链淀粉的分子量高，具有优良成膜能力；含有天然磷酸基团，稳定性好；蛋白含量低，口味温和，无刺激，是食品添加剂的最佳选择。所以，马铃薯淀粉及其衍生产品被广泛用于食品、医药、纺织、造纸、铸造、石油钻井、建筑涂料等行业，这些终端产品的年需求量在100万吨左右。马铃薯一些品种具有丰富的花青素含量，天然花青素具有优良的抗氧化和保健功能，是食品色素、保健产品、日用化工的高端原料，以马铃薯为原料的花青素化工产业近年来也开始兴起，国内外均具有较大的市场空间。中国具有独特的饮食文化，符合国内消费的马铃薯食品加工产品市场需求巨大，如粉丝、粉条、方便面、地方风味食品等，这些产品的研制与开发，将有效提升中国马铃薯加工比例。

三是专用薯供不应求。专用薯指专门种植的用于鲜食以外用途的马铃薯，包括各类加工用的原料薯，如淀粉加工、薯条加工、薯片加工、全粉加工、色素提取等。中国现有马铃薯淀粉加工能力超过 100 万吨，实际产量 30 万吨；现有薯条、薯片等油炸制品的加工能力近 10 万吨，实际产量 4 万吨；现有全粉加工产能 6 万吨，实际产量 2 万吨。加工产业一直面临市场供不应求而却不能实现产能的问题，一个直接原因是原料供应缺乏。随着加工产业的发展，专用薯的需求还会进一步扩大。

3. 主要消费市场

根据马铃薯优势区域布局规划（2008—2015 年），中国马铃薯市场分布按区域划分主要有五大优势市场：东北市场、华北市场、西北市场、西南市场及南方市场。

作为优势市场之一的东北市场由于与蒙古国、俄罗斯和朝鲜等需求量较大的国家相接壤，该区域是鲜食用薯、淀粉加工薯和马铃薯种薯的生产优势区域，市场区位优势比较明显，东北市场包括内蒙古东部、黑龙江和吉林以及辽宁的西北部，马铃薯除用作蔬菜消费、食品和淀粉加工以外，部分马铃薯产品也是华东、中原、华南等地的主要调运产品，马铃薯产品是东北市场出口至朝鲜、蒙古国等周边国家和地区的主要农产品。

华北市场也是中国鲜食用薯生产、加工用薯和种薯的优势产区，主要包括山东西南部、河北北部、内蒙古中西部和山西中北部，此区域马铃薯作为加工原料薯、薯片薯条、鲜薯和种薯被大量调运和出口至华南、华中、中原、西南及东南亚地区。

西北市场包括甘肃、宁夏、陕西西北部和青海东部。该区域是鲜食用薯、淀粉加工用薯和种薯的优势生产区域。马铃薯在西北地区的产业比较优势突出，属于当地的主要农作物，该区域的马铃薯除主要被作为蔬菜、粮食、种薯和淀粉加工消费外，也作为鲜薯被大量调运至华东、华南和中原地区市场。

西南市场是鲜食、加工用和种用马铃薯的优势区域，目前已形成周年生产、周年供应的产销格局，主要包括湖南、湖北的西部山区和重庆、四川、贵州、云南及陕西安康。

南方市场由湖南、湖北中东部和福建、广西及广东地区构成，该区的马铃薯主要是菜用消费及鲜薯出口，鲜薯出口比例高，是中国马铃薯出口东盟的主要市场。

二、杂粮供给与产业发展趋势分析

小杂粮，即除水稻、玉米、小麦以外的谷物和除大豆以外的豆类等小宗粮豆的统称，具有生育期短、种植面积小、区域性强、耐旱耐涝耐贫瘠等特点。主要包括高粱、谷子、荞麦、燕麦、大麦、糜子、籽粒苋、薏苡等谷物和菜豆、绿豆、小豆、蚕豆、豇豆、豌豆、扁豆和黑豆等豆类。FAO没有专门针对小杂粮的统计口径，根据产品分类，FAO中粗粮数据减去玉米对应中国口径下除水稻、玉米、小麦以外的谷物，豆类对应中国口径下除大豆以外的豆类，即FAO统计口径下，粗粮＋豆类－玉米＝小杂粮。

长期以来，大宗粮食品种在我国粮食安全中居主导地位，小杂粮居辅助地位，种植面积不断下降。近年来，随着杂粮价格的不断上涨，种植面积下降趋缓，种植效益不断提高。在粮食生产“十二连增”背景下，农业资源偏紧和生态环境恶化的制约日益突出，农业生产结构失衡的问题日趋严重，迫切需要优化农业结构，调整生产方式。2016年和2017年中央1号文件均提出要优化产品产业结构，大力发展优质特色杂粮，促进杂粮杂豆产业提档升级。小杂粮具有生长期短、耐旱耐涝耐贫瘠、营养价值高等特点，是种植业调结构、转方式的重要替代作物，是改善膳食结构、促进营养健康的重要口粮品种，也是贫困地区促进扶贫开发、提高农民收益的重要经济作物。

（一）我国小杂粮生产情况

我国是世界小杂粮的主要生产国，自20世纪50年代以来，全国小杂粮种植面积一直呈下降趋势，特别是近十几年来，随着退耕还林政策的推行，以及马铃薯、玉米等作物种植面积的扩大，小杂粮种植面积呈现大幅度下降，由1961年的3 242万公顷下降到2015年的552万公顷，减少了83.0％，总产量由2 961万吨下降到1 335万吨，减少了54.9％，占粮食总产量的比例由18.5％下降到2.1％。2009年以来，由于国内外小杂粮价格上涨，种植小杂粮比较效益提高，小杂粮种植面积趋于稳定，下降速度有所减缓，目前基本稳定在550万公顷左右。农民对小杂粮生产的投入增加，各种实用技术也得到推广，单产水平有了很大提高，小杂粮产量不断增加，由 2009 年的 1 169 万吨上升到 2015 年的 1 335 万吨，增长了 14.2%（图 3-10）。

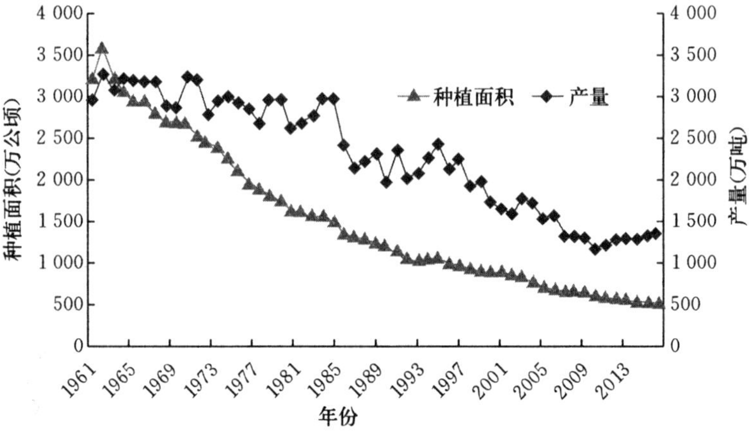

图 3-10　我国小杂粮种植情况（1961—2015 年）

数据来源：《中国农业统计资料》。

小杂粮在我国分布广泛，各品种主产区相对集中。从分布区域看，我国小杂粮主要分布在北部和中西部地区；从地形分布特点来看，主要分布在高原、山区以及丘陵地区；从生态环境分布特点看，主要分布在生态条件较差的半湿润半干旱的旱作地区、高寒山地；小杂粮种植区还主要集中在经济欠发达地区和少数民族边疆地区。其中，生产规模大、群体种类较多、分布较为集中的是黄土高原地区（表 3-28）。

表 3-28　我国小杂粮主产省份

作　物	省　份
谷子	河北、山西、内蒙古、辽宁、吉林、黑龙江、山东、河南、陕西、甘肃
高粱	内蒙古、辽宁、吉林、黑龙江、四川
荞麦	山西、内蒙古、四川、云南、贵州、陕西、甘肃、宁夏
大麦	内蒙古、黑龙江、江苏、浙江、安徽、河南、云南、甘肃、新疆
糜子	山西、内蒙古、吉林、黑龙江、陕西、甘肃、宁夏
燕麦	河北、山西、内蒙古、甘肃
绿豆	河北、山西、内蒙古、吉林、黑龙江、安徽、河南、湖北、重庆、四川、陕西
红小豆	河北、山西、内蒙古、吉林、黑龙江、江苏、新疆

数据来源：常晋生（2006）；《新中国农业 60 年统计资料》；《中国农业统计资料》，各年。

小杂粮种植向优势产区集中。与全国整体形势一致，主产省份小杂粮普遍呈现种植面积下降的态势，其中吉林、黑龙江、山东、河南、甘肃和宁夏下降较快，减少面积与 1980 年相比超过 80%。在整体范围表现为下降的情况下，也有一些杂粮生产大省发展势头较好，山西省 2014 年杂粮种植面积为 99 万公顷，占全省粮食种植面积的近 1/3，总产量达 234 万吨，其中谷子面积为 19.2 万公顷，总产量为 55.7 万吨，位列全国第一，荞麦和燕麦的面积、产量也均居全国前列。陕西杂粮常年播种面积达 60 万～70 万公顷，总产量为 50 万～60 万吨，是我国三大主产区之一，其中，糜子 12 万公顷，总产量约 8 万吨；荞麦 15 万公顷，总产量 7 万吨；绿豆约 6 万公顷，总产量约 3 万吨。内蒙古杂粮种植规模相对于其他省份具有一定优势，荞麦、莜麦和糜子的种植面积居全国首位，高粱面积居全国第二位，绿豆种植面积和产量分别居全国第一位和第二位。

（二）小杂粮产业发展的优势条件

1. 杂粮作物在水土资源高效利用方面具有不可替代的作用

杂粮可以在旱地、山坡地和薄地种植，相对于大宗粮食作物，杂粮较为节水，如生产 1 千克谷子需水 271 千克，玉米和小麦则需水 369 千克和 510 千克（程汝宏，2003）。生育期短的杂粮品种在多数适宜地区可夏播，是良好的救灾补种作物。杂豆与大宗作物间套种，能够提高土地利用率，借助生物固氮作用，可使耕地用养结合，培肥地力。杂粮作物能够有效减少水土流失，有利于生态环境建设。

2. 杂粮种植具有一定的成本收益优势

根据《全国农产品成本收益资料汇编 2008》数据显示，玉米、谷子和高粱的亩均产值分别为 650.5 元、521.6 元和 624.7 元，亩均现金收益为 433.5 元、412.2 元和 434.2 元，虽然玉米的纯收益略高于谷子，考虑到劳动用工和土地成本，谷子和高粱的效益明显高于玉米，成本利润率分别为 44.7%、55.6%和 55.7%（表 3-29）。另据山西省调查数据显示，由于育种和栽培技术的突破，近年来谷子亩均产量已由过去的 150 千克提高到 350～400 千克，高产田块超过 600 千克，按照近两年全省谷子价格 7～9 元/千克计算，种植谷子的亩均纯收入可达 1 800 元以上，远高于玉米收益（2013 年山西省玉米亩均现金收益为 868.64 元），这也是在水资源短缺或种植条件恶劣地区推动杂粮种植的重要因素之一。

表 3－29　我国主要杂粮亩均成本收益情况（2007）

项目	单位	玉米	谷子	高粱
产值	元	650.5	521.6	624.7
商品化率	%	84.1	48.4	87.1
价格	元/千克	1.50	2.93	1.55
总成本	元	449.7	335.2	401.2
生产成本	元	358.5	270.7	287.4
土地成本	元	91.2	64.5	113.8
净利润	元	200.8	186.5	223.4
现金成本	元	217.1	109.4	190.5
现金收益	元	433.5	412.2	434.2
成本利润率	%	44.7	55.6	55.7

数据来源：《全国农产品成本收益资料汇编 2008》。

3. 杂粮产品市场需求旺盛

目前国内粮食需求正从“量”向“质”的方向转变，由于生活水平的提高，人们的食物结构不断改善，注重食物消费的营养全方位和品质多样性，对营养性、保健性和杂食性的要求日益增强，杂粮及其制品成为市场销售前景较好的商品，同时饲料工业对杂粮原料的需求也在不断增加。据统计，全球杂粮消费增长率为 25.74%，远远超过精粮产品消费增长率。受需求旺盛影响，杂粮价格趋升，普遍高出大宗粮食品种 1～2 倍。我国小杂粮价格也普遍低于其他国家，据调查，我国荞麦、豆类产品价格仅为国际市场价格的 10%左右，市场潜力巨大。从国内国外两个市场的需求看，大力发展杂粮经济，可以促进农业粮食结构调整，开辟农业增效、农民增收的新路子。

4. 政策保障

（1）加快小杂粮优良品种选育和推广。目前小杂粮缺乏优质、高产品种，种植以地方品种为主，良种采用率较低，农户长期自留种子造成品种混杂退化，一般亩产只有 50～100 千克。应以品种为核心，加强小杂粮新品种选育和示范推广，建立良种繁育基地，加快品种更新步伐，扩大优良品种的覆盖面，提高产品质量。

（2）改善小杂粮在生产、收获、加工等方面的技术和装备。小杂粮多数种植在田边地脚和山坡地，限制了农业机械应用，导致生产率较低，应联合多学科、多部门开展技术攻关，大力发展适宜的农机具，提高机械作业水平，以抗旱节水技术为支撑，大力推广小杂粮标准化生产和管理技术、旱作农业生产技术、保护性耕作技术、配方施肥技术等先进适用技术，降低生产成本，提高单产加强小杂粮加工技术，提高加工工艺。

（3）加强对小杂粮消费的引导。目前消费者的杂粮消费意识未被充分唤醒，消费需求有待进一步挖掘。应积极宣传杂粮及其制品的营养价值，强化消费者对杂粮的认知，引导健康的消费观念，拓展杂粮食品的层次，满足消费者的多样化需求。

（三）谷子生产消费特征及产业趋势研究

1. 我国谷子消费发展

（1）我国谷子消费变化与特点。

第一，消费结构变化，以食品加工为主。长期以来，我国谷子主要出口日本、韩国、欧洲等国家和地区，但是出口总量少，在谷子消费总量中的占比不足1%。1960—1990年，我国谷子消费量中还有2%左右，最高3.4%的饲料消费占比。1990年以后，我国谷子消费基本用于食品、种子和工业消费（图3-11）。而谷子用于食品消费的功能也发生了重大转变，从主粮变为辅食。谷子的加工产品——小米，80%用于居民粥食，食品加工品和精深加工品还有待研发和市场开发。

第二，消费量大幅下滑并进入稳定期。1984年以前，我国谷子的消费存在大幅波动，有增有减，谷子的国内消费率呈下降趋势。1984年以后，直到2009年，我国谷子的消费量都在下降，且大幅削减。1984年，我国谷子的消费量是689.2万吨。20世纪90年代，我国谷子的产量迅速缩减，总体不足60～80年代平均产量的一半。2000年以后，我国谷子的产量继续大幅缩减，不到20世纪60～80年代的1/3。2009年我国谷子的消费量仅为122.6万吨，不到1984年的1/5。2009年以后，我国谷子的产量缓慢回升，消费量也基本稳定（图3-12）。

第三，消费群体地域和年龄段范围扩大。我国小米消费以散户为主，也

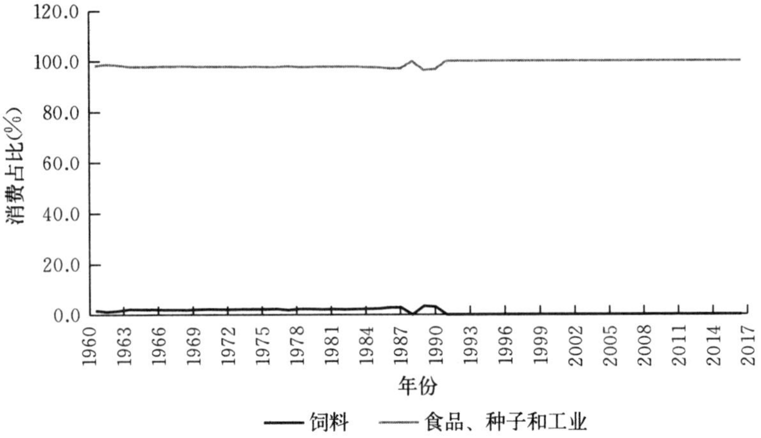

图 3-11　1960—2017 年我国谷子消费结构的变化情况

数据来源：USDA。

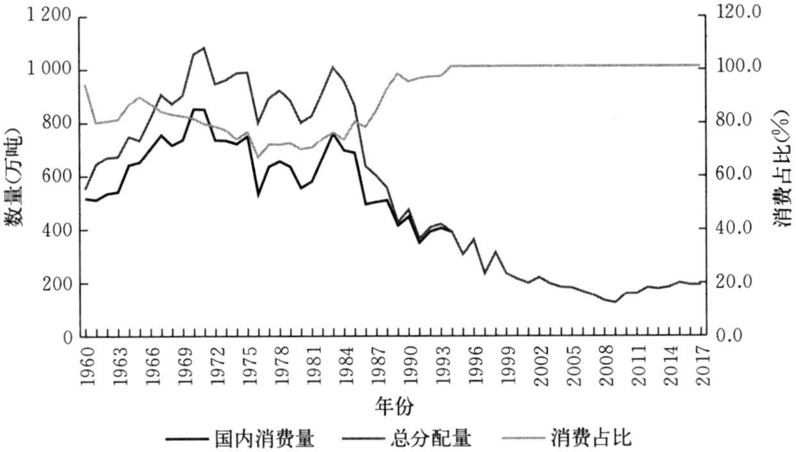

图 3-12　1960—2017 年我国谷子消费的变化情况

数据来源：USDA。

有团购。受饮食习惯的影响，消费者以北方人为主，主要包括东三省、内蒙古、河北、河南、陕西、山西、山东、北京等省份，并且中老年消费者居多。近年来，江西、浙江、福建、广东等南部省份消费者开始逐步接受和消费小米。消费者的年龄段也有所扩展，以合理膳食为目标的中青年消费者有所增加。

第四，小米批发价格由高转低。从北京市小米市场调研情况看，2009—2015年，小米批发价格进入了明显的上升阶段，曾一度创下每千克10元的历史高价。2016年和2017年，小米批发价格呈下降趋势。到2017年8月中旬，在北京市场上，山西小米批发价格已经下降到了每千克8.6元，河北小米批发价格更是下降到了每千克7.2元，东北小米批发价格降至每千克5～6元，与高位价格相比，平均下降30%左右。其原因主要是2009年以来小米市场行情一路攀升，在行情好、收益高的刺激下，农民种植谷子的积极性增强，谷子种植面积增加，加上整体天气状况利于谷子生长，谷子产量增加。同时，小米加工厂规模迅速扩大，产地粮商和销区批发商也相应增加了存货量。谷子产量、小米加工量和经销库存量扩大到一定程度，超过了市场需求规模，形成小米事实库存，小米价格自然回归到下行周期。

第五，小米零售价格水平平稳。依据北京市小米市场调研情况，一般小米零售价格平均每千克高于批发价格4元以上。适口性好、品牌知名、商品性好的优质小米，价格更高，可高于普通小米价格的40%以上。而像“沁州黄”等著名、高端品牌，有机谷、绿色认证小米，其零售价格更高，基本都在每千克30元以上，但是价格平稳，基本不随谷子的价格和小米批发价格的变化而变化。

(2) 我国谷子市场变化与特点。

第一，谷子市场价格在波动中增长，整体水平高。河北省是我国谷子的主产区之一。从2003—2015年河北省谷子生产价格的变化情况看，谷子价格在波动中增长，一个价格上涨周期或下降周期在3年左右。2004年、2008年、2014年是价格波动周期内谷子价格的高峰，其谷子价格的年增长率都超过了30%。2015年开始，谷子价格又进入了下降趋势。各个谷子主产区因所产谷子品质有差异，谷子价格也有差别，其中，东北地区所产谷子价格偏低，山西和河北谷子价格偏高，但谷子价格变化规律和趋势相近。随着东北地区谷子产量的增加，全国谷子价格价差缩小。因此，河北省谷子价格的波动规律和趋势，基本可以反映全国谷子市场价格的变化特点和状况（图3-13）。

我国谷子市场价格受产量、品种、市场和其他粮食作物价格的影响。谷子属于小宗农产品，其种植区域比较分散，以小农户种植为主，种植技术和机械化水平相对较低，亩产相对少，易受自然环境因素的影响。谷子的种植面积取决于上一年谷子的价格和谷子与其他农作物的效益比。谷子的种植面积和单产

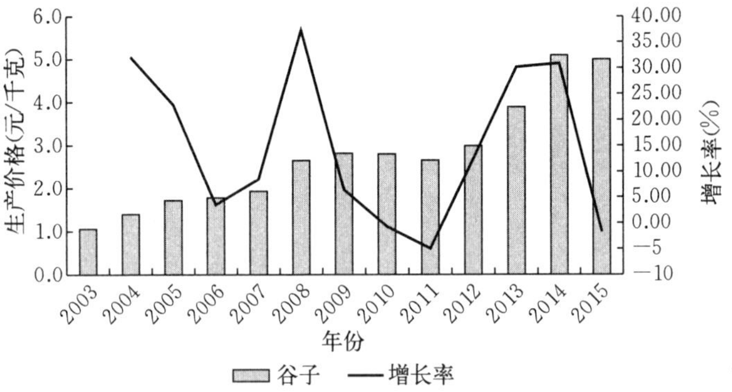

图 3-13　2003—2015 年河北谷子生产价格变化情况

数据来源：河北农村统计年鉴。

决定了谷子的产量。由于谷子消费市场规模短期内相对稳定，产量的多少便主导了价格的涨跌。即谷子的价格受谷子的供给、需求状况，谷子的质量和其他粮食价格的影响，由市场决定，并存在以下规律波动：种植面积扩大——总产量增加——价格下跌——种植面积减少——总产量减少——价格上涨——种植面积扩大。

从 2003—2015 年河北谷子等粮食产品的生产价格变化情况看，谷子的价格高于玉米、小麦的价格，也高于杂粮的平均价格。2007 年以后数年谷子的价格也高于稻谷的价格。2012 年以后，谷子价格疯狂上涨，已经是小麦价格的一倍多，比稻谷价格也多出近 70%。这也是近年来谷子种植面积回升的重要原因（图 3-14）。

第二，谷子市场规模快速发展并进入稳定期。2008 年之后，我国谷子市场发展规模迅速扩大。从图 3-15 可见，经过 2010 年和 2013 年两年的市场规模跨越式发展，到 2014 年我国谷子市场规模已经是 2009 年的 2.6 倍，市场规模总量增加了近 100 亿元，达到了 155.8 亿元。从 2015 年开始，谷子市场规模趋于稳定，进入稳定期。

第三，全国性市场一枝独秀，专业性市场区域性分布。目前，辽宁省朝阳市建平县朱碌科镇杂粮交易市场是我国唯一的全国性小米交易市场，全国各地小米经销商均从该市场采购小米。其他地区专业性的小米市场规模小，专业化程度低，一般作为其他粮食、粮油（批发）市场或农产品交易市场的一部分，

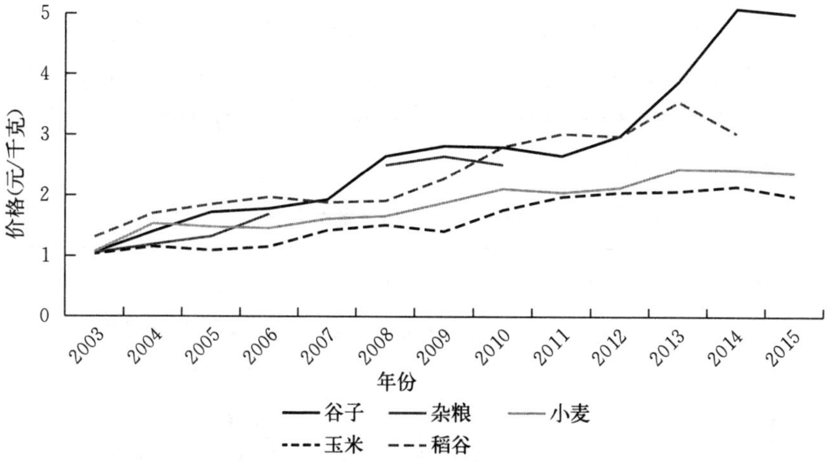

图 3-14　2003—2015 年河北主要粮食生产价格变化情况

数据来源：河北农村统计年鉴。

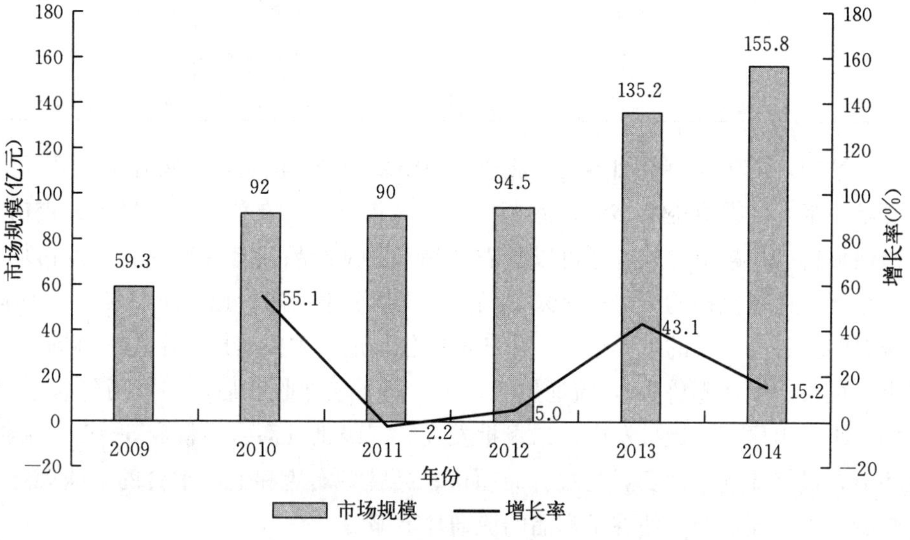

图 3-15　2009—2014 年中国谷子市场规模

数据来源：智研数据中心。

作为小米一级经销商或二级经销商聚集的市场。小米二级经销商所在的专业市场，一般是地方性的专业市场，负责地方内分区域的小规模市场。小米一级经销商所在的专业市场，一般是区域性的专业市场，辐射周边 100～200 千米范围内的小米市场。例如，北京盛华宏林粮油批发市场主导了我国华北区的小米批发。而北京新发地市场也有小米批发市场，属于北京地区内的二级经销商聚集的杂粮批发市场。另外，在谷子产地一般都有谷子和小米的区域性市场，但是尚未形成集中的、较大规模的专业化市场，而是分散于各谷子主产县市中（表 3-30）。

表 3-30　部分小米批发市场

序　号	所属省	所属市	名　　称
1	河北	石家庄	桥西农产品批发市场
2	山西	太原	太原国家粮食交易中心
3	陕西	西安	西安粮油批发交易市场
4	山东	临沂	临沂鲁南国际粮油市场
5	北京	朝阳	北京盛华宏林粮油批发市场
6	河南	郑州	郑州粮食批发市场
7	吉林	松原	三井子杂粮杂豆产地批发市场
8	江西	九江	南方粮食交易中心
9	辽宁	锦州	北方杂粮批发市场

第四，销售渠道更加多元，流通层级由多变少。消费者购买谷子产品（主要是小米）的渠道更加多元，除了传统的零售端——农贸市场、早市、夜市、粮油零售店、超市之外，还可以从农产品、农副产品或者粮油一级批发市场、二级批发市场直接购买。近年来，品牌专卖店和电商平台也有所发展，成为消费者购买谷子产品的重要渠道。传统的销售渠道（主要是指销往农贸市场、早市、夜市、粮油零售店），流通层级较多，谷子成熟收获后，一般历经谷子收购、小米出厂、一级批发商、二级批发商、三级批发商、零售商 5～6 个流通环节，最终才到达消费者终端。而超市、品牌专卖店和电商平台的采购渠道，减少了批发商层级，使谷子产品的流通环节缩短。

第五，销售模式走向专业化。小米的销售模式正在从粗放式走向品牌化、精品化、专业化，出现了“沁州黄”等高端产品、品牌产品，为产品质量和增加附加值提供了无形保障；为迎合居民的快节奏生活和丰富的营养需求，出现了分袋包装、不同杂粮的组合包装；为满足社会交往需求，出现了礼盒包装。上述小米产品越来越受到消费者认可，销售前景乐观。

第六，销售方式走向电商化。近年来，随着当前人们生活节奏的加快和物流产业的发展壮大，互联网、计算机和智能手机的普及和推广，农村电子商务普及率随之扩大，相关农产品电子商务人才培养快速发展，农产品电子商务快速发展。自2014年天猫超市、京东商城、顺丰优选为代表的电商企业通过整合现有资源、巩固行业优势，不断升级完善农产品电子商务经营模式，由最初的B2C模式，衍生出F2C（农场直供）模式、C2B（消费者定制）和CSA（社区支持农业）模式等，农产品电子商务模式也在不断扩展。在此基础上，我国农产品网络销售额大幅提升。根据中华全国商业信息中心对我国食品网络销售监测数据，2015年我国米面杂粮网络销售额为15.4亿元，较2014年（7.6亿元）增长104.1%。其中，小米的成交量也在稳步提高，有关谷子及产品供求业务洽谈的次数上升。随着我国食品网购市场的迅猛发展，以及物流配送问题的解决、专业食品电商的兴起，杂粮网购将继续保持较快的增长，也有望成为小米贸易的重要途径，发展成为小米销售的另外一个新兴的规模市场。

（3）谷子的市场消费替代性分析。

第一，谷子营养膳食结构的替代性分析。从营养结构上看，谷子中的色氨酸和蛋氨酸含量远超过大米和小麦。与同是粗粮的玉米相比，小米的营养指标总体好于玉米，在居民日常粗粮饮食结构中，小米部分替代玉米，具有合理性（表3-31、表3-32）。

表3-31 每百克食物中营养成分含量

营养成分	小　米	玉　米
热量	1 502.7千焦	820.4千焦
蛋白质	9.2克	4克
脂肪	3.2克	2.3克
碳水化合物	73.3克	40.2克
胆固醇	0克	0克
膳食纤维	1.6克	10.5克
胡萝卜素	0.19毫克	0.34毫克
烟酸	1.6毫克	1.6毫克
叶酸	29微克	12微克
泛酸	1.7毫克	1.9毫克

（续）

营养成分	小　米	玉　米
维生素 A	17 微克	63 微克
维生素 B_1	0.67 毫克	0.21 毫克
维生素 B_2	0.12 毫克	0.06 毫克
维生素 B_6	0.18 克	0.11 克
维生素 B_{12}	73 微克	15 微克
维生素 C	0 毫克	10 毫克
维生素 D	0 毫克	0 毫克
维生素 E	3.63 毫克	1.7 毫克
维生素 K	0 微克	1 微克
维生素 P	0 微克	0 微克
钙	9 毫克	1 毫克
铁	5.6 毫克	1.5 毫克
磷	240 毫克	187 毫克
钾	239 毫克	238 毫克
钠	9 毫克	1.1 毫克
铜	0.54 毫克	0.25 毫克
镁	107 毫克	96 毫克
锌	2.08 毫克	0.9 毫克
硒	4.74 毫克	1.63 微克
生物素	143 微克	216 微克

表 3-32　小米营养成分比较

品种	营养质量指数（Index of nutrition quality，INQ）			
	蛋白质	维生素 B_1	维生素 B_2	钙
小米	1.18	1.71	0.54	0.29
小黄米	1.17	1.84	0.56	0.34
大黄米	0.95	2.07	0.5	0.34
糜子米	1.13	1.32	1.07	0.36
甜荞	1.03	1.31	0.59	0.42
裸燕麦	1.14	1.11	0.37	0.28
玉米	0.78	0.49	0.56	0.28
大米	0.71	0.59	0.28	0.12

谷子另外一个主要的消费方式是饲用。作为饲料作物，谷子能收获产量高出籽实产量1倍以上的或与之相当的质量较高的谷糠和谷草。与燕麦、青贮玉米、饲用高粱和苏丹草这4种一年生禾本饲料作物相比，谷子营养综合评价最高。谷子营养成分丰富，饲料价值接近豆科牧草。谷草中可消化总养分为47%～51%，可消化蛋白质为0.7%～1.0%，比其他作物的秸秆营养物质含量高得多。因此，国外一些畜牧业发达国家把谷子作为牧草栽培。当前，我国主要的能量饲料——玉米，蛋白质含量较低，缺乏畜体生长所必需的赖氨酸和色氨酸，在我国中西部土壤贫瘠、降水少、灌溉条件不佳的地区以谷子替代玉米种植，生产营养价值高的牧草，具有合理性。

第二，谷子的区域消费替代性分析。2010年以后，谷子市场的客户来源地不再局限于中原、东北、西南等地区，明显向广东、福建等南方地区扩展，南方小米消费呈现日趋增长的态势，加之易被各类人群普遍接受的谷子粉型冲剂等谷子新型方便食品市场逐步得到开发，并成为消费热点，谷子在南方的消费市场将不断扩大。

第三，消费惯性使谷子市场替代受到一定的限制。谷子去壳为小米，是中国古代的主要粮食作物。在小米原产地——中国北方黄河流域、内蒙古、东北地区，妇女生育后，有用小米加红糖来调养身体的传统。除了滋阴养血，小米熬粥，益丹田，补虚损，开肠胃，还有清热解渴、健胃除湿、和胃安眠的功效，因此，小米粥又有“代参汤”的美称。小米粥作为健康食品，还可以添加其他杂粮以及大枣、红薯、莲子、百合等一起食用，使其营养更加丰富，亦可磨粉食用。这种传统的消费方式和消费认识已经形成惯性，而且从价格看，谷子仍然在普通民众消费能力范围内，因此，被大米、玉米等其他粮食作物替代的可能性受到限制。

第四，谷子消费拐点的原因分析。1984年以后，我国谷子的消费量总体呈现下降趋势，且大幅削减。这与我国消费者饮食习惯的改变和谷子产量的大幅下滑有直接关系。2009年以后，我国谷子消费量开始从减少到稳步阶段。原因主要有以下几方面：首先，谷子作为我国历史悠久的传统粥食原料，甚至主食原料之一，是我国居民日常食品消费的主要内容之一，存在一定量的刚性需求。其次，随着谷子休闲食品，其他谷子加工食品新品种的上市，以及市场规模的扩大、市场份额的提升，谷子的消费量有一定的提升。再次，谷子的消费区域有所拓展，目前，谷子的消费区域不仅集中在传统消费区——北方，南方诸多省份，甚至西南地区，也成为谷子的新兴消费区。最后，食物消费理念向健康、营养、养生转型，引发了居民食品消费结构变化，在居民粮食消费中，杂粮包括谷子，成为消费热点，也促进了谷子的消费。谷子产量有所回升，支撑了上述谷子消费需求的变化。

2. 谷子产业发展潜力分析与展望

（1）我国谷子产业发展潜力分析。

第一，我国谷子消费潜力分析。我国谷子消费潜力大。首先，居民收入持续增长，居民消费水平持续提高，消费方式日益多元，食品消费也将随之持续增长，国民重要的辅食谷子消费也将受到有利影响。其次，传统谷子产品市场稳步增长，新谷子产品品种不断出现，消费潜力释放空间大。不仅小米市场稳步增长，根据中国食品工业协会发布的《中国传统特色小品类休闲食品行业发展现状及趋势研究》，我国休闲食品消费市场在快速增长，年增幅在25%左右，到2018年，休闲食品产值有望达到一个高峰。谷物类休闲食品是休闲食品行业起步最早、发展最为成熟的品类，已经形成了强势的品牌影响力，占据了一定的消费市场份额。干粉冲剂等谷子产品的开发，是谷子休闲食品中的新生代，市场开发力度小，消费热度逐渐升高，市场潜力大，将成为吸金主流。因此，从传统谷子产品消费和新产品消费发展趋势看，谷子消费潜力还有很大空间。再次，行业生产管理日益规范，食品安全意识加强，加工企业加速节能减排，整个行业开始走向标准化、绿色化，这有利于谷子产品质量安全保障，符合消费者对食品安全期待，谷子产品安全和质量的提升，也有利于产品走向海外市场。最后，消费者越来越追求绿色健康，尤其注重养生保健，谷子作为五谷杂粮中的大类品，迎来的消费热度，将激发消费者对谷子产品的需求潜力。

第二，我国谷子市场潜力分析。2009—2014年我国谷子市场规模的平均增长速度达到21.3%，按此速度增长，到2018年我国谷子市场总规模可能超过300亿元，到2020年，我国谷子市场总规模可能超过400亿元。这是按照前一阶段谷子市场迅速发展趋势下的乐观估计。尽管，谷子市场已经开始进入供给偏旺的阶段，但是新的谷子加工制品正在打开市场，新的销售方式——电商，正在迅速发展，因此，谷子产品销售量继续扩大，谷子市场规模继续扩张，仍是趋势。

（2）我国谷子消费发展展望。

第一，短期内小米批发价格呈下降趋势。目前，我国谷子供给增多，库存加大，小米批发价格也已经进入了下行通道，随着东北玉米种植面积的大幅缩减，小米种植面积的增加，谷子的产量有可能进一步增加，预计未来3～5年小米批发价格将继续下滑，而谷子的价格受小米市场的影响，也要看玉米、小麦等其他粮食作物种植收益情况的变化，如果谷子种植亩收益明显提高，农户依旧会选择种植谷子，谷子价格也不会过低。

第二，谷子消费量有望提升。促使谷子消费量提升的因素主要有三方面。一是随着谷子市场逐步进入供给大于需求的阶段，谷子价格有望下降，小米价格保持平稳甚至下降，随着国民人均收入的进一步提高，小米的消费量有望提升。二是谷子食品制品种类日益丰富，谷子消费的多样化将促进谷子消费总量增加。三是养生保健和杂粮热持续升温，有利于促进谷子消费。

（3）我国谷子市场发展展望。

第一，谷子市场容量将扩大。小米作为粗粮，营养丰富，能益肾、养胃，具有一定的药用价值，在营养、健康理念备受市场青睐的当下，小米日益成为家庭“养生”的主食。尽管小米市场零售价格偏高，居民食用频率普遍不高，但在国家宏观经济保持乐观增长，营养、健康日益深入人心，有机产品、深加工产品、药用元素提取逐步发展的情况下，小米市场规模还有增长潜力，未来小米将迎来更大的消费市场。

第二，产品结构将有所调整。我国谷子历史文化悠久，由于产品单一、收益偏低，产业发展缓慢。近年来，消费者需求不断增加，谷子产品开发日益丰富，除小米外还有小米锅巴、小米煎饼、小米挂面等产品，绿色认证和有机认证产品有所增加。随着谷子产业的健康稳定发展，以山西沁州黄为代表的大型谷子企业将继续增加，谷子产品多样化开发和推广，将逐渐丰富谷子加工产品的产品结构。

第三，“一带一路”的影响将扩大。随着国内小米加工业规模的扩大、效率的提升，以及小米价格的下滑，我国谷子加工业亟须降低成本、提高开工率，以降低小米价格，扩大市场容量，使谷子/小米产业进入良性的发展循环。“一带一路”沿线国家，尤其是中亚地区国家，因为地租价格低廉，土壤质量优良，如果试种谷子成功，将为小米市场提供大量优质、低成本的谷子，这对国内谷子/小米市场将产生显著影响，值得关注。

（4）谷子产业发展展望。

第一，一产、二产联结更紧。山区、丘陵区谷子种植以散户为主，农户种植规模小，管理水平粗放，获取产业信息渠道狭窄，并且，农户普遍缺乏市场经验，使种植户在市场中处于被动状态，难以在波动的谷子行情中获得最佳收益。但近年来家庭农场、种植大户、专业合作社、企业等新型农业经营主体在谷子主产区快速涌现，出现了“企业（公司）＋基地＋农户”“企业＋合作社”等多种经营模式，在农户、企业、专业合作社之间建立起了“产、加”甚至“产、加、销”合作机制，以及利益联结机制和信用机制，在一定程度上提高了谷子“产、加”以及“产、加、销”环节的联结度。

第二，走向二产主导、三产带动。在国家扶持和产业技术体系的支撑下，谷子新品种、新技术的研发与推广力度不断增加，加工企业数量和规模均有所扩张，产业化水平快速提升。与主粮作物产业结构发展处于转型期，调整升级阶段不同，谷子产业各环节仍有较大提升空间。主要表现在：生产阶段，与其他粮食作物相比，谷子种植过程繁杂、机械化程度低、收益不高，短期内生产规模难以扩张；加工阶段，其他粮食加工企业在数量、规模、技术层次上均处于较为成熟阶段，而谷子加工企业数量少、规模小、档次低、产业效益处于较低水平；消费阶段，其他粮食作物消费形式多样化，谷子消费以原粮为主，消费形式单一。目前，内蒙古和东北三省形成“主产区＋中介＋加工厂”的谷子产业发展模式，存在多个粮食收储站形式的中介服务组织，连接谷子的生产与加工，从主产区收购谷子并运往加工厂。河北省藁城马庄小米集散地是全国最大的小米集散地，拥有小米加工厂 80 家，辽宁等地也拥有类似的小米集散中心。国家重视谷子产业发展，加之人们对谷子营养价值的认可和谷子文化的了解，谷子生产管理技术将继续提升和推广，谷子产品开发向精深化多样性发展，积极带动谷子产品消费，可促进产业结构优化升级稳定发展。在政府和相关部门的积极引导和支持下，今后以谷子消费和谷子深加工环节为主导进行产业链条延长、各环节高效发展。

第三，成为农业供给侧结构性改革新动能。20 世纪 50 年代以来，我国谷子种植面积不断下降，谷子也从主粮变为辅粮，但是，我国农业发展新形势为谷子产业进一步发展提供了新机遇。当前，我国农业供给侧问题突出，主要表现为主粮库存过大，农产品结构不适应市场需求结构，导致供求结构失衡。我国正在大力推进农业供给侧结构性改革，推进农业转型升级，调整优化种植结构，发展经济作物和饲料作物种植，改革玉米价格和收储制度，谷子产业在这个过程中可以发挥积极作用，一方面，谷子比较收益相对高，机械化发展有进展，具有替代玉米种植的可行性，有利于促进减少玉米种植面积；另一方面，谷子饲用价值高，具有替代饲草进口、满足内需的可能性，有利于平衡“粮-饲”种植结构；此外，谷子种植耐旱节水，有利于节约农业资源，保护农业生态安全，符合农业发展方向。因此，谷子产业的进一步发展有利于促进农业供给侧结构性改革。

第四，成为农民增收新亮点。谷子产业有助于促进农民增收。当前，谷子种植业多分布于丘陵地区、山区，这些地区的农民往往面临增收困难的问题，其中一些地区贫困发生率较高。谷子种植业投入产出效益高，价格波动相对平稳，可以作为农民增收的渠道之一，有助于实现 2020 年既定脱贫攻坚目标。总体来看，基于我国农业发展新形势和趋势，谷子产业发展有望迎来新的发展机遇。

三、杂豆生产消费特征及产业发展趋势研究

杂豆也称为食用豆类，是以收获籽粒兼做蔬菜供人类食用的豆科作物的统称。在我国，杂豆通常是指除大豆和花生以外的其他豆类。杂豆按其籽粒营养成分含量，可分成两大类：第一类为高蛋白（35%～40%），中淀粉（35%～40%），高脂肪（15%～20%），如羽扇豆、四棱豆等；第二类为高蛋白（20%～30%），中淀粉（55%～70%），低脂肪（<5%），如蚕豆、豌豆、绿豆、小豆、豇豆、普通菜豆、小扁豆、饭豆。我国栽培的主要是第二类的杂豆类。其中，种植面积一直较大的杂豆主要有绿豆、红小豆、豌豆、菜豆、鹰嘴豆、小扁豆、豇豆等。

绿豆和红小豆长期属于我国重要的杂豆作物，种植历史悠久，种植面积较大。近年来，豌豆生产、消费和贸易规模不断扩大，按贸易量计算已成为最重要的杂豆作物之一，且在国内外市场上具有较强的竞争力。因此，本研究以目前形成一定生产规模，并具有较强的地域优势和竞争优势的绿豆、红小豆和豌豆作为研究对象，对其生产消费特征及产业发展趋势进行研究，并结合世界杂豆产业发展趋势提出新时期推进我国杂豆产业发展的政策建议。

（一）中国杂豆需求特征

1. 中国杂豆消费特征

中国杂豆国内消费量总体呈现快速下降的趋势，但近年来消费类呈增长趋

势（图 3－16）。2013 年中国杂豆总消费量（包括食用消费、饲用消费和其他消费）为 482.20 万吨，占世界总消费量的 6.6%，较 1961 年减少了 45.24%（FAO，2017）。其中，1992 年为中国杂豆消费量的最低点，仅为 205.50 万吨，随后呈现增长趋势。

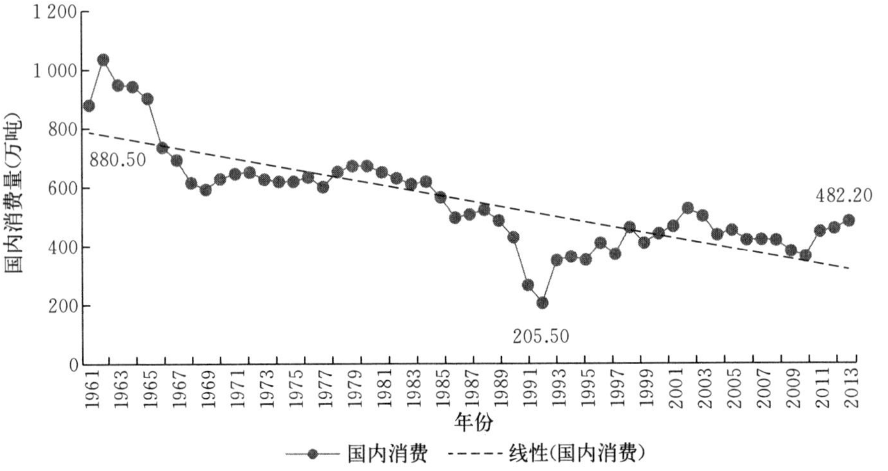

图 3－16　1961—2013 年中国杂豆国内消费变化趋势

注：国内消费＝食用消费＋饲用消费＋其他消费。

资料来源：FAOSTAT。

食用需求在中国杂豆需求中的占比不断下降，1997 年饲用需求超过食用需求，成为中国杂豆最主要的需求来源。食用需求量和人均食用需求量均呈下降趋势。2013 年，中国杂豆食用需求量为 191.30 万吨，人均食用需求量为 1.35 千克，分别为 1961 年的 25.97%和 12.37%。食用需求在杂豆需求中的占比从 1961 年的 83.66%降至 2013 年的 39.67%（图 3－17、图 3－18）。与此同时，中国杂豆的饲用消费量呈明显的增长趋势，2013 年达到 247.30 万吨，较 1961 年增长了 15.16 倍。饲用需求在杂豆需求中的占比已从 1961 年的 1.74%增至 2013 年的 51.29%。

2. 中国杂豆价格特征

食用豆供给存在着年度间和季节性变化特点；同时由于绿豆、红小豆等杂豆消费也存在着地区间变化的特点，因此食用豆价格也必然会由于供求变化而带有波动性（郭永田，2014）。长期来看，与粮食相比，中国杂豆价格的波动

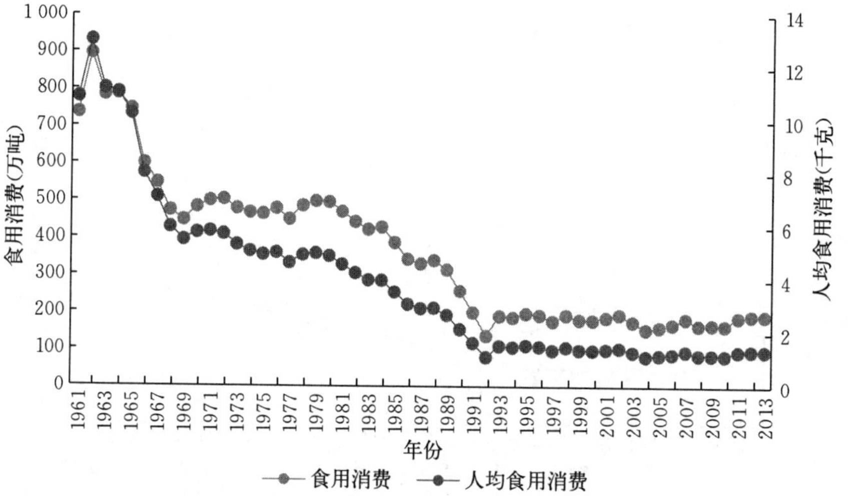

图 3-17　1961—2013 年中国杂豆国内食用消费和人均食用消费变化趋势

资料来源：FAOSTAT。

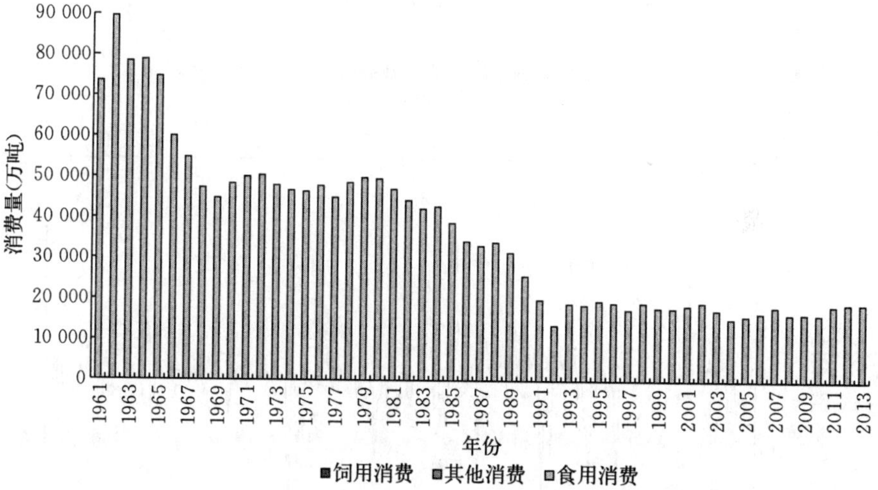

图 3-18　1961—2013 年中国杂豆消费结构变化趋势

资料来源：FAOSTAT。

程度明显偏高（图 3-19、图 3-20）。一方面，粮食价格受到国家最低收购价、目标价格、临储等政策的支持，因而能够在一定程度上保持稳定，但杂豆价格完全由市场调控，容易产生波动；另一方面，相较于粮食作物，杂豆为小宗作物，产量和消费量均较小，其价格容易受到供求变化以及市场投机等因素的冲击而在短期内发生大幅波动。

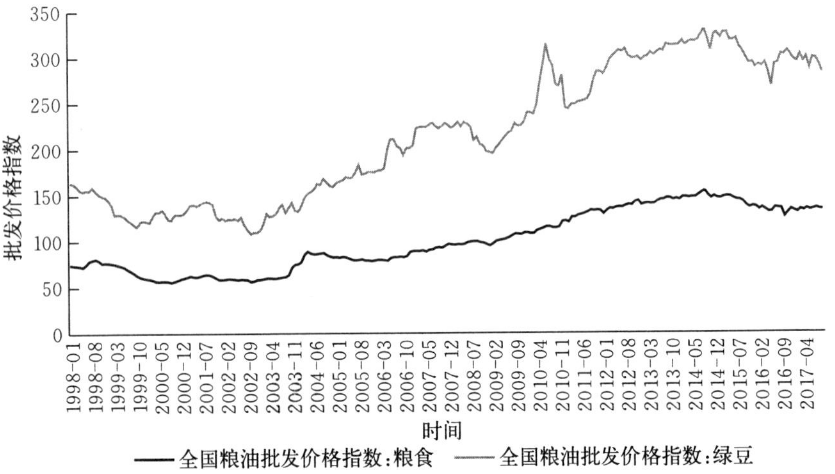

图 3-19　1998—2017 年全国粮食和绿豆批发价格指数

注：2008 年 12 月=100。

资料来源：Wind 数据库。

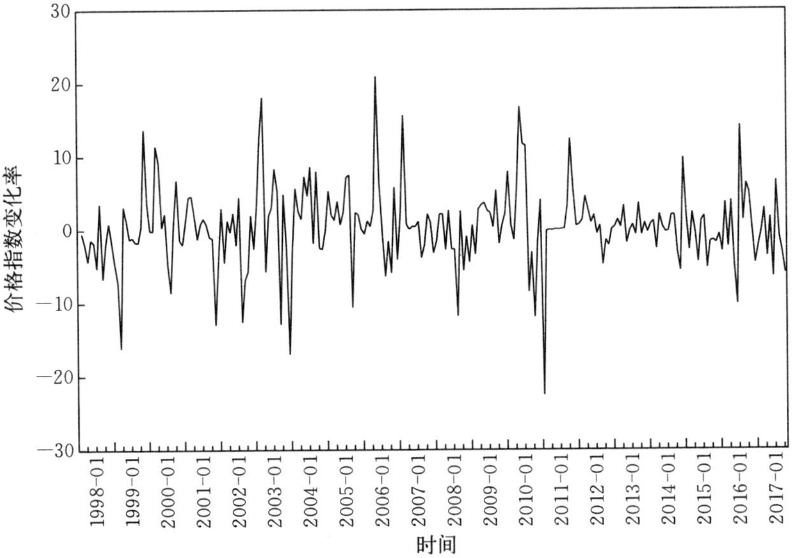

（Ⅰ）

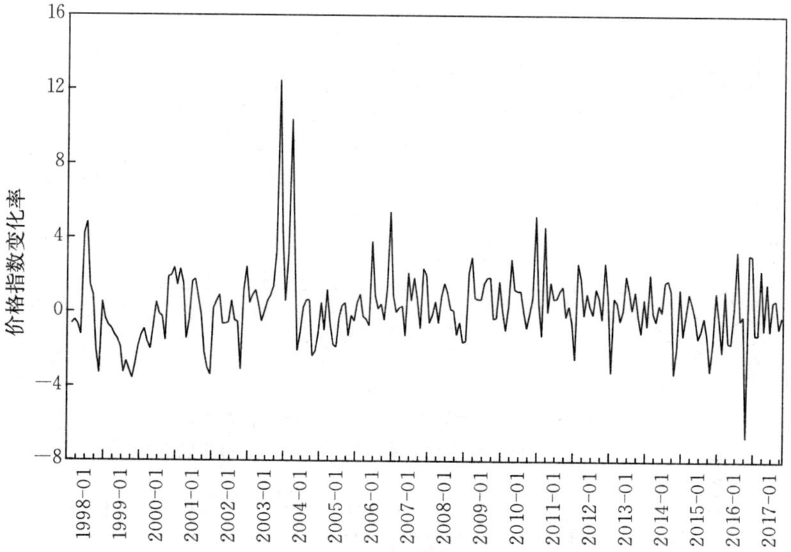

(Ⅱ)

图 3-20　1998—2017 年全国粮食和绿豆批发价格指数变化率

注：(Ⅰ) 绿豆批发价格指数变化率；(Ⅱ) 粮食批发价格指数变化率。

资料来源：作者计算。

随着农业供给侧结构性改革的深入，绿豆、红小豆等杂豆的播种面积和产量自 2015 年起有了明显增加，由于市场需求较为稳定，导致绿豆和红小豆的价格呈现明显的下滑趋势（图 3-21）。截至 2017 年 8 月，绿豆价格较 2015 年 8 月下降了 7.83%，红小豆价格下降了 10.13%。在生产成本居高不下的背景下，农民收益受到一定损失。

与绿豆和红小豆相比，豌豆价格在经历 2013—2014 年的剧烈波动后基本保持稳定（图 3-22）。2013 年 8 月至 2014 年 3 月，豌豆价格指数从 85.32 迅速升至 156.82，随后又迅速下降至 2014 年 11 月的 50.50。随着豌豆产量的快速增加，豌豆价格再度出现巨幅波动的风险也随之增加。

（二）中国杂豆产业发展趋势

1. 食物消费面临结构性变化，杂豆需求量将持续增加

受世界金融危机、国际大宗商品价格高位震荡以及中央政府宏观调控等国

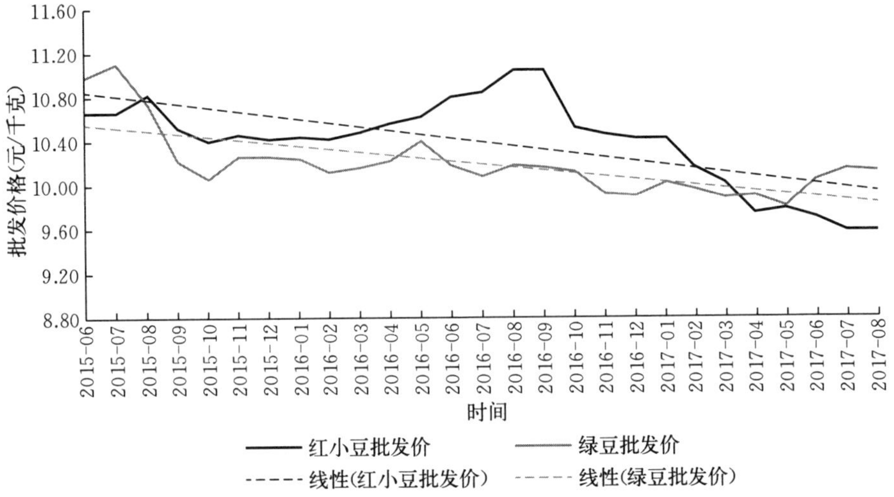

图 3-21　2015 年 6 月至 2017 年 8 月全国绿豆和红小豆批发价格

资料来源：国家发展改革委员会、Wind 数据库。

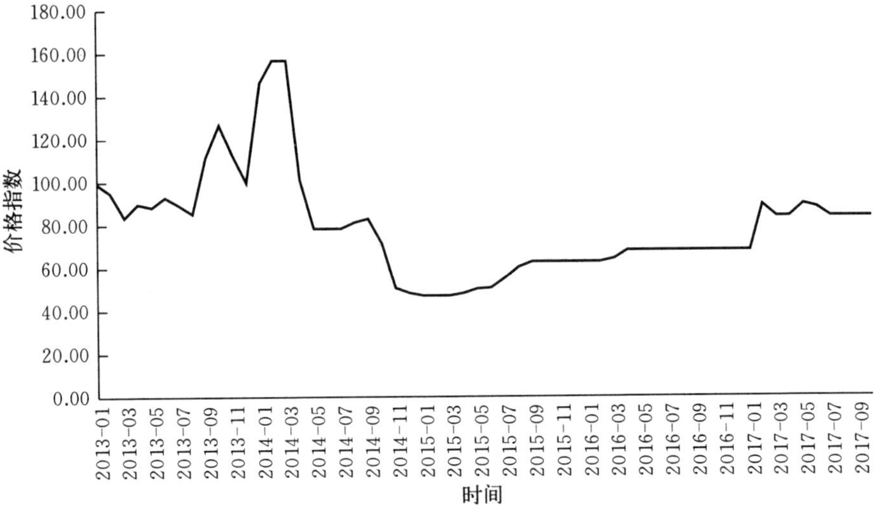

图 3-22　2013 年 1 月至 2017 年 9 月山东蔬菜批发市场豌豆价格指数

注：上年同期＝100。

资料来源：Wind 数据库。

内外因素的影响，未来中国 GDP 将进一步增长，但增速将逐渐放缓。世界银行和国务院发展研究中心联合编著的《2030 年的中国：建设现代、和谐、有创造力的高收入社会》中预计，中国GDP的年增速将在2021—2025年进一步降至5.9%，2026—2030年下降到5%的水平。

人口方面，根据联合国的预测，中国人口将继续增长，但增长率逐年递减，预计在2035年达到15亿人的峰值，随后基本保持稳定。同时，联合国的预测数据表明，2020年和2050年中国城镇化率分别为61%和75.8%，2030年城镇人口总数预计将达到9.6亿人。

1992年以来，我国杂豆需求量总体呈现上涨趋势，未来杂豆的总需求量仍将进一步增长。一方面，由于绿豆、红小豆、豌豆等杂豆的收入需求弹性均为正值（陈永福，2008），杂豆的人均食用需求量在未来可能将进一步扩大，在人口持续增长的前提下，杂豆的总食用需求量也将继续增长。另一方面，随着经济的发展、人口的增长和收入的提高，中国的食物消费将面临结构性变化，肉蛋奶等畜产品的需求量将快速增加，导致杂豆的饲用需求量将持续快速增加。

2. 播种面积继续扩大，市场风险不断提高

作为“镰刀弯”地区主要的玉米替代作物，短期内绿豆、红小豆等杂豆的播种面积仍将随着农业供给侧结构性改革的推进而快速增长。2017年，全国继续调减玉米播种面积2 000万亩以上，预计绿豆播种面积同比增幅仍旧超过5%，红小豆播种面积仍将超过15%。

由于市场需求的增长是一个长期过程，短期内杂豆的播种面积和产量的快速增加将进一步推高“供过于求”的市场风险。一方面，绿豆、红小豆等杂豆价格可能继续保持下滑趋势，且出现短期剧烈波动的概率也将提高。另一方面，在政策相对滞后的情况下，豆农的利益可能将随着价格下滑而受到损失。在许多地区，政府是推动绿豆、红小豆等杂豆种植取代玉米种植的重要力量。一旦豆农利益受损，政府可能受到较大的压力。

3. 科研支撑不足，单产增长依然缓慢

短期来看，杂豆的科研支撑能力仍然不足。首先，短期内，杂豆的科研支撑仍主要依托国家食用豆产业技术体系等政府主导的公益性科研队伍。但政府投入的资金有限，分配到每个杂豆品种的资金相对有限，技术推广的覆盖范围也受到制约。其次，杂豆的种植规模和市场规模在短期内仍然较小，知识产权保护制度的健全也需要一定的过程，企业的科研投入意愿仍将维持在较低的水平。

科研支撑不足将导致杂豆的单产水平继续在低位徘徊。较低的单产水平将影响农户的种植收益，进而降低农户的主动种植积极性，不利于杂豆产业的长期稳定健康发展。

4. 产品走向中高端，销售渠道依托互联网

未来中高端杂豆将成为杂豆市场的主流。首先，杂豆富含各种营养素，既是传统食物，又是现代保健品，以其独特的营养价值和食药同源的特点，在绿色保健食品中占有重要地位。随着生活水平的提高，城乡居民饮食逐渐由温饱型消费向小康型消费转型，人们对膳食结构的要求越来越高，中高端杂豆已成为新的消费热点。其次，由于普通杂豆的种植收益相对较低，杂豆产业需要依托品牌化和绿色食品、有机食品等认证提升产品的附加值，扩大市场规模，增加收益。

随着“互联网＋农业”的不断发展，市场主导的成熟电商平台和政府主导的地方农产品电商平台均将得到消费者的更多认可。杂豆产业走入中高端也需依赖互联网的销售渠道，突破品牌地方化、渠道传统化等途径。此外，随着我国互联网电商平台的国际化进程不断加快，具有国际竞争力的杂豆产业也将依托互联网降低出口成本，拓展国际市场。

四、葡萄生产消费特征及产业发展趋势研究

葡萄在我国是一种重要的水果，仅次于苹果、柑橘、梨及桃。近20年来，随着葡萄育种、栽培及管理技术的提高，加上葡萄生产的经济收益相对较高，我国葡萄种植已由传统的优势产区发展到全国各省份都有种植，特别是南方产区葡萄的种植面积增长较快。目前，我国葡萄产量居世界第一，栽培面积居世界第二，鲜食葡萄约占世界产量的50%，连续多年居世界首位，并以每年两位数的速度增长。同时，一些新的生产方式和发展方式正在快速融入葡萄产业，使其处于传统农业与工业农业混合型向现代农业迈进的关键时期。具有“绿地”与“绿色产业”功能的观光葡萄产业将持续发展，以庞大内需为主的消费群体、鲜食葡萄出口量的增加和多样的环境条件、耐旱节土的种性特征，使葡萄产业在相当长的时期处于可持续稳步发展阶段。

在农业供给侧结构性改革的新形势下，通过对葡萄生产、消费、贸易、价格进行全面和系统的梳理，定量分析并预测葡萄产业发展趋势，展望产业发展前景，并提出相关政策建议，将对促进农业结构调整，开辟农业增效、农民增

收新路径具有重要意义。

（一）葡萄产业发展现状

（1）种植面积、产量、单产稳定增长，产品主导国内市场。据农业部统计资料显示，截至2015年年底，我国葡萄栽培总面积为79.92万公顷，位居世界第二位；产量达1 366.9万吨，位居世界第一；自2010年后一直居世界葡萄产量的第一位。葡萄栽培总面积仅次于柑橘、苹果、梨和桃，占全国果树栽培总面积（1 281.67万公顷）的6.24%，居于第五位；从总产量上看，是仅次于苹果、柑橘、梨，葡萄总产量占全国果品总产量（17 479.57万吨）的7.82%，居于全国水果产量第四位，超过桃的产量。

我国葡萄栽培面积、产量和单产总体呈稳定上升趋势。葡萄种植面积由1980年的3.16万公顷增长为2015年的79.92万公顷，年平均增长率为9.67%，葡萄生产产量由1980的11万吨增长为2015年的1 366.9万吨，产量的增长幅度大于面积的增长幅度，年平均增长率为14.77%，尤其是2000年以来，产量由328.2万吨增长到2015年的1 366.9万吨，年平均增长率为9.98%。

我国葡萄品种主要由国内主产葡萄品种所决定，以巨峰系品种、红地球、玫瑰香、无核白等品种为主，其栽培面积达75%左右。从产品结构来看，目前我国葡萄生产主要以鲜食为主，鲜食葡萄产量约占葡萄总产量的75%左右；而酿酒葡萄的产量占葡萄总产量的比例不到15%，仅有10%的葡萄用于制干、制汁或制醋，极少部分用于其他加工产品。

（2）区域布局相对集中，并有西迁南移迹象。从我国葡萄种植的布局来看，我国葡萄的主要种植区集中在新疆、河北、陕西、山东和辽宁等省份。新疆一直是我国葡萄种植大省份，种植面积居全国首位，2015年葡萄种植面积占全国葡萄面积的18.8%，比例略有下降，产量持续增长；山东、河北等环渤海地区葡萄生产产量仅次于新疆，是我国葡萄生产大省，2015年，山东、河北两地葡萄种植面积分别占全国葡萄面积的5.42%和10.82%。同时，重庆、陕西等中部地区以及湖南、浙江、广西等南方省份葡萄种植面积增长迅速。四川、云南等省份葡萄产量与面积持续增长，2012年云南省葡萄种植面积大幅增长，居全国第9位，2013年继续保持，2015年居全国第5位。由此可以看出我国葡萄生产规模有明显的西迁、南移的发展趋势。

鲜食葡萄栽培面积较多的省份主要有湖北、新疆、湖南、辽宁、陕西、广西、云南、山东，上述 8 个省份鲜食葡萄栽培总面积占全国鲜食葡萄栽培总面积的近 70%，反映出近年来鲜食葡萄栽培区域正逐渐向西南各省份（如云南、广西、四川）扩展。酿酒葡萄栽培面积较多的省份主要有河北、甘肃、宁夏、山东、新疆，上述 5 个省份酿酒葡萄均为欧亚种品种，占全国酿酒葡萄栽培面积的 60%以上；而广西、湖南、吉林等地区是毛葡萄、刺葡萄、山葡萄及“山欧”杂种葡萄的主要种植区，上述省份毛葡萄、刺葡萄、山葡萄及“山欧”杂种的栽培面积占全国酿酒葡萄栽培总面积的近 20.0%。制干葡萄主要集中在新疆栽培，占全国葡萄栽培总面积的 5%。

（3）葡萄酒产量下滑明显，产地位于东部地区。2016 年全国葡萄酒产量为 11.38 亿升，较上一年减少 1%。虽然国产葡萄酒产量自 2013 年以来连续第 4 年下滑，但相比 2013 年两位数幅度的下滑，近几年国产葡萄酒产量正在趋于稳定（图 3-23）。根据中国酒业协会数据，2016 年全国规模以上酒企实现销售收入 9 780.63 亿元，同比增长 6.27%，实现利润 1 094.47 亿元，同比增长 7.22%。根据国家统计局数据显示，2016 年 1～12 月，全国酿酒行业规模以上企业完成酿酒总产量 722.630 亿升，同比增长 0.75%，其中饮料酒产量 627.420 亿升，同比增长 0.81%，发酵酒精产量 95.210 亿升，同比增长 0.14%。从细分行业来看，规模以上葡萄酒企业 240 家，累计产量 11.374 亿升，累计完成销售收入 484.54 亿元，与 2015 年同期相比增长 3.97%，累计实现利润总额 48.70 亿元，与上年同期相比下降 6.59%。

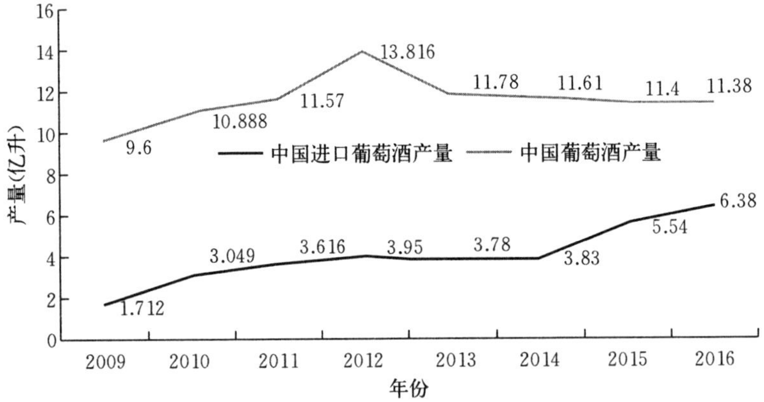

图 3-23　中外葡萄酒量走势对比示意

从分布产地来看，在中国北纬 25°～45°广阔的地域里，分布着各具特色的葡萄、葡萄酒产地，但由于葡萄生长需要特定的生态环境和地区经济发达程度的差异，这些葡萄酒产地的规模较小，较分散，且多数在中国东部。主要酿酒葡萄产地的分布和主要栽培品种如表 3-33 所示。

表 3-33　中国葡萄酒的区域分布及主要栽培品种

主要产区	主要的栽培品种
东北产区	山葡萄
胶东半岛产区	霞多丽、贵人香、赤霞珠、品丽珠、蛇龙珠、梅鹿辄、佳利酿、白玉霓
昌黎产区	赤霞珠、梅鹿辄
沙城产区	龙眼、牛奶、赤霞珠、梅鹿辄
天津产区	赤霞珠、梅鹿辄、品丽珠、贵人香、霞多丽、白玉霓、玫瑰香
清徐产区	龙眼、赤霞珠、梅鹿辄
宁夏产区	赤霞珠、梅鹿辄
甘肃武威产区	梅鹿辄、黑品诺、夏多丽
新疆产区	赤霞珠、梅鹿辄、歌海娜、西拉、柔丁香
黄河故道产区	赤霞珠等晚熟品种
云南产区	欧亚种葡萄

（4）葡萄产品增长明显，类别间差异较大。

① 鲜食葡萄。我国鲜食葡萄市场供给总量一直保持增长的趋势，根据美国农业部（USDA）的统计数据，我国鲜食葡萄最近几年的市场供给总量如图 3-24 所示。2016/2017 年度，我国葡萄市场供给总量达到 1 050 万吨，比上年度增加 65.1 万吨。葡萄的市场供给主要来源于国内的生产，还有一部分来源于从国际市场的进口。

市场消费总量。我国鲜食葡萄市场供给的主体是国内生产，因而我国消费者所消费的鲜食葡萄也以国产葡萄为主，葡萄市场消费总量表现出持续增长的态势。2016/2017 年度，我国鲜食葡萄市场消费总量达到 1 015 万吨，比 2015/2016 年度的 962.17 万吨增长了 52.83 万吨，如图 3-25 所示。可见，我国鲜食葡萄市场消费量增幅比较大。

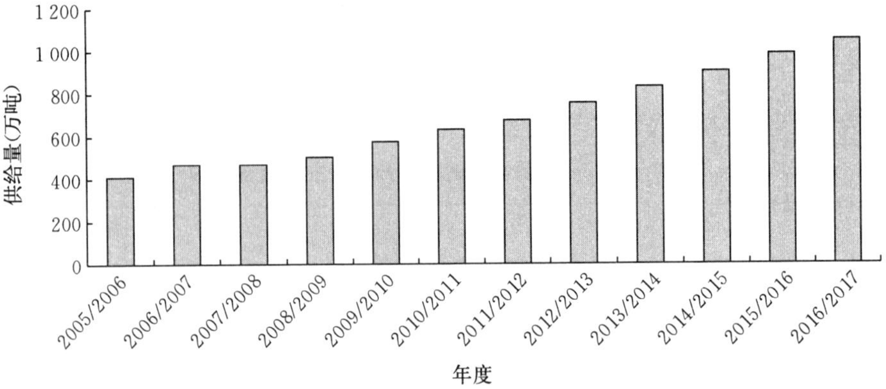

图 3-24　我国鲜食葡萄的国内供给量

数据来源：USDA。

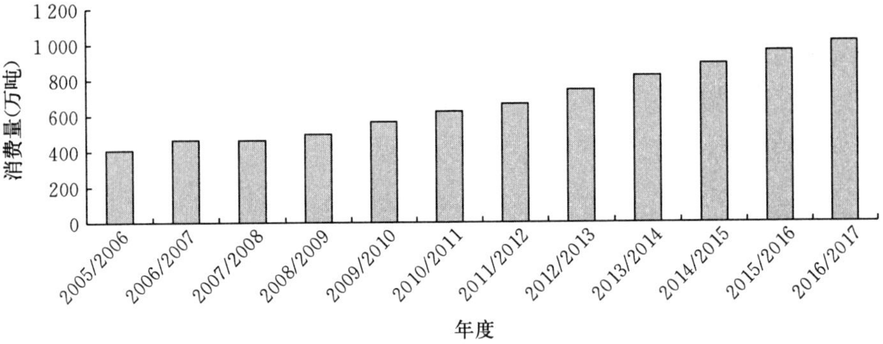

图 3-25　近几年我国鲜食葡萄国内消费量

数据来源：USDA。

② 葡萄酒。我国的葡萄酒生产量和消费量近年来一直持续增长，中国逐渐成为越来越重要的葡萄酒消费大国。据 OIV 统计，2013 年我国为世界第五大葡萄酒消费国，2016 年，我国生产葡萄酒预计约 11.4 亿升，而国内消费葡萄酒共 17.3 亿升，如图 3-26 所示，生产量和消费量均有所下降。中国的葡萄酒市场潜力巨大，葡萄酒消费正在从宴会、聚餐等节日性、偶然性消费走向日常性、经常消费。随着居民保健、营养意识的加强，生活水平的提高，葡萄酒消费文化日益传播，葡萄酒的消费人群、消费频率以及消费量将进一步提高。

我国的葡萄酒产量大大少于葡萄酒消费量，二者相差 5 亿多升（图 3 - 26）。因此，我国的葡萄酒市场消费中，进口葡萄酒占据了非常重要的地位。

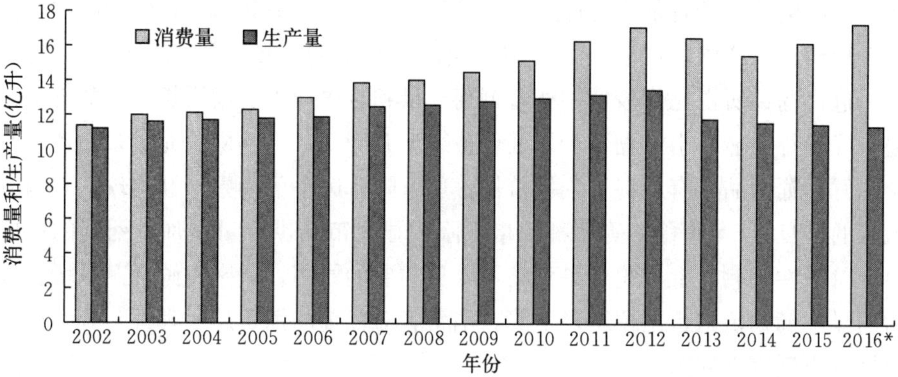

图 3 - 26　我国葡萄酒市场生产量与消费量（2016 年的数据为暂估值）

数据来源：OIV。

③ 葡萄干。葡萄干在我国也是一种重要的葡萄加工品，是我国出口量大于进口量的葡萄产品。2009/2010 年度葡萄干的市场供给量和消费量都处于近几年的最高值，2010/2011—2011/2012 年度市场供给量和消费量均有一定幅度的下降，但 2012/2013—2016/2017 年度葡萄干的市场供给量又恢复了增长，如图 3 - 27 所示。2016/2017 年度，我国葡萄干国内产量为 18.5 万吨，市场总的供给量为 22.5 万吨，而国内的消费量为 20.0 万吨，出口量为 2.5 万吨。

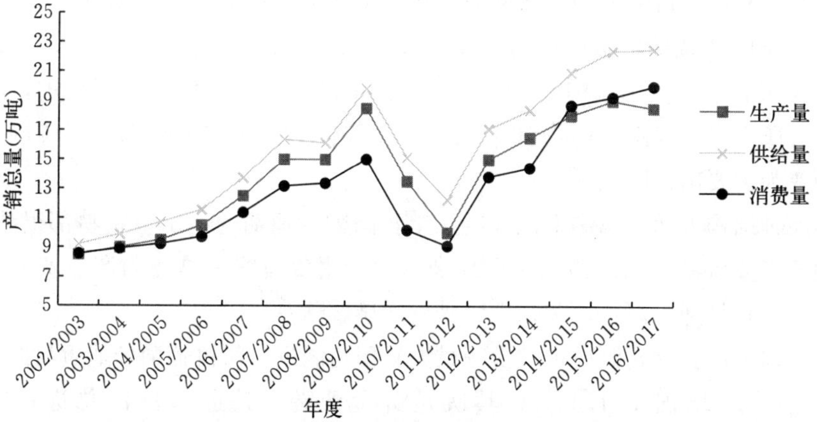

图 3 - 27　我国葡萄干市场产销总量

数据来源：USDA。

（5）国内葡萄价格普遍下降趋势明显。生产者价格是形成商品其他价格的基础，也反映了一国生产该商品的基本价格水平。2007 年以来，法国、葡萄牙两国的葡萄生产者价格总体呈上升趋势，且为价格最高国家，中国的葡萄生产者价格在主产国中居于中等位置。我国鲜食葡萄市场以国内生产的葡萄为主，进口葡萄所占比例较低。随着葡萄产量和栽培面积继续增长，葡萄价格普遍下降趋势明显。由于葡萄产量处于持续上升周期，市场供给充足，整体上看全国鲜食葡萄品质有所提升，但价格普遍下降；鲜食葡萄中‘红地球’和南方地区的‘夏黑’‘藤稔’等品种价格下降明显；市场供应量增加，葡萄的供应出现阶段性过剩，上市集中是价格下降最主要的原因。云南省鲜食产量增长最为明显，葡萄价格也出现明显下降，消费者对葡萄的消费趋于理性，葡萄市场价格也出现理性回归。

（6）葡萄进出口贸易总量增长，品种、市场、价格趋稳。总量方面。我国葡萄产品的贸易主要由鲜食葡萄、葡萄酒、葡萄干 3 种产品构成。2016 年我国鲜食葡萄进出口量分别为 25.24 万吨、25.45 万吨，比 2015 年分别增加了 16.9%和 22.32%；进口额为 62 977 万美元，比 2015 年增长了 7.35%，出口额为 66 360 万美元，比 2015 年同期降低了 12.9%；主要出口市场是泰国、越南、印度尼西亚、马来西亚、俄罗斯，进口市场有智利、秘鲁、美国、南非等国。2016 年葡萄酒的进口量为 62 563.6 万升，进口额为 230 781.5 万美元，比 2015 年同期分别增加了 15.36%和 16.7%；进口葡萄酒单价和出口单价均有小幅上升；进口葡萄酒主要来自法国、澳大利亚、智利、西班牙、意大利、美国。2016 年葡萄干出口量为 2.88 万吨，比 2015 年同期增加了 12.8%；进口量为 3.71 万吨，比 2015 年同期增加了 6.52%；进口价格有所增加，出口价格有所下降；美国、乌兹别克斯坦、土耳其为主要进口国，日本、英国、澳大利亚为主要出口国。

品种结构方面。总体来说，近几年我国鲜食葡萄的进出口贸易都很活跃，在葡萄产业贸易中所占的比例也越来越大；葡萄酒贸易是葡萄产业贸易的主体，但是贸易逆差严重；葡萄干贸易呈现显著顺差。

进口方面。葡萄酒所占的份额最大，葡萄酒进口额占葡萄产业贸易的比例为 76.57%，增加了 1.52%；其次是鲜食葡萄，其进口额占总进口额的 20.9%，下降了 1.36%；葡萄干和葡萄汁进口额所占的比例非常小。

出口方面。我国葡萄产业出口贸易以鲜食葡萄为主，2016 年鲜食葡萄占出口贸易总额的52.23%；其次是葡萄酒，约占出口贸易总额的42.59%；葡萄干出口额占出口贸易总额的比例为4.9%。

市场结构方面。进口市场结构中，鲜食葡萄进口主要来自智利、秘鲁、澳大利亚、美国等国，其中智利和美国为最大的鲜食葡萄进口源。2016年，从智利和美国两国的进口鲜食葡萄量分别为11.9万吨和2.01万吨，占我国鲜食葡萄进口量的比例比2015年有所上升，为55.3%。葡萄酒进口最多来自法国，2016年，从法国进口各种葡萄酒共计19 424万升，其次是从澳大利亚、智利、西班牙、意大利、美国、南非等国。葡萄干进口主要来自美国、乌兹别克斯坦等国家，2016年，从乌兹别克斯坦进口的葡萄干为2.5万吨，占葡萄干总进口量的68.4%，居于第一位。出口市场结构中，中国鲜食葡萄主要的出口去向是泰国、越南、中国香港、印度尼西亚和马来西亚等周边的亚洲国家和地区以及俄罗斯。中国葡萄酒主要出口至中国香港、法国、比利时等国家和地区。中国葡萄干主要出口到日本、英国、德国、比利时、荷兰、澳大利亚等国。

价格方面。我国葡萄产业的贸易价格受贸易产品结构的影响，鲜食葡萄的进口单价一直显著高于出口单价。中国的葡萄酒贸易呈现明显的贸易逆差。2016年进口葡萄酒平均单价为3.69美元/升，与2015年基本持平；而出口葡萄酒平均单价为54.56美元/升，比2015年有所上升。葡萄干的出口价格比进口价格高。2016年，进口单价为1.49美元/千克，与2015年基本持平；出口单价为2.16美元/千克，比2015年有所下降；葡萄干的出口量2014年显著大于进口量，表明我国葡萄干产品在国际市场具有较强的竞争优势。

（二）葡萄产业发展趋势分析

1. 葡萄产业将保持稳定发展势头，产业竞争将更为激烈

受城镇化发展的冲击，一些经济发达的城镇周边平缓地带的葡萄园面积有所减少。但同时四川、云南等部分产区的葡萄面积则在不断增加。总体上看，我国葡萄种植面积将长期保持相对稳定。另一个值得关注的现象是，近几年一批“新农民”加入葡萄产业。其中，有来自其他产业的具有经营意识和经营资本、经验、能力的人才转战葡萄产业，也有受了良好教育具备系统专业知识的“农二代”大学生返乡就业。这些人才的加入将一步提升葡萄产业从业人员素质。

葡萄种植面积和产量稳定发展的同时，鲜食葡萄等传统市场需求增速缓慢，葡萄酒、葡萄干等葡萄功能性食品新兴市场正处于培育发展期，短期内市场需求增长难以消化急速膨胀的葡萄供给。因此，未来鲜食葡萄等原料或初加工品价格将会回落，在传统产品领域的竞争将会更加激烈。这也进一步加速了葡萄产业转型升级的步伐，促使葡萄产业“纵向延伸”与“横向扩展”。

2. 创新驱动将成为产业发展的新动力

葡萄产业发展初期，在供不应求背景下，劳动力和土地成为产业发展的关键要素。随着产业供求关系转换，需求日益多元化、高端化、个性化，客观要求产业加快创新，加快实现产业转型升级。未来创新驱动将成为葡萄产业发展新动力。未来创新重点：一是技术创新。主要包括葡萄病毒防治、机械采摘、保鲜运输、加工提取、高效加工控制系统、自动分级系统等新技术的研发与运用。二是产品创新。根据市场需求，发展珍稀品种，开发推广葡萄深加工，推出独特风味的时尚葡萄食品，开发新型功能的医药保健品。三是营销创新。改变“重生产、轻流通”的传统观念，更加注重市场创新，通过推广形象专卖店，注重网络营销等方式，突出区域品牌与个性设计，树立区域品牌形象。

3. 绿色化、生态化将成为产业发展的新趋势

随着人民生活水平的提高和消费观念的转变以及环境污染和资源破坏问题的日益严峻，有利于人们健康的无污染、安全、优质营养的绿色食品已成为时尚，越来越受到人们的青睐，开发绿色食品已具备了深厚的市场消费基础。葡萄是健康绿色食品的典型代表，绿色化发展将成为葡萄产业未来发展趋势。同时，实施产业生态化发展战略成为区域葡萄产业持续发展的必然选择。发展循环经济，构建循环葡萄产业发展模式，也成为实施葡萄生态化发展战略的有效实现途径。

4. 产业融合发展将成为产业发展新模式

产业融合是在经济全球化、高新技术迅速发展的大背景下，产业提高生产率和竞争力的一种新的发展模式和产业组织形式。葡萄产业与文化、旅游等产业融合，具有创新性优化效应、竞争性结构效应、竞争性能力效应、消费性能力效应和区域性品牌效应。因此，葡萄产业融合发展成为区域葡萄产业发展的新趋势，也将成为区域提升本地葡萄产业发展水平，加强产业关联带动作用，实现综合经济效益提升的战略选择。

未来葡萄产业融合发展重点：一是信息技术与葡萄产业加速融合，葡萄产业信息化程度不断提高。“智慧农业”理念进一步强化，物联网、自动控制、遥感、生物技术将大量应用于葡萄种植、运输、加工、交易与检测等各个环节，推动葡萄产业“智慧化”步伐。二是葡萄产业与第二、第三产业加速融合。葡萄产业将加速与农业、旅游产业融合，形成葡萄休闲农业、葡萄旅游、葡萄文化、葡萄餐饮等新兴业态。

5. 电商模式将成为产业发展新亮点

在消费升级的大环境下，近几年葡萄的电商发展将加速，电商新模式将出现，电商交易量占比也将提升。而多种模式电子商务的日益完善和活跃，在一定程度上将激活历来传统的鲜食葡萄、葡萄酒产业等，逐步推动鲜食葡萄、葡萄酒产业等从生产导向转变为市场导向，倒逼产业升级。这种作用将主要表现在：①生产组织化水平提升。电商顺利发展需要稳定、及时、连续和成规模的货源供给，分散且小规模的单个果农无法成为电商的直接供货方，因此多种形式的果农整合机制或组织将发挥作用。②生产标准化、规范化程度将提升，产品品质要求提高。③加快产品分级推广应用步伐。④产业内和产业外资本进入冷链物流设施建设，提升产业冷链物流水平。⑤提高鲜食葡萄、葡萄酒产业等从业人员市场意识，驱动鲜食葡萄、葡萄酒产业等产品品牌化发展等。

第三节　农业供给侧结构性改革重点推进领域

一、基于粮食安全战略的农业结构调整

（一）我国农业结构调整的历史回顾和梳理

农业结构调整不等于农业结构变迁。前者是在主体的主动作为下，通过一系列的手段和方法，引导改变现有领域内的农业结构；后者是一种状态的变化，是农业结构随着经济社会发展过程呈现出来的一种结构变化。农业结构调整，可以是国家主导，可以是某个省市主导，更可以是一个家庭主导。因此，了解我国农业结构调整的发展过程，梳理我国农业结构调整的历史阶段，必须将国家的调整行为作为一个主要考虑因素，将不同阶段国家政策的变迁引发的农业结构变化作为阶段划分的重要变量。

改革开放的到来，完全改变了原有的传统农业结构。在国家调控的作用下，农业农村经济得到了快速的发展，随着农业的进一步发展，国家调控政策又发生了一定的改变，这种农业经济发展和国家调控政策的互相影响，就构成了我国农业结构调整的阶段性变化。通过梳理可以看到，改革开放以来，我国农业结构调整主要经历了以下6个阶段（表3-34）。

第一轮（1978—1984年），改革突破阶段。这一阶段是农业农村改革的起步阶段，农村经营结构发生改变，家庭承包经营制度逐渐成形，农户成为生产经营的主体。国家完成了政社分开、撤社建乡，至1985年初，人民公社体制彻底解体。从1979年开始，国家逐步减少农副产品的统派购种类，大幅度提升农产品价格，不断调动农户发展农业生产的积极性。1981年提出“决不放松粮食生产，积极发展多种经营”的战略。

第二轮（1985—1991年），农业生产稳定发展阶段。实现“双轨制”，取消粮食、棉花的统购；国家给农民更多的生产经营自主权，鼓励农民从事工商业等非农产业活动和发展乡镇企业；调整农村产业结构；利用财政支持手段对适宜粮食生产的地区进行生产性投资，鼓励发展多种经营，优化种植业结构；利用行政手段将不适宜种粮食的耕地退耕还林还牧。

第三轮（1992—1997年），发展“高产优质高效农业”阶段。通过立法稳定农村基本经营制度，实现土地承包权30年不变；鼓励农民根据市场需求，调整生产结构，发展高附加值农产品；对以粮食为主的农产品流通体制进行改革，常年放开粮食经营，尝试建立与社会主义市场经济体制相适应的农产品流通体制；加快乡镇企业产权改革，调整企业产业结构和产品结构；采取就业证和改革中小城镇户籍管理制度等措施，引导农村劳动力流动。

第四轮（1998—2003年），农业结构战略性调整阶段。1998年我国农业进入新的发展阶段，农业结构的战略性调整成为农村工作的主线，提出“发展高产、优质、高效、生态、安全的现代农业”。2000年以前，农业结构调整的主要内容是调整和优化种植业作物和品种结构，优化区域布局，发展畜牧业和农产品加工业。2000年以后，扩大初级农产品的转化加工、发展无公害和绿色食品，发展无公害和绿色食品的重要性不断提高。

第五轮（2004—2014年），恢复粮食生产阶段。从2004年开始，恢复粮食生产，提高粮食综合生产能力又成为农业结构调整的重心和基础。在推动农业结构深化调整的同时，全面取消农业税，采取直接补贴政策支持粮食生产。

第六轮（2015年至今），转型升级阶段。在粮食连续多年增产的同时，我国农业发展数量与质量、总量与结构、成本与效益、生产与环境等方面的结构性矛盾依然严重。对此，2015年初出台《关于进一步调整优化农业结构的指导意见》，旨在确保粮食产量和粮食产能不下降的前提下，加快构建粮经饲统筹、种养加一体、农牧渔结合的现代农业结构，走产出高效、产品安全、资源节约、环境友好的现代农业发展道路。

表3-34 农业结构调整阶段分布

	国家调控行为	农业结构调整效应
第一轮 1978—1984年	家庭联产承包责任制 减少统派购种类 提高农产品价格	农业超常规发展 粮食产量达到历史顶点 农民收入增长迅速 粮经作物结构保持合理
第二轮 1985—1991年	取消粮棉统购 鼓励发展非农产业 调整农村产业结构 鼓励发展多种经营 退耕还林	农业增长减速 粮食生产增速放缓 农民增收放缓 农业产业结构进一步多样化 农村经济结构发生变化
第三轮 1992—1997年	稳定农村基本经营制度 鼓励发展高附加值农产品 改革农产品流通体制 鼓励乡镇企业发展	农产品总量增加 农产品品种逐渐增多 农产品品质得到改善 农民收入快速增长 非农产业占比有较大提升
第四轮 1998—2003年	提高农产品质量 调整和优化种植业作物和品种结构 扩大初级农产品的转化加工 发展无公害和绿色食品 加入WTO	农业在农林牧渔业增加值中的占比日趋减少 主要农产品人均占有量徘徊减少 农产品进口贸易体制得到完善
第五轮 2004—2014年	农村税费改革 直接补贴政策 落实深化粮食流通体制改革 加大对龙头企业的扶持力度 确保粮食安全	农业综合生产能力显著增强 粮食和其他农产品大幅度增长 农产品供需总量平衡

（续）

	国家调控行为	农业结构调整效应
第六轮 2015年至今	调整优化区域生产力布局 调整优化粮经作物结构 调整优化种养结构 调整优化产业结构 调整优化产品结构	

（二）推进农业供给侧结构性改革的重要意义

我国农业发展面临着越来越多的挑战和问题，推动农业供给侧结构性改革，是适应农业发展规律与我国现阶段农业发展特征的必然选择，对于去除库存、降能耗、满足需求、促进农民增收都具有重要意义。

1. 农业供给侧结构性改革是去库存的有效途径

去库存，就是加快消化过大的农产品库存量，支持粮食加工企业发展生产（汪洋，2016）。过去，去库存在工业领域比较突出。但是，近年来，我国对农业生产实行了“四补贴”、支持价格及临时收储政策，更加注重对农产品产量的安全保障，生产者对市场需求的变化极不敏感，农产品生产与市场需求脱节，农产品生产呈现出明显的“生产过剩”态势，国库中的农产品库存不断增加，不仅影响到农产品价格的合理回归，而且需要大量的利息费用补贴。同时，长期储存导致农产品质量下降、亏损严重。

加快农业供给侧结构性改革，紧紧围绕市场需求，大力调整农产品品种结构、区域结构，减少低端农产品的生产，增加中高端农产品的生产，在有效满足农产品加工企业需求、支持农产品加工企业发展的同时，必将大大减少农产品库存。

2. 农业供给侧结构性改革是满足农产品消费需求的重要举措

随着我国经济的发展、社会的进步，人民生活水平不断提升，消费者对农产品的需求结构已经发生了根本性变化，消费者需求个性化、农产品需求多样化态势不可逆转，“舌尖上的安全”日益成为民众关注的焦点，城乡居民对农产品的消费需求正从“吃饱”向“吃好、吃得安全、吃得营养健康”快速转变，多元化、个性化的需求显著增多（韩长赋，2016）。但是，我国粮食等大宗农产品的生产，更加强调产量目标，对质量安全目标重视程度不够，导致大宗农产品滞销与高档农产品供不应求的局面并存。

加快农业供给侧结构性改革，以契合消费者市场需求为导向，减少农药、化肥、农膜等投入品的不合理使用，大力提高农产品质量，引领消费者需求个性化的潮流，同时，不断增加市场紧缺农产品的生产，满足消费者对农产品的多样化需求。

3. 农业供给侧结构性改革是缓解资源环境压力的重要抓手

当前，我国农业资源与环境这两根弦越绷越紧。一方面，耕地资源不断减少，质量日益下降；水资源日益短缺，分布极不均衡。另一方面，由于传统粗放式的农业生产方式尚未彻底转变，农业投入品投放过多，资源利用率较低，农业面源污染问题日益严重，环境承载力接近甚至突破极限。

加快农业供给侧结构性改革，通过调结构，不断提高资源利用率、土地产出率，充分利用国际和国内两种资源、两个市场，大大减轻了国内耕地、水等自然资源的压力，通过土地休耕制度，把土地复种指数降低到合理区间，使多年超负荷利用的土地得以休养生息；通过化肥、农药使用量的零增长行动方案，在提高农产品质量，降低农业生产成本的同时，大大缓解了环境压力。

4. 农业供给侧结构性改革是破解农民增收乏力的重要途径

“十二五”时期，党中央、国务院始终把促进农民增收作为农村工作的中心任务，农民钱袋子不断鼓起来。但是，当前我国农民增收已到了爬坡过坎的阶段，农民收入持续增加的难度不断加大。加快农业供给侧结构性改革，通过发展适度规模经营、开展社会化服务等不断降低生产成本，通过提品质，提高农产品的价格，通过促融合，让农民不仅仅获得生产环节的利润，而且让农民能够通过介入农产品加工、农产品销售产业链条，提升农业自身发展的价值链，让农民从中能够获得更多的收益，促进农民经营性收入的增加；通过农产品价格体制改革，实现农产品“市场定价、价补分离”，促进农民转移性收入的增加。

二、农业供给侧结构性改革调研分析

以黑龙江、河南、江苏、浙江等典型省份为研究对象，深入各省进行农业供给侧省级宏观层面的调研，分析各省农业供给侧结构性改革的具体做法和所面临的主要问题，并给出相应的对策建议。

（一）黑龙江推进农业供给侧结构性改革的实践

为了深入贯彻中央精神，调研组于2016年4月下旬赴黑龙江开展农业供给侧结构性改革调研，先后赴齐齐哈尔、绥化、哈尔滨三市进行座谈和实地考察。调查对象包括各级涉农政府部门、科研单位、农民合作社、种粮大户、流通加工企业等。调研发现，作为全国第一产粮大省的黑龙江，在为国家粮食安全做出巨大贡献的同时，其农业结构性矛盾尤为突出，在推进农业供给侧结构性改革过程中面临前所未有的困境。针对新的挑战，黑龙江各地都在开拓进取，积极探索应对之策。调研组通过深入调查其具体做法，了解政策需求，总结有益经验，提出政策建议，希望对于推进东北地区乃至全国其他粮食大省农业供给侧结构性改革起到启示和参考作用。具体调查情况如下。

1. 推进种植结构调整

面对庞大库存压力，黑龙江着力推进种植业结构调整，采取“一减、六改”方式，快速促进种植业结构优化。“一减”就是调减玉米种植面积，特别是大幅调减北部四、五积温区等非优势产区玉米面积，计划较2015年减少1 530万亩玉米种植面积。“六改”即旱改水、米改豆、米改麦、米改杂、粮改经、粮改饲，重点引导农业新型经营主体明确结构调整方向，减少玉米种植，向高效作物上发展，围绕大豆、强筋小麦、杂粮、马铃薯种薯、蔬菜等经济作物及饲草作物等重点项目，引领黑龙江农业种植结构调整。

2. 加快产业链条构建

黑龙江通过加快产业链条构建，积极消化粮食库存，提升资源利用效率和竞争力。一是大力发展畜牧业，通过种养结合的发展思路，实现粮食过腹增值。通过强化政策支持和资金投入，积极推进畜禽养殖标准化示范建设和品牌化建设，引进和支持龙头企业发展。目前全省建有49个牛羊养殖示范场，拥有龙江元盛、肇东中谷公司、飞鹤乳业等龙头企业，培育了“龙江和牛”“伊春森林猪”“阿妈牧场”等一批特色鲜明、竞争力强的产品品牌。二是积极促进农产品深加工企业发展，实现粮食库存就地消化。重点支持现有玉米加工企业开足马力生产，扩大加工量，引进玉米深加工项目，全面推进玉米全产业发展，延伸产业链、提升价值链，实现就地加工转化。目前省里已与中粮集团达成扩大玉米深加工领域的合作意向，将在黑龙江省新增玉米燃料乙醇产能500

万吨，年消耗玉米 1 550 万吨。

3. 支持保护新型经营主体

针对新型经营主体面临损失严重、资金紧张等经营困难问题，黑龙江各级地方政府通过开展多方面工作，积极引导、促进、帮助经营主体实现农业结构调整。一是通过加大政策宣传引导，让经营主体根据政策变化及时调整结构。二是出台多项补贴政策，支持经营主体积极调整结构。省里结合国家下达的支持规模经营主体调整种植结构 8 亿元补助资金，重点支持压缩籽粒玉米种植面积，改种其他作物。所辖各市也积极进行资金配套，2016 年齐齐哈尔市结构调整补助资金将达到 7 700 万元，补贴面积 30 余万亩。三是通过树立典型，示范引导经营主体调整结构。目前全省培育出小杂粮、食用菌、山特产品等一批特色增收产业，涌现出欧盟标准有机水稻、鸭稻、鹅玉米等一批种植结构调整典型，通过对典型案例的宣传推广，帮助农户算好经济效益账，发挥身边典型教育周边群众的作用，示范引导农业经营主体调整结构。四是通过增强服务，帮助经营主体实现结构调整。

4. 创新多种发展模式

为了促使农业发展由“种得好”向“销得好”转型升级，黑龙江积极创新多种发展模式，在电子商务上做文章，构建农业与信息技术融合发展新局面。龙江、明水、绥棱等县均利用“互联网＋农业”的发展模式，打通农村双向物流体系，拓展特色农产品上行渠道，极大提升了农产品原产地品牌附加值，发展了一条“基地承载＋产业支撑＋三产融合＋工农互动＋品牌引领＋电商突破”的发展道路。一是通过打造县域电商大众创业园，搭建京东特产明水馆、阿里特色明水馆、邮乐网明水馆等县级公共平台，促进县域特色农产品网上平台销售；二是与淘宝、京东、1 号店、苏宁、阿里等电商平台合作，推出龙江小米、红谷小米、明水杂豆等系列产品；三是入驻 1688、阿里巴巴国际网站等 B2B 渠道开展大宗线上销售；四是搭乘合作共赢平台，建设绿色杂粮直采直供基地；五是组建跨境电商平台，将寒地黑土农特产品线上直销我国香港、东南亚、欧洲等国家和地区；六是开创现货交易平台，创办中远农业商品交易中心、绥棱泰禾粮食交易分中心，依托线上会员，开展大宗绿色食品线上交易，线下交割。另外，龙江县还探索出了利用期货与套期保值的方式来规避市场风险的发展模式。龙江县通过支持适合条件的龙头企业承办期货交割库或延伸库，带领农民实现套期保值，使得农作物交易通过期货市场来规避市场风险，帮助农业经营主体规避市场价格波动的风险，达到在风险可控的条件下进行规模化生产、集约化经营，为订单农业、土地流转等农业产业化经营的顺利实施提供保障。

（二）河南推进农业供给侧结构性改革的实践

河南是我国重要的粮食大省，对保障国家粮食安全起着至关重要的作用。为了深入贯彻中央精神，专门成立调研组赴河南开展农业供给侧结构性改革调研。调研组先后赴郑州、周口、平顶山和漯河等市进行座谈和实地考察，调研对象包括各级农业部门、农民合作社负责人、种粮大户、加工企业等。调查发现，河南粮食产量不断增加，但质量和效益问题突出；粮食加工已经具备较大规模，但发展方式亟须转型升级，这是河南由农业大省转变为农业强省的关键。具体调研情况如下。

1. 提高粮食品质

玉米霉变导致黄曲霉素超标、产品质量安全不过关的问题，一方面与烘干设备少有关，另一方面与品种和种植方式有关。河南通过优化品种、改进种植方式、补贴烘干设备等方式提高玉米品质。一是由种植籽粒玉米改种全株青贮玉米；二是由传统的“冬小麦-夏玉米”种植模式向“间、混、套、轮”等多种种植模式转型，推行玉米-大豆、玉米-花生、玉米-紫云英、玉米-红薯等模式，适度压减玉米的种植面积，种养结合，保养地力，实现“藏粮于地”。三是开展补贴试点，对购置烘干设备的经营主体给予50％～70％补贴，对建设先进的电脑自动温控立筒仓设施的企业，给予每吨位500元补贴。

小麦混种、混收、混储导致优质小麦缺乏的问题，一方面与种植方式有关，另一方面与国家收储执行主体对于小麦混收、混储的粗放式操作方式有关。目前河南省正在积极探索分区域种植模式，根据市场需求实行强筋、弱筋分区域种植。而对于国家收储执行主体混收、混储的操作方式则需要国家出台有关政策加以改进。

2. 多措并举节本增效

河南农民种粮效益低下的原因，一方面是因为种粮成本的快速上升，另一方面也与落后的生产方式及销售理念息息相关。为了节本增效，河南省一方面通过发展农用无人机、升降式高地隙喷杆喷雾剂等植保机械，大力推行规模化、机械化种植，解决玉米后期病虫害防控机械问题，缓解种粮成本过高问题。另一方面强调科技创新，运用高新技术和先进适用技术来改造提升传统粮食产业，将优质小麦、玉米加工为变性淀粉、拉丝蛋白等多种产品，销售到国内外。通过科技创新来提高农产品的附加值，促进农民增收。为了改进落后的生产方式与销售理念，河南省：一是大力发展订单农业，促使传统粮食生产和市场需求精准对接，实现产销平衡。目前周口市已形成了以面粉加工和饲料加工为主的小麦产业集群，通过订单收购、建立粮食生产基地等形式，引导粮食生产，促进农民增收。二是通过实施品牌战略来开拓市场，打开销路，促进农民增收。

3. 加强种养结合

针对种养结构失衡、畜牧业发展滞后的问题，河南通过农牧结合的方式，加强种养紧密结合，探索出一条“农牧结合、产供销一体化”的路子。一方面积极推行粮改饲，增加青贮玉米面积，为畜牧养殖业提供优质饲料，解决玉米去库存问题；另一方面通过畜禽粪便还田施肥，发展有机农业，达到健康种植和健康养殖的双重效果。目前平顶山市已形成“沼气处理、农牧结合”“荒山放养、林木结合”“粪污贮存、就地利用”和“无害处理、协议消纳”四大类农牧结合发展模式，带动当地种植业、养殖业、林果业、农产品加工业一体化经营，实现了农业经济发展速度、质量和效益的统一，有效保障了农民收益。

4. 全面提升农产品加工业

针对农产品加工业大而不强的问题，河南依托于其丰富的农业资源，优良的交通物流区位优势，坚持把发展农产品加工业放在突出位置，全面提升农产品加工业。一是大力促进农产品加工业转型升级。支持粮油加工企业运用新技术、新工业、新装备发展精深加工业；加快面、油制品、休闲食品等转型升级；开展农产品副产物综合利用试点，提升资源综合利用水平。二是注重集群带动、集聚发展。省财政每年拿出 2 亿元对集群内省级以上的农业产业化龙头企业进行各类资金补助和贴息支持，促进农产品加工业形成完整的产业链，增强企业竞争力。三是不断强化服务。通过举办各类贸洽活动，加强宣传推介和招商引资力度；通过举办多种形式的农产品加工银企对接活动，加大融资力度；通过举办农产品加工科企对接活动，并鼓励企业同教学科研机构联合建立研发平台，加大研发投入，开展自主创新，有效解决企业技术需求。

（三）江苏推进农业供给侧结构性改革发展的实践

江苏省在推进农业供给侧结构性改革过程中，以加快提升农业质量效益和竞争力为目标，做出了大量富有成效的工作，其中一些前瞻性的做法仍处于探索阶段，其效果有待进一步观察。

1. 多措并举消化粮食库存

为了加快粮食去库存，江苏省财政拿出6 400万元作为奖励，采取以奖代补的方式加快陈粮销售。其中对于苏北、苏中两大粮食主产区，苏北每出库一斤小麦补贴2分钱，苏中补贴1.5分钱。除此之外，一些市级地方政府也给予补贴，以兴化为例，除了省级财政奖励之外，市财政规定每出库一吨粮食补贴60元，相当于省级财政＋市级财政每出库一斤小麦补贴3分钱，另外对国有粮食企业每斤再补贴3分钱。通过地方财政补贴使得出库粮食拍卖价格低于市场价格，加速了粮食去库存工作。据统计，目前江苏省全省粮食去库存已达到55亿斤。同时，全省各地通过新建、合并、搭建罩棚、租赁社会仓容等办法有效缓解仓容不足的问题，努力确保秋粮应收尽收。

2. 进一步优化调整农业结构

在农业结构调整方面，江苏省提出了“两稳、两扩、三提高”的发展思路，即稳定“米袋子”“菜篮子”产品生产，确保主要农产品生产不发生大的滑坡。在稳定的基础上，不断培育农业发展新模式，目前在全省积极推广综合种养增效、循环利用增效及省工节本增效3种类型的高效农业发展模式，极大促进了生产率的大幅提高，降本增效效果明显。同时，江苏省主动优化组合国内国际两种资源，不断提高开放型农业发展水平，2016年第一季度江苏农业对外投资在商务系统备案的项目数是2015年同期的两倍，中方协议出资额是2015年同期的5倍之多，不断拓展农业发展的新空间。

3. 深入推进农村三产融合发展

一是推动农产品加工流通业提档升级。围绕建设加工流通强省战略，加快发展农产品产地初加工，合理发展农产品精深加工，深入实施“一村一品”强村富民工程，着力推动农产品加工集中区建设，深入实施主食加工业提升行动。

二是创新农产品流通和销售模式。搭建农产品生产基地与市场连接的载体平台，进一步拓宽江苏地方名优特优农产品销售渠道，促进产销对接，实现优质优价；围绕加强特色农产品、品牌农产品产销对接，通过举办农产品展销推介会，引导农业合作社自愿联合组建销售合作联社，统一注册“苏合”商标，开设直销店等方式，提高直销比例；推进农业电子商务试点，开展电子商务万人培训，鼓励建设农资电商平台，提高农资精准服务水平。

三是培育壮大农业新业态。全省休闲观光农业和“互联网+”现代农业是突出亮点。在休闲观光农业方面，提出建设休闲观光农业强省的目标，深入开展全国休闲农业示范县、全国休闲农业与乡村旅游星级企业示范创建，大力培育中国美丽休闲乡村和全国十佳休闲农庄。在“互联网+”现代农业方面，以主题培育和平台建设为抓手，大力推广“一村一品一店”等模式，提升农产品网络营销份额。

4. 结合实践大胆探索与创新

一是探索建立完善的农业生态补偿机制。鉴于原有生态补偿政策存在碎片化、资金积淀和截留等问题，江苏省积极探索建立完善的农业生态补偿机制。其中，南京市按照全市生态补偿顶层设计的要求，研究建立统一的生态补偿转移支付办法。目前已经实施了水稻、公益林、湿地、水源地、水利风景区及耕地、基本农田保护区等生态补偿。其中耕地和基本农田保护区补偿标准为每年300元/亩，水稻种植区补偿为每年150元/亩，生态公益林补偿为每年100元/亩，目前已在南京、苏州、常州等多地开展农业生态补偿。

农业生态补偿机制的实施效果如何还有待实践的检验，同时还有可能面临补偿资金的缺口问题，需要有充足的财政资金确保生态补偿机制的执行效果。

二是创新金融、保险服务模式。江苏省积极推动支农资金基金化改革，探索创新金融和保险服务模式，其中“南京市扶持新型农业经营主体贷款”（简称“金陵惠农贷”）十分具有代表性。该模式采用市场化方式运作，充分发挥财政资金杠杆作用，财政投资1亿元，并撬动社会资金5亿元，对符合条件的新型农业经营主体发放惠农贷款，实行财政风险补偿基金和承担银行风险共担机制，来缓解农民无担保、融资难的问题。到2016年6月底，南京市已对374户家庭农场、合作社和农业龙头企业发放贷款超过2.3亿元。

同时在涉农企业担保政策方面也取得新突破，通过财政补助的方式，按照对每笔担保业务的年累计担保额给予不高于2.5%的补助，对涉农企业项目的担保业务按照申报年度月均在保余额给予不高于4‰的风险补助。据统计，

2014—2015 年共有 14 家担保公司为涉农企业提供了 4 亿元的担保，共获得 1 000万元保费补贴、160 万元风险补贴。

金融保险创新服务模式的目的是为了解决新型农业生产经营主体融资难、融资贵、无抵押、无担保的问题，意义重大。目前，“金陵惠农贷”还未到还贷期，实施效果如何？还款违约率、资金损失率有多少？均有待实践的检验。

（四）浙江推动农业休闲观光旅游与跨区域合作的做法

1. 大力发展农业休闲观光旅游产业

浙江省充分利用自身经济发达、山水资源丰富、历史人文独特等优势，通过不断拓展农业多功能性，注重农村产业融合发展，充分考虑区位优势、资源特色、文化底蕴、生态环境、经济发展水平和消费习惯，开发出了一系列的“一村一品”“一村一景”“一村一园”和“一村一韵”，大力发展农业休闲观光旅游产业，成效显著。发展农业休闲观光旅游产业不仅延长了农业产业链条，带动了农村运输、餐饮、住宿、商业及其他服务业发展，而且拓宽了农产品的销售渠道，带动了农户实现二次增收。近年来全省休闲农业企业营业收入总额中 40%以上来自农副产品销售，有效促进了农民增收。

2. 积极探索农业跨区域合作模式

作为农业资源稀缺省份，为了充分拓展农业发展空间，浙江省积极探索农业跨区域合作模式。该模式通过本省的农业龙头企业等新型农业生产经营主体到外省建立农产品生产基地、销售基地等方式，实现农业生产要素的跨区域流动和资源在更大范围内的优化配置。浙江省积极探索农业跨区域合作模式，不仅有利于拓展该省的粮源渠道、稳定农产品供应，极大地促进农业龙头企业等农业新型经营主体的发展，同时也有利于异地合作方农业经济的发展，达到双赢乃至多赢的效果。

3. 加快发展高效粮食种植模式

浙江省人多地少，土地资源稀缺。为了确保稳定的粮食自给率，让农民有稳定的收入，该省加快发展高效粮食种植模式，其中浙江台州的“千斤粮万元田”的种田模式十分典型。该模式采取水旱轮作与粮经结合，一亩地约产1 000斤的粮食，收获粮食之后根据市场需求种植蔬菜、瓜果，科学轮作，实现一亩田粮食产千斤、收入过万元的目标。“千斤粮万元田”的种植模式是一种农作制度的创新，实现了“米袋子、菜篮子、钱袋子”共同发展。这种做法值得在全国其他省份推广，根据各地具体情况，与市场对接，建立科学合理的轮作体系，实现科学种田，打破“种粮收益低”的僵局。

三、“互联网＋产业链”与农业供给侧结构性改革

（一）“互联网＋产业链”视角下农业供给侧结构性改革的现状

对江苏“互联网＋产业链”的现状展开调查。调查对象的选择是按照江苏农委提供的花名册，先逢5选县，在县中采取同样的方法选村和选农户，共选取了江苏185个农户，其中有6份问卷不符合要求而删除，179份问卷参加分析。179份样本中，被访者中男91人，女88人，几乎各占一半，一半左右的家庭收入在8万～15万元。少数几个从事农产品电子商务人员的平均年龄24岁，年龄最大的37岁；他们的受教育程度为大专以上，其中八成左右是自学的；除网络费外，他们每年花费在互联网上的费用绝大部分在1 000～3 000元。调查分析结果显示：“互联网＋产业链”正在逐渐开始让农民由内而外，让市场由外而内，双向推进农业供给侧结构性改革，但通过“互联网＋产业链”促进农民增收还只是星星点点。

1. 互联网帮助农户获取知识、信息

调查中农民获取信息（包括各种政策、制度等）的途径有很多，依次为村里广播及电视、亲戚朋友、推广部门、互联网等。179个调查对象中有130人用手机上网，部分人既用手机又用电脑。一半多的受访者认为在使用互联网之后，知识面拓宽了，而且技能也得到提高，一半以上的调查对象通过手机获取农资、生产、销售等信息，不到10％的人认为手机可以消磨时光。江苏通州区农民殷建国，原开出租车，2014年开始经营流转土地办家庭农场。从开车到种田，跨行经营。他通过网络信息以及个人的努力，家庭农场小有起色。他加入本地区的家庭农场主QQ群，相互切磋技术，交流信息等；通过手机了解各种信息（种子、播种、病虫害防治、收割）；当发现病虫害，通过百度查询比对病情，网络咨询农技员；寻找农机销售商，获取农机补贴；申报优秀家庭农场，2016年获得南通“优秀家庭农场”称号。江苏在2015年、2016年分别开展过培训，但是范围还不是很广。63％的调查者认为互联网在农村的普及度还不高，还有进一步提升空间。

2. “互联网+产品”在产后环节开始启用电子商务

近年农村销售农产品的方式与前些年相比，网络销售方式的比例在增加，调查资料显示主要还是通过经纪人来收购、农贸市场销售或者订单等传统的方式。90%左右调查对象未在网络销售过或购买过农产品或者家庭手工产品，小部分电子商务的方式有OFO、B2C、C2C等。最新资料显示：2017年网络购物增长40%，是互联网行业增长最猛的板块。以阿里和京东为代表的大型平台商积极推进，以邮政、供销为代表的传统城乡流通网络积极上线发展，以生鲜电商为代表的新兴领域专业电商积极探索商业模式，多元主体良好互动的发展格局正在形成。全网销售正在启用，全网销售就是用可用的各种方式销售产品，集传统网络、移动互联网、PC互联网于一体进行销售。农产品生产者通过全网销售探索新型销售模式。山东高密的春华秋实采摘园是3个建筑商流转300亩土地后，种植葡萄。对于符合有机标准的葡萄在网上销售，目标市场是北京和上海追求高质量的客户；不符合有机标准的，在当地市场销售；还通过营销推广，吸引当地的消费者来采摘葡萄，体验消费，价格与网络销售的有机葡萄相仿，为25～30元/斤。南通苏洪鲜食超市是江苏海门当地农民兴办的超市，通过微商在线上团购，线下实体店体验，销售生鲜水果蔬菜，销售量和收益高于原先实体店和纯粹的电子商务。2014年新疆首条阿里巴巴产业带落户沙湾，为当地农特产品上行搭建了平台，2015年成立沙瓦里电子商务公司，依托公众平台打造“寻味沙湾”商城，目前，土鸡、辣椒、蟠桃、枸杞等52种产品已在商城对外销售，至2016年年底已有6家O2O体验馆。

3. “互联网+服务”正在产中环节悄然兴起

农户运用特定的App，搜索播种、插秧、植保、收割等农业外包以及农业技术服务。“地呱呱”是在江苏创建的一个双向平台，它以房屋、集体建设用地、土地流转等经营权交易为主，线上结合线下完成租售服务；为便于用户搜索，还分类为农地和农房数据，此外还提供标准化线下服务，用户只要下载App，把相关信息按照要求输入，就可以发布、获取土地流转的信息。“农牧旺”也是一个农业类的平台。农户在平台上可求助农技部门服务，预约订制专家服务、在线购买农资、咨询涉农政策补贴、申请金融贷款等。截至2016年年底已有1 300多名乡镇农技人员，2 950家农业组织进入平台，两万多名农户下载使用了手机App。在收割环节，依据稻麦等主要农产品成熟特性，通过卫星导航确定具体的田块位置，农机手提供收割服务。调查中有一位农机手曾经参加过全国性从南到北的农机收割服务。印度滴滴农机平台推出共享收割机，帮助农民朋友使用现代化农业设备，租赁费每亩为 1 500 卢比，相比雇佣普通劳动力便宜很多，目前已有 8 000 个农场加入，融资 1 000 万美元，最近一轮又融资接近 1 000 万美元。产中的“互联网＋服务”满足了农业生产的服务需求，正好填补了原来的供给短缺。

4. “互联网＋休闲农业”发展迅猛

互联网发展报告显示：2017 年上半年，网上外卖和在线旅行预订用户规模增长超过了 10%。另一项大学生创业的调查中显示：大学生毕业后选择到农村创办家庭农场和从事“互联网＋休闲农业”的比例不断上升。“宝苞农场”历时不到两年，创始人明明以及运营团队里 IT、电商、设计、品牌、新媒体等人才，全是 1988—1996 年出生的年轻人。明明在接受记者采访时说，发展农业一定要好好利用互联网这个强有力的工具，农业转型关键在于留住年轻人。凤凰资讯评价说“宝苞农场”已成为中国最大的体验式农场，带动了农业和旅游业。经过劳动力市场的筛选，家庭内部分工形成“年轻子女进城务工经商，年老父母留村务农”这样一种“以代际分工为基础的半工半耕”的家庭模式，目前在许多地方，老人已经成为种地的主力军。在推进新型农业经营主体建设中，农业的“谁来种田”问题依然存在。“互联网＋休闲农业”的兴起，在一定程度上缓解了当前“谁来种田”的问题。

（二）从国家宏观、中观和微观企业 3 个层面的建议

宏观层面做好基础工作，具体表现在以下几个方面：

一是完善法律体系。为了营造线上线下公平的竞争环境，需要推动包括电子商务法、税收征管法、反不正当竞争法、消费者权益保护法等一系列相关法律的制定、修订和司法解释工作，明确线上和线下交易同时适用税收公平原则，填补现行法律法规体系在电子商务领域的空白，还需要统一线上线下的监管力度。

二是切实转变思维方式。长期以来，受国情、经济条件等限制，人们特别是决策者重视农产品的数量、总量，这与目前居民消费结构不断升级的需求相悖，而且惯性思维以及路径依赖阻碍人们思维方式转变。供给侧结构性改革的目标之一就是通过改善农产品的质量来满足民众的需求，同时中国人口众多也要兼顾总量的要求。实践上，需要切实转变思维，从数量导向跨越到质量导

向，比如在考核指标上等。广播、电视是农民最普遍使用的媒体，加强在这些媒体上的宣传，特别是典型宣传，逐步引导农业生产者重视质量导向。这也是我国农业跨越数量导向，迈向质量导向，提高农业竞争力的必由之路。在此基础上，加强部门间协调配合，做好规划。

三是建设完善基础。网络基础设施、互联网平台和物流是产品互联网销售不可缺少的要素，也是目前制约“互联网+”发展的直接因素。①做好网络基础设施建设，进一步落实 2017 年中央 1 号文件，加强基础设施建设，推进光纤到村建设，加快实现 4G 网络全覆盖，大力推进互联网的建设，特别是农村互联网基础设施建设，保证农民在需要的时候能够得到所需要的信息和知识。②注重农产品流通配套。通过财政奖补、电费补贴等政策，鼓励农产品产区的合作社等新型农业经营主体，参与田间地头的冷库建设；通过专线税费减免等方式加大对冷链物流企业的补贴，精准降低冷链物流成本，切实改变“有库无链、有链无点”的冷链流通困局，鼓励生鲜电商参与布局建设社区的冷柜配送服务设施，促进农产品生鲜电商的大规模发展，降低生鲜农产品的流通腐损率。农村有些有场无市的市场、废弃的厂房、村部、小学等是很好的物流建设基地。③实施农产品的标准化处理。尽快制定并出台农户会用、市场认可、管理方便的农产品线上交易分类标准，建立适应于电商发展的农产品质量分级、采后处理、包装配送的标准体系。通过标准化提升线上销售农产品的质量与品质，引导生产者改进生产和产后运销管理，为品牌建设打基础。④建立国家农业大数据分析中心。农业的生产经营决策属于农民个体行为，在一定区域范围内宏观经济动态、农业生产所需要的大数据分析以及信息传递是一种公共产品，应由政府来提供。2015 年 8 月，国务院发布《促进大数据发展行动纲要》，这是指导中国大数据发展的国家顶层设计和总体部署，在此基础上建立农业大数据中心，对数据进行“采集—加工—存储—处理—分析”，再结合现有宏观分析部门、农业信息平台数据以及大型农业龙头企业数据，把分析结果及时传递给农民，供农民进行生产服务决策以及对农业保险的预测。

四是加强网络监控。国家标准委员会陆续发布了 45 项推荐性电子商务相关标准，但各大网络零售平台自成体系，尚缺乏统一的行业标准。建议参考 B2C 平台的规范与标准，尽快完善网络零售行业标准，并通过标准规范网络零售平台与企业的发展，加强平台监控。互联网正逐渐成为经济社会的基础设施和企业商业模式的基石，自建平台或加入第三方平台成为企业选择互联网平台时首先要考虑的问题。

中观层面上具体表现在以下几个方面：

一是注重培训示范。农民的培训是政府对农业一般服务的支持，体现的是国家间农业政策和国家财力的竞争。研究结果显示：农民通过互联网及时掌握了解农业信息，拓展知识面。利用原有的农村培训基地，培训网络基础知识，特别是如何获取信息以及农村电子商务的知识等。从调查的情况看，农民对互联网、电子商务知识的需求还比较大。整合农业、人社、商务、扶贫等部门培训资源，针对不同类型主体和应用，开展专题性、体系性“互联网＋产业链”应用培训。依托县域农村电子商务综合服务平台，通过政府采购等形式鼓励平台电商和当地网商积极参与农户互联网知识普及培训，传授用得上的“互联网＋”知识和实操技术。选准带头人做示范，对示范做好宣传，由点及面。从现有的淘宝村发展历程来看，优秀的电子商务带头人在淘宝村的形成过程中发挥了极其关键的引领带动作用。大学生村官、休闲农业中的年轻人都是推进农村互联网发展的重点带头人。

二是以政策为载体，注重鼓励和引导。①鼓励引导“互联网＋服务”。农业生产服务体系是农业经济发展不可缺少的组成部分，但长期以来农业生产服务体系的建设一直不是很完善，比如发布土地流转信息，部分地区农经部门一直未曾实现，致使部分土地撂荒，特别是在东部沿海地区。鼓励各种平台开展“互联网＋服务”，为农村土地、农业生产各个环节提供社会化服务，同时链接到各种公益性农业服务，从而提高信息资源的对称性以及资源的利用效率，为农业提供更好的服务。②鼓励引导“互联网＋农业融资”。农村金融不发达、农民贷款难，一直困扰着农业的发展。“互联网＋农业融资”可能是解决农民贷款难的一个契机。互联网依托大数据产生的快捷征信评价，缓解小微金融信息不对称、风险控制难问题，有利于降低普惠金融管理成本。引导传统金融行业抓住这一契机，向农村投资，切实解决农民融资问题。③鼓励引导农业龙头、互联网企业分享农业信息。国外农产品往往通过大型跨国企业有组织地进入我国市场。这些大型跨国企业背后，有一个完整的、具有竞争力的产业链。产业链的竞争力，来自大型跨国企业对市场信息的掌控能力和对市场风险的管理能力。农业企业是产业链竞争的核心。鼓励引导企业把大数据的分析结果特别是农产品数量和价格趋势等情况及时传递给农民以及政府，逐渐形成后向一体化的产业链，为农民、政府的决策提供依据，提高农产品的市场竞争能力。

④鼓励引导大学生到农业农村创业。农业成为工业生产后追求愉悦的首选，大力发展“互联网＋休闲农业”正逢其时。通过互联网，广泛营销，提升休闲农业知名度，吸引更多的人来消费。在创新创业的引导下，大学生从事休闲农业的案例比比皆是。这给农业生产带来了新鲜血液和新生力量，缓解了“谁来种田”的问题。通过鼓励引导，把“互联网＋农业”与培育新型经营主体结合起来，通过电商培训、专项补贴和项目倾斜等形式，培养一批“新农人”创业者，让新型经营主体成为农村“互联网＋”农业的示范者和引路人。

三是大力推进物联网系统。物联网系统的追踪机制对生产经营者提出注重农产品质量和满足个性化需求的要求，也给消费者实时监督农产品生产过程提供了机会，也是促进收入增加的增长点。农资和农产品生产、销售以及加工企业建立统一的农资和农产品可追溯编码体系，综合利用好线上线下监管资源，确保网络销售农产品的质量安全。加强对“三品一标”农产品的认证与防伪工作，相关部门及时对假冒伪劣产品清理下线，维护农业电商市场交易秩序。江苏近些年推进以无锡为核心，苏州和南京为支撑，一体两翼、多元辐射全省的物联网产业布局。借鉴无锡市发展物联网核心产业经验，建立和完善农产品质量监控系统，实施生产监督，使其能够持续和稳定地提供安全、优质的农产品。

微观主体做好市场，具体表现在以下几个方面：

一是网络产品定位准确。中国文化源远流长、各具特色，地理位置上跨越热带、亚热带、温带，适宜生长、养殖的农产品种类繁多。依据互联网、农产品、电子商务、各地文化的特点，特别是消费者的偏好，像江苏沙集镇那样，准确定位适合于各地互联网销售的农产品或者服务产品，形成一地销售一个（类）产品的“淘宝村”。在此基础上，逐步吸引上下游产业聚集，衍生出产业集群，且在商品生产、加工和流通方面形成协同效应，增强农村地区网商的群体竞争力，最终形成集群效应。

二是注重农产品质量。农产品质量安全问题是困扰全世界的一个紧迫性问题，如何建立有效的农产品质量安全模式也是目前面临的一个挑战。农业供给侧结构性改革的关键是重视农产品的生产端，提高农产品的质量。从生产者的角度来看，及时调整农业生产结构，适应消费者的需求，多生产高品质的农产品。运用标准技术指导进行标准化、产业化生产，控制农资的使用量。

三是推进品牌建设。当今世界已经进入品牌经济时代。品牌已经成为品质的象征，对于农产品来说也是如此。农产品品牌以农产品区域品牌，即“区域名+品类名”的形式出现，能够依托地区优势对农产品进行培育，利用地区整体力量进行建设。在此基础上，发挥标准的倒逼机制以及品牌、认证的增信作用，提高农产品的质量。做好农产品品牌的营销，推进品牌市场知名度的提升，突破农产品质量的隐蔽性，提升消费者对本地、本国农产品的信任度和忠诚度。

四是融合线上线下渠道。部分农民或者少部分地区的农民开始涉足电子商务，这是一个很好的开端，需要加强引导，让更多的农民从事农村电子商务，自建平台或者加入第三方平台，但需遵守平台的治理规则。各个地区消费文化不尽相同，决定了销售渠道各具特色。鼓励全网销售，线上线下渠道融合，自建平台与线下实体店结合，线上或者线下企业其中一个获取了消费者的信任，线上和线下会相互溢出；或从团购做起，较强的线上线下整合能力有利于提升消费者的数量，在线社区的电子口碑效应明显。

四、推进农业供给侧结构性改革的难点与重点领域

（一）农业供给侧结构性改革的难点

推进农业供给侧结构性改革重点的选择，应该按照习近平总书记关于实施乡村振兴战略的重大决策部署，直面当前社会主要矛盾的变化和农业发展的主要矛盾，通过增强农业的创新能力、竞争能力和可持续发展能力，更好地满足人民日益增长的美好生活需要，更好地促进农业增效、农民增收和农村增绿，更好地提高农业土地产出率、资源利用率和劳动生产率。

1. 加强粮食安全保障机制建设

作为一个发展中国家，推进农业供给侧结构性改革，必须把加强粮食安全保障机制建设作为重要的基础工程，任何时候都不能动摇。从国内外经验教训来看，越是粮食供给宽松的时候，越是容易轻视粮食安全保障机制建设的时期，影响粮食安全的“新患旧疾”越可能滋长，并转化为侵蚀粮食综合生产能力的现实，因此重视粮食安全保障机制建设越是必要。

当前，粮食供给体系质量不高，已经成为制约粮食安全保障机制建设的突出短板。推进粮食供给侧结构性改革，着力提升粮食供给体系质量，已经成为

强化粮食安全保障机制建设的当务之急。在部分粮食主产区，提高粮食供给体系质量，对于促进农民增收还具有特别重要的意义。

加强粮食安全保障机制建设，应瞄准提高粮食供给体系质量这个主攻方向，突出抓好以下问题：①加快推进粮食价格形成机制和收储制度改革。迄今为止，玉米价格形成机制改革进展顺利，并初显成效。但是，不同粮食品种关系国计民生的重要性有所不同，产品特性和改革进展也有很大差异，推进粮食价格形成机制改革应该在坚持“市场定价、价补分离”的基础上，注意“分品种施策、渐进式推进、强化弹性调控”，关注粮食价格形成机制改革对不同类型农产品比价和比较利益的影响。②坚定不移地实行国家粮食安全新战略，强化对“藏粮于地、藏粮于技、藏粮于经营主体的粮食生产积极性”的政策支持。今后要通过积极实施区域层面、产业链层面的重大项目、专项行动，继续加强对上述方面的政策支持，夯实粮食安全的根基。③积极推进粮食产业的组织创新，培育粮食供给侧结构性改革的领航舰，要重视跨国粮商和粮食产业组织创新对国内外粮食安全的影响。

2. 构建现代农业产业体系、生产体系、经营体系

构建现代农业产业体系，关键是面向人民日益增长的美好生活需要，统筹推进现代农业产业体系横向拓展、纵向延伸和高度提升，积极培育农业新产业、新业态，大幅增进农业产业体系内部不同行业、产品生产之间的协同性，推进农村一二三产业融合发展，努力增强农业整体竞争力和带动农民增收的能力。

构建现代农业生产体系，关键在于通过“两个着力”，提高农业资源利用效率，增强农业综合生产能力、可持续发展能力和抵御市场风险的能力，推进农业生产更好地适应需求、创造需求和引导需求，加快实现由生产导向转向消费导向。要着力用现代物质条件装备农业，用现代科学技术改造农业，用培养新型农民发展农业，用优化农业空间布局提升农业，加强农业基础设施和抗灾减灾能力建设，提高农业水利化、机械化、信息化、良种化和标准化水平；着力构建人与自然和谐共生、水土资源—农业发展—环境影响良性互动的农业发展新格局，通过发展资源节约、环境友好、生态保育型农业，大力发展农业循环经济，促进农业绿色发展，优化农业资源-产业配置，提升农产品品质和农产品/食品安全水平。

构建现代农业经营体系，关键是要积极稳健、循序渐进地统筹解决农业经营组织结构的继承和创新问题，将增强农业产业组织的创新能力和竞争能力同促进小农户与现代农业发展有机衔接起来。结合构建现代农业经营体系，加快培育高素质农民，引导农民优先提升就业创业创新的能力，加快培育普通农户和新型农业经营主体、新型农业服务主体共商共建共享现代农业发展新格局。

加强现代农业经营体系建设主要应从三方面着力：第一，积极培育新型农业经营主体，鼓励新型农业经营主体在加快农业发展方式转变和增强农业创新驱动能力方面发挥“领头羊”“生力军”作用。第二，积极培育新型农业服务主体，鼓励传统农业服务主体转型升级。第三，科学处理发展多种形式农业适度规模经营的关系，促进小农户与现代农业发展有机衔接。在当前乃至今后相当长的时期内，发展土地流转型规模经营固然重要，发展服务链接型农业适度规模经营更为关键，要促进二者竞争发展、互补发展，防止厚此薄彼。

促进小农户和现代农业发展有机衔接需要三管齐下、系统发力。第一，鼓励龙头企业、农民合作社和家庭农场、专业大户等将完善与农户的利益联结机制同增强自身的社会责任意识结合起来，使之成为引领带动农户发展现代农业的骨干和推进农村产业兴旺的中坚。第二，加快发展农业生产性服务业，健全农业社会化服务体系。第三，要注意“同等优先”地支持本土根植型新型农业经营主体的成长，鼓励外部植入型新型农业经营主体更好地发挥对本土根植型新型农业经营主体成长和转型升级的引领带动作用。

3. 深化涉农重点领域和关键环节改革

推进农业供给侧结构性改革，实际上是以推进体制机制改革和政策创新为动力，推进农业结构战略性调整的深刻变革，要求农业供给结构（产业结构、区域结构）的调整切实做到瞻前（需求结构）顾后（要素结构和产业组织结构），激活市场、激活要素、激活主体。必须以重点领域、关键环节改革为重点。

深化涉农重点领域和关键环节改革，如深化农村土地制度改革，特别是完善承包地“三权分置”制度；推进农业支持保护制度改革；围绕促进农村一二三产业融合发展，支持和鼓励农民就业创业，深化相关体制机制改革和政策创新。

一是深化稻谷、小麦价格形成机制改革。要加强对粮食最低收购价和粮食临时收储政策演变逻辑的研究，推进粮食价格形成机制改革“提质增效”并提升可持续发展能力。对稻谷、小麦价格形成机制改革应该坚持最低收购价制度的方向，不宜简单套用玉米“市场化收购＋补贴”的做法，防止影响口粮综合生产能力的稳定和粮食安全。但在具体实践中，如何增强政策的灵活性和弹性，如何逐步分离政策性收储“保增收”的功能？在政策方向明确后，具体的政策设计就更加重要，也存在较大难度。

二是推进大数据在农业供给侧结构性改革中的应用。在此方面，如何将美好“愿景”转化为推进农业供给侧结构性改革的广阔“前景”，还存在很多的不确定性和短期内难以克服的障碍。从国际上看，大数据分析虽然前景广阔，但迄今为止在农业上还没有得到广泛应用，仍有许多障碍亟待克服，由此产生的一些问题也值得重视。要解决这些问题，推进大数据应用更好更广泛地惠及深化农业供给侧结构性改革的过程，其难度和重要性一样，都不可低估。

三是推进农业的绿色转型和发展。现行格局具有较强的运行惯性，短期内难以根本改变。推进农业政策的绿色化转型，实际难度很大。

四是发挥新型城镇化对推进农业供给侧结构性改革的引领带动作用。

（二）农产品价格形成机制

长期以来，农产品价格问题一直是农业经济研究的热点问题，近年来这方面的研究再度升温，但是许多相关研究仍是见仁见智。对其中若干重要问题的不同判断，很可能影响农业政策的走向和农业供给侧结构性改革的成效。

1. 主要农产品国内价格与国际价格比较

根据农业部市场预警专家委员会提供的《农产品供需形势分析月报（大宗农产品）》，自 2013 年 7 月开始，全国晚籼米（标一）批发均价持续高于泰国曼谷（25%含碎米）大米到岸税后价。2013 年 7 月，全国晚籼米（标一）批发均价和泰国曼谷（25%含碎米）大米到岸税后价分别为每千克 3.94 元和 3.90 元，国内价格高于国际价格 1.0%。到 2017 年 2 月，全国晚籼米（标一）批发均价和泰国曼谷（25%含碎米）大米到岸税后价分别为每千克 4.24 元和 3.06 元，国内价格高于国际价格 38.6%。而银行间外汇市场人民币汇率中间价 1 美元兑人民币，2013 年 7 月 17 日为 6.165 2 元，2017 年 2 月 17 日为 6.845 6 元。撇开人民币贬值因素，假设人民币汇率保持在 2013 年 7 月 17 日的水平（6.165 2 元）不变，则泰国曼谷（25%含碎米）大米到岸税后价折合人民币 2.76 元，大米国内价格高于国际价格 53.6%。可见，从 2013 年 7 月到 2017 年 2 月，由于人民币对美元汇率下降 9.9%，导致大米国内价格高于国际价格的价差缩小 15.0 个百分点。从 2005 年 7 月 21 日起，我国推行以市场供求为基础、参考一篮子货币进行调节、有管理的浮动汇率制（李建伟、杨琳，2017）之后，到 2015 年 8 月人民币汇率中间价形成机制改革前，人民币对美元汇率在总体上呈现上升趋势。但自 2015 年 8 月人民币汇率中间价形成机制改革以后，人民币对美元汇率呈现在波动中下降的趋势。这对近期主要粮食产品国内价格高于国际价格差距的缩小，发挥了重要作用（图 3－28、图 3－29）。

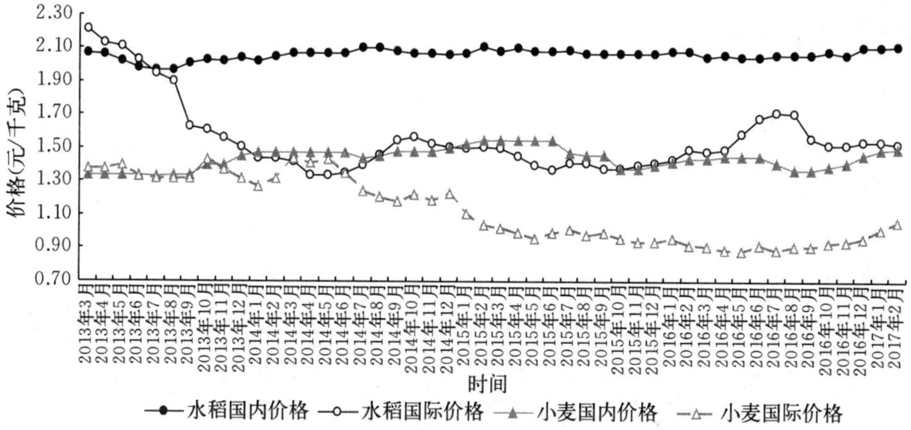

图 3－28　近年来国内外水稻、小麦价格比较

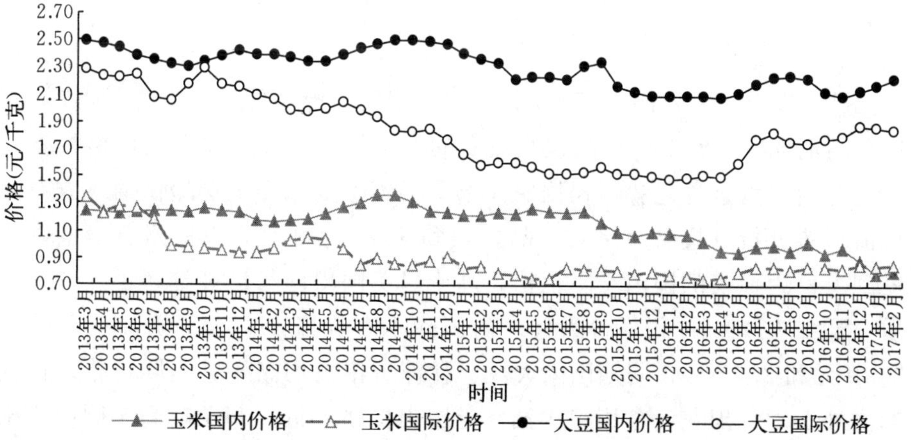

图 3－29　近年来国内外玉米、大豆价格比较

国际石油价格上涨，往往会加大国际农产品到我国港口的运输成本，有利于缩小国内农产品价格高于国际农产品价格的差距；国际石油价格下跌，会减少国际农产品到我国港口的运输成本，有利于扩大国内农产品与国际农产品价格的差距。国际油价自 2012 年初到 2014 年 6 月在总体上呈现小幅波动状态，这对国内外农产品价差的影响总体上较小。但自 2014 年 6 月开始国际油价在波动中大幅下降，由此推动了主要粮食产品国内价格与国际价格差距的扩大（图 3－30）。当然，国际油价对农产品国际运输成本的影响，在不同类型农产品上往往表现出不同的结构性特点。不同农产品市场属性和供求特点对农产品的国内外价差也有较大影响。因此，在不同农产品之间，国内外价差的扩大或收缩，往往也非“步调一致”。

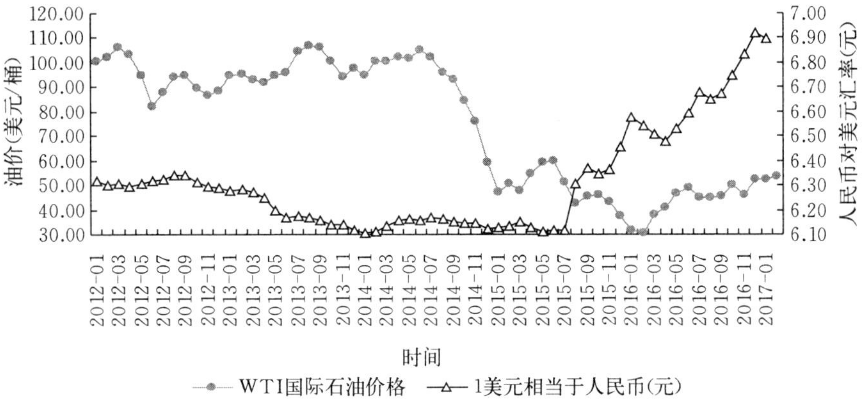

图 3－30　2012 年以来我国人民币汇率和国际油价的变化

进一步看，主要粮食产品国内价格高于国际价格难以继续成为常态，将这种结论推广到整个农产品也是成立的。实际上，近期农产品价格的变化已经开始展露这种趋势。根据农业部市场预警专家委员会提供的《农产品供需形势分析月报（大宗农产品）》，到 2017 年 2 月，以广州黄埔港优质麦到港价为代表的国内小麦价格，高于以美国墨西哥湾硬红冬小麦（蛋白质含量 12%）到岸税后价为代表的国际小麦价格 41.5%，分别为每千克 3.00 元和 2.12 元；同期国内大豆、食糖价格也均高于其国际价格。但同期国外玉米、棉花、食用植物油已与国内价格逼近，甚至略高于国内价格（表 3－35）。

表 3-35　2017 年 2 月主要粮食产品国内外价差

产　品	水稻（元/千克）	小麦（元/千克）	玉米（元/千克）	大豆（元/千克）	食用植物油（元/千克）	棉花（元/吨）	食糖（元/吨）
国内价格	4.24	3.00	1.62	4.44	7.06	15 981	6 767
国际价格	3.06	2.12	1.72	3.70	6.96	15 984	5 198
国内价格高于国际价格百分比（%）	38.56	41.51	−5.81	20.0	1.44	−0.000 2	30.18

注：在本表中，水稻国内价格指全国晚籼米（标一）批发均价，国际价格指泰国（25%含碎率）大米到岸税后价格；小麦国内价格指广州黄埔港优质麦到港价，国际价格指美国墨西哥湾硬红冬小麦（蛋白质含量 12%）到岸税后价；玉米国内价格指东北二等黄玉米运到广州黄埔港的平仓价，国际价格为美国墨西哥湾 2 级黄玉米（蛋白质含量 12%）运到黄埔港的到岸税后价；大豆国内价格为山东国产大豆入厂价，国际价格为青岛港口的进口大豆到岸税后价；棉花国内价格指中国棉花价格指数（CCIndex）3128B 级棉花销售价格，国际价格指进口棉价格指数（FFIndex）M 级棉花到岸税后价（滑准税下）；食用植物油国内价格指山东四级豆油出厂价，国际价格指到山东港口的南美毛豆油到岸税后价；食糖国内价格指广西食糖批发市场食糖现货批发价格的月度均价，国际价格为配额内 15%关税的巴西白糖到珠江三角洲的到岸税后价。

资料来源：农业部市场预警专家委员会、农业部市场与经济信息司编，《2017 年 2 月农产品供需形势分析月报（大宗农产品）》，农业部网站 2017 年 3 月 15 日。

2. 农产品价格形成机制改革

2014 年中央 1 号文件要求完善粮食等重要农产品价格形成机制，探索推进农产品价格形成机制与政府补贴脱钩的改革，并对东北地区和内蒙古的大豆、新疆的棉花启动目标价格补贴试点。此后，深化粮食等重要农产品价格形成机制和收储制度改革日益引起各级政府的重视，相关理论和政策问题的讨论也在迅速深化。深化粮食等重要农产品价格形成机制和收储制度改革，是推进农业供给侧结构性改革的重点和难点，这已成为社会共识。

2004 年《国务院关于进一步深化粮食流通体制改革的意见》要求全面放开粮食收购市场，“充分发挥市场机制在配置粮食资源中的基础性作用，实现粮食购销市场化和市场主体多元化”；并首次提出“当粮食供求发生重大变化时，为保证市场供应、保护农民利益，必要时可由国务院决定对短缺的重点粮食品种，在粮食主产区实行最低收购价格”。这意味着此前长期实行的保护价收购政策退出历史舞台。

客观地说，粮食等主要农产品最低收购价和临时收储政策的实施，对促进粮食持续稳定增产、农民持续增收发挥了重要作用。但是，随着其实施期限的延续，其负面影响也迅速凸显起来。如长期实施粮食等主要农产品最低收购价和临时收储政策，并从2008年开始连年大幅度提高最低收购价或临时收储价水平，扭曲了农产品价格形成机制，妨碍了市场定价作用的发挥，容易形成政府定价左右市场定价、市场价格误导农民生产的现象。

2017年中央1号文件提出，推进农业供给侧结构性改革要“以提高农业供给质量为主攻方向，以体制改革和机制创新为根本途径”。但是，体制改革和机制创新如果还是“今天的你我又在变相重复昨天的故事”，提高农业供给质量恐怕难以得到持续可靠的保障，甚至会成为“无效供给的大量增加、有效供给难以形成”体制机制的“温床”。

有人以“发挥市场对资源配置的决定性作用和更好发挥政府作用”为理由，提出推进粮食等重要农产品价格形成机制改革，要让价格真正发挥调节供求的作用，这是应当肯定的。但是有人进而提出，推进粮食等重要农产品价格形成机制改革，就是要让粮食最低收购价制度退出历史舞台。这种观点是否有些偏激，对此简单地否定可能不是明智之举，正如倒洗澡水不能连同孩子一起倒掉一样。我们认为，现行粮食等主要农产品最低收购价和临时收储政策的问题，可能主要不在于对稻谷、小麦实行最低收购价政策，而是在政策实践中，出现以下两方面的问题。一是将政策目标由最初的“保种粮基本收益，进而保供给”简单扩大到同时“保供给、保增收”，并日益突出了“保增收”的重要性。2008年以后，粮食最低收购价和主要农产品临时收储价水平不断提高，与此均有密切关系。二是在政策实施对象上简单扩大范围，由最初的“短缺的重点粮食品种”简单扩大到多数重要农产品，包括非短缺的重要农产品。

粮食最低收购价政策最初在政策设计时，主要针对稻谷和小麦，这与当前实行“谷物基本自给、口粮绝对安全”的国家粮食安全战略是吻合的。稻谷和小麦主要作为口粮，可替代性差，社会效益大，农户种植“小而散”的问题更为突出。当前对稻谷和小麦继续实行最低收购价政策，可以发挥对市场价格的托底作用，这对于稳定农民种植稻谷和小麦的积极性仍是必要的。但是，实行稻谷和小麦最低收购价政策，应该将功能定位在保证种粮农民的基本收益上，防止稻谷和小麦市场价格跌幅过大，严重挫伤农民种植的积极性，导致口粮产能大幅滑坡。按照粮食最低收购价政策最初的设计，国家每年综合考虑粮食成本收益、供求情况、市场价格和宏观调控等因素，确定稻谷、小麦等各品种最低收购价水平，并制定相应的执行预案，在作物播种前发布。从当前稻谷、小麦最低收购价政策运行中的问题来看，这种政策设计机制仍应继续坚持。但今后稻谷、小麦最低收购价水平不宜只涨不跌，应按这种政策设计机制确保最低收购价可以有升有降，增加最低收购价水平的弹性，也可以考虑年际之间粮食成本收益、供求情况、市场价格和宏观调控等因素的变化，在确定最低收购价水平时，综合考虑前三年这些因素的平均情况，一定三年不变，进一步突出其“保种粮基本收益，进而保供给”的功能。

当前对玉米实行“市场化收购＋补贴”，在最近一两年内可能导致玉米价格迅速下降，对此如果不设置一个托底水平，很难保证玉米价格不会下跌到让玉米种植户普遍“心灰意冷”的程度。不要以为当前玉米过剩问题严重，就认为玉米价格无论怎么降都无所谓。当玉米价格下降到一定程度后，由此形成的对农民种植积极性的损害，有可能转化为对粮食产能的严重破坏，到时再设法补救，不仅代价高昂，还会形成严重的资源浪费。20 世纪 90 年代末和 21 世纪初，经历连续几年的粮价下跌后，到 2003 年全国粮食产量下降到 43 070 万吨，不及 1990 年的水平（1990 年全国粮食产量 44 624 万吨）。从 2004 年开始经历了连续 5 年持续高强度的加大农业投入和政策支持，到 2008 年全国粮食产量才达到 52 871 万吨，超过之前的历史最高产量，即 1998 年的51 229.5 万吨。

（三）“三变”改革取得成效的逻辑

1. 区域优势、特色产业发展的资源优势和广阔前景

资源变资产、资金变股金、农民变股民，要实现农业增效、农民增收、生态增值，并在推进脱贫攻坚方面取得较大进展，归根到底都需要选择富有区域特色和竞争优势的产业发展道路。六盘水市推进“三变”改革能够初显成效，一个重要原因是当地具有发展特色农业和休闲农业、乡村旅游的资源优势、生态优势和发展前景。近年来该市坚持生态产业化、产业生态化发展道路，大力发展特色农业、林下经济和全域旅游，促进农旅融合发展，开拓金融扶贫、电商扶贫等新路，已经积累了一定的产业开发基础。如根据六盘水市农业委员会提供的资料，达产后的猕猴桃亩产值可达 4 万元、刺梨亩产值可达 5 000 元，分别是玉米种植的 40 余倍和 6 倍多。

六盘水市气候资源独特，凉爽、舒适、滋润、清新且紫外线适中，有“中国凉都”之称。境内立体气候明显，生态和旅游资源丰富，且品位较高。加之，全市生物资源多样，民族文化多彩，自然风光秀美，是全国著名的野生猕猴桃之乡、野生刺梨之乡、红豆杉之乡和世界古银杏之乡，在发展山地特色农业和旅游业，推进农村一二三产业融合发展方面，具有资源优势和广阔前景。六盘水市地处四川、云南、广西和贵州结合部，近年来交通状况迅速改善，为畅通内外联结、促进资源变资产提供了良好的条件。在“一带一路”和长江经济带建设中，六盘水市被列入 66 个区域流通节点城市和 196 个公路交通枢纽城市之一，预示着交通状况的改善仍有广阔前景。

2. 新型经营主体特别是一批富有积累的企业家

良好的产业载体，最终都要落实到经营主体上。基于六盘水市农村优势、特色产业的特点，单靠传统的经营主体——分散经营的小规模农户难有大的作为。六盘水市在介绍其“三变”改革的经验时提出“农民为主体”。我们认为，对此准确的提法应该是“以新型经营主体作为产业发展的主体，确保农民成为‘三变’的受益主体和参与发展的力量”。只有通过新型经营主体才能有效带动区域优势和特色产业的专业化、规模化和组织化，并通过品牌化、集约化、高效化发展，实现区域产业结构调整和转型升级。

六盘水市现有的地貌类型、交通条件，往往导致其发展区域优势、特色产业面临较大困难。如在改善产业基础设施、加强人才培训和营销网络及品牌建设方面，往往需要较大的初始投入。在此方面，一批富有资产和经验、人脉积累的企业家，为新型经营主体的成长发挥了重要的带动作用。该市许多领军型的新型经营主体，在推进特色农业和休闲农业及乡村旅游的规模化、标准化、集群化、集约化发展方面，发挥了重要的带头作用。这在很大程度上依托其企业家良好的经营能力和营销网络优势，还与其雄厚的资本实力和资源动员能力息息相关。六盘水市矿产资源富集，素有“江南煤都”之称。之前在煤炭形势较好时，一批煤老板形成了雄厚的资本积累和人脉基础，为其从事优势特色农业和休闲农业、乡村旅游开发提供了良好的基础。如有的企业家在带领农民进行“三变”改革前，带回农村发展特色农业和乡村旅游的资金达 3 亿元。也有一些房地产企业的老板在集聚较强的资金实力后，投身特色农业和乡村旅游的产业化开发，成为相关产业规模化、市场化、集约化发展的示范者和领航者。

3. 地方党委政府卓有成效地组织动员和统筹规划，对“三变”改革取得成效发挥了重要的引领和支撑作用

整合财政资金和政府支持资源，创新财政支持农业农村发展的方式，解决之前涉农资金使用分散和支持效果缺乏可持续性的问题。之前的许多财政支农项目，由于投资渠道和资金使用分散，难以达到临界见效规模，影响其使用效果。更多的财政支农项目，在推进时宣传得轰轰烈烈，结束后其效果很快就成为“传说”，甚至成为“半拉子工程”，导致“一年建、二年验、三年看不见”成为常态。六盘水市结合推进“三变”改革，为解决这一问题探索了一条新路。如通过财政资金股权化，将部分财政支农专项资金和扶贫专项基金量化为村集体或贫困户享有的股金，激发农户、村集体、经营主体乃至金融资本增加投入的积极性。政府组建平台公司撬动社会资本参与，发挥政府平台公司在投融资方面的牵引作用，通过加强基础设施建设和优化产业布局，引导经营主体参与产业发展和资源开发，或引导农民成立合作社，带动农户参与产业发展。如通过政府平台，企业入驻特色文化资源富集、旅游发展前景广阔的村镇，支持村庄改造升级和乡村旅游发展，带动农民通过务工增收、农家客房入股增收。

通过政府的强力介入，增加贫困农户参与产业发展和分享产业发展成果的机会。如钟山区通过政府统筹，利用财政资金 5 140 万元，在市中心城区给 44 个村分别购买了 100 $米^2$ 的商铺，入股区物业管理公司统一经营，每个村每年可获分红 10 万元以上，部分收益可二次分配给贫困户。除商铺外，还将城市停车场、集贸市场和广告位等优质资源，通过股份合作方式，让渡给村集体和贫困户参与入股分红。加强服务体系和风险防范机制建设，防范发展风险。六盘水市推进“三变”改革能够初显成效，同政府加强对区域优势、特色产业的公共服务体系和风险防范机制建设，以及引导产业实现标准化、品牌化发展密切相关。在推进“三变”改革的过程中，六盘水市注意尊重农民意愿和知情权、参与权、选择权、决定权，通过规范“三变”流程，加强合同管理，组织律师、公证员团队，组建“三变”巡回法庭、检察室等措施，完善法律服务，统筹维护利益相关者的合法权益。该市还积极开展信用乡镇、信用村创建活动，对农户开展评级授信，借此加强诚信体系建设和财政、审计、舆论、社会监督，完善道德风险防范机制。

4. 注意激发不同利益相关者的积极性，形成共同推进区域发展的整体合力

在六盘水市的“三变”改革中，涉及的利益主体很多，最主要的有农民、乡村集体经济组织、地方党委和政府、龙头企业和农民合作社等新型经营主体、旅游开发公司等工商资本。六盘水市通过推进“三变”改革，拓展了农民增收渠道，加快了农民增收和脱贫攻坚的进程，容易得到农民的认同。六盘水市推进“三变”改革的制度设计，通过“保底收益（或保底股息，下同）+股份分红”的方式，确保了农民的基本收益，实际上借鉴了我国近代“官利制”和乡镇企业股份合作制改革中“保息分红”的制度内涵。通过推进“三变”改革，新型经营主体从事产业开发的政策环境和融资环境得到明显改善，获得优质资源和发展要素的渠道也得到较大开拓，因此新型经营主体的发展空间更为广阔。“三变”改革激发了乡村集体资源和要素的活力，拓展了资源、要素参与产业发展的空间，为壮大集体经济、更好地发挥乡村集体在新农村建设中的作用创造了条件。通过推进“三变”改革，旅游公司等工商资本获取资源和要素的可能性也得到明显增加。推进“三变”改革，不仅有效促进了“绿水青山”向“金山银山”的转化，推进了农业农村经济结构的转型升级和竞争力提升；也为完善乡村治理、加快脱贫攻坚和促进农村生产、生活、生态的协调发展，做出了重要贡献，大幅增加了政府政绩。因此，六盘水市推进“三变”改革能够取得成功，归根到底是激发了不同利益相关者的积极性，引导不同利益相关者通过对自身利益的关心更好地增进群体利益。

第四节　农产品结构优化

当前，我国经济发展已进入新常态阶段。其基本特征：一是增长速度正从高速增长转向中速增长；二是经济发展方式正从规模速度的粗放型增长转向质量效率的集约型增长；三是经济结构调整正从增量扩能为主转向调整存量、做优增量并存；四是经济发展动力正从传统增长点转向新的增长点。

一、粮经饲种植结构优化

（一）粮经饲三元种植结构发展趋势

1. 资源环境承载能力已经达到或接近上限，种植业单产及总产量增速受限

环境保护部材料表明，我国目前有3亿亩耕地受到镉、镍、铜、砷、汞、铅等重金属污染，每年因重金属导致污染的粮食达1 200万吨，近10年，全国地下水超采量近 160 亿米^3，超采区面积达到 20 万千米^2，为了追求农作物高产，化肥、农药、农膜大面积过量使用，造成地表和地下水体污染严重，导致土地板结、沙化，而且部分重金属伴随农用化学品进入土壤，使得耕地污染进一步严重。预计到 2020 年，国产大米可达到 14 394 万吨、小麦为 12 842 万吨、大豆为 1 310 万吨，较 2015 年累计增加 0.4%、1.2%、11.1%，年均增加 0.1%、0.2%、2.1%，较 2014 年产量的同比增幅分别减少 1.3 个、3.3 个和 0.1 个百分点。玉米、棉花、油料、食糖产能恢复，供给平稳增加。预计到 2020 年，国产玉米可达到 23 451 万吨、棉花为 562.8 万吨、国产油料榨油为 1 063 万吨、食糖为 1 268 万吨，较 2015 年累积增加 7.8%、1.5%、2.6%、15.3%，年均增幅 1.5%、0.3%、0.5%、2.9%。

2. 环保要求提高、经济增速放缓，压制肉类产品供给量增速放缓，间接影响饲料行业生产的积极性

近年来，新《环保法》的实施给养殖业带来巨大挑战；兽药、疫苗等防疫成本不断上升，滥用药物使得养殖成本增加，利润变薄；再加上用地限制、现代化养殖设施的建置、养殖环保性要求的提高带来环保成本显著增加。对肉类等市场供给量的发展形成显著压制，间接影响饲料行业发展的积极性。例如，在猪肉市场，长期来看，猪肉产量增速将显著下滑，到 2020 年，猪肉产量可达到 6 275 万吨，较 2015 年累积增加 9.1%，年均增速 1.8%，显著低于 2005—2015 年 2.7%的年均增幅。在牛羊肉市场，2015 年牛羊肉生产形势继续趋好，上半年，新疆牛羊肉产量分别为 19.7 万吨和 23.5 万吨，同比分别增长 0.5%和 3.6%；内蒙古牛羊肉产量分别为 23.6 万吨和 29.8 万吨，同比分别增长 1.6%和 3.8%。预计到 2020 年，国内牛羊肉产量将达到 1 300 万吨以上，2015—2020 年的年均增长率为 2.3%，增幅放缓。

3. 农产品商品化生产程度提高，供给朝多样化发展

我国经济发展进入新常态后，经济发展速度放缓。在当前国际市场大宗农产品价格持续回落，国内外价格严重倒挂，农产品进口压力激增，国储粮顺价销售困难的情况下，完善农产品市场价格形成机制已成当务之急。随着农产品市场运行机制的逐渐完善，农产品生产将越来越受到国内外市场供需的双重影响，再加上农用土地规模化流转的逐步推进和家庭农场、农业合作社等新型生产主体的蓬勃发展，农产品商品化生产程度提高，供给也将跟随市场需求，朝多样化、差异化方向发展。例如，近 20 多年来，我国蔬菜产业快速发展，产量大幅增加，供需状况趋于均衡。在1990—2014年，我国蔬菜播种面积由近1亿亩增加到3亿多亩，总产量由2亿吨提高到7亿余吨，人均年生产量由170千克左右增加到550千克左右，蔬菜总产量和产值均已超过粮食成为我国第一大农产品。随着蔬菜规模的快速扩张和生产技术的提高，蔬菜生产已基本实现反季节、跨时令供应，蔬菜品种不断丰富，实现了市场周年供应。目前无论淡季、旺季，市场供应蔬菜多达几十种，极大地满足了居民消费需求。近年来，优化水果品种结构和提升质量越来越受到生产者重视，水果产业转型升级态势逐渐显现。全国水果生产已经开始处于“调结构，转方式”的升级改造过程，逐步推进不同熟期结构、不同品质结构、不同品种结构水果生产的多元化生产。

4. 区域优势发挥明显，农产品生产集中度提高

一是粮食主产区产量占全国总产量的比例越来越大。2000年，我国粮食总产量为46 217万吨，其中，河北、内蒙古等13个粮食主产省份生产32 607万吨，占70.6%；2010年全国粮食总产量为54 648万吨，其中13个主产省份生产41 184万吨，占75.4%；2014年全国粮食总产量60 703万吨，其中13个主产省份产粮为46 021万吨，占75.8%。二是内地棉区面积下滑，生产进一步向新疆集中。受比较优势影响，我国棉花种植逐步从黄河流域和长江流域向西北内陆尤其是新疆转移。2003—2013年，西北内陆种植棉花面积增加59.2%，产量增加14.6%；长江流域种植棉花面积下降12.8%，产量增加31.5%；黄河流域种植棉花面积下降37.8%，产量下降16.1%。2013年新疆棉花种植面积占全国的40.5%。2014年国家在新疆实施棉花目标价格改革试点并在全国取消棉花临储政策，内地棉区每吨皮棉只补2 000元，籽棉补贴额度每亩在100～200元。随着市场倒逼效应的进一步发酵，“十三五”期末，内地棉区棉花面积进一步缩减，集中在部分传统棉区和不适宜种植其他作物的盐碱区域。三是生猪产销格局更加明显。生猪养殖由20世纪90年代的遍地开花开始向粮食主产区转移，华中地区猪肉产量份额由1990年的18.4%提高至2014年的22.5%，东北地区由6.7%提高至9.2%，而西南地区份额由23.5%降至20.2%。生猪产能将加速向粮食产区转移，主产区将呈现更明显的区域化特点，粮食特别是玉米主产区将逐步成为新的生猪供应增长点，吉林省2015年1～5月外调生猪134.6万头，较上年同期增长91%。四是蔬菜优势产区逐渐形成，供应品种更加多样。蔬菜生产已形成华南与西南热区冬春蔬菜、长江流域冬春蔬菜、黄土高原夏秋蔬菜、云贵高原夏秋蔬菜、北部高纬度夏秋蔬菜、黄淮海与环渤海设施蔬菜六大优势区域。

5. 新型农业经营主体已成生力军

随着土地流转速度不断加快，专业大户、家庭农场、农民合作社、龙头企业等新型农业经营主体大量涌现，已逐步成为农业生产的新生力量。截至2014年年底，全国家庭承包耕地流转面积为4.03亿亩，占承包耕地总面积的30.4%。经营规模50亩以上的农户达到341.4万户。截至2015年5月底，全国依法登记注册的专业合作、股份合作等农民合作社达141.2万家，农业产业化龙头企业12万多家。据农业部2014年对家庭农场的调查结果，全国30个省份（不含西藏和港澳台地区）共有符合调查标准的家庭农场87万多个，涉及耕地面积1.76亿亩，其中已注册家庭农场10多万个。这些规模经营主体正逐渐成为我国粮食生产的重要力量。规模化水平上升也将会提高生产稳定性，未来生猪养殖周期将会显著延长。500头以上养殖户出栏比例已经超过40%。规模化水平的提高推动了生猪生产效率的改善，全国生猪出栏率由2004年的138%提高至2014年的154%，提高了16个百分点。规模化、标准化养殖场判断市场和抗市场风险能力显著增强，在生猪市场价格过渡下跌时，生猪产能时间延长。

6. 调整饲草业生产结构势在必行

据《中华人民共和国国民经济和社会发展第十个五年计划纲要》，要求调整农业和农村经济结构，依靠科技，以农户和农业产业化经营企业为主体，大力发展饲草业。按照“为养而种，立草为业”的精神，通过招商引资，以合作的形式，建设农区优质牧草种植基地。

如巴彦淖尔市临河区被誉为“北方羊城”，以羔羊育肥和提高饲养管理水平为重点，在努力增加总量的同时，提高出栏率和商品率。每年出栏2～3茬，总量约为160万（头）只，年需精饲料40万千克，其他饲草料800万千克。而位于临河西边的杭锦后旗，把奶牛作为畜牧业的重点，以乳品业加工为龙头，带动了奶牛业的发展。杭锦后旗与内蒙古知名品牌企业蒙牛集团、伊利集团和草原兴发集团共同联手创建内蒙古西部最大的奶牛养殖基地，建立“奶站”，为畜牧业与饲草业相结合打下了良好的基础。杭锦后旗奶牛现在已达万头，日产鲜奶60吨以上。而奶牛年需精饲料2.5万吨，其他饲草料5万吨左右。

乌拉特草原有天然草场550万公顷，占巴彦淖尔总面积的84%。据统计牧区2013年末牲畜总头数有18万头（只），占巴彦淖尔牲畜总头数的25.1%，平均每2.9公顷草场载畜1头。巴彦淖尔天然草场系干旱荒漠草原，年降水量近几年不足100毫米，而且地下水资源极其稀缺，平均占有水量每亩7.4米^3。草场退化极其严重，牲畜基本无草可吃，所以，乌拉中、后旗在牧区实施休牧措施，让草场得以休养生息。

牧区100多万头（只）牲畜饲草只能依赖于农区供给，所以给农区带来了机遇，种植饲草，拉动养畜，使农民快速致富。此外，还带动了草产业、加工业、食品业等产业的发展，提高了生产力的水平，增加了农民的收入。把种植业与畜牧业相结合，走发展生态农业之路，将是今后农村经济的根本出发点和切入点。我国国内市场干草售价每吨1 000～2 000元，目前，全国生产配合饲料6 000万吨。以3%～5%的比例配合饲料，年需干草料180万～300万吨，草市场潜力巨大。发展以草为主的草饲料和草产品加工，带动本地区的饲草加工和草产品出口，每年可产鲜草300万吨，约70万吨干草，可满足农区饲草料的需求，也可带动农区畜牧业的发展。

（二）国际经验与政策借鉴

1. 国际粮经饲种植结构调整经验

（1）美国加利福尼亚州农业生产政策调整。加利福尼亚州的农业生产结构调整是一个历史过程。目前加利福尼亚州的农业生产结构基本上由五业组成，分别是水果栽培业、畜牧业、蔬菜（含瓜果类，下同）种植业、粮食作物种植业和苗木与花卉栽培业。加利福尼亚州的农业生产结构调整主要反映在种植业内部的结构变化，包括水果栽培业、蔬菜（含瓜果类）种植业和粮食作物种植业。就美国农业部数据看，水果栽培业和蔬菜种植业的重要性在逐年加大，而粮食作物种植业呈逐年下降趋势。从总体来看，目前加利福尼亚州的农业已经摆脱了低产值、单一结构的传统农业，形成了高产值、多元结构的现代农业。其中，水果栽培业、畜牧业、蔬菜种植业是加利福尼亚州农业生产中的前三大行业。粮食作物种植业以及苗木与花卉栽培业是目前在加利福尼亚州农业中处于从属地位的两个产业部门。其中，粮食作物种植业近年来一直呈萎缩趋势，农场的数量在逐年减少，种植面积在逐步变小，在五业中的份额也在逐年降低。加利福尼亚州农业生产结构调整的促进因素：一是交通运输基础设施的不断改进和完善，二是国内市场需求的变化，三是国际贸易的增长，四是农业科学技术的进步。

（2）美国饲料生产规模不断扩大，监管逐步完善。饲料监督工作是饲料工业健康发展的可靠保证。美国的饲料监督工作经历了起步、迅速发展、继续完善和进一步发展4个阶段。

起步阶段：第二次世界大战后，美国农业生产结构发生了巨大变化，畜牧业在整个农业中的比例不断上升，饲料工业也随之迅速发展起来。美国第一部饲料法规《饲料配料统一规定》很快得到了广大企业界人士的热烈欢迎。20世纪50年代，美国还制定了商业性饲料的采样方法标准，并规定了饲料中各养分含量必须达到的保证值，这是饲料监督工作的一次重大突破。

迅速发展阶段：饲料生产技术和营养科学在20世纪60年代都取得了长足的进步，人们开始关心食品中有害物质的含量。美国食品药品监督管理局（FDA）逐渐将工作重点从单纯的人类保健转移到兼顾畜牧业生产。20世纪50年代末和60年代美国就药物性饲料的使用情况进行了数次大规模的普查。经过这几次大规模的调查研究，美国首次制定了药物性饲料的使用和管理办法。规定FDA及各州任命的饲料管理官员应按约履行其监督任务；国家制定有关兽医、兽药管理的专门法规，将兽医、兽药管理从人医药管理中独立出来。60年代，饲料监督工作所取得的最大成就是制定了“生产加工规范”，加强了药物性饲料和预混料生产过程的管理。

继续完善阶段：20世纪70年代，经过联邦、州两级政府的共同努力，良好生产操作规范（GMP）和药物饲料生产厂家监督制度不断完善，先后有26个州采用了美国饲料监管官方协会（AAFCO）制定的有关条例。另外，AAFCO加强了对一些有争议的饲料如动物粪便及下脚料等的研究和管理工作。70年代，饲料工业发展迅猛，GMP制度显得软弱无力，但监督工作仍在不断发展完善，GMP制度从大型企业逐步推广到中小型企业。

进一步发展阶段：饲料的原料质量是提高配合饲料质量、发展饲料工业的关键，但长期以来一直未引起足够的重视。20世纪80年代，美国饲料管理人员对原料工业的历史和现状进行了仔细的分析研究，发现在此之前对此要害部门的监督管理很不得力，因此，只得从零开始，科研、管理人员为此付出了巨大努力。主要的工作重点放在：饲料名称、分类国际标准化，针对各类饲料的特点制定相应的原料标准和管理措施。这些饲料包括动物产品、脂肪、植物油、发酵产品、矿物质、混合性原料、动物粪便、废弃物和下脚料、豆饼饲料、特种饲料、饲用微生物及植物性饲料等。对植物性饲料的采样、预处理方法等也做了统一规定。

(3) 加拿大发挥区域优势，完善种植结构调整。加拿大充分发挥各地区的天气、水分、土壤、市场、交通等地区性优势，优化布局粮经饲三元种植结构，农业生产区域逐步集中。

大草原三省是加拿大的粮食主产区，大西洋地区各省主要生产饲料作物、马铃薯、蔬菜等，加拿大也是优质小麦的主产地。大麦总产量仅次于小麦。加拿大的谷物、油菜籽等的出口量每年约为 2 700 万吨，总值将近 55 亿加元，其最大的市场是美国（10 亿加元）。水果、蔬菜类的出口值近年来不断增长，最大的 5 项加工产品是冷冻马铃薯、鲜马铃薯、冷冻水果、鲜苹果和种用马铃薯。主要出口市场是美国，占加拿大果蔬类产品总出口值的 55%。

加拿大中部地区是全国畜牧业和饲草料生产最发达的地区。其中，魁北克省的商业性农场中有一半多是大草原三省的牧场及草原，拥有大规模的牛群，加拿大靠着高效管理制度、廉价饲料、新的冷藏技术、严格的检验制度和优良的种畜，在国际市场上具有相当强的竞争力。加拿大大约有肉牛 590 万头，总产量为 300 万吨，产值约占畜禽生产总值的一半。加拿大是世界上第二大猪肉出口国，占世界市场的份额为 16%，仅次于欧盟的 26%。加拿大奶牛大约有 157 万头，生产牛奶 810 万吨。奶制品加工业是仅次于红肉加工的第二大食品加工业。由于采用了最新技术，加拿大奶制品拥有更长的保质期。

2. 国际农业生产政策借鉴

(1) 发展基础设施建设，为农产品全产业链提供基础条件。许多发展中国家的经验表明，从农业发展的过程中，遇到的首要障碍是基础设施的缺乏。交通运输条件落后，致使商品生产与消费连接不畅，进而影响农产品全产业链发展。美国在农业和其他部门发展过程中，首先是集中精力主导并帮助私人公司发展运河、铁路、公路、仓库、电力供应等设施，满足农业和其他部门发展的需要。基础设施的共同点是：投资大，收益回收慢，个人企业难以单独承担，一般是国家投资经营。

美国政府带领并支援建设了交通运输网。早在 19 世纪一二十年代到四十年代，由纽约州政府率先在州内开凿第一条运河即伊利运河开始，在国内掀起了运河建设高潮。美国的第一条铁路于 1830 年开始营业以后，铁路的快速和廉价赢得了人心，在美国掀起了建设铁路的热潮。最典型的是，1853 年国会要求勘测一条从东海岸直通西海岸的大铁路，1862 年通过了`太平洋铁路法，决定修建一条贯穿整个美国的大铁路，该铁路在美国的犹他州接轨完成。20 世纪初汽车问世以后，美国政府又在原有大路的基础上大规模地修建公路，特别是在 30 年代经济大萧条期间，政府组织了大批失业工人修建了遍布全国的公路网。在交通运输网的建设过程中，政府除了直接投资建设一部分运河和几乎全部的公路以外，还以贷款和赠予土地等方式鼓励私人参与运河和铁路建设。1862 年开始修建的贯穿整个美国的铁路资金主要来自新英格兰地区和国外，还有一些是农场主购买铁路公司的股票。联邦政府和各州政府都向铁路公司提供了一部分贷款和数十万千米^2 的共有土地。交通基础设施的发展和完善，大大促进了农业生产的发展，使农业生产区域化和专业化，提高农业生产效益。

（2）发挥政府在农业科技发展和应用中的主导作用。美国实现农业现代化大约在 19 世纪末 20 世纪初，第一台可供使用的汽油拖拉机是 1892 年生产出来的，此后不断改进。1900 年总共有 5 台汽油拖拉机，1914 年增至 17 000 台。在南北战争至第一次世界大战前这一时期，美国开始重视生物学农业科技进步，且在一些方面取得了令人满意的进展，表现为种植业在施肥、培育和引进良种等的进展，畜牧业在饲料、育种、饲养和防治病等方面的进步以及冷藏保鲜技术和农产品加工业的发展。从 19 世纪 30 年代末开始，在美国出现了由手工工具向畜力机械过渡的农业技术革命高潮。新的技术革命在犁、耙和收割机等方面取得了突破，使得农业生产迅速发展。1862 年以来，美国逐步形成和完善了一个农业教育、科研和推广体系，为美国农业科技的发展和应用做出了重大贡献。政府把教学、科研和推广三者融为一体的做法是：一方面，每年政府以巨额开支支持农学院和农业试验站，保证美国农业生产技术在世界上处于领先地位。另一方面，由于农业科学技术的突飞猛进，美国政府特别重视加强对农业生产者的教育和培训。农业生产者可以随时在附近的社区学院内听课，补充和更新自己的知识。此外，在教学和科研人员从事技术和推广实践的过程中，把生产中存在的问题带回来，作为新的研究课题，从而保证科研与生产紧密结合，保证了农业生产的顺利进行。

美国农业科技发展的政策目标始终是：为适应农业生产发展的需要，研究和发展农业科学技术，并通过教育和推广培养能掌握现代科学和管理技术的农业劳动者，把先进科技转化为生产力，提高劳动生产率，增强农产品在世界市场的竞争力。

（3）通过信贷计划，为农场主提供倾向性贷款，保证农业生产顺利进行。美国在1916年通过了美国第一个联邦农业信贷法，决定在联邦政府提供部分资金的情况下，成立合作社性质的联邦土地银行，专门为农场主扩大农场提供长期抵押贷款，1923年国会又一次通过法律成立联邦中间信贷银行。先是为商业银行提供短期农业贷款贴现，后又为生产信贷协会提供资金，以供应农场主的中、短期生产信贷，为1933年通过农业信贷法奠定了基础，建立了生产信贷体系和合作社银行。因此，1916—1933年，形成了包括各种功能的3种信贷合作社，是由政府牵头，把农民联合起来，相互调剂，解决农业生产所需部分资金的有效办法。1933年以后，又先后成立了政府农业信贷机构和扩大了原有机构的农业信贷业务，并以直接贷款形式支持农业生产，资助农产品储存设施、农村住房等社区开发项目。此外，政府还为私人银行提供农业信贷保证等。

（4）改革收入补贴，强化农业风险保障。美国2014年出台农业法案，新设立了2个项目即价格损失保障和农业风险保障，生产者可以在二者之间做出选择。实际上价格损失保障是设定一个参考价格，如果市场价格低于参考价格的时候，则向生产者提供补贴，从而一定程度上补偿价格下跌造成的损失，这可以视为对反周期补贴的调整；而农业风险保障则是设立一个经营农业的保底收入，在农作物播种年度中，某种农作物真实的县水平收入低于县水平保障收入，或者个人农场实际收入低于个人农场保障收入的时候，则启动相应的补贴，可以视为平均作物选择收入补贴的升级模式。换句话说，真正取消的补贴是直接支付，目标价格补贴和目标收入补贴是保留的。

在2014年农业法案中，农业保险的作用得到了扩展。收入补贴与农业保险共同构成了保障美国农民收入的“安全网”。收入补贴项目主要针对的是农业生产经营的市场风险，农业风险保障项目主要针对的是农业生产经营的自然风险。2014年农业法案增加了一项新的保险产品——补充保障选择计划。该项目为生产者提供65%的保险保费补贴。如果生产者选择了农业风险保险或叠加收入保护计划，那么他就不能再选择对棉花的累计收入保险计划和对其他作物的补充保险选择（SCO）项目。该项目以县平均单产或收入为基础，与传统保险产品相结合，为生产者提供额外的以面积为基础的保险保障。

（三）粮经饲三元种植结构协调发展的政策建议

1. 以科技为支撑，创新发展现代农业

2014 年，全国农业科技进步贡献率为 56%，农田有效灌溉率超过 51%，农作物耕种收综合机械化率 61%，农作物良种普及率超过 93%。与先进国家相比，我国仍存在农作物单产达到世界先进水平，农业劳动生产率却仅为世界平均值 47%的明显“短板”。为此，应强化农业技术装备和条件建设，构建和完善现代农业科技创新与推广体系，推动种植业、畜牧业、渔业转型升级，加快发展现代种业，提高农业机械化水平，大力发展农业信息化，应用物联网、云计算、大数据、移动互联等现代信息技术推动农业全产业链改造升级以及发展智慧气象和农业遥感技术应用等。

2. 绿色生态化，实现“三农”可持续发展

我国农业面源污染量大，种类多、分布广、治理难度大，因此，继十八届五中全会提出绿色发展理念后，中央 1 号文件就提出必须确立发展绿色农业的观念，要求推动农业可持续发展，加快形成资源利用高效、生态系统稳定、产地环境良好、产品质量安全的农业发展新格局。中央 1 号文件要求坚持最严格的耕地保护制度，坚守耕地红线，全面划定永久基本农田；落实最严格的水资源管理制度，强化水资源管理“三条红线”刚性约束；实施并完善农业环境突出问题治理的总体规划，推进荒漠化、石漠化、水土流失综合治理；实施山水林田湖生态保护和修复工程，到 2020 年森林覆盖率提高到 23%以上，湿地面积不低于 8 亿亩。

3. 从全产业链和全球角度开展农产品供需预警和决策

提升农产品市场预警能力，完善政策支持和社会服务机制，结合全产业链农业信息分析预警系统和全球农业数据调查系统构建集数据监测、数据分析、数据发布和信息服务“四项制度”于一体的农产品市场预警工作机制，大幅提升农业数据信息的获取能力、分析能力，大幅提升依靠数据信息指导生产、引导市场的现代农业管理能力，降低农产品市场风险，大幅提升国际农业竞争的主动权、主导权和话语权。

4. 开放发展，多渠道、多角度保证粮食和食品安全

我国农业供给侧矛盾突出，一方面粮食过剩，另一方面优质农产品数量严重短缺。树立“大食物观”，是指面向整个国土资源，全方位、多途径开发食物资源，推动农业供给侧结构性改革。一是按市场需求改革农业生产结构，如加快优质水稻、小麦、大豆生产，发展马铃薯生产，实现主食化。二是按照市场规律办事，在确保谷物基本自给、口粮绝对安全的前提下，形成与市场需求相适应、与资源禀赋相匹配的现代农业和粮食定价机制。三是完善农业对外开放战略布局，实现补充国内需求、促进结构调整、保护国内产业和农民利益的有机统一。

5. 加快构建农民收入保障“安全网”

从基本收入保障、自然风险防范、市场风险防范三个方面，建立农民从农业生产经营中获得稳定收入的“安全网”。基本收益保障以与生产不挂钩的收入补贴为主，研究设计生产合理利润补贴，尤其是在重要农产品主产区，根据历史单产和种养规模，为农民提供保底收入保障；防范自然风险以农业生产保险为主，主产区保费补贴全覆盖，扩大保险责任范围，提高保障赔付水平；防范市场风险以目标价格补贴、目标价格保险为主，逐步完善操作机制，保障补贴资金精确发放到位。

二、区域农业产业结构调整优化

本节的对象是国家 14 个集中连片特困地区之一（大兴安岭南麓片区）的吉林省白城市，主要探讨农业产业结构调整方法路径问题。白城市地处吉林省的西北部，嫩江平原西部，科尔沁草原东部，是黑龙江西部、内蒙古东部地区入关的必经之地，历史上曾是区域商贸集散地，多数县市具有东北冷凉区、北方农牧交错区、西北风沙干旱区的主要特征，农业产业结构调整优劣势并存，农村经济发展潜力巨大。借此研究影响农业产业结构调整的主要问题，探讨和分析产生问题的原因，提出符合实际的农业产业结构调整思路和方法，为发展现代农业提供具有实践意义的理论参考。

（一）农业产业结构调整历史过程、现状及结构分析

1. 白城市农业产业结构调整历史阶段划分

改革开放前（1978 年前），在计划经济体制下，白城市农业结构单一，呈现出单纯追求产量目标的特征，以粮为纲，不顾及农业结构的内在联系，不顾及自然生态环境，单纯地追求高产出。自农村改革以来，白城市农业产业结构在不断发生变化，大体完成了 4 次结构调整，取得了一定增产增收效果。

第一阶段调整（1979—1984年）。这一阶段为改革开放初期，农业产业结构调整的主要目标是解决农民温饱问题后增加农民收入。废除“以粮为纲”的生产方针，实行“决不放松粮食生产，积极发展多种经营”的战略。当时的调整主要集中表现在粮食和经济作物种植比例的调整，以及家庭小规模的畜禽养殖方面。其间，全市粮食播种面积占农作物播种面积由1979年的80.32%下降到1984年的78.27%。经济作物种植面积大幅度增加，大力发展多种经营，使农业有了较快发展，农民收入扣除物价上涨因素年均增长14.8%，粮食人均产量达到352千克。但是，由于这一时期粮食和经济作物产量增加较快，而粮食和经济作物的储藏、加工和运销能力滞后发展，出现了“卖粮难”问题。第一阶段调整的直接诱因是农民长期以来承担的征购任务太重，迫切需要休养生息，调整的制约因素主要是农民粮食不足，调整的农业资源短缺，不存在需求过剩问题，调整的政策工具是调减粮食征购任务，进口粮食。

第二阶段调整（1985—1992年）。这一阶段为改革开放的起步期，农业产业结构调整的初始目标是加速粮食转化，鼓励发展畜牧业和就地发展食品加工业，大幅度调整提高粮食播种面积，突破单一粮食生产格局，农、林、牧、副、渔全面发展，农业和农村经济呈现出旺盛的生机与活力，形成大农业的发展格局。第二阶段调整的直接诱因是粮食多年丰收加上进口，在1984年出现了“卖粮难”问题，但其他农产品仍供应不足，调整的政策工具是改革粮食流通体制，调减粮食面积，对供不应求的生猪等农产品实行价格、市场、经营“三放开”。

第三阶段调整（1993—1997年）。这一阶段为改革开放的发展期，农业产业结构调整的主要目标是在增加产量的同时，加速市场化进程，提高农业效益，提出发展高产高效优质农业，即“两高一优”农业，农业内部的种植业结构调整加速。第三阶段调整的直接诱因是从1997年开始，大部分农产品出现了卖难问题，价格下跌，农民收入水平急速下降，调整的资源约束减弱，需求约束增强，只有部分农产品供不应求，调整的政策工具是发展“两高一优”农业，在不放弃数量目标的基础上实现品质目标。

第四阶段调整（1998—2017年）。这一阶段为改革开放的快速发展期，以乡镇企业崛起和技术型农业经济发展为标志，农业和农村经济向广度和深度发展，农民就业空间扩展，生活水平明显提高，农业产业结构调整的主要目标是保证国家粮食安全同时促进农民增收。第四阶段调整的直接诱因是大部分农产品价格持续下跌，单靠农民的力量已经无法抵御市场经营风险，需求约束起到决定性作用，供不应求的农产品根本不存在，调整的政策工具是发挥市场机制作用，通过价格信号在生产环节或销售环节实施政策性补贴，特别是从2016年起，实施农业供给侧结构性改革，农业产业结构调整更加注重成本效益与国内国际市场的融合，步入了新时代。

2. 白城市农业产业结构调整现状及结构分析

目前，白城市农产品供给由长期短缺变为总量基本平衡、丰年有余，农业发展进入由市场决定总量，由多样化、优质化的需求来决定品种、结构和质量的新阶段。在这一形势下，白城市农业生产结构性矛盾日益突出，部分农产品积压，中低档产品价格下跌，优质农产品相对不足，地区比较优势未得到充分发挥。受此影响，农业效益下滑，农民人均纯收入增幅减缓。调整农业产业结构已成为事关农业、农村经济能否健康发展，农民收入能否不断提高的关键。

白城市农业产业结构经过改革开放以来的4个阶段调整，整体趋于优化，但是产业结构不合理现象仍然存在。从农业内部看，2016年全市农林牧渔总产值为223.08亿元，农业产值为138.05亿元，占比为61.88%；林业产值为6.39亿元，占比为2.86%；畜牧业产值为64.42亿元，占比为28.88%；渔业产值为5.91亿元，占比为2.65%。农业产值占比与2002年相比提高4.34个百分点，畜牧业产值占比与2002年相比下降9.76个百分点，畜牧业仍没有成为主导产业（表3-36）。从农业外部看，三次产业结构由2002年的34.6∶33∶32.1调整为15∶46.9∶38.1，趋于优化，第一产业对经济增长的贡献率为9%，第二产业贡献率为52%，第三产业贡献率为39%。

表3-36 白城市历年农林牧渔业总产值占比

单位：万元、%

年份	总产值	农业	占比	林业	占比	畜牧业	占比	渔业	占比
2002	672 304	386 816	57.54	17 635	2.62	259 811	38.64	8 042	1.20
2003	808 614	427 798	52.91	21 500	2.66	341 523	42.24	12 743	1.58
2004	709 668	311 605	43.91	16 063	2.26	353 642	49.83	11 858	1.67
2005	884 253	474 183	53.63	54 574	6.17	326 823	36.96	11 073	1.25
2006	859 028	484 930	56.45	28 875	3.36	314 466	36.61	13 357	1.55
2007	905 082	436 735	48.25	33 042	3.65	400 004	44.20	15 800	1.75

（续）

年份	总产值	农业	占比	林业	占比	畜牧业	占比	渔业	占比
2008	1 172 299	663 746	56.62	29 174	2.49	442 858	37.78	15 800	1.35
2009	1 296 063	708 636	54.68	36 433	2.81	505 073	38.97	22 232	1.72
2010	1 553 099	902063	58.08	40 368	2.60	555 973	35.80	24 873	1.60
2011	1 794 800	1 108 938	61.79	51 749	2.88	545 796	30.41	29 867	1.66
2012	1 999 000	1 329 477	66.51	60 516	3.03	485 960	24.31	42 462	2.12
2013	2 170 356	1 419 458	65.40	65 240	3.01	567 905	26.17	55 899	2.58
2014	2 273 227	1 466 854	64.53	61 267	2.70	606 908	26.70	56 393	2.48
2015	2 357 875	1 533 176	65.02	68 873	2.92	618 617	26.24	56 846	2.41
2016	2 230 785	1 380 492	61.88	63 901	2.86	644 186	28.88	59 131	2.65

（1）种植业发展状况。种植业是白城市农业中最重要的部门，占绝大比例。中华人民共和国成立以来特别是改革开放以来，白城市的种植业得到了很快的发展，但是由于畜牧业以更快的速度增长，使种植业在农业中的占比有所下降。

表 3－37　白城市 2005—2016 年主要农作物种植面积

单位：公顷、%

年份	总播种面积	粮食作物面积	占比	经济作物面积	占比	蔬菜瓜果作物面积	占比	饲草作物面积	占比	其他农作物	占比
2005	606 547	439 159	72.40	119 276	19.67	24 550	4.05	493	0.08	23 069	3.80
2006	604 958	439 839	72.71	118 510	19.59	21 442	3.54	304	0.05	24 863	4.11
2007	625 525	458 357	73.28	109 863	17.56	19 786	3.16	97	0.02	37 422	5.98
2008	584 762	455 974	77.98	73 871	12.63	9 085	1.55	35	0.01	45 797	7.83
2009	835 631	635 879	76.1	125 805	15.06	24 300	2.91	10	0	49 637	5.94
2010	861 324	642 524	74.6	141 268	16.4	27 287	3.17	150	0.02	50 095	5.82
2011	957 432	748 470	78.17	112 814	11.78	27 375	2.86	150	0.02	68 623	7.17
2012	1 026 425	804 811	78.41	126 019	12.28	27 286	2.66	510	0.05	67 799	6.61
2013	990 609	815 087	82.28	140 055	14.14	25 118	2.54	20	0	10 329	1.04
2014	1 057 926	837 483	79.16	173 853	16.43	24 384	2.30	330	0.03	21 876	2.07
2015	1 115 398	894 895	80.23	163 409	14.65	26 712	2.39	787	0.07	29 595	2.65
2016	1 116 730	882 554	79.03	175 135	15.68	30 588	2.74	1 050	0.09	27 403	2.45

由表 3－37 可知，主要作物播种面积中，白城市粮食作物的种植面积在 2015—2016 年基本稳定在 70%以上，经济作物、蔬菜瓜果作物、饲草作物升降趋势不明显。种植业对土地的依赖性较强，播种面积的增减在很大程度上决定了资源配置的变动。从结构上看，白城市种植业内部已发生重大变化。主要粮食作物面积占比保持稳定，5 个县（市、区）2015 年全部列为国家产粮大县，粮食生产仍居于举足轻重的地位。2016 年粮食作物、经济作物、饲料作物的比例为 8.3∶1.6∶0.1，仍为“二元”种植结构。这些数字表明白城市的农业主要还是靠种植业，由于白城市自然条件差，农业基础设施不完善，种植业的发展靠天吃饭，这种农业结构不利于农业的发展。

（2）林业发展状况。林业是农业中一个十分重要的产业部门，是培育、保护和利用森林的产业部门。林业通常包括造林、营林和对林木的采伐和利用，造林和营林明显属于植物栽培业，而林木采伐和利用则具有采掘工业的性质。白城市历史上是缺林少木的地区，风沙干旱，自然生态十分恶劣。中华人民共和国成立初期，森林覆盖率仅为 2.4%，有林地面积 93 万公亩，绝大多数为天然次生林。改革开放以来，林业事业有了长足的发展。截至 2016 年年底，全市有林地面积 680.5 万亩。森林的利用率为 72%。大力发展林业，大力提倡植树造林、绿化祖国、要求对森林资源的合理利用和改善生态环境是白城市长期的任务。科学研究和各国的实践证明，一般森林覆盖率能达到 30%以上，而且分布均匀，就能起到较好的保护环境作用。而白城市的森林覆盖率只有 12%，与国家标准要求相差 18%。

自 2012 年以来，白城市连续开展“举市三年大造林、加快治理荒漠化”竞赛活动、“三年再造百万林、建设西部大屏障”活动和“三年造林还湿双百万”活动，全市五年造林 200 万亩，全市荒漠化土地面积由 2009 年前的 1 596.4万亩减少到目前的 1 042 万亩，湿地面积由 2012 年的 669 万亩增加到 742 万亩，有效阻止了风沙向吉林省中东部地区推进，昔日瀚海披上了绿装，初步形成了带、片、网，乔、灌、草相结合的防护林体系框架，基本结束了过去“三刮四种，沙进人退”的历史，自然环境面貌得到明显改观，对农牧业生产和人们生活发挥了重要的生态屏障作用，极大地推动了经济社会的发展，为全市乃至全省经济社会发展和生态文明建设做出了重大贡献。

（3）畜牧业发展状况。畜牧业在农业内部实质上是植物产品的加工业，它把各种人工及天然饲料、饲草转为各种畜产品。畜牧业的发展水平不仅仅代表农业生产力的水平，而且还是经济发达程度和人民生活水平高低的反映。随着经济的发展和人民生活水平的提高，畜产品消费增加，畜牧业受到需求的拉动而得到发展，畜牧业在农业中的比例会上升。在经济发达的农业现代化地区中，畜牧业通常占农业总产值的一半左右，甚至高达百分之七八十。

从白城市畜牧业内部结构看，2016 年肉蛋奶类总产量为 34.32 万吨，其中猪牛羊肉产量为 9.63 万吨、禽类为 24.69 万吨；猪牛羊及禽类饲养量为 1 648.63万头（只），其中猪牛羊饲养量为 392.03 万头、出栏 191.92 万头；禽类饲养量为 1 256.6 万只、出栏 761.8 万只。2002 年肉蛋奶类总产量为 31.31 万吨，其中猪牛羊肉产量为 14.67 万吨、禽类为 10.89 万吨；猪牛羊及禽类饲养量为 3 966.58 万头（只），其中猪牛羊饲养量为 578.88 万头、出栏 276.09 万头；禽类饲养量为 3 387.7 万只、出栏 2 312.7 万只。

2016 年与 2002 年相比，白城市猪牛羊及禽类饲养量下降 58.44%，肉蛋奶类总产量提高了 9.61%。一个原因是，2002 年农村税费前，种植业效益不佳，牧业是农民增收的一个重要方面，2004 年农村“一免三补”改革后，种植业效益提升，部分农民放弃小规模养殖，转向发展种植业和第三产业；另一个原因是，国家鼓励发展规模养殖，利用自然资源优势，改良品种，提高质量，在市场竞争中以质取胜、以技术取胜。

（4）渔业发展状况。白城市的湖泊、河流资源多，适合发展淡水养鱼，总水域面积为 270 033 公顷，总水面为 174 100 公顷，其中可捕江河水面占比为 52.84%。有固定渔业企业 14 户，集体渔业 281 个，个体养鱼户 311 户，渔船 599 艘，其中机动渔船 67 艘、非机动渔船 492 艘。2016 年白城市渔业总产值为 5.9 亿元，占比为 2.65%。多年来，全市渔业产值占比不断升降，淡水养殖利用率不高，资源的利用率为 64%。

总之，白城市农业产业结构不合理，即种植业占比仍过大，林、牧、渔业占比仍过小，农林牧渔各业内部结构不够合理。种植业内部，品种结构不合理，品质低；林业内部，经济林和防护林发展少，重视采伐，轻营造培育；畜牧业内部，主要品种结构不合理，品质不够高；渔业内部，淡水产品发展速度过慢，重捕捞，轻养殖，质量下降。

（二）农业产业结构调整的经验、教训

白城市作为农牧业交错地区，从全市到乡村层面多次进行过农业产业结构

调整，有成功的经验，也有深刻的教训。概括起来，主要体现在尊重自然规律、符合市场机制形成规律、调动人的主观能动性3个方面。

1. 尊重自然规律

农业生产的根本特点就是农业的自然再生产过程和经济再生产过程相互交织在一起，它以有生命的动植物为劳动对象，通过人们有目的的干预活动，获得农产品。所以，农业是由自然环境、生物、人类社会活动所组成的一个复合系统。农业再生产过程既是自然发展规律进行循环往复的过程，又是人们通过投入劳动去协调生物与环境之间的关系，去强化或控制生物体的生长发育过程，生产出符合社会需要的产品、周而复始的经济再生产过程。经济再生产受自然再生产的制约，并以自然再生产为基础。人们的生产活动必须符合动植物生长发育自然规律的要求。同时，人们可以在认识和掌握自然规律的基础上，通过劳动去控制甚至在一定限度内去改变自然再生产过程，使其生产的农产品更加符合市场消费需求。因此，在认识了以上农业生产的根本特点之后，我们在实践中必须按其生产特点来指导生产、指导经营，既要按照自然规律办事，又要按照经济规律办事。只有尊重客观规律，尊重科学，才能有效发展农业生产，达到增产、增收、增效的目的。

自然再生产，必须尊重自然规律。农业生产对外界环境和自然条件具有特殊的依赖性，各个地区自然条件错综复杂，就是同一地区条件也各有不同，而不同的作物又各自要求不同的外界环境和生产条件相适应。这种农业生产的地域性，要求我们必须根据当地的自然条件和生态特点，进行合理布局，建立符合各自条件的农业生产结构。优质无公害农产品就是动植物与自然环境条件在科学干预下最佳适应的结果。

白城市从1990年开始进行水稻开发，实施以稻治涝、以稻治碱项目，获得成功。目前，全市水稻面积已达281万亩，成为全省水田第一大市，成为农业产业结构调整的典范案例。白城市从2002年开始，曾在全市农村实施“瀚海桑田工程”。此工程号称是白城市继水稻开发后的第二次大型绿色产业开发项目，是集生态效益、社会效益和经济效益于一体的极具开发潜力和发展前景的方向性产业，在2005—2010年的6年时间，完成桑树经济林面积100万亩，建设桑树良种繁育基地950亩，建设年供种30万张的蚕种场，建设年产2 500吨的缫丝厂，建设年产50万吨干饲料的饲料加工厂；实施“瀚海桑田工程”，采取抓好建设桑园基地、培育龙头企业、大搞生态桑造林、努力开拓产品市场、大规模发展饲料桑等措施。不到3年，全市种植桑树已达7万多亩，建立桑苗培育基地5 000多亩，培育苗木5 000多万株，农户种桑面积最多的达到300亩，少的也在5亩左右。但是“瀚海桑田工程”最终失败了，主要原因在于疏忽了白城夏季短，桑叶生长期也短，满足不了蚕宝宝对鲜桑叶的需要这一自然因素。以上一正一反两个案例，有力说明了不尊重自然规律，农业产业结构调整必然失败。

2. 符合市场机制形成规律

作为经济再生产，必须尊重客观经济规律。在激烈的市场经济条件下，农民由过去单纯的生产者变成了现在既是一个生产者又是一个商品经营者的双重身份。作为生产者，要按生产规律办事，加强经济核算，以最少的投入获得最大的产出，不断挖掘生产潜力，提高劳动生产率，树立效益农业的思想；作为商品经营者，必须按市场经济规律组织生产，也就是说要充分运用价值规律，按照社会需求和市场要求安排生产。这就必须搜集农产品市场信息，加强市场调查和市场预测，大力发展订单农业，开拓市场，适应市场，使产品优势转化为市场优势，不断满足社会消费需求，提高经济效益。作为政府部门要重点在这一方面来引导群众，而不是干涉群众生产经营自主权，强迫农民调整农业产业结构。

2016年，白城部分农民种植了大量早西瓜，主观臆想价格好，没有签订单，结果生产过剩、价格下跌，大多以低于0.5元/千克成本价出售，赔了本。在脱贫攻坚工作中，有的地方安排的棚膜蔬菜等产业项目，由于规模小等原因，不具备形成市场的条件，客商少，产品卖不上好价钱。白城市洮北区林海镇金英芯笤帚加工专业合作社所在的林海镇不盛产笤帚加工原料，但有临近白城中心城市和经济人组织化程度高等优势，客商如期而至，形成笤帚加工的集散地，增加了当地农民收入。各类农业经营主体营造条件，形成有形和无形市场，是调整农业产业结构的必备条件。

3. 调动人的主观能动性

在整个农业生产经营过程中，调动好人的主观能动性非常重要。目前，农业生产已由过去的传统农业向现代化农业转变，由粗放农业向技术、劳动密集型的集约化农业转变，如何使农业这个复合系统协调运转取得最佳效果，必须按科学规律办事，充分发挥科学技术第一生产力的作用，最大限度地使生物与环境相协调。如日光温室、暖棚养殖这些高效农业，就是科学干预的产物。同时，在干预自然生产的过程中，不断研究和开发更加符合市场要求的优质农产品，来满足人民的消费需求。这就要求我们，必须认真实施科教兴农战略，加大农业科技的推广力度，健全服务体系，提高劳动力的综合素质，促进科技普及，使科技成果尽快转化为生产力，增加农产品的科技含量，实现效益最大化。总之，只有在不断深化对农业生产根本特点认识的基础上，才能在实践中自觉运用客观规律，按客观规律办事，才能从根本上避免农业生产指导上的盲目性和片面性，使各级政府所建设的样板工程、形象工程能真正变成群众推广新技术的展示窗口，成为群众致富的样板工程，群众满意、政府放心，才能最大限度发挥自然资源和经济资源优势，实现经济、生态、社会效益的最佳统一，使农业生产成为充满生机和活力的产业。

人的主观能动性对推进农业供给侧结构性改革，构建现代农业产业体系、生产体系、经营体系三大体系起主体作用，特别是经营体系的建立。如有的集体牵头兴办的农民专业合作社，没有落实中央坚持家庭经营为基础的政策，很好的产业项目，由于农民素质跟不上现代企业管理需要，产生新的“吃大锅饭”现象，经营不善，发展不快，有的不得不改为对外出租经营，经营收益预期大打折扣。特别是涉及土地规模经营和农机社会化服务的项目更明显。

（三）农业产业结构调整的目标设定

“十三五”时期是白城市改革开放35年后的新起点，是全面深化改革，全面建设小康社会，全面推进依法治国，推动经济社会转型升级的关键5年，也是白城市把握战略机遇期，全面实现发展目标的5年。为此，要科学合理确定白城市农业产业结构调整总体思路、主攻目标和基本原则。

1. 白城市农业产业结构调整总体思路

深入贯彻习近平总书记提出“吉林省争当现代农业建设排头兵，率先实现农业现代化”的总体要求，以“建设三大体系、打造绿色大粮仓、率先实现农业现代化”为战略任务，大力推进优质农产品区域化布局、规模化种植、标准化生产。坚持用发展工业的理念和方法发展农业，大力发展农业产业化经营，做大做强龙头企业，发展农产品精深加工，延伸产业链，走精细化、集约化、产业化的道路。大力发展农业新型经营主体，提高农民生产经营的组织化程度。加大农村一二三产业融合发展推进力度，积极发展农村运输、餐饮、文娱等农村服务业，扩大农村服务业在农村经济总量中的比例。通过农业产业结构调整，走出一条集约、高效、安全、可持续的规模效益型现代化大农业发展道路。

2. 白城市农业产业结构调整的主攻目标

将白城打造成吉林西部生态经济区的核心区。在保障白城市基本供给的前提下，将白城建设成为吉林西部地区重要的优质农产品生产基地、东北地区农产品加工中心和全省农业结构调整核心示范区，充分发挥白城市作为吉林西部生态经济区核心区的产业经济功能、生态平衡功能、观光体验功能、文化科普功能、辐射示范功能。到2020年，全市农技推广体系、农产品质量安全体系进一步健全，农业基础设施条件进一步改善，耕地流转速率进一步加快，规模化、标准化、集约化、机械化、信息化程度进一步提高；全市农业经营主体呈现多元化格局，高素质农民和农村经纪人异军突起，水稻、杂粮等产业优化升级，耕地污染治理、农业环境保护、生态文明建设等问题得到较好解决；在确保粮食安全的基础上，根据市场需求变化，实施农牧业结合发展，积极调整种植结构，减少普通玉米种植面积，促进农村经济结构进一步优化，实现跨越式发展。到2020年，全市计划实现农业总产值360亿元，年均增长8%以上，其中农、林、牧、渔业产值比例为49.44∶1.11∶48.61∶0.83，确保全市三次产业比例调整为11∶48.9∶40.1；农民人均纯收入达到12 000元，年均增长8%以上；农作物种植面积稳定在1 500万亩左右，其中粮食作物种植面积达到1 000万亩以上，粮食综合生产能力达到40亿千克阶段性水平，粮经饲种植面积比例调整为13∶6∶3；农业机械总动力达到550万千瓦，主要粮食作物机械化作业综合水平力争达到80%；全市猪、牛、羊、禽总量分别发展到470万头、70万头、980万只和5 600万只，全市畜禽养殖业产值实现175亿元，全市畜禽规模饲养占比达到60%，畜产品加工业产值达15亿元；全市造林150万亩，森林覆盖率提高到14%左右，林业年一产产值稳定在4亿元以上，湿地保护修复300万亩，全市湿地面积达到1 000万亩，河湖连通工程共规划连通水库湖泊203个，渔业产量将超过5万吨，渔业年一产产值稳定在3亿元以上。

3. 白城市农业产业结构调整的基本原则

坚持强化农业的基础地位。进一步加大农业支持保护力度，加强农业基础设施建设，稳定发展粮食生产，确保主要农产品有效供给，为经济平稳较快发展和社会和谐稳定提供有力支撑。

坚持统筹城乡经济社会发展基本方略。统筹推进城镇化和美丽乡村建设，加快健全以工促农、以城带乡的长效机制，加强农村基础设施和社会事业建设，推进城乡基本公共服务均等化。

坚持转变农业发展方式。推动农业发展向依靠科技进步、劳动者素质提高、农业物质装备条件改善和社会化服务能力提升转变，大力培育现代农业经营主体，促进农业生产经营的专业化、标准化、规模化和集约化。

坚持完善农业发展体制机制。创新农业经营机制，推进农村土地管理制度改革，深化农村综合改革，改善农村金融服务，充分发挥市场在资源配置中的决定性作用，健全符合社会主义市场经济要求的农村经济体制。

坚持保障和改善农村民生。坚持以人为本，尊重农民意愿，解决好农民最关心、最直接、最现实的利益问题，保持农民收入较快增长，不断改善农村生产生活条件。

坚持走可持续发展道路。坚持提高农业资源利用效率，规范农业投入品使用，推广农业低碳技术，大力发展生态农业、循环农业，加强生态建设，推进农村节能减排，保护农村环境。

(四) 农业产业结构调整采取的有效措施

1. 依托市场调结构

全市各地将遵循市场规律，以市场需求为导向，利用市场信息引导、指导农牧业生产，尊重农民意愿和经营自主权，发挥市场配置资源决定性作用，重点做好规划引导和服务、总结推广先进经验、加大政策扶持和创造良好市场环境。到2020年，全市新认证“三品”增加100个，其中有机食品40个、绿色食品30个、无公害农产品30个。

2. 依托龙头企业调结构

发挥裕丰、益海嘉里、金塔集团、雏鹰集团、咱家集团、飞鹤乳业等龙头企业的带动效应，不断提高企业技术装备水平，扩大生产经营规模，形成完整的产业链条。鼓励企业和农民拓宽销售渠道，以大市场、大营销、大流通促进产业的大发展。推动和引导籽粒玉米向鲜食玉米、饲料玉米、专用玉米发展，实施农牧结合发展。到2020年，全市农产品加工产值突破450亿元，年销售收入1亿～10亿元企业达到35家，超10亿元企业达到5家，新培植市级以上农业产业化龙头企业50家。

3. 依托新型经营主体调结构

发挥农民合作社、家庭农场、种养大户、经纪人等新型农业经营主体在调整优化农业结构中的示范带动作用，发展适度规模种养业、生态循环农业。深入推进农民合作社示范社创建行动，鼓励合作社兴办加工流通实体，大力发展农社对接。到2020年，全市较为规范的新型农业经营主体要达到1 000个。

4. 依托设施农业调结构

充分利用好扶贫资金，大力发展棚膜经济和规模化养殖场建设。各地将通过不断引入域外资金，引进新技术、新品种，采取承包或与设施农业种养户合作等经营方式，全面促进设施农业生产提质增效，实现稳步健康发展。到2020年，全市新增10.2万栋大棚（温室），建成21万亩标准化生产示范区。

5. 依托休闲农业和电商调结构

在调整中，各地将突出地方特色，依托旅游景区，因地、因时制宜，探索各具特色的休闲农业发展模式，发展具有浓郁地域特色的观光、采摘、农家乐等休闲农业，使休闲农业成为农村经济发展新的增长点。同时加强电子商务平台建设，有效利用“农村淘宝”平台，使特色农畜产品通过互联网向域外销售，拓宽产品销售渠道，增加农民收入渠道。到2020年，形成较为完善的农产品市场流通网络和营销体系。

6. 完善农业产业结构调整配套措施

农业产业结构调整需要配套措施做保障，特别是建设3个保障体系。一是建设现代农业产业体系。重点是发展粮食生产、现代畜牧业、园艺特产业、农产品加工业、现代种业和农产品流通业。二是建设现代农业生产体系。重点是统筹推进高标准农田、农田水利、全程机械化、科技创新、农业生态和气象现代化建设。三是建设现代农业经营体系。重点是发展适度规模经营、推进多种经营融合发展、引导工商资本进入农业、健全社会化服务体系、实施农产品品牌战略。落实配套措施，要突出重点任务。全市要围绕适度规模经营、农业机械化、高标准农田、水利现代化、现代畜牧业、园艺特产业、农产品加工业、现代种业、“互联网+”、科技创新与应用、高素质农民、社会化服务体系、气象服务、农产品质量安全、农产品品牌、农村金融、农村一二三产业融合、新农村建设和农业可持续发展、农村基层组织建设等，不断强化保障措施的落实。

三、质量提升对农业供给侧结构性改革的推动

（一）农业提质转变的必要性

1. 我国农业发展阶段性变化的必然要求

数量与质量是农产品供给的一体两面，确保数量是实现农产品有效供给的首要目标，提升质量是优化农产品有效供给的基本选择。在供给总量得不到满足时，农业发展的首选是增加供给数量，而提升供给质量的问题往往难以提上议事日程或者不为人们所重视；只有当供给总量问题得到缓解或比较宽松时，农业发展的重点才会转向对供给质量的重视，人们才会肯下真功夫提升农产品的供给质量。这样的状况与选择，在我们这个拥有十几亿人口的发展中大国尤其如此。无论是 1992 年提出发展“两高一优”农业，还是 1998 年提出的质量与数量并重的农业结构战略性调整，一个非常重要的前提条件就是农产品供给的数量矛盾得到明显缓解，进而才有可能将供给质量问题摆在更加重要的位置。本轮的情况也是如此，推进农业供给侧结构性改革的主攻方向是提高农业供给质量。从新矛盾看，在总量矛盾得到明显缓解的同时，农产品供给总量的结构性矛盾与问题愈发凸显出来，不仅表现为品种数量的结构问题，更表现为品种质量的结构问题。中央 1 号文件指出：近几年，我国在农业转方式、调结构、促改革等方面进行积极探索，为进一步推进农业转型升级打下一定基础，但农产品供求结构失衡、要素配置不合理、资源环境压力大、农民收入持续增长乏力等问题仍很突出，增加产量与提升品质、成本攀升与价格低迷、库存高企与销售不畅、小生产与大市场、国内外价格倒挂等矛盾亟待解决。在这些问题与矛盾的背后是农业转型升级的根基还不牢，特别是提高农业供给质量任重道远。

2. 我国农产品需求变化的必然结果

农产品消费需求出现的这种变化，对提高农业供给质量的挑战是全方位的：不仅对调整和优化农业诸产业的产业结构提出了更高的要求，而且对调整和优化农业诸产业的产品结构提出了更高的要求。有的产业要压缩调减过剩产能，如玉米产业及一些产品的加工业；有的产业要瞄准立足补齐短板，如奶业、大豆产业等。产品结构的调整与优化问题几乎是面向所有农业产业的，就是要以市场需求为导向丰富品种和提升质量，顺应和满足消费者优质多元的农

产品需求。如此严峻的挑战可谓是前所未有的，因为这要求我们不仅要在调整优化农业产业的区域布局上做好文章，而且要在全面提高农产品质量上花大力气；不仅要在产品产业增什么与减什么的数量上积极调整，而且要在产业转型升级与产品升级换代的质量上不懈努力。这样的挑战在很大程度上也意味着：提高农业供给质量的问题，已经不再仅仅是如何提升农产品质量的问题，而是整个农业供给侧如何提升产业链的质量问题。而农业产业链的质量则涉及农业再生产的各个环节，包括生产投入品的质量、生产环境的质量、生产过程的质量和产品的流通加工及储运销售的质量等。这也就是管理学上的全程质量管理。唯有如此，才能满足日益提高与不断丰富的农产品消费需求。

3. 提升我国农业国际竞争力的必然选择

农业生产成本与国内外农产品价格倒挂，凸显的是我国农业生产方式的难以为继和农产品国际竞争力的大幅下降。这对加快转变农业发展方式提出了比以往更为紧迫、力度更大的要求，不仅要依靠科技进步特别是用机械替代劳动来降低人工成本，而且要通过发展多种形式的农业规模经营特别是服务带动型与产业集聚型农业规模经营来降低土地成本。而无论是转变农业发展方式还是发展多种形式的农业规模经营，其基本的要义都是改善与提高我国农业的供给质量。在当今世界一体化、经济全球化的大背景下，我国农业的国际化程度不断提高，既要在农业走出去上奋力开拓，也要在农业引进来上积极作为。农业走出去要靠产品质量与服务质量取胜，农业引进来要助推国内农业供给质量的提升。只有全面提升农业的供给质量，才能实实在在地提高我国农业的国际竞争力、增强我国农业在世界农业发展中的话语权和影响力，防范和化解国际市场与国外农产品给我国农业带来的风险和造成的冲击。

4. 确保新阶段农民持续增收的必由之路

近年来尽管农民来自农业的收入比例已有明显下降，但是农业依然是农民收入的重要来源，实现农民收入持续稳定增长仍离不开务农收入的增长。但是，在农产品供给数量比较宽松的条件下，不仅农业增产难以实现农民增收，而且往往会出现增产不增收甚至增产减收的现象。这也就意味着农业生产必须更加注重产品质量的提升，进而实现产品的优质优价，将好的产品卖出好的价钱。过去多年来在很多的地方都屡屡发生农产品卖难的现象，甚至这一问题至今仍令一些地方的农民以及基层干部深感头疼。这其中很重要的原因就是农产品的质量意识不强，不仅在生产环节对产品质量重视不够，而且在流通及储运加工等环节也明显缺乏质量意识。由此，不仅那些质量比较差的农产品与“大路货”的农产品卖不上好价钱，甚至一些优质的农产品同样难以卖出好的价钱。习近平总书记讲：增加农民收入是“三农”工作的中心任务。农民小康不小康，关键看收入。检验农村工作实效的一个重要尺度，就是看农民的钱袋子鼓起来没有。面对全面建成小康社会对农民收入持续增长的高要求，只有加快实现农业发展由主要满足量的需求向更加注重满足质的需求转变，全面优化与提升农业供给质量，才能让农业经营有效益、让农业成为有奔头的产业，让农民通过发展农业增加收入。

（二）提质转型的难点

在我国这个拥有十几亿人口的发展中大国，解决好吃饭问题始终是治国安邦的头等大事，进而确保国家粮食安全和主要农产品供给，乃是我国农业发展的首要任务。经过长期不懈的努力，我们从根本上解决了亿万人民生活的温饱问题，人民生活正在不断向全面小康生活迈进。但是，人民生活水平的改善与提高必然会对农产品提出新的与更高的需求，也就是不再满足于有的吃、吃得饱，而是还要吃得好、吃得健康、吃得安全、吃得舒服。这种农产品消费需求的变化，对于我国农业的发展是好事也是难事、是机遇更是挑战，其核心的一条就是要加快由主要满足量的需求转向更加注重满足质的需求。而毋庸讳言的是，这种转变对于我国农业发展可谓是挑战前所未有、难度前所未有。我们试将实现这种转变的主要难点概括为以下几个方面：

1. 农产品数量增长与质量提升的关系

农业发展既要追求产品数量的增长也要注重产品质量的提升。这个看似非常普通的道理实则不然。因为尽管数量与质量是农产品供给的一体两面，但是，一方面产品的供给大多需要经历一个从无到有、从数量少到数量多以及从质量较低到质量较高的过程，这个过程并非是一蹴而就或短时间就可完成的；另一方面产品的数量与质量之间也存在一定矛盾，偏重数量增长往往会以牺牲质量为代价或一定程度忽视质量的提升，追求质量提升也往往要以牺牲一定的数量作为代价。这两方面的原因决定了在农业生产经营活动中兼顾产品的数量增长与质量提升绝非易事（其实，对于任何产品的供给而言兼顾数量增长与质量提升都是如此）。我国农业发展的历程特别是改革开放以来农业发展的轨迹在很大程度上也验证了这一点。

在解决温饱的阶段，我们注重追求农产品数量增长，把促进农业增产放在首位。因为农业增产意味着农民增收，就意味着农产品供给的改善。而在温饱问题得到基本解决、人民生活不断迈向小康社会的阶段，由于农产品供给的数量有了基本保障，农产品的消费需求不断拓展与升级，消费者对产品质量的要求日益提高，而农产品供给的变化则明显滞后，消费者对产品质量的需求难以满足。类似的情况，不仅在1992年我国提出发展“两高一优”农业时出现过，而且在1998年提出进行农业结构战略性调整时出现过，目前的情况也是如此。在1992年的《国务院关于发展高产优质高效农业的决定》中明确指出：20世纪90年代我国农业应当在继续重视产品数量的基础上，转入高产优质并重、提高效益的新阶段。这是我国农业发展史上的一个重大转变。该决定从进一步把农产品推向市场、以市场为导向继续调整和不断优化农业生产结构、以流通为重点建立贸工农一体化的经营体制、依靠科技进步发展高产优质高效农业、建立健全农业标准体系和检测体系等9个方面做出部署。但是，由于之后的粮食涨价引发的农产品供求形势变化，尽管“高产优质并重、提高效益”的观念日益深入人心，并在工作推进中也取得了一定的成效，而农业发展的基本态势仍是追求农业特别是粮食数量的增长。随着1996—1998年我国粮食总产量连续3年达到或超过0.5万亿千克，农产品的总量供求形势出现大逆转，农业提质增效问题再度提上国家的议事日程。在1998年之后农业结构战略性调整中，明确提出农业要在保持总量平衡的基础上突出质量和效益，向多样化、高品质的方向发展，可是，随着2003年我国粮食总产量降至4 300多亿千克，提高农产品质量在很大程度上再次让位于数量增长。尽管此后持续10多年的粮食等农产品增产成效显著，但也付出了过多的资源环境代价，提高农产品质量的问题也更加凸显出来。这样的历史轨迹表明：处理好农产品的数量增长与质量提升的关系绝非易事，特别是在我们这个拥有10多亿人口的发展中国家，农产品有效供给的数量必须得到基本满足，也就是中国人的饭碗任何时候都要牢牢端在自己手上，容不得有任何闪失，提升农产品的质量只能是在确保数量的前提下，这也是我们必须面对的大国农业之难。

2. 我国农业由粗放到集约的发展方式转变

转变农业发展方式，实现我国农业由粗放型增长向集约型增长的转变，已经形成广泛的共识，并且经过多年的努力也取得了长足进步与明显成效。但是，农业的这种转变依然在路上。与发达国家相比，我国粮食生产在很多地方仍未摆脱依靠化肥、农药和大水漫灌来提高产量的粗放生产方式。数据显示，目前我国亩均化肥用量 21.2 千克，是世界平均水平的 4.1 倍。我国农业用水效率不高，灌溉用水的有效利用系数仅为 0.5，比发达国家低 20 个百分点。耕地重用轻养，全国耕地普遍缺养分，1/3 缺有机质，70%以上缺磷，20%左右缺钾，耕地基础地力对粮食产量的贡献率仅为 50%，比欧美等发达国家低 20～30 个百分点。东北地区的黑土层平均厚度已由 20 世纪 50 年代的 80～100 厘米下降到目前的 20～30 厘米，南方红黄壤酸化加速，设施蔬菜（大棚）土壤酸化、盐渍化加重。耕地质量的下降，不仅影响农产品的产量而且也直接威胁到农产品的质量。

农田基础设施建设滞后也是我国农业粗放经营的突出表现。据农村固定观察点对 7 省（自治区、直辖市）的 13 个县（市、区）涉农干部和新型主体开展的 700 份调查问卷显示，当前农业现代化突出“短板”中，“高标准农田规模小、标准低”“水、电、路等农业基础设施落后”位居前列，成为现代农业发展的最大短板。基层干部普遍反映，农业基础设施欠账太多，中低产田改造太慢，成为提升要素质量、配置效率、综合生产能力和促进农业转型升级的最大障碍。例如，黑龙江省肇东市不少地方平均 400 亩耕地才有 1 眼机井，浇灌的难度极大、成本极高。山东平度市反映，近些年当地粮食产区的高标准农田建设取得较大进展，但水利设施配套严重不足，“靠天吃饭”仍是常态，蔬菜、林果产区的基础设施和高标准农田建设根本无力顾及。

此外，我国农业粗放经营还表现为新型经营主体发育不足，进而生产要素的集约化投入面临多种制约。据农业部统计，目前我国农户平均经营耕地 7.5 亩，平均每户 5.7 个地块，平均每块 1.3 亩左右。这种分散的小规模经营，抑制了资本、技术对农业的投入，加大了农产品的生产成本，降低了农民的经营收入和农业的劳动生产率。创新农业生产经营体制势在必行。近年来，承载适度规模经营的新型主体迅速发育，各种专业化、市场化服务组织不断涌现，但始终存在种种问题和障碍，如新型农业经营主体规模化程度不高、运行机制不规范和现代经营人才严重匮乏等问题。据数据显示，有 70%的专业大户种植规模不足 6.7 公顷；农业龙头企业年销售收入小于 1 亿元的比例超过 90%。农民专业合作社的社员数量、产品种类也存在着规模偏小的问题。同时，农村的实用人才占农村劳动力的比例仅仅为 1.6%，而受过中等及以上的农村职业教育的比例不足 4%，生产经营人才严重匮乏，新型农业经营主体从业人员年龄结构普遍“高龄化”。

3. 秸秆利用与粪便处理等面源污染

我国人多地少的基本国情，决定了农业发展始终面临着资源环境承载的巨大压力，过去我国农业为多年持续增产付出了过高的资源环境代价，农业资源环境已经亮起了“红灯”，生态环境受损严重、承载能力越来越接近极限。仅在农业面源污染防治方面就至少需要破解以下四大难题：

一是种植业的秸秆利用问题。目前我国年产各种农作物秸秆 10 亿吨左右，近年来各地围绕秸秆的肥料化、饲料化、原料化、燃料化和基料化等“五化”利用也探索出了不少成功模式，但秸秆综合利用率不高、相关产品开发与价值挖掘不够的问题在很多地方未能得到根本性的解决，以至于秸秆禁烧问题在夏收与秋收季节至今仍令许多地方的基层干部“如临大敌”。

二是养殖业的粪便与污水处理问题。目前我国仅畜禽粪污的年产出量就达 38 亿吨，但综合利用率不足 60%。包括畜牧养殖业与水产养殖业在内的大量粪便与污水得不到有效利用，在污染环境的同时也造成资源的巨大浪费。仅从畜禽养殖的粪便等资源化利用来看，近年来尽管中央的要求越来越高、地方的工作力度越来越大，但其进展与成效依然不容乐观，任务之艰巨与难度之大远超乎很多人的想象。

作物秸秆利用不充分和养殖粪污处理难两大问题同时并存，充分暴露出我国农业发展中种植业与养殖业相互脱节与不协调所带来的突出问题：一方面是种植业生产重用地和轻养地以及过量使用化肥、农药等化学投入品导致耕地质量明显下降，日渐贫瘠的土地犹如嗷嗷待哺的“羔羊”，急需各种作物秸秆及畜禽粪便等有机肥料补充自身所需的营养。另一方面则是养殖业生产所产生的大量粪便与污水由于得不到及时有效的处理而污染生态环境和影响人居环境，使得生猪等畜禽养殖业在不少地方成了人人喊打的“过街老鼠”。

三是农膜残留回收问题。1990 年我国农膜使用量仅为 48.2 万吨，2015 年达到了 260 万吨，成为世界农膜生产消费第一大国。1990—2015 年，我国农膜使用总量增长了 4 倍，年均增速达到 7%。农膜的使用为粮食、蔬菜等农产品增产做出了重要贡献，尤其是对西北干旱地区玉米等作物生长起到了很好的保水、保墒等作用。但是，由于使用的地膜过薄，人工捡拾成本又高，部分地区农膜土壤残留率高达 40%。农膜残留在土壤中，影响了水分的自由渗透，减弱了抗旱能力，导致了土壤次生盐碱化，还会破坏土壤结构，阻碍气、肥、热的传导，造成农作物减产，不仅影响产品的产量还会威胁到产品质量。

四是土壤重金属等污染治理问题。由于受到工业的“三废”排放以及不合理的农业化学品投入等因素影响，我国耕地土壤的重金属等污染形势严峻。根据2014年4月国家环保部和国土资源部联合发布的《全国土壤污染状况调查公报》，全国土壤总的超标率为16.1%，耕地的点位超标率为19.4%，中东部地区已经有5 000多万亩耕地为中重度污染，已经不适宜农作物种植。2013年“镉大米”事件一度引起轰动，而造成“镉大米”的主要原因是土壤的重金属含量超标。受过污染的土壤生产出来的农产品不仅不能形成有效的供给，还会对人体造成危害，对资源造成浪费。

农业资源利用与生态环境方面存在的这四大突出问题已严重制约了农业的可持续发展，这意味着若不改弦更张转变农业发展方式，不仅不能稳定农产品产量，也难以生产出优质的农产品。由此可见加快转变我国农业发展方式的紧迫性，也足见当前打赢农业面源污染防治攻坚战的艰巨性。

（三）提升我国农业现代科技与物质装备支撑能力

经过几代人的辛勤努力，我国农业科技水平有了飞跃式的提升，农机等农业物质装备也得到明显的增强。但是，与发达国家相比以及与农业转型升级的要求相比，无论是农业科技方面还是农业物质装备方面都还存在较大差距。

目前我国农业增长的科技进步贡献率虽然已经达到56%，比国民经济整体科技进步贡献率高了4个百分点，但与发达国家的70%左右相比，还有较大差距。一方面是由于我国地少人多，国情农情不同；另一方面是由于我国整体的工业技术和科技研发水平有限，而且科研投入不够，农业科研经费投入力度不及发达国家的1/10。同时，受制于重成果、轻应用的科研考核体制，我国农业科技成果的转化率一直不高。国内每年都有7 000多项成果问世，但平均推广率不足40%，最终形成规模生产的不足20%，与发达国家平均80%的成果转化率相比相去甚远。

截至2016年，全国农机总动力达到11.44亿千瓦，农业机械化率已经超过65%，作物播种和谷物收割的机械化作业大多数已经比较成熟。但是，部分粮食作物的少数农机作业环节特别是一些经济作物的机械收割难题仍然存在，如棉花采摘和甘蔗收获的机械化率尚不足20%。即使在棉花的集中产地新疆，棉花的机采率也不足30%。主要原因有四点：一是没有真正适合机采的品种，第一个棉桃距离地面太近，机采难度大，机采产量会减少10%左右。二是机采棉的质量差，短绒率高、含杂量大、棉结多，要比手工采摘降低一个等级。三是机采棉的加工工序复杂，籽棉清洗多3个环节、皮棉清洗多1个环节，1吨机采棉的加工成本为1 300～1 400元，比手采棉成本高30%。四是种植习惯问题，新疆南部地区棉花种植面积较大，但很多都采用间作方式，机械化难度很高。甘蔗生产机械化作业的难点主要是种植的地块小，地形复杂。我国甘蔗30%以上种植在地势凹凸不平、坡度较大的丘陵地带，进而对机械作业的精准度以及机械自身的性能要求很高。甘蔗种植面积不大，利润空间有限，食糖企业的机械科研投入热情不高，导致目前我国还没有一款适合生产实际应用的成熟、稳定机型。如何突破资源和市场限制，加大机具研发投入力度，提高机收质量，降低机械化成本是摆在我们面前的现实难题。

此外，农产品质量监管难度大依然是提升农产品质量的一个突出问题。中国有2亿多农户从事农产品生产，经营规模小、组织化程度低，还有40多万家食品生产企业、300多万个食品经营主体，以及难以计数的小作坊、小摊贩。这样的生产经营方式与组织形态，对于提高我国的农产品质量和食品安全水平构成重大制约，再加上农产品质量和食品安全监管机构和体系建设起步晚，监测条件和监管能力不能适应形势发展的需要，要求我们必须持续加强农产品质量安全监管体系与能力建设。

（四）加快农业提质转型的对策

提高农业供给质量是农业供给侧结构性改革的主攻方向，结合深入推进农业供给侧结构性改革，针对上述的一些难点问题和按照上述的“七化”基本思路，我们拟提出促进农业发展由主要满足量的需求向更加注重满足质的需求转变的对策建议如下：

1. 守住国家粮食安全底线，确保粮食的生产能力不降低

解决好10多亿人口的吃饭问题，保障国家粮食安全，始终是我国农业发展的头等大事，任何时候都不能放松。在温饱问题解决之前的农产品短缺时代，促进粮食增产是保障国家粮食安全的主要应对之策。在温饱问题解决之后特别是进入21世纪加入WTO以来，保障国家粮食安全的侧重点由有没有足够的粮食产出转向更加注重满足多样化与更高质量的粮食消费需求，进而保护和提高粮食综合生产能力就成为确保国家粮食安全的主线与现实选择。与此相适应，藏粮于地与藏粮于技成为保障国家粮食安全的重大战略。推进农业供给侧结构性改革与提高农业供给质量，绝不能以损害国家粮食安全为代价，而要在保持粮食生产基本稳定、防止粮食生产出现大起大落的基础上，立足粮食综合生产能力不降低这条国家粮食安全底线，积极围绕提质增效全面优化农业的产业结构与产品结构。

2. 加大农业资源保护力度，不断拓展开发农业多种功能

要加强耕地等农业资源保护与建设。耕地等农业资源乃是人类的衣食父母，习近平总书记强调绿水青山就是金山银山的发展理念，就是要求我们把生态环境保护与建设摆在更加突出的位置，而绝不能以牺牲生态环境作为代价换取一时的经济发展。面对我国农业主要依靠资源消耗的粗放经营方式没有得到根本性改变、农业面源污染和生态退化的趋势尚未得到有效遏制的严峻现实，加强耕地、草原和水资源等农业资源的保护与建设，不可避免地成为农业供给侧结构性改革和提高农业供给质量的重要内容。

要切实转变各种农业资源利用方式。包括耕地休耕轮作、用地与养地相结合、种植业与养殖业相结合等在内的农业资源循环利用模式是我国传统农耕文明的重要方面与具体体现，继承这些宝贵财富并使之发扬光大，既是我们发展农业的应尽之责也是时代使命。无论是提高各种农业资源的利用效率，还是防控各种农业面源污染，都要求我们努力学会善待农业资源、善用农业资源。唯有如此，我国农业才有可能真正走上产出高效、产品安全、资源节约、环境友好的可持续发展轨道上来。

此外，要不断开发与拓展农业的多种功能。农业是个具有多功能性的产业，不仅具有经济功能，还具有生态功能、社会功能以及文明传承功能等。农业的这种多功能性，为我们开发新产品、新价值和培育农业领域的新产业、新业态提供了广阔的前景。如近年来发展势头强劲的休闲农业与乡村旅游等，不仅大大丰富了农产品的概念，而且也在颠覆着人们对农业的传统认识。也正是这样的农业功能开发与拓展，不仅使许多地方从根本上摆脱了过去“守着金山银山要饭吃”的尴尬局面，而且尝到了“绿水青山就是金山银山”的真正甜头，实现了经济效益、生态效益以及社会效益“三个效益”的和谐统一，实现了生产、生态、生活“三个方面”的共赢。可以预期，在绿色发展理念的指引下，伴随着农业功能的不断拓展，我国农业发展方式的转变将进入快车道，进而促进农业绿色供给能力的显著提升。

3. 优化农业产品产业结构，做好农业提质增效基础工作

农产品消费需求的变化，既给提高产品质量、产品升级换挡提供了重要契机，也给丰富农业形态、产业转型升级提出了新的要求。因此，本轮农业结构调整必须跳出在产品产业选择上增什么与减什么的思维框架，既要立足提高现有产品产业的供给质量，更要瞄准新产业、新业态开发新的农产品，打造新的流通方式与培植新的农业产业。也就是要以推进农业供给侧结构性改革来引领农业结构调整，将改革的思维、改革的举措与改革的办法贯穿于农业结构调整的全过程。产品结构调整要突出一个“优”字。只有生产出好的优质农产品，才能卖得出去和卖出个好的价钱。为此，无论是种植业产品还是养殖业产品，都要在优化产业的区域布局基础上，放眼于整个产业供给链，推进标准化生产、模式化管理与品牌化营销，严把产品的质量关，真正做到让消费者吃得放心、用得安心和看得舒心。产业结构调整瞄准新产业和新业态。三产融合是当今时代农业发展的大趋势，这也为拓展产业的发展空间和发掘新的产业形态提供了广阔的前景。只有在优化产业结构上做文章，农业的三产融合才能走向深入并实现农业的产业升级与转型。为此，既要瞄准拓展农业的新产业与新业态，开辟农业产业发展的新领域、新空间，也要研发和推广与农产品生产流通及储运加工等环节紧密相关的新技术与新模式，全面推进农业产业的转型升级与产品的升级换代。

4. 强化农业科技装备支撑，助推农业供给质量全面提升

科技是第一生产力，提高农业供给质量必须要给农业插上科技的翅膀。调整农业科研方向，无论是研发还是推广都要切实扭转片面地追求高产的导向，加快培育优质专用、营养健康的新品种，开发绿色高效种养技术，推进农机、农艺的深度结合。鼓励面向农业全产业链的科技研发与推广，助推农业生产流通及储运加工等各环节的节本降耗、提质增效。完善包括各类生产经营主体在内的农业科技创新激励机制，通过多种方式让各种农业科技人员从科技成果的转化与应用中得到合理回报。有针对性地加大覆盖种植业、养殖业与加工业的农机具投入力度，鼓励引进国外先进的农机技术与设备进行消化吸收，切实弥补部分作物机收难等农机作业的短板。

5. 培育新型农业经营主体，探索多种形式农业规模经营

培育和壮大新型农业经营主体、发展农业规模经营，是深入推进农业供给侧结构性改革的重要抓手。目前，全国农户家庭农场已超过 87 万家，依法登记的农民合作社 188.8 万家，农业产业化经营组织 38.6 万个（其中龙头企业 12.9 万家），农业社会化服务组织超过 115 万个。从总体上看，这些新型农业经营主体大多处于成长的关键期，其成长壮大急需政策的引导扶持。中共中央办公厅和国务院办公厅已联合印发了《关于加快构建政策体系培育新型农业经营主体的意见》，从完善财政税收政策、加强基础设施建设、改善金融信贷服务、扩大保险支持范围、鼓励拓展市场营销和支持人才培养引进等 6 个方面明确了支持新型农业经营主体发展的政策措施。应当说，这些政策措施都是有“含金量”的，贯彻落实好这些政策将有助于新型农业经营主体的成长与壮大，关键是要确保在政策落实过程中不打折扣、不走样变形。

发展多种形式的规模经营也就必然成为农业现代化的必由之路。从我国各地的实践探索看，农业规模经营至少有 3 种大的类型：土地集中型、服务带动型和产业集聚型，而且土地集中型也有流转土地与不流转土地的划分，同时不同产业、不同产品特别是不同经营主体的适度规模也差异很大。农业规模经营的本质是专业化分工与合作基础上的要素集聚，只有坚持市场导向、运用市场的办法才能实现农业资源要素的优化配置；农业规模经营的适度是针对具体生产经营主体的适度，其规模的大小是生产经营主体整合资源的能力即企业家才能的体现。

因此，培育壮大各种新型农业经营主体，引导其多元融合发展、多路径提升规模经营水平、多模式完善利益联结与共享机制和多形式提高发展质量，实际上就是激活与激发生产经营主体的企业家精神与创造力。事实上，无论哪种类型的新型农业经营主体和农业规模经营形式，都可看到引领产品做优做新、产业做大做强的农业企业家身影与风采。为此，要结合贯彻落实《中共中央国务院关于营造企业家健康成长环境弘扬优秀企业家精神更好发挥企业家作用的意见》，助推各种类型、各个领域的农业企业家创新创业，发挥其在提高农业供给质量中的牵头人与领头羊作用。

6. 大力推动农业种养结合，促进农业资源要素循环利用

在创新、协调、绿色、开放、共享五大发展理念的引领下，改善我国农业供给和提高农产品质量效益，很重要的一条就是要牢固树立农业资源循环利用的理念，用“所有农业产出皆是农产品”的观念来看待当今时代的农业和农产品，来拓展农业的多种功能和丰富农产品的种类。随之而来的就是瞄准农作物秸秆利用与畜禽养殖粪便处理等农业面源污染的突出难题，大力推进农业的资源循环利用和种植业与养殖业的紧密结合。农业资源循环利用特别是种养结合，是我国传统的农耕文明留给我们的重要遗产与宝贵财富。农业种养结合的本质可概括为：遵循动植物生长发育规律，统筹考虑种植业与养殖业的产业特性与产品特点，在产业链上整合农业的各种资源要素，充分利用种养业产品在生物链上的有机联系，实现种植业与养殖业在再生产过程中的深度融合。可以说，资源循环利用、种养结合的农业，就是经济再生产与自然再生产有机结合的农业，就是既遵循了经济规律又遵循了自然规律的农业，因而也就是绿色发展的农业和可持续发展的农业。因此，以种养结合为抓手推动农业转方式、调结构和提质量，不仅有助于拉长或延伸农业的产业链条，而且会显著提高农业资源的利用效率；不仅有助于改善或提升耕地质量，而且会显著强化农产品质量安全激励机制；不仅有助于防控或减少农业的面源污染，而且会显著改观农村的生态环境与人居环境；不仅有助于培育或壮大优质农产品，而且会显著拓展农业的产业功能与产业发展空间。为此，应当建立与健全激励机制，鼓励各类农业生产经营主体培育和打造富有生机活力的种养结合模式；宣传与推广成熟模式，让种养结合之花开遍祖国的大江南北，续写农业文明的新篇章。

此外，要扎实推进农业品牌建设，凭借质量好和信誉高的农业品牌占领国内市场和打入国际市场，全面提高我国农业的竞争力；要不断加强农产品质量的标准制定、产品追溯、检验检测、监督管理等投入力度与体系建设，为全面提高我国农业供给质量保驾护航和营造良好氛围。

第四章

农业现代化与示范区建设

我国总体上已进入加快改造传统农业、走中国特色农业现代化道路的关键时期。进行农业示范区现代化建设，是顺应农业发展趋势，促进农业增产增效、农民持续增收的重大举措，对规范农业示范区发展，示范和引领现代农业建设具有重大意义。

第一节　现代农业支撑体系建设

一、现代农业支撑体系与建设机制研究

（一）苏浙沪鲁改善农业供给体系质量的实践与经验

1. 集聚发展、绿色发展、融合发展的浙江范式

近年来，浙江省坚持以“高效生态农业”为引领，走中国特色新型农业现代化道路，着力破解农业转型发展中遇到的农业供给与需求不相适应的矛盾与瓶颈，以集聚发展破解农业小而散、基础设施弱的难题，以绿色发展破解生态与经济效益的矛盾，以融合发展打造农业发展新引擎，走出了一条强农转型之路。

集聚发展提升农业基础和产业集群。农业强，基础设施必须强，农业基础设施建设是降低自然风险、发展农业高效生态的坚实基础。浙江省针对实施农村家庭承包经营体制后农业公共投入少、农田基础建设薄弱以及产业散的问题，一是着力推进农业“两区”建设；二是开展高标准农田建设；三是推进产业的集聚发展，通过优化产业区域空间布局和园区集聚来促进农业产业集群发展。绿色发展破解了农业难以实现高效又生态的难题。针对许多地方存在农业

“生态不高效、高效不生态”的问题，浙江省把协调推进农业的高效化、绿色化作为突破这一难题的战略举措。大力发展生态循环农业；大力推进农产品质量安全体系建设；大力推广粮经复合的农作制度创新，突破粮田低效益的瓶颈；大力推进生态环境治理，使全省农村生态环境得到了全面的改善和优化。融合发展催生新业态、培养新动能。浙江省近年来积极顺应市场新需求，一是推动农业全产业链建设；二是拓展多功能农业新业态；三是用“互联网+”培育发展新动能，在农产品电子商务、智慧农业建设和农业行业信息建设等方面走在全国前列。

2. 园区化、规模化、合作化提升的江苏特色

以园区化推进现代农业生产基础提升。农业基础设施弱与装备水平低是我国传统农业的一大短板，江苏省从20世纪90年代开始建设各类“科技示范园区”“现代农业示范区”。从2010年开始，按照工业园区的开发理念，大力推进现代农业产业园区建设。一个农业产业园区的规模一般在2万亩左右，每个农业产业园区都设立管委会，并设立园区发展公司为农业园区建立融资平台，主要投资园区的基础设施建设和园区的公共服务平台建设。大部分园区都采用镇区合一的模式，以“合作化”壮大新型经营主体。针对农民个体小生产与社会化大市场对接的困难与弱点，江苏省积极推动农民多类合作的发展来为农民提供生产经营服务，促进农民的组织化和农民的共创共富。与其他省份相比，江苏省合作社类型、内容多样，除水稻、农机、植保等农民专业合作社、土地股份合作社外，创新了劳务合作社、旅游合作社、富民合作社等新型合作社，合作社数量也居于全国前列，以规模化推动生产经营方式转变。规模经营是现代农业发展的重要基础。为改变小农户分散经营、效益低下的特点，顺应规模化现代农业经营的趋势，江苏省积极推动土地流转，实现农业的适度规模经营。

3. 产业化、标准化、外向化发展的山东模式

产业化延伸农业产业链。通过贸工农、产加销一体化推动农业产业链的延伸，促进农业现代化。一是着力培育产业化主体。农业产业化1994年就写入山东省1号文件，掀起山东发展农业产业化的热潮。二是完善产业化利益联结机制。通过二次返利、股份合作等多种机制以及“公司+合作社+农户”“公司+农户”等多种形式协调主体之间的利益，形成了龙头带企业，合作社带基地，基地带加工，加工带农户的“龙型”产业经济，有效促进了一二三产业融合发展。

标准化打造安全供应链。农业生产标准化、农产品品牌化是提升农产品质量和市场价值的关键。山东省积极推进农产品标准化，以安丘为代表，推进生产标准、环境标准、产品标准等的制定与实施，加强农产品安全生产源头控制、全程监管，形成农产品质量区域化管理体系。

外向化提升农产品价值链。外向化是发挥区域比较优势，参与国际市场分工，获得比较优势利益的重要手段。山东省通过实施主导产业振兴计划，加强标准化出口基地建设，积极推进出口市场监测预警体系建设，及时掌握出口市场变化和发展趋势，积极组织企业参加出国展销，实现了以优势农产品出口为主导，以民营企业为出口主力，以海产品、蔬菜、果品、花生、肉制品为主体，优势农产品加工出口区涌现，出口市场多元化的出口格局。

4. 以都市现代农业为特色的上海样本

以都市农业涵养城市生态生活。一是特别重视农业对大都市的生态贡献。制定土地利用总体规划、农业布局规划，明确都市农业产业的空间布局，严格划定永久基本农田，确保农业对大上海的绿色生态保育效应。制定落实《上海市农业生态环境保护与治理三年行动计划》，积极治理农业面源污染，改善城市生态环境。二是创新探索生态型都市农业经营方式。松江区种养结合生态家庭农场是典型代表，协同解决了环境生态和农产品供应问题。三是保障城市主要农产品的安全有效供给。上海市不因大市场大流通而忽视地产农产品，2008年制定《关于确保上海主要农产品最低保有量的工作意见》，明确蔬菜、猪肉、家禽等主要农产品最低保有量目标。建立起蔬菜、水果、生猪及生猪产品产地准出和市场准入制度，主要农产品质量安全处于可控状态，农产品安全检测和追溯体系基本形成。2015年“三品一标”认证率达68%，农产品质量安全追溯体系覆盖率达到80%。

现代要素助力农业转型发展。上海持续推动农业设施建设，在20世纪80～90年代实施了两轮“菜篮子”工程建设，建成一批设施化农业生产基地。21世纪初，又启动100万亩设施粮田、30万亩设施蔬菜以及标准化畜禽养殖场、标准化水产养殖场建设，以设施促进农业资源的集约利用和生态环境的保护。大力发展大马力、高性能、多功能、智能化农业机械，推进主要农作物生产全程机械化。强化农业的科技要素支撑，围绕节肥、节药、循环农业等关键技术和区域特色农产品培育产学研相结合的技术创新，形成水稻、绿叶蔬菜、草莓、葡萄等农业产业技术体系。创新金融保险支持，首创绿叶菜价格金融保险机制，通过价格保险及直接补贴等方式保证一定的绿叶菜种植量。价格保险既鼓励了农民种植蔬菜，又保证了上海市的蔬菜供应。2015 年主要农作物生产综合机械化水平达到 83%，农业科技进步贡献率达到 70%左右。

三产业融合造就体面农业。上海都市农业发挥农业多功能在提升价值链、促进农民持续增收的作用。上海市积极拓展农业生态、文化、休闲功能，加快发展农业与旅游业融合，形成了以农家乐、休闲农庄、观光农园、农业园区、生态园林、民俗文化六类为主要模式的农业旅游形态。2014 年，上海农业旅游景点接待游客近 1 800 万人次，涉农旅游总收入 13.75 亿元。加快促进农产品精深加工，促进农产品增值，全市地产农产品上市初加工率达 50%以上。推动农产品流通及服务的发展，发展"农超对接""农社对接"和"团购直销"等多种直销对接形式。此外，集体产权制度改革让农民分享大都市发展的红利，多渠道增收让上海农民收入居于全国前列，2015 年农民人均可支配收入为 23 205 元，是全国农民可支配收入的两倍。

四省份在推进农业供给侧结构性改革中各有侧重，在发展路径上各具特色，在农业供给质量体系完善中，形成了 5 条共同的经验启示：一是坚持两手发力夯基础、提能力。运用市场、政府两种资源配置机制，以政府投入为主导，积极带动集体经济投入以及社会资本在农业基础设施与技术装备的投入，促进农业综合生产能力显著提升。二是坚持创新驱动调结构、促转型。紧紧顺应市场需求导向变化，以科技创新和结构调整为主线，推动农业发展从数量扩张向品质效益转变，大幅度提升农业供给体系质量和效率。三是坚持产业协同强融合、促发展。顺应农村一二三产业融合发展的新趋势，紧紧围绕拓展农业生产、生活、生态多功能、推动农产品精深加工以及"产城融合"、全产业链的构建，不断延长农业产业链、提升价值链，拓展农业供给新方式。四是坚持生态优先重安全、可持续。以"绿水青山就是金山银山"的新理念、新思路、新要求为指导，紧紧围绕农业绿色发展建设目标，积极发展生态循环农业、种植业化肥和农药减量、畜禽污染治理、山水林田湖生态环境保护，走出了农业生态与经济高效统一的发展新路径。五是坚持改革引领建体系、增活力。改革是农业发展的重要动力源，全面深化农业农村改革，向改革要动力、要红利、要活力，着力协调推进农村土地制度、户籍制度、集体产权制度等综合改革，农业农村改革干在实处，走在全国前列，有效地激发了农业资源要素的活力和农业竞争力，展现出"农业活就是市场活，农业新就是机制新，农业强就是农民创新创业能力强”，现代农业得到又好又快的发展，农民收入持续增长，收入水平大大高于全国平均水平。

（二）基于改善供给侧质量的现代农业支撑体系构建

国际经验和四省份经验表明，现代农业产业体系、生产体系、经营体系、支持保护体系是构建现代农业体系的重要组成内容。新型农业产业体系构建的指向是产业结构的优化和产业的融合，生产体系建设的指向是农业生产效率的提升，经营体系构建的指向是解决“谁来经营农业”，支持保护体系建设的指向是精准高效的政策体系。基于农业的供给侧结构性改革视角，现代农业建设就是围绕提高农业供给质量和竞争力，重新构建现代农业产业体系、生产体系、经营体系、支持保护体系的过程。

1. 着力构建融合发展、竞争力强的新型农业产业体系

新型农业产业体系就是要以需求为导向进行产业结构调整，着力构建主导特色产业集群化与三次产业融合化相结合的新型农业产业体系，加快形成产业融合、产品优质、安全高效、竞争力强的产业支撑体系。

一是按全产业链经营的方式提高优势主导产业、特色产业的效益。通过加快主导产业的种子种苗业、农机农技装备业、农产品精深加工业的转型升级，延长产业链和提高附加值，加强农产品市场体系和物流体系建设，鼓励发展连锁经营、直供配送、电子商务、大宗农产品现货期货交易等新型流通业态，打造具有全产业链形态的现代农业主导产业和特色产业，提升竞争力和综合效率。二是进一步拓展农业多功能，以“农业＋”的跨界融合新思路培育发展农业新业态。积极发展“农业＋旅游产业”的休闲观光农业、“农业＋文化产业”的文化创意农业、“农业＋健康产业”的绿色养生农业、“农业＋互联网”的智慧电商农业、“农业＋循环经济”的生态循环农业等多种新型农业业态，来满足消费新需求。三是以农业标准化、质量品质提升为抓手，加快推进农业品牌化战略。农业生产标准化与质量品质是品牌建设的基础，通过积极推动区域品牌公共形象的设计、应用和推广、营销，以品牌战略全面提升农产品的品质形象，提高品牌的增加值。四是加快培育农业集群发展新载体，促进农业产业集群化发展。以产业集聚化为发展思路，以现代农业园区为依托，以农业产业带、现代农业综合体、国家农业公园、农业产业化特色小镇为载体，推动农业产业资源集约、产业融合、产出高效。

2. 着力构建集约节约、环境友好的新型农业生产体系

新型农业产业体系要以科学技术先进、基础设施装备强、生态环境优为标准来不断提升农业可持续生产能力，着力构建技术先进、资源集约、环境友好、生态可持续的现代农业生产基础，加快形成以科技化、园区化、设施化、绿色化为重点的生产支撑体系。一是突出现代种业科技创新、新技术协同攻关研发、“最后一公里”的技术应用，着力构建产学研一体化与农科教一体化相结合的新型农业科技创新与服务体系。二是突出农田基础设施改善、智能化农业设施建设发展，着力构建农业园区化、设施化与水利化、生态化相结合的新型农田基础建设体系，提高基础保障能力水平。三是突出粮食作物烘干和经济作物收获环节机械化等薄弱环节，着力构建信息化、智能化与农业机械化、工厂化相结合的现代农业装备体系。四是突出农业资源永续利用、农业面源污染治理，着力构建绿色安全与高品质、高效益、品牌相结合的新型农产品质量安全保障体系和新型农业资源环境保护体系。

3. 着力构建专业化家庭经营与产业化合作服务相结合的新型农业双层经营体系

新型农业经营体系就是要壮大发展新型农业经营主体，积极培育新型职业农民，大力发展社会化服务体系，加快形成集约化、专业化、组织化、社会化相结合的新型农业经营支撑体系。一是把培育多类型适度规模经营的家庭农场作为培育新型主体的基础性工作。二是加快产业化合作服务组织和经营主体协同建设。积极组建农民合作社联合社，增强合作社的生产服务功能、农产品加工营销功能、资金互助功能，提升农业合作化规模经营和服务规模经营的水平。三是把培育新型职业农民、新农人作为发展壮大新型农业经营主体的战略突破口。要发挥各地农林高校和科研院所、职业技术学校和农广校、各类农业技术推广机构等的作用，发展农业职业教育和学历教育。四是以发展农业全产业链社会化服务、规模化服务为重点，加快形成公益性服务和经营性服务相结合、专项服务和综合服务相协调的新型农业社会化服务体系。发挥公共服务机构力量，壮大合作经济组织、龙头企业和其他社会组织服务力量，大力推进以合作式、订单式、托管式以及联耕联种等多种规模化服务创新形式来降成本、增效益。

4. 着力构建精准施策、完备高效的新型农业支持保护体系

一是明确重点支持对象和内容。要以新型农业经营主体和农业经营人才为重点支持对象，支持家庭农场、种养大户推进适度规模经营，加大新品种推广、新型农用机械使用、科学生产技术培训力度，鼓励开展农产品安全生产良好操作规范、生态种植养殖以及现代科学生产管理方式。二是明确重点支持领域。重点支持农业基础设施、科技研发推广、产业结构调整以及生态环境保护等“绿箱”条款的领域，加大对现代农业体系建设短板因素的财政投入。三是创新支持手段和方式。推进财政资金整合，改变财政扶持“小、散、广”的缺陷。

（三）基于完善现代农业支撑体系的建设机制创新

1. 以农业经营体制和科技创新为重点，完善现代农业创新发展新机制

创新适度规模经营有效实现机制。要发挥适度规模经营在现代农业建设中的引领作用，进一步完善承包地“三权”分置方法，加快推进农村承包地确权登记颁证，稳定农户承包权，放活土地经营权。创新社会化服务促进机制。发挥农业社会化服务在农业供给侧结构性改革中的规模经济、先进要素集聚、产业化组织化等功能，加快代耕代种、病虫害统防统治、测土配方施肥、机耕机收等生产性农业专业服务公司培育；加强农民专业合作社服务能力建设，在生产服务的基础上拓展供销服务、资金互助、保险互助等服务功能，打造成具有生产、供销、信用等多功能的农民合作经济组织。创新先进技术落地机制。积极推进科技创新机制建设，突出源头创新，加快主导特色精品产业的发展，加强农业新品种、新技术、新机具、新材料研发与应用。

2. 以城乡融合和三产融合为重点，完善现代农业协调发展新机制

建设城乡要素双向流动的引导机制。城乡要素互联互通是城乡融合发展的重要表现，要通过深化改革进一步放开农村资源要素市场，发挥市场机制和政策机制作用，推动土地、劳动力、资金、技术、人才、管理等各类生产要素在农村的集聚融合，推进互联网、信息技术等新技术在农村的渗透。创新三产融合的协调机制。推动产业链纵向延伸机制，加强农产品加工、品牌营销和农产品生产资料供应服务，建设横向拓展农业多功能机制，加快农业内部产业融合，进一步推动互联网、物联网、信息技术、大数据分析等新技术对农业生产、加工、销售等环节的渗透，提高农业增值效益。

3. 以环境友好和产品安全为重点，完善现代农业绿色发展新机制

探索生态修复和治理机制。推进耕地、水、生物和森林等资源的保护和生态高效集约利用，加快农业生态环境的修复和农业环境污染的治理。完善生态农业循环利用机制。创新和推广粮经结合、种养循环、粮饲牧结合和林牧结合等多种高效生态循环模式，推动秸秆、畜禽粪便等农业废弃物资源化利用，创新农业资源高效利用与生态可持续发展机制。完善安全农产品“产出来”“管出来”机制。要全面推进“一控两减四基本”标准化安全生产技术；加快全面构建“从田头到餐桌”全程可追溯的安全生产体系、监管体系和农产品安全惩戒体系；加快落实国务院出台的《关于品牌引领作用推动供需结构升级的意见》，加大农产品品牌化建设，让品牌成为区域农产品和企业产品的内在约束和价值提升的手段。

4. 以多元投入和两个市场为重点，完善现代农业开放发展新机制

构建多元化投融资机制。深化农业投融资体制改革，对重大农业项目分类汇总，建立PPP项目库，积极探索通过投资补助、资本金注入等方式支持农业PPP项目；创新政府农业产业投融资平台，形成政府财政投入、集体经济投入与社会投入的有机融合。完善农业深度开放的推进机制。要积极稳妥推进粮食等重要农产品市场价格形成机制，推动农业农村要素市场建设，要协同共助国家“一带一路”发展倡议，深入实施农业“走出去”战略，利用资金、技术的相对优势在全球进行战略性跨国投资、贸易；要加强与全球跨国农业企业的合作，择机对国际上先进农业机械、种子、化肥、农药、农产品加工、贸易公司进行战略并购，整合农业供应链、产业链，提升我国农业在国际上的地位。

5. 以护农、强农、惠农为重点，完善现代农业共享发展新机制

加强农业法治护农机制。现代农业是必须由政府加以政策支持保护的基础产业，政府的政策法律手段是支撑现代农业发展最有力的保障，遵循依法治国理念，建立健全强农护农惠农的农业政策法律保障体系。加强以工促农、以城带乡的强农机制。从中国已进入以工促农、以城带乡的发展新阶段的实际出发，加快建立以工促农、以城带乡的长效机制。加强多渠道促进农民增收的惠农机制。从农民持续普遍增收是全面建成小康社会的短板实际出发，加快形成多渠道收入增长的促进机制。

二、农业发展向质量需求转型路径分析

促进我国农业发展由主要满足量的需求转向更加注重满足质的需求，其本

质是加快我国农业的转型升级和实现产品的升级换代，以更好满足人们对日益丰富与优质多元农产品的需求。在认真学习与深刻领会习近平总书记关于“三农”工作的重要论述和中央要求的基础上，我们提出如下加快实现农业发展的基本思路与对策建议。

（一）基本思路

归纳起来，围绕深入推进农业供给侧结构性改革，促进农业转型升级和全面提高农业的质量效益与竞争力，可将加快实现农业发展由主要满足量的需求向更加注重满足质的需求转变的基本思路概括为以下 7 个方面：

1. 市场化理念

促进我国农业发展由主要满足量的需求向更加注重满足质的需求转变，首当其冲的是要转变观念，特别是牢固树立市场化的理念。农业的市场化，意味着农业的生产经营活动是以市场导向为引领的，生产出来的农产品是用来满足市场需求的，并且在农产品的市场交换过程中实现生产者与消费者的“双赢”。也就是将农业的生产经营活动纳入市场经济的运行轨道，发挥市场机制配置农业资源要素的功能作用，让富有创新精神的农业生产经营主体不断开拓农业产业发展的新业态、新空间。

2. 产业化思维

所谓产业化，其实就是相关的经济主体在产业链上通过分工合作所形成的能够实现双赢或者多赢的产业形态。农业的产业化经营也是如此，不同的是它会体现出农业不同于其他产业的产业特性与产品特点。农业的产业化意味着农业产业链条的延伸或者拉长，进而内化生产经营主体的市场风险、深化产业链上的分工合作和拓展农产品的增值空间。也就是结合产业特性与产品特点，使产业链上相关的农业生产经营主体在专业化分工与合作原则下形成双赢乃至多赢的利益联结机制，提升农业整体素质、综合实力与市场竞争力，共同做大做强农业产业和培育优质农产品。

3. 集约化投入

生产要素的集聚集约是现代社会化大生产的重要特征。发展多种形式的农业规模经营，核心就是促进农业资源要素的集聚、整合土地等生产要素实现优化配置。所谓土地密集、资本密集、技术密集、服务密集和劳动密集以及各种要素密集的优化组合都是农业投入集约化的表现形式。这些形式之间不是单打独斗、各自为战的关系与状态，而是相互关联、彼此兼容的关系与状态，也并不存在孰优孰劣、谁长谁短之说，关键是看哪种形式更符合实际和更有效率。

4. 标准化生产

这是将工业发展的理念运用到农业中来。有了标准化，才有可能批量生产产品、才有可能统一品种品质、才有可能严格操作规程、才有可能形成模式品牌。尽管农业与工业有所不同，受自然因素的影响大、受动植物生长规律的限制多，但是，农业的理念创新与科技进步不仅使农业生产经营活动的标准化有了可能，而且其标准化的程度与水平也在不断提高。与发达国家相比，中国农业的标准化还有很大的提升空间。

5. 模式化管理

探索和创新好的生产经营模式，是延续企业生命、打造百年老店的有效途径。国内外很多优秀的企业、知名的品牌都销声匿迹了，为什么？其实就是应了那句老话：创业难而守业更难。怎么办？这里很重要的一条就是要在管理模式上下功夫。好的模式就是企业的生命力，推动农业产业转型升级和产品提质增效同样需要在模式化管理上付出不懈努力。

6. 品牌化营销

品牌是产品质量与生产者自身信誉的保证，是观察产品是否符合市场需求以及如何满足消费者需求的重要风向标。提高农产品质量、优化农业供给结构，必须把农业品牌建设摆在更加突出和更为优先的位置。创建农业品牌、维护优质的农产品品牌，一定要有“打造百年老店”的意识与自觉，持续强化生产经营主体的自我约束。经济学上有一句非常有名的话：看得见的与看不见的。我们要看到在那些光艳的品牌背后是创品牌、护品牌的辛勤汗水。创品牌远不只是靠推介会、打广告就能够做到的，必须要有过硬的产品质量和良好的信誉做保证；而守品牌则更是要靠自律而不是靠他律，必须要有久久为功的耐心与毅力。河北三鹿的例子是永远的教训，至今中国奶业还在承受其苦。随着农业品牌化建设的推进，不仅我国农产品的质量将会大为改观，整个农业的供给质量也会大幅提升，我国农业的国际竞争力也将得到显著增强。

7. 信息化翅膀

近年来，以农产品电子商务为代表的“互联网＋”农业蓬勃发展，据统计，2016 年全国农产品网络销售总额达 2 200 亿元，一大批过去藏在深山不为人知的美丽乡村、一系列养在深闺不为人识的优质农产品借助网络营销平台得以登堂入“市”。借助农业互联网这个平台，不仅可以实现农业生产全过程的可视化、可监控和可追溯，而且有助于生产流通及储运加工等环节的标准化，提高农产品质量，可以办成许多过去办不了和办不好的事情。随着农业信息化进程的推进，我国农业供给质量必将呈现出新的面貌。

（二）转变路径

1. 守住国家粮食安全底线，确保粮食的生产能力不降低

解决好10多亿人口的吃饭问题，保障国家粮食安全，始终是我国农业发展的头等大事，任何时候都不能放松。在温饱问题解决之前的农产品短缺时代，促进粮食增产是保障国家粮食安全的主要应对之策。在温饱问题解决之后特别是进入21世纪加入WTO以来，保障国家粮食安全的侧重点由有没有足够的粮食产出转向更加注重满足多样化与更高质量的粮食消费需求，进而保护和提高粮食综合生产能力就成为确保国家粮食安全的主线与现实选择。与此相适应，藏粮于地与藏粮于技成为保障国家粮食安全的大战略。推进农业供给侧结构性改革与提高农业供给质量，绝不能以损害国家粮食安全为代价，而要在保持粮食生产基本稳定、防止粮食生产出现大起大落的基础上，立足粮食综合生产能力不降低这条国家粮食安全底线，积极围绕提质增效，全面优化农业的产业结构与产品结构。

2. 加大农业资源保护力度，不断拓展开发农业多种功能

要加强耕地等农业资源保护与建设。面对我国农业主要依靠资源消耗的粗放经营方式没有得到根本性改变、农业面源污染和生态退化的趋势尚未得到有效遏制的严峻现实，加强耕地、草原和水资源等农业资源的保护与建设，不可避免地成为推动农业供给侧结构性改革和提高农业供给质量的重要内容。要切实转变各种农业资源利用方式，包括耕地休耕轮作、用地与养地相结合、种植业与养殖业相结合等在内的农业资源循环利用是我国传统农耕文明的重要方面与具体体现，继承这些宝贵财富并使之发扬光大，既是我们发展农业的应尽之责也是时代使命。此外，要不断开发与拓展农业的多种功能。农业是一个具有多功能性的产业，不仅具有经济功能，还具有生态功能、社会功能以及文明传承功能等。

3. 优化农业产品产业结构，做好农业提质增效基础工作

农产品消费需求的变化，既给提高产品质量、产品升级换挡提供了重要契机，也给丰富农业形态、产业转型升级提出了新的要求。既要立足提高现有产品产业的供给质量，更要瞄准新产业、新业态开发新的农产品，打造新的流通方式与培植新的农业产业。也就是要以推进农业供给侧结构性改革来引领农业结构调整，将改革的思维、改革的举措与改革的办法贯穿于农业结构调整的全过程。产品结构调整要突出一个“优”字。只有生产出好的优质农产品，才能卖得出去和卖出个好价钱。产业结构调整瞄准新产业和新业态。三产融合是当今时代农业发展的大趋势，这也为产业发展空间拓展和新产业形态涌现提供了广阔的前景。为此，既要瞄准拓展农业功能的新产业与新业态，开辟农业产业发展的新领域、新空间，也要研发和推广与农产品的生产、流通及储运加工等各环节紧密相关的新技术与新模式，全面推进农业产业的转型升级与产品的升级换代。

4. 强化农业科技装备支撑，助推农业供给质量全面提升

科技是第一生产力，提高农业供给质量必须要给农业插上科技的翅膀。调整农业科研方向，无论是研发还是推广都要切实扭转片面地追求高产的导向，加快培育优质专用、营养健康的新品种，开发绿色高效种养技术，推进农机、农艺的深度结合。鼓励面向农业全产业链的科技研发与推广，助推农业生产流通及储运加工等各环节的节本降耗、提质增效。完善包括各类生产经营主体在内的农业科技创新激励机制，通过多种方式让各种农业科技人员从科技成果的转化与应用中得到合理回报。有针对性地加大覆盖种植业、养殖业与加工业的农机具投入力度，鼓励引进国外先进的农机技术与设备进行消化吸收，切实弥补部分作物机收难等农机作业的短板。

5. 培育新型农业经营主体，探索多种形式农业规模经营

培育和壮大新型农业经营主体、发展农业规模经营，是深入推进农业供给侧结构性改革的重要抓手。发展多种形式的规模经营也就必然成为农业现代化的必由之路。从我国各地的实践探索看，农业规模经营至少有 3 种大的类型：土地集中型、服务带动型和产业集聚型，而且土地集中型也有流转土地与不流转土地的划分，同时不同产业、不同产品特别是不同经营主体的适度规模也差异很大。农业规模经营的本质是专业化分工与合作基础上的要素集聚，只有坚持市场导向、运用市场的办法才能实现农业资源要素的优化配置；农业规模经营的适度是针对具体生产经营主体的适度，其规模的大小是生产经营主体整合资源的能力即企业家才能的体现。因此，培育壮大各种新型农业经营主体，引导其多元融合发展、多路径提升规模经营水平、多模式完善利益联结与共享机制和多形式提高发展质量，实际上就是激活与激发生产经营主体的企业家精神与创造力。

6. 大力推动农业种养结合，促进农业资源要素循环利用

农业资源循环利用特别是种养结合，是我国传统的农耕文明留给我们的重要遗产与宝贵财富。以种养结合为抓手推动农业转方式、调结构和提质量，不仅有助于拉长或延伸农业的产业链条，而且会显著提高农业资源的利用效率；不仅有助于改善或提升耕地质量，而且会显著强化农产品质量安全激励机制；不仅有助于防控或减少农业的面源污染，而且会显著改观农村的生态环境与人居环境；不仅有助于培育或壮大优质农产品，而且会显著拓展农业的产业功能与产业发展空间。此外，要扎实推进农业品牌建设，凭借质量好和信誉高的农业品牌占领国内市场和打入国际市场，全面提高我国农业的竞争力；要不断加强农产品质量的标准制定、产品追溯、检验检测、监督管理等投入力度与体系建设，为全面提高我国农业供给质量保驾护航和营造良好氛围。

第二节　国家现代农业示范区建设

一、现代农业示范区建设成效及问题

（一）国家现代农业示范区建设成效

坚持典型引路、示范带动，以农产品生产基地和精品农业项目为载体，以标准化生产、规模化经营为方向，强力推进9个现代农业示范区（带）建设，取得了明显工作效果。一是2015年规划建设的5个现代农业示范区（带）已具备形象，亮点纷呈。现代农业产业带成为全省唯一的省级现代农业综合示范区，普济寺农业公园、忠信晟态现代农业产业园等精品项目建成投产，示范区内发展设施农业和葡萄近万亩、绿色有机水稻2.4万亩。黄柳刘线示范带万亩草莓生产基地、万亩果蔬“北菜南运”物流基地等重点项目基本建成，2016年成功举办了中国第十一届草莓节。河东产业大道示范带向日葵迷宫等旅游项目广受欢迎，万亩省级高标准农田建设试点项目顺利推进。首山示范区“农业嘉年华”项目开园近一年，取得了良好的经济和社会效益。东宁卫示范区水系改造工程全部竣工，三禾休闲观光旅游园基本建成并投入运营。二是2016年又新启动了辽阳县山区特色林果产业带、灯塔市沈半线优质粮食生产示范带、宏伟区辽凤线现代水果生产采摘示范带和弓长岭区西土线休闲农业示范带等4个示范区（带）建设。辽阳县山区特色林果产业带成功举办中国首届榛子食用油标准鉴定会；建设千亩连片大果榛子示范园和南果梨园各2个；大果榛子统一注册了“首山牌榛子”商标。灯塔市沈半线优质粮食生产示范带建成了大河南镇国家级优质水稻和省级玉米高产示范园区，1 400亩水稻降解膜直播项目试验成功。宏伟区辽凤线现代果业示范带重点实施了鑫盛农副产品加工、旭嘉三和农特产品冷链物流建设、林枫生态农业园、万莱花卉、克里特·爱情海等项目。弓长岭区西土线休闲农业示范带大地花海项目取得较好效益，初步形成了休闲、观光旅游农业黄金线路。

1. 农业产业体系进一步完善提升

紧密结合国家现代农业示范区建设任务和农业供给侧结构性改革任务，加快构建现代农业产业体系，以调整农业种养结构、延伸农业产业链、搞活农产品流通为抓手，推进农业产加销紧密衔接、农村一二三产业深度融合。一是大力提升四大农业主导产业，优化农业种养结构，提高农业供给体系质量和效率。优质粮食产业加速调整种植业结构，2016年调减玉米种植面积8万亩，增加了谷物、水稻和经济作物种植面积；积极打造优质粮食生产基地，创建国家级粮食高产示范片15个，新建占地千亩以上优质粮食生产基地8个。绿色蔬菜产业重点提高设施蔬菜比例，新建150亩现代设施农业小区30个，面积4 500多亩。生态养殖产业重点提升畜禽标准化规模养殖水平，安康良种繁育场、环野标准化奶牛养殖基地等项目顺利投产，辽阳县德鑫绒山羊种羊场被确定为省畜禽标准化养殖项目。特色林果产业重点推进提质增效，新发展经济林5万余亩，建设省高效精品果园2个。二是大力发展农产品加工业，加快农产品加工转化，延长农业产业链。研究制定了《辽阳市关于加快农产品加工业发展的实施意见》。两年来，全市共实施投资2 000万元以上农业产业化重点项目64个，其中投资亿元以上项目13个。目前，全市市级以上龙头企业达到110家，其中国家级3家，省级23家。三是大力发展农产品流通业，以全省农产品现代流通体系试点市建设为抓手，推动产销衔接，构建与生产相匹配的现代农产品流通体系。目前，全市已认定了51个生产基地，开设农产品直销超市、直销店116个，建成农产品分拣配送中心4家，农品购、馋猫特特等农产品电商平台上线运营，初步解决了农产品“农民卖难、市民买贵”的问题，在全省形成了可复制、可推广的“辽阳模式”试点经验。四是大力发展休闲农业。建成了一批休闲农业精品项目，弓长岭区被评为国家级休闲农业示范县（区），三禾农庄被评为国家五星级休闲农业示范点，灯塔市获批省级一二三产业融合发展试点县。

2. 现代农业支撑体系进一步强化

制定出台了《辽阳市强化现代农业四大保障体系建设实施意见》，明确了目标任务、重点工作和保障措施，为全市农业支撑体系建设指明了方向。一是抓好农业科技支撑体系建设。加强与农业科研机构合作，2016年7月26日，市政府与省农业科学院签订了农业科技共建协议。加快实施农业信息“进村入户”工程，开通了“12316”金农热线服务平台，建设村级益农信息社316个，辽阳市被列为全省新型职业农民培育基地。二是抓好动植物疫病防控体系建设。大力推行农作物病虫害统防统治及绿色防控技术，落实病虫害统防统治面积100万亩，辽阳县成为省玉米螟绿色防控示范县，林业有害生物防治率达到100%。完成辽阳市动物无害化处理中心及25个病死动物收集系统的建设任务；全市连续13年无区域性重大动物疫情发生，居于全国领先地位。三是抓好农产品质量安全体系建设。加大“三品”认证工作，新认证绿色食品4个，面积6.7万亩。基本建成了农产品质量安全追溯体系，对88家试点单位的农资、农业投入品和农产品实现全程质量可追溯。四是抓好农机服务体系建设。水稻和玉米全程机械化水平不断提高，全市耕种收综合机械化水平达到81%。辽阳县2015年被确定为全国水稻机械化生产示范县。

3. 农业基础设施进一步加强

一是统筹推进高标准农田建设。全省“统筹涉农资金建设高标准农田 推进农业发展方式转变”万亩示范试点项目落户辽阳市，目前正顺利推进，预计2017年上半年能够按期完成试点任务。制定了《辽阳市高标准农田建设实施意见（2015—2020年）》，2015年完成高标准农田建设10.2万亩，2016年已落实建设任务10.1万亩。二是加强农田基本建设。以“大禹杯”竞赛为抓手，大兴农田水利设施建设，改善和增加灌溉面积近40万亩。三是改善农村人居环境。大力实施美丽乡村建设，建成100万元/村的标准美丽乡村示范村131个，弓长岭区在全省率先实现美丽乡村示范村全覆盖。认真抓好造林绿化，实施荒山造林近2万亩，绿化村屯120个，遏制了“小开荒”反弹势头。四是加强农业防灾减灾体系建设。稳妥推进农业保险工作，完成种植业保险137.3万亩、森林保险87.38万亩、畜牧业保险24.33万头。气象为农民服务能力进一步增强，“辽阳预警”App上线运行，发布预警信号207个、气象服务信息270期，开展人工增雨作业3次，为1 330户新型农业经营主体提供了“直通式”气象服务。完成种植业保险137万亩，达到历史最高水平；完成森林保险87.33万亩。

4. 农村改革创新取得新成果

一是全省农村土地承包经营权确权登记颁证“整市推进”试点工作顺利推进。截至2016年年底，承包地块调查表填制完成率为98%，外业测量面积为206.79万亩，完成率达90.7%。二是农业规模化经营水平进一步提高。两年新增规范土地流转面积20多万亩，流转总面积达到85.8万亩，占全市家庭承包面积的43.1%，高于全省平均水平。三是新型农业经营主体快速健康发展。新增农民专业合作社127家，农民合作社累计达到2 037家。新增家庭农场100家，家庭农场累计达到870家。四是农村金融创新取得新成效。启动了辽阳县承包土地经营权抵押贷款试点工作，出台了《辽阳市农村承包土地的经营权抵押贷款试点实施方案》，成立了辽阳县农村产权交易中心。发放“种粮乐”“政银保”惠农贷款1.3亿元。五是林业改革稳步推进。完成林改电子档案建设198个村，占完成主体改革村的81%。制定了《辽阳市国有林场改革工作方案》，辽阳县、灯塔市《国有林场改革方案》已上报至省国有林场改革领导小组审批。

（二）国家现代农业示范区与其他示范区建设水平对比分析

1. 示范区建设水平年度增长分析

2014年，全国前两批153个示范区建设水平综合得分达到71.2分，比上年增加3.3分，增速为4.9%；东北地区示范区平均得分71.2分，比上年增加2.1分，增速为3%；辽宁省示范区平均得分为70.8分，比上年增加0.5分，增速为0.7%；辽阳市得分为73.06分，比上年增加0.49分，增速为0.7%。尽管辽阳市国家现代农业示范区2014年得分高于全国平均水平1.86分，但增速和东北地区、辽宁省一样，明显低于全国平均水平（图4-1）。

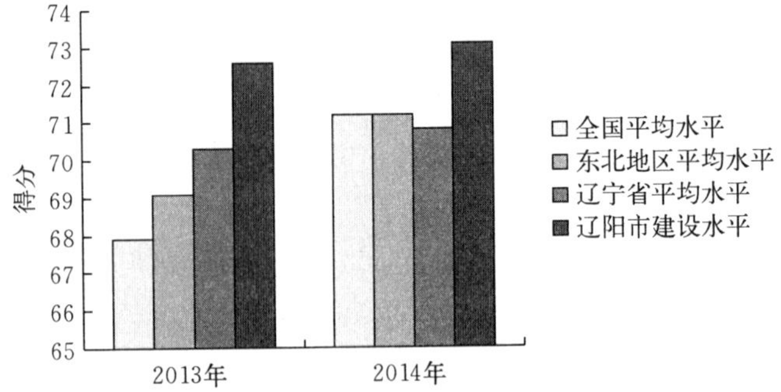

图 4-1　2013—2014 年示范区建设水平对比

2010—2014 年，全国 153 个示范区建设水平年际间综合得分增量平均为 3.5 分，辽阳市年际增量平均为 5 分，高于全国平均值 1.5 分（图 4-2）。

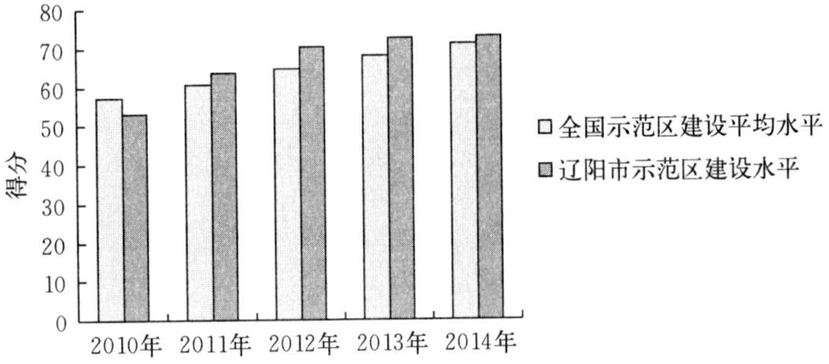

图 4-2　2010—2014 年辽阳市国家现代农业示范区建设得分与全国平均得分对比

比较结果显示，2010—2012 年辽阳市农业现代化进程加快，2012 年得分迈入 70 分后，和东北地区及辽宁省其他示范区一样，出现增速减缓问题，农业现代化进程面临关键节点。尤其是 2014 年，东北地区和全国平均水平持平，辽宁省低于全国平均水平。辽阳市尽管现代农业总体发展水平较高，但增速低于辽宁全省增速，与东北地区和全国平均水平均有显著差异。

2. 示范区建设水平具体指标对比分析

对比分析辽阳市国家现代农业示范区和全国 153 个示范区 24 项测算指标现状值。发展水平一致的有两项，高于全国平均水平的指标有 9 项，低于全国平均水平共有 13 项（表 4-1），其中高标准农田面积所占比例比全国平均水平低 7.92 个百分点；农户计算机拥有率每百户低 6.3 台；土地适度规模经营所占比例低 3.16 个百分点；农产品加工业产值与农业总产值比值倍数相差 0.61 倍；农户参加农民合作社所占比例低 15.64 个百分点；农林牧渔服务业增加值占农林牧渔业增加值的比例低 0.92 个百分点；农业保险深度低 0.45 个百分点；单位农林牧渔业增加值的信贷资金投入低 0.36 元；粮食总产量年均增幅低 1.43 个百分点；农产品质量安全抽检合格率低 0.69 个百分点；农民人均纯收入低 2 292 元；农田灌溉水有效利用系数低 0.01；劳均农林牧渔业增加值低 9 761 元。

表 4-1　2014 年辽阳市及全国 153 个国家现代农业示范区建设水平对比

指标名称	单位	基本实现现代化目标值	全国实现现代化目标值	辽阳市现状值	153 个示范区平均现状值	差值
（1）高标准农田面积百分比	%	60	75	47.18	55.1	−7.92
（2）农作物耕种收综合机械化水平百分比	%	75	90	78	78	0
（3）大专学历以上农业技术推广服务人员百分比	%	80	95	96.21	81.9	14.31
（4）持专业证书的农业劳动力百分比	%	35	60	51.41	44.5	6.91
（5）农户计算机拥有率	台/百户	50	80	50	56.3	−6.3
（6）具备农业综合信息服务能力的乡镇百分比	%	75	100	100	99.7	0.3
（7）“12316”等农业信息服务热线覆盖率	%	100	100	100	99.3	0.7
（8）土地适度规模经营百分比	%	40	70	53.84	57	−3.16
（9）畜禽规模化养殖百分比	%	60	80	67.52	65.7	1.82
（10）水产标准化健康养殖百分比	%	50	75	55.28	43.1	12.18
（11）“三品”认证农产品产量百分比	%	40	50	65.54	22.8	42.74
（12）农产品加工业产值与农业总产值比值	倍	2.7	3.5	1.54	2.15	−0.61
（13）农户参加农民合作社百分比	%	55	75	39.56	55.2	−15.64

（续）

指标名称	单位	基本实现现代化目标值	全国实现现代化目标值	辽阳市现状值	153 个示范区平均现状值	差值
（14）农林牧渔服务业增加值占农林牧渔业增加值的百分比	%	4	6	2.78	3.7	−0.92
（15）农林水事务支出占农林牧渔业增加值的百分比	%	15	20	18.35	18.3	0.05
（16）农业保险深度百分比	%	1	1.5	0.56	1.01	−0.45
（17）单位农林牧渔业增加值的信贷资金投入	元	0.8	1.1	0.58	0.94	−0.36
（18）粮食总产量年均增幅	%	2	3	2.27	3.7	−1.43
（19）农产品质量安全抽检合格率	%	100	100	99.11	99.8	−0.69
（20）农民人均纯收入	元	23 000	40 000	11 156	13 448	−2 292
（21）耕地保有率	%	100	100	100	100	0
（22）农田灌溉水有效利用系数		0.6	0.7	0.62	0.63	−0.01
（23）单位能耗创造的农林牧渔业增加值	万元/吨标准煤	2.2	3	2.29	1.75	0.54
（24）劳均农林牧渔业增加值	元	35 000	60 000	22 238.91	32 000	−9 761.09

（三）国家现代农业示范区建设存在的问题

1. 农业基础设施有待提升

由于受自然灾害影响，2014 年粮食产量因旱灾出现明显减产。说明辽阳市农业基础设施还比较薄弱，抵御自然灾害的能力不强，高标准农田占比偏低，部分农田不具备旱能灌、涝能排的功能。农田灌溉水有效利用系数仍然偏低，部分水利工程由于年久失修未能及时维护导致其没有充分发挥效用。

2. 农产品加工业发展缓慢

农产品加工业产值与农业总产值比值低于全国平均水平 0.61，距离基本实现农业现代化差值更大，达到 1.16。辽阳加工企业经营规模小，加工水平低，缺少精深加工项目和龙头企业。产品多以初级加工为主，产业链条短，附加值偏低。如肉禽产品以冰鲜制品为主，果蔬产品以初级整理为主。加工业企业品牌意识差，一些成规模的企业，过多注重量的发展，忽视质的提升，存在大而不强、博而不精的情况，缺少知名企业。

3. 农业经营管理水平和效果还具有较大发展空间

新型农业经营体系尚未健全，一定程度上限制了土地适度规模经营水平的提高，造成了农业产业化龙头企业、农民专业合作组织、家庭农场等新型农业经营主体发育成长慢且小而散，参加农民合作社农户数较少。同时，由于政府扶持和市场机制引导偏弱，农业社会化服务业整体素质不高，支撑服务作用发挥不够，农林牧渔服务业增加值占农林牧渔业增加值的比例偏低。

4. 现代农业发展建设中市场配置资源的功能作用不充分

全市单位农林牧渔业增加值的信贷资金投入为 0.58 元，低于基本实现农业现代化 0.8 元的标准。尽管农业经营主体对资金需求较大，但信贷资金供给渠道狭窄，信贷成本偏高，资金缺口较大，说明鼓励金融资本和社会资金投入农业以及扩大农业信贷配套政策措施与机制不够完善，农民就业空间、经营性收入和农产品加工增值等增幅受限。此外农业保险深度偏低，农民参保积极性有待进一步提升。

（四）国家现代农业示范区建设模式初探

1. 国家现代农业示范区建设模式基础

辽阳市地处沈阳经济区中心位置，东临本溪市，南靠鞍山市，西、北与沈阳市接壤，生产的主要农副产品大量供应周边城市，城郊型农业特征突出。辽阳市国家现代农业示范区建设全面启动两年来，以示范区建设统领农业农村工作，以“十三五”末迈入基本实现农业现代化阶段为目标，以灯塔市省级现代农业综合示范区、黄柳刘线现代农业示范带、河东产业大道现代农业示范带、首山现代农业示范区、东宁卫现代农业示范区、辽阳县山区特色林果产业带、灯塔市沈半线优质粮食生产示范带、宏伟区辽凤线现代水果生产采摘示范带和弓长岭区西土线休闲农业示范带 9 个现代农业示范区（带）为主平台和核心区，逐步壮大主导产业规模，不断强化现代农业支撑保障体系建设，深入推进农村改革，带动全市农业现代化水平迈上新的台阶，现代农业示范区建设模式初步显现。

2. 国家现代农业示范区建设内涵

以国家现代农业示范区统领全市农业和农村工作，突出抓好 9 个现代农业示范区（带）引领示范作用，壮大优质粮食等四大主导产业，健全现代农业产业体系，强化科技推广等四个支撑体系建设，提高现代农业发展保障水平，搭建农村土地和金融改革平台进一步激发农业发展潜力，实施“美丽乡村”和特色小镇建设，促进城乡一体化发展。全市形成以9个现代农业示范区（带）为纽带，以现代农业园区建设为载体，以生产基地建设为抓手，以点连线、以线带面，突出重点、梯次推进的国家现代农业示范区建设格局。按照“市领导小组抓总体，县（市）区政府抓示范区（带），乡镇（街）政府抓园区，新型主体建基地”的工作原则，积极引导新型农业经营主体扩大生产基地规模，集中力量打造一批规划布局合理、农业生产要素集聚、科技和设施装备先进、经营管理机制完善、产品优质安全、流通市场高效、经济效益和示范带动效应明显的现代农业园区，带动示范区（带）发展，提升辽阳市国家现代农业示范区建设水平。

3. 国家现代农业示范区建设模式推广价值

在农业生产基础和二、三产业发展较好的城郊地区，可以借鉴和参考辽阳市国家现代农业示范区建设模式，通过开展现代农业示范区（带）、现代农业园区和生产基地的建设，统一整合资源，集中投入资金，合理规划设计，解决土地、资金、管理、技术、市场等方面的问题。同时，积极构建现代农业经营体系和服务体系，创造良好的农业发展环境，率先基本实现农业现代化，进而推动全域现代农业的发展。

二、国家现代农业示范区现代化建设

（一）影响农业现代化建设的主要因素

1. 要素资源禀赋

示范区农业现代化首先与其农业资源禀赋及市场区位环境存在因果关系，这里既包括气候条件、地理区位、市场空间等环境要素，也包括水土资源、人力资源等传统要素、还包括资本、技术、装备等现代要素。因地制宜、发挥比较优势是农业现代化路径选择的基本原则。

2. 经济社会发展

发达国家的经验证明，经济发展和工业化是农业现代化的前提，农业现代化所需的资金、技术、装备、农业劳动力转移等都需要经济社会发展的支持，

所以，示范区的经济总量、产业结构、财政收入、城市化水平等经济社会发展条件，从根本上制约着农业现代化进程。

3. 政府目标定位

国家对农业现代化提出了“四化”同步的明确要求，各级政府也分别确定了地方现代农业发展目标，在国家层面上，保供、增收、可持续是发展现代农业的三大任务，而在地方层面上，农业效益也是主要的发展追求，地方政府为农业现代化确定的具体目标更直接地影响着地方农业现代化的路径方向。

4. 经营主体结构

各类农业生产经营主体是现代农业建设的主力军，包括普通农户、大户、家庭农场等家庭经营主体，以及合作社、龙头企业等新型生产经营组织。地方农业生产经营主体的数量、结构和素质，直接制约其农业经营的专业化、规模化和组织化水平，也深刻影响着农业经营的社会化程度和集约化效果。

5. 农业体制机制

不断完善的农业体制机制是保障现代农业发展的动力之源，示范区在发挥农村基本经营制度的优越性，创新农业生产经营体制、改革农村集体产权制度，构建城乡生产要素自由流动机制等方面的一系列政策规定，共同构成其现代农业发展的制度环境，深刻影响着现代农业的发展活力。

6. 配套支持政策

农业具有公共性，农业现代化受国家利益和市场需求双重驱动，仅靠市场调节和私人投资难以持续发展，政府政策是影响农业现代化路径选择的重要因素，包括财政、金融、税收、产业规划、基础设施建设等。

（二）新型农业经营体系建设

新型农业经营体系是以市场化、产业化为内在发展动力，以集约化、专业化、组织化、社会化有机结合为基本方向，以规模化、信息化、标准化为必要支持条件的立体式复合型的有机整体。其基本内容包括：以市场化为决定因素、以产业化为发展空间、以集约化为经营目标的基本制度体系，以农户家庭经营为基础、新型主体为先导的经营组织体系，以社会化分工为基础、以专业化生产为导向的现代产业体系，以公共服务为基础、以支持保护为导向的支持政策体系。在构建新型农业经营体系的实践探索中，其具体实现形式因各地农业发展阶段和经济社会基础条件不同而多种多样，“四化”有机结合可以有不

同的具体表现，四大体系的形成可以有不同的侧重，可能以某一方面为主，也可能是突出其中几个方面。

1. 专业化建设

专业化是人类社会经济发展过程中表现出来的一个最本质特征。一般而言，专业化就是一个人或组织减少其生产活动中不同职能操作的种类，专业化程度越高，一个人或组织的生产活动就越集中于更少的职能操作上。由此可见，专业化的本意是指一个生产单位或一个地区由经营多种生产活动或项目转变为专门或主要经营少数生产活动或项目的过程，其重点在于劳动力及其他生产要素向较少种类的活动增大集中度，讨论的是分工分业问题，而且随着专业化程度的增进，分工分业的范围将不断扩大。

在新型农业经营体系中，专业化可以体现在 3 个方面：一是劳动就业的专业化，即单个农业劳动者从工农兼业、农商兼业或从事多种农业生产活动转变为专门从事农业生产经营或农业生产经营活动中少数环节的工作，从而使劳动技能、劳动生产率不断提高的过程；二是主体经营的专业化，即农业生产经营主体，包括普通农户和新型主体，按照市场化原则和社会化分工，专门或主要生产经营某种或某类产品，达到一定的规模和标准，生产技术、经营能力和商品率不断提高，如专业大户、专业合作社等；三是区域布局的专业化，即一个地区按照市场化原则和社会化分工，将区域内的多数农业生产经营主体组织联合起来，统一生产、加工或经营某种或某类产品，形成具有一定规模的专业产区或具有集群效应的专门产业，从而实现外部规模化和获取外部规模经济效益，如专业村、“一村一品”、“一镇一业”等。

因此，家庭经营专业化不仅是家庭经营集约化的基础和前提，区域布局的专业化，经过市场化机制和产业化平台的嫁接，进一步搭建了家庭经营与统一经营的连接，从而产生区域经济集约化发展效果，并在统一层次上与组织化、社会化发生更广泛的联系。

2. 组织化建设

组织化是通过一定的社会经济组织形式与制度来协调社会经济分工，从而使之构成一个相互联系、相互依赖的有机整体的发展过程。农业组织化是农业组织结构从低层次、低水平、小规模向高层次、高水平、规模化的变迁。农业组织化的目的是实现内部经济资源的最优化配置和生产经营成本的节约，从而使组织处于有利的市场竞争地位，实现利润最大化。由此可见，组织化的本意

是指在社会经济活动中，通过一定的机制将各类主体联结成一个有序整体的过程，其重点在于分工基础上的协作，讨论的是生产经营活动的协调问题，而且并未对组织的规模大小做出限制。

在新型农业经营体系中，组织化主要体现在两个方面：一是经营主体之间的组织化，指不同、相同经营主体之间通过市场化机制开展的合作或联合组织的构建，或者通过产业化平台将不同经营环节联结成产业化链条，进而构建一体化、一条龙式的产业化组织，形成具有稳定协作关系的有序整体的过程，如由农户组织形成农民合作社，进而形成合作社联合社，或由龙头企业牵头形成“公司＋合作社＋农户”的产业化组织；二是经营主体自身的组织化，指经营主体自身规模的扩大、管理水平和商品率的提高以及与外部市场关系的加强等，如随着农户经济实力和经营规模的扩大，家庭内部出现劳动分工或雇佣生产，相应的成本核算、管理监督和市场营销等经营组织能力不断提升，成为专业大户或家庭农场的过程。

因此，农业的组织化不只是体现在统一经营层次的转变方向上，组织化应该是也必然是家庭经营发展的方向。

3. 社会化建设

社会化指的是生产从自给自足向专业化分工生产基础上的社会化大生产变化的过程，强调的是由原来孤立、封闭、自给型的生产状态转变为分工细密、协作广泛、市场开放的大生产状态的过程。农业社会化是一种生产格局，微观层面上表现为传统小农逐渐参与到社会化的分工与合作，宏观层面上表现为其他社会经济部门逐渐参与到农业生产中来。

在新型农业经营体系中，农业社会化可以从两个层面看：一是狭义的农业社会化，即在政策界、理论中、实践上广泛应用的农业社会化服务，随着农业专业化、市场化程度的不断提高，原来由农业生产经营主体自己完成的部分生产环节，逐渐从农业生产过程中分化出来，集中由其他专门组织机构或专业化市场主体来承担，如生产资料供应、基础设施建设、农业技术推广、田间管理、病虫害防治、金融保险、农产品运销等；二是广义的农业社会化，随着第一产业劳动就业比例的下降和农业保障供给功能的增强，农业对外部的技术、资本、政策及市场日益产生高度依赖，其他社会经济部门的参与成为确保农业生产高效运行的重要方面。所以，广义的农业社会化不仅包括社会化服务，还包括在专业化分工、市场化发展、产业化经营不断深化的社会化大生产格局下，不同市场主体之间密切协作、产业链条不断延伸、三次产业不断融合的农业市场化、产业化发展过程。

因此，农业的社会化不仅仅是指农业社会化服务，它在社会化大生产背景下具有更丰富的内涵，农业社会化也不仅仅体现统一经营层次的转变方向，它在市场化机制中和产业化平台上，也体现了家庭经营层次的转变方向。

4. 集约化建设

集约化是指在社会经济活动中，在一定经济范围内，通过要素数量的增加、质量的提高、投入的集中、管理的创新以及组合方式的优化来增进效益的过程，其重点在于通过要素投入的集中与优化，提高生产经营的综合效益，实现经济效益、社会效益和生态效益的统一。

在新型农业经营体系中，农业集约化的过程应体现在3个层面：一是经营主体的集约化，即在农业生产经营主体内部，通过要素投入的增加、要素配置的优化和管理手段的创新，形成符合市场需要的专业化生产和适度的经营规模，进而实现经营主体投入产出效益的增加；二是产业发展的集约化，即在一个产业内部，通过市场化、专业化的分工和组织化、社会化的利益联结，对各环节经营主体的要素进行优化配置，提升整个产业链的综合产出能力和生产经营效益；三是区域发展的集约化，即在一定区域范围内，在专业化区域布局、组织化相互协作、社会化生产融合的基础上，对各类经营主体的生产要素进行优化组合，提升整个区域的综合产出能力和生产经营效益。

因此，农业集约化不仅仅是家庭经营的转变方向，也是区域经济和产业化各环节组织发展的方向。农业集约化是指在农业市场化、产业化发展的支持引导下，同一经营主体和不同经营主体在一定经营和区域范围内，通过生产要素的优化组合和管理创新实现的，是农业专业化、组织化、社会化发展共同作用的结果。

5. “四化”有机结合推进

专业化是基础条件。在新型农业经营体系中，专业化是对个体单位的一种技术要求，是在构建新型农业经营体系的不同阶段，在劳动就业、生产经营个体或产业区域布局层面，都实现分工分业程度的加深和分工分业范围的扩大。专业化是农业市场化发展的前提和产业化发展的基础，专业化与组织化相生相伴、互为支撑，共同促进分工分业程度的增进，推动社会化生产格局形成和集约化水平提高。

组织化是经络框架。在新型农业经营体系中，组织化是个体以及不同规模群体的一种协作机制。当前，构建新型农业经营体系主要是遵循市场化原则，将专业化的生产经营主体有序联结，形成分工协作，实现外部规模化和经营产业化。组织化的作用对象是专业化的个体单位，组织化的作用结果是有序的社会化生产和有效的集约化经营。专业化是组织化的作用基础，组织化是专业化的制度保证，它是社会化和集约化的必要条件。

社会化是结构形态。在新型农业经营体系中，社会化是整体层面上的一种分工格局，不同地区或不同阶段的新型农业经营体系建设，可以具体表现为主体经营规模化、生产服务专业化、产业布局区域化、生产联结产业化和社会化大生产。社会化分工与专业化生产是一体两面、社会化与专业化互为前提，社会化格局是组织化联结所形成的整体形态、组织化是社会化的联结机制，社会化生产是集约化效果的重要保证、集约化是社会化的必然目标。

集约化是经营目标。在新型农业经营体系中，集约化是对个体及整体的一种效益目标，需要依据自身条件，通过合理运用市场化、一体化等组织机制，有序联结专业化、标准化、信息化的生产经营主体，进而形成区域化、产业化等社会化生产格局来实现。集约化是专业化、组织化与社会化共同作用的结果，也是专业化、组织化、社会化发展的核心目标。

总之，“四化”有机结合是在产业化发展平台上，市场化经营机制中，以专业化为基础条件、组织化为经络框架、社会化为结构形态、集约化为经营目标的结合。“四化”之间相辅相成、互为制约与动力，对构建新型农业经营体系发挥整体作用，产生综合效果。《十八大报告学习辅导百问》提出，要着力在“统”和“分”两个层次推进农业经营体制机制创新，其中，集约化和专业化体现了家庭经营层次的转变方向，组织化和社会化体现了统一经营层次的转变方向。还有很多研究成果对“四化”结合的认识都是基于这个逻辑的。本研究认为这是不全面、不深刻的，这是一种割裂法、片面式、机械性的理解，是将“四化”关系分裂成“两块”的理解，在一定程度上也是将家庭经营与统一经营对立起来的理解。本文认为，新型农业经营体系中的“四化”结合不是简单、表面、机械的结合，而是全面、深度、有机的结合；不能机械甚至对立地理解家庭经营与统一经营的关系，而应在“四化”有机结合的基础上研究和促进新型农业经营体系构建。

6. 新型农业经营体系推进规模化、信息化、标准化

农业规模化是在市场化、产业化的发展和引导下，在集约化、专业化、组织化、社会化的有机结合中，各类生产要素在不同农业产业、不同生产环节中进行规模组合和适度扩大的过程。所以，农业的规模化发展路径一定是多种多样的，发展过程一定要与农业行业特点相适应，经营规模的大小一定是适度的，发展目的一定要满足不同生产要素的不同功能要求，发展速度一定要与国情条件、农业产业特点及生产力发展水平相适应。所以，农业规模化不能“一刀切”。

农业信息化建设是在“四化”有机结合中对新型农业经营体系构建起到催化和加速作用。农业标准化建设，则是在“四化”有机结合中，在新型农业经营体系构建中，对不同产业及其各自不同生产环节，在技术上和操作中的规范化要求。

因此，农业规模化、信息化和标准化是新型农业经营体系构建中的外在条件性要求，而不应是内在规定性要求。

（三）典型示范区构建新型农业经营体系的实践探索

现代农业示范区是我国农业现代化发展的先行先试地区，依靠普遍较好的农业资源条件和较为优越的社会经济发展基础，在农业现代化建设实践中，逐渐形成了以专业化、组织化、社会化和集约化为导向的发展方式，在“四化”有机结合方面涌现出多种典型做法，取得显著成效，为构建新型农业经营体系奠定了扎实的实践基础。

1. 积极推进农业专业化分工布局的做法与成效

（1）农业劳动者的专业化程度明显提高。多数示范区都出现较为明显的农村劳动力分工分业趋势。通过对 12 个示范区的实地调查发现（图 4－3），多数示范区的大量农村劳动力已经实现非农转移就业，留在本地农业就业的农村劳动力数量急剧减少，尤其是东部发达地区的示范区，如浙江平湖、江苏太仓在 2010 年和 2011 年时，在本地农业就业的劳动力就已经分别下降到农村劳动力总数的 19.21％和 20.08％，2012 年河北玉田的本地务农劳动力也仅为其农村劳动力总数的 25.22％。农业劳动力数量的减少，明显改善了人地关系、增加了劳均土地面积，延长了农业劳动时间，极大地缓解了农业中大量存在的隐形失业情况，农业劳动者的专业化程度得到明显提升。

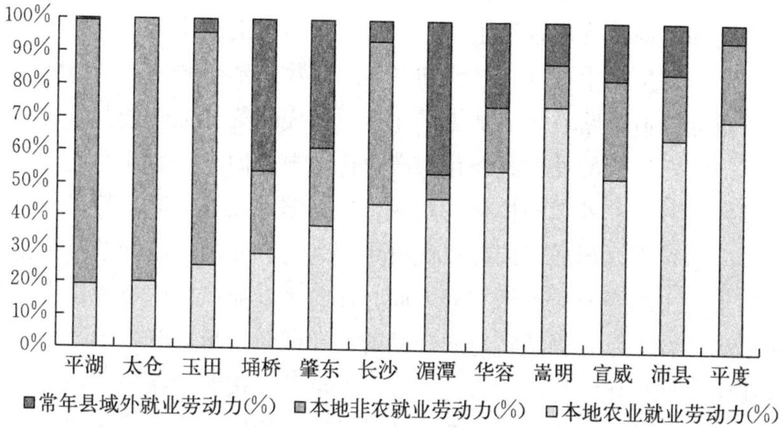

图 4-3　12 个典型示范区的农村劳动力就业结构

（2）新型农业经营主体数量、素质不断提升。各示范区都十分注重通过体制机制创新，营造适合专业大户、家庭农场、农民合作社和龙头企业等新型农业经营主体成长发育的政策环境，鼓励他们从事完全以市场需求为导向的专业化生产，发展规模经营和集约经营。目前各类新型农业经营主体正日益成为示范发展现代农业的主体和生力军，2012 年，河北玉田的种植大户数量达到 983 个，比 2006 年增长了 3.4 倍，经营总面积达到 10.23 万亩，占玉田县耕地总面积的 9.5%；山东平度的农民专业合作社数量达到 1 582 个，是 2007 年的 12.6 倍，登记注册成员 25 762 个，社员承包土地面积 76.3 万亩，占耕地总面积的 31%；黑龙江肇东组建各类新型经营主体 7 863 个，流转土地 183.14 万亩，占全市耕地总面积的 44.7%，规模经营面积达 291.1 万亩，占全市耕地总面积的 71%，其中 36 个农机合作社流转和入社面积 41 万亩，286 个种植专业合作社入社面积 33.25 万亩，255 个家庭农场规模经营面积 20.9 万亩，7 110个种粮大户规模经营面积 146.3 万亩。随着新型农业经营主体数量和素质的快速提升，示范区农业生产的专业化、规模化程度不断提高，在劳动者个人专业分工的基础之上，促进家庭经营、集体经营、合作经营和企业经营层面上专业化水平的增进。

（3）围绕农业主导产业规划形成专业化区域布局。在促进农业劳动者个人和农业生产经营主体的专业化分工之外，还有一些示范区着力促进区域布局的专业化。山东平度依托资源条件和种养传统，因地制宜、科学规划，围绕四大主导产业，推进农业产业专业化区域布局，形成了产区集中、布局连片、优势突出的平南和平西南优质粮油生产区、平东和平东南优质出口蔬菜生产区、平北和平东北生态果品生产区、平西和平西北畜牧养殖生产区；同时壮大农产品加工业，重点打造沿路农产品加工产业带，促成蔬菜加工业集群式发展，提升专业区域内农户经营的外部组织化、产业化水平，促进了农业产业专业化区域布局稳步发展和生产外部规模化的实现。贵州湄潭在《湄潭县特色优势产业发展规划》的指导下，形成了南部以优质烤烟为主、北部以品牌茶叶为主、中部以优质稻米为主的专业化区域布局，同时在各个专业产区内集中建设加工企业和专业市场，有效延长当地特色农产品的产业链条，巩固和带动了农业生产经营向专业化、规模化、标准化方向发展。江苏沛县按照对接规划、突出重点产业、保障生态安全、尊重现状、兼顾长远的基本原则，将示范区建设总体划分为“三圈五区”的空间布局，5 个生产区分别是近郊城市农业区、东部优质粮食主产区、南部高效设施园艺区、西北部高效生态养殖区、微山湖生态农业区。

2. 着力提高生产经营组织化程度的做法与成效

（1）不断创新集体经营、合作经营模式。江苏太仓从 2010 年初开始重点探索并推进由村集体经济组织发起，农民以土地、劳力、资金等形式入股，从事农业生产、加工、销售的合作农场。合作农场由职业农民管理、产加销分工明确，内部管理规范，全部实现规模化经营、机械化耕作、标准化生产，部分合作农场还建有自己的农机合作社和劳务合作社，有组织地对外开展农机服务和劳务输出。目前太仓已建立 102 家合作农场，经营土地 20 万亩，占太仓耕地总面积的 49%，成为提高当地农业经营组织化程度的主要载体。

在更为普遍的合作经营方面，典型示范区都十分注重各类专业合作组织的发展培育。山东平度在合作社发展方面尤为突出，截至 2013 年 6 月，共注册成立农民专业合作社 1 865 家，在册成员 27 709 户，涉及粮、棉、油、果、蔬等十几种产业，涵盖产前、产中、产后等不同环节，辐射带动农户 10 万多户，成为联结普通农户、提供社会化服务、提高农户参与市场竞争能力和收入水平的重要载体。据统计，目前平度合作社中执行统一生产质量标准的有 301 个，主要投入品供应和主要产品统一销售达到 50%以上的分别为 63 个和 68 个，统一组织购买农业生产投入品总值 3.4 亿元，实行订单生产和农超对接（农社对接）的分别有 111 个和 60 个。发展较早的大黄埠村樱桃番茄合作社还走上了“整合”之路，不仅在大黄埠村建立了专业合作社联盟，实现本村内的“化零为整”，还吸收邻村的两家合作社成立了联合总社，扩大了成员规模，进一步提高了种植户的组织化程度和应对市场的能力。

（2）不断完善产业化利益联结机制。近年来，平度大力发展适合当地农业资源特征的农产品加工项目、农业企业和农产品产地批发市场，着力打造蔬菜加工出口企业集聚区，50 多家出口创汇能力较强的企业形成多个产业集群。企业在出口质量标准要求下，积极建设生产基地、发展订单农业，主动指导、监督当地农户按照技术规程生产，通过统一种苗供给、栽培技术指导、统一病害防治、保底收购产品等方式，形成“企业＋基地＋农户”“专业市场＋农户”“企业＋专业合作社＋农户”等产业化、组织化模式，巩固和完善了产业化利益联结机制。目前已带动周边形成 40 多万亩蔬菜生产基地，使农户成为产业链条上的一个生产车间，有效促进了农户之间、新型主体之间、农户与新型主体之间的分工协作，各类主体之间的产业关联度不断增强、利益联结度不断深化，同时全方位提升了订单农户、生产基地乃至行业整体的生产标准化水平。

黑龙江肇东市依托绿色食品产业大园区，以龙头企业为牵动，坚持走“企业＋合作社＋基地＋农户”模式和“1＋X”模式，组织多个合作社为一个企业建设原料生产基地，推动合作社走产业化发展之路，目前已围绕中粮集团，组建了百万亩玉米高淀粉基地，吸纳合作社 160 个；围绕伊利集团，组织奶牛合作社建立了 3 万头奶牛养殖基地；围绕金刚山泡菜，组织蔬菜合作社建设了 10 万亩蔬菜基地。

农民专业合作组织和农业企业通过提高农户家庭的外部组织化程度和产业化水平，将分散的农户组织起来，形成利益共同体，不仅提高了农民的组织化水平，而且延长了农业产业链条，扩大了农业产业经营规模，让小规模农户在不流转土地的情况下形成有序的社会化分工协作组织，获得外部规模扩张带来的集约化经营效益。

（3）大力扶持专业大户、家庭农场成长。随着市场化、社会化程度不断加深，农户经营形态也发生着较大变化，部分农户转营非农产业，部分农户转向城镇，还有部分农户朝着专业化、规模化方向发展。典型示范区积极顺应农户分化演变的趋势，适时调整农业经营组织政策，积极扶持种养专业大户、家庭农场等适应现代农业要求的主体发展。黑龙江肇东 100 亩以上的种植大户数量从 2006 年的 2 288 个增长到了 2012 年的 7 021 个，经营总面积相应的从 28.6

万亩增长到87.8万亩，占耕地总面积的比例从8.2%增长到21.4%；同时，规模养殖大户从2006年的1 258个增长到2012年的2 007个，增长了59.5%。河北玉田注重引导种养能手、返乡创业人员、农村经纪人等发展规模种养业，目前共培育100亩以上种植大户近100个，其中超过2 000亩的大户5个，规模养殖大户8 365个。

随着专业大户经营规模的扩大和专业化程度的提高，部分大户家庭内部逐步实现规范的成本核算、管理监督，成为具备独立的市场营销、市场开拓等经营组织能力的家庭农场。目前，玉田已涌现出一批达到标准化种植和养殖规模的专业性“家庭农场”和集住宿、餐饮、娱乐、采摘于一体的综合性“家庭农场”。肇东已建设家庭农场255个，土地经营面积均在200亩以上，经营总面积达到20.9万亩，全部拥有自有机械力量且机械化程度较高，所产农产品都能实现自营自销，目前肇东市正在组织家庭农场的工商登记工作。

3. 努力构建社会化大生产格局的做法与成效

（1）改革完善公共农技推广服务体系。肇东自2009年机构改革以来，实行农业局对市农技推广中心和乡镇农业技术推广站的垂直管理，直接控制其人员编制和经费分配，市财政每年投入资金370万元，采取“一下二聘三招四建”的办法，实现小站所向大体系的转变。同时，肇东对主导产品玉米、水稻分别制定和全面推行32字、24字技术模式，集成推广良种、耕作、栽培、施肥、防控等关键技术；投资2 000万元建成智能化水稻浸种催芽育秧基地，为25万亩水田提供芽种；每年开展科技之冬活动，重点针对新型职业农民、合作组织负责人及普通农民进行技术培训。

肇东已形成由市农技推广中心、乡镇农技推广站、村级服务室构成的三级服务机构，和由专职科技人员、大学生农技人员、外聘专家教授及乡村土专家组成的300余人的专业队伍，有效保证农技人员，尤其是乡镇站实现专人专职工作，保证农业新技术、新品种示范推广到位、农田病虫草害防治工作及时开展。近几年，玉米、水稻新品种，秋整深松、大垄双行等高产栽培新模式、智能化浸种催芽等新技术、大型机械作业展示等示范推广、技术传播成效显著。2012年推广集成配套高产高效模式化新技术16项，覆盖面积200万亩，玉米、水稻标准化栽培面积分别达到92%和53%，基本实现了农机、农艺、农户结合，良种、良法、良田配套。关键技术的推广应用面积快速增加，测土配方施肥由2006年的126.7万亩增加到2012年的310.8万亩，农作物统防统治由32.5万亩增加到240.4万亩，分别覆盖肇东耕地总面积的75.73%和58.58%，2012年秋机械深松整地面积达到120万亩，占耕地总面积的29.3%，农户对公共技术服务的需求和依赖程度越来越高。

（2）鼓励各类新型主体提供社会化服务。玉田针对目前农业劳动力非农就业比例大、农业雇工成本高、多数农户又不愿流转承包地的现实，注重引导和鼓励农民合作社、大户、家庭农场和农机、植保、农资服务组织，接受农户委托，提供全程或部分农业生产经营服务，形成新的统分结合的规模经营模式。目前，玉田共有俊银、集强、思农等3家农民专业合作社开展农户农业生产经营服务业务，服务面积3 000亩左右。

肇东根据当地土地规模大的实际情况，积极组建大型农机专业合作社，除鼓励农户带地入社外，还支持合作社对外开展农机服务，逐步形成土地流转、耕种收外包、购买农机服务等多种生产经营模式。目前肇东已组建36个千万元以上现代化大型农机合作社，购置大型农业机械600多台（套），入社土地面积达到41万亩，占全市耕地面积的10%，全程大机械化作业面积达到180万亩，占全市耕地面积的43.9%，占全程大机械化作业总面积的62.4%。结合大机械作业覆盖面积的增加，有效推进了农艺、农技、农机融合。2012年土地深松整地面积达到120万亩，2013年玉田大垄双行播种面积达到36万亩，其中购买农机合作社服务的有13万亩。

（3）支持农户融入产业化发展链条。2007年12月，平度市政府与山东六和集团联合出资成立专门针对畜禽养殖业的青岛平和担保有限公司，撬动商业银行为签约养殖户提供5～10倍于担保公司资本金的专门贷款。六和集团统一利用这笔资金整合畜禽养殖产业链上下游企业，为养殖户提供符合其生产周期的种苗、饲料、兽药、产品回收等全程服务，并派出技术人员，帮助建设标准化场舍，指导设备安装、疫病防治等技术。该模式使养殖户成为畜禽产业上的一个环节，只需按标准化要求做好饲养、防疫、除污等日常管理工作；各类专业企业成为养殖户的物资与服务供应商，技术指导、物资配送等全部由专业企业承担，形成畜禽养殖户与担保公司、银行、种禽孵化场、饲料厂、兽药厂、屠宰加工厂、物流公司等相关企业构成的一个分工明确、三产融合的社会化分工协作格局（图4-4）。

龙头企业及其上下游市场组织的共同参与，使众多分散的畜禽养殖户顺利融入产业化、社会化发展进程，构成了在专业化分工、市场化经营水平不断深

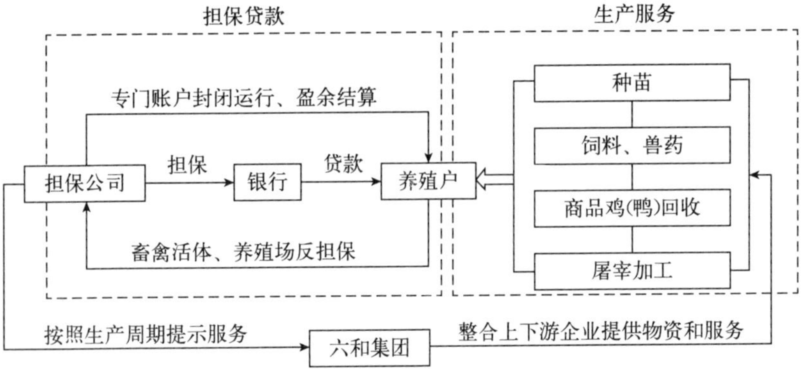

图 4-4　青岛平和担保有限公司担保运作模式与生产服务内容

化基础上，不同市场主体间密切协作、产业链条不断延伸、三次产业不断融合的畜禽养殖社会化大生产格局。

4. 坚持追求集约化生产经营效益的做法与成效

（1）鼓励农业与资金、技术相结合，提高主体集约化水平。湖南长沙县强大的工业经济基础为现代农业发展提供了坚强后劲，县财政对中央和省级农业建设项目实行资源整合和资金配套，近几年共配套各类项目资金 12.4 亿元，集中捆绑农业、水利、农开、国土等相关项目和资金，重点开展土地整理、农田水利、中低产田改造工作，改善了本地农户的基础设施条件。同时，县委县政府出台《长沙县鼓励现代农业发展投资暂行办法》等优惠政策，鼓励、支持城市资本和商业资本投资农业产业化龙头企业，引导、扶持工商企业进入农业生产领域。近几年共引进农业项目 30 个，实际到位资金 19.8 亿元，涉及粮食、蔬菜、茶叶、食用菌、花木、时鲜水果、特种养殖、生态休闲等多个领域，成为长沙县现代农业发展的重要资金来源。目前全县有国家级龙头企业 2 家、省级龙头企业 11 家、市级龙头企业 36 家、获批现代农庄 43 个，带动了 100 多项农业科技成果的转化与应用，引进了近 1 000 名科技及管理人才投身现代农业建设。

江苏太仓通过全面启动生物农业科技产业园建设，集聚农业科技人才和科技企业、整合农业技术资源、建成科技农业服务平台、培育多项农业科技成果并成功实现转化，形成集高新技术研发、工厂化育苗配送、果蔬产品加工配送、优质农产品展示展销和农民教育培训于一体的高效设施农业样板区，有效带动当地菜农走上精品高效农业之路。同时，太仓注重提升农业现代化装备水平，在耕整、栽插、排灌、植保、收获等基本实现机械化基础上，重点加强现代高效农业、设施生态农业、高效渔业及畜禽高效养殖等方面机械装备的普及。目前，太仓水稻、小麦生产基本实现机械化，2011 年水稻机插面积 20.9 万亩，机插率达 90.8%，稻、麦机耕机收面积均达到 100%。

（2）支持规模经营、专业布局和社会服务，提高区域集约化水平。截至 2012 年年底，河北玉田、黑龙江肇东、江苏太仓和江苏沛县的土地规模经营所占比例已分别高达 69%、71%、44%和 82%。玉田采取了支持农户流转承包地，鼓励以土地承包经营权折价入股合作社，引导集体经济实力较强的村实行整村土地流转，鼓励农户把细碎分散的边远地块委托村委会实行公开竞价流转，对农村机动地实行公开竞价承包、连片经营等多种形式推进农业适度规模经营。沛县创新形成农村土地流转价格自然增长机制，提高农民流转承包土地的积极性，推进农业向适度规模经营集中，促进农业优势主导产业集约、集聚、集中发展，提高规模化经营水平。肇东通过培育 7 000 余个百亩以上的种粮大户、255 个家庭农场等新型生产经营主体，分别带动土地集中流转 146.3 万亩和 20.9 万亩，实现了土地集中连片经营，减少了耕地条块分隔损失，为全程大农机作业、提高生产效率和降低用工成本打下良好基础，有效释放了土地经营潜力，提高了个体经营效益。

除了土地集中流转以外，区域集约化水平的提高还可以通过专业化的区域布局和社会化的农业服务来实现。平度在土地规模经营占比仅为 0.18%的情况下，重点促进农业主导产业专业化区域布局，充分整合区域内众多小农户分散的土地、技术和产品资源，提高农户家庭经营的外部规模化水平；同时大力发展农业服务业，壮大农产品加工业，提升家庭经营外部组织化、产业化水平，促进农业生产经营集约化水平的提升。太仓在大量农业劳动力就地转移就业的基础上，以合作化促进农业集约化，加快组建合作农场等专业合作经济组织，普遍建立以“三大合作”（土地股份合作社、劳务合作社、专业生产合作社）为主要形式的运行机制，形成小生产、大群体，小农户、大服务的经营格局。肇东根据本地农业生产 5 千米内不同种、不同法、不同肥，技术适用范围小的情况，通过在各乡镇广泛建立现代农业科技品种对比示范园、展示区，制定玉米、水稻的 32 字和 24 字技术模式，有针对性地集成推广优质品种、先进技术和栽培模式，提高了肇东不同地区土地、劳动力等要素和种、肥、药等农资的利用效率。

（3）推动各类主体融入农业产业链条，提高产业集约化水平。沛县创新生产经营机制，鼓励示范区内各个园区、企业和基地与农户建立产业合作的经营机制，有计划地进行科技、产业合作，真正实现了优势互补、资源共享、互惠互利。目前，沛县农产品加工产业园集聚了中粮集团、六和集团、广西桂柳、浙江黄罐、宁波海通、南京中意等总投资65亿元的龙头企业70家，发展订单农业80万亩，带动农户10.5万户，人均增收4 200余元。长沙以合作组织和种养大户为基础，创新利益联结机制，重点围绕农业主导产业和优势农产品基地，规范发展各类专业合作组织500多家和种养大户675户，联结农户7.4万户，各类专业合作组织和种养大户打造的“产业链”、构建的“流通链”、结成的“利益链”、培植的“要素链”，提高了农民的组织化程度和抗风险能力，增加了农民收入。肇东突出发挥农机、种植合作社的主导和平台作用，支持龙头企业带动和全产业链经营，优先将合作社作为公共农技推广机构的服务对象，在合作社成员范围内提高技术推广服务效率，坚持走“企业＋合作社＋基地＋农户”模式，组织多个合作社为一个企业建设原料生产基地，整合不同主体掌握的多种资源，激励企业为农户提供统一的物资供应、产品回收和标准化的生产技术服务，在基地范围内提高集约化生产经营能力。

（四）典型示范区农业现代化路径的分类比较

1. 平度、沛县的农业现代化路径

（1）资源禀赋和经济基础。平度和沛县都地处东部发达省份腹地，四季分明、适耕期长；地方经济基础较好，财政支农比例较高，2012年分别达到17.86%和22.17%。县域周边大中城市较为密集，社会资本进入农业领域积极性高，2012年沛县投入财政资金8.3亿元、带动社会资金7亿多元用于示范区建设。拥有丰富的耕地资源，农民人均耕地面积均达2亩以上。农业基础设施和技术装备水平较高，2012年两地旱涝保收标准农田比例分别达到61.8%和50.4%，耕种收综合机械化率分别高出全国平均水平31个和23个百分点。农民种地积极性高，2012年两地农村劳动力分别有70%和64.8%在本地务农，外出务工和在本地非农就业的人数很少。

（2）目标方向。沛县以优质稻麦、生态肉鸭、特色蔬菜为农业主导产业，将示范区划分为核心圈、示范圈和辐射圈以及近郊城市农业区、东部优质粮食

主产区、南部高效设施园艺区、西北部高效生态养殖区、微山湖生态农业区。2012 年实现粮食总产量 6.17 亿千克，单产、总产量实现九连增；肉鸭年孵化 3.0 亿羽、饲养 1.8 亿羽、加工 2.5 亿羽，继续保持孵化、养殖、加工 3 个全国第一；新增高效农业面积 15 万亩，高效瓜菜复种面积达 95.6 万亩，设施农业面积达到 36.86 万亩，占耕地面积的 32.56%。2012 年申报认证“三品” 213 个，认证面积达到 103.27 万亩，古沛“龙飞鸭”、“沛公”蔬菜、“沛县”大米等一批农产品公共品牌效应凸显。沛县农产品加工产业园集聚了中粮、六和、广西桂柳、浙江黄罐、宁波海通、南京中意等总投资 65 亿元的龙头企业 70 家，发展订单农业 80 万亩，带动农户 10.5 万户，2012 年农产品加工业总产值 330 亿元。2012 年农民专业合作、农地股份合作、资金互助合作等各类合作组织达到 1 485 个，参加农民专业合作社的农户所占比例达到 80%，土地经营规模所占比例达到 82%，生猪、蛋鸡、禽肉、奶牛规模养殖率分别达到 87.2%、97.1%、99.65%和 72.6%。

（3）新型农业经营体系构建重点。平度通过引导生产区域布局专业化，培育合作社、龙头企业等新型主体，打造区域特色优势农产品品牌，发挥广大普通农户的生产积极性、合作组织的服务联结性、农业企业的市场引领性，在保留了家庭经营生产灵活性和劳动力配置集约化等优势的前提下，实现区域农业生产经营的外部规模化和分工社会化。沛县规划了“三圈五区”的生产区域布局，以建立贷款担保基金等多方面的扶持政策吸引企业进入农产品加工、流通、高新技术开发等领域，并积极促成各个园区、企业和基地与农户建立稳定的利益联结，有计划地进行科技、产业合作，实现优势互补、互惠互利、利益共享。

两地构建新型农业经营体系的重点都在于社会化，即按照当地农业现代化发展需要，在尊重农户生产经营意愿的同时，培育各类新型主体，同时创新主体间的组织联结机制，使新型主体得以带动和服务更广泛的普通农户，充分发挥各自的生产经营优势，使各类主体形成有效分工协作的整体，形成社会化大生产格局，实现个体和地区农业生产经营效益的全面提升。

（4）农业现代化路径特征。平度和沛县作为发达地区的传统大宗农产品生产县（市），大体沿袭了原有农业产业结构，并把粮油、畜禽、果蔬等作为主导产业，通过专业化区域布局、社会化利益联结和组织化分工协作，扩大生产的外部规模，提升产品的品质价值，获取集约化经营效益，成功将传统产业做大做强，形成一种以外部规模化和分工社会化为主要特征的农业现代化路径。

2. 肇东的农业现代化路径

（1）资源禀赋。肇东位于黑龙江省西南部松嫩平原腹地，幅员辽阔、土质肥沃，地势平坦、集中连片，具有农牧资源的先天优势。2012年农机总动力为48.6万千瓦，其中大中型拖拉机16 039台，大型机械全部实现GPS定位作业，耕种收综合机械化水平为81.5%，有效灌溉面积180.3万亩。2012年农村劳动力总数32.3万人，其中在本地农业就业仅12.1万人，占37.5%，大量农村劳动力向非农产业转移，使肇东农业生产的人地比例关系得到明显改善，2012年实际劳均耕地面积达到33.89亩，为实现规模经营创造了良好条件。2012年实现地区生产总值445.6亿元，财政总收入47.6亿元，财政支农比例高达26.3%，累积吸引工商企业及其他社会资本投资38.5亿元。

（2）目标方向。肇东坚持粮食、畜牧为主导；以农田水利、农业机械、中低产田改造、土壤培肥地力、良种良法等为重点，完善农业基础设施；以培育种养大户、龙头企业为重点，提高农业经营规模化、产业化程度；以改革基层农技推广体系为重点，提升农业社会化服务水平，提高农业综合生产能力和农民收入水平，取得了显著成效。

（3）新型农业经营体系构建重点。肇东在地广人稀、劳均耕地面积大的基础上，通过建立土地经营权信托、带地入社、村企合作和集体流转托管经营等四种土地流转机制和农机合作社、农民专业合作社、家庭农场、场村合作共建、企业带动、农民联合体、村组干部引领、种植大户、全产业链等9种经营模式，组建各类新型经营主体7 863个，使全市耕地面积的71%实现土地规模经营。同时，大力发展与本地农业资源高度关联的精深加工业，并鼓励企业向上联结广大农户和生产合作组织，强化粮畜等主导产业的专业化、组织化程度，实现多类主体间的要素优化配置。

肇东构建新型农业经营体系的重点在于集约化，包括以培育种植大户为主的主体集约化和支持主导产业全产业链发展的产业集约化，实现主体内部生产能力、经营水平及产业链整体综合产出能力和生产效益的提升。肇东市各类经营主体在规模经营中所占比例见图4-5。

（4）农业现代化路径特征。肇东作为东北地区土地资源丰富的产粮大县，始终以保障国家粮食安全的战略高度为定位，以建设高产高效的现代化大农业为核心，通过不断改善农业基础设施建设和技术装备、大量培育规模经营主

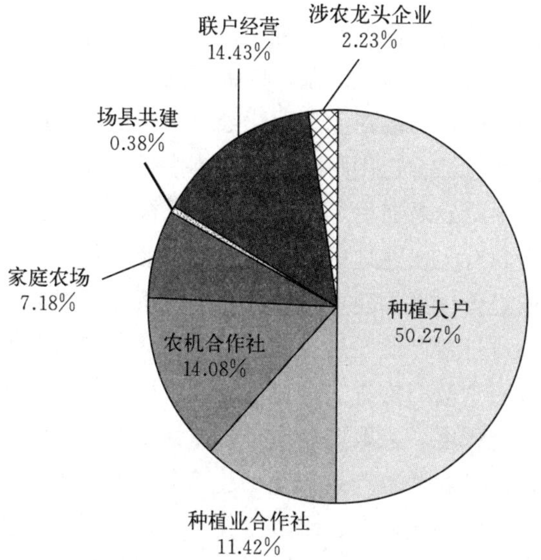

图 4-5　肇东市各类经营主体在规模经营中所占比例

体、集成推广高产高效技术，支持配套加工产业发展，促进土地、劳动力等传统要素和资本、技术等现代要素的集中、优化，获取集约化经营效益，形成一种以生产规模化和经营产业化为主要特征的农业现代化路径。

3. 湄潭、田东的农业现代化路径

（1）资源禀赋。湄潭和田东都地处西南山区，同属亚热带季风气候，其中湄潭具有高海拔、低纬度、寡日照的特征，适合优质粮油、茶叶等特色农作物生长，田东则是光热丰富、雨热同期，适合杧果、香蕉等热带、亚热带作物的生长以及冬季农业综合开发。两地耕地资源较少，其中湄潭的梯田、坡土多，耕地少、地块小，田东则以丘陵、岩溶山地为主，盆地、土山仅占 22%。农业基础设施建设难度大，旱涝保收标准农田比例分别只有 37.9%和 21.1%。适合农机作业的地块少，综合机械化率均不到 50%。农村劳动力大量转移就业，本地务农比例较低。地方经济基础较为薄弱，但积极整合各级财政项目资金，提高支农比例，2012 年分别达到 50%和 20.7%。两地交通便利，分别是黔北东部地区重要的交通枢纽和南（宁）贵（阳）昆（明）经济走廊的中心地带，均在所属地级市的“一小时经济圈”和省会城市的“两小时经济圈”内。社会资本投入当地特色农业资源开发和生产加工的积极性高，2012 年湄潭吸引企业投资近10亿元。

（2）目标方向。湄潭特色产业优势突出，以重点打造茶城、粮仓、精品水果基地为发展目标，形成南烟、北茶、中部稻的区域布局，拥有一批实力雄厚的农业产业化龙头企业，带动农业产业化经营水平快速提高，特色农产品品牌不断涌现。田东则通过综合运用财政、金融等手段，着力破解经营规模小、投入分散、融资难、保险发展滞后等制约瓶颈，积极壮大特色果蔬、畜禽、蔗糖等优势产业，探索具有欠发达地区特色的现代农业新路径。

（3）新型农业经营体系构建重点。湄潭围绕茶叶、优质大米、果蔬等特色优势产业培植龙头，打造产业发展主体，同时坚持名牌兴企战略，着力提升产品市场竞争力，按照"政府推进、企业主导、农民参与"的原则，强化企农合作，提高产业组织化程度，采取"公司＋合作社＋农户""公司＋基地＋农户"等利益联结模式，促进农业生产规模化、生产技术标准化、产品加工本地化、市场销售品牌化。田东围绕粮食、果蔬、甘蔗、畜禽四大特色产业建设，培育农业专业合作社、引进龙头企业等新型主体，推行"公司＋农户"的经营模式，支持企业对外开展产销对接、对内发展订单农业和建立生产示范基地，带动种养业规模化发展；建立田东县农村产权交易中心，鼓励土地向规模经营主体集中，发展农业适度规模经营；健全农业投融资新机制，破解农业融资难问题；建立农业风险防范体系，提高农业保险保障水平。

两地构建新型农业经营体系的重点都在于组织化，即通过培育和引进产业化龙头企业，建立农民专业合作组织，推广适合当地生产需要的企农合作机制，配套相应的土地流转、金融保险等支持政策，带动普通农户融入以企业为龙头的产业链条，在县域内形成农户生产、合作社服务、企业加工的分工协作组织体系，促进当地特色农产品市场价值和农民收益水平的明显提升。

（4）农业现代化路径特征。湄潭和田东作为西南山区的农业县，资源环境承载能力较弱，不适宜大规模生产粮食作物等大宗农产品。所以，两地大力挖掘山区特色农业资源，优化农业生产结构和区域布局，以农业企业为发展引擎，以合作组织为服务平台，以多元化的企农合作机制为纽带，逐渐形成一条以农业特产为核心的规模化种植和产业化经营相结合的农业现代化路径。

4. 玉田、长沙的农业现代化路径

（1）资源禀赋。玉田和长沙都是紧邻大城市的郊区县，市场区位优势突出，其中，长沙县从东、南、北三面环绕长沙市，处于长株潭城市群的中心区；玉田县更是位于京津唐三角区的中心地带。两县耕地资源和劳动力都较为丰富，地区经济发展迅猛，二、三产业比较发达，财政支农和社会资本投入现代农业的力度大，农村劳动力就地转移就业多。2012 年，玉田、长沙地区生产总值分别达到 308.3 亿元和 880.1 亿元，分别有 70.7%和 49.4%的劳动力在本地实现转移就业，常年在本地务农的劳动力仅有 8.7 万人和 22 万人，投入农业领域的工商和金融资本均超过 20 亿元。农业基础设施和技术装备水平较高，旱涝保收标准农田面积分别占到耕地面积的 88.7%和 51.7%，综合机械化率分别达到 82.5%和 76.2%。

（2）目标方向。玉田县围绕粮食、蔬菜、畜牧、水产等主导产业，以打造京津唐绿色食品供应基地为目标，以推进土地规模经营、培育专业种养大户、引进龙头企业为主要方式，强力推进规模化生产和产业化建设。长沙县立足粮食、茶叶、蔬菜三大特色优势产业，主要围绕提高农民组织化程度、农业市场化水平与农产品商品率等农业现代化发展内容，通过加强项目整合、引进社会资本、加强产学研结合，优化本地农业资源配置，拓展农业功能，拓宽农业增效、农民增收的渠道。

（3）新型农业经营体系构建重点。玉田凭借市场区位、土地资源和政策条件等方面的优势，采取多种形式推进土地流转，扩大土地经营规模，积极培养种养大户、家庭农场和农民专业合作社；引导本地社会资本和外来工商企业投资农业，建立农产品加工企业及生产基地、订单基地和大型产地批发市场，形成“公司＋基地（合作社）＋农户”的粮畜生产模式和“批发市场＋公司＋基地＋农户”的果菜经营模式，使其转型成为乳品、肉制品、蔬菜加工等农业企业的生产加工集聚地，农业生产结构由过去的以粮为主转为不断加大畜禽、蔬菜、林果等高价值农产品的所占比例。

长沙县依托强大的工业经济基础，同样凭借市场区位、政策优惠和土地资源条件，吸引各类社会资本投资农业项目，扶持发展了一批适合当地农产品加工需求的龙头企业、各类农民合作组织和种植大户，通过流转土地或企农合作建立了生产示范基地和订单基地，发展适度规模经营，形成粮、菜、茶三大主导产业规模化、专业化的集中生产和加工，推动农业产业化水平和农产品附加值不断提升。

玉田县和长沙县构建新型农业经营体系的重点都在于专业化，即通过培养和引进适合当地农业发展需求的加工企业，鼓励其建立生产示范基地或与当地农业生产主体建立稳定购销关系，促使优良品种、专门技术得到推广普及，农民的专业技能水平得到提高，主导产业的生产集中度得到提升，从而使个体、主体和区域的农业生产专业化水平都得以提升。

（4）农业现代化路径特征。玉田县和长沙县作为临近大城市的郊区县，通过引进适合当地农业资源条件和市场环境的大型农产品加工项目，在市场需求和企业行为的引导下，在资本、技术等现代生产要素大量投入和替代作用下，迅速转变农业生产结构，提高适宜大城市周边农区生产的高附加值农产品占比；积极鼓励承包土地流转，促进大规模、高起点、高标准的生产基地建设；重点促进农业产业化发展，延长农业价值链条；形成一种在龙头企业带动下以个体规模化和生产专业化为主要特征的农业现代化路径。

5. 太仓、平湖的农业现代化路径

（1）资源禀赋。太仓和平湖分别隶属江苏和浙江两省，都是滨江（海）临沪的县级市、江南有名的“鱼米之乡”，分别紧邻上海市的西北和西南边缘，太仓距上海、苏州均约 50 千米，平湖距上海、嘉兴分别约 90 千米和 30 千米，区位优势显著。两地经济基础雄厚，2012 年地区生产总值分别达到 955 亿元和 423 亿元，二、三产业增加值均占 95%以上，本地非农就业机会充足，其中，太仓约有 80%的农业劳动力在本地非农产业就业。两市耕地面积均不到 50 万亩、务农劳动力仅 3 万余人，劳均耕地面积较大，都达到 12 亩以上；农田基础设施水平高，太仓示范区农田基本实现相对集中连片、格田成方，耕地有效灌溉面积达到 90%，高效设施农（渔）业 8.638 万亩，占 21.05%，平湖各类设施农业面积 6.2 万亩，占 13.5%；农业机械装备条件优越，太仓机插秧率达 90.8%，平湖综合机械化率达到 73.2%，高于浙江省平均水平；形成了政府引导、工商资本和社会力量参与的多元投入机制，2012 年两地各类经营业主投资农业资金分别达到 3.76 亿元和 1.1 亿元。

（2）目标方向。太仓围绕“打造田园城市、发展生态高效农业”的建设目标，积极实施农业内部一二三产业联动发展战略，以高效设施农业规模化、生态休闲农业集聚化、科技创新农业载体化为重点，坚持园区化、合作化、规模化推进现代农业发展。平湖围绕粮食、油菜、蔬菜和水产等四大重点主导产业，以现代农业综合区、主导产业示范区和特色农业精品园为主阵地，积极调整优化农业产业结构和产业布局，促进农业产业化发展和信息化建设，扎实推进农业现代化。

（3）新型农业经营体系构建重点。太仓市充分利用改革发展的先行优势，大力投入财政资金和积极引入社会资本，使资本、技术等现代要素对当地较为稀缺的土地、劳力等传统要素构成重要补充；同时，走社区股份合作、土地股份合作、农民专业合作、投资富民合作、农村劳务合作“五大合作”之路，促进土地、劳力等传统要素的相对集中优化；形成以现代农业设施装备为基础、生态精品农业为主导、先进生物科技为支撑和新型合作经营机制为保障的现代农业体系，有效提高了当地有限农业资源的集约化水平；不仅稳定保持了其粮食主产区和苏沪地区“菜篮子”生产基地的地位，更发展了高效设施农业、生态休闲农业、科技生物农业和健康循环农业。平湖重点在现代农业园区内，大力推动土地流转、重点配套设施装备、集中发展主导产业；同时，在示范区范围内加强农业社会化服务，发展区域生产合作服务组织、创新农机服务模式、搭建土地和资金服务平台，全面提高资源集约利用水平。

两地构建新型农业经营体系的重点在于集约化，包括整合有限的土地资源，配套投入大量资金、技术，培养专业大户、合作组织等新型主体等，提高重点区域的集约化水平；以及全面完善农业社会化服务内容，提高普通农户获取生产技术和经营利润的空间，提高主体集约化水平。

（4）农业现代化路径特征。太仓和平湖作为经济发达地区的农业主产区，凭借临近巨大消费市场和拥有雄厚经济基础的优势，在稳定主导农产品产能的基础上拓展农业生产功能，在保证村集体掌握土地的前提下创新农业经营体制，在本地适用和市场急需原则的指导下推动农业科技创新，在财政投入为主的条件下吸引社会资本进入，建立“以工促农、以城带乡”的机制和通道，探索出一条资源利用率、土地产出率、劳动生产率和综合效益全面提高的农业现代化之路。

（五）典型示范区推进农业现代化进程的共性经验

1. 根据资源禀赋和区位条件选择农业发展方向

不同农业类型对自然资源条件、社会经济基础和市场区位环境等的要求不同，现代农业发展方向和主导产业的选择必须综合考虑多种因素，做到因地制宜，因时制宜，充分合理地利用可得的土地、劳动力、资本、技术等生产要素，并获得最大的效益。本研究重点选取的9个典型示范区都较好地遵循了这一原则，充分发挥自身资源禀赋和区位环境特征，确定了适合自身发展的农业主导产业和重点农产品。以平度、沛县为典型的省域腹地，拥有较多的耕地资源和悠久的粮油果菜种植传统，随着地方经济实力的提升和周边市场容量的扩大，以及海外出口市场的不断拓展，进一步巩固并促进了当地特色优质农产品的生产。肇东充分发挥土地资源丰富的优势，同时规避远离农产品消费市场的不足，将粮食、畜牧等基础农产品的生产及精深加工作为现代农业发展的重点方向，成为全国重要的商品粮畜产品调出区和食品加工产业集聚区。湄潭、田东凭借独特的自然气候和便捷的交通条件，培育出优质茶叶、烤烟、甘蔗、热带水果等农业特产资源，并成为品牌茶叶、香烟和糖业的重要原料基地，随着本地加工能力的提升和产业链条的延长，特色农产品的生产能力得到进一步加强。玉田、长沙、太仓、平湖都是经济发达地区临近大都市的县市，适宜生产易腐难运的生鲜农产品和发展高附加值的农产品加工项目，还能够利用城市市场、资金、科技、信息和人才等资源和环境优势，提供名、特、新、优的精品农产品，并作为都市的生态屏障，拓展农业的观光旅游、休闲度假和乡村体验等功能。玉田县引进大型牧场和鲜奶加工项目，长沙县发展有机、绿色蔬果生产和特种农副食品种植以及休闲、体验农业基地，太仓市注重精细蔬菜生产和高档水产养殖以及农业生态园建设，都凸显了大城市近郊县（市）的区位优势和市场需求特征。

2. 以农户家庭承包经营为基础提高专业化水平

党的十八届三中全会决定指出，加快构建新型农业经营体系，要坚持家庭经营在农业中的基础性地位。坚持家庭经营为基础，就是要发挥家庭经营的精耕细作传统，同时也要不断地与现代物质技术装备相结合，提高家庭经营的专业化水平。典型示范区在积极发展集体经营、合作经营、企业经营等新型经营方式，培育专业化水平较高的新型主体的同时，也十分注重借助新型经营主体的力量向普通农户家庭传播先进技术和生产信息、带动普通农户融入专业组织和产业链条，促进最广大的普通农户提高生产经营专业化水平，从而实现主体层面专业化水平的全面提升。平度在坚持家庭承包经营的基础上，充分借助新型农民、新型主体和基地、示范园、养殖小区等各类科技推广、产业发展平台，向农户家庭集成推广机械、良种、施肥、防灾减灾、管理等适用技术和生产手段，引导家庭增加技术、资本等现代要素投入，既挖掘了家庭集约化经营潜力，又增强了农户专业化经营能力，也提升了农业经营组织化、社会化水平。长沙、湄潭和田东都鼓励当地龙头企业通过建立生产示范基地和订单基地的方式，向普通农户传播市场信息、推广良种良法，不仅培育出一批专业种养大户，还有效促进了当地农户调整家庭种养结构，快速融入农业主导产业的生产行列之中，从多种经营的传统小农转变为一业为主的专业农户。

3. 以新型生产经营主体为节点提升组织化程度

近些年，随着农户群体的分化，形成了多元主体并存的格局。种养大户、家庭农场、农民合作社、龙头企业以及社区性、行业性服务组织等新型主体不断壮大，已经成为引领土地规模经营、促进技术集成推广、连通产品购销渠道、深化产品加工出口的主要推动者和承担者，也成为创新经营体制机制，提高生产经营组织化、社会化水平，构建新型农业经营体系的主力军和重要节点。典型示范区都把大力培育新型农业经营主体作为推进农业现代化的重要抓手，采取多种措施支持新型主体发挥服务引领农户生产和对接大市场的作用，从而提升当地农业生产的组织化和产业化水平，提高当地农产品的市场流通和加工增值能力。平度注重以农民合作社为平台推进农户联合与合作，也鼓励农业龙头企业与农民建立紧密型利益联结机制，增强服务功能，深化分工协作。玉田吸引多家国内外大型农业企业设立生产加工基地，鼓励企业与农户建立产销对接关系，有力促进了当地现代农业产业体系的发育和构建，使玉田的农业产业化水平得到跨越式发展。湄潭、长沙均已经形成主导产业突出、规模效应明显的加工企业集群，龙头企业通过流转土地和建立订单基地的方式将农户纳入自身经营体系，有计划地安排农户进行生产，组织化程度明显提高。

4. 以现代农业产业体系为载体提升社会化程度

现代农业产业体系是一个多功能目标、多产业融合、多主体联结、多基础支撑的多层次、复合型体系。打造现代农业产业体系，不仅要有农资供应、技术服务、加工销售、金融保险等相关企业的引领，也要有专业生产与服务组织、专业种养大户及普通农户的广泛参与，还要有健全的市场体系、完善的基础支撑和社会化大生产的发展观念，从而在宏观上促进要素资源在城乡、产业之间优化配置，形成主导产业突出、区域布局分明的农业生产格局，微观上为普通农户提供更好的服务，扶持带动一家一户的农民融入产业化、社会化生产的轨道。典型示范区都致力于将区域内的涉农企业、农民合作组织、专业服务组织、种养大户以及普通农户等主体，通过产业链条、生产服务和担保融资网络联结在一起，形成以社会化分工为导向、以专业化生产为基础的现代农业产业体系。平度、沛县首先从自然资源和产业配套的角度规划整个县域的农业主导产业生产格局，形成了专业化的生产区域布局；其次是通过建设高标准农田和标准化生产基地、农业科技示范园（场）、畜禽养殖小区、农产品加工集聚区等基数设施和产业集群发展平台，支持专业生产区形成以龙头企业为核心、合作组织为纽带、普通农户为基础的分工协作机制；再次是通过建成多层次、多功能的农产品市场体系、专业性的担保融资网络，促进农产品和资金的高效流通，使各类农业生产经营主体都融入社会化分工体系，形成社会化大生产格局。

5. 以土地适度规模经营为重点提高集约化水平

农业规模经营是现代农业发展的必然要求和重要内容，是为追求规模经济效益而集中和优化土地、水肥、设施装备等要素的投入，从而扩大生产规模的经营形式，是提高农业集约化水平的重要途径。农业规模经营可以有土地集中、组织引领、产业联结、服务带动等多种实现方式，其中以土地集中型规模经营最为普遍。典型示范区采取了多种政策措施，鼓励和支持集体组织、合作社、龙头企业和种养大户等开展土地流转，提高个体的土地经营规模和连片水平，实现规模经营。肇东凭借地广人稀、劳均耕地面积大的优势，通过建立土地经营权信托、带地入社、村企合作和集体流转托管经营等四种土地流转机制和农机合作社、农民专业合作社、家庭农场、场村合作共建、企业带动、农民联合体、村组干部引领、种植大户、全产业链等9种经营模式，使全市71%的耕地实现土地规模经营。长沙县在当地近半数农村劳动力转移就业的基础上，以外来工商企业为主体，通过大规模连片流转农户土地，建设高标准的生产基地和生态园区，使新型主体基本具备较大的生产经营规模。太仓首创由村集体经济组织发起成立并掌握土地经营权的合作农场，有效推动整村土地资源的整合，实现统一规划布局和基础设施建设，形成连片种植，提高了农业生产经营的专业化和规模化水平。平湖大部分农业劳动力已实现就地转移就业，为促进土地集中连片和引入新型农业经营主体，在各村建立土地专业合作社，以村为单位推动开展整村土地流转，然后依据规划招商选资，合理引进工商资本，推动新型高效农业发展。

三、示范区农业现代化路径选择引导与对策建议

（一）营造职业农民家庭农场专业化发展环境

1. 创新新型职业农民培育机制

围绕当地农业主导产业，制定《新型职业农民培训中长期规划》，分阶段、分专业、分层次组织实施，培育和储备一批懂技术、会经营、善管理的新型职业农民；依托本地师资与引进外部专家相结合，把本地农技人员、“土专家”作为师资主体，聘请专业院校专家，组建新型职业农民教育培训师资团队；培训本地能人与引进人力相结合，以现有农村经纪人、专业大户和家庭农场主等为主体，积极引进涉农专业大中专毕业生、外出务工青年和专业军人等回乡；专业与综合培训相结合，根据主导产业需求开展农业实用技术培训，按照新型主体发展需要开展高新技术、市场经营、管理技能等综合培训。

2. 创建新型职业农民培育基地

利用各类农业生产示范园区和基地的良好设施装备条件与科技应用效果，发挥其与农业科技专家联系密切的特殊优势，整合县内职业教育培训资源，创建符合区域主导产业发展需求的新型职业农民培训基地；按照本地及周边农业发展和结构调整方向，科学设计培训内容、编写培训教材，建立教材库；通过不断创新农科教结合、产学研协作机制，突破园区和基地固有的新品种、新技术、新机具试验与推广功能，打造新型职业农民培育的主要平台。

3. 探索家庭农场规范发展机制

根据当地农业主导产业发展需要和区情农情制定《家庭农场中长期发展规划》，分阶段、分产业稳步组织实施；依据当地收入水平、耕地条件、畜禽养殖基础合理确定家庭农场土地经营规模；严格按兴办条件和规模要求，制定家庭农场登记注册办法，依法开展工商注册、税务登记，赋予独立市场法人资格和使用发票的权利，促进家庭农场规范发展；健全家庭农场内部管理制度，尤其要建立财务管理制度，设立收支账目，开展成本收益核算等；出台专门支持政策，对经工商登记注册的家庭农场，在公共设施建设、税收减免和项目资金、生产性建设用地、融资、保险等方面给予重点支持。

（二）建立规范农业适度规模经营的管理机制

1. 多举措促进土地规模经营

健全土地承包经营权流转有形市场。规范流转合同，建立背书制度，明确土地流转双方权利和义务，载明土地流转标的、用途、方式、期限及费用等内容；以乡镇土地经营权流转服务中心为载体，收集、登记和发布土地流转供求信息，协助签订流转合同。选择部分承包地细碎化程度较高的村开展地块互换归并试点。出台专门支持政策和办法，鼓励和引导农户对位置相邻、质量相近的地块开展互换归并，提高农户单一地块的规模化水平。探索建立农民土地承包经营权退出机制。采取村集体出资“赎买”、发放补贴、帮助建立城镇职工医疗和养老保险等办法，引导有稳定非农职业、非农收入的农民和年龄大、丧失劳动能力的农民退出承包地。

2. 多形式推进农业适度规模经营

除了推进土地规模经营外，要注重采取“企业（或合作社）＋基地＋农户”、“产加销”一条龙、“贸工农”一体化等产业化经营模式，发挥基地、示范园、养殖小区等平台作用，向家庭经营集成推广先进科技和生产手段，引导和带动家庭经营增加技术、资本等现代要素投入，推进农业主导产业向专业化、区域化发展，提高农户家庭外部组织化、规模化水平。注重根据农业主导产业布局，建立健全区域性农业综合服务站，完善农机农艺、植保、农资供应、农产品购销等多种服务功能，促进服务带动型规模经营。

3. 多环节支持承包土地流转

除了可对地块互换归并型土地流转给予一次性直接补贴和奖励外，重点对土地流转达到一定规模的家庭农场给予以下几个方面的支持和奖励：对单块土地达到一定规模的，在排灌设施、田间道路等基础设施建设和机械设备购置上，给予财政资金补贴和农机购置补贴等；对粮油菜种植面积较大和标准化、集约化程度较高的家庭农场，在良种繁育推广、测土配方施肥、农资供应、仓储设施建设等方面给予支持；对经过注册登记的家庭农场，在农业生产建设用地供给、农业保险保费补贴、农业贷款利息补贴等方面给予倾斜支持。同时，建立土地撂荒处罚制度，对连续多年抛荒承包地的给予处罚，交纳撂荒费，引导农民退出抛荒地承包经营权。

4. 建立工商企业租种农民土地的准入与监管制度

一是坚持民主协商、农民自愿。流转的方式、期限和费用由企业和农户协商确定。二是坚持双方直接签订合同。制定提供规范合同文本，规定双方权利、义务和收益分配办法；流转期限限定在二轮承包期内；流转到期后，转出户有权并能够完整收回转出的权利。三是坚持用途和质量管制。禁止“以租代征”“明租暗征”，禁止流转土地“非农化”，限制粮食主产区流转土地“非粮化”；企业要严格保护流转承包地的质量，不得进行“掠夺式”经营。四是村级组织见证。村级组织作为第三方，参与协商过程，见证合同签订，监督合同履行，保护双方权益。

（三）完善新型主体与普通农户组织联结机制

1. 增强农民合作社规范化带动力

在开展农民合作社分类普查基础上，按照专业接近、区域相邻原则，采取“以强带弱、以大带小”方式，经协商同意，对“假、死、空”合作社，由规模大、实力强的合作社“兼并”接管；对被个人或企业控制、长期不与成员开展合作业务、不按合作原则办事的被“异化”合作社加强引导、规范发展。依托主导产业，按照多领域、多形式、规范化原则，组织成立专业性、社区性农民合作社联合社，制定工商登记、组织框架、职能范围、服务管理、财务管理与分配、运行保障等各项制度，制定联合社建设的支持政策。组织成立县级农民合作社联合会，吸引农民合作社、联合社作为团体会员加入，建立“联合会”开展服务的机制与制度。

2. 推进涉农企业建基地和带农户

重点扶持与本地农业主导产业、农业服务业关联度高和利益联结紧密的涉农企业；研究评价涉农企业，尤其是外来涉农企业原料本地化、生产基地化的动力与潜力，作为扶持和引进涉农企业的主要参考条件；根据企业需求有针对性地支持企业与当地专业生产合作组织和种养大户建立产销联结关系，采取“企业＋合作社＋基地＋农户”等一体化模式，支持企业投资建设原料基地，提供种子、技术、农资、机耕、收储等统一服务，引导农民合作社、集体经济组织带领农户按企业需求组织生产。

3. 探索以订单农业为基础的产销新模式

以农产品生产基地为载体建立农户与新型主体之间稳定的购销关系。设立专项财政资金，支持农民合作社、农业龙头企业等新型主体建设农产品生产基地；支持新型主体培养或聘任专业技术人员，指导基地农户按照技术标准、操作规程开展标准化生产；推进新型主体与基地农户签订规范化、标准化农产品购销订单合同，建立稳定购销关系。建立“订单农业”风险违约金制度和风险规避制度；推进新型主体与农产品收储、加工、销售企业签订收购合同，并引导订单双方按照一定标准交纳风险违约金，用于弥补因违约给对方造成的经济损失，形成长期稳定的利益共享、风险共担的农产品产销衔接机制和订单履约机制。

4. 建立银行融资、产品购销、经营管理一体化担保平台

由财政出资设立农业贷款财政担保基金，并与农产品收储加工企业合作，成立专业性的融资担保公司，为农户尤其是种养大户、家庭农场提供融资担保服务；形成以担保公司为平台，为贷款农户提供“借钱与管钱”“农资购买与结算”“产品销售与结算”等融资与管理的一体化服务。

（四）建立整合资金要素投入的集约经营平台

1. 整合利用各类涉农项目资金

建立市现代农业生产发展资金制度，将除救灾和具有特殊用途的项目资金外的各综合部门和涉农部门归口管理的国家、省、市专项涉农项目资金及本级财政预算安排的涉农资金列入整合范围，有条件地整合各种社会资金。制定整合资金的投入方式、评价机制与监管办法，坚持科学规划、分步实施、综合建设、整体推进的原则，对涉农项目和资金进行整合优化、统筹安排、打捆使用。

2. 综合打造现代农业集约发展平台

采取“以奖代补”办法，引导新型主体开展“田园场区”平台建设，制定财政支持“平台”建设的办法、标准与机制。利用整合资金，集中开展高标准农田建设，支持规模效益好、示范带动强的道路交通、农田水利、节水灌溉、土壤改良等基础建设。大力支持农业科技示范园（区、场）建设，培植主导优势产业基地。

3. 发展农民资金互助合作组织

制定农民资金互助组织发展指导办法，健全审批会商机制、风险防范机制、信息共享机制、责任追究机制。严格审查从业者的资格条件、抗风险能力、安全防范制度等；把握合作社资金吸收规模、资金充足率、备付金准备率、利率执行等情况；把维护和保证入股社员利益放在首位，减少社员利益损失。选择规模较大、实力较强、运作规范的农民合作社，从开展资金互助业务开始，探索建立农民资金互助合作组织的路径。

（五）探索健全现代农业金融服务机制新方式

1. 建立涉农贷款风险补偿制度

一是设立财政贴息专项资金，为农户尤其是新型主体农业贷款提供贴息；设立农业贷款风险财政补偿基金，用于补贴因农业贷款偿还困难给金融机构带来的损失。二是免征政策性农业贷款利息收入的营业税和地方基金，降低商业性农业贷款利息收入的营业税税率和农村金融机构所得税税率，金融机构对减征的税收资金增提贷款损失准备或补充资本金。

2. 探索创新农业融资服务方式

一是推进金融产品创新，实施农村土地承包经营权、宅基地等建设用地使用权、农民房屋所有权、林权、农业机械所有权等抵押贷款试点，开展粮食直补资金存单、农业保险单、农业订单等质押贷款试点。二是以政策性农业担保为平台，为金融机构发放农业贷款提供财政担保支持，以农民资金互助合作社为依托，接受金融机构委托，面向广大农户开展农贷批发再贷款业务，降低农贷风险和交易费用。

3. 创新农业保险制度

一是建立有利于协调政府、农业保险承办机构和参保农户关系的农业保险组织管理制度；建立互助式、合作式农业保险组织，对连续多年参保未出现灾害损失的农户给予积分，用积分代替应交保费，降低农民保费负担，提高农户参保积极性。二是发展特色农业保险，提高区域性规模化特色农业保险保费补贴标准；开展设施农业保险，提高设施农业保险标准；开展新型农业经营主体农业贷款信用财政保证保险、小额信贷财政保证保险。三是提高种植业尤其是粮油产业、粮农尤其是新型主体的农保保费补贴标准。

（六）创新促进财政与融资保险有机结合机制

1. 完善财政支持政策

提高财政支持农业融资担保建设的资金规模，支持建立健全农业担保体系；设立财政支持专项，重点对新型农业经营主体，尤其是家庭农场和农民合作社融资、保险给予贴息、保费补贴等专项支持，不断提高支持力度和覆盖范围；筹集一定规模的财政资金，建立农业生产、信贷、保险的风险防范体系和补偿基金，引导相关机构开发农贷、农保新产品，防范农业信贷风险。

2. 建立健全融资担保平台

建立符合当地农业发展特色的涉农融资担保平台，加大政府财政资金支持力度，加强与相关涉农企业、金融机构、交易市场等市场主体的合作，按照市场化运作方式，为专业大户、家庭农场、农民合作社等新型主体和专业种养户提供融资担保。

3. 创新财金有机结合机制

财政支持建立农业担保公司，为专业大户、家庭农场、农民合作社等新型主体提供融资贴息、参保保费补贴；新型主体以土地承包经营权、宅基地使用权、农机设备、农业设施、农业订单、农业保险单等为抵押（质押）物，由担保公司提供融资担保服务；新型主体以抵押（质押）物的所有权或用益物权与担保公司开展反担保合作，保障担保公司的担保安全；鼓励和引导新型主体参加农业保险，并用抵押（质押）物的所有权或用益物权在保险公司投保，以规避农业风险，保障反担保物安全。

4. 开展综合管理服务

为保障银行贷款、农产品订单的安全性和履约水平，探索构建以担保公司为平台，集担保、融资、购买生资和销售产品结算、盈余兑付等于一体的综合管理服务机制。担保公司负责管理新型主体银行贷款，专款专用，封闭运行；承贷主体与有关农产品收购企业签订农业订单，并按照生产需要向担保公司提出使用银行贷款、购买物资和服务的要求，由担保公司帮助联系、购买和支付费用；有关企业按订单收购新型主体生产的农产品，并分别与担保公司结算；担保公司负责核算、结算承贷主体的生产成本、收益，并支付盈余。

第三节　现代农业示范区建设典型案例剖析

特色现代农业是现代农业发展过程中逐步形成的具有区域特色、产业特色、产品特色的现代农业发展模式。我国西部地区已形成颇具特色的现代农业发展模式，本节以西部宁夏贺兰县特色农业发展为例进行分析。

一、贺兰示范区推进农业现代化的做法与成效

贺兰县地处宁夏农业的精华地带，农业文明历史悠久，是塞上江南“鱼米之乡”的典范，自古以来就是西部农业的典型代表之一。但在工业化、信息化、城镇化加快推进的背景下，作为西部省份的一个小县，贺兰的工业化、城镇化和信息化又明显滞后于东部发达地区，如何加快农业现代化进程，实现“四化同步”，继续谱写西部农业发展的新篇章，是贺兰农业发展的全新挑战。正是在特殊的资源禀赋、发展阶段和宏观背景下，贺兰县抢抓成为现代农业示范区和改革建设试点县的机遇，扎实推进了农业现代化步伐。

（一）贺兰示范区推进农业现代化的基本做法

1. 坚持以强化基础为抓手，着力夯实农业基础支撑

从重点领域和关键环节入手，着力加强农业基础建设，强化现代农业的物质技术支撑。一是注重高标准农田建设。整合水务、农发、土地各类相关项目，按照“田成方、土成型、渠相通、路相连、旱能灌、涝能排”的要求，集中连片推进高标准农田建设。2010 年以来，累计完成高标准农田建设 46.66 万亩，改造中低产田 35.22 万亩。目前，贺兰示范区高标准农田已经占到了耕地面积的 84%。二是注重强化科技支撑。与中国农业科学院、宁夏农林科学院、宁夏大学等机构合作开展水稻工厂化育秧、测土配方施肥、智能光伏温棚等先进适用技术推广。建立现代农业技术服务团队，为全县 40 个现代农业示范园区提供科技服务，特色产业新品种应用率达 95.7%。2014 年贺兰县农业科技进步贡献率达 72%，比 2010 年提高了 22 个百分点。三是注重农机化发展。积极引进乘坐式侧条施肥插秧机、太阳能水质改良机等一大批具备世界先进水平的设施设备，全面推广现代化农机具。培育各类农机专业合作组织 10 余家，组建农机作业公司 5 家，农机总动力达 41.9 万千瓦。截至 2014 年，三大粮食作物耕种收机械化率已达 94.9%，远高于全国和自治区平均水平。

2. 坚持以做强产业为方向，着力促进农业提质增效

按照“优质、高产、高效、生态、安全”的发展方向，大力推进农业结构调整，形成了地域特色的现代农业产业体系。一是坚持把粮食安全放在首位。实施千亿斤粮食工程、粮食高产创建等重大项目，粮食播种面积稳定在 50 万亩以上。大力发展有机水稻、青贮玉米，提升粮食当量综合生产效益。目前，

全县有机水稻面积达到3.7万亩，占宁夏全区有机水稻面积的55%。二是全力提升瓜菜产业效益。实施设施农业“效益倍增计划”，稳步推进露地瓜菜产业发展规模和档次，扶持企业、合作社和种植大户发展有机、精品、高端蔬菜生产，培育发展绿色瓜菜生产基地，提升西部四季鲜菜之乡水平。全县设施农业总面积达到12.01万亩，瓜菜总面积达到30万亩。三是着力推进奶产业规模化发展。以打造全区优质奶源基地和优质奶牛繁育基地为抓手，以中地种畜等拥有国内奶牛养殖领先技术的企业为龙头，优化畜禽养殖区域布局，推广畜禽标准化、规模化养殖技术。2010—2014年，奶牛存栏量从1.15万头增加到3.9万头，规模化养殖率从76.5%提高到98%。四是大力调整水产养殖结构及模式。推广大宗淡水鱼高产高效健康养殖、设施渔业健康养殖、特色水产品试验示范等技术，稳步推进稻渔综合种养模式，水产良种率达到85%。试点示范的大宗淡水鱼亩均利润5 000元以上，稻渔综合种养利润达单种水稻的1.5倍，设施渔业亩利润最高可达20万元以上，巩固提升了西北第一渔业大县的地位。

3. 坚持以农民增收为核心，着力推进农业产业化经营

促进农产品生产、加工和销售环环相扣、价值延伸、利益共享，农业与工业及现代服务业“接二连三”、良性互动、深度融合。一是加大龙头企业培育。积极支持农业产业化龙头企业，建设了一批自身实力强、科技含量高、市场辐射广、联结农民多的龙头企业，大力提升龙头企业示范引领现代农业发展水平。目前全县共有各级农业产业化龙头企业53家，其中：国家级3家，自治区级28家，市级22家，龙头企业农产品加工产值达到35亿元，主要农产品加工转化率60%以上。二是加快农产品品牌创建。围绕主导产业，形成“围绕支柱建龙头、依靠龙头壮支柱”的产业化格局，力创具有贺兰特色的农产品品牌。目前，全县成功申报认证无公害农产品95个、绿色产品28个、有机产品7个、农产品地理标志3个，“三品一标”认定面积达到41.5万亩，占耕地面积73%。累计创建农产品国家级驰名商标5个，创建宁夏名牌产品33个、著名商标18个。三是创新农产品流通机制。改造提升农家店、配送中心、乡村农产品收购市场，建设大中城市农产品外销窗口。培育农产品流通合作组织87家，全县60%的大米、70%的蔬菜、80%的水产品、90%的生鲜牛奶实现外销。推广订单农业运行模式，全县12万吨生鲜牛乳全部实现订单生产，蔬菜订单种植面积10万亩，优质水稻订单比例达50%。四是创新农产品销售渠道。在继续抓好传统销售渠道的同时，抢抓产地环境优势、产品质量优势，瞄准北京、上海、广州等大中城市高消费群体，以建设外销窗口、推进电子商务销售等模式为突破口，推介贺兰优势特色农产品，解决产品“卖难”问题。累计建设大中城市外销窗口 31 个，建设电商示范镇 2 个、电商示范企业 10 个、电商村 10 个、电商社区 8 个。

4. 坚持以深化改革为动力，着力增强农业发展活力

抓住现代农业改革与建设试点机遇，着力创新农业经营体制机制，以改革促发展。一是壮大新型经营主体。坚持家庭经营的基础地位，着力构建种养大户、家庭农场、农民专业合作社融合发展的新型农业经营体系。全县农民合作社累计达到 155 家，其中区级以上示范社 17 家，农民入社率达到 43%。家庭农（牧）场累计达到 51 家。成立全区首家有机稻米产业联合体，探索构建长期稳定、利益共享、风险共担、覆盖全产业链、符合地方实际的农业组织体系。二是全面深化农村改革。加快农村土地承包经营权确权登记颁证、土地经营权流转、村集体资产股权化改革、土地承包经营权入股等农村改革步伐，发展壮大村集体经济，增加农民收入。截至 2015 年上半年，全县土地流转面积达到 28.18 万亩，占耕地面积的 49.4%。农村土地承包经营权确权登记颁证工作完成总任务的 93%，走在全区前列。三是创新财政支农方式。加大涉农资金整合力度，整合各类资金近 9 亿元支持现代农业改革与建设试点。改进财政支农资金划拨方式，将县财政支农资金切块下达到乡镇，充分调动乡镇参与现代农业建设的积极性。整合以奖代补资金，与宁夏农业综合投资有限公司合作，建立农业产业化发展融资担保引导基金，2015 年基金规模达 3 000 万元，最高可撬动银行贷款 3 亿元。四是拓宽农业保险服务领域。县财政每年拿出不少于 200 万元资金对农业保险保费实行补贴，农业政策性保险险种达到 7 个，三大粮食作物实现全覆盖，奶牛参保率 90%以上。试点执行露地蔬菜政策性价格保险，在宁夏首推淡水鱼养殖政策性保险试点。

5. 坚持以健全机制为保障，着力形成改革与建设合力

从工作层面构建机制，形成了举全县之力争取各级支持共同推进现代农业改革与建设试点的良好局面。一是合力推动试点。作为宁夏唯一农业改革与建设试点县，自治区农牧厅和银川市农牧局对贺兰县给予了指导和政策倾斜。农牧厅指定一名副厅长协调试点过程中需要相关厅局解决的问题，银川市在制定农业扶持意见时向贺兰县倾斜，贺兰县农业农村经济相关工作重点围绕试点工作展开。二是完善配套政策。以试点任务为导向，出台了《关于推进现代农业改革与建设的扶持意见》《贺兰县财政支农资金整合项目实施管理办法》等配套政策，对农业产业发展进行统筹安排，协调农业及财政、金融、人事等有关部门，积极帮助解决试点过程中人才、技术、资金等方面的实际问题。三是强化部门协作。全力推进现代农业改革和建设试点，形成多部门齐抓共管、社会力量广泛参与的工作机制。发展改革委、财政、水务、科技、供销等部门紧密配合、各司其职、形成合力，支持试点工作。四是完善考核机制。将试点工作纳入全县各部门、乡镇（场）绩效考核体系，细化责任，加大督查考核力度。对试点工作任务落实不到位，进度缓慢，成效不明显的单位责任人严肃问责，保证试点工作顺利推进。

（二）贺兰示范区推进农业现代化取得的主要成效

1. 综合生产能力在持续建设中稳步提高

2010—2014 年，贺兰县农业总产值年均增长 6.32%，农业增加值年均增长 5.52%，均明显高于全区和全国平均水平；粮食播种面积在结构调整中出现下降，但单产水平显著提升，总产量稳定在 20 万吨以上；瓜菜播种面积年均增长 3.1%，产量年均增长 4.5%；水产养殖面积年均增长 0.4%，产量年均增长 4.8%；奶牛存栏量增加了 2.38 倍，产值增加了 3.41 倍。

2. 农业产业结构在深刻调整中转型升级

依据资源禀赋和市场需求不断调整农业结构，形成了以有机水稻为重点的沿黄优质粮产业带、以绿色瓜菜为重点的汉延渠系、唐徕渠系“两渠”瓜菜产业带、以无公害淡水鱼为重点的艾伊河适水产业带、以优质奶源基地为重点的沿山草畜产业带、以都市农业旅游为重点的“两翼”休闲农业产业带等优势特色产业。2010—2014 年，种植业、畜牧业、林业、渔业及服务业产值比例由 71.7∶9.4∶0.6∶11.6∶2.7 调整为 63.8∶20∶0.9∶12.3∶3，农业经济结构日趋合理。

3. 农业发展方式在效率提升中逐步转变

2014 年土地规模化经营率比 2010 年提高了近一倍；畜禽规模化养殖比例达到 82.15%，比 2010 年提高了 12 个百分点；水产标准化健康养殖占比为 77.67%，比 2010 年提高了 6 个百分点。农业规模化经营水平稳步提升，为迈入基本实现农业现代化阶段打下了坚实的基础。2010—2014 年，粮食单产由

477.8 千克/亩提高至 554.2 千克/亩，增长了 16%；成母牛平均单产由 6 500 千克提高到 7 200 千克，提高了 10.77%；水产品亩均产量由 317.8 千克提高到 460.3 千克，增长了 44.8%，主要农产品单产水平显著增长，农业增长方式由粗放向集约转变。

4. 农民收入水平在产业发展中较快增长

农业产业的蓬勃发展，为农民增收带来了持续动力。2010 年以来，贺兰县农民收入水平持续提升。2014 年，农民人均可支配收入首次突破万元大关，达到 10 667 元，略高于全国平均水平的 10 489 元。农民人均可支配收入增速 10%，高于城镇居民人均可支配收入增速的 7.18%。2014 年农民人均可支配收入与 2010 年农民人均纯收入 6 214 元相比，增长了近一倍。总体上看，2010 年以来，贺兰充分利用了现代农业示范区这一重要平台，持续强力推进现代农业改革与建设试点，使农业现代化迈入了“快车道”。5 年间，贺兰农业发展面貌出现了根本性变化，西部特色农业现代化“贺兰模式”已经初现雏形。

二、贺兰示范区现代农业建设实现路径研究

作为西部特色农业现代化道路探索的一个样本，“贺兰模式”已初具雏形，目前正处于扎实强力持续推进就能勇立西部现代农业发展潮头、徘徊不前就可能被迅速超越的关键阶段。面临历史性的机遇与挑战，贺兰示范区应以舍我其谁的精神，全面推进现代农业改革与建设各项工作，勇创西部农业现代化的典范，倾力打造可示范、可推广、可借鉴、可复制的西部特色农业现代化“贺兰模式”。

（一）打造更高水平农业现代化“贺兰模式”的目标与路径

立足在西部地区率先实现农业现代化的要求，按照“四化同步、农业现代化领先”的思路，围绕“农民增收、农业增效、农业产业化增速”的目标，以优质粮、瓜菜、草畜、水产等“一优三特”产业为引领，以项目链带动产业链，配套创新链，优化资源配置，加快农业结构调整，加快产业转型升级，推进产加销一体化、一二三产业融合，走出一条特色优势明显、生产技术先进、改革动力强劲、经营规模适度、市场竞争力强、生态环境可持续发展的现代农业之路，把贺兰建设成为宁夏北部引黄灌区乃至西部地区现代农业“样板区”。

具体路径是要实现农业“八化”：

——经营规模化。适应农业生产力水平的提高，稳步推进土地流转，积极

发展规模种养，进一步提升农业经营规模化水平。通过经营规模化来促进农业标准化生产、产业化经营，实现边际成本递减，获取规模效益。

——装备设施化。用工业化的理念来谋划农业，持续加强农业基础设施建设，引进先进物质技术装备，推广应用先进适用技术，根本改变传统农业“靠天吃饭”的局面，以现代物质科技装备促生产效率的提高，稳步提升农业综合生产能力。

——主体企业化。通过引导工商资本进入农业，以及培育农民专业合作经济组织、家庭农场等形式，以企业化经营的新型农业经营主体替代传统农户，从根本上重塑现代农业的微观经营组织基础。

——产品品牌化。进一步推进农业品牌化建设，实施品牌带动战略，主推品质优势，主攻高端市场，促进品牌农业发展；大力发展“一镇一品”，将传统农业模式下的口碑相传转变为依靠品牌建设来增加农产品的知名度、美誉度，将贺兰农业资源优势转换为经济优势、产品优势转换为价格优势。

——生产生态化。坚持走绿色、生态、循环农业，在绿水青山中建设现代农业，在建设现代农业中巩固绿水青山；推广应用农渔结合、农牧结合等生态循环农业的成功经验，实现农业可持续发展，使绿水青山成为贺兰农业谋取金山银山的可靠保障。

——产业旅游化。立足贺兰作为银川市近郊县的区位优势，大力发展休闲、体验、观光农业，将设施农业、水产业与服务业、旅游业紧密结合，促进一二三产业融合，走出符合贺兰县实际的现代农业转型升级和功能拓展之路。

——销售电商化。抢抓“农业＋互联网”历史机遇，在继续抓好传统消费渠道的同时，根据优质产品和高端市场的目标定位，以电商销售的电子商务模式为重点推进农产品营销促销，使贺兰农产品销售搭上信息化快车。

——运营资本化。全面深化农村改革，通过农村土地承包经营权“三权分置”、农村集体资产产权制度改革等途径，将农民的土地、集体资产股份等资源资产化、资产资本化，盘活农村沉淀资产资源，促进农民增加财产性收入。

（二）打造更高水平农业现代化“贺兰模式”的主要措施

1. 优势特色产业由扩规模向提效益转变

将农业发展的重心转到提高质量和效益上来，提高产业集中度和市场竞争力。粮食产业面向高端市场，重点发展有机水稻，通过打造地域共用品牌，建立质量可追溯体系等措施，促进水稻产业向优质、高端方向发展。瓜菜产业及时调整种植结构，通过推进农机农艺结合降低成本，通过订单生产、电商销售等模式提升效益。适水产业以效益倍增计划为抓手，重点发展标准化高产健康养殖和名优特色水产品，力争3年内效益翻番。奶业实施龙头带动战略，构建以龙头企业带动、标准化支撑、知名品牌引领、产加销衔接、产业协调发展的现代奶业体系，实现奶业提质增效。

2. 产业化经营由初级形态向高级阶段递进

重点推进农民增收致富的正向产业化，而不是工商资本与民争利的逆向产业化。一方面，继续推进“外部嵌入”式的农业产业化，壮大一批起点高、规模大、带动力强的农业产业化龙头企业，创新龙头企业与农民合作社、农村集体经济组织以及农户之间的利益联结机制，让农户更多分享产业链条延长、效益提升的红利；另一方面，要重点推进“内部拓展”式的农业产业化，鼓励种养大户、农民合作社、农村集体经济组织按照市场法则抱团发展，通过组建产业联合体等形式，实现由生产环节向农产品加工、休闲农业等领域拓展，将农业产业化经营的利益最大限度地留在农业农村内部，为农民增收和壮大村集体经济发挥更大作用。

3. 农业社会化服务体系由点到面全面拓展

按照分工分业、提升效率的思路，建立覆盖农业生产全过程的社会化服务体系，使生产性服务业成为农业发展的新增长点。针对农业产业发展需求，大力培育种苗培育、农资供应、农机作业、统防统治、冷链运输、分级包装、科技服务、市场信息收集等服务组织。运用“互联网＋”思维来强化农业服务体系，重点推动互联网技术在种植养殖业生产、农产品加工流通销售、质量安全追溯等环节应用，搭上信息化快车，加快农业现代化进程。全面推进农产品销售电商化，通过建设淘宝特色中国贺兰馆、京东中国特产贺兰馆等电商平台，鼓励引导农产品生产加工企业入驻，开拓特色农产品销售服务新领域。

4. 农业农村改革由局部试点向全县推广应用

全面完成农村土地承包经营权确权登记颁证工作，为推进农村产权制度改革奠定基础。强化国家率先在现代农业示范区试点农村承包土地的经营权抵押融资重大机遇，扎实稳妥开展农村承包土地经营权抵押贷款业务，突破农村金融瓶颈制约。开展村集体资产股份化改革和农村土地入股试点，完善农村产权流转交易中心、农村土地仲裁委员会职能，推进土地集约化经营。创新财政支农新机制，由输血性直接补贴逐步向政府性基金、贷款贴息、农产品销售补助等环节转变，提高资金使用效益。探索特色农产品保险新领域，在粮食作物全覆盖的基础上，将农业保险品种向瓜菜、水产等区域特色农产品拓展，不断增强农业抵御风险能力。

三、贺兰示范区推进农业现代化的基本经验与启示

贺兰县推进农业现代化取得了阶段性成果，其探索既有符合现代农业发展一般规律的普遍做法，也表现出了具有西部特色，尤其是宁夏特色的现代农业发展模式。综合分析，西部特色农业现代化“贺兰模式”可归纳为：统筹兼顾、紧围特色、优质高效、整合要素、改革创新。“贺兰模式”作为西部特色农业现代化道路的一个典型代表，对于其他地区的现代农业改革与建设具有一定参考借鉴意义和复制推广价值。

（一）西部特色农业现代化“贺兰模式”的基本经验

1. 统筹兼顾：平衡土地产出率和劳动生产率

世界各国因资源禀赋各异，农业比较优势不同，形成了丰富多样的农业现代化模式。一般可分为3类：一是以美国为代表的劳动节约型模式；二是以日韩为代表的土地节约模式；三是注重两者结合的中间模式，以法德英等国家为代表。从国际上看，贺兰的资源禀赋优于日韩，但远逊于欧美；从国内范围看，贺兰的资源禀赋优于江浙，但不如东北等地。目前，贺兰人均耕地面积2.31亩，虽明显高于全国平均水平，但总体仍属小规模经营。与此同时，通过引导土地流转、发展规模经营，贺兰土地规模化流转比例已经将近50%，奶牛养殖的规模化水平已经达到98%以上。因此，贺兰的农业现代化之路，既不同于欧美，也不同于日韩，更加接近第三种模式，走的是土地产出率和劳动生产率并重的统筹兼顾型农业现代化道路。

2. 紧围特色：充分运用好市场的“无形之手”，立足资源优势，突出地域特色

作为一个高度依靠自然资源的产业，资源禀赋是农业发展的原动力。贺兰虽然地域面积不大，但区域特色非常明显。贺兰98%的耕地由黄河水自流灌溉，年日照达2 995.4小时，昼夜温差大，被中外经济学家誉为“发展农业不可多得的地区”。贺兰示范区正是依托资源优势，在不断地“试错”“纠错”探索过程中逐步摸索出了优质粮、瓜菜、奶牛和水产等“一优三特”区域特色产

业。这些产业虽然在全国而言规模不大，但区域特色鲜明，市场竞争力强，对县域农业经济和民生保障支撑有力。比如，贺兰水产养殖面积10万亩，与南方相比微不足道，但在西北就是第一渔业大县；又比如，基于中国优质奶源核心产区的特殊优势，依托中地种畜等大型产业化龙头企业，贺兰的奶牛养殖规模迅速壮大，饲养水平、奶牛单产等都快速跃居全区乃至全国前列。

3. 优质高效：主打品质品牌，主攻高端市场

贺兰农业正如宁夏农业的一个缩影，相对其他农业大省而言，其体量非常之小。以水稻为例，黑龙江省水稻播种面积达6 000万亩，而宁夏只有120万亩，贺兰只有20万亩。与其他地方比数量、比规模，贺兰不具备优势。但正是基于优越独特的农业生产条件，贺兰主打农产品的品质牌，主推农产品的产地环境优势、产品质量优势，以此为基点打造优势特色产业；在高度竞争的农产品市场中精准定位，瞄准北京、上海、广州等大中城市的高消费群体，以此作为推介贺兰高端农产品的目标顾客群体。以优质粮产业为例，经过几年的持续努力，贺兰的有机水稻种植面积已经达到3.7万亩，最高的有机大米已经卖到120多元1千克，探索出了一条追求农业效益和保障国家粮食安全并重的粮食产业发展之路。

4. 整合要素：既抓好传统要素优化，更突出创新要素衔接

现代农业是一个与时俱进的动态概念，既有农业科技进步、农业机械化等传统的标志性特征，在工业化、信息化、城镇化快速推进的背景下，又被赋予了用信息化手段来武装农业、改造农业等新概念，农业的功能也在不断地拓展和延伸中。贺兰示范区一方面积极推进规模化、设施化、科技化、机械化等现代农业的普遍性领域，同时又积极推进现代农业的创新性要素和领域。比如，在"互联网+"时代到来的大背景下，贺兰示范区充分利用信息化手段来改造和提升传统农业，在继续抓好传统销售渠道的同时，以电子商务模式为重点推进农产品营销促销，2015年上半年农产品电商销售额即已达到1.37亿元。又比如，针对现代农业功能的不断拓展，贺兰大力发展休闲农业和乡村旅游，目前休闲农业旅游点73家，休闲旅游农业总资产达到5.75亿元，年营业收入4.9亿元，从业人员达1 440人。

5. 改革创新：充分运用好政府的"有形之手"，强化支持保护，突出机制革新

现代农业的发展离不开政府的强力支持。贺兰地处西部，农业在县域经济中的比例相对较高，即便到 2014 年，农业在 GDP 中的比例依然占 13.8%，而与东部地区相比地方政府财政实力又相对不足。在这种情况下推进农业现代化，更需要地方政府的支持保护，并大力推进改革创新，从体制改革和机制创新中获取发展红利。贺兰示范区一方面大力推进机制创新，从管理体制、保障机制、考核机制、推进机制等方面大胆探索，形成了在局部范围内积聚力量推进现代农业改革与建设试点的合力，在经济发展水平相对滞后、地方财力比较薄弱的情况下有力保障了现代农业发展；另一方面，贺兰示范区还从农业经营体制机制、政府农业管理体制、农业投融资机制等方面深化改革，从体制改革中谋求发展突破，更加注重全员劳动生产率的提升，使农业现代化呈现出以改革促进发展、以发展保障改革顺利推进的良性互动局面。

（二）“贺兰模式”探索的实践价值与启示

1. 西部地区农业现代化也具有相对优势

西部地区地域广阔，经济发展相对滞后，特别是二、三产业方面与东部有较大差距，但在农业方面的差距相对较小，而且很多地区还具有独特的资源禀赋条件，是发展现代农业得天独厚的优势。用现代化的理念来发展农业，用产业化的方式来经营农业，是把西部地区农业资源优势转化为产业优势，进而成为地区发展的经济优势的重要途径。西部地区要在区域经济的发展布局中，把农业摆在更加重要的地位，持续夯实农业基础支撑，不断释放现代农业在推进区域经济发展中的“持久张力”。

2. 西部地区农业现代化更要发挥“后发优势”

西部发展现代农业的资源禀赋优越，特别是随着“互联网＋”，以及现代交通和通信等基础条件的改善，西部原有发展现代农业的劣势正在弱化，而优质原料丰富、土地和劳动力成本较低、能源供给丰富等方面的优势逐步突显，在推进农业现代化的进程中具有明显的“后发优势”。因此，西部地区农业现代化应树立赶超意识，充分利用新常态下的后发优势，把现代农业建设作为区域经济发展的战略支撑点，用现代农业的发展来为二、三产业提供支撑，用二、三产业的发展来带动现代农业发展，在产业融合和升级中实现区域经济协调发展，不断释放现代农业在推进区域经济发展中的“持久拉力”。

3. 西部地区农业现代化更需要走差异化道路

世界各国的农业现代化道路各不相同，形成了不同的模式选择。我国地域广大，生态条件各异，东中西、南北中已经初步形成了不同的现代农业发展模式。西部地区的经济社会发展、农业资源禀赋差异较大，甚至有的在一个省份之内，现代农业发展的基础、模式和途径都大相径庭。以宁夏为例，南部山区和沿黄灌区发展现代农业的条件就截然不同。因此，西部地区的农业现代化也要走差异化道路，根据特定地区的实际来确定特色优势产业，探索其具有现代农业本质特征，表现形式百花齐放的发展模式，不断释放现代农业在推进区域经济发展中的“持久动力”。

4. 西部地区更应加大对现代农业的扶持

与东部地区相比，西部地区的地方财政实力明显落后。但从农业在国民经济和区域发展中的地位而言，应该比东部地区更加重视对现代农业的支持保障。一方面，应充分利用国家把解决“三农”问题作为全部工作重中之重、不断强化农业基础地位、持续增加农业投入的契机，积极争取中央的政策支持；另一方面，应切实把现代农业建设和农村改革排在地方财政投入的优先序，随着财政实力的增强不断增加对农业的基础投入和农村改革的投入，强化对现代农业发展的支持保障，不断释放现代农业在推进区域经济发展中的“持久推力”。

四、贺兰示范区农业经营体制机制改革创新

（一）贺兰示范区培育发展新型农业经营主体

近年来，贺兰县委、县政府高度重视发展新型农业经营主体，明确指导思想、目标任务、发展思路，加大扶持力度。促进了新型农业经营主体快速、健康发展，有力地推动了现代农业发展进程。

1. 新型农业经营主体运作模式

发挥主力作用的主要有以下 7 种模式：

（1）全程机械化服务模式。主要依托全程机械化服务组织实施，如贺兰县精品稻麦专业合作社和贺兰县石红军家庭农场。采取的方法：一是在农户自愿的前提下，将农户分散的土地集中起来，合作社统一代耕作业。二是推行全程机械化生产模式，实现了整地、供种、育秧、插秧、技术服务、收割、收购加工的“七统一”的现代农业生产经营模式。三是实现了节本增效。节种、节水、节肥、省药、省劳力。四是提高了机械化作业水平，实现了机械规模化、集约化生产经营模式。五是实行全程机械化作业，使部分劳动力解放出来，从

事二、三产业，实现了土地产出和劳务增收“双增”目标。

（2）“公司＋合作组织＋基地＋农户”的产业经营模式。如：宁夏广银米业有限公司在常信乡四十店村和习岗镇新平村土地流转 2 624 亩，宁夏生瑞米业有限公司在立岗镇先进村流转土地 3 145 亩，开展稻蟹、稻鱼立体种养和有机稻种植。依托龙头企业大力推广机械化种植、标准化生产、集约化经营，构建“龙头企业＋合作社＋基地＋农户”的现代农业生产模式，实行“企业牵头、合作社运作、基地带动、农户参与、多点联合”等新机制，大力推进新品种、新技术示范、推广，打造优质粮食高产示范样板区，建立集粮食生产、收获、储藏、加工、销售于一体的产业链条，实现从田间到餐桌的无缝连接，提高了粮食流通效率，提高了优质粮产业的质量和效益，实现了企业、合作组织、农户多方共赢目标。通过龙头企业带动，促进了新型农业经营主体的发展壮大，带动了优质粮产业迅猛发展，目前，已通过农业部认证的有机稻基地 3.9 万亩。

（3）专业合作社带动模式。形成了“合作社＋基地＋农户”的产供销一体化经营模式。贺兰县常信乡丁北西芹合作社、贺兰县江龙香瓜合作社和贺兰县桂南果蔬合作社以优势特色品牌带动蔬菜产业发展。合作社在农户经营的基础上，以市场为导向，不断拓展生产基地规模，为农户提供产前、产中、产后等多种形式的服务，解决了农户蔬菜生产中的技术、管理、销售、市场信息等难题，提高了市场竞争能力。主要特点：一是为入社会员引进新品种和新技术，在供种、栽培、管理、收购、运销等方面由合作社统一负责；二是为入社农户协调贷款，赊销农药、农膜、种子，帮扶贫困户发展生产；三是结合市场行情，合作社有计划合理安排作物布局、农户错茬种植，达到均衡上市，做大做强瓜菜产业。如：贺兰县常信乡丁北西芹合作社在年初进行总体规划，选择地膜和露地 2 种种植方式，选用早熟、中熟和晚熟品种搭配，同时，指导农户分片错茬种植、达到均衡上市。

（4）村集体组织带动模式。贺兰县兰光阳光蔬菜合作社、金贵镇银河村瓜菜合作社和张亮瓜菜合作社都是由村委会牵头按照区域化、专业化生产的要求组建。合理利用有限的土地资源，推动农业结构调整步伐。目前，通过村集体带动全县已形成了一批具有一定规模、特色明显的典型村。如：常信乡张亮村的香瓜、丁北村的西芹、立岗镇兰光村的秋延后盘菜、金贵镇银河村的设施蔬菜、联星村的螺丝菜、保南村的冷棚韭菜、习岗镇五星村的地膜茄子、洪广镇金山村的西瓜等，初步形成了一村一品格局，推动了农业结构的调整和农业产业化进程，带动了主导产业的发展，促进了当地农村经济发展。

（5）“龙头企业＋合作社＋粮食银行”的运作模式。贺兰立岗镇永利粮食合作社经过多年的实践，积极探索发展“粮食银行”，按照“粮权不变、时间不限、落价保底、涨价顺价”的原则，吸收农户余粮存入“粮食银行”，将单一的粮食生产和粮食加工企业聚集为一个统一体，形成了粮食产、供、销产业链，提高了企业抵御市场风险的能力，降低了农民的风险，形成了以品牌优势占据市场，引导农产品调整产业结构的链条，达到增加农民收入的目的。有了“粮食银行”，群众买卖、储藏、兑换粮食与到银行存款、取款一样方便，同时，粮食可以保本增值。农民粮食收获后自愿存入粮食银行，解决农民农产品卖难的问题，促进了农民增收，发挥了较好的作用：一是“粮食银行”解决了农民储存粮食的难题。二是“粮食银行”增加了农民收入。农民自己储粮，每年至少损失5%左右，通过粮食银行的代储存，减少农民储粮成本和损失。三是“粮食银行”保护了农民种粮的积极性，支持了粮食生产，“粮食银行”的存在对农民利益起到保护作用。四是“粮食银行”促进了粮食加工业的发展。“粮食银行”的生存和发展需要依托粮食加工企业，同时，它又能为粮食加工企业的发展提供支持。“粮食银行”既能给粮食加工企业提供生产原料，又能解决粮食加工企业流动资金的不足。

（6）科技人员创业促进型。为了充分发挥科技人员的引领作用，贺兰县先后制定一系列优惠政策，鼓励科技人员带技术、带本领深入农村发展设施农业。典型代表如：新平设施园区近15名技术干部租赁农户土地建设二代温棚，健全完善了设施农业科技服务支撑体系，建设育苗中心2座、3 000米^2，建设保鲜冷库1 000米^2，建设集农资销售、科技培训为一体的科技服务综合楼1栋，建设高标准设施技术示范棚8栋，建设由技术干部自主经营的干部创事业技术示范棚43栋；加强设施农业院县共建合作，引进试验中国农业科学院提供的瓜菜新品种8类21个。通过他们的示范带动极大地调动了广大农民参与设施农业的积极性，从2008年至今，该园区已完成6期建设，面积达到1.2万亩，建成4 600栋二代日光温棚，种植户达到1 800户。由村集体集中流转土地，镇政府统一规划和建设，整合各类项目资金完善水、电、路等配套设施，建成后按成本价转让给农户生产经营。使之成为目前全区规模最大、标准最高、基础设施最完善的设施农业园区，被评为国家级现代设施农业示范园区、全国巾帼现代农业科技示范基地、国家级科技特派员创业基地、自治区优秀创业基地。目前，新平园区共培育发展农民专业合作社 12 家，其中 3 家被评为自治区级示范合作社。

（7）供港蔬菜基地带动型。2011 年，贺兰县引进广东石碣润丰国际蔬菜交易中心客商率先在立岗镇银星村建设供港蔬菜基地，并注册宁夏瑞农农业开发有限责任公司，按照“支部＋公司＋基地＋农户”的运行模式，由村党支部牵头，以每亩 800 元的价格流转土地 1 160 亩交给公司经营发展以空心菜、芥蓝等为主的供港蔬菜。产品成熟后经过采摘、精选、包装、打冷等工艺，由冷藏车直接运往香港。在香港的销售价格平均在 16 元/千克。由于基地土质好、自然条件优越，生产出的蔬菜品质好，深受香港客商的欢迎，销售价格同比其他基地高出 1.3 元/千克。

2014 年，贺兰县继续扩大供港蔬菜基地建设面积，2016 年，全县共建立供港蔬菜生产基地 8 900 亩，全部实行订单销售。供港蔬菜基地的建设，不仅转变了当地群众的思想观念，打破了单一的粮食种植模式，调动群众调整产业结构的积极性，群众将土地承包给开发商后，依托劳务输出合作社，有组织地到园区务工，参与到园区的种植、田间管理、采收等各个环节，使当地群众从中学习到蔬菜种植技术和管理方法，为今后发展蔬菜种植奠定了基础，最重要的是农民收入显著增加，实现农业增效、农民增收的目标。

2. 发展思路与措施

（1）发展思路。按照区、市、县大力培育发展新型农业经营主体的要求，紧紧围绕“一优三特”产业培育发展新型农业经营主体，在全县范围内营造加快发展新型农业经营主体的浓厚氛围，为新型农业经营主体快速、健康发展提供了强劲的后盾。同时，着力抓好质量建设，做大做强，逐步提升新型农业经营主体的发展水平和档次，服务于现代农业发展。

（2）主要措施。

① 示范带动，发展一批。按照产业区域化布局，充分发挥典型的示范带动作用，着力扶持发展优势明显、带动能力强、市场能力看好、运作规范的新型农业经营主体，在数量上增加一批，促进全县新型农业经营主体大发展；开展示范性的经营主体创建工作，在发展数量的同时，注重发展质量的提升。

② 强化管理，规范一批。不断探索利益联结机制，实现组织成员从松散型向以资金、技术、土地、金融、品牌等其他参股合作形式的紧密型转变。完

善利益分配机制，实现农民的二次返利，使农民从一体化经营机制中获得更大的利益。进一步建立健全契约、合理和规范化的利益联结机制，实行“二次返利”和股份分红，让农民共享合作经营的成果，促进共同富裕。

③ 狠抓质量，提升一批。以促进新型农业经营主体自身发展为核心，逐步实现产权明晰化、管理民主化、财务规范化、服务优质化、经营效益化的“五个化”目标，建立健全成员账户。打破区域界限，积极推进农业经营主体按行业类别、产品属性重组联合，向专业化、集约化方向发展壮大。加大市场开拓、技术开发力度，狠抓产品质量建设，积极争创和利用好品牌，提高市场竞争力。

④ 加大扶持，壮大一批。加大政策扶持力度，发展壮大新型农业经营主体。近年来，贺兰县财政每年安排一定资金对新型农业经营主体进行扶持，同时，把规范化建设作为新型农业经营主体享受政策扶持的重要条件，对已经工商注册登记、制度健全、运行规范、规模较大、带动能力强的，要优先安排扶持资金，优先推荐项目申报，促进其不断发展壮大。

（二）贺兰示范区高素质农民培育

高素质农民是推进现代农业发展的中坚力量，当前贺兰县正处于推进国家现代农业示范区改革与建设的关键时期，积极探索高素质农民培育路径，培育壮大一批生产经营型、专业技能型、社会服务型职业农民，努力破解“谁来种地”的难题，是推进贺兰县现代农业发展的关键所在。

1. 制订培训计划，完善监管机制

按照区农牧厅“阳光工程”培训工作的总体安排部署，选择具有农业专业培训能力的培训基地，结合培训专业分解下达培训任务，制订培训计划，明确专人负责，进一步落实培训班检查记录制度、教务管理岗位制度、培训档案资料管理制度、资金管理制度、检查验收制度等，确保了培训任务的顺利完成。

2. 抓好教学管理，提高培训质量

通过完善各项工作制度和档案管理制度，建立办班申请审核和跟班监督责任制，保障培训质量和培训效果。针对农民需求，结合贺兰县示范基地建设，组织技术服务团队深入田间大棚，领着农民看，带着农民干，着重加大实用技术培训力度，努力提高培训质量和效果，着力培养一批观念新、懂技术、善经营的农民“土专家”、致富能手和示范户，促进了农业科技成果的转化和实用技术的推广运用，充分调动农民参加培训的积极性。

3. 创新培训形式，确保培训效果

结合贺兰县“一优三特”产业发展及现代农业示范园区建设，把阳光工程培训任务分配到组织能力强、培训质量好、管理制度到位的培训基地，选聘专业水平高、熟悉农民需求、经验丰富的农业技术人员承担培训教学。深入乡村、示范基地、农业产业化企业，组织农民开展农业新技术推广、实用种养技术、产业化经营管理及社会化服务专项培训，采用培训基地与技术部门相结合，理论与实践相结合，专家指导与示范服务相结合的培训形式，切实为农民提供农业技术和特色产业培训，取得了显著成效，有效提高了贺兰县农民群众的科学素质和务农本领，为全县农业增效和农民增收提供了有力的人才支撑。如贺兰县常信乡九旺粮食产销专业合作社负责人谭建祥，以前是一个地地道道的种田的农民，通过参加高素质农民培训，进一步转变了思想观念，种植有机水稻1 400亩，通过精细的管理及种植，有机水稻亩产达400千克以上，目前该基地已通过三年转换期，获得有机水稻认证证书，有机大米远销陕西、青海、内蒙古、甘肃等地区，经济效益显著。

4. 加大宣传力度，营造工作氛围

充分利用贺兰有线电视台，开辟农科新天地专栏，制作推广农业种养技术等专题片，发布农民培训信息，广泛宣传通过农民培训涌现出的农民创业人才先进典型。同时，结合培训工作，编印通俗易懂的农业技术推广指导手册，强化宣传效果。

5. 强化监督检查，规范资金管理

为确保培训工作规范运行，县培训办组织纪检、农牧、财政、审计等部门组成验收组，对承担阳光工程培训任务的基地进行实地检查验收，按照检查验收标准，通过听汇报、察看培训台账、电话抽查及网上直报系统，对学员培训时间、培训内容等情况进行核查，对检查中发现的问题限期整改，确保监管机制落到实处。同时，严格项目资金管理，要求培训基地必须设立专项资金账目，做到项目资金专款专用，规范运行。

6. 总体思路与主要措施

以党的十八大，十八届三中、四中全会精神为指导，以加快推进贺兰县国家现代农业示范区改革与建设工作为载体，加强政策引导和扶持，以提高农民素质和农业技能为核心，积极探索新型职业农民培育的方法和路径，着力培育一批青壮年成为有文化、懂技术、会经营、善管理的高素质农民，推进农民职业化，提升农业科技化、机械化和信息化水平，为促进贺兰县现代农业发展和农民收入持续较快增长增添活力。

（1）整合培训资源，健全工作机制。成立贺兰县新型职业农民培训工作领导小组，科学制订新型职业农民培训计划及中远期规划，实行统一安排培训计划，统一编制和审查培训教材，统一审定培训学校，统一核拨和审计培训经费，统一聘请技术教员，统一进行监督检查，统一实施考核发证，使培训工作科学化、制度化、规范化。

（2）提高培训质量，保障培训效果。在对新型职业农民的培训上，应由专业职业培训学校实施，结合当地农业主导产业生产实际，注重实用技术、实地指导与理论培训相结合，真正使培训农民掌握实用技术。建立中高级农业专家与职业农民联系制度，设立技术服务热线电话，为他们提供必要的技术指导与服务，加大对一些实用新技术的推广力度。

（3）深入摸底建档，严格资格认定。一是做好培育对象的摸底与建档。高素质农民的培育对象以乡镇为单位，以自愿为原则，对现有的规模种植、养殖大户进行入户调查摸底，对符合条件的对象作为高素质农民的培育对象建档立卡。二是确定高素质农民的资格认定标准。应支持政府引导，农民自愿，严格标准，动态管理的工作原则和坚持公开、平等、择优及德绩并重的认定原则。

（4）加强政策宣传，营造良好氛围。通过广泛宣传，让广大农民认识到培育高素质农民对于发展现代农业的重大意义，解决部分农民群众认识上的误区。广泛宣传其他县（市、区）实施高素质农民培育工程的成功经验，宣传通过培训而创业致富的高素质农民先进典型，调动广大农民参与培训的积极性。

（三）贺兰示范区探索完善与创新农村土地承包经营制度研究

近年来，贺兰县以发展现代农业为契机，以创新土地经营权流转机制为核心，按照“政府引导、因地制宜、循序渐进”的思路，采取转让、转包、互换、租赁、信托等形式，加快农村土地经营权流转步伐，有序引导和鼓励农民流转土地经营权，发展土地适度规模经营，实现农业规模化、集约化、产业化经营，全面推进现代农业和社会主义新农村建设。

1. 主要措施

（1）健全机制，保障土地正常流转。一是建立机构，完善机制。各乡镇（场）、行政村建立了土地流转服务机构，完善制度、建立土地流转档案，建立了乡村协商调解、县级仲裁、诉调对接体系，开展纠纷调处等服务，及时化解矛盾纠纷，推动农村土地经营权有序流转。二是加大扶持，拓展空间。从 2009 年县财政每年安排一定资金对流转土地的新型农业经营主体给予补助，特别是 2013 年和 2014 年加大扶持力度，分别补助资金 384 万元和 184 万元。一方面促进了农村土地流转的适度规模化经营；另一方面不断拓宽劳务输出渠道，让农村富余劳动力能够出得去，挣到钱，留得住，为农村土地流转创造必要条件和有效空间。三是精心组织，加强领导。农牧、就业、社保、国土、司法等有关部门密切配合，各负其责，及时解决土地流转过程中遇到的问题，不断优化农村土地流转工作环境。

（2）正确引导，推进土地快速流转。

① 严格把握政策，加强管理指导。以遵循市场经济规律和农民群众意愿为前提，加强对土地流转各个环节的管理指导，保障土地流转规范、有序进行。坚持“依法、自愿、有偿”的原则，杜绝强迫命令等违反农户意愿的硬性流转，维护群众合法权益。

② 充分发动村干部做示范、当标杆，做给群众看，领着群众干，促进土地流转升温加速。如：兰光村抓住了产业发展这条主线，走以集约化、规模化、产业化、科技化为特点的现代农业发展之路。探索出了“四个创新＋四个统一”的“兰光模式”，实现了经济效益和社会效益的“双赢”。一是创新土地经营权流转方式——实行统一经营。自 2007 年以来，兰光村逐步将全村土地全部流转到村集体，实行集体统一经营，带动农户增收，壮大村集体经济实力。二是创新产业发展方式——实行统一培育。兰光村积极创新产业发展方式，采取“支部＋合作社＋基地＋农户”运作模式，将全村特色产业进行科学规划，实行统一培育，发挥产业整体优势，促进产业提质增效。三是创新企业化管理方式——实行统一管理。兰光村积极探索运用企业化的管理方式，实行“统种分管”，全村各项产业统一规划、统一提供农资、统一种植、统一管理、统一销售，由村社干部实行“分片”管理，每项产业由 2～3 名村社干部负责，明确责、权、利，有效提高生产效率。四是创新科技推广服务方式——实行统一示范。兰光村针对农民科技文化素质低，推广能力弱的实际，采取以村集体

为技术推广单位，以村社为推广小组，以村党员干部为推广示范户，加快农业先进技术的全程化推广，加快农业新技术、新品种的示范推广，加快农户管理技术的普及推广，实现了技术与生产的“高位嫁接”，有力地促进了农业先进技术的广泛应用。实践证明：兰光村探索总结的“四个创新＋四个统一”的“兰光模式”，不仅加快了特色产业的发展，而且实现了“强村富民”的新跨越。

③ 通过典型带动，加快推进土地流转。实行适度规模开发，集约经营，发挥规模经营效应。如：桂南村试行“大流转、小包干”的经营方式，由村集体集中流转土地 700 亩，统一规划为蔬菜种植区，统一进行农田整治和水利设施配套，然后再分散承包给种植户，有效解决了农户自发分散经营过程中遇到的土地调整和倒茬轮作等难题，为创新产业发展机制提供了新思路。一是分散经营风险。以家庭为单位的小规模经营，有效分散了经营风险，即使个别农户生产经营出现问题也在可承受的范围内，避免了大户集中经营因遭遇自然和市场风险而出现巨额亏损的情况。二是实现精细管理。“大流转、小包干”因规模较小，适合家庭经营，为各种精细化管理措施的实施到位提供了可能，有效破解了大规模种植与精细化管理之间的矛盾，实现了节本增效的目标。三是缓解人地矛盾。有的农民会种菜，但因连作障碍、无地可种等原因无法持续稳定增收，“大流转、小包干”的经营方式为有种地意愿的农户提供了机会，有效解决了部分农村有地无人种、有人无地种、有地不会种、会种无地种的矛盾。四是实现科学布局。大户规模经营，为了方便管理，提高机械化程度，多存在品种单一的问题，导致风险增加、倒茬困难。“大流转、小包干”以“小规模、大群体”的经营方式，实现了局部品种多样、总体规模不减，有效分散了市场风险，解决了原地倒茬轮作的问题。五是破解融资难题。在当前土地经营权尚无法抵押融资的情况下，大户规模经营多数都面临投入不足的问题。“大流转、小包干”将成本投入的压力分散到了种植户的身上，规避了融资难题，也使众多农民成为产业发展的直接受益者，促进了农民增收。

(3) 创新形式，带动土地有序流转。贺兰县土地流转主要以出租、转包、转让、互换和信托等形式为主。出租 196 444.05 亩，占流转总面积的 73.93%。转包 29 443.12 亩，占流转总面积的 11.1%。转让 20 462.7 亩，占流转总面积的 7.7%。互换 5 510 亩，占流转总面积的 2.1%。信托 13 845 亩，占流转总面积的 5.2%。2014 年，贺兰县与中信信托有限责任公司合作，勇于探索、创新农村土地信托流转模式，涉及4个村，农户1 301户，期限5～8年。

（4）做好农村土地承包经营权确权登记工作，为土地流转奠定基础。贺兰县把开展农村土地承包经营权确权登记颁证作为贯彻落实党的群众路线教育实践活动、维护广大农民权益的关键措施来抓，并与开展现代农业示范区改革与建设试点县工作有机结合，积极探索，科学谋划，精心组织，扎实推进，进展顺利。2014年，确定在48个村（含京星农牧场）开展农村土地承包经营权确权登记工作，完成调查农户3.7万户，面积40.3万亩，完成确权登记3.4万户，面积37万亩，分别完成91.9%和91.8%。农村土地承包经营权确权登记工作的最终目的，就是要进一步创新和完善农村基本经营制度，壮大集体经济实力，发展多种形式规模经营，构建集约化、专业化、组织化、社会化相结合的新型农业经营体系。按照农村经济社会发展的新形势和新要求，结合实际，推进机制创新，把农村土地承包经营权确权登记工作的成效体现在推进农业现代化快速发展上，体现在增加农民收入上。以贺兰县“一优三特”优势特色产业为重点，着力培育发展新型农业经营主体。大力推进农村土地承包经营权有序流转，鼓励和支持农户承包经营权向专业大户、家庭农场、农民专业合作社和龙头企业流转，发展多种形式的适度规模经营，推进产业升级和提质增效，有力地推动现代农业快速健康发展。

2. 主要成效

促进劳动力转移，推进城镇化。土地流转机制的建立，改变了部分农民“亦工亦农、亦商亦农”的兼业化状态，解除了土地对这些农民的束缚，促进了农村劳动力向非农产业转移，向城镇集聚，推动了城市化、农业现代化进程。目前，贺兰县农民进城买房的占总农户的40%以上。

促进农业机械化，解放劳动力。土地适度规模经营，新型农业经营主体替代农民完成产前、产中、产后的每一个环节，农民不再为种什么、怎样种费脑筋。同时，土地集中连片，实行机械化作业，可以有效降低投入成本，提高劳动效率，解放生产力。目前，全县耕种收农业机械化率达到94.9%。

加快土地综合整治，提高土地利用率。土地流转推进了农业规模化经营，有效解决了二轮土地承包田块好坏搭配和家庭经营造成的土地细碎化问题，有利于农业建设项目资金的争取与落地。2014年完成高标准农田建设10.05万亩，改造中低产田3.3万亩，高效节水项目5个，面积为1.46万亩，累计完成高标准农田建设 47.9 万亩，占比达到 84%，耕地利用率达到 100%。

推进土地适度规模化经营，促进农业产业化发展。土地规模化经营对大型农用机械、农业测土配方施肥等新技术的实施起到了积极的推进作用，同时，也有利于发展现代农业，促进农业产业化经营。目前，贺兰县通过土地流转发展优质粮基地 98 175.38 亩（其中有机稻蟹基地 39 840 亩），露地蔬菜 34 250.42亩（其中供外蔬菜基地 13 400 亩），设施瓜菜种植 47 837.7 亩，苗木花卉基地 44 660.75 亩，饲草、青贮种植 40 780.62 亩。

3. 实施举措

搭建服务平台，规范流转行为。建立健全土地流转服务体系，培育和发展为土地流转服务的各类中介组织，及时为土地流转供需双方提供信息服务，突破土地流转仅在有限区域内进行的制约，形成全县或全市统一的土地流转市场，搭建土地流转交易平台；规范土地流转的程序，签订自治区统一流转合同，明确流转的形式、数量、年限、条件及双方的权利义务等，减少土地流转纠纷；乡镇政府和村级组织要加强组织协调，积极解决土地流转工作中的具体问题和困难，督促流转双方切实履行合同约定，维护流转双方的利益。

强化监督管理，保障有序流转。强化对土地流转的监管，消除土地流转中损害农民权益的现象。建立县级农村土地承包纠纷调解仲裁委员会并开展运行，及时处理流转纠纷，保障土地流转依法有序地进行。

壮大支柱产业，增强需求动力。制定相关扶持政策，大力培育新型农业经营主体，同时在税收方面应给予优惠照顾，提供必要的技术、信贷和服务等方面的支持。加大对农村土地流转的财政和金融支持力度，鼓励新型农业经营主体流转土地发展适度规模经营。加大农业招商引资力度，开辟新的农业产业项目，用大项目和大企业搭建土地流转市场需求空间。

发展二、三产业，加快劳动力转移。要让失地农民能像以前一样安居乐业，就必须加大二、三产业的发展，尤其是跟农业相关的第三产业的发展，为离土农民提供充分的就业保障，促进农村土地流转。

完善农村社保，推动土地流转。目前，贺兰县农村养老、医疗保险等基本保险仍然处于低级阶段。因此，加快农村土地流转，需要建立完善与流转制度和政策相适应的农村社会保障制度，保障离土农民的基本生活。一方面，要加快农村社会保障制度和城市社会保障制度的融合，以实现城乡一体化、和谐化。另一方面，可以尝试宅基地换住房，承包地换社保等新型土地流转模式，加快农民变市民的步伐。

(四) 贺兰示范区农业金融服务机制创新研究

贺兰县地处宁夏引黄灌区中北部，农业资源丰富，自2010年被确定为全国首批国家现代农业示范区以来，现代农业建设取得长足进步，农业综合生产水平稳步提升，农民收入快速增长。2013年在153个国家现代农业示范区中脱颖而出，成为全国首批21个农业改革与建设试点县（区）之一，贺兰县以此为契机，大胆探索，勇于创新，重点破解农业发展融资难题，着力构筑现代农业投融资新体系，为现代农业发展注入新活力。

1. 基本思路

按照中央1号文件关于“推进农村金融体制改革”的要求，依靠财政进行先期引导，通过建立“财政性金融”，进而支持和引导社会其他资本共同进入农村市场。通过注入财政资金扶持和推动新型农村金融体系，建立稳定回报，可扶持发展农村金融制度，有效扶持贺兰县农业农村全面发展。

2. 主要措施

(1) 激活农村资源性资产。一是加快农村土地承包经营权等确权登记颁证工作。抓紧抓实土地承包经营权确权登记工作，解决涉及承包经营权归属、土地流转纠纷等问题。加快完成农村宅基地、集体建设用地使用权和农村房屋所有权确权登记颁证，为激活农村资源性资产打下坚实基础。二是完善农村产权管理机制。在全县范围内建立农村产权管理“五项制度”“四个机制”，加强农村资产资源经营管理，释放改革红利，激发农村发展活力。三是搭建农村产权流转交易平台。根据中央要求，在符合规划和用途管制的前提下，将农村集体建设用地、宅基地、林地使用权、土地经营权的转让、出租、入股、抵押等纳入产权交易，按照依法、平等、自愿、有偿的原则进行流转，盘活农村资产，让确权成果发挥作用，增加农民收入。

(2) 实施“支农资金打捆到县”试点。认真贯彻落实中央农村工作会议、全国农业工作会议和区办公厅《关于进一步推动金融服务“三农”发展的实施意见》、农牧厅《财政支农资金打捆到县试点方案》精神，围绕贺兰县“一优三特”(优质粮、瓜菜产业、适水产业、草畜产业）产业优化升级，结合自治区财政支农资金整合切块下达到县部分，由县财政按照1∶0.5比例进行县级配套，先担保，后补贴，撬动金融信贷和社会资本，建立以财政资金为引导、社会及金融资金为主体的多元化产业发展投入机制，积极探索新常态下农业产业发展有效扶持方式，切实提高财政支农资金整体使用效益。

（3）搭建金融平台。整合自治区财政切块下达到县的支农资金，由县财政按照 1∶0.5 比例进行县级配套，配套后打捆资金拿出 1 000 万元，搭建金融平台，由农牧厅确定合作金融机构设立“特色产业发展保证金”，专户储存，封闭管理，按照 1∶10 比例放大贷款。

（五）贺兰示范区农业扶持政策研究

自 2010 年贺兰县被农业部命名为国家级现代农业示范区以来，县财政不断加大对农业的政策支持力度，采取落实国家各类政策补贴、积极申报实施区市农业项目、制定县级扶持意见等方式，形成以国家项目为支撑、区级项目为主体、市县项目为依托的财政支持体系，对保护农民种粮积极性、促进农业生产稳定发展，发挥重要作用。

1. 创新农业贷款方式，撬动金融服务三农资金

要增强与银行金融部门的合作，探索银行支农的新方式，解决新型经营主体融资贷款难题。探索与宁夏农业投资公司合作，设立农业担保贷款平台，计划 3 年共融资 6 000 万元，按照 10 倍担保比例，引导撬动银行贷款 6 亿元。降低新型农业经营主体融资贷款门槛，探索试点承包土地的经营权和农民住房财产权抵押担保贷款以及大型农机具融资租赁试点，完善对新型农业经营主体的金融服务。并探索设立农业发展基金，扶持有实力有发展潜力的涉农企业做大做强，从而带动产业链条的发展。

2. 整合利用有限资金，加大财政支农资金整合力度

推进部门整合涉农资金，由县农业农村工作领导小组定期召开联席会议，统一规划使用现有涉农资金。并在对现有补贴对象相同的惠农补贴政策进行整合归并的基础上，增量部分予以集中，重点用于农产品流通销售、基础设施建设、农业科技创新、完善现代农业社会化服务体系等重点环节。实现“强农”与“惠农”并重，体现集中力量办大事和政策普惠性的有机结合。

3. 完善资金和项目的管理方式

要出台相关实施管理办法，进一步明确各部门职责分工，合理制定项目申报考核管理办法，从项目的申报开始，在网站进行公示，对项目的实施过程，进行全程监管，督促项目实施单位按照投招标、预算、验收等一系列正规程序施工，并联合相关部门按照工程进展情况进行项目验收，将考核验收结果在相关网站进行公示，广泛接受群众和社会各界的监督，公示期满后再拨付项目资金，重点重大项目的实施可以按照工程完成进度，经考核验收提前拨付项目资金。

4. 创新补贴方式，探索实施新型补贴措施

要以增强政策的针对性和有效性为导向，以补贴贺兰县“一优三特”产业和关键环节为核心，以突出解决农业现代化建设中的重点矛盾和关键问题为方向，创新补贴方式、探索实施新型直接补贴措施。主要包括：实施政策性农业灾害保险、蔬菜价格保险，鼓励农户全面参保，由县政府对保费给予补贴，并探索设立水产保险，切实建立农业生产自然风险管控体系；对新型农业经营主体用于农业基础设施建设和固定资产投资的信贷予以支持，给予投资补助和利息补贴；对资源节约、环境友好型农业生产方式给予补贴支持。

5. 加大项目的绩效评价力度

建立财政支农资金绩效考评机制，从项目实施的效果入手，强化考评结果运用，为其他项目的实施进行经验总结。定期对涉农项目进行绩效评价，从资金的使用效果，带动农民增收效果，以及全县农业产业发展方面探索积累经验，从涉农项目的实施，财政支农方向上提出扶持产业发展的意见建议，建立完善评价结果与支出结构调整、预算安排相结合的管理制度。

第五章

质量提升与品牌建设

我国历来高度重视农产品质量安全工作。20 世纪 90 年代农业发展进入数量安全与质量安全并重的新阶段，为进一步确保农产品质量安全，我国明确提出发展高产、优质、高效、生态、安全农业的目标。经过 10 多年的努力，我国农产品质量安全水平有了很大提高，总体是安全、放心的。推进农业品牌化是促进传统农业向现代农业转变的重要手段，是优化农业结构的有效途径，是提高农产品质量安全水平和竞争力的迫切要求，是实现农业增效农民增收的重要举措，必须采取有力措施全面推进农业品牌化。

第一节　农产品质量安全追溯系统分析

一、我国农产品质量安全现状分析

根据国家统一部署，2001 年农业部在全国启动实施了“无公害食品行动计划”，组织各级农业部门以蔬菜中高毒农药残留和畜产品中“瘦肉精”污染控制为重点，着力解决人民群众最为关心的高毒农药、兽药违规使用和残留超标问题；以农业投入品、农产品生产、市场准入 3 个环节管理为关键点，推动农产品从农田到市场的全程监管；以开展例行监测为抓手，推动各地增强质量安全意识，落实管理责任；以推进标准化为载体，提高农产品质量安全生产和管理水平。目前蔬菜中农药残留检测合格率达到 97%以上，畜产品中“瘦肉精”合格率达到 99%以上，我国水产品合格率达到 96%以上。农产品质量安全保障体系日益完善，监管能力逐步增强，农业标准化水平显著提高，法律法规不断完善，以确保农产品质量安全为目标的服务、管理、监督、处罚、应急五位一体的工作机制逐步形成。

(一) 农产品质量安全水平明显提高

1. 蔬菜产品质量安全总体合格率持续上升

根据2002—2012年37个城市蔬菜中甲胺磷、乐果等农药残留监测结果，我国蔬菜质量安全总体合格率持续上升（表5-1和图5-1）。2012年农业部在全国37个大中城市对蔬菜开展了4次农产品质量安全例行检测，其中蔬菜的检测合格率为97.9%，比2011年提高了0.5个百分点，比2002年和2007年提高了23.7个和4个百分点，创历史新高。蔬菜产品质量安全合格率逐年提高。

表5-1 我国蔬菜农药残留监测合格率

年份	2002	2003	2004	2005	2006	2007	2008	2009	2010	2011	2012
合格率	74.2%	82%	91%	91.4%	93.0%	93.9%	96.3%	96.4%	96.6%	97.4%	97.9%

数据来源：农业部。

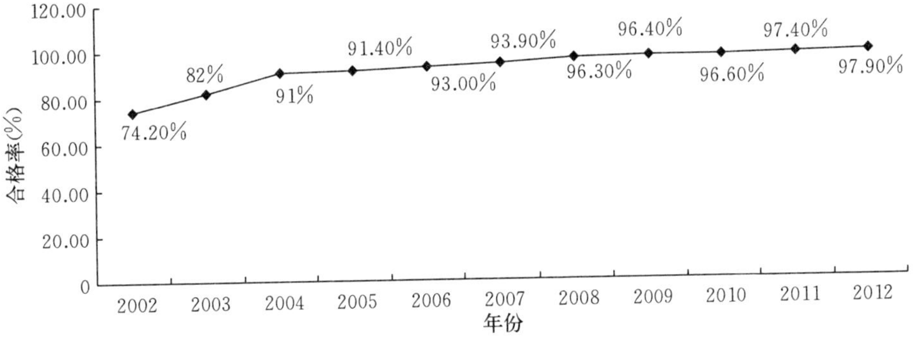

图5-1 我国蔬菜农药残留监测合格率（2002—2012年）

数据来源：农业部。

2. 畜产品质量安全总体合格率保持较高水平

根据2003—2012年我国畜产品中“瘦肉精”以及磺胺类药物等兽药残留监测结果，近年来畜产品质量安全合格率总体呈上升态势（表5-2和图5-2）。2012年农业部对全国150个大中城市畜产品“瘦肉精”以及磺胺类药物等兽药残留监测显示，2012年我国畜禽产品监测合格率为99.7%。2003—2012年畜禽产品合格率均在97%以上，近4年合格率一直保持在99%以上。由此可见我国畜禽产品质量安全总体合格率保持在较高水平。

表5-2 我国畜禽产品监测合格率（畜产品中“瘦肉精”污染监测合格率）

年份	2003	2004	2005	2006	2007	2008	2009	2010	2011	2012
合格率	97.4%	98.2%	97.2%	98.5%	98.4%	98.7%	99.5%	99.6%	99.6%	99.7%

数据来源：农业部。

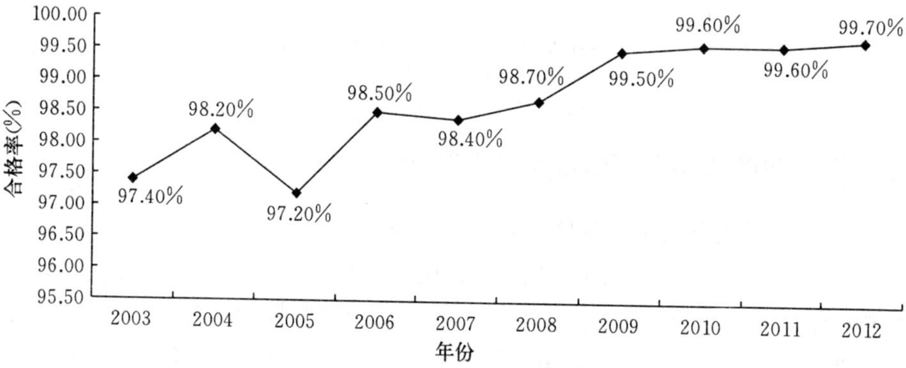

图5-2 我国畜禽产品监测合格率（2002—2012年）

数据来源：农业部。

3. 水产品质量安全总体合格率呈上升态势

根据2005—2012年我国城市水产品质量安全例行监测结果，近年来水产品质量安全总体处于上升态势。2012年农业部对全国31个省份150个大中城市水产品孔雀石绿、氯霉素等监测结果显示，2012年水产品质量监测合格率为96.9%，比2011年提高0.1个百分点（表5-3、图5-3）。水产品质量监测合格率在蔬菜、畜禽和水产品三类主要农产品合格率中处于相对较低的位置，不过其呈现逐步上升的态势。

表5-3 我国水产品监测合格率

年份	2005	2006	2007	2008	2009	2010	2011	2012
合格率	88%	91.0%	92.3%	95.7%	97.2%	96.3%	96.8%	96.9%

数据来源：农业部。

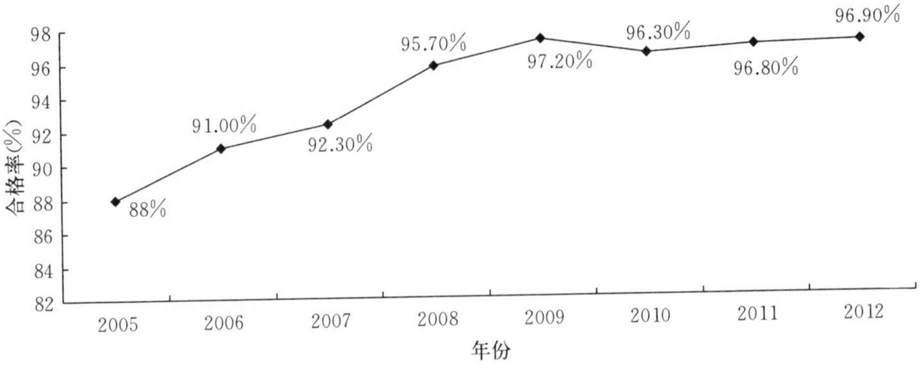

图 5-3　我国水产品监测合格率（2002—2012 年）

数据来源：农业部。

（二）农产品质量安全监管体系不断完善

1. 农产品质量安全监管体制改革

2013 年 3 月 10 日，第十二届全国人民代表大会第一次会议通过的《国务院机构改革和职能转变方案》决定组建国家食品药品监督管理总局，以此来解决现行食品安全监管体系既有重复监管，又存在监管盲点，没有做到无缝对接的现实问题。在此改革之前，我国食品安全监管实行的监管体制为“国务院食品安全委员会为协调机构、多部门分段监管和合作、地方政府总负责”（图 5-4）。2010 年 2 月，国务院设立食品安全委员会统筹指导食品安全工作；设立国务院食品安全办作为食品安全委员会的办事机构，加强对全国食品安全工作的综合协调和督查指导。各省份成立了由政府负责同志牵头的食品安全委员会等议事协调机构。农业、卫生、工商、质检、食品药品监管等部门注重食品安全监督管理内设机构建设。

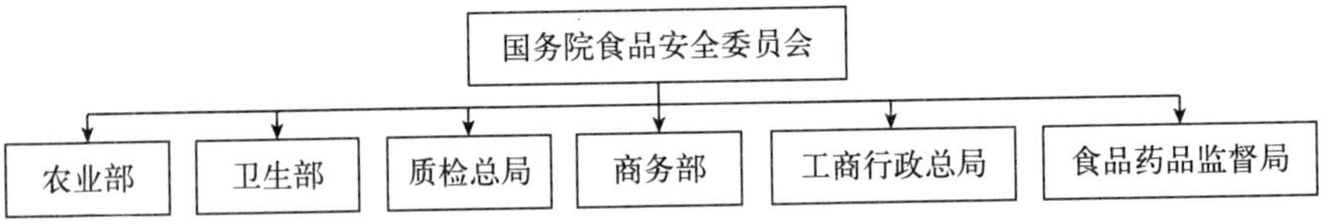

图 5-4　2013 年 3 月前我国食品质量安全监管体制

根据第十二届全国人民代表大会第一次会议批准的《国务院机构改革和职能转变方案》和《国务院关于机构设置的通知》（国发〔2013〕14 号），设立国家食品药品监督管理总局（正部级）为国务院直属机构。这个食品安全监管体制改革是将原国务院食品委员会安全办公室的职责、食品药品监管局的职责、质检总局生产环节的食品安全监管职责、工商总局的流通环节食品监管职责整合。新组建的国家食品药品监督管理总局主要职责是对生产、流通、消费环节的食品监管和药品的安全性、有效性实施统一监督管理等（图 5－5）。将工商行政管理、质量技术监督部门相应的食品安全监督管理队伍和检验检测机构划转食品药品监督管理部门。保留国务院食品安全委员会，具体工作由食品药品监督管理总局承担，不再保留食品药品监管局和单设的食品安全办公室。同时，为做好食品安全监督管理衔接，明确责任，新组建的国家卫生和计划生育委员会负责食品安全风险评估和食品安全标准制定，农业部负责农产品质量安全监督管理，将商务部的生猪定点屠宰监管管理职责划入农业部。

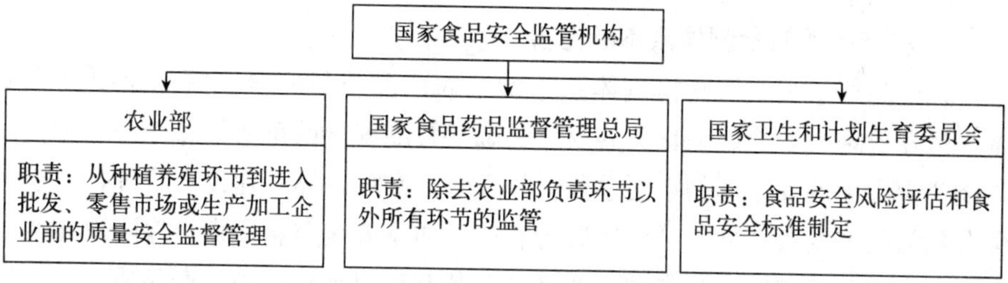

图 5－5　2013 年 3 月后我国食品质量安全监管新体制框架

新的监管体系相比较以往的体制有了根本性的变化，由以往的“分段监管为主，品种监管为辅”的分散监管模式转变成两部门集中监管一部门风险评估制定标准的相对集中监管模式。农业部门负责食用农产品从种植养殖环节到进入批发、零售市场或生产加工企业前的质量安全监督管理，负责兽药、饲料、饲料添加剂和职责范围内的农药、肥料等其他农业投入品质量及使用的监督管理。食用农产品进入批发、零售市场或生产加工企业后，按食品由食品药品监督管理部门监督管理。农业部门负责畜禽屠宰环节和生鲜乳收购环节质量安全监督管理。两部门建立食品安全追溯机制，加强协调配合和工作衔接，形成监管合力。

国家卫生和计划生育委员会的有关职责分工包括：负责食品安全风险评估和食品安全标准制定、国家卫生和计划生育委员会组织国家药典委员会制定国家药典、建立重大药品不良反应事件相互通报机制和联合处置机制。国家质量监督检验检疫总局的有关职责分工包括：负责食品包装材料、容器、食品生产经营工具等食品相关产品生产加工的监督管理，负责进出口食品安全、质量监督检验和监督管理。国家工商行政管理总局的有关职责分工包括负责药品、医疗器械、保健食品广告内容审查，工商行政管理部门负责药品、医疗器械、保健食品广告活动的监督检查。食品药品监督管理部门应当对其批准的药品、医疗器械、保健食品广告进行检查，对于违法广告，应当向工商行政管理部门通报并提出处理建议，工商行政管理部门应当依法做出处理，两部门建立健全协调配合机制。商务部的有关职责分工包括负责拟订药品流通发展规划和政策、拟订促进餐饮服务和酒类流通发展规划和政策，国家食品药品监督管理总局负责餐饮服务食品安全和酒类食品安全的监督管理，发放药品类易制毒化学品进口许可前应当征得国家食品药品监督管理总局同意。公安部的有关职责分工包括负责组织指导食品药品犯罪案件侦查工作。

2. 农产品质量检测体系不断完善

农产品质量安全检验检测体系是实施农产品质量安全监管的重要技术支撑，是发展现代农业、强化公共服务、确保食品安全的重要保障，是保障人民群众“舌尖上的安全”的重要手段。加强农产品质检体系建设与管理，对于提高农业部门公共服务能力，依法履行农产品质量安全监管职责，保障农业产业安全和农产品消费安全具有重要意义。改革开放以来，我国农产品质检体系稳步发展，尤其是2006年以来，国家先后批复实施了“十一五”和“十二五”两个五年建设规划，农产品质检体系不断完善。

（1）四级检测体系初步形成。我国部、省、地、县四级农产品质检体系初步形成。截至2009年年底，全国农业系统各级质检机构2 225个（其中：部级、省级、地市级、县级质检机构分别为275个、105个、489个和1 356个），比2004年增加165个，增幅8%；各级质检机构人员22 977人，比2004年增加3 331人，增幅16.9%。2009年全国各级质检机构人员中，硕士、博士2 972人，比2004年增加1 918人，增幅达1.8倍。截至2014年，两期规划已投资建设各级农产品质检项目2 548个，农产品质检机构硬件设施条件大幅改善，检测能力显著提高，为实现“两个千方百计、两个努力确保、两个持续提高”目标提供了有力支撑。但是，农产品质检体系建设与管理目前仍存在部分项目建设进度慢、机构编制和检测经费落实不到位、运行管理滞后、人员素质不高、检测能力不强等问题，迫切需要改善和加强。

（2）基础设施条件逐步改善，检验检测能力快速提升。到 2009 年年底，全国各级质检机构实验室面积共 131.4 万米^2，比 2004 年增加了 37 万米^2，增幅为 39.2%；仪器设备资产 48.3 亿元，比 2004 年增加了 22.6 亿元，增幅为 87.9%。各级质检中心（站）业务布局更加合理，检验检测设备更新升级，配套更加完善。县级质检站检测能力从无到有，检测方式从单纯的定性分析扩充到定性和定量分析相结合，检测范围由单一产品向种植养殖各类农产品扩展。部、省两级农产品质检中心检测能力由弱渐强，各中心精密检测仪器平均增加 40 台（套）以上，检测产品或参数平均增加 300 个以上，检测灵敏度从 0.1 毫克/千克提高到 0.005 毫克/千克，提高了 20 倍，年样品处理量平均增加 3 000个以上。"十一五"期间，抽样评估的 36 个部省级农产品质检中心，共制定、修订农产品质量安全检测标准和方法 828 项次，培训专业检测人员、研究人才 11 098 名，研发检测技术 217 项，为农产品质检体系可持续发展提供了人力和技术支持。

（3）监测范围逐步扩大，农产品质量安全水平稳中有升。从 2001 年起，农业部建立了农产品质量安全例行监测制度，经过几次调整，监测范围、品种和参数都较以往有了大幅增加，产品种类已达六大类 101 种，监测参数达 86 项，监测城市达 259 个。农业部例行监测制度的实施带动了各省份例行监测工作的开展。目前，部、省两级相结合的例行监测网络已初步形成，基本覆盖了全国主要大中城市和农产品产区、城乡居民主要消费品种。2009 年，蔬菜产品、畜产品和水产品例行监测合格率分别为 96.4%、99.5%和 97.2%，我国农产品质量安全水平总体上平稳向好。

3. 农产品质量安全法律法规体系不断健全

国家相继颁布实施了《农产品质量安全法》《食品安全法》等法律法规，农业部配套制定了《农产品产地安全管理办法》《农产品包装和标识管理办法》等部门规章，一些地方性法规或规章也相应颁布实施。2008 年农业部组建了农产品质量安全监管局，各省份和地县两级农业部门农产品质量安全监管专门机构相继建立，农产品质量安全步入依法监管的新阶段。2012 年 6 月 23 日国务院下发《关于加强食品安全工作的决定》〔国发（2012）20 号〕，决定通过不懈努力，用 3 年左右的时间，使我国食品安全治理整顿工作取得明显成效，违法犯罪行为得到有效遏制，突出问题得到有效解决；用 5 年左右的时间，使我国食品安全监管体制机制、食品安全法律法规和标准体系、检验检测和风险监测等技术支撑体系更加科学完善，生产经营者的食品安全管理水平和诚信意识普遍增强，社会各方广泛参与的食品安全工作格局基本形成，食品安全总体水平得到较大幅度提高。

4. 农产品生产标准化建设不断推进

以保障农产品质量安全为重点，新制定农业国家标准和行业标准 1 800 多项，农业国家标准和行业标准总数达到 4 800 多项，农业标准体系逐步建立和完善。探索创建国家级农业标准化示范县（场）503 个，规划建设蔬菜水果茶叶标准园 819 个、畜禽养殖标准示范场 1 555 个、水产健康养殖场 500 个。通过实施标准化生产，有力推动了农产品生产方式的转变，促进了农业产业化经营和规模化发展。农产品质量安全国际合作交流日益深化，成功申办国际食品法典农药残留委员会（CCPR），已举办 4 届 CCPR 会议。我国在国际食品法典等国际标准制定中的影响力不断提升。

20 世纪 90 年代初期以来，农业部陆续启动了绿色食品认证、无公害农产品认证、农业系统有机食品认证和地理标志农产品登记保护工作即“三品一标”。无公害农产品发展始于 21 世纪初，是在适应加入 WTO 和保障公众食品安全的大背景下推出的，农业部为此在全国启动实施了“无公害食品行动计划”；绿色食品产生于 20 世纪 90 年代初期，是在发展高产优质高效农业大背景下推动起来的；而有机食品又是国际有机农业宣传和辐射带动的结果。推动农产品地理标志则是借鉴欧洲发达国家的经验，为推进地域特色优势农产品产业发展的重要措施。农业部门推动农产品地理标志登记保护的主要目的是挖掘、培育和发展独具地域特色的传统优势农产品品牌，保护各地独特的产地环境，提升独特的农产品品质，增强特色农产品市场竞争力，促进农业区域经济发展。经过多年努力，“三品一标”已经初具成效，成为提升农产品质量安全的重要手段（表 5 - 4）。

表 5 - 4　2008—2013 年我国农业部认证“三品一标”数量情况

认证产品类型	指　标	2008 年	2009 年	2010 年	2011 年	2012 年*
无公害农产品	产品数（个）	47 965	53 000	58 968	67 000	75 887
	企业数（家）	6 176	6 000	6 391	6 622	6 801
	总产量（万吨）	7 700	8 300	11 600	17 400	28 000
	认证面积（万亩）	9 455	20 256	12 679	11 102	13 965

（续）

认证产品类型	指　　标	2008 年	2009 年	2010 年	2011 年	2012 年*
绿色食品	产品数（个）	17 512	15 700	16 748	17 000	16 929
	年销售额（亿元）	2 597	3 162	2 824	3 135	3 178
	认证面积（万亩）	25 000	24 800	24 000	24 000	24 000
农业系统认证的有机产品	生产基地（家）	—	1 003	1 202	1 300	1 336
	产品数（个）	4 083	4 955	5 598	6 379	2 762
地理标志农产品	标志数（个）	211	420	536	835	1 047

数据来源：农业部和《中国食品安全发展报告 2013》（吴林海等）。* 表示该年度数据截至 11 月底。

加快推进农业标准化。新发布农业行业标准 327 项，制定农药最大残留限量标准 1 357 个，基本涵盖我国主要农产品。创建全国农业标准化示范县 48 个，支持建设“三园两场”5 500 个，认证“三品一标”2.1 万个。“三品一标”总数达到 10.3 万个，认定产地和认证产品分别占到耕地面积和食用农产品总量的 36%。

二、农产品质量安全追溯系统的问题与挑战

（一）农产品质量安全追溯系统的问题

1. 农产品质量安全监管机构日趋合理

改革监管机构，由以往的“分段监管为主，品种监管为辅”的分散监管模式转变成两部门集中监管、一部门风险评估制定标准的相对集中监管模式（图 5－6）。以此来解决现行食品安全监管体系既有重复监管，又存在监管盲点，没有做到无缝对接的现实问题。

2. 适度规模可溯源机制是源头管理一大利器

提高农产品生产的集约化和组织化程度是解决小而多、散而乱的源头监管问题的一个有效方法。其一，适度发展规模经营。政府工作报告明确提出：“坚持农村基本经营制度，稳定和完善土地承包关系，按照依法自愿有偿原则，健全土地承包经营权流转市场，有条件的地方可以发展多种形式的适度规模经营”，这为农产品适度规模经营提供了必要政策支持；其二，大力扶持农业合作组织和农业生产企业。养殖种植专业大户、家庭农场等多种形式的适度规模

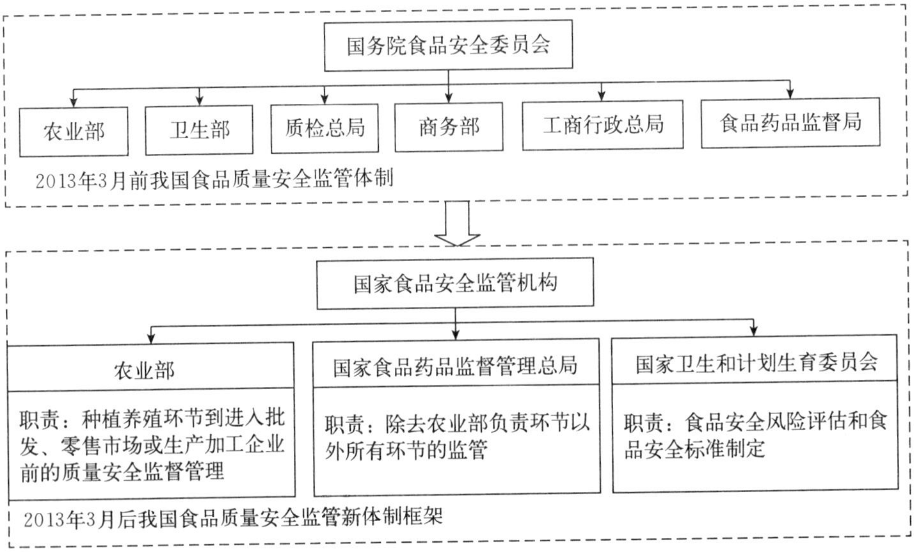

图 5－6　食品质量安全监管机构改革

可以将 2 亿多散户适当集中，降低分散性、流动性，提高可控性，同时可溯源机制的构建和实施有利于对源头的追溯和监控。

3. 垂直化监管强化中央政府对食品安全的直接监管

垂直化监管能够强化中央政府对食品安全的直接监管，减弱对地方政府的依赖性。美国、日本、英国、荷兰等国家采取中央政府对地方政府垂直一体化监管。英国食品安全监管集中在中央一级，具体部门为环境、食品及农村事务部（DEFRA）和食品标准局（FSA）。丹麦合并原有的农业部、渔业部和食品部成立食品与农业渔业部，法国成立食品安全评价中心，荷兰成立国家食品局等对全国的食品安全进行独立统一的监管。2002 年欧盟成立了欧盟食品安全监察委员会，德国将原有的食品、农业和林业 3 个部门改组后成立消费者保护食品和农业部，2002 年起新设联邦消费者保护食品安全机构和联邦风险评估研究所两个机构。美国和日本的食品安全监管职责由美联邦政府或中央一级政府总负责。

（二）农产品质量安全可溯源体系面临的挑战

1. 农产品质量安全可溯源体系初步建立

我国食品安全可追溯系统建设始于 2004 年 4 月，国家食品药品监督管理局联合农业部等8家单位全面启动食品药品放心工程，国家食品药品监督管理局等部门启动肉类食品溯源系统建设项目。6月，国家条码推进工程办公室在山东省潍坊市寿光田苑蔬菜基地和洛城蔬菜基地实施“蔬菜安全可追溯性信息系统研究及应用示范工程”。7月，国务院组织召开常务会议，就食品安全问题做出重要指示。9月，国务院公布《进一步加强食品安全工作的决定》，明确将建立农产品质量安全追溯制度。同一年，“进京蔬菜产品质量溯源制度试点项目”启动，该项目由北京市农业局和河北省农业厅共同承担，项目选择河北6县市蔬菜基地，使用统一的包装和产品追溯标签。2005年9月北京市顺义区启动蔬菜分级包装和质量安全可追溯制度，消费者可登录市农业局网站，通过包装箱上的条形码直接查询蔬菜生产流通过程信息；与此同时，济南市食品安全信用体系建设试点工作启动。为保障奥运食品安全，北京于2008年推出奥运食品可追溯系统，采用RFID标识、GPS、自动控制等现代信息技术，实现了奥运食品从生产基地到最终消费地的全程监控。中国2009年2月公布的《食品安全法》中，从第35～39条非常明确地规定了食用农产品包括食品原料、食品添加剂及食品相关产品的生产者、加工者以及采购者，应当建立生产记录制度、进货查验记录制度和出厂检验记录制度，相关记录保存期限不得少于2年，初步建立了中国的食用农产品追溯制度。

2. 行业覆盖面窄和食品链内覆盖面短阻碍农产品质量安全可溯源

我国农产品质量安全可溯源制度在具体实施过程中，中国农产品的物流追溯体系建设却相对比较缓慢，目前在政府主导下，仅在部分大中型城市对部分农产品如肉类、果蔬类进行了试点，尚没有在全国范围加以推广，中国农产品物流追溯体系建设仍任重而道远。我国目前实施可追溯系统的对象主要是初级农产品，涵盖了粮食、蔬菜、水果、肉类、水产品等，实施的范围主要是具有规模的企业及农场，例如北京市食用农产品质量安全追溯系统在蔬菜加工配送企业内进行推广，农垦农产品质量追溯系统在农垦系统内应用，肉类产品追溯系统往往也选择规模较大的养殖加工厂作为示范应用单位。现阶段构建的食品安全可追溯系统具有两个明显的特点：一是行业覆盖面窄，选择的实施单位比较窄，没有覆盖大多数食品生产、加工组织；二是食品链内覆盖面短，可追溯系统并没有涵盖整个食品链，通常只实现了某一个或几个环节的信息追溯。

3. 加强行业立法强制执行是农产品可溯源体系建设的重要保障

无论是欧盟、美国还是日本，政府都是通过法令和市场准入的形式在部分农产品中强制推行可追溯体系，在推行过程中，通过出台相应生产规范或操作指南等办法，引导其他农产品经营者自愿建立可追溯体系。如欧盟通过立法形式强制推行农产品可追溯体系建设，制定了良好生产实践指南和加工操作规程，分别用于农产品种植生产环节和加工环节的指导，《通用食品法》规定肉类食品要强制跟踪和追源，否则不可上市；美国在强制推行的过程中制定了良好农业操作规范（GAP）、良好生产操作规范（GMP）、危害分析及关键点控制认证体系（HACCP）和食品供应可追溯制度（traceability），分别对农产品的生产、加工和销售阶段进行规范，《生物反恐法案》规定提出实行从“田间到餐桌”的风险管理，要求相关企业必须建立可追溯体系；同时，对输入美国的生鲜农产品要求必须提供详细的档案信息且能在4小时之内进行回溯，否则美国将有权对该批农产品就地销毁。日本则通过全国统一标准的《食品可追溯指南》，在强制推行农产品可追溯体系建立的同时，引导农产品经营企业自行建立适应本企业发展的可追溯体系。

4. 全国统一规范和“三分法”是农产品可溯源体系建设的有效路径

制定全国统一的农产品生产、加工、储运、销售规范作为指导。欧盟、美国和日本在建立物流追溯体系的过程中，都无一例外地对整条供应链的关键环节如生产、加工等用良好生产实践指导、良好加工操作规程或良好农业操作规范、良好生产操作规范等标准进行指导和规范，使得各农产品经营企业在建立物流追溯体系过程中，都能遵循全国统一的规范或标准，农产品物流追溯体系才能迅速建立并推广。中国可以借鉴欧盟、美国和日本的具体做法，结合国内目前已试点成功的项目，制定一套既符合中国农业实际，又与国际标准接轨的农产品生产、经营规范，指导农产品经营企业按标准进行生产、加工和储运，帮助其逐步建立农产品物流追溯体系，提高中国农产品的整体竞争力。

分品类、分企业、分地区等“三分法”逐步建立农产品可溯源体系。对部分品类、部分企业、部分地区先行建立追溯体系，再逐步推广。欧盟、美国和日本农产品物流追溯体系都是先从牛肉制品、大型农产品经营企业开始实施，然后再向果蔬类、水产类、大米类渗透。而中国农产品区域性差别较大，各地区发展程度不同，部分地区、部分产品已初步实现了规模化生产和产业化经营，而大部分区域农产品生产规模小，经营水平低。因此，要结合中国各区域农产品的发展状况，实行差异化策略，分区域、分品类逐步实施：对民众生活影响较大的品类如奶制品、肉类、果蔬类、大米类先行建立；出口企业、经营规模较大的企业先行建立；中东部发达省份、省会城市先行建立；附加值较高、具有区域特色的农产品先行建立，然后再逐步推广。

5. 建立农产品物流追溯信息管理平台

建立农产品物流追溯体系，农产品经营企业需要配套相应的硬件设备和软件系统，这给企业带来了较大的追溯成本。考虑到中国农产品生产经营主体整体集约化程度不高、企业建立物流追溯体系的主动性和执行力不强的实际情况，应该从政府层面建立区域性农产品物流追溯信息管理平台，对农产品生产和流通过程中所有应公开的信息实现全程、实时实地跟踪，为消费者提供农产品整条供应链的追溯服务，分担农产品经营企业的物流追溯成本。此外，区域性物流追溯信息管理平台还应将市场监管部门、检测机构等纳入进来，通过对信息的汇总、分析，在提供农产品追溯信息服务的同时，充分发挥市场分析、风险预警等功能。

三、农产品供应链与监管问责系统

（一）农产品供应链

农产品供应链一般由5个环节构成，即原料供应、生产、加工、流通和最终消费者，因此也对应5类主要节点主体：原料供应链、种植养殖单位、加工厂商、流通及消费者，具体如图5-7所示。

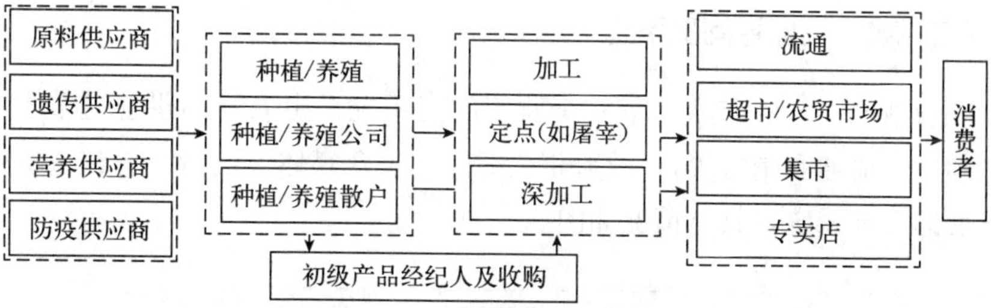

图5-7 农产品供应链整体示意

原料供应商主要包括供应种子、动物崽等的遗传供应商，提供饲料、化肥等的营养供应商以及提供农药防疫等的防疫供应商。在种植养殖单位中主要包括两种类型：种植养殖公司和种植养殖散户，种植养殖单位之间的关系一般存在3种：第一，相互独立；第二，“企业+合作组织+基地+农户”模式；第三，养殖协会模式。从实践结果来看，第二种和第三种模式能够更好地实施可追源系统，保证农产品质量安全，能够提高农产品竞争力，提高散户抗风险能力和市场掌控能力，实现多赢。而第一种模型还是普遍存在的，这为农产品市场的监管造成了一定的难度，对农产品质量安全也造成了一定的威胁，例如在农贸市场存在一定规模的流动性较强的菜农，虽然在一定程度上提高了蔬菜的供应，但是同时也为农产品质量安全问题造成了一定的不确定性和监管难度，虽然政府农贸部门在这方面做了一些工作，如提高市场门槛等，但是随着市场的不断发展和完善，还需要进一步加强。加工环节是农产品供应链的重要环节，在这一环节中很多畜产品从活体向半成品和成品转变，向市场流通，所以这一环节尤为重要，政府也做了一定的工作，例如生猪定点屠宰制度，《生猪屠宰管理条例》于 2007 年 12 月 19 日国务院第 201 次常务会议修订通过，修订后的《生猪屠宰管理条例》自 2008 年 8 月 1 日起施行。《生猪屠宰管理条例》表明了国家实行生猪定点屠宰、集中检疫制度的确立，同时国家对定点屠宰厂（场）的设立有一定的技术要求，同时也提供了一定的政策支持，经过几年实践证明，定点屠宰制度在一定程度上保证了食品安全，同时也获取了一定的寡头垄断收益，但对于收益来说，定点屠宰场的工作还需要进一步加强，因为这一节点是牲畜活体变成成品进入市场的第一环节，也是政府明确集中检疫制度的环节，因此在以后发现的非存储、非深加工等产生的质量问题，定点屠宰厂（场）应该承担不可推卸的责任。流通环节主要包括超市、农贸市场、集市及专卖店等，最后是消费者购买使用。

（二）农产品监管问责系统

一般情况下，农产品质量安全监管问责系统是由农产品供应链节点（生产、加工、流通和销售等）、政府相关部门、公众媒体、消费者等构成的可持续发展的闭环系统，具体情况如图 5－8 所示。

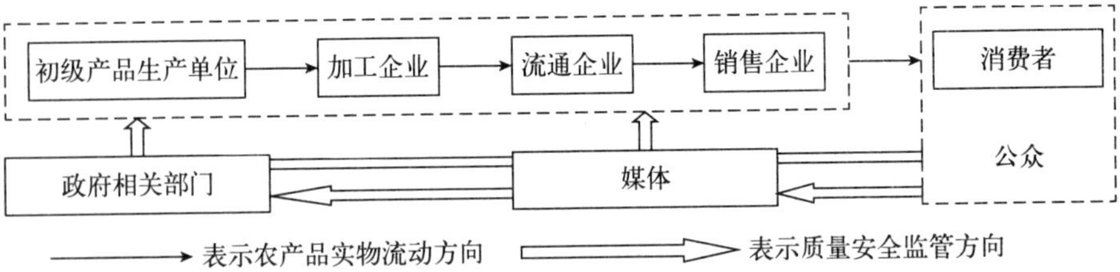

图 5－8　农产品质量安全监管闭环系统整体示意

从图 5-8 中可以看出，政府监管相关部门对整个农产品供应链的各个节点进行兼顾，包括初级产品生产单位（种植养殖大户和散户）、加工企业、流通企业和销售企业等，媒体和公众监管政府行为，公众监管媒体和政府行为，同时公众又为农产品供应链产品的消费者，因此形成了一个可持续发展环环制约的闭环农产品质量安全监管系统。

图 5-8 是一个理论示意，那么现实中农产品质量安全监管系统如何？在这方面做得比较出色的国家和地区有什么样的经验借鉴？他们的监管部门具体为什么样的职能部门？用什么手段和制度来进行监管？这些问题涉及构成农产品质量安全监管的 4 个要素：监管主体、监管法律、监管标准和监管环境。带着这些疑问，我们来研究相关国家和地区的经验做法，欧盟、美国和日本在农产品质量安全方面做了大量的工作，已经建立起了相对完善的可溯源体系，实现了从田间到餐桌的全过程质量安全管理，因此我们选取欧盟、美国和日本这 3 个地区和国家作为经验借鉴对象来研究。主要从 4 个方面展开分析：发达国家和地区农产品质量安全监管主体模式及经验借鉴、发达国家和地区农产品质量安全监管法律及经验借鉴、发达国家和地区农产品质量安全监管标准及经验借鉴和我国农产品质量安全监管制度环境。

1. 发达国家和地区农产品质量安全监管主体模式及经验借鉴

农产品质量安全在一定程度上应属于公共物品，农产品市场中存在着不同于其他产品市场的多个重要特征，因此除了遵循一定的市场规律外，更需要依靠政府超经济的手段来管理和规范。目前世界上已经形成两类比较典型的农产品质量安全监管主体模式：

（1）以美国和日本为代表的多部门协同监管模式（分散型）。1998 年美国成立了“总统食品安全管理委员会”，该委员会由农业部、卫生部、商务部、环境保护局等相关部门成员组成，2006 年起共有 15 个部门协同管理，主要有美国农业部（USDA）、食品药品管理局（FDA）、人类与健康服务部门（DHHS）、环境保护机构（EPA）、食品安全与检测服务部（FSIS）和动植物健康检测服务部（APHIS）等，各个部门分工协作监管相关环节，部门间职能互不交叉。2003 年，日本成立食品安全委员会与厚生劳动省及农林水产省共同监管全国食品质量安全。尽管是多部门协同监管模式，美国和日本的模式又有着一定的区别，美国是按照食品的品类来划分监管职能，而日本是按照阶段来划分监管职能。

（2）以欧盟和加拿大为代表的独立部门统一监管模式（集中型）。2002 年欧盟成立了欧盟食品安全监察委员会，德国将原有的食品、农业和林业等 3 个部门改组后成立消费者保护食品和农业部，2002 年起新设联邦消费者保护食品安全机构和联邦风险评估研究所两个机构。英国食品安全监管集中在中央一级，具体部门为环境、食品及农村事务部（DEFRA）和食品标准局（FSA）。丹麦合并原有的农业部、渔业部和食品部成立食品与农业渔业部，法国成立食品安全评价中心，荷兰成立国家食品局等对全国的食品安全进行独立统一的监管。

独立部门统一监管模式（集中型）能够有效地避免政出多门、监管混乱及相互推诿等弊端，将所有的监管行为集中到一个独立的农产品质量安全机构进行管理，这一模式对我国具有一定的借鉴意义，目前我国实行的是多部门分段协同监管模式。

2. 发达国家和地区农产品质量安全监管法律及经验借鉴

美国、欧盟和日本是世界上公认的食品安全工作最到位的国家和地区，其食品安全监管法律体系和具体制度都相对完善。美国的食品安全法分为实体法和程序法，形成了比较完备的法律法规体系，在具体实施方面形成了食品召回、风险管理和可溯源制度。欧盟坚持全程监控、责任明确和实时更新 3 个原则，在具体实施方面形成了快速预警、可溯源和风险评估制度（表 5－5）。

表 5－5　主要发达国家农产品质量安全监管法律法规体系

序号	国家	食品安全监管法律法规体系	具体制度
1	美国	实体法：以《联邦食品、药品与化妆品法》为核心 程序法：联邦咨询委员会法（FACA）、形成管理程序法（APA）、新闻自由法（FOIA）。实体法和程序法共 30 多部	食品召回制度 风险管理制度 可溯源制度
2	欧盟	坚持全程监控、责任明确和实时更新 3 个原则，共 20 多部，主要有《通用食品法》和《食品卫生法》等	快速预警制度 可溯源制度 风险评估制度
3	日本	坚持国民健康至上、科学与民意并存、责任明确、公开参与和预防等原则，主要法律：《食品安全法》（2003 版）、《食品安全基本法》等	

（续）

序号	国家	食品安全监管法律法规体系	具体制度
4	英国	《食品安全法》（1990）、《食品标准法》（1999）、《食品卫生条例》（2006）和其他专门性法律法规	
5	荷兰	《通用食品法》（2002 欧盟制定）和本国法规，荷兰本国法规早于《通用食品法》	

2009 年我国《中华人民共和国食品安全法》正式通过并实施，随后国务院公布《中华人民共和国食品安全法实施条例》，各部门相继制定 29 件规章和规范性文件，逐步建立起了我国的食品安全监管法律法规体系。但是我国的食品安全监管法律法规体系还存在一些问题，食品安全监管法律法规体系横向协调性差（国家职能部门化、部门权力法制化、法律规定非协调化）、纵向协调性不足（中央与地方步调差异）、违法惩罚力度小等问题。在具体制度方面，美国的食品召回、风险管理和可溯源制度具有一定的借鉴意义，特别是食品召回制度。

3. 发达国家和地区农产品质量安全监管标准及经验借鉴

食品安全领域最有影响力和最重要的国际标准主要包括：国际标准化组织（ISO）制定的国际标准化组织系统的食品标注以及食品法典委员会（CAC）制定的食品法典委员会系统的食品标准，我国分别于 1978 年和 1986 年加入 ISO 和 CAC。

目前国际上比较认可和接受的食品安全标准保障制度是 ISO 体系、HACCP 体系和 GAM 体系。国际市场的通行标准是质量管理上要通过 ISO 9000 认证，食品安全的控制上要通过 HACCP 认证，而环境的管理上要通过 ISO 14000认证，欧盟农产品市场还需要 GAP 认证。

李克强总理提出“四最”确保舌尖上的安全，“最严谨的标准”是其中之一，是前提。而目前我国食品质量安全标准与国际标准和发达国家标准还有一定差距，与我国《食品安全法》的协调度需要进一步调高。据统计我国的国家标准只有 40%采用或者等效采用了国际标准，而欧美国家及日本采用国际标准已经达到 90%以上。我国的《食品安全法》制定实施时间不长，配套的法规条例还不完善，特别是地方法规条例。因此需要建立标准和法律法规的一致性，更多地研究、借鉴和采用国际标准。

在制定标准的基础上，需要建立和完善食品安全的检测制度。主要涉及两个方面：一是完善各个层次的食品安全检验检测机构，二是检测设备更新和技术提高。目前我国已经基本完善各个层次的食品安全检验检测机构以及设备的配备和更新，但是工作人员还很缺乏、检测技术还有待提高，特别是基本食品安全检验检测机构。

4. 我国农产品质量安全监管制度环境

农产品质量安全信息的对称、行业自律、消费者维权及社会舆论监督是发达国家监管农产品质量安全重要的外部手段。为了完善我国食品安全监管的环境，我国要通过加强信息披露制度、完善食品标识制度、食品广告的规制和建立食品质量安全可溯源体系来加强农产品质量安全信息的对称。通过行业规章制度的建立、设立信息共享平台制度、建立行业监督制度来提高行业的自律水平。通过消费者维权意识的提高、消费者激励措施的实施以及降低维权成本来增强消费者维权水平，完善社会舆论监督体系。

四、农产品可溯源系统

（一）发达国家食品质量安全可溯源系统发展状况

实施“从农田到餐桌”的全程质量安全控制，也称为基于食品链的食品安全控制，是食品安全管理的发展趋势，而可溯源系统则是实现这一目标的有力手段。欧盟在《食品安全白皮书》中最早引入了“从农场到餐桌”的概念，强调对食品生产的全面控制和连续管理，其立法也涵盖食品生产及流通的各个环节。日本在《食品安全基本法》出台后，开展了一系列的改革，开始实施基于整个食品链的食品安全管理理念，“从农田到餐桌”的全程管理理念是日本农产品质量安全管理的主线，其建立农产品安全控制系统用于保障农产品从生产到消费、从农田到餐桌全过程的安全。荷兰对饲料、肉类和蛋类产品实施“基于食物链的整体控制”，监管着食品链上从生产者到零售商的每个环节，其目的是保证生产链中所有重要活动都在受控情况下进行。美国“生物反恐法案”提出“实行从农场到餐桌风险管理”，农业部实行的国家动物识别系统 NAIS 实现了动物从出生到屠宰全部环节的信息记录。英国建立的家畜跟踪系统记录了获得身份证的家畜从出生到死亡的转栏情况（表 5－6）。

表 5-6 主要发达国家食品质量安全可溯源系统状况

序　号	国家或地区	食品质量安全可溯源系统
1	欧盟	《欧洲有机法案》(1991) 规定每一块土地农药、肥料的使用情况。2001 年建立牛肉系统追溯体系；2005 年欧盟内所有牛肉制品、生鲜水果和蔬菜必须可溯源
2	美国	2005—2009 年国家动物识别系统 (national animal identification system, NAIS)
3	日本	2001 年肉牛可追源系统，2002 年“肉牛身份证”，大米、牡蛎加入系统。2006 年年底前对蔬菜、肉类等农产品都要实施“身份编码识别制度”，要求提供产地、生产者、化肥及农药使用等详细信息
4	英国	基于互联网的家畜跟踪系统 (cattle tracing system, CTS), https://www.gov.uk/cattle-tracing-online
5	荷兰	基于食物链的整体控制 (IKB)，1991 年猪肉试点，1995 年牛肉加入系统。在奶制品方面构建基于 GMP 和基于奶业链的奶制品质量控制 (KKM)

1. 欧盟农产品物流追源体系的发展与运作模式

欧盟的农产品物流追溯体系最初是为应对疯牛病于 1997 年逐步建立起来的，在 2000 年 1 月发布的《食品安全白皮书》中，首次将“从田间到餐桌”的全过程管理纳入食品安全体系，采用 HACCP 食品安全认证体系，对农产品的生产、加工和销售等关键环节进行追溯。2002 年 1 月，欧盟颁布《通用食品法》，要求农产品经营企业对其生产、加工和销售过程中使用的相关材料也要执行可追溯标准，同时规定自 2005 年 1 月 1 日起，欧盟境内的农产品都要求具有可追溯性，特别是在欧盟销售的肉类食品，不具备可追溯性则不允许上市交易。目前，欧盟采用国际通用的全球统一标识系统（EAN - UCC 系统）对农产品进行跟踪和追溯，在产品标示和可追溯方面走在世界前列。

2. 美国农产品物流追源体系的发展与运作模式

美国是从“生物反恐”的角度把农产品物流追溯体系建设上升到国家战略安全的高度，于 2002 年通过《公共健康安全与生物恐怖应对法》，提出实行从“田间到餐桌”的风险管理，要求相关企业必须建立可追溯体系；同时，对输入美国的生鲜农产品要求必须提供详细的档案信息且能在 4 小时之内进行回溯，否则美国将有权对该批农产品就地销毁。2003 年 5 月，美国食品与药品监督管理局（FDA）又公布了《食品安全跟踪条例》，要求涉及食品运输、配送和进口的企业对食品流通过程中的全部信息进行记录并保全，并要求大企业的可追溯体系必须在一年内建立。2004 年，美国启动国家动物标识系统（NAIS），对动物个体或群体的出生地和移动信息进行标识，确保在发现疫病时，能在 48 小时内确定所有与之发生直接接触的企业。2005 年，美国《鱼贝类产品原产国标签暂行法规》正式实施，对鱼贝类产品包括进口产品或混合产品的原产地信息和产品生产方式信息的标注进行了严格的规定。在具体执行过程中，美国农产品的物流追溯体系主要从农业生产、包装加工和运输销售 3 大主要环节进行控制和管理，通过产品供应商（运输企业除外）建立的前追溯制度和后追溯制度形成完整的可追溯链条，当任一环节出现问题时，通过前追溯制度可以查到问题的根源并进行及时处理。运输和销售过程实行食品供应可追溯制度和 HACCP 认证制度，运输企业主要负责将供应商后追溯信息转给批发商或零售商。

3. 日本农产品物流追溯体系的发展与运作模式

日本是在 21 世纪初暴发疯牛病、金黄葡萄球菌污染奶制品等农产品质量安全事故的背景下，开始推动食品可追溯制度建设。最开始是在肉牛生产环节引入可追溯系统；2003 年 4 月，日本组织专家制定并公布了《食品可追溯指南》，为农产品生产经营企业在生产、加工、流通等不同阶段建设可追溯系统提供详细指导；同年，日本对牛肉的生产、加工、流通到销售整个供应链实现全程追溯；2005 年，日本农业协作组织（简称农协）对通过该协会统一组织上市的肉类、蔬菜等所有农产品实现可追溯。目前，在日本推动农产品物流追溯体系建设过程中，除政府强制实行外，另有一部分企业为打破可追溯体系形成的贸易壁垒，自主建立了农产品可追溯系统，其中，尤以日本农协推行的“全农放心系统”最具代表性。

在政府的积极推动下，欧盟、美国和日本的农产品物流追溯体系建设都比较早，其法律法规日臻完善，追溯技术和监管体系也走在世界前列（图 5－9）。

（1）政府发挥重要作用。无论是欧盟、美国还是日本，政府都是通过法令和市场准入的形式在部分农产品中强制推行可追溯体系，在推行过程中，通过出台相应生产规范或操作指南等办法，引导其他农产品经营者自愿建立可追溯体系。如欧盟通过立法形式强制推行农产品可追溯体系建设，制定了良好生产实践指南和加工操作规程，分别用于农产品种植生产环节和加工环节的指导；

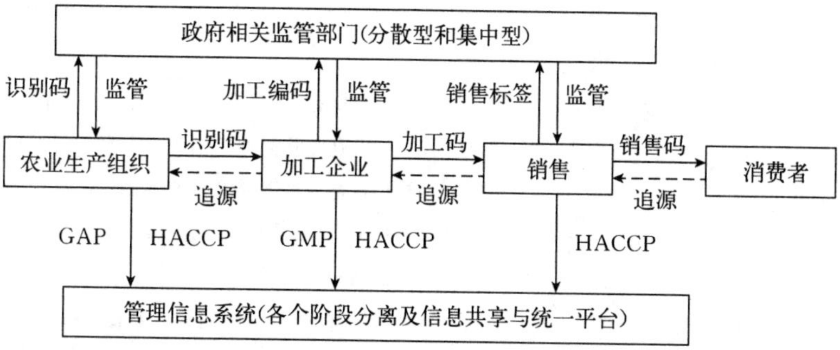

图 5-9　欧美日农产品可溯源系统的主要运作模式

注：1. GAP（良好农业操作规范）；2. GMP（良好生产操作规范）；3. HACCP（危害分析及关键点控制认证体系）

美国在强制推行的过程中制定了良好农业操作规范（GAP）、良好生产操作规范（GMP）、危害分析及关键点控制认证体系（HACCP）和食品供应可追溯制度，分别对农产品的生产、加工和销售阶段进行规范；日本则通过全国统一标准的《食品可追溯指南》，在强制推行农产品可追溯体系建立的同时，引导农产品经营企业自行建立适应本企业发展的可追溯体系。

（2）法律法规明确而完善。在已有完备的食品安全法律法规体系的基础上，从 1997 年开始，欧盟、美国和日本先后针对农产品物流追溯体系建设出台了一系列条款明确、体系完善的法律法规，全面保障农产品可追溯体系的建设和实施（表 5-7）。

表 5-7　欧盟、美国、日本主要农产品可溯源法律法规及其核心内容

国家或地区	主要法律法规	年　份	核心内容
欧盟	89.396 号法案	1989	要求食品按照批次进行标记，通过批号编码识别来源
	820/97 和 1141、97	1997	要求对牛肉和羊肉制品进行标识和登记，并加贴标签
	1760/2000 号法规	2000	《新牛肉标签法规》，强制规定 2002 年 1 月 1 日起，欧盟成员内所有上市销售的牛肉产品必须可溯源
	食品安全白皮书	2000	首次提出农产品全过程管理

（续）

国家或地区	主要法律法规	年　份	核心内容
欧盟	49/2000 号条例	2000	强制所有含转基因生物的食品进行标识
	通用食品法	2002	要求凡在欧盟国家销售的食品必须带有可溯源标识，特别是肉类食品要强制跟踪和追源，否则不可上市
	2295/2003 号法规	2003	蛋类和禽类追源
	1830/2003 号法规	2003	含转基因物质的食品和饮料记性标记和追源
	852/2004 号法规	2004	饲养动物所用药物、添加剂、杀虫剂和饲料性物质可追源
美国	生物反恐法案	2002	提出实行从“田间到餐桌”的风险管理，要求相关企业必须建立可追溯体系；同时，对输入美国的生鲜农产品要求必须提供详细的档案信息且能在 4 小时之内进行回溯，否则美国将有权对该批农产品就地销毁
	食品安全跟踪条例	2003	要求涉及食品运输、配送和进口的企业对食品流通过程中的全部信息进行记录并保全，并要求大企业的可追溯体系必须在一年内建立
	鱼贝类产品原产国标签暂行法规	2005	对鱼贝类产品包括进口产品或混合产品的原产地信息和产品生产方式信息的标注进行了严格的规定
日本	农业标准法	1950	建立农产品标识制度及质量品质标识标准
	转基因食品标识法	2001	制定详细的标识和方法
	食品安全基本法	2003	确立食品可溯源性原则
	牛肉可溯源法	2003	确立牛肉及其制品的标识和可溯源制度
	大米可溯源法	2011	要求对进口农产品实施可溯源法规，对大米可溯源至县级

（3）追溯技术处于世界领先水平。在农产品物流追溯体系建设中，追溯技术成为形成技术性贸易壁垒的关键要素。欧盟、美国、日本采用国际物品编码协会开发的全球统一标识系统（EAN-UCC）对牛肉产品、水果、蔬菜和水产品等进行跟踪与追溯，欧盟甚至将采用 EAN-UCC 系统对食品进行跟踪与追溯的方法称为 UN/ECE（联合国欧洲经济委员会）追溯标准。在信息采集和

传递方面，欧盟、美国和日本广泛采用条码技术、电子标签技术和射频识别技术等，利用全球卫星定位系统等物联网技术实现信息即时交换和通信，基本实现了识别、定位、跟踪、监控和管理的智能化，整体追溯技术走在世界前列。

（二）我国食品质量安全可溯源系统发展状况

我国食品安全可追溯系统建设始于2004年4月，国家食品药品监督管理总局联合农业部等8家单位全面启动食品药品放心工程；国家食品药品监督管理总局等部门启动肉类食品溯源系统建设项目。6月，国家条码推进工程办公室在山东省潍坊市寿光田苑蔬菜基地和洛城蔬菜基地实施“蔬菜安全可追溯性信息系统研究及应用示范工程”。7月，国务院组织召开常务会议，就食品安全问题做出重要指示。9月，国务院公布《进一步加强食品安全工作的决定》，明确将建立农产品质量安全追溯制度。同一年，“进京蔬菜产品质量溯源制度试点项目”启动，该项目由北京市农业局和河北省农业厅共同承担，项目选择河北6县市蔬菜基地，使用统一的包装和产品追溯标签。2005年9月北京市顺义区启动蔬菜分级包装和质量安全可追溯制度，消费者可登录市农业局网站，通过包装箱上的条形码直接查询蔬菜生产流通过程信息；与此同时，济南市食品安全信用体系建设试点工作启动。为保障奥运食品安全，北京于2008年推出奥运食品可追溯系统，采用RFID标识、GPS、自动控制等现代信息技术，实现了奥运食品从生产基地到最终消费地的全程监控。我国典型的食品质量安全可溯源系统见表5-8。

表5-8 我国典型的食品质量安全可溯源系统

序号	系统名称	网站
1	中国产品电子监管网	http：//www.95001111.com/websiteserv/web/index.jsp
2	国家食品安全追溯平台	http：//safefood.gs1cn.org/
3	农垦农产品质量追溯系统	http：//www.safetyfood.gov.cn
4	北京市农业局食用农产品质量安全追溯系统	http：//www.atrace.org/
5	上海市食用农产品流通安全追溯系统	http：//www.shian.gov.cn
6	食品安全监管、追溯与召回公共服务平台	http：//www.safefood.gov.cn/

我国目前实施可追溯系统的对象主要是初级农产品，涵盖了粮食、蔬菜、水果、肉类、水产品等，实施的范围主要是具有规模的企业及农场，例如北京市食用农产品质量安全追溯系统在蔬菜加工配送企业内进行推广，农垦农产品质量追溯系统在农垦系统内应用，肉类产品追溯系统往往也选择规模较大的养殖加工厂作为示范应用单位。现阶段构建的食品安全可追溯系统具有两个明显的特点：一是选择的实施单位比较窄，没有覆盖大多数食品生产、加工组织；二是可追溯系统并没有涵盖整个食品链，通常只实现了某一个或几个环节的信息追溯。

我国已经意识到了实施“从农田到餐桌”的食品安全管理的重要性，2014年中央经济工作会议中提出“坚持数量质量并重，更加注重农产品质量和食品安全，注重生产源头治理和产销全程监管”，并作为2014年的主要任务之一。2014年中央农村工作会议中指出“用最严谨的标准、最严格的监管、最严厉的处罚、最严肃的问责，确保广大人民群众舌尖上的安全”，并要求建立从田间到餐桌的全过程监管制度和食品质量安全监督责任制度及责任追究制度。2014年中央1号文件《关于全面深化农村改革加快农业现代化的若干意见》中指出要“强化农产品质量安全和食品安全监管”，支持食品质量安全追源体系建设。

（三）发达国家农产品质量安全可溯源系统经验借鉴

中国2009年2月公布的《食品安全法》中，从第35～39条非常明确地规定了食用农产品包括食品原料、食品添加剂及食品相关产品的生产者、加工者以及采购者，应当建立生产记录制度、进货查验记录制度和出厂检验记录制度，相关记录保存期限不得少于2年，初步建立了中国的食用农产品追溯制度。但在具体实施过程中，中国农产品的物流追溯体系建设却相对比较缓慢，目前在政府主导下，仅在部分大中型城市对部分农产品如肉类、果蔬类进行了试点，尚没有在全国范围加以推广，中国农产品物流追溯体系建设仍任重而道远。

（1）将农产品物流追溯体系建设提升到战略高度，加快与国际接轨，中国农产品出口欧盟、美国和日本的贸易额占比较大，而这些国家和地区在农产品物流追溯方面均出台了较为严格的政策，没有建立追溯体系或追溯信息达不到标准的农产品将无法上市交易，形成了较强的技术性贸易壁垒。中国农产品要想继续保持现有的贸易地位，必须将农产品物流追溯体系建设提升到战略高度，在追溯技术和追溯标准方面与国际接轨，利用国际通用的全球统一编码系统对农产品的生产、加工、储运和销售进行全程追溯，实现采集信息的完整性、传递信息的及时性和有效性，确保中国农产品出口无障碍。

（2）对部分品类、部分企业、部分地区先行建立追溯体系，再逐步推广。欧盟、美国和日本农产品物流追溯体系都是先从牛肉制品、大型农产品经营企业开始实施，然后再向果蔬类、水产类、大米类渗透。而中国农产品区域性差别较大，各地区发展程度不同，部分地区、部分产品已初步实现了规模化生产和产业化经营，而大部分区域农产品生产规模小，经营水平低。因此，要结合中国各区域农产品的发展状况，实行差异化策略，分区域、分品类逐步实施：对民众生活影响较大的品类如奶制品、肉类、果蔬类、大米类先行建立；出口企业、经营规模较大的企业先行建立；中东部发达省份、省会城市先行建立；附加值较高、具有区域特色的农产品先行建立，然后再逐步推广。

（3）制定全国统一的农产品生产、加工、储运、销售规范作为指导。欧盟、美国和日本在建立物流追溯体系的过程中，都无一例外地对整条供应链的关键环节如生产、加工等用良好生产实践指导、良好加工操作规程或良好农业操作规范、良好生产操作规范等标准进行指导和规范，使得各农产品经营企业在建立物流追溯体系过程中，都能遵循全国统一的规范或标准，农产品物流追溯体系才能迅速建立并推广。中国可以借鉴欧盟、美国和日本的具体做法，结合国内目前已试点成功的项目，制定一套既符合中国农业实际，又与国际标准接轨的农产品生产、经营规范，指导农产品经营企业按标准进行生产、加工和储运，帮助其逐步建立农产品物流追溯体系，提高中国农产品的整体竞争力。

（4）建立区域性农产品物流追溯信息管理平台。建立农产品物流追溯体系，农产品经营企业需要配套相应的硬件设备和软件系统，给企业带来了较大的追溯成本。考虑到中国农产品生产经营主体整体集约化程度不高、企业建立物流追溯体系的主动性和执行力不强的实际情况，应该从政府层面建立区域性农产品物流追溯信息管理平台，对农产品生产和流通过程中所有应公开的信息实现全程、实时实地跟踪，为消费者提供农产品整条供应链的追溯服务，分担农产品经营企业的物流追溯成本。此外，区域性物流追溯信息管理平台还应将市场监管部门、检测机构等纳入进来，通过对信息的汇总、分析，在提供农产品追溯信息服务的同时，充分发挥市场分析、风险预警等功能。

（5）学习和借鉴欧盟的全程安全管理体系。欧盟、美国和日本农产品物流追溯体系的顺利建立并实施，与其权责清晰的安全管理体系密不可分，其中欧盟的农产品生产与销售全程安全管理体系非常值得学习与借鉴。欧盟的农产品安全管理由欧盟委员会成立的食品安全管理局对欧盟各成员内部的专业管理委员会实行纵向的统一协调和管理，同时，又由兽医常务委员会、植物健康常务委员会等若干专业委员会构成覆盖从农产品生产、加工到销售整个过程的横向管理体系，对农产品的生产与加工、市场管理和市场准入等方面实现全程安全管理。

（四）基于追溯系统的农产品质量安全监管机制政策建议

1. 改革基于追溯系统的家禽养殖业质量安全监管机制政策建议

（1）加强养殖户的质量安全追溯机制教育和安全养殖专业培训。客观上，不管是养殖企业，还是加工企业，都希望建立畜产品质量安全可追溯体系，30～40岁和40～50岁年龄组更易于接受科学追溯管理，受过初高中教育的农村劳动力更易于接受追溯机制，这与他们的年龄和知识结构是相互匹配的。教育农户增强风险认知能力可以让他们更多地了解监管制度、食品安全知识，从而主动积极参与追溯机制。

（2）加强养殖过程监管政策的制定、实施和宣传推广。加强产品认证、检测检疫、市场准入、产地准出等标准的实施可以提高农户对追溯机制的参与度。了解政府追溯、扶持政策规定均有利于提升追溯机制实施绩效，因此帮助农户在家禽养殖过程中关注政府相关政策的颁布，深入了解政府政策的意义以及基于追溯系统的养殖农产品质量安全监管机制，有助于提高基于追溯系统的养殖安全监管绩效。

（3）推广养殖产品信息记录数字化。通过条码、IC卡等载体进行产品信息记录的农户追溯机制执行力强，信息记录为追溯行为发生创造了条件。我国的养殖产品质量安全可追溯体系建设起步晚，技术有瓶颈，应进一步整合科技资源，组织开展科技攻关，开发能对接、可共享、易操作的程序，逐步实现数据互通。尽快出台RFID国家标准，开发成本较低、运行稳定的养殖产品电子数据载体。

（4）加大对条码、品牌等公共品的补贴力度。部分地区在进行条码、IC卡登记产品信息时，反而出现追溯机制监管机制实施绩效不显著现象。进行条码、IC卡登记产品信息，会使生产成本增大，因此部分养殖户不愿意参与追溯机制，从而使得家禽质量安全追溯监管机制实施绩效大大下降，政府管理部门应加大对条码等公共品的补贴力度，降低农户执行成本。也出现拥有绿色品牌却减少追溯行为的现象，信息的逆向选择倾向降低了品牌维护责任。因此政府管理部门应继续加大品牌补贴力度，加大品牌维护监管和惩戒处罚力度，以有效引导更多养殖户参与质量安全追溯机制。

2. 改革基于追溯系统的蔬菜种植业质量安全监管机制政策建议

（1）积极推行蔬菜种植规模化、专业化，培育蔬菜种植大户。散户从事蔬菜种植，种植人员少而没有富余人员从事追溯。农户兼业当中，蔬菜种植可能也不是主业，所以缺乏参与追溯的动力。以蔬菜种植业为主业且种植收入占总收入较大比例的农户对种植业依赖性大，愿意参与追溯机制以提高消费者信任，扩大消费市场，追溯机制实施绩效显著。推行蔬菜种植规模化、专业化，培育蔬菜种植大户势在必行，蔬菜种植的散养模式不利于追溯机制构建。目前蔬菜种植的规模化有待提高质量以降低单位追溯成本。

（2）大力发挥行业协会的沟通协调功能和监督示范作用。同行之间缺乏沟通交流，行业协会宣传不够，没有形成同行参与追溯机制的正向外部溢出效应。行业协会应加强行业自律宣传，制定行业标准与规范，建立和完善惩戒制度，将不良记录记入行业自律系统，教育农户进行安全生产，并积极参与质量追溯和行业自律，发挥行业协会在基于可追溯系统的农产品质量安全监管中所应有的作用。

（3）推广“淘宝村”经验模式，搭建农村电商平台实现质量安全追溯系统智能化。由于小散户蔬菜种植偏多，农地老龄化趋势严重，教育程度较低等现状的存在，使得农户对条码、IC 卡等载体不是很了解。还由于信息记录导致生产成本增加，农户也无力承担追溯发现问题产品后的成本损失，所以他们不愿意参与追溯体系，从而追溯机制的执行力也大大减弱。尝试以“淘宝村”模式搭建电商平台，用标准化和认证的方式带动农户对条码、IC 卡等载体的了解与使用，通过发挥规模效应降低电子追溯成本，实现蔬菜等农产品质量追溯系统的智能化，提高监管绩效。

（4）政府管理部门的政策宣传要落到实处，事前控制到位，事后监督不放松。了解政府追溯规定有利于提升追溯机制实施绩效，因此不但要求农户在进行蔬菜种植过程中关注政府相关政策的颁布，深入了解政府政策的意义，以及基于追溯系统的种植农产品质量安全监管机制，政府也要加强教育、宣传与培训。受免检政策影响，拥有绿色品牌的农户进入了行为不易受到追溯机制的监管盲区，所以绿色品牌的定期审核制度建设刻不容缓。

3. 改革基于追溯系统的鱼塘养殖业质量安全监管机制政策建议

（1）发展生态农业产业链，发挥生态农业示范作用，扩大生态农业规模。从事养殖人员越多，越有富余人员参与追溯机制。生态农业产业链、大面积鱼塘对农户参与追溯机制的意愿也具有极其显著的作用。因此，应进一步发展延伸生态农业产业链，发挥生态农业的示范作用，不断扩大生态农业规模，依托生态产业链、农业规模化整合农产品质量安全追溯系统，不断提高农产品质量安全监管的整体绩效。推行生态养殖显著地提高了农户参与质量安全追溯的意愿，促进了农户追溯行为的发生。因此，实施生态养殖推广有助于基于追溯系统的农产品质量安全监管机制的建设与逐步完善。

（2）强化环保部门责任主体意识，加大环境监督与教育力度以推动追溯行为实施。鱼病的发生一旦被发现则意味着损失，鱼塘里经常出现铁锚虫病的养殖户不参与追溯的可能原因也在于此。受过良好培训的养殖户能认识到抗生素对环境的影响，所以他们可能会较少地使用抗生素，并积极参与追溯机制。环保部门的环境监管与环保教育对于纠正农户的负面行为，促进更多农户参与追溯机制是非常必要的。环保部门从未检查则对追溯机制的实施有显著的反向作用，目前环保部门的主体功能是比较弱化的，环保教育和环境监管都有待加强。

（3）利用市场机制发展生态农业、品牌农业，推动追溯机制建设，提高监管绩效。市场价格预期不变或提高的农户显然不会参与到追溯体制中，他们认为已经得到足够高的利润了，没必要参与成本较高的追溯机制。选择市场需求大的鱼种的农户之所以不参与追溯，其原因在于预期收益大而不安全产品的惩罚成本低。市场上的生态鱼与非生态鱼的价格差异不明显，没有形成对参与追溯有激励作用的生态价差，生态鱼的品牌力度不足，以至于生态鱼养殖户并未能获得相应利润，甚至还由于生态养殖成本过高而可能放弃生态养殖。要让消费者愿意为生态产品付费（周应恒等，2006），品牌声誉还需加强，以市场机制推动农产品质量安全追溯机制的建设和监管。

（4）试点并推行农业生产保险和农产品目标价格保险，以金融工具提高监管绩效。鱼塘里经常出现铁锚虫病的养殖户不参与追溯的可能原因是害怕更大的损失，而鱼病的发生一旦被发现则意味着损失。选择了抗病鱼苗的农户过分相信了鱼苗质量而忽视了后续养殖过程的重要性，他们不愿意参与追溯。选择了市场需求大鱼苗的农户意愿也不强烈，他们害怕出现质量问题后的较大处理成本和收益损失。对于这些鱼苗选择的逆向选择问题，以及发生质量安全事故所造成的成本损失，关键还是要加强质量安全知识教育，并推行农业生产保险和农业目标价格保险，用政策性农业保险锁定生产和市场风险，降低农户参与追溯的生产和市场风险损失，利用金融保险工具提高对质量安全追溯的监管绩效。

4. 改革我国畜产品质量安全追溯体系的政策建议

经过对畜产品质量安全可追溯体系各环节从业者的调查，我们认为，畜产品质量安全可追溯体系建设“任重而道远”，不可能“一蹴而就”，只有继续发挥政府主导作用，优质企业先行试点，摸索经验后逐步推广，严实相济，才能逐步构建我国畜产品质量安全追溯体系。

（1）行业准入门槛要提高，审核要严。客观上，不管是养殖企业，还是加工企业，都希望建立畜产品质量安全可追溯体系，不仅有财政经费的支持，也可作为企业产品是优质畜产品的“佐证”，但是要设立准入门槛，实施严格的认证程序，“宁缺毋滥”。可以借鉴中国奶业 D20 企业联盟成员的要求，既要有品牌、诚实守信，更要有自有养殖基地，实施产业一体化，建立一套可实施可追溯体系企业的认证标准，建议以通过国家认证的地理标志产品和有机认证产品先行先试。

（2）过程监督管理要跟上，执法要严。要建立畜产品质量安全可追溯体系各个环节的标准、规范，让参与体系建设的企业有据可依，同时结合实行过程中出现的问题，及时对标准和规范进行修订。按照“监督到位、惩处严厉”的原则，对各企业的各个环节进行有效的监督，对违规行为实行“零容忍”，同时充分调动大众的监督力量，利用微信和 QQ 等新型公共交流平台，一方面对消费者进行畜产品质量安全可追溯体系知识的普及教育，另一方面接受消费者对违规行为的举报。

（3）企业诚信意识要加强，查处要严。加强行业自律、提高诚信意识是关键。参加可追溯体系的企业要签订自律宣言，公开承诺“履行社会责任，遵守标准规范，确保质量安全”；在政府的支持下，以现有的农产品风险评估实验室等第三方监督机构为依托，定期对他们进行风险评估和认证，建立可追溯企业的“黑名单”，一旦发现其产品未能按照可追溯要求生产，坚决予以取缔，同时在大众媒体上广泛曝光，让这些企业为自己的不自律而“埋单”，对于发生产严重质量安全风险的，要让其成为第二个“三鹿”，绝不姑息。

（4）畜禽养殖标准化是关键，基地管理要实。优质畜产品是养殖出来的，而不是加工出来的，不可能因为通过建立畜产品安全追溯体系，该市的畜产品质量安全水平就自然而然提高了。国外先进国家和我国畜牧业发展的实践都表明，标准化、适度规模化是现代畜牧业发展的基本特点，也是保障畜产品质量安全的基本要求，近年来，我国大力实施菜篮子养殖基地建设，但是部分养殖基地，缺乏自律，缺乏苦干实干的精神，验收前突击应付，验收时品种、饲养、繁殖、饲料、兽药管理“样样达标”，验收组一走就“涛声依旧”了。

（5）畜产品定价机制是保证，消费观念要实。美国的畜产品加工企业建立可追溯系统，一个重要的原因就是为了改善食品供应链、加强畜产品质量安全管理以及销售消费者认可的安全畜产品，从而获得支付可追溯成本以外的净收益，进而驱动可追溯系统在美国的推广。我国现阶段，政府一方面要加强引导，加大资金投入，更重要的是要让企业能够自我“造血”、良性发展，对于消费者来说，承担以追求“优质、安全”为目标的可追溯成本应该成为共识，只有政府、企业、消费者“三管齐下”，消费优质畜产品才会成为可能。

（6）可追溯体系科技进步是关键，技术支撑要实。我国的畜产品质量安全可追溯体系建设起步较晚，技术上还存在一些瓶颈，直接影响体系的运行。建议进一步整合可追溯体系各环节的科技资源，组织开展联合科技攻关，共同开发能对接、可共享、易操作的程序，逐步实现数据互通。目前市场上已出现可追溯的畜产品，大多通过溯源机器查询信息，使用国外先进国家普遍采用的无线射频识别（RFID）技术较少，建议尽快出台 RFID 国家标准（杨磊等，2009；夏守慧等，2010），设立畜产品可追溯系统开发基金，开发出成本较低、运行稳定的产品。

第二节　农产品质量安全监管

一、当前我国农产品质量安全监管体系结构

（一）农产品质量安全监管法律

法律是监管的基础，监管工作依据法律法规开展。我国已初步建立起了以

《中华人民共和国农产品质量安全法》（以下简称《农产品质量安全法》）和《中华人民共和国食品安全法》（以下简称《食品安全法》）为主体的农产品质量安全法律体系，一些配套规章制度的出台使农产品质量安全监管在具体实施过程中有法可依。

2006 年 11 月 1 日起实施的《农产品质量安全法》，对农产品生产、流通、仓储、包装和销售等方面做出了详尽规定，目的是确保农产品的质量安全。该法根据国际通行做法和中国农产品质量安全的实际情况，确立了各级政府、农业部门、其他相关职能部门配合的管理体制，设立了一系列监管制度。《农产品质量安全法》的颁布，填补了我国农产品质量安全法律制度的空白。

2009 年 2 月 28 日起实施《食品安全法》，是为了适应新形势发展的需要，从制度上解决现实生活中存在的食品安全问题、保障公众身体健康和生命安全而制定的，是我国食品安全工作的根本大法。确立了以食品安全风险监测和评估为基础的科学管理制度。

2013 年国务院机构改革完成后，为适应食品安全监管体制由“多头”到“集中”的转变，《食品安全法》在实施 4 年后，于 2013 年 6 月启动修订，如何重典治乱是焦点。新法于 2015 年 10 月 1 日起开始实施。2014 年 11 月，农业部着手准备《农产品质量安全法》的修订。2000—2014 年关于农产品质量安全的法规汇总见表 5-9。

表 5-9　2000—2014 年关于农产品质量安全的法规汇总

时间	法规名称
2014	农业部关于印发《2014 年农产品质量安全专项整治方案》的通知（农质发〔2014〕8 号）
2014	农业部关于加强农产品质量安全全程监管的意见（农质发〔2014〕1 号）
2013	国务院办公厅关于加强农产品质量安全监管工作的通知（国办发〔2013〕106 号）
2012	中华人民共和国农业法（主席令第七十四号）（2012 年修正本）
2012	饲料和饲料添加剂管理条例（国务院令第 609 号）（2013 年修正本）
2012	绿色食品标志管理办法（农业部令 2012 年第 6 号）
2012	农产品质量安全监测管理办法（农业部令 2012 年第 7 号）
2011	农业转基因生物安全管理条例（国务院令第 304 号）（2011 年修正本）
2010	农产品质量安全信息发布管理办法（试行）（农质发〔2010〕10 号）
2010	关于对工商部门承担农产品质量安全监督管理有关问题的批复（工商市字〔2010〕162 号）

（续）

时间	法规名称
2010	动物检疫管理办法（农业部令 2010 年第 6 号）
2009	中华人民共和国食品安全法（主席令第九号）
2008	乳品质量安全监督管理条例（国务院令第 536 号）
2008	生猪屠宰条例（国务院令第 525 号）
2007	关于印发《无公害农产品、绿色食品质量安全突发事件应急预案》的通知
2006	中华人民共和国农产品质量安全法（主席令第四十九号）
2006	中华人民共和国畜牧法（主席令第四十五号）
2006	农产品产地安全管理办法（农业部令第 71 号）
2006	农产品包装和标识管理办法（农业部令第 70 号）
2004	粮食流通管理条例（国务院令 407 号），2013 年修订
2002	无公害农产品管理办法（农业部、质检总局 2002 年第 12 号令）
2001	中华人民共和国农药管理条例（国务院令第 216 号）（2001 年修正本）

注：本表由课题组整理而成。

总体而言，我国农产品质量安全法律体系可分为 3 个层次：一是由全国人大及其常务委员会制定的法律，具有最高的法律效力，如《食品安全法》《农产品质量安全法》等。二是由国务院根据宪法和法律制定的法规，如《粮食流通管理条例》《乳品质量安全监督管理条例》《生猪屠宰条例》等。三是由国务院各部委及其他具有行政管理职能的机构根据法律和法规制定的规章，如《动物检疫管理办法》《无公害农产品管理办法》等。

（二）农产品质量安全监管机构

国家层面上，2013 年 3 月国务院机构改革改变了由国家食品安全委员会领导国家食品药品监督管理局、卫生部、农业部、中华人民共和国国家质量监督检验检疫总局、工商行政管理局等分工负责农产品质量安全监管的局面（图 5－10）。将国务院食品安全委员会办公室的职责、国家食品药品监督管理局的职责、国家质量监督检验检疫总局的生产环节食品安全监督管理职责、国家工商行政管理总局的流通环节食品安全监督管理职责加以整合，组建国家食品药品监督管理总局，对生产、流通、消费环节的食品安全和药品的安全性、有效性实施统一监督管理等。将工商行政管理、质量技术监督部门相应的食品安全监督管理队伍和检验检测机构划转食品药品监督管理部门。保留国务院食品安全委员会，具体工作由国家食品药品监督管理总局承担。新组建的国家卫生和计划生育委员会负责食品安全风险评估和食品安全标准制定。农业部负责农产品质量安全监督管理。将商务部的生猪定点屠宰监督管理职责划入农业部。

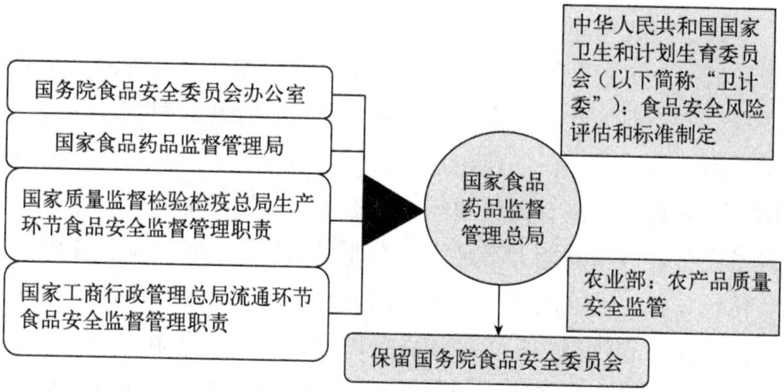

图 5-10　2013 年食药机构改革图解

注：商务部的生猪定点屠宰监督管理职责划入农业部。

至此，中央层面的食品安全监管体制整合告一段落，形成了当前主要由国家食品药品监督管理总局、农业部、国家卫生和计划生育委员会共同对食品安全进行监管的体制。这样整合，监管模式由多头变为集中，有利于强化和落实监管责任，有利于实现全程无缝监管，提高食品及农产品安全监管的整体效能，也强化了农业部对农产品质量安全的监管职能。

地方层面，从调研情况来看，截至 2015 年 6 月底，陕西省省级食品和农产品质量安全监管机构没有整合。西安市已经完成了机构和职能的整合，工商局和质量技术监督局的相关部门已经划拨到了食品药品监督管理局。韩城市淘汰了以前的“渭南模式”，采用“深圳模式，”即监管部门归属于市场监管局，目前基本完成了机构合并，处于试运行阶段，这种模式下，省、市级工作的对接可能存在一些问题，市级机构主要还是与省食品药品监督管理局对接。河北省邢台市食品药品监督管理局于 2013 年 12 月完成了机构改革，工商局、质量技术监督局、食品安全委员会办公室三者合并为食品药品监督管理局，但工商局原有的食品科、市场科、执法科等食品安全相关人员没有划归到食品药品监督管理局，削弱了执法力量。湖北省襄阳市于2014年下半年完成了机构和职能整合，农业部门主要负责农产品生产和储运，省、市、县、乡（镇）各级都有监管机构，遵循“属地管理”原则，层层签订责任书。总体而言，城区和基层的执法人员数量都不多。湖南省吉首市也完成了从分段监管到农业部门和食品药品监督管理局两部门监管的转变，但基层能力薄弱，经费不足，基础设施建设落后，部门整合后导致监管人员素质参差不齐，专业人员少，总体文化层次偏低。乡镇一级机构建设特点总结如下：一是监管架构基本到位，但人员数量少、素质低。大多数乡镇成立了农产品质量安全监管站（所）并挂牌，有办公室、快检设备，但人数少，人员缺乏专业知识。特别是湖北省以前“以钱养事”的工作模式有后遗症——现在基层农产品质量安全监管站挂农机监管站的牌子。出现了有机构却没有人员和经费的现象。基层不配合，工作难开展。二是检测设备完善，但检测能力不足。在农业部前些年的一些项目支撑下，基层仪器配备比较完善，但检测经费不足，没钱购买试剂，能做检测的专业人员不足，没人做检测，导致一些实验室和设备闲置。三是监管制度基本健全，但落实不到位。多数乡镇建有主体责任制度、监管职责制度等，但由于基层工作人员受教育水平低，思想意识落后，导致制度流于文字。

（三）农产品质量安全主要监管机制

1. 风险评估机制

开展农产品质量安全风险评估，是国际农产品质量安全管理的通行做法，也是《农产品质量安全法》和《食品安全法》确定的一项基本制度，对依法开展监管、科学制定标准、正确指导生产和引导消费具有重要意义。我国农产品质量安全风险评估工作开展较晚，仍处于起步阶段。近年来，在机构设置、体系建设、工作基础等方面取得了积极进展，为风险评估的深入推进开创了良好的工作局面。

根据《农产品质量安全法》规定和农产品质量安全发展“十二五”规划，结合农产品质量安全监管工作需要，农业部已初步构建起了农产品质量安全风险评估体系，该体系由国家农产品质量安全风险评估机构、风险评估实验室和主产区风险评估实验站组成。参与农产品质量安全风险评估的农业部职能部门是农产品质量安全监管局。2007年首次组成的农产品质量安全风险评估专家委员会是我国农产品质量安全风险评估的最高学术咨询机构。农业部农产品质量标准研究中心（简称“研究中心”）承担国家农产品质量安全风险评估机构的职能，牵头实施风险评估和风险监测，并指导风险评估实验室建设和业务工作。农产品质量安全风险评估实验室和实验站承担风险评估具体工作，为农产品质量安全风险管理提供科学依据和技术支撑。评估机构从中央到县乡贯通，评估对象涵盖“菜篮子”“米袋子”主要大宗农产品，评估方式以科学研究与风险排查相结合。

此外，我国高度重视风险评估技术培训与交流，积极邀请国外包括欧盟食品安全局、德国联邦风险评估研究所、英国食品安全局、美国环境保护署、美国农业部、美国国家毒理学研究中心以及国内中国疾病预防控制中心等国内外知名专家，开展农产品质量安全风险评估技术交流。召开了多次培训研讨会，涉及农业行政主管、农产品质量安全执法机构以及从事农产品质量安全风险分析工作的农业系统科研、质检和教学单位及专家。国际化的培训交流不仅加强了我国与国外在风险评估事务上的沟通和互信，同时对我国农产品质量安全风险监测、评估和预警的能力，公众风险交流水平，风险管理能力和水平的提高起到巨大的推进作用。

对于我国农产品质量安全风险评估的现状总结如下：风险评估体系基本建成，但制度规范保障尚不全面、深入。风险评估网络推进快，但基层检测能力弱、评估数据处理慢。系统风险评估专项研究工作强化深入。国内外风险评估技术培训与合作交流逐步拓展，还有较大进步空间。

2. 检验检测机制

农产品质量安全检验检测体系是实施农产品质量安全监管的重要技术支撑，是发展现代农业、强化公共服务、确保食品安全的重要保障。我国农产品质量安全检验检测的主体是农业部门质检机构。农产品质量安全风险监测，是掌握农产品质量安全状况和风险隐患，实施农产品质量安全监管的基础性工作；是为农产品质量安全监管提供决策依据，依法加强农产品质量安全监管的重要手段；是采取针对性预防控制措施，不断提高农产品质量安全水平，确保不发生重大农产品质量安全事件的重要技术支撑和措施。

自 2001 年启动农产品质量安全监测计划以来，我国农产品质量安全风险监测经过十几年的发展，在监测的产品数量、地域范围以及检测的安全参数等方面都有了突破性进展，建立起了部、省、市（县）3 级质量安全监测网络。

自2006年8月，国家发展改革委员会批复并实施了《全国农产品质量安全检验检测体系建设规划（2006—2010年）》（以下简称“一期规划”），我国农产品质检体系建设加速发展，成效显著。

《全国农产品质量安全检验检测体系建设规划（2011—2015年）》中对现状的总结为“农产品质检体系初步建立，质检队伍逐步壮大”“基础设施条件逐步改善，检验检测能力快速提升”“县级质检站检测能力从无到有，检测方式从单纯的定性分析扩充到定性和定量分析相结合，检测范围由单一产品向种养殖各类农产品扩展”“部、省两级农产品质检中心检测能力由弱渐强”“监测范围逐步扩大，农产品质量安全水平稳中有升”。此外，规划中也提到了一些问题：“全国农产品质检力量依然不足，不能适应依法监管的需要”“基层检测能力依然薄弱，不能适应产区推进规范生产、销区实施市场准入的需要”“部分基层质检机构技术人员与运行经费不足，不能适应质检工作快速发展的需要”“农产品质量安全风险监测中发现的问题难以溯源，不能适应农产品质量安全责任追究的需要”。

3. 质量认证机制

20世纪90年代，绿色食品认证开创了我国农产品质量安全认证的先河，我国已基本形成了以“产品认证为重点、体系认证为补充”的农产品质量安全认证制度体系（图5-11）。在产品认证中，以无公害农产品为基础，以绿色食品为主导，以有机食品为补充，以农产品地理标志为辅助，统称“三品一标”。“三品一标”是政府主导的安全优质农产品公共品牌，是当前和今后一个时期农产品生产消费的主导产品。“三品一标”虽有其各自产生的背景和发展基础，但都是农业发展进入新阶段的战略选择，是传统农业向现代农业转变的重要标志。体系认证主要包括GAP认证、GMP认证和HACCP认证。

2002年修订的《农业法》（1993年颁布）首次将农产品的认证和地理标志保护纳入法律的调整范围内，并且要求政府应该推动农产品认证，为农产品质量安全认证奠定了法律基础。2006年颁布的《农产品质量安全法》将无公害农产品纳入法律的调整范围内，并明确规定通过标志管理的方式加以监管。

樊红平（2007）认为完善我国农产品质量安全认证体系应当从以下几点着手：一是认证法律建设。构建综合与专项法相结合、监管与扶持并举的法律体系。通过借鉴国外的经验，构建综合与专项法律相结合的、丰富的法律体系；通过积极签订多边互认协议，在法律法规上与国际接轨。二是认证制度体系建

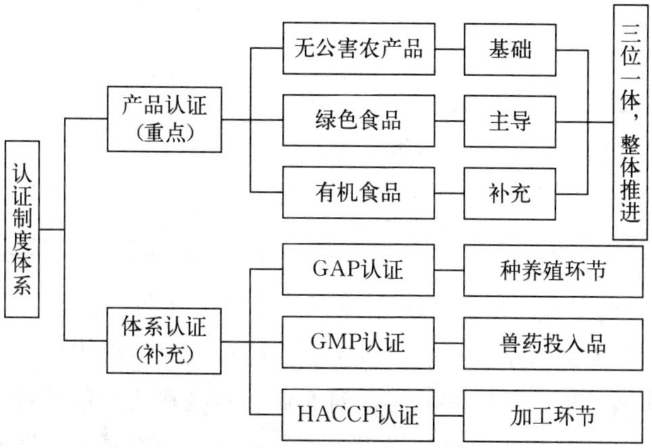

图5-11　我国农产品质量安全认证机制体系构架

资料来源：樊红平．中国农产品质量安全认证体系与运行机制研究［D］．中国农业科学院，2007。

设。坚持产地和产品认证相结合的工作模式。适时推行强制性农产品认证，以政府推动为主导；根据农产品安全属性建立多元化认证制度；优化认证程序。三是认证能力建设。应充分发挥农业部门的技术优势和管理优势，建立健全对农产品质量安全认证的监督、管理机构和队伍；应以现阶段农产品认证机构组织体系为基础，建立健全农产品认证工作机构；应加强培训，扩大专业人才队伍。

4. 应急响应机制

国务院于2006年1月8日发布并实施《国家突发公共事件总体应急预案》，不久后农业部印发了《国家重大食品安全事故应急预案农业部门操作手册》，全国各级农业部门按照该手册开展应急工作。2006年以来，农业部先后制定了一系列农产品突发事件应急预案（表5-10）。

表5-10　农业部突发事件应急预案

预案名称	实施时间
《应对人间发生高致病性禽流感疫情应急预案》	2005-11-25
《小反刍兽疫防控应急预案》	2007-8-3
《渔业水域污染事故信息报告及应急处理工作规范》	2007-8-6
《人感染猪流感应急预案（试行）》	2009-4-29

（续）

预案名称	实施时间
《猪流感甲型 H1N1 流感应急预案（试行）》	2009-5-5
《口蹄疫防控应急预案》	2010-3-27
《农药使用安全事故应急预案》	2012-3-13
《农产品质量安全突发事件应急预案》	2014-1-14

《农产品质量安全突发事件应急预案》从应急准备、应急响应、应急处置和应急评估4个方面入手，在职责分工、指标分级、组织体系、事件报告、事件评估等方面做了较大调整和完善，对农业部本级和地方各级农业行政主管部门处置农产品质量安全突发事件做出了详细规定和明确要求。根据《农产品质量安全突发事件应急预案》的规定，全国性的农产品质量安全突发事件应急处置总指挥由农业部主管农产品质量安全监管工作的副部长担任，成员单位根据农产品质量安全突发事件的性质、范围、业务领域和应急处置工作的需要确定，包括办公厅、人事劳动司、产业政策与法规司、农村经济体制与经营管理司、市场与经济信息司、发展计划司、财务司、国际合作司、科技教育司、种植业管理司、农业机械化管理司、畜牧业司、兽医局、农垦局、农产品加工局、渔业渔政管理局、农产品质量安全监管局、驻部监察局、农产品质量安全中心、绿色食品发展中心、科技发展中心等单位以及事件发生地省级农业行政主管部门。全国性的农产品质量安全突发事件应急处置指挥领导小组办公室设在农产品质量安全监管局，办公室主任由局长担任，成员由应急处置指挥领导小组成员单位主管领导或主管处（室）负责同志担任。地方农业行政主管部门应急处置指挥领导小组和日常办事机构的设置，由县级以上农业行政主管部门确定。

王杕（2014）通过对山东、湖南等10个省份的调查，总结了当前我国基层农业行政管理部门的农产品质量安全应急管理工作。大多数基层单位建立了相关的应急预案，并投入了一定的专项资金，部分地区还建立了信息交流平台，配套了相应规章制度。但是，各地区实际的应急管理工作却没有得到很好的开展，基层应急管理中还存在很多问题：一是缺乏应急管理工作的常设机构，各级地方都没有相应的应急管理常设机构从事相关的监督和管理。二是农产品质量安全应急制度建立不全。虽然各地应急预案建设情况较好，但是具体实施的规范性文件却没有配套，导致相关工作无法有序开展。三是相关物资储备和资金投入力度不大。应急管理工作的启动虽然看似是暂时性的，但是要想达到良好的效果必须要有长效机制的保障，一旦启动应急预案，相关的医疗物资和设备保障就需要配套，因此，相关的资金投入必须落到实处。四是信息沟通渠道不畅。特别是与公众的沟通不够、监管工作中的公众参与度低，这可能导致不必要的误会和恐慌。

5. 可追溯机制

发达国家大多在20世纪末期实施农产品可追溯体系，我国21世纪初才开始尝试农产品可追溯体系，相比之下我国起步较晚，但也因此而具备一些后发优势——通过借鉴和学习国外经验，已在畜禽类农产品、果蔬类农产品和水产品等产品生产、加工、流通中试行了可追溯，取得了一些成效。目前可追溯体系主要在大中城市如北京、上海等地试行，在大规模生产基地试点，在从生产到销售主体一致的农产品上实施。2011年，农业部办公厅印发了《农垦农产品质量追溯系统建设项目信息管理办法》，以健全农垦农产品质量追溯制度，加强和规范农垦农产品质量追溯系统建设项目信息管理。国家发展和改革委员会已批准将农产品质量安全追溯体系建设正式纳入《全国农产品质量安全检验检测体系建设规划（2011—2015年）》，总投资4 985万元，专项用于国家农产品质量安全追溯管理信息平台建设和全国农产品质量安全追溯管理信息系统的统一开发。项目建设的主要目标是基本实现全国范围"三品一标"的蔬菜、水果、大米、猪肉、牛肉、鸡肉和淡水鱼等7类产品"责任主体有备案、生产过程有记录、主体责任可溯源、产品流向可追踪、监管信息可共享"。

我国与发达国家的差距在于没有建立起保障农产品可追溯的法律法规，基础不牢则难以支撑。没有建立起全国范围内统一协调的信息系统，各地都很重视，做了许多有益的探索，也取得了一些积极的进展，但各地系统不同，难以对接，信息的全面性、权威性不足，目前农业部已有关于可追溯体系建设的明确思路和总体规划，正在建设国家农产品质量安全追溯管理信息平台。可追溯体系实施成本高，一般企业缺乏积极性，我国大量分散经营的小农户也需要被组织起来，农业生产形成一定规模才能降低可追溯成本。根据现有情况，将首先选择部分省市县和"三品一标"获证单位开展追溯试点，待取得经验后向全国推广。为实现可追溯体系的普遍性从而实现信息的全面性和权威性，农业部门需要抓紧制定质量追溯制度、管理规范和技术标准。最后就是相关技术的研发和推广工作，需要政府给予支持。与此同时，要积极推动省、市、县三级农产品质量安全信息化建设，尽可能把纵向和横向的监管信息串联起来，贯通检测、认证、预警、评估、执法、追溯、标准化等全要素，不断提升农产品质量安全监管的信息化水平。

6. 信息披露机制

信息公开是公众参与的基础。在农产品质量安全问题上，信息公开最常见的方式是标签制度，另外，还包括政府和企业网站。

《农产品质量安全法》中有关于包装和标识的规定，强制规定对农产品进行包装或附加标识后方可销售，标识应包括品名、产地、生产者、生产日期、保质期、产品质量等级、添加剂等内容。还对转基因标识、检疫合格标识、无公害农产品标识做出了要求。《农产品包装和标识管理办法》对农产品标识内容、形式、文字、图形等做了明确规定，特别要求无公害农产品、绿色食品、有机农产品等“标注相应标志和发证机构”。其他配套政策制度还包括农业部印发的《全面推进“农产品标识计划”的实施意见》《农作物种子标签管理办法》《农业转基因生物标识管理办法》《畜禽标识和养殖档案管理办法》等。目前，我国没有农产品标签标识通用的要求，对于应该标识的内容和方式都没有统一规范。由于产品标准大多是推荐性标准，相应的农产品标签标识的要求也是推荐性的，科学性和有效性不足。

2010 年 8 月，农业部质量安全监管局发布了《农产品质量安全信息发布管理办法（试行）》，对信息发布的主体和内容做出了规定，要求规范且遵照信息发布程序，充分发挥新闻媒体与舆论监督的作用。该办法在实施过程中却因为没有做出强制规定、制定实施指南而没有落实，从调研情况来看，基层政府部门只知道自己不能发布什么信息，却不明确应该发布什么信息。我国农业部农产品质量安全中心主办的“中国农产品质量安全网”上，罗列的信息专栏有“综合信息”“无公害农产品”和“农产品地理标志”，提供了这两种标签的防伪查询服务，但其中与检验检测、监督管理相关的项目中只有寥寥几条信息，没有执法信息和农产品质量安全事件处理过程及结果的公示。

立法信息不公开，立法中没有吸收公众的意见和建议，不利于法律制度的有效实施；风险评估信息不公开，不利于利用社会资源、公众智慧来推进风险评估工作的科学性；检验检测信息和事件处理信息不公开，不利于公众对监管工作的监督和建议。据调研情况来看，相关政府网站一般设有公众交流板块，但实际运作情况不理想，公众的提问通常得不到满意的答复。

7. 公众参与机制

农产品质量安全问题频发和媒体不实报道加深了公众对经营者和监管者的信任危机。典型的事件包括“陈化粮”事件、“孔雀石绿”事件、“苏丹红鸭蛋”事件、“柑橘生蛆”事件、“毒豆芽”事件、“瘦肉精”事件等。这一系列农产品质量安全突发事件，对公众的消费心理和信心构成了严重冲击。

近年来，媒体对食品安全问题的报道也比以前多，有的还不够准确，这在一定程度上放大了，甚至是夸大了食品安全方面的问题。深究“注水大米”、蘑菇“重金属超标”、稻米重金属污染、西瓜“打针”、“西湖龙井”茶叶污染物超标等事件的社会影响远远超过了其本身质量安全所带来的危害，扰乱了农产品市场经济秩序，公众信心下降。

公众对食品安全关注度高，但获取信息的科学性是无法保证的，公众的鉴别和判断能力也是有限的，所以不实谣言容易传播。已有的一些调研结果显示，大多数公众很关注农产品质量安全问题，也有意愿参与到农产品质量安全预警、举报等工作中来，但当前公众参与缺乏渠道也缺乏激励。目前，政府向公众传递信息滞后于媒体，也就是说政府现有的监测体系、风险评估体系不能完全承担起农产品质量安全信息源头的任务。政府促进公众参与的方式比较落后，地方上有一些实践，如江西省举办农产品质量安全巡回宣传 1 000 多场，讲座 500 多场；吉林省印制了国家禁限用农药、识别假劣农药简明挂图 5 万份，在各经营门店显著位置张贴；浙江省开展了“科普宣传直通车”活动等。农业部门应当与时俱进，创新公众参与的方式，如建立统一权威的信息平台供公众实施监督、投诉举报等，充分激发公众的“主体意识”，为形成社会共治格局奠定基础。

《农产品质量安全法》中有少量关于公众参与的规定，但操作性差。其中第 38 条规定“国家鼓励单位和个人对农产品质量安全进行社会监督。任何单位和个人都有权对违反本法的行为进行检举、揭发和控告。有关部门收到相关的检举、揭发和控告后，应当及时处理。”明确了单位和个人的监督权，但没有明确规定接受公众投诉举报的具体部门、受理条件、受理后的工作程序以及受理部门未给予答复或举报者对答复不满时的救济程序，公众参与仍有困难。

二、我国农产品质量安全监管存在的问题

（一）我国农产品质量安全监管体系存在的问题

1. 法律规制与管理制度缺陷

早在2013年国家就积极推进食品安全监管体制改革，于同年年底将“分段监管”变为“统一管理”，并发布了“三定方案”。随后，新《食品安全法》开始修订并于2015年10月实施。可以说新《食品安全法》以法律形式巩固了食品监管体制的改革成果，尤其是2013年以来新的体制改革成果。尽管国家打出重拳，公众支持期盼，然而客观而言，无论是机构改革，还是新《食品安全法》的贯彻落实都显现了实施中的诸多难点，顶层设计者良好愿望与客观现实形成了一定反差，尤其体现在农产品质量安全管理领域。

一方面，新《食品安全法》与现行的《农产品质量安全法》规定不明、边界模糊，存在衔接不畅的问题。具体体现在以下几个方面：①关于食品、农产品概念的界定，《食品安全法》中界定食品为除食用农产品外的所有食品，并将其纳入《农产品质量安全法》的规定范围，然而在《农产品质量安全法》中并未明确界定食用农产品的概念，2015年农业部和食品药品监督管理总局在一个合作协议中对食用农产品进行了界定，尚未纳入法律。②关于质量安全，《农产品质量安全法》中对产地、环境、投入品等管理有明确规定，而对食物本身的安全性、营养性等指标上缺乏明确规定。③两法规定的内容边界模糊，如原本属于《农产品质量安全法》管辖范围内的农药超标问题，在新修订的《食品安全法》中强调要求对农药的使用实行严格的监管，然而在新法中又并未对普通化学农药的施用提出要求。

另一方面，由于食品链条的自然属性与人为设定的监管环节之间不能完全对应，基层还存在着各监管部门职能界限的模糊性，难以形成监管合力。在国务院机构改革后，过去中央政府一级涉及食品安全监管的7个部门被整合为3个，国家食品药品监督管理总局、农业部和国家卫计委，应该说监管效率得到了提升。然而，在具体的监管过程中，仍出现了不少问题：①产品属性界定不明导致的“三不管”问题。②缺乏信息、资源共享机制，尤其体现在农业与食药部门关于农产品市场准入问题、农业与工商部门关于农药经营许可及监管问题、农业和工商部门关于市场农产品冒用标志管理等方面，导致部门间存在职

能不清、责任不明，甚至导致工作重复。③监督执法体系尚不完善，表现在人员设施配备不足、标准化程度低、技术水平差、工作衔接不够紧密、善后处理不够及时等，达不到农产品质量安全规范化执法的要求。

2. 监管机制缺陷

（1）风险监测及风险评估机制。风险监测和预警平台初建，但数据利用率低。自 2001 年启动农产品质量安全监测计划以来，我国农产品质量安全风险监测及风险评估经过十几年的发展，在监测的产品数量、地域范围以及检测的安全参数等方面都有了突破性进展，建立起了部、省、市（县）3 级质量安全风险监测网络。与此同时，为充分利用农业部多年积累的例行监测和普查数据资源，农业部质量标准研究中心牵头建立“农产品质量安全风险监测信息平台”以实现农业行政主管部门与地方农业行政主管部门的数据信息共享和网络在线交互。但总体而言，监测数据的使用率仍旧很低。

一方面，现阶段，在我国绝大多数地区信息化的程度还不够，仍旧处于采取原始的手工记录数据、手工统计分析方式的阶段。不仅效率不高，数据处理速度慢，而且很难对历史数据进行系统分析利用，国家历时数十年、动用数百家检测机构、投入巨资得到的监测数据长期“沉默”甚至被遗失。另一方面，尽管“农产品质量安全风险监测信息平台”的建立已经实现了部分信息共享功能，然而农业部门与非农业部门的机构之间、地方与地方之间仍旧缺乏风险监测数据/信息的交换与共享。对于高成本、高技术的专业性检验检测，基层更应在监测点的设置、监测检验实验室能力建设等方面通过协商机制开展局部的共建共享工作，建立检验检测的资源共享和信息共享机制，使有限的资金发挥更大的作用，避免重复建设造成资源浪费。

此外，基层的监测资源与技术共享不足是监管的短板。尽管中央已投入近 140 亿元建设重点县级质量监督站以提高危害物质的定量检测能力。但是，根据本课题组的基层调查显示，由于缺乏能熟练使用精密仪器的检测人员，大多存在机器闲置的问题，需要将样本提交至市甚至省一级的相关检测机构。

缺乏风险评估交流平台。在国际化视野和现代化科技信息交流和共享背景下，考虑到风险评估工作业务性强的特征，不仅需要整个系统统一制订业务能力训练计划，定期进行培训和考核，还应及时关注、交流和研究发达国家的风险监测项目变化及技术水平，使人员的知识水平和队伍的业务能力与国际科技发展水平同步，以全面提升我国的农产品质量安全风险评估能力。尽管我国高度重视风险评估技术培训与交流，曾采取多项措施促使交流，然而在资源共享方面，也尚未建立一个长期有效的机制以进行技术共享。上述交流方式在互联网高度普及、信息技术高速发展的时代显得便利性和时效性不足。

（2）应急响应机制。根据《农产品质量安全突发事件应急预案》的规定，农产品质量安全突发事件应急处置总指挥由农业部门主管农产品质量安全监管的人员担任，成员单位根据农产品质量安全突发事件的性质、范围、业务领域和应急处置工作的需要确定。因此当前大多数基层单位建立了相关的应急预案，并投入了一定的专项资金，部分地区还建立了信息交流平台，配套了相应规章制度。

应急管理是在危机情景下组织应急人员、调配应急物资以缓解和消除危机负面影响的过程，信息的沟通与交流显得尤为重要。随着互联网时代的到来，信息化将进一步优化应急响应机制。例如：先进的应急管理系统可以实现多地、多人同时视频会议，保障部门间的通力合作。又如：可借助大数据技术，通过通信基站可以快速确定通过手机等通信设备发出应急信号的人员位置，应急设备的运动轨迹可以通过 GPS 进行定位和追踪。

然而根据本课题组的调研，仅在陕西西安市食品药品技术监督局实现了部分上述技术，建立了应急管理系统、成立了应急指挥中心。在多数基层农产品质量安全监管部门并未使用上述技术。信息化的应急响应机制，可以保障应急指挥工作的及时和有效，同时改变将信息传递给消费者时总是存在时滞的现状，进而减低突发事件造成的负面影响。

（3）可追溯机制及信息披露机制。农产品质量安全事件的发生有很大一部分是人为因素造成的。由于对优质安全农产品的宣传引导不够细化和深入，市场中农产品种类繁多、品牌杂乱，农产品质量安全信息不对称，使消费者、经营者对优质安全农产品难以准确辨别，优质农产品难以实现优价，影响了生产者提高农产品质量安全水平的积极性。

尽管我国高度重视农产品质量安全信息不对称问题，且已开始建立可追溯机制，但是我国全程质量控制和农产品质量安全溯源属于建立初期。各地陆续建立了形式多样的农产品质量安全追溯方法，但大多各行其是，多数地区没有建立有效的农产品质量安全追溯制度，农产品从“农田到餐桌”的全程追溯管理尚未到位，出现问题难以查清，质量源头难以溯及。本课题组查询了不少可追溯的农产品，然而系统中要么是没有信息（仅有产品名称和生产者名称等简单信息），要么是信息不符合消费者预期（如没有产品检测合格率、农药残留等信息）。

农产品质量安全信息披露机制不完善主要体现在：农产品标签信息不全，执法信息不全，突发事件处理过程的公示信息难获取等方面。农产品标识能为公众购买决策提供帮助，而我国《农产品质量安全法》中对农产品标识没有具体规定，标签信息不全、文字不清甚至缺失现象较多，散户生产的农产品没有标签直接上市销售的情况更是普遍。此外，由于《农产品质量安全法》中没有关于公众“知情权”的原则性规定，现实中我国不仅在信息公开方面存在巨大不足，而且由于《政府信息公开条例》的规定太过宽泛，公众主动申请要求信息公开的权利也难以实现。公众几乎看不到任何关于农产品质量安全执法信息、突发事件处理过程及结果的公示信息。调研中我们也发现，一些政府部门表示官网上有公众交流模块，但实际运作效果不理想，公众使用率低、收到的回复无法解决具体问题。

此外，由于政府缺乏统一的信息发布和预警机制，农产品质量安全问题大多数时候最初都是由媒体进行披露，导致了很多时候出现消费者无从选择而盲从于媒体的说法。媒体曝光后，监管部门忙于应对，反而给公众造成了监管不力的印象。此外，农产品质量安全信息不对称，专家、群众、媒体、政府等各个部门众说纷纭，这种状况更将使得公众无所适从，也为错误言论混淆是非提供了可乘之机。

（4）公众参与机制。加强农产品质量安全监管，仅仅依靠政府监管部门的力量是远远不够的。当前我国的公众参与机制主要包括监管信息发布、社会投诉举报等。然而，当前以《农产品质量安全法》为代表的相关法律体系中虽然有少量关于公众参与机制的规定，但操作性差，在保障农产品质量安全问题上，公众的力量被忽视，公众的知情权、监督权、建议权等都被弱化。

从监管信息发布来看，由于《政府信息公开条例》的规定太过宽泛，公众主动申请要求信息公开的权利也难以实现。公众几乎看不到任何关于农产品质量安全执法信息、突发事件处理过程及结果的公示信息。调研中我们也发现，一些政府部门表示官网上有公众交流模块，但实际运作效果不理想，公众使用率低、收到的回复无法解决具体问题。

从社会投诉举报来看，由于《农产品质量安全法》中也不涉及公众投诉举报的具体规定，各地发展情况各异。调研中我们了解到地方上都是拨打统一的

12331投诉电话，但事情的处理过程和结果不是公开透明的，只会在处理完后反馈给当事人。同样，农产品召回中也没有向公众公开信息，《农产品质量安全法》中没有相关规定。

（二）我国农产品质量安全监管基层落实存在的问题

1. 农产品生产经营分散，监管实际操作难度大

现阶段我国农产品生产经营分散，组织化程度低，这给直接面对广大生产经营者的县域监管实际工作带来“四大难点”。一是培训宣传贯彻难。基层监管人员普遍反映，懂法律、懂技术是农产品生产经营主体依法落实第一责任的前提条件，我国有2亿多农户、76万家农产品和投入品生产经营企业，农产品质量安全法律宣传贯彻和技术指导工作对象涵盖量大面广、参差不齐的生产经营主体，任务较为繁重。二是标准推行难。当前农产品生产组织化、规模化程度偏低，分散生产经营不利于统一品种规格和推行标准化技术管理，标准实施推进慢。三是准入准出落实难。从探索农产品准入准出的县域操作实践来看，一家一户分散种植的模式不便于准入准出制度的落实，尤其对规模小的散户难以落实到位。四是执法处理难。如一车蔬菜可能由多家农户生产，如果抽检到不合格产品，由于无法溯源，需要对整车蔬菜进行无害化处理，运营者容易采取暴力抗法的极端行为，而违法的农民，属劣势群体，对其处罚难以进行。

2. 基层监管能力弱，执法不严、违法难究

许多地方抓住了机构改革和食品安全管理体制调整的时机，推动监管体系队伍和能力建设。然而多个调查县域反映，乡镇站所虽然都挂了牌，但大部分还难以实质性开展工作，加上运行经费缺乏、执法装备落后，基层监管能力弱的问题仍十分突出。监管机构缺乏执法权，且基层检测机构的检测结果并不具有法律效力，为监管机构与执法机构之间的合作制造了不小的阻力。例如，监管机构获得了群众举报，但是需要向执法机构提交申请方可查封，在一定程度上导致了时滞性。此外，基层执法机构以当地公安局或其派出所机构为主，对执法人员关于农产品质量安全及其相关法律法规熟悉程度的要求不可能过高，那么在执法过程中就存在法律依据不明、不足导致的执法困难现象。

3. 资金、技术“两欠缺”

目前市县级专门监管机构大多刚刚建立起来，基础条件的“三个欠缺”问

题得到有效改善，但是资金和技术“两欠缺”问题仍旧存在。多数基层监管机构表示农产品质量安全监管经费不能满足监管实际需要，尤其是在检测药品试剂的经费上。缺技术则主要体现在农药隐性成分难监管，产品检测存在“检不了、检不出、检不准、检得慢”的问题。不少县级质监站不能进行定量检测，需要送往外地，增加了检测成本。

通常在一个地区，县农业部门、质量监督部门、市场监督管理局、基层农贸市场等均存在检测团队。不少基层监管人员表示，实际上完全可以将检测资源、人员整合，综合县里各单位的资源与技术建设一个具有资质的实验室。这样不仅可以减少资源浪费，也可以改善县级检测人员技术不足的现象。

三、国内外典型国家农产品质量安全监管及经验启示

（一）国外经验总结

1. 美国

美国主要是实施“品种差异”管理，即不同种类的食品由不同的部门管理，遵循的是从农田到餐桌全过程监控。就农产品监管而言，美国农业部（USDA）的食品安全检验局（FSIS）主要负责保证美国国内生产和进口的肉、禽及蛋制品的安全、卫生和正确标识。卫生部的食品药品管理局（FDA）负责除农业部监管的农产品之外的其他农产品（食品）的质量安全监管，包括美国州际贸易及进口食品，带壳的蛋类食品（不包括肉类和家禽）、瓶装水以及酒精含量低于7%的饮料。这是为了发挥政府不同机构的专业性和技术特长。

美国政府监管先进性最突出的表现之一是信息化进程快、信息开放程度高。主要体现在以下3个方面：

（1）政府各部门很注重安全网络建设。联邦、州政府和地方职能部门在食品安全的职能安排方面虽然各有分工，但是部门间的联系很密切，以实验室为主要参与者的安全网络覆盖全国各州。

（2）有广泛的信息采集渠道。从横向来看，有监测网络和公共卫生监测共同研究网络，环境放射性监测和研究系统等；从纵向来看，建立了国际、国家、地方、行业、企业不同层次的信息采集点。食源引发的疾病监控数据来源包括实验室报告、环境指数、疾病报告、病例调查、发病率报告、爆发调查报告、观察岗报告、科学研究、人口普查和媒体报告。

(3) 美国食品质量安全管理机构以多种多样的形式向公众传播和发布食品质量安全信息，包括登载报刊广告、公众集中学习、电子通信系统、网络以及信件投递。作为食品质量安全信息交流和发布的重要平台，信息共享和电子通信遍布全国。若有食品质量安全风险，政府管理部门通过信息共享和电子通信同时将警告传播给所有的公民、国际组织（WHO、FAO、OIE、WTO中的相关组织)、欧盟（EU）的地方组织及个别国家，让公众远离食品危险。近年来，网络在食品质量安全方面的日常信息发布和交流作用日益显著。例如，环境保护局的网页能查询风险分析结果、公众意见、消费指南和规章等，为消费者提供有价值的参考信息，引导消费者识别和正确食用不同类型的食品。

此外，公众在保障食品（含农产品）质量安全方面有很高的参与度。主要体现在以下两个方面：

① 食品标签制度完善。标签可以帮助消费者辨别食品安全的信息，有效解决食品市场上的信息不对称问题，从而提高社会福利。美国《食品标签法》对食品标签的内容标识都有严格详细的规定，FDA会根据需要更新、制定或者修订食品标签法规。美国的食品标签主要包括食品保健声明和食品营养标签。FDA规定，标签上必须标注保健声明——摄入后会引发某些疾病的，或对某些疾病有影响的物质；在食品包装的显著位置必须加贴警示标签——储存和食用食品可能产生危害的原因和预防方法。《营养标签与教育法》规定所有食品都必须强制加贴营养标签，主要包括营养成分标识和营养宣传信息。美国的食品标签管理能成功，有赖于政府、厂商、消费者、第三方机构的四方合力，特别是第三方机构，通过制定标准、认证、检测和强制执行来提高食品标签信息的可信度，在美国的食品标签体系中发挥了重要作用。

② 在食品安全法律制定和实施过程中，公众享有并行使广泛的参与权。法律制定过程中，《行政程序法》规定用非正式程序和正式程序来保证公众的参与。非正式程序，又被称为“通告—评议”制度，指行政机关必须将拟立法规草案的主要内容以及立法依据等公布在联邦公告上，接受公众的书面或口头的评议。经过一定期限的评议后，该草案方可通过并成为联邦有效法律。非正式程序是一种比较便捷的立法公众参与制度，被美国政府普遍采纳。法律实施过程中，第一，食品安全检测主要由分设在联邦和各州的独立的实验室来完成，而这些实验室不是行政机关，而是从事科研的社会组织，无涉于政府、企

业与公众的利益之争，保证了检测结果的客观公正。第二，美国食品安全法规执法机关人员构成充分体现了公众参与。例如，食品安全最高执法机关的药品管理局主要由医生、律师、微生物学家、药理学家、化学家和统计学家等专业人士组成。第三，美国的食品安全法规对公众公益诉讼做出了规定，鼓励公众通过司法手段维护自身权益、保证食品质量安全。在食品安全领域，法律支持实施惩罚性罚款，原告胜诉后，不但可以要求支付诉讼费用和损害赔偿，还可以要求从惩罚性罚款中获得一定比例的奖励。

2. 欧盟

欧盟食品安全管理采用设立专门部门——欧盟食品安全局（EFSA）独立监管的模式。2002 年欧盟食品安全局正式开始行使职能。欧盟食品安全局的职责范围很广，统一负责欧盟境内所有食品也包括农产品的相关事宜，负责监督整个食品链的安全运行，根据科学证据做出食品危机风险评估。此外，欧盟委员会健康和消费者保护局（DGSANCO）负责食品安全法规修订、监督成员执行以及对食品安全进行综合评估。

欧盟在食品安全监管方面公众参与和法律保障是最显著的特征。欧盟在风险评估、应急响应、食品召回等机制中都有公众参与。欧盟食品安全风险评估工作的透明性很强，评估计划会让公众看到并接纳公众的建议，也鼓励民间机构和公众提供相关数据和方法，同时，整个评估过程中，秘书处会通过网站公示相关会议纪要，增强了公众对评估工作的信心和认可度。应急响应机制中，欧盟理事会与议会的规则明确规定：食品安全局常态下应从事有关科学研究，搜集、整理、处理有关的信息，应欧盟的机构和成员的要求就一切与其职责相关的问题提出意见与建议，建立并完善必要的网络系统与组织体系，向公众提供及时、可信、客观的信息。食品召回机制中，食品即使是由食品源头经营者直接控制着，经营者仍应通知监督管理部门。如果产品已经到了消费者手中，经营者应准确有效地通知消费者召回的理由。在其他措施对消费者不能起到足够的健康保护时，可以从消费者处直接召回产品。

对于农产品可追溯制度，欧盟有明确的法律规定。2002 年 1 月，欧盟颁布了 178/2002 号法令——《通用食品法》，规定每一个农产品企业必须对其生产、加工和销售过程中使用的相关材料提供可追溯的信息，确保其安全性。同时，法令要求自 2005 年 1 月 1 日起，欧盟境内实施广泛的农产品可追溯要求，尤其是在欧盟销售的肉类食品必须能够进行跟踪与追溯，否则就不允许上市销售。

3. 日本

日本食品安全的监管部门主要有日本食品安全委员会、厚生劳动省和农林水产省。当前，这三大政府管理部门的职能各不相同。日本食品安全委员会作为负责食品安全的政府最高决策机构，主要职能是对农林水产省、厚生劳动省等风险管理机构实施监督、指导，且客观公正地进行风险评价。厚生劳动省是作为真正行使食品安全监管的政府职能部门对进出口及国内市场的食品卫生实施监管。农林水产省的主要职责是负责生鲜农产品植物、肉类、水产品的安全性，侧重农产品生产和加工阶段的风险管理。对于涉及农药等残留标准的规定问题，则由厚生劳动省和农林水产省两个部门共同制定。

日本的食品安全法律体系完善、更新及时。从横向（食品种类）及纵向（产业链）的角度，都有相应的法律规范。据不完全统计，日本的《食品卫生法》自 1947 年制定至今，平均每 5 年就修订一次。近几年随着食品安全问题的日益突出，几乎每年都要修订一次。

监管信息网上公开。食品安全委员会网站及时公布检验检测、风险评估等食品安全信息和有关食品安全的警示。日本各地方政府都有负责食品安全的专门机构，定期检验检测所属辖区的食品生产商和食品销售商所售食品包含的食品添加剂、残留农药和细菌等，并且随时在政府网站上公布结果。

日本可追溯覆盖所有农产品，农业协会扮演重要角色。日本农业协会下属的各地农户记录米面果蔬、肉制品和乳制品等农产品生产者的农田所在地、使用的农药和肥料、使用次数、收获和出售日期等信息，农业协会收集这些信息，为每种农产品分配一个“身份证”号码，整理成数据库，消费者可以通过“身份证”号码上网查询可追溯信息。食品供货链上的所有企业会陆续加入原材料、添加剂等信息，并有义务保管这些信息 3 年。在零售店里，每种产品都必须醒目地标出“身份证”号码，消费者可在店内的查询终端输入这个号码查询到有关这一产品的生产和流通信息。对于日本国产的农产品和水产品，消费者还可以通过电脑或者用手机扫描识别码，看到农产品的栽培方法、用药情况，甚至是栽培者的照片。

（二）国内典型地区农产品质量安全监管模式

1. “西安”模式

陕西省西安市食品药品监督局机构和职能的整合已经完成。各乡镇、街道全部设了监管所，每个所大约7～10人。国家规定监管人数至少要达到监管区域总人口数的万分之三，受限于编制，当前西安市约为万分之二。针对监管人员不够的问题，采取的解决方法是特邀监督员制度——邀请新闻媒体、人大政协委员、企业人士等发现问题、协助执法。一般而言，这类人群品质较好、素质较高，能够发挥较大的作用。村和社区有协管员（无编制，由村里推荐再考核录用），主要负责当地食品安全信息的搜索和传达、协助执法等。关于协管员的职责有明确规定，有针对他们的培训，其工资与绩效相关。

建立起食品药品监督管理信息平台。监管工作者认为各部门之间信息共享程度低、监管效率低，西安市食品药品监督局近年来成立了信息处，专门负责食品药品监督管理信息平台建设。该平台建设规划为3期：一期主要是基础建设，系统建设，视频会议等。二期做综合监管平台，包括行政许可、日常监管和稽查办案（移动终端、平板电脑、蓝牙打印机等）。三期做应急指挥大厅。理想化的建成状态是内部办公流畅、企业办理业务便捷、提供便民服务和有效处理重大事件。具体而言，通过系统可以实现日常在线办公，对区、县的发文，从市政府收文等。企业可以通过系统报送电子化的经营信息，目前只有药店做到了（因为采用GSP系统是药品生产企业的准入门槛，采用GMP系统是药品销售企业的准入门槛），一旦发生问题就可以现场查看、暂停销售，还可以做到精确到店铺的假药预警。监管者谈到，农资的管理也可以采取类似药品的监管方式。餐饮食品方面，电子平台建设已完成，但由于市场准入条件等机制方面的问题没有推进，比如批发市场由省级审批，市级监管，市级掌握的资料不全，而省级信息不与市级共享。再比如没有成文规定要求纳入平台，小餐馆和企业承受不了，推进困难。企业还可以通过系统办理行政许可业务，通过系统提交所需资料，监管者通过系统进行审批和发证。希望提供的便民服务主要包括向民众提供企业信息，包括企业基本信息、企业日常监管信息、投诉受理信息，考虑用一个算法进行评级，但目前还未形成。向民众提供检验检测信息，难点是由于设备和技术问题，各检验所数据格式不一致，需要统一加工才能上传，另外，粮食、农业、质监等部门之间的信息共享也是难点。该系统还纳入了投诉举报平台——12331呼叫平台，将录音保存在系统中，内容转化为文字录入系统，处理之后会有消费者的反馈和评分。

2. “嘉善”模式

2014年，嘉善县获浙江省农业标准化综合示范县称号；2015年，获浙江省农产品质量安全可追溯体系示范县和浙江省农产品质量安全放心示范县称号。2015 年 8 月，嘉善列入首批国家农产品质量安全县创建试点。

依托计算机和网络技术，统一使用浙江省农业厅规定的“农资监管与服务信息化平台”专用软件，实现农资监管与服务的信息化管理。综合运用数据库、条形码、POS 机等信息化手段，做到信息数据化、购销实名化、监管实时化、服务网络化。嘉善县在 2014 年开展了高毒农药定点经营的工作，经过宣传发动、调查摸底，已确定 11 家高毒农药经营网点。这些经营网点均达到“六个一”要求，即有一块牌子、一套追溯体系、一套管理制度、一份承诺书、一位明白人、一个监督牌。切实做到销售的高毒农药来源可追溯、去向可追踪、质量有保证，做到了管理规范、实名购买、电子记录追溯。

为降低废弃高风险农药包装物对环境的影响和潜在的安全隐患，嘉善县开展了高风险农药包装物回收和集中处置工作。目前已有 11 家农资经营单位通过审核，成为回收和集中处置试点，正式开始实施回收工作。依托浙江省级追溯平台，建立嘉善县农产品质量安全可追溯平台，实现全县农业生产企业（合作社）主体追溯和全程追溯。建立主体信息库，采集和录入农业生产主体信息。建立移动监管 App 软件和管理平台，实现智慧监管。

3. “浦东”模式

上海市浦东区参与了 2014 年国家农产品质量安全县的创建。2012 年，浦东 22 个涉农镇全部成立了农产品质量安全监管工作站，形成了镇级监管员、村级协管员和企业信息员 3 支监管队伍。如今，浦东农产品质量安全监管进一步“升级”。

农产品质量安全追溯体系建设脚步加快。浦东新区农村工作委员会在全区形成了农产品企业生产档案记录信息平台，通过网络将每个生产企业投入品使用情况、生产操作情况、检测结果情况信息输入信息平台中，做到实时监管。还形成了农民的田间档案，每个种养户都有自己的编号，信息平台上可以查询到他们的种养情况。比如某个蔬菜种植户，在哪里种植、种了什么、种了多少等。

农产品质量安全检测几乎做到了全覆盖。浦东现有区、镇、村（生产企业）的三级检测网络，拥有 72 个检测室、82 台（套）蔬菜农残检测仪，对全区 12.4 万亩上市蔬菜实施每户每茬全覆盖快速检测，年检测量达到 25 万份，并严格要求“不检测不上市，不合格不上市”。浦东区农产品安全检测中心副主任赵康表示，72 个检测室每天都会进行农产品检测工作，除了快速检测，区级检测中心还会进行精确检测，执法部门也会随时进行抽检，对农产品的安全检测几乎是“无死角”。

4. “商洛”模式

“商洛”模式是陕西省商洛市在农产品质量安全监管方面的创新做法，于 2009 年得到陕西省农业厅的充分肯定，具有“政府负总责，三级有机构，监管到村组，检测全覆盖”的特点。政府负总责是为了解决机构改革前，农产品市场出现问题后各机构相互推诿的情况，每年将农产品质量安全监管、检测体系建设写入政府工作报告并列入考核内容，财政支持机构和人员，并逐年增加经费投入。市、县、乡全部设立了监管机构（村级设监管员，按照当地实际情况，由村干部、乡镇农技员、生产基地或企业内检员担任），并配有检测机构，主要农产品市场和生产企业也配有检测室，检测网络全部覆盖，检测能力基本能满足监管需求。

在市场准入方面的监管措施有所创新。在加强农业投入品监管方面，除了开展市场整顿、打击假冒伪劣农资、检查农资销售资格等传统工作外，还聘请了农资经营社会监督员协助监管。在生产过程监管方面，建立起了全市农产品生产基地数据库，克服了人工手写记录的弊端：平时不记录，要检查前杜撰数据；记录不易保存；生产过程不在监测范围，不能及时预警。农产品生产企业和农产品销售市场也有专人监督。在市场监管方面，除了传统的凭产地认证、质量认证、标准认证证明和产品准出证进入市场外，建立了农产品质量安全市场数据库，记录产品来源、去向、是否造成了质量安全问题等。大型超市和基地也配有监管员。

在推动农业标准化方面行动早、成效大。一是积极制定技术标准，围绕当地特色产业制定标准化技术规程。二是大力推动标准化生产。在“三品”生产基地、农民专业合作社、农产品生产企业等，坚持实施“五统一”，即统一质量标准，统一农资供应，统一技术服务，统一生产记录管理，统一销售。三是充分利用示范效应，推动示范区建设。四是加大培训和指导。不仅监管人员需要培训，农户作为农产品的生产者，其技术水平和安全意识也需要提高。通过对基地农户的指导，使他们了解各个环节的技术要求和操作规范，农药和化肥用量降低，面源污染减少，这也为优质农产品生产提供了更好的环境保障。

5. “郑州”模式

郑州市长期以来重视农产品质量安全监管工作。2003年市政府把“启动农产品市场准入，发布农产品质检日报”列为郑州市当年“十件实事”之一，出台了《郑州市无公害农产品管理办法》《郑州市农产品市场准入工作实施方案》。同年10月1日在市区实行蔬菜市场准入，并在翌年12月1日实行猪肉市场准入。2005年市委把“解决好群众吃上放心肉、放心菜和放心水产品问题”列为市政府20件实事之一。

郑州市健全了“两级三层”农产品质量安全检验检测体系。“两级”是指市“中心”和各县（市）、区“中心”。市“中心”除负责全市农产品质量安全监管之外，还具体负责市区农产品批发市场、农贸市场、超市等农产品质量安全检测和监管；各县（市、上街区）“中心”，负责辖区内农产品的检测和监管；市内五区“中心”负责本区农产品生产环节监管。“三层”指市“中心”、各县（市、区）“中心”、农产品生产基地、批发市场、农贸市场和配送中心建立的农产品质量安全自检机构。“两级三层”层层把关，实现农产品从农田到餐桌的全程监控。农产品生产基地、蔬菜批发市场、水产品批发市场、水果批发市场和农贸市场都有自检室。郑州模式可以概括为：严把源头生产关、严把批发市场关、严把市场检测关。

在新型监管方式的尝试上，郑州市也有所投入。2009年起市财政每年新增800万元专项资金，用于农业标准化和加快农产品质量安全监控信息化建设。《郑州市人民政府关于大力推进农业标准化工作的实施意见》制定了44个无公害农产品标准化生产技术规程。2012年建立农产品质量追溯体系和覆盖乡镇的监测站点，并逐步推向全省。

（三）国内外经验带来的启示

1. 初步构想

采用大数据、云计算等信息技术，改造升级现有农产品质量安全管理信息系统，建立起全面涵盖电子政务、应急指挥、监测预警、质量追溯、数据调查等领域的在线化、数据化政务管理体系，推进政府治理能力现代化。实现基于数据的科学决策，推动农业部门政府数据开放共享，加强农业部门政务数据资源与涉农部门数据、社会数据、互联网数据等的关联分析和融合利用，增强农业农村经济运行信息及时性和准确性，完善“用数据说话、用数据管理、用数据决策、用数据创新”的机制，提高农业宏观调控的科学性、预见性和有效性。农产品质量安全监管系统主要应包括以下几个子系统：

（1）农产品质量安全风险监测和评估子系统。在农产品质量安全监测和评估方面，风险监测是风险评估的基础，而风险管理机构需要依据风险评估的结果发布预警信息以实现对风险的有效控制，进而达到风险管理的目标。现阶段，在我国大多数地区信息化程度低，仍处于采取原始手工记录数据、手工统计分析方式的阶段。纸质化数据库不仅处理速度慢，而且难以对历史数据进行系统统计分析，因此导致了我国基层风险监测和风险评估效率低，投入巨资得到的监测数据长期“沉默”甚至被遗失的问题。尽管2011年建立的“农产品质量安全风险监测信息平台”，已经实现了部分信息共享功能，然而农业部门与非农业部门之间、地区之间仍旧缺乏风险监测数据、风险评估技术以及预警信息的交换与共享。

可以考虑利用移动通信、智能终端等信息技术，建立覆盖部与省厅两级农业行政管理部门、部级农产品质量安全监测机构和固定风险监测点三方面的农产品质量安全监测信息管理平台，将现有的例行监测工作信息化。构建高速传输和广泛互联的全国农产品质量安全监测信息采集网络，对全国种植业、畜牧业、渔业相关数据进行可视化管理。这可以实现监测方案在线编制、监测任务快速下达、检测结果快速上报、监测结果快速分析，为农产品质量安全监测与管理提供决策信息采集、技术支持、安全消费指导等服务。

风险评估建立在风险监测之上。尽管我国高度重视风险评估技术培训与交流，曾采取多项措施促使交流，然而在资源共享方面，也尚未建立一个长期有效的机制以进行技术共享。在互联网高度普及、信息技术高速发展的时代可以考虑搭建起风险评估信息交流平台，一方面，像发达国家一样，将风险评估过程透明化，让更多专家参与，使评估结果更有可信度。另一方面，评估技术共享能提高风险评估能力，评估结果公开能够为全国和地方标准的制定提供依据，为消费者认识风险后做出理性选择提供基础。

（2）农产品质量安全风险预警子系统。根据风险监测和风险评估信息开展风险预警。利用移动通信技术采集和汇总农产品质量安全数据，研究基于大数据理论的农产品质量安全风险预警与评估方法，对农产品质量安全事件按行业类别、信息来源、涉及范围、危害程度等内容进行初步识别，确定农产品质量安全信息等级，对事件造成的损失等进行评估。风险监测预警子系统见图 5-12。

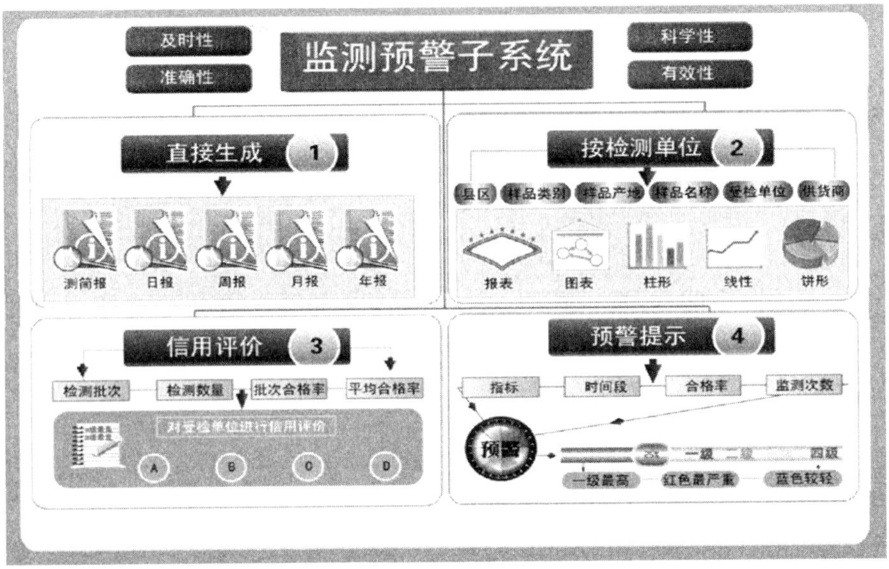

图 5-12　监测预警子系统

（3）农产品质量安全应急指挥子系统。实现中央、省、市、县四级农业部门应急指挥系统的双向互联互通。构建全方位、立体化、现代化的农业决策指挥管理信息系统，提高农业决策管理、指挥调度、突发公共事件应急处置工作水平。应急决策指挥管理信息系统主要包括应急控制模块以及事后评估模块。

应急指挥子系统应以应急控制和事后评估为核心。其中，应急控制模块要实现对监测中发现问题的快速反应和布控。对每个区域体系内的相关部门、人员实行组织化管理，同时集成通信系统、视频会议系统、短信（彩信）群发系统和移动终端应用，实现区域体系内各部门和人员间的点对点交流、集体会商和视频会议，使监管体系扁平化，切实提高快速反应能力。事后评估模块可对事件损失做出评估，对事件处理工作做出总结和反馈，并将这些结果同步传输到风险预警子系统以及信息发布子系统，以便预测风险并向消费者披露信息。

（4）农产品质量安全移动执法监管子系统。移动执法监管子系统的目的是实现执法信息同步交互，促成巡视检查常态化。该系统包括服务器端管理平台和移动终端应用平台。系统对生产主体进行备案后可以精确定位产地，进而方便监管人员进行现场执法取证、日常巡查督导、综合评价生产企业质量安全等。同时，能通过 GIS 实时查看执法巡查人员的工作位点、工作状态和巡查路径，保证监管人员履行职责，也便于人员及时调整和调动。此外，可将移动终端与电子化的法律法规库相连，执法人员输入质量安全事件即可立刻显示所违反的法律法规，保证执法人员在执法时有法可依。

（5）农产品质量信息追溯子系统。完善的可追溯系统要求农产品上市前有生产记录、上市时有监测记录、上市后有上市记录、流通中有标志标识，做到农产品质量安全信息可查询、问题可追溯。为消费者和监管者提供便利，也能提高生产者的质量安全意识。前提是需要建立起农产品从农田到餐桌过程中的全部信息档案。国际上通行的信息载体是移动二维码，该技术在国际上是一项成熟的追溯技术，可帮助消费者快速、准确地了解产品信息。将二维码制成标签贴在相关农产品包装上，消费者在购买该产品时，只需扫码或发送短信即可随时、随地查询农产品的相关信息及生产者的信息，并可及时反馈虚假、错误信息。利用二维码软件识读系统（如手机微信中的“扫一扫”）关联农产品唯一二维码的后台数据，并结合移动通信网络，即可提供各种溯源防伪信息。此外，可进一步考虑实现种子、农药、兽药、饲料和饲料添加剂、肥料等重要生产资料信息可追溯，为农产品监管机构、检验检测认证机构、生产经营主体和社会公众提供全程信息服务。

（6）农产品质量安全舆情监控子系统。农产品质量安全舆情监控子系统在目前舆情日常监测的基础上，还应加入投诉举报和数据调查模块。由于目前监测系统、可追溯系统等还未建立起来，投诉举报系统的建立能起到两个方面的作用。第一，小规模分散经营主体多，政府利用其自身资源获取执法信息成本太高，群众举报是政府低成本获取执法信息的重要途径。此外，在互联网普及率较高的时代，投诉举报系统的设立能给消费者提供很大便利。进一步说，如果投诉举报采用投诉者实名制（要保护好举报人）和处理人、处理流程和结果等信息公开的方式，监管者会更有动力，一些学者讨论的恶意投诉问题也会得到解决。投诉举报相关信息搜集之后，可以把投诉次数、出问题次数等与相关企业对应并公开，这也能为消费者提供购买的决策依据。

农业数据调查系统可以为监管人员从公众处获取所需信息提供极大的便利。比如，群众满意度已经成为政府监管工作成效的重要指标，政府部门采取的监管措施在公众看来是否合适、还存在什么不足等可以得到反映。该系统的合理利用能够增加政府和公众之间的交流，一方面为政府部门决策提供重要信息，另一方面能提高公众对政府的信任。

（7）农产品质量安全信息发布子系统。农产品质量安全信息发布子系统可以依托现有的“中国农产品质量安全网”建设，将该网站所列栏目加以改进和完善，向消费者和生产者提供农产品质量安全信息。该网站上与风险评估、检验检测、监督管理相关的项目中只有寥寥几条信息，没有执法信息、农产品质量安全事件处理过程及结果的公示等公众关注的信息。该系统主要是根据公众需要，在不造成社会恐慌的前提下，逐步向公众公开农产品质量安全信息和政府监管工作信息，如农产品追溯信息查询、农产品生产企业信息查询、检验检测结果、突发事件的原因和处理、公众投诉的内容和处理结果、可能存在的农产品质量安全问题和规避方法等小知识。

运行逻辑：各级监管部门通过风险监测评估系统、舆情监控系统（包括公众举报）、移动执法监管系统发现质量安全风险隐患线索，通过应急指挥系统上报上级监管部门。上级监管部门在应急指挥系统组织会商形成决议，并通过该系统分派地县级监管部门办理。地县监管部门通过质量信息追溯系统定位问题源，并通过应急指挥系统以及移动执法监管系统通知乡镇监管机构巡查。乡镇监管人员使用移动执法监管系统，对照风险监测评估系统内的标准数据，对辖区生产经营企业进行巡查督导，并将巡查信息上传执法监管中央端。在检查现场则通过移动执法终端和便携式打印机将违规记录打印输出，双方确认签字，完成执法。最后通过信息发布子系统视情况公开执法信息。

2. 预期成效

如图 5－13 所示，综合性信息系统的建立能形成一个完整产业链的农产品质量安全监管体系，服务于政府、消费者和生产经营者 3 个主体。

第一，可以加强政府监管部门对农产品质量安全的监管。政府监管部门可以通过质量信息追溯子系统掌握农产品生产加工中与质量安全有关的信息，随时调整和改进监管手段、提高监管效率，从事后处置到事前风险控制，通过风险监测和预警子系统，预防农产品质量安全事故的发生。一旦发生事故，可以迅速追溯到该产品生产、加工和流通信息，及时进行产品召回，避免事故影响扩大，降低事故损失。迅速追查原因、追究责任后可以通过信息发布子系统向公众说明情况，减少不必要的恐慌。

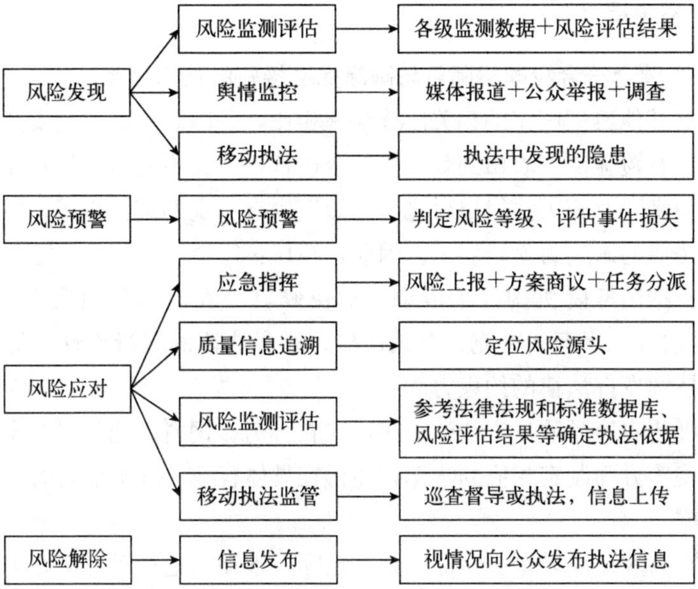

图 5-13　农产品质量安全综合信息系统运行流程

第二，可以增强消费者的安全感、信任度和满意度。在当前食品安全引起全社会高度关注和担忧的情况下，即使企业生产了安全合格的产品，消费者仍心怀疑虑。即使政府采取了一系列监管措施，消费者仍不满意。要使消费者对产品放心，通过质量追溯信息子系统可以记录下农产品生产流通过程中与质量安全有关的信息，让消费者通过扫描二维码等简单的方式查询，保证消费者的知情权。通过这种方式，使农产品“标签”发挥更重要的作用——连接消费者和生产者，提高消费者的放心程度。要使消费者对政府信任，通过舆情监控子系统，可以增加政府与消费者的交流，公众更了解政府所做的努力并有渠道给出建议，遇到问题更敢于进行投诉，捍卫自身权益。政府也能获得更多舆情，及时调整和改进工作方式。

第三，能提高生产经营者的质量安全意识和诚信意识。全面的农产品质量安全信息的收集、整理、分析，可以及时向生产者提供生产、管理、销售方面的建议，改进生产经营方式，提高生产管理效率。可以向消费者提供产品信息，建立消费者对生产者的信心。消费者带来的利益也会促使生产者自觉、自律生产安全的产品，提高产品品质。

(四)对策建议

1. 建立健全符合我国实际且与国际标准接轨的法律体系

通过与其他典型国家的相关法律法规相比,我国农产品质量安全的法律效力不足,没有覆盖从“农田到餐桌”的全过程,更新不及时。从媒体关注事件的时间序列来看,相关法律出台之后在短期内有一定的震慑作用,但过了一段时间后,法律的影响力就减弱了。因此,建议:

(1)根据国务院机构改革成果,加快修订《农产品质量安全法》,与新《食品安全法》二者互为补充、有效衔接,增强法律的可操作性、提高法律的适用性,持续发挥法律的约束力。

(2)细化农产品质量安全的法律,在农兽药、饲料、肥料以及家畜、家禽和植物防疫等方面制定相应的法律,使得在具体行业、环节监管时能有法律效力作为依据。

(3)在《农产品质量安全法》修订之际,推动其他相关法规相配套,包括农产品安全技术规章和标准要求在内的农产品安全法律制度。研究借鉴世界粮农组织、世界卫生组织、国际标准化组织等国际组织的食品安全法规、技术规范、指南和准则,参照发达国家的食品安全法规和先进标准,进一步健全我国的农产品安全法规、条例、标准和管理办法,完善与国际接轨的中国农产品安全法律法规体系。

2. 完善我国农产品质量安全各监管机制

结合我国农产品质量安全监管的现状,借鉴参考国内外相关机制建设经验,加强完善我国的农产品安全监管机制:

在风险评估方面,要建立起覆盖国内外相关机构的风险评估交流平台。该平台主要用于关注、交流和研究发达国家的风险监测项目变化及技术水平,使国内风险评估工作人员的知识水平和队伍的业务能力与国际科技发展水平同步,以全面提升我国的农产品质量安全风险评估能力。

在检验检测方面,可借鉴美国的信息化建设经验,从信息网络构建、信息采集渠道建设等方面提高检测数据的信息化程度,同时进一步优化“农产品质量安全风险监测信息平台”,以实现农业部门与非农业部门的机构之间、地方与地方之间的风险监测数据/信息的交换与共享。尤其是对于高成本、高技术的专业性检验检测,在基层更应在监测点的设置、监测检验实验室能力建设等方面通过协商机制开展局部的共建共享工作，建立检验检测的资源共享和信息共享机制，使有限的资金发挥更大的作用，避免重复建设造成资源浪费。

在应急响应方面，可借鉴西安的食品药品应急指挥系统的建设经验，重点建设应急控制平台及事后评估平台，以期构建全方位、立体化、现代化的农业决策指挥管理信息系统，实现中央、省、市、县四级农业部门应急指挥系统的双向互联互通。

在可追溯方面，当务之急要搭建全国统一的追溯信息平台，整合各地区、各行业、各部门试点成效，丰富追溯内容，共享追溯信息，同时制定配套的管理规范，使可追溯体系发挥应有的作用。各地要在已有的基础上，继续推进本地区追溯信息平台的建设，做好与国家级平台的衔接、与全国统一制度规范的融合。要选择部分大中城市和“菜篮子”产品主产县开展试点，积极推动龙头企业、农民专业合作社实施追溯管理，率先将生猪和“三品一标”农产品纳入追溯范围。在此基础上，由点及面、逐步放大。此外，要依法加强农产品包装管理，督促农产品生产经营者对包装销售的产品进行明确标注，推广二维码等先进标识技术，提高产品标识率。

在信息披露方面，加大舆情监测力度，更加重视微博、微信等新媒体传播途径，规范信息披露方式，使政府信息披露不缺位，媒体信息披露不越位，为消费者提供真实、可信、及时的信息披露，发挥出政府的公信力和权威作用。同时，要发挥好专家队伍的作用，加强农产品质量安全科技攻关，强化正面宣传，及时回应社会关切，普及安全生产知识，营造良好社会氛围。

在公众参与方面，强化政府部门公众交流模块的建设，保证“有留言必回复，有回复必解决”，提高公众使用率，改善收到回复无法解决的情况。建设以手机 App、微信、微博等为主体的便捷式投诉举报机制。同时，对于公众投诉举报的处理过程和结果，在不影响社会稳定的前提下适当公开。

3. 治理地方性突出问题

调研中我们看到湖北省襄阳市对几乎所有当地民众每天都要食用的农产品——豆芽的严肃治理，陕西省西安市对城郊小作坊的严厉打击，福建省对定点屠宰场实行的“县级天天抽检，市级月月抽检，省级季度抽检”等，都起到了良好的成效，让公众吃得更放心。地方政府相关部门根据民众举报和检查情况，及时端掉“黑窝点”，严惩违法犯罪分子，公布典型案例，充分发挥司法震慑作用。

4. 提升基层监管能力，提高检验检测水平

县乡基层是直接面对生产经营者的主战场。尽管近年农产品质量安全监管体系建设步伐不断加快，但监管能力与工作任务相比还有很大差距。从调研情况来看，地县级监管机构基本建立起来，而乡镇级监管机构有的没有监管机构，有的是挂牌，有的即使建立起来了也形同虚设，人员平均只有 2～4 个，且思想意识相对落后。地县一级，要发挥好农业综合执法、动物卫生监督、渔政管理及“三品一标”队伍作用，落实工作责任，承担起农产品质量安全执法监管任务。要强化地县质检体系建设项目的实施与管理，配套必要的工作经费，加强资质认定和人员培训，确保投资一个、建成一个、用好一个。乡镇一级，要充实监管机构以及承担相应职责的农业、畜牧、水产技术推广机构的人员，同时加强人员的能力建设，开展好农民培训、质量安全技术推广、督导巡查、监管措施落实等工作。检验检测是农产品质量安全监管工作的基础，各地应加快检验检测资源整合，加大基层检验检测人员培训力度，为监管工作提供保障。

5. 建设农产品质量安全监管综合信息系统

为整合上述机制的农产品质量安全监管资源及信息，改变我国先进模式得不到推广、落后模式普遍存在的现状，可以从顶层设计的角度改进我国农产品质量安全监管工作。依托现有农业管理信息系统，采用大数据、云计算等信息技术，建立涵盖电子政务、应急指挥、监测预警、质量追溯、数据调查等领域的综合信息系统。

风险监测和评估子系统，即建立覆盖部与省厅两级农业行政管理部门、部级农产品质量安全监测机构和固定风险监测点三方面的农产品质量安全监测信息管理平台。其功能主要包括各监测机构、监管部门之间的政务信息发布、监测方案编制、监测任务下达、监测信息上传、风险评估资源技术及结果共享。

风险预警子系统，采用基于大数据理论的农产品质量安全风险预警与评估方法，对农产品质量安全事件按行业类别、信息来源、涉及范围、危害程度等内容进行初步识别，确定农产品质量安全信息等级，对事件造成的损失等进行评估。

应急指挥子系统，建立以应急控制和事后评估为核心的应急指挥管理信息系统。其中，应急控制模块应包括：支持包含 3G 网络支持的无线语音通道、数据通道，构建决策中心、现场的语音、数据的实时通信通道；3G 网络条件下的辅助决策工具、应急资源管理与调配系统等。事后评估模块，可实现对事件造成的损失及事件处理工作做出总结和反馈，并将评估结果同步传输至风险预警子系统以及信息发布子系统，以便预测风险以及对消费者披露信息。

移动执法监管子系统，包括服务器端管理平台和移动终端应用平台，以实现生产主体备案、产地位点精确定位、现场执法取证、日常巡查督导、具有对生产企业质量安全的综合评价和绩效管理等基本监管功能。

质量信息追溯子系统，主要是为了建立起农产品从农田到餐桌过程中的全部信息档案，进而方便消费者以移动二维码为载体查询相关信息，同时为企业、监管者实施产品召回等提供便利。该系统的建立需要建立健全制度规范和技术标准，加强与相关部门的数据对接，实现生产、收购、贮藏、运输等环节的追溯管理，建立质量追溯、执法监管、检验检测等数据共享机制，推进数据实现自动化采集、网络化传输、标准化处理和可视化运用，实现追溯信息可查询、来源可追溯、去向可跟踪、责任可追究。此外，可进一步考虑实现种子、农药、兽药、饲料和饲料添加剂、肥料等重要生产资料信息可追溯，为农产品质量安全相关主体提供全程信息服务。

舆情监控子系统，农产品质量安全舆情监控子系统主要包括两个模块：投诉举报以及质量安全数据调查。投诉举报模块主要是记录消费者的投诉举报信息（如被投诉次数、被查处次数等），与相关企业对应并公开，为消费者提供购买的决策依据。农业数据调查系统主要是记录监管人员从公众处获取所需信息，如群众满意度等。

信息发布子系统，可以依托现有的由农业部农产品质量安全中心主办的“中国农产品质量安全网”建设，将该网站所列栏目加以改进和完善，向公众提供农产品质量安全信息。如农产品追溯信息查询、农产品生产企业信息查询、检验检测结果、突发事件的原因和处理、公众投诉的内容和处理结果、可能存在的农产品质量安全问题和规避方法等小知识。初始阶段可以通过舆情监控子系统，了解公众更希望获得哪些信息后，在不造成社会恐慌的前提下，逐步向公众公开，最后实现在风险可控的原则下最大程度开放共享。

第三节　中国农业品牌建设与对策分析

一、农产品品牌建设基线调查

农产品质量信息不对称所导致的“劣币驱逐良币”现象在全国普遍存

在，其有效的解决策略之一就是建立农产品品牌。2017年，中央农村工作会议指出“要大力培育食品品牌，用品牌保证人们对产品质量的信心”。品牌是国际市场的通用符号，是构成国家产业竞争力的重要因素。知名农业品牌的多少，往往决定着一个国家或地区的农业发展水平和综合竞争力。当前，我国农业大而不强，产量大、附加值低，产品多、品牌少，特别是国际知名品牌少的问题十分突出。转变农业发展方式，推进农业现代化，增强我国农产品在国际市场的竞争力，必须着力打造知名农业品牌，以强农、富民为核心，以多样化的特色农业资源为基础，以农业科技为支撑，推进中国农业品牌化建设。

品牌农业是农业现代化的重要标志。发展品牌农业既是实现农业现代化的重要任务，也是提升农业市场竞争力和综合效益的重要途径。2006年为贯彻落实党中央、国务院关于“整合特色农产品品牌，支持做大做强名牌产品”和“保护农产品知名品牌”的要求，积极推进“农产品质量安全绿色行动”，提升农产品市场竞争力，促进粮食增产、农业增效和农民增收，农业部发出《关于进一步推进农业品牌化工作的意见》（以下简称《意见》）。该意见中指出要充分认识新时期进一步推进农业品牌化工作的重要意义。推进农业品牌化是促进传统农业向现代农业转变的重要手段，是优化农业结构的有效途径，是提高农产品质量安全水平和竞争力的迫切要求，是实现农业增效、农民增收的重要举措，必须采取有力措施全面推进农业品牌化。应当大力实施农业标准化，夯实农业品牌化基础。着力推进农业产业化，培育农业品牌经营主体。加快发展无公害农产品、绿色食品和有机农产品，提高品牌农产品质量。鼓励支持农产品商标注册，促进农产品品牌上市。积极开展名牌农产品推荐认定，树立品牌信誉和形象。加大营销推介力度，提高市场影响力。强化监督管理，确保农业品牌化工作健康发展。

（一）中国农产品品牌发展现状

近年来，中国各地积极引导农村经济由数量型、传统型向质量型、效益型转变，呈现出以农产品品牌开发为重点，以品牌效应拉动农民增收的良好发展态势。但是，与发达国家相比，我国的农产品质量安全水平有待进一步提升，龙头企业带动能力弱，产业化经营水平低，在农业品牌经营上还存在诸多不足。

自 2001 年农业部启动“无公害食品行动计划”以来，我国品牌农业的基础得到了进一步夯实。截至 2010 年年底，全国共认定无公害农产品产地 58 968个，其中种植业产地 36 251 个，面积 5 194 万公顷，占全国耕地面积 40％（按总面积 1.3 亿公顷计算）；畜牧业产地 16 097 个，规模 540 928 万头（只）；渔业产地 6 620 个，面积 299 万公顷。有效无公害农产品 56 532 个，其中种植业产品 39 906 个、畜牧业产品 8 187 个、渔业产品 8 439 个。从 2006 年到 2010 年，无公害农产品实物总量扩大近 3 倍，产品总量达 2.76 亿吨，认证农产品总量约占同类农产品商品总量的 30％。截至 2012 年年底，全国有效使用绿色食品标志企业总数达到 6 862 个，产品总数达 17 125 个，年销售额 3 178 亿元，产地环境监测面积 2.4 亿亩。有机食品认证企业总数达到 2 286 家，产品总数达到 5 262 个，认证面积 568 万公顷。同时，产业主体实力进一步增强，各级农业产业化龙头企业达 1 408 家，其中国家级龙头企业达到 261 家。产品结构逐步优化，地方特色产品以及园艺、畜牧、水产等具有出口竞争优势的劳动密集型产品比例有了较大幅度的提高。品牌农业日益成为市场的主要“卖点”。2012 年，无公害农产品、绿色食品和有机食品国内年销售额突破3 000亿元，出口额超过 30 亿美元，约占全国农产品出口总额的 25％。

如表 5－11 所示，目前中国地理标志农产品总数为 812 种，水果所占比例最大，为 29.43％，而水产只有 4.06％，表明中国地理标志农产品在农产品中的分布不均衡。

表 5－11　目前中国地理标志农产品数量分布

	水果	蔬菜副食	茶	家禽牲畜	粮油	中药材	水产	工艺品	其他	总数
数量（种）	239	157	99	97	62	56	33	33	36	812
占比（％）	29.43	19.33	12.19	11.95	7.64	6.90	4.06	4.06	4.43	100

数据来源：中国地理标志和农产品商标平台。

许多地方通过实施品牌带动战略实现了农民致富。在品牌效应的持续拉动下，各级政府和有关部门积极开展名牌农产品评选认定工作，形成了多层次、多形式、多种类的品牌农业结构体系。随着品牌农业战略的进一步实施，我国农业品牌数量也在稳步增长。

（二）典型农产品品牌建设调查与分析

1. 黑龙江五常大米典型调查与分析

（1）调查基本情况介绍。调研对象主要包括 5 家企业、2 家合作社、1 个农业园区、1 个行业协会、4 家大米门店。其中企业包括：五常市晶淳米业有限公司、五常市壹佰垧极品大米有限公司、五常市郁金米业、中良美裕米业、东方粮仓有限公司、五常市金福粮油有限公司；农民专业合作社包括：五常市晶淳水稻种植农民专业合作社、五常市美裕有机农业农民专业合作社；农业园区：五常市农业高科技示范园区；协会：五常市大米协会；大米门店主要有：金亨尚品（出售大米包装门店）、义诚信米业有限公司、朝鲜族大米、付家大院等。通过此次调研，对五常大米基本情况、五常区域内各主体大米品牌建设、区域整体品牌发展已有详细掌握。另外，对五常大米品牌建设成功经验以及存在的主要问题和成因也进行了深入的总结。

（2）五常大米品牌建设存在的主要问题。

① 大米加工企业过多，产能过剩。五常目前有大米企业 300 家，还有一定数量的小型加工企业，实地调研发现这些小企业实则为家庭作坊式米企，效率低。另外，大米加工属于季节性产业，在淡季小米企业大多停工，由于资产专用度高，大大浪费了资源。规模上的参差不齐会带来技术和质量上的参差不齐，不利于五常大米区域整体品牌的发展。

② 企业发展思路不统一，合作较少。多数大米企业注重发展自有品牌，对五常大米区域品牌保护意识不强。另外，虽然五常市大米市场表面呈现良好发展态势，但通过调研发现，米企之间缺乏有效合作。企业加入五常市大米企业协会，米业协会发挥的作用有限，其职能在于从宏观层面对“五常大米”品牌进行维护与提升，实际上未能对企业自有品牌发展发挥实质性作用。未加入协会的企业负责人表示，不加入协会并不会影响企业的发展，入会仅是“交会费当会员”的虚名。

③ 五常大米标准单一，防伪度低。目前也仅有种子和种植标准，但对大米形状、质量两个方面来识别真伪五常大米技术上没有解决，这就给造假者带来机会。

④ 五常大米产业链短，抗风险能力差。所调研的大多数企业仅有大米一种产品（金福除外），没有稻米油等水稻深加工的产品。企业生产基本依靠大

米加工，产业链条短，资源综合利用水平不高，深加工比例低，产品单一，没有真正形成产业优势。

（3）五常大米品牌建设成功经验总结。近年来，五常市充分发挥政府引导和市场调节的作用，抓产业基础，抓主体培育，走出品牌整合升级，推动五常稻米产业和大米品牌的不断发展。通过结合以上案例和实地调研的情况，五常大米品牌建设主要的成功经验和做法有：

① 政府推动品牌升级。五常市把五常大米品牌整合升级作为推动五常稻米产业发展的重要途径。目前，稻米运输物流、水稻插秧收割、农资生产经销、栽培科技创新等方面均已形成体系和规模，走出了一条以“品牌带产业”的发展之路。政府在五常大米区域品牌申报、标准化生产、管理、宣传和维护等方面都发挥了积极的作用。其中，五常大米协会的作用也不可忽视。

② 良种良法稳固品牌、品质。首先，五常依托农业技术推广中心、黑龙江省第二水稻研究所、葵花阳光米业研究所等 9 家农技推广和科研机构，推广水稻新品种、新技术的应用，在民乐、营城子、志广、龙凤山等乡建设 3 万亩良种繁育基地，提纯复壮稻花香 2 号，培育水稻新品种，解决水稻品种老化问题。并连续几年投资 1.25 亿元，在民乐、卫国、志广、杜家、龙凤山乡新建 14 处全国最先进的大型智能化育秧工厂及基地，一次可完成浸种催芽 3 300 吨，可为 130 万亩水田提供优质芽种。其次，“稻花香 2 号”占到水稻种植面积的 80%，该品种非常符合五常的自然环境。制定的“稻花香 2 号”生产规程，从选种、浸种、育苗、插秧，到病防、田管、收割一系列环节，都有详细的操作规定。这样标准化生产有两方面好处，对农民合作社、米业企业来说，规范生产能保证产品质量；对市场和消费者来说，能了解五常大米生产情况，增强接受度和信任度。

③ 各类新型经营主体齐力打造品牌。对企业来说，有稳定的原料来源，能保证原料质量；对合作社和农民来说，降低了市场风险，按照统一规程生产的稻谷品质提高了，相应的企业水稻收购价也上来了，收入就增加了。打造品牌不仅是五常市政府的首要职责，也成了农民、合作社和米业企业的共识。现在全市成立农民水稻专业合作社为主的新型农民专业合作组织近千个，大多数米业使用的水稻均与稻农签订订单。

④ 龙头企业带动促进各主体共同发展。东方集团、中粮集团、北大荒集团，中良美裕公司、葵花阳光米业公司、金福粮油等大型企业的入驻，带动其

他中小企业共同发展，形成集聚效应。中小企业的发展也相应地带动农户的发展，这样形成了相互促进的良性发展路径。

⑤ 保护和推介促进品牌发展。五常大米产品的包装上，大部分能够见到产地证明商标和地理标志产品数码防伪标贴。20 世纪 90 年代，五常有 450 多家米企，经过市场整合淘洗，现有 300 家左右，绿色食品办公室是产地证明商标所有人，企业可以向绿色食品办公室申请，经允许免费使用产地证明商标。

⑥ 企业联合共同应对品牌危机。五常大米在 2010 年发生危机后，2011 年 4 月 22 日由五常市政府和东方集团合作的“东方集团五常稻米产业联合体”成立。“稻米产业联合体”吸引了东方集团粮油食品有限公司、五常市福兴精制米有限公司、黑龙江省五常金禾米业有限责任公司等 16 家稻米生产企业加盟。组建这一联合体，旨在整合五常大米资源，在稻种研发、繁育、农户种植、农企合作、订单种植、水稻收储、品牌建设、销售渠道建设等全产业链各个环节，建设并推行品牌化全过程管理，合力重塑并提升五常大米新形象。加盟企业将共同严把种、收、加、销等各环节的品质关与诚信关，抵制和打击大米行业制假贩假行为。同时，在积极推行“政府＋企业＋合作社＋农户＋金融＋保险＋物流”的合作模式基础上，发展横向联合，以产业联盟的形式构建现代农业合作新模式。

2. 寿光蔬菜典型调查与分析

（1）调查基本情况介绍。调研对象主要包括 1 个大市场、4 家企业、2 家合作社、若干农户。其中大市场为寿光蔬菜物流大市场，企业包括：寿光蔬菜产业集团、寿光市世纪三元现代农业开发有限责任公司、寿光市田苑果菜生产有限公司、寿光市蔬菜产业集团下属农圣庄园；农民专业合作社包括：寿光市田苑果菜生产有限公司、稻田镇齐圣果菜合作社联社；最后对稻田镇部分农户进行了走访。通过此次调研，对寿光蔬菜产业的基本情况、菜农的生产状况、蔬菜品牌的建设情况有了一个深入的了解；调查后，对寿光蔬菜品牌建设成功经验以及存在的主要问题和成因进行了详细分析，然后给出了相应对策建议。

（2）寿光蔬菜品牌建设中存在的主要问题。

① 龙头企业缺乏品牌管理的专业知识。从调研情况来看，即使是作为寿光第一品牌的燎原，其品牌管理知识也是非常缺乏的。企业管理人员按照自己的经验对品牌进行管理，也就是首先有好产品，然后就是宣传，打广告。也正因为这样，他们觉得品牌非常难做，而且成本非常高。但是品牌有品牌自己独

特的规律，不遵循这样的规律，企业往往是事倍功半。品牌核心价值缺乏与定位模糊是目前龙头企业品牌管理的最大问题。龙头企业品牌创建仍然是先做产品再做品牌标识，再做宣传的传统路径。但是这些品牌都缺乏明确的定位，缺乏整合营销传播，更缺乏企业实际整合应用。这使得品牌缺乏吸引消费者的支撑点，发展起来会较为困难。另外一个层面，大家会觉得品牌就是打广告，费用高、成效小。总体来看，还是缺乏正确的理论指导。

② 自动化难度大、人力成本高造成品牌建设成本高。在寿光市燎原果菜生产公司，公司负责人向我们讲述了专业企业面临的最大难题就是难以实施蔬菜采摘和加工的自动化。在生产车间，我们没有看到任何自动化机器设备，仅仅看到了几十名中年妇女，在用包装袋给蔬菜打包，他们的工资是计件的，每天收入能达到上百元不等。可想而知，难以实施自动化，不仅限制了蔬菜的产量，更是增加了企业的用工成本，增加了企业品牌营销费用。

③ 蔬菜深加工环节薄弱。寿光除了蔬菜产业集团等个别企业做蔬菜深加工以外，其他蔬菜加工企业规模小，且数量少，在蔬菜产业链中的龙头企业大多把重心放在流通上，只对蔬菜进行简单的分级、清洗、包装、配送，几乎不做深加工，属于整个产业链的最低端，这就造成了附加值低，竞争力差。在深加工方面的短板，目前还没有引起燎原、以诚等蔬菜知名品牌的重视，势必会严重限制蔬菜产业转型升级。

④ 物流市场管理不善。寿光市蔬菜物流大市场是寿光蔬菜走向全国甚至世界的一个窗口，大市场的兴衰能够直接反映整个寿光蔬菜产业的发展状况，可以说是寿光蔬菜产业的晴雨表。但是我们在走访中发现由于市场商户大部分是寿光本地人，而管理方基本是东北人，这就造成了本地人的抵触情绪，他们抱怨市场管理方乱收费现象严重。例如，在寿光蔬菜博览会期间，大市场对于外地洽谈业务的客商也要收取门票，这一点被很多商户诟病。场内交易在每笔收取2%左右的佣金后，大市场还要求进场车辆缴纳入场费200元，实在让人很不理解。此外，在商户入驻前，大市场答应给商户5年的房租优惠，也没有落到实处，这一点让商户很受伤。

⑤ 农户缺乏品牌意识，交易中没有议价权。依托于寿光品牌的强大影响力，菜农蔬菜不愁销路，几乎是当天采摘，当天发货，压力很小。压力越小，菜农就越没有创建品牌的动力，毕竟品牌创建难度大，如果产品销售非常容易，没有任何菜农愿意花费大量精力去创建品牌。何况由于菜农本身知识水平

的局限，创建一个品牌是难上加难。没有自己的品牌，菜农的蔬菜同质化严重，难以区分，就造成了在收购蔬菜的过程中，菜农没有议价权，而且交易形式是赊销，菜农就承担了市场价格波动的风险。

（3）寿光蔬菜品牌建设成功经验总结。近几年来，寿光市以中央出台众多支持“三农”政策为契机，大力发展蔬菜产业集群，引进外资兴建大型蔬菜物流园，创新交易方式，做强蔬菜直供业务，从源头到产品全程监测蔬菜质量。主要的成功经验有：

① 大力倡导“一村一品”“一镇一业”做大蔬菜产业集群。在蔬菜产业发展过程中，寿光逐步发展大规模的“一村一品”“一镇一业”“一县一业”等高端、竞争型的蔬菜产业化形式，这种农业产业集群有助于形成产地品牌。专业化的集聚生产不仅能占有较大的市场份额，而且专业化的生产能够提高产品品质和同类产品的多样性，从而能够提升农产品的产地品牌，带来更大的市场增加值。其次因为小农户生产规模小、资金和技术力量薄弱，不可能创造自己的产品品牌，但在产业区内，所有小农户的产品可以以产地品牌销售，有利于使小农户的生产与全国乃至世界大市场连接起来，使小农户获得产品增值。目前寿光已形成我国最大的蔬菜产业集群，这种新的蔬菜产业集群可以有效地促进小农户与大市场的无缝对接，提升强大的产业竞争力。

② 重视物流园基地建设，电子化交易平台是亮点。寿光市政府高度重视蔬菜物流园建设，整个寿光农产品物流园园区占地总面积 3 000 亩，总投资 26 亿元，可实现年蔬菜、水果及农副产品交易量 100 亿千克，整个园区有蔬菜果品交易区、蔬菜电子商务交易区、农资交易区、农产品加工区、物流配送区及配套服务区六大功能区。建成后不仅是亚洲最大的综合性农产品物流园，还将是中国最大的蔬菜集散中心、价格形成中心、信息交易中心、物流配送中心、最权威的蔬菜标准形成中心。特别是寿光农产品物流园内设电子交易大厅、电子拍卖大厅、电子结算中心、银行等，配备先进的电子交易系统、结账系统、交易信息及行情反馈系统，完善的信息采集、电子结算、电子商务、综合管理等功能部门，使物流园成为中国最大的蔬菜信息交易中心。交易区内商户所有交易一卡结算，快捷、便利、贴心，IC 卡交易时通过网络与电子结算中心相连，即时交易、即时结算，不需要使用现金，确保了整个物流园对于交易的高效率。另外，物流园对交易农产品实行 3 分钟快速抽检，节省了时间，保障了产品质量。每天凌晨 2 点钟开始，全国各地蔬菜在这里集散交易，运输到全国

各地。

③“企业＋基地＋农户”的产业模式助推品牌发展。产业化龙头企业一头连着农户，一头连着市场，是整个蔬菜产业链条发展的关键环节。为了让龙头企业更好地带动蔬菜产业发展、百姓致富，政府加大了对于龙头企业的宣传扶植力度，不仅在土地和资金上给予帮助，还鼓励当地电视台以及省内外媒体来寿光的蔬菜龙头企业参观，以企业品牌带动蔬菜整个产业链条运转。“企业＋基地＋农户”的模式还解决了蔬菜的品质差异过大的问题，降低了农民卖菜难的风险，提高了菜农参与蔬菜产业化、品牌化的积极性。

④ 充分利用博览会，推进品牌国际化。依托于蔬菜产业的发展，2000 年起“中国寿光国际蔬菜科技博览会”应运而生，通过这个博览会，寿光蔬菜实现了学习、展示、招商、引进、输出的良性发展。经过 13 年的发展，寿光蔬菜科技博览会不仅吸引了上千亿的合同金额，作为一个标志性景点，也取得了可观的旅游收入。

⑤ 大力发展蔬菜直供直销业务。为发展蔬菜的直供直销，减少物流障碍和产品安全风险，寿光开辟了多条绿色通道。最早的寿光至北京的绿色通道，将蔬菜直接运到北京市场，使得寿光蔬菜一度占到了北京市场的 1/4。接着开通了到上海和哈尔滨的绿色通道，到广州的绿色直通列车。国际上还开通了到日本、韩国的蓝色通道，到美国的空中走廊。随着网络的普及，又开设了网上专柜，至此形成了“海陆空”齐发展的新格局。目前，寿光蔬菜在全国各大城市超市设立专柜，与大中城市蔬菜市场建立连锁超市，开展直供直销，取得了很好的效果。

⑥ 狠抓质量，生产无公害、绿色蔬菜。寿光蔬菜由于常年生产导致生态环境破坏，病虫害日益严重，当地菜农为解决此问题不得不大量使用各类高毒、高残留农药，导致全国出现了大量食用蔬菜导致的疾病，曾有“要想死得快，就吃寿光菜”之说。当地市政府对此非常重视，除在全市大力宣传外，还在市农业局专门成立了蔬菜质量监管办公室，配有专门的执法大队。为了解决高毒农药问题，在一次接到举报后，执法大队到一家菜农地里找到草胺磷药瓶并检验确认其使用了草胺磷。执法人员用推土机直接将菜农大棚推成平地，菜农直接损失 20 万元（棚 10 万元，菜约 10 万元）。此案例有 3 个龙头企业以及部分菜农在调研中向我们提起，这说明了政府对质量非常重视。此外，寿光市政府还禁止任何“黑药”（即前述有机磷以及其他高毒、高残留农药）进入寿

光市场，凡是发现销售黑药的，直接吊销营业执照，取缔其营业资格。

3. 安徽茶叶典型调查与分析

（1）调查基本情况介绍。调研对象主要包括5家企业、4个合作社、1个协会、1个茶庄。其中企业包括：谢裕大茶叶股份有限责任公司、安徽一笑堂茶业有限公司、安徽省六安瓜片茶业股份有限公司、六安市大山茶厂、六安市齐头山茶业有限公司。农民专业合作社包括：安徽省六安市金寨县麻埠镇蝙蝠洞六安瓜片生产专业合作社、安徽省六安市农委茶叶专业合作社、金寨县响洪甸齐源茶叶专业合作社。协会：六安市茶叶产业协会。茶庄：齐源茶庄等。通过此次调研，对黄山毛峰、六安瓜片基本情况、区域内各主体茶叶品牌建设、区域整体品牌发展已有详细掌握。另外，对“谢裕大”、六安瓜片品牌建设成功经验以及存在的主要问题和成因也进行了详细的分析。

（2）安徽茶叶品牌建设存在的主要问题。

① 龙头企业较少，缺乏强有力的品牌建设主体。品牌建设的主要实施主体是龙头企业，一个成功的区域品牌背后必然有一些龙头企业经营区域品牌。目前六安瓜片还存在着众多数量的加工经营企业，并且是小规模、分散性的生产格局，导致茶叶品质无法得到保证，品牌杂乱而不成大气候，创品牌意识薄弱。由于省级以上龙头企业稀少，使得企业失去品牌建设的力度，使品牌失去了真正的主体支撑，对实现打造我国强势茶叶品牌的目标非常不利。

② 茶产品结构单一，产业链短。经过了解得知，众多企业目前仅仅是对茶叶进行初加工，精加工、深加工农产品品牌少，品牌价值没有得到充分挖掘，没有实现产业链的进一步延伸，制约了从品牌经营中获得更大的经济效益，也间接导致了对品牌茶业投入的不足。

③ 基础设施较为薄弱，行业相关人员的教育水平低。目前，安徽省茶园、茶叶市场、流通领域等的基础设施建设比较落后，在这样一个薄弱的产业基础上难以通过先进技术的应用来带动整个产业发展。政府需要在产业基础建设方面加大投入，为产业的全面提升打下一个好的基础。此外，安徽省茶叶行业相关人员的教育水平普遍偏低，众多小规模企业种植、采摘、加工过程沿用的依然靠祖辈传下来的经验，并且缺乏相应的品牌建设知识储备，迫切需要政府加大专业人才培养力度。

④ 企业品牌文化意识淡薄，茶文化挖掘力度不足。从调研的情况来看，目前仍有相当一部分企业文化品牌意识淡薄，没有把文化品牌建设考虑到企业

长远规划中，在产品宣传上缺乏对地域文化资源的发掘以及缺少品牌内涵的沉淀，削弱了其在市场中的竞争力。虽然近年来，政府相关部门通过开展茶文化节等宣传活动，在一定程度上提高了六安茶的知名度及声誉，但六安茶文化的影响主要还在本区域内，在开拓外部市场时作用有限，要深入挖掘整理历史遗产，吸收其他茶文化的有益成分，拓展并宣传现代六安茶文化，加强茶文化与茶产业的融合，扩大六安茶的影响力。

（3）安徽茶叶品牌建设成功经验总结。

① 政府强力扶持作为品牌建设的推动力。政府在六安瓜片区域品牌申报、标准化生产、供应链、管理、宣传和维护等方面都发挥了积极的作用。从调研中得知，高昂的品牌推广成本是各主体建设品牌以及维护品牌的最大阻力，尤其是对外区域的品牌推广费用更高。近几年“六安瓜片”这个区域品牌的知名度和声誉得到了较大市场反响，不仅仅得益于政府在CCTV7《每日农经》上投入大量广告资金，还得益于政府在其他方面的扶持，这也能说明政府在区域品牌建设中所扮演的重要角色。为此，政府在政策、资金、项目、技术等方面应该继续加大对区域品牌的建设力度，为安徽茶叶品牌建设提供良好的现实基础和强力保障。

② 良种良法作为强品牌的着力点。1公顷良种茶园效益通常相当于2～3公顷群体种茶园。当前发展重点不是盲目扩大面积，而是良种化。要大力推进良种良法、名优茶采制、清洁化生产等先进技术应用，提高科学种茶制茶水平。要推进产、学、研结合，进一步加强与高等院校、科研院所的科技合作和项目对接，争取在人才培养，茶叶标准化、机械化及综合开发等方面取得突破，保障品牌质量。同时，对名茶核心产地要建立严格的生态保护制度，使资源得到有效和永续利用。

③ 统一管理茶叶生产基地作为稳品牌的基础。各家各户的小规模生产模式已不适应现代市场经济发展的需求，需要建立自主的茶叶生产基地，将一些小型的加工厂、门户纳入自己的范畴，通过统一的生产管理和技术指导，才能保证茶叶及各类原料产品的质量，提高产品的市场竞争力。通过“公司＋基地＋农户”“公司＋基地＋合作社”“公司＋基地＋合作社＋农户”生产经营模式将农民和公司很好地结合起来，通过统一生产、统一管理、统一收购和统一加工，有效地克服生产分散和不规范的问题，使茶叶的数量及质量都能得到较大的提高，使农户与企业最终实现“双赢”。并且，有利于茶业规模化、产业

化、标准化、品牌化发展。

④ 充分利用原产地优势，挖掘当地文化资源和旅游资源。在农产品品牌建设中，必须加强知识产权管理与保护，做好原产地宣传、中华老字号殊荣的保护，积极申办中国驰名商标或中国非物质文化遗产传承，以及整合徽文化、徽茶的历史和自然优势资源，赋予原来已有的产品新的品牌内涵，有利于协助公司品牌的华丽转变。开发旅游资源，增加体验式活动，可以把茶叶销售门店和休闲茶馆相结合，把茶叶买卖和茶艺体验相结合，创造良好的享受氛围。

⑤ 培育壮大龙头企业，作为促品牌的先驱者。培育和扶持龙头企业加快发展，政府在融资、技术服务、税收、土地等方面给予扶持优惠政策，使其尽快做强做大，通过一般产品向名优产品集中，实现茶产业的适度集中，形成产业带动作用。同时，龙头企业实力的提升为打造品牌提供了强有力的经济支撑。

⑥ 重视特色茶文化包装，提高产品附加值。许多优质农产品，虽然在当地有一定的知名度，却由于产品包装质量低和宣传力度不够，导致外地的大市场和超市难以见到。农产品由于自身质量和科技含量较低，对其进一步研发的难度加大，可以通过在挖掘文化、产品包装上弥补这一“缺陷”。如黄山市谢裕大茶业公司充分挖掘“黄山毛峰”茶文化，广泛收集历史资料，印制独具一格的产品包装，并建立起独具特色的“黄山毛峰”茶博馆，对于企业品牌推介意义重大。

4. 内蒙古乳业典型调查与分析

（1）内蒙古乳品基本情况介绍。2008 年国家出台《关于促进奶业持续健康发展的实施意见》以来，内蒙古紧紧围绕自治区促进奶业持续健康发展的总体思路、目标和任务，不断健全和培育奶牛养殖业发展支撑体系，加大政策扶持力度，加快推进标准化规模养殖基地建设，有效促进奶业的持续健康发展。一是奶牛养殖在转型中保持平稳运行。2013 年荷斯坦奶牛存栏 210 万头，牛奶产量 900 万吨，总体保持稳定。二是规模化养殖水平明显提高。荷斯坦奶牛 50 头以上规模养殖场，占奶牛存栏比例超过 60%，与 2008 年相比提高了 40 多个百分点。三是奶牛单产水平明显提高。荷斯坦奶牛良种覆盖率实现 100%，成年泌乳牛平均年单产达到 5 吨以上。标准化规模养殖场单产水平在 7 吨以上。四是一批现代化的奶牛规模养殖企业初具规模。以奶联科技公司为代表的养殖企业在全区已经发展到 8 家企业，旗下牧场已经发展到 82 个，存栏奶牛25万头。五是乳品生产加工基地进一步巩固。全区形成了以呼和浩特市、包头市及呼伦贝尔市为核心区的东西部两大优势生产加工基地。牛奶产量超10万吨的旗县27个，占全区牛奶产量77%。其中，内蒙古的乳品生产主要集中在呼和浩特、包头、呼伦贝尔、乌兰察布及锡林郭勒盟，2012年具体分布情况如表5-12所示。

表5-12　2012年内蒙古自治区奶类产量50万吨的地级市

地级市	奶牛存栏（万头）	牛奶产量（万吨）
呼和浩特	75	311
包头	29	158
呼伦贝尔	60	134
乌兰察布	27	90
锡林郭勒盟	23	56

数据来源：2013年中国奶业统计资料。

内蒙古主要乳品企业为伊利、蒙牛集团，2012年生产基本情况如表5-13所示，两家企业日处理量均达到15 000吨，销售额均超过350亿元，主要产品为液态奶、奶粉、冰激凌、乳饮料。

表5-13　主要乳品加工企业

公司名称	日处理量（吨）	销售额（亿元）	主要产品
伊利	17 000.00	419.91	液态奶、奶粉、冰激凌、奶酪、乳饮料
蒙牛	20 000.00	360.80	液态奶、奶粉、冰激凌、乳饮料等

数据来源：蒙牛、伊利的企业调研。

（2）内蒙古奶业发展面临的主要问题。

① 奶牛存栏和牛奶产量有所下降，奶源供应趋于紧张。由于鲜奶收购价长期偏低，中等规模户和散养户奶牛养殖效益不高，逐步退出养殖。2013年关停1.5吨以下生鲜乳收购站210家，与去年同期相比全区荷斯坦奶牛存栏下降了26万头，生鲜乳产量有所下降。特别是受新西兰大旱以及恒天然"毒奶粉"事件影响，奶粉进口量锐减，"酸奶"等复原乳制品生产原料需鲜奶替代，两种因素叠加，出现乳品加工企业原料奶趋紧现象。

② 分散饲养比例高，推进规模养殖难度大。目前，内蒙古饲养奶牛50头以下的养殖户，奶牛存栏占总数的近40%，散养比例仍然很大。目前，建设一个百头规模养殖场至少需要投入300万元以上，而国家在扶持发展规模养殖场建设方面资金每年只有7 000万元，而且只能用于现有存栏300头以上规模养殖场改扩建上，规模养殖建设资金匮乏。

③ 城郊奶牛发展受城市建设规划用地等原因限制。城郊奶牛受城市建设规划用地、耕地和水源地保护和环境保护等条件限制，特别是城郊附近老旧养殖场居多，人畜混杂，布局不合理，养殖搬迁用地难等问题在新时期、新阶段越发凸显，奶牛养殖用地逐年减少，许多规模奶牛场面临搬迁，新增养殖土地审批较为困难。以呼和浩特市赛罕区为例，赛罕区奶牛头数位居内蒙古全部区（旗、县）第2位，因养殖用地紧张已经出现养殖头数减少，规模养殖发展受阻的情况。乌海市奶牛养殖将全部退出。

④ 奶牛散养户养殖意愿下降。对各市（盟）奶牛养殖户养殖意愿初步调查显示，拟扩大养殖规模的占56%左右，主要是规模养殖场和养殖大户。维持现有养殖规模的占30%左右，主要是饲养管理技术差，奶牛单产低，牛群结构不合理的中小户处于亏损或持平状态的养殖户。准备退出奶牛养殖的奶户占14%左右，基本都是散养户。这些奶农大多数由于暂时没有合适的工作，在饲草料成本、劳动力成本、水电等价格不断上涨压力下，很有可能退出奶牛养殖业。

⑤ 乳品加工企业重加工、轻奶源基地建设的状况仍未改变。目前伊利、蒙牛只建设了部分自有牧场（全区33个，其中伊利自建牧场25个，存栏5.3万头；蒙牛自建8个，存栏1.7万头）。国家安排给伊利、蒙牛的标准化规模养殖建设项目，要求企业进行资金配套，合作建设规模养殖场。我们发现，实际上这些资金都没有真正用于合作牧场建设，在资金配套上，蒙牛给养殖场10年期的无息贷款（从奶款中逐年扣还）替代配套，伊利没有给予任何资金配套。

⑥ 乳品加工企业单方定价影响奶牛规模养殖推进。奶业是由奶牛养殖、乳品加工、市场营销等环节组成的有机产业链条。但现阶段内蒙古乃至全国奶业普遍是奶牛养殖户、生鲜乳收购站和乳品加工企业之间只是简单的买卖关系，没有真正建立起有效的利益连接机制。往往是地位强势的乳品加工企业独家定价，处于弱势的奶农只能被动接受，没有话语权，养殖户利益无法得到保障。调研数据显示，目前内蒙古主产区生鲜乳价格基本是：散户平均价格为

3.2元/千克，小区平均价格为3.5元/千克，牧场平均价格为4.5～5.0元/千克，牛奶平均收购价格在全国7个主产省份倒数第一。为什么只有争抢奶源原料时奶价才上涨，原因就在于再不涨价，乳品加工企业就面临收不到原料奶的难题，涨价的主要目的是为了收奶。

⑦ 奶农合作组织发展较慢。近几年，内蒙古奶业生产组织模式主要有散养、奶农专业合作社、企业建设的牧场、奶牛养殖企业等几类。散户在生产中仍居于主导地位，生产的牛奶占全区牛奶总产量的比例接近60%。作为提高规模化养殖程度，推动标准化生产的手段之一，奶农专业合作社在2008年以后发展较快。但从实践来看，很多奶农合作社并不是散户因生产经营需要自发组建的，一些是奶站为取得合法的开办资质而成立的，还有一些是养殖大户为获得国家政策扶持资金而凑成的。以合作社名义建设的养殖小区没有在奶牛入园进区之后实现“统一管理”，而是事实上的“集中散养”，即养殖户在统一建设的小区内分别饲养自家的奶牛，标准化养殖并未实现。

（3）内蒙古乳品品牌建设成功经验总结。

① 制定发展规划，提高优势产区发展水平。2009年内蒙古制定出台《内蒙古奶牛标准化规模养殖场（小区）建设规划纲要》，提出以奶牛存栏数量在3万头以上的旗县（市、区）为重点，结合国家标准化规模养殖项目，鼓励乳制品生产企业参与奶源基地建设，引导社会资本兴办标准化规模养殖场，扶持奶农组建奶农合作社等方式推进规模养殖。利用4年时间，完善和建设奶牛标准化规模养殖场（小区）2 000个，有序推进了奶牛标准化规模养殖场（小区）建设。为保证奶牛规模养殖建设取得实效，自治区农牧业厅会同有关部门出台了《奶牛标准化规模养殖场（小区）建设项目管理办法》，从项目申报、组织管理、项目实施、项目合作机制建设和奶农利益保障机制建设等重点环节上推进规模养殖场（小区）建设工作。

② 积极争取国家和地方投入，扩大养殖规模化程度和标准化水平。2008年国家实施奶牛标准化规模养殖场（小区）建设项目以来，按照国家要求，进一步加大对改扩建规模养殖场（小区）的支持力度，对年存栏300头以上的规模养殖场每个投资80万元，建设资金重点用于奶牛标准化规模养殖场（小区）的标准棚圈、水、电、路、沼气、粪污处理、防疫等配套设施及饲草料基地建设。截至2012年累计落实中央投资3.46亿元，改扩建规模养殖场572个。奶牛主产区呼和浩特市等出台扶持政策，在用地审批、资金和技术等方面给予大

力支持，2012年地方财政安排专项资金1.54亿元用于奶牛标准化规模养殖场（小区）建设，新建和改扩建奶牛标准化规模养殖场（小区）19个。

③ 抓好奶牛良种补贴项目，夯实发展质量效益型规模养殖基础。在2005年国家奶牛良种补贴5个试点县（旗、市、区）基础上，目前内蒙古已经实现荷斯坦奶牛、乳用西门塔尔牛和三河牛全覆盖，补贴标准为荷斯坦奶牛每剂冻精补贴15元，乳用西门塔尔牛和三河牛每剂冻精补贴10元。截至2013年累计落实奶牛良种补贴资金1亿元，有效提高了后备奶牛的群体质量，加快了奶牛良种化进程，促进了养殖户持续增收，为全区奶业健康可持续发展打下了坚实基础，增强了整体的发展后劲。根据内蒙古良补奶牛生产性能调查和数据分析，标准化规模养殖场良种补贴后代女儿牛305天平均产奶量7 091千克，乳脂率为3.69%，乳蛋白率为3.34%，分别比2008年提高713千克、0.36个百分点和0.22个百分点。且后代牛体型匀称紧凑，外貌清秀，乳腺发达，犊牛成活率高，遗传疾病发生率低，奶牛良种补贴获得了明显的使用和改良效果。

④ 启动实施“振兴奶业苜蓿发展行动”，切实抓好优质苜蓿高产片区建设。2013年利用“振兴奶业苜蓿发展行动”10万亩示范片区建设项目带动作用，吸引近10亿元社会资本发展苜蓿生产，奶牛存栏超万头的44个县（旗、市、区）泌乳牛头均苜蓿面积达到0.92亩，内蒙古苜蓿种植与奶牛养殖紧密结合的做法得到了农业部的充分肯定。

二、农产品品牌建设条件与区域农产品品牌建设

（一）农产品品牌建设条件分析

1. 区域品牌形成条件分析

（1）自然与文化所形成的综合优势。区域品牌的形成既要有数量的优势，也要有质量的优势。而这种质与量的优势往往来自一个区域的地理环境与文化传统。以寿光蔬菜为例，其在明朝时就有规模化的蔬菜种植，这与当地的土壤、气候、水资源以及由此形成的文化传统密切相关。正因为这样，寿光才有可能形成规模化蔬菜的生产优势。与数量优势并行的是自然与文化所带来的质量优势，如寿光桂和村所生产的芹菜，真的能做到咀嚼后无渣，这是其他地方芹菜所无法形成的品质。安徽黄山毛峰、五常大米、蒙古牛奶等无不遵循此规律。调查显示，真正好的农业品牌需要时间的孕育，不论是黄山毛峰、六安瓜

片，还是山东的大葱，都是长期自然优势与文化综合孕育的结果。

（2）微观主体的共同创新。自然与文化优势最终要有微观主体的创新才能转化成市场优势，这是区域品牌发展的关键要素。以寿光为例，其蔬菜产业之所以能在全国脱颖而出就是因为20世纪王乐义的冬暖式大棚成功种出了冬天里的黄瓜。以此创新为基础，政府将之扩张到整个寿光，最终此创新成就了寿光蔬菜品牌在全国的地位（冬暖式大棚仍然是寿光蔬菜最大的特征）。

（3）政府管理。区域品牌真正的负责人是地方政府，所以政府管理是区域品牌形成的重要条件之一。虽然，国际上无此理论，也无此实践，但在中国，这就是事实。以寿光为例，分析如下：首先，在寿光蔬菜起步阶段，政府的推动，加速了寿光蔬菜产业发展。其次，在产业发展阶段，政府出面组建了关乎产业发展生死存亡的产地批发市场。现在寿光有两句话可以较好概括这种成果，一是“买全国，卖全国”，二是“寿光没有卖不掉的菜，也没有买不到的菜”。最后，在蔬菜产业发展成熟阶段政府及时解决了产业危机。寿光蔬菜“黑药”问题的解决完全是当地政府功劳。

2. 企业品牌形成条件分析

（1）消费者认知。即消费者是否认可产品的差异性。产品本身多少都有差异，但如果消费者并不认可这种差异，认为产品是同质的，那么肯定无法创建品牌。就像以前的大米，虽然有差异但是消费者消费大米的目标是解决饥饿而非享受其带来的口感，所以根本不认可大米差异性。而当消费者有更多选择，且消费目标不仅是饥饿问题时，其不同口感所带来的差异便有了价值，这时品牌创建才有条件。此外，消费者消费产品时的需求可能并不仅仅是产品本身的使用价值，而是产品所带来的情感价值，这时品牌创建就更有必要。

（2）竞争压力。压力越小，企业越没有创建品牌的动力，毕竟品牌创建难度大、成本高，如果产品销售非常容易，没有任何企业愿意花费大量精力去创建品牌。

（3）产品差异。企业产品质量要与竞争对手形成差异。如果企业的产品与竞争对手没有差异，创建品牌的意义就不会太大。虽然在工业品营销中，产品差异不是品牌形成的最重要原因，但在农产品营销中，产品差异一定是创建的基础条件。因为人们消费农产品，尤其是食品时，情感的比例非常小，而产品本身的实际价值所占比例更大。因此，人们会更加重视产品质量本身的信息。而农产品由于其天然的信息不对称，人们不但在消费前无法获知产品信息，在消费中甚至消费后也无法知晓产品信息。正是这种信息不对称导致人们宁愿选择低价、低质的农产品，而放弃优质高价的农产品。没有品牌对信息的传递，没有品牌所具备的自我惩罚机制，因农产品信息不对称而导致的劣币驱逐良币现象将难以解决。

（二）区域农产品品牌建设

1. 区域品牌形成的主要模式

根据区域品牌的形成条件，可以归纳出区域品牌形成的两种模式：优势文化型、优势资源型。如表 5－14 所示，优势文化型主要是依托区域特殊的文化形成区域品牌，品牌培育路径从多个个体品牌到区域品牌。优势资源性主要是依托地区独特的自然资源优势，品牌培育路径从多个个体品牌到区域品牌。

表 5－14　农产品区域品牌形成主要模式

区域品牌形成模式	简明解释	核心	品牌培育路径
优势文化型	依托特殊的文化	独特的文化	多个个体品牌→区域品牌
优势资源型	依托地区独特的自然资源优势	优势的自然资源	多个个体品牌→区域品牌

2. 区域品牌的发展过程机理分析

本节主要对区域内整体产业、企业、品牌、产品 4 个方面在区域品牌的发展不同时期具体特征进行具体的分析（表 5－15）。借鉴产品的生命周期相关理论，将区域品牌发展周期分为：孕育期、成长期、升级期、成熟期、衰退期。

表 5－15　产业、企业、品牌、产品 4 个方面在区域品牌的发展不同时期的具体特征

角度	细分	孕育期	成长期	成熟期	衰退期
产业	产业发展	缓慢，低质、低价、低量扩张	较快，向高质量发展	在高品质层次上稳定发展	发展速度下降
	产业规模	产业规模小	产业规模逐渐扩大	形成新的产业格局	部分产业链上产业转移
	产业竞争力	竞争力小	快速提升	表现巨大竞争力	产业集群走向衰退
	产业链	没有完整产业链条	产业链得到整合	产业链配套体系得到完善	逐步瓦解

（续）

角度	细分	孕育期	成长期	成熟期	衰退期
企业	企业规模	小、参差不齐	企业规模逐步扩大	企业规模相对稳定	规模缩小、逐步退出
	企业数量	少	新企业不断增加	区域饱和	逐步退出
	企业品牌	品牌意识淡薄	品牌意识增强	实施品牌战略	品牌数量下降
品牌	区域品牌认知度	无	形象初步得到认可	进入维护阶段	品牌知名度、美誉度等不断下降
	区域品牌影响力	无	逐渐增大	突破集群区域，向外围影响	逐渐淡化
	产品品牌	无	贴牌、创建自己品牌	区域品牌与个体品牌不断融合	逐步退出市场
产品	产品系列	单一	丰富	差异化程度增加	种类较少，逐步退出市场
	产品品质	品质低，附加值低	质量提高，附加值提高	精益求精，向高端发展	附加值下降，出现柠檬市场

（三）各层级主体品牌建设

1. 农户、农场和合作社农产品品牌建设

（1）农户农产品品牌建设。我国农业最鲜明的特色就是以小农经济为主体，农户生产一直相对封闭，完全凭借户主个人对于市场的把控，组织家庭成员进行生产，生产仅仅是为了维持生计，一定程度上忽略了品牌建设。农户创建品牌的现实路径：

① 培养品牌意识。通过参加相关农业品牌知识培训，实地参观大的农产品卖场，切身感受品牌的影响力，增强自身对品牌重要性的认识，尝试创建具有本村或者本乡镇小有名气的农户品牌，这个过程中要注意品牌的注册与保护。

② 规模化种植。规模小限制了产量的提升，农户自身要有品牌创建以后需求量增长的现实准备，所以扩大种植规模，雇佣劳动力在所难免，这就需要农户进行转型，从农户到农场。

（2）农场农产品品牌建设。农场是相比较于单个农户高一级的农业生产形式，家庭农场和公司农场是其存在的两种主要形态，由于土地和资金方面产生了规模效应，所以农场具备建立品牌的动力。

① 品牌发展初期，以“熟人社会”与体验营销为基础，打造品牌信誉。由于农场生产的是人们最重视的食物，所以品牌信息是否能得到消费者认可取决于消费者对农场主个人的信任以及对生产过程的全面了解。而农场主个人的信任取决于农场主与消费者之间的交流，相互了解越深刻，其信任度就会越高。对产品生产过程的了解遵循同样的道理，了解越深刻、越全面，信任度也会越高。

② 农场品牌发展期，以“品控”与“羊群效应”为基础，迅速开拓市场。初期信任形成后，就是口碑宣传再加上广告宣传，形成庞大的消费者群体，这时消费者对产品往往处于绝对信任的状态（所谓羊群效应）。规模越大，消费者信任越大。此时适度的广告宣传与稳定的产品质量可以帮助农场迅速扩大规模与品牌声誉。农场品牌信任在发展期会得到极大提升，品牌成败关键在于信任关系的不断加强。一旦农场出现质量问题，可能会对品牌信任造成致命打击。因此，农场必须在完全的质量可控情况下拓展规模。

③ 农场品牌成熟期，以关系营销为重点，保持顾客稳定。在农场品牌进入成熟期以后，广告宣传减少，重点是客户关系的维护，保留老顾客成为重点。此时农场与老顾客的信任关系非常牢靠，顾客流失现象较为少见。农场完全可以以此信任关系为依靠，收获最大化的利润。但是，由于农业生产的特殊性，农场要在此阶段停止规模扩张，稳定产品质量。

（3）合作社农产品品牌建设。合作社自身是单个农户的互助生产联合体，具有独立的法人资格，社员入会还要缴纳会费，注册还需缴纳一定数额的资本金，所以合作社在创建品牌方面相比于前两者更有优势。基于文化建设的合作社品牌建设：

① 创建核心价值。在调研中，山东一家合作社通过水分子切割磁感线仪器，一定程度上改善了土壤酸性，减少了土壤板结，提出了“碱性蔬菜”的理念，具有一定的品牌核心价值，是合作社品牌成功的前提基础。

② 通过文化建设统一社员思想。真正有效的合作社必须通过思想文化建设才可实现。政府应该集中精力培育合作文化。在文化建设的基础上，全面提升社员的综合素质。以素质的提升带动合作社安全生产与意识的改进，最终实

现合作社优质农产品的生产。在解决产品质量之后，合作社可以借助其规模优势，迅速开展品牌建设。

③“企业+合作社”模式。目前，很多的合作社跟企业是一体的，企业的品牌就是合作社的品牌，企业就是合作社产品的销售渠道。合作社不用担心产品销售的问题，只需要专心搞好生产，而企业集中优势资源搞好品牌建设，积极开拓市场，实现了合作社和企业之间的良性循环。

2. 龙头企业品牌建设

（1）龙头企业品牌建设的一般步骤。

① 制定品牌的方向与目标。通过环境分析，制定企业的品牌管理战略。目标是要让自己的品牌在消费者心中建立起品牌地位，促进其对自己品牌的忠诚。

② 建立品牌管理组织。企业应根据自身需要来确定是否建立品牌管理组织以及建立何种形式的品牌管理组织。例如，企业可以设立专门的品牌管理部门，也可以选择第三方的机构或专家对自己企业的品牌建立与执行情况进行指导操作。

③ 品牌决策。品牌决策包括品牌建立决策，品牌使用者决策，品牌名称决策，品牌战略决策等。具体表现为，企业决定其品牌的类型、品牌的名称logo、品牌的核心价值体系等。

④ 品牌推广。即品牌的整合营销部分。比如，产品包装设计、电视报纸等媒体广告以及促销新闻报道等活动。

⑤ 品牌延伸。当企业的品牌资源积累到一定程度而又存在较好的市场机会时，高层管理者可以考虑选择品牌延伸策略以开发新的市场，但是品牌延伸也存在风险，因此要对品牌延伸的机会进行评估。

⑥ 品牌监测与保护。品牌管理是一个动态的过程，只有企业对品牌进行持续不断地监控，才能实现品牌的维护，企业通过品牌监控系统，随时掌握品牌发展状况，并针对这些问题进行针对性维护。

（2）促进龙头企业品牌建设进一步发展。提升品牌意识，加强品牌营销建设。龙头企业在品牌营销过程中，有实力的企业应当成立营销部门，招聘有经验的营销人才，主动出击，占领市场。在品牌营销过程中，企业应坚持走整合营销的策略，始终专注于消费者的核心地位，针对不同层次和地方的客户建立专门的资料库，与消费者保持长期联系，培养开发潜在消费者，将各种媒体手段、工具或者服务信息进行清晰、准确、一致的表达传播。

加强各企业间的合作作用，发展精深加工，延长产业链条。带动各主体品牌共同发展。如山东寿光有东方集团、中粮集团、北大荒集团等大型企业的入驻，带动其他中小企业共同发展，形成集聚效应，共同打响地域品牌。依托产业优势，大力发展精深加工，延伸产业链条，加快产业聚集，不断提升工业经济规模和效益。

3. 农业园区农产品品牌建设

（1）农业园区品牌创建基本模式。农业园区品牌的推出者往往不仅仅是个体企业，还有政府主导，行业协会，多家企业共同参与。品牌的形成过程也是一个从无品牌到产业聚集到有品牌的逐渐积累过程。真正形成具有重要影响力的品牌，不仅需要产业聚集的相关企业具有较强的核心竞争力，还需要主导政府、相关行业及参与企业具有较强的品牌意识及公关营销能力。农业企业相对于企业品牌及其他行业品牌具有投资周期更长、效率更低、风险更大等特征。

目前，国家加大了园区品牌的建设力度，并取得了一定的成效，但由于后期运营投资大等因素，形成农业园区式公共品牌存在一定困难。目前建设成功的，具有国际国内影响力的园区品牌数目不多。但品牌的形成也有助于促进农业产业集群的发展，产业聚集是园区品牌形成和发展的基础，同时，实施农业园区区域品牌战略，能够进一步规范相关企业之间的经营行为，建立有序良性的竞争态势，进一步促进农业产业集群的健康发展，巩固农业产业集群的成果，两者相辅相成。通过调研的具体情况，发现目前园区创建品牌主要有以下两种模式：

模式一的主要特点是农业园区在企业品牌集聚的基础上建立，公共品牌和企业品牌进行相互促进，这是较为常见的一种模式（图 5-14）。

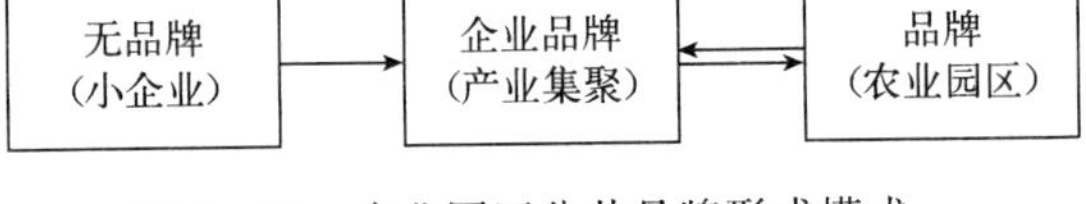

图 5-14　农业园区公共品牌形成模式一

模式二的主要特点是农业园区没有在企业品牌集聚的基础上建立，而是通过先创建农业园区品牌，之后带动已形成品牌的企业更好的发展（图 5-15）。最后形成集聚，公共品牌和企业品牌进行相互促进。例如五常市农业高科技示范园区。

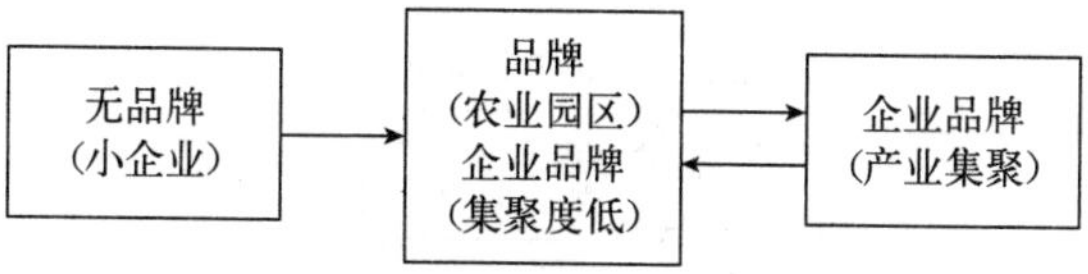

图 5-15　农业园区公共品牌形成模式二

（2）农业园区品牌创建对策。第一，加强品牌人才培养，强化品牌意识。农业要发展，就必须走品牌化的路径，农业园区要强化创名牌意识，首先要加大品牌建设、策划、管理等人才的培养。第二，转变农业发展方式，提升品牌质量。第三，加大品牌建设投入，提高品牌管理水平。

4. 行业协会品牌建设

（1）行业协会在农产品品牌集群发展中的作用机制。为促进产业集群发展，构建集群品牌。基于龙头企业带动模式，在充分发挥龙头企业带头作用的基础之上，完善行业协会的职能，充分发挥行业协会在促进产业集群发展、构建集群品牌中的作用。

由于一个产业中的龙头企业所掌控的资源毕竟有限，而行业协会在产业集群中扮演着管理者、协调者、参与者的角色，是产业集群发展的枢纽，是集群品牌建设的构建者与监督者。这就需要行业协会发挥其作用，整合一切可以利用的资源，规划产业集群发展方向，促成产业集群品牌的形成。所以，在集群品牌的建设中，行业协会与龙头企业应具有同等地位，并且应该重点突出行业协会整合、监督、维护等作用。如图 5-16 所示，从作用机制中可以看出，行业协会在集群中是联结农户、企业、政府等主体的枢纽，发挥着整个区域品牌组织者、构建者、监督者的角色。在地区集群品牌的建设中，我们不仅要确立行业协会与龙头企业的双带动模式，还应在这种模式中重点突出行业协会的作用，从而更好地进行集群品牌的建设。

（2）行业协会品牌建设的对策。首先，强化农业行业组织对农产品质量的监督检查。其次，加强集体品牌的保护和管理。最后，进一步加强农业产品品牌营销活动的开展。

5. 政府农产品品牌建设

（1）政府在农产品品牌集群发展中的作用机制。农业区域集群品牌模式可以有效发挥政府、农户和企业的协同作用，政府不但负责农产品产地的宣传，同时也要对区域品牌发展进行监督与约束（表 5-16）。企业对品牌的宣传有

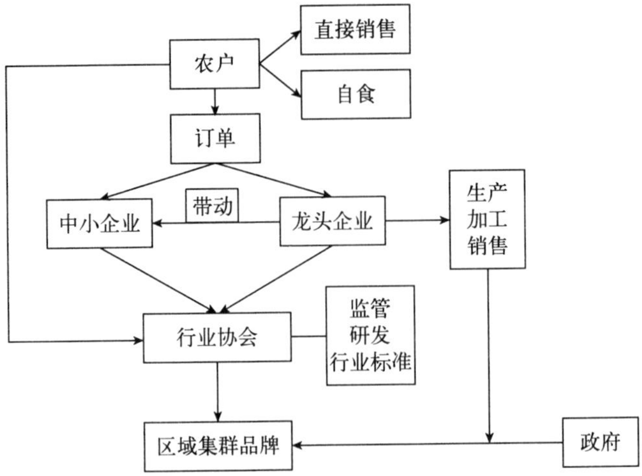

图 5-16　行业协会对农产品集群品牌发展的作用机制

助于提高消费者的品牌意识，消费者意识增强后会根据品牌来分辨产品质量以及规避购买风险，所以关注品牌发展对任何一个产业来说都具有重要的积极意义。区域农产品品牌整合通过实现区域农产品的产品品牌向区域品牌转变，从而产生更广泛的品牌效应，为企业甚至整个区域带来更多的品牌价值。在这个过程中政府对企业进行引导与监督，不断促进区域特有农产品品牌整合，帮助企业提升核心竞争力和品牌形象。

表 5-16　政府在农产品品牌集群发展中的作用机制

项目	正常阶段				特殊阶段
	原始阶段	雏形阶段	形成阶段	发展阶段	危机阶段
政府关注点	提高农产品产量	提高农产品产量＋质量＋农民收入	企业发展＋农户收入	区域品牌发展	处理危机
政府行为	提供基本的政策与技术支持	基本＋专业的技术支持	政策＋技术等，推动企业发展	政策＋技术，价值评估等，推动区域品牌发展	宣传，恢复品牌信任度
区域品牌化程度	无品牌	“特产”	形成品牌	品牌集聚化	品牌危机

注：其中企业发展中就包括农产品的产量和质量。

在区域品牌发展的不同阶段，政府对区域农产品所关注的方向从产量到区域品牌集群发展。在原始阶段，政府只关注如何提高农产品产量，这一阶段政府只提供基本的政策与技术支持，区域基本没有品牌。品牌雏形阶段，政府不仅关注农产品数量，而且关注质量和农民收入。政府提供专业的技术，农产品已有一定的名气，但还不是真正的品牌（特产）。品牌形成阶段，政府关注企业的发展，提供相应的政策和技术推动企业的发展，已经在区域内初步形成品牌。品牌发展阶段，政府关注区域品牌的集聚发展，提供技术和政策推动区域品牌的整体发展，此时区域内品牌实现集聚。但在危机阶段，政府也会有相应的宣传等来恢复品牌的信任度，化解品牌危机。

（2）政府农产品品牌建设对策。第一，积极推进农业标准化建设，促进农产品品牌发展。第二，增加政府对农业企业品牌建设的扶持力度，搞好品牌建设人才的培养。第三，理顺政府的农产品品牌管理体制，提升政府农产品品牌管理的公信力。第四，加大农产品品牌保护的力度，优化农产品品牌建设环境。

（四）政策建议

1. 积极谋划品牌顶层设计，制定品牌发展体系和规划

在战略层面上加强顶层设计，整合各方面的资源进行系统谋划。完善农产品品牌思想体系、理论体系和制度体系，明晰引导品牌建设的政策。对农产品品牌发展做出科学的规划，指导农产品品牌分类、分层、分区发展。进一步明确我国农产品品牌发展的指导原则、发展目标、主要任务和扶持措施。在全国选择特色鲜明、品质优良、市场潜力大的优势区域和产品，要突出特色，立足资源禀赋和产业基础，做好特色文章，实现差异竞争，错位发展，避免低水平、同质化竞争，打造若干全国知名区域农产品品牌。依托优势区域产品，以整合强品牌，培育若干国际知名品牌。

2. 强化市场主体地位，正确处理政府引导和市场主体关系

农产品品牌本身就是市场的产物，不是政府授予的，所以市场主体是品牌建设的主力，即使是区域农产品品牌建设，也要充分发挥市场主体积极性。政府在农产品品牌建设过程中主要给予政策支持和引导，创造良好的市场环境，加大知识产权保护力度。要强化在农产品品牌建设过程中市场的主体地位，充分发挥市场在资源配置中的决定性作用，正确处理政府引导和市场主体的关系。

3. 加快推进农业标准化，夯实品牌农产品质量安全基础

质量是品牌农产品的根本，是品牌农业不可动摇的根基。大力推进农业标准化，要突出抓好农业质量标准体系、农产品质量安全检测体系和农业标准推广体系建设。一要加强农业标准的制修订工作，积极采用国际先进标准。二要强化标准化意识，从标准化生产基地抓起，扩大标准化生产经营规模。三要加强对农产品的质量监督管理，特别是严格证后监管，严厉打击假冒伪劣产品。四是整合区域品牌农产品标准，保证区域内各主体标准的统一。最后，充分利用先进科技，研究农产品外形、味道、色泽等新标准。大力推行产地标识管理、产品条形码制度，做到质量有标准、过程有规范、销售有标志、市场有监测，打牢农业品牌发展的基础。

4. 大力培育新型经营主体，打造品牌农产品新型产业链

要积极引导农业产业化龙头企业通过品牌经营、资本运作、产业延伸等方式进行联合重组，充分发挥龙头企业的引领和示范作用，打造优质农产品品牌。支持农业龙头企业开发新技术、新产品、新工艺，发展品牌农产品加工流通业。要鼓励农民专业合作社以法人身份按产业链和品牌组建联合社，着力打造一批品牌农产品经营强社。要鼓励一定规模的种养大户成立家庭农场和公司农场，提升专业化、标准化水平，加入农产品品牌产业链条。积极推动出台扶持农民专业合作社、龙头企业、家庭农场和公司农场等新型经营主体农产品品牌发展的政策和措施，相关资金和项目向新型经营主体适当倾斜。

5. 充分发挥建设主体间联动效应，推进区域品牌发展

区域内各品牌建设主体应当明确职责，建设广泛合作关系，发挥联动效应，推进区域农产品品牌发展。各类涉农企业、农民专业合作社、家庭农场、公司农场等市场主体，通过品牌注册、培育、拓展、保护等手段，创建自身品牌，保护知识产权，努力打造以品牌价值为核心的新型农业。政府进行整体规划，实施宏观指导，创造良好环境，挖掘内外部资源，促进品牌集群发展。依靠执法能力，引导健康发展。行业协会监督管理，维护品牌声誉，整合资源，制定标准，提供信息，创新品牌产品推介方式，代表行业保护各建设主体利益，发挥桥梁作用。

6. 不断创新流通方式，提升品牌农产品流通效率

创新现代品牌农产品流通方式，全力打造高效、畅通、安全现代品牌的农产品流通体系。要大力发展品牌农产品电子商务，利用网上交易系统、质量可追溯系统和物流配送系统保障消费者收到高质量、安全、放心的农产品，提升品牌的忠诚度。大力发展连锁配送、农产品冷链物流等新型业态，实现品牌农产品的统一标准、统一配送和统一定价。积极建设农副产品仓储物流园区，提升农产品流通效率。

7. 强化品牌宣传推介，树立品牌农业良好形象

要注重挖掘农产品品牌内在的特性、文化内涵，根据农产品品牌的历史、地理、传统、风俗等文化特色寻找品牌传统文化与现代文化的结合点，实现农产品与消费者之间积极的情感沟通，并利用网络、广播电视、报刊等多种媒体及产品展览会、交易会全方位展示品牌创建主体形象，提高农产品品牌知名度，形成政府重视、主体主动、消费者认知、多方合力推进品牌农业建设的良好氛围。要支持鼓励有实力的龙头企业、家庭农场、公司农场等品牌建设主体实施走出去战略，拓展展销窗口和渠道，树立中国品牌农产品良好的国际形象。

8. 逐步健全品牌体系，完善利益联结机制

政府主管部门要规范区域品牌、企业品牌和产品品牌关系，建立明确的区域公用品牌使用规则，严厉打击冒牌套牌行为，维护良好的品牌市场运行环境。探索“政府推动、企业主体、市场运作、社会参与”的品牌培育和运行机制，构建科学合理的利益联结关系。

9. 积极开展品牌评估认定，建立品牌目录制度

农产品品牌评估和认定工作是现阶段推进品牌化工作的重要内容，是支持做大做强名牌农产品和保护知名品牌的重要措施。要加强对现有品牌进行评估、认定和整合，解决目前农产品品牌“多、乱、杂、弱、小、散”的现状，要通过评估认定，推出一批影响大、效益好、辐射带动强的名牌农产品。探索建立农产品品牌目录制度，把农产品按照品种、区域、价值等分类，将最有影响力的品牌纳入目录定期发布，动态管理，以期完善、规范和强化对农产品品牌的推介、评选、推优等活动，鼓励农产品企业做好质量、做大品牌，强化政府公益服务。

三、新媒体时代地方特色农产品的品牌塑造与传播策略

（一）我国地方特色农产品发展特点

1. 地方特色农产品优势

特色农产品地域性强，具有集体性色彩，单个生产商往往难以追溯。特色

农产品凭借经验认知，多以声誉获得消费者的认同。因此，特色农产品获得高度的市场认同的前提是长期积累的良好集体声誉。我国地方特色农产品普遍具有较强的声誉，其形成的机制主要由以下几个内容构成。

（1）自然禀赋声誉。特色农产品依赖于消费者对其质量的长期认可形成的声誉，可以获得较高的市场价格。由特殊的气候地理条件（公有性）赋予，具有公共产品的特征，所在地生产农户是该声誉的直接受益者。

（2）加工方法独特声誉。用取自特定地域的原材料以传统工艺制成包含特定的自然和人文环境的产品获得的声誉。掌握加工工艺的人是该声誉的直接受益者，由于声誉赋予的高附加值，原材料开放式的销售，类似产品的出现不可避免，地方政府从最大化地方经济效益的角度出发，一般不加干预，这类声誉自然成为公共品。

（3）宣传声誉。政府借助特色产品发展特色农业，带动地域经济的发展，通过参加农产品博览会，组织丰收欢庆节，电台、报纸的报道等进行宣传推广获得的声誉。受制于行政范围，政府的投资希望辖区所有经济层面都受到该特色声誉带来的好处，从而推动地方经济的发展。

（4）质量声誉。特色农产品的声誉是由分散农户提供的特色产品的平均质量来决定的。特色农产品的声誉保持，都必须要借助一定的经济组织，将分散的农户组织起来，通过标准化生产确保质量维护声誉。

2. 新媒体时代地方特色农产品流通特点

现阶段，我国特色农产品利用新媒体发展电子商务的类型主要有 3 种，分别是电子商情、网上撮合和电子交易。第一个层次主要是通过互联网发布广告，起宣传作用。第二个层次是供求双方在网上进行交易意愿对接，达成意愿后按传统方式进行物流和资金流交易。第三个层次则是完全在网上实现物流和资金流的转移。地方特色农产品的新媒体之路，需重点在第三个层面上进行开拓。我国特色农产品在新媒体上的品牌推广和营销亦有 3 种方式，即自办电商平台、利用第三方电商网站以及利用微博、微信等社交媒体等。

（1）转变经营方式，自办电商平台。自建电商平台的主要价值表现为：推广方式不受限制、更能体现品牌实力，更加有利于后期网上商城的推广，能够帮助树立品牌形象，独享网络客户资源。

（2）借助外部力量，利用第三方平台。基于第三方购物平台的特点，在其中开设地方特色农产品网店，具有如下的几个优势：网络营销成本相对较低；

针对性强、人流量大，交易信息充分；解决了交易双方的身份认证问题，使交易更加安全；第三方平台极具生态性的附加服务。

（3）拓宽产品渠道，建立社交媒体。在利用社交媒体推广、销售地方特色农产品的过程中，其优势突出体现在：有利于农产品品牌特色的建立，有利于弥合以往农户与市场间的信息不准确，有利于及时进行危机公关。

（4）定位明确、特色鲜明。首先，要明确特色农产品的销售对象。以上海"菜管家"为例，该企业面向上海的白领及企业。其次，要明确特色农产品的区域定位。特色农产品电子商务交易具有较为显著的区域特点，一是农产品的生产地域有限，运输较为困难。二是人们的饮食习惯也往往具有较强的地域性，这就决定了特色农产品企业既要突破"本地"，也要准确定位区域。

（二）地方特色农产品电商平台发展模式的比较分析

1. 电商派农产品电商：以"阿里巴巴"为例

阿里巴巴、京东和苏宁易购是这类农产品电商平台的代表，也是在国内较早起步的综合电商平台。跟后起之秀相比，这些综合类电商在进军农产品市场前就集聚了很高的网站流量，培育了我国大部分的网购群体，因此农产品频道一上线，便具有较高的发展起点，也是目前我国规模较大的农产品电商。阿里系（淘宝网、天猫、聚划算等）作为我国最大的电子商务平台便是其中的优秀代表。根据阿里研究院发布的《阿里农产品电子商务白皮书（2014）》显示，截至2014年，阿里平台上（包括淘宝网、天猫、聚划算平台），经营农产品的卖家数量为76.21万个，其中零售平台卖家74.98万个，同口径较2013年增长60.57%，阿里巴巴诚信通账号约为1.24万个。同时，阿里平台上，注册地址在乡镇的农村卖家约为76.98万个，零售平台66.11万个，诚信通账户为10.87万个。2014年阿里平台上完成农产品销售483.02亿元，其中，淘宝占比为59.65%，天猫占比为33.23%，1688占比为7.12%。相比较2013年增长69.83%，其中，淘宝增长54.61%，天猫增长84.64%，1688增长208.73%，阿里平台作为国内第一大农产品电商平台的地位得到加强。下面，我们以阿里巴巴为例，介绍农产品电商中电商派平台的生存现状。

作为以综合类C2C（个人对个人）网络零售平台起家的阿里巴巴，目前业务跨越C2C和B2B（商家对个人）两大部分。而且随着阿里巴巴自身平台的拆分和业务的发展，农产品电商的销售模式也从传统的销售方式不断向更丰富、更多元的销售方式转型。具体来说主要包括：

（1）“平台＋自营＋直销”模式。农民在淘宝网上建网店，销售自己生产的农副土特产品，省略了中间环节，也就是产销直接见面，这是传统C2C模式在农产品“上网”过程中的体现。但是，产销直接见面还需要中间物流和配送服务商，或者其他服务商。

（2）品牌开设“天猫旗舰店”。2013年11月11日，天猫“双11”购物狂欢节于零点正式拉开帷幕，其中坚果类食品更是吸引了大量买家的疯狂抢购。根据最新的数据显示，以森林坚果、花茶、干果等系列产品为主打的“三只松鼠”天猫旗舰店，在“双十一”购物节开启7分钟后，销售额超过125万元，1小时内，累积销售额达到779万元，相当于2012年“双十一”该店全天交易额，稳居坚果销量排名第一。“三只松鼠”的成功开辟了中国食品利用B2C实行线上销售的先河。凭借这种销售模式，“三只松鼠”迅速开创了一个以食品产品的快速、新鲜的新型食品零售模式。这种特有的商业模式缩短了商家与客户的距离，确保让客户享受到新鲜、完美的食品。

（3）“聚划算”集合交易模式创新。2013年聚划算开始探索生鲜类电商集合交易模式，如“农户＋电商—遂昌猪”、“经纪人＋电商—四大鲜果”（山东烟台大樱桃、山东胶南蓝莓、广东茂名红荔枝、浙江仙居杨梅）、“农企＋电商—巴美淖尔羊肉”、“渠道商＋电商—双11聚海鲜”4种模式。

（4）原产地农产品直销——“特色中国”项目。以电子商务为载体的原产地农产品直销，在2013年成为淘宝网农产品频道一大热点。原产地农产品直销，通过将农业生产者转变为网商，或者由电商运营商操盘，将农产品从原产地直接发货到消费者所在地，在很大程度上克服了传统流通模式流通环节烦琐、流通效率低、损耗严重的缺点，同时，也建立起了消费者与生产者互动的平台，促进了信息对称。淘宝网特色中国项目是中国原产地农产品直销的代表，如特色中国贵州馆、山西馆、河南馆等，这些地方馆一般采取政府、运营商和平台“1＋1＋1”的运营模式和利用网络提前发布产品信息的网络预售模式，提前备货，短时间内迅速完成发货。这种模式解决了余量库存、过多的销售环节、库存压力及费用等问题，降低了销售成本。

2. 物流派农产品电商：以“顺丰优选”为例

物流企业依靠自身的网点和快递优势建立进军农产品电商，既是自身业务拓展的需要，也是传统电商行业从依赖的“第三方物流”到逐渐开始重视和实施“自建物流”战略所造成的市场环境使然。2012年5月30日，快递巨头顺丰宣布其全资的电子商务网站“顺丰优选”正式上线，瞄准中高端食品市场，这是国内快递行业中首个高调进军电子商务的企业。2012年12月开通“时令优选”频道，特色经济产品开通全国配送。不同于一般的食品B2C网站，对配送时间要求最高的生鲜产品也在“顺丰优选”的销售产品中。其中水果、蔬菜、肉类、蛋乳制品、冷冻水产和熟食等10余种品类均囊括在内。

（1）“顺丰优选”的农产品渠道。

第一，传统B2C模式切入。“顺丰优选”刚起步时是王卫布局的独立的B2C平台，不仅仅电商是独立的，就连物流也是独立的，没纳入顺丰快递的体系。①产品定位。“顺丰优选”的起步就定位中高端市场。②品类方面。起初阶段覆盖了食品九大品类，但SKU仅7 000种。③物流方面。启动的前半年配送覆盖区域仅限北京。

第二，产地直采模式。产地直采模式是“顺丰优选”2013年启动的全新的生鲜电商供应链模式。以荔枝的产地直采模式来说，实现的是：从枝头到舌头的闭环供应链模式。产地直采的闭环供应链模式有着如下特征：①预售模式。顾客下单后才开始采摘，完全按需采摘，完全实现零库存售卖，同时实现健康的资金流。②快速物流。在24小时内通过顺丰航空极快物流直达消费者手中，这是国内其他任何生鲜电商不能够实现的。③温度控制。“全程冷链”但“非冷藏”，对产品实现有效的保障，同时避免因冷藏造成的对新鲜度的影响。④采购优势。顺丰依托在全网布局，顺丰速运各地的员工，可帮助“顺丰优选”深入原产地进行选品，据说为了抢到2016年各荔枝品种的“头茬儿”，“顺丰优选”的采购人员春节刚过就开始深入荔枝原产地做调研、选品，与供应商接洽，地方政府、顺丰速运员工也会帮忙做推荐和协助。⑤O2O的营销模式。除了打造“快时尚”的生鲜供应链服务体系以外，“顺丰优选”是最早推动O2O营销的生鲜电商，在2013年、2014年荔枝大战中，就提前空运荔枝到北京，在人口密集的地铁口赠送。顺丰的线上线下协同的营销方式让同行刮目相看。不仅仅是荔枝，嘉兴的粽子、内蒙古的羊肉等各种地方特色的商品同样通过这样的快速供应链模式卖到消费者手上。

第三，特色农业馆模式。特色农业馆模式是“顺丰优选”在2013年12月启动的新模式，将顺丰优选、顺丰速运、地方政府“三位一体”进行整合，是新型地方特产电商化运营模式。①采购环节。与地方政府合作（地方特色馆），由地方政府进行品牌背书，政府负责推荐当地安全优质的食品供应商并提供政策支持，通过产地直供模式，取消中间环节。②运营整合。顺丰速运的地方工作人员帮助进行商品甄选和供应商审核，并通过顺丰的快速物流进行商品配送。③营销方面。“顺丰优选”提供商品销售和推广平台。④农村战略。2014年4月，顺丰速运已经启动了农村战略，全面布局农村乡镇快递市场，这对特殊农业馆来说，彻底打通了前段的供应链接口。

第四，高端家庭蔬菜宅配卡定制预售模式。“顺丰优选”低调地推出一种有机蔬菜宅配卡模式，针对“顺丰优选”的家庭高端定制服务。①基地整合。“顺丰优选”已联合北菜园、草鲜禾堂、维真、汇源四大有机蔬菜基地。②定制预售。向北京、天津两地用户推出有机蔬菜宅配卡，长期以及定期将有机蔬菜配送到户。③运营模式。用户可根据家庭人口数选择不同的蔬菜包装。有机蔬菜宅配为每周1～2次，商品种类可在一定范围内任意搭配，对于菜品和配送时间，用户可随时致电客服进行调整。

（2）打造O2O闭环——顺丰社区店“嘿客”的兴起。与综合电商平台相比，“顺丰优选”最鲜明的特色在于线上与线下资源的统合协调。在传统的电商或者其他商业模式中，线上线下基本是分开的，或者说在功能上是分开的，比如京东、当当这种电商企业，只在线上销售产品，在线下无法实现购买。顺丰上线“顺丰优选”后，急需获得线下资源，而顺丰快递只是实现线上线下连接的一个通道，整个O2O闭环上还是缺少重要一环，这也是“嘿客”存在的最基本作用。其实在线下体系建设上，顺丰早在2011年就已经开始与7-ELEVEN便利店在深圳开展合作尝试，但是这一时期线下便利店的主要作用集中于生活用品销售、快递的收发等，业务相对单一，和传统的便利店没有太明显的差异，加上运营成本高，顺丰便利店计划很快夭折。

① 商品预约功能。商品预约是指某个产品并未生产出来，客户可以根据自己的需要预订所需量，等产品出来后再进行购买。例如，预购“大闸蟹”的业务，顾客无须预交定金，等商品正式出售时，到“嘿客”验货，验证商品符合要求再交钱，若不满意可以无条件退货。这一功能在让人并不满意的电商时代，无疑成为一大亮点。

② 网购线下体验。网上购物可以让消费者不出门便可以买到自己喜欢的商品，可以节省时间，而且网购还可以享受优惠，但存在的缺陷是无法看到商品实品，无法辨别商品的真伪好坏。“嘿客”便提供了线下体验，通过线下体

验哪种商品符合自身需要再下订单，自由选择线上支付还是线下支付，高效便捷。

③ 便民服务。在“嘿客”可以购买机票、火车票以及充话费等。这一便利举措正如其名一样，和便利店的功能是一样的，目的是方便小区人员生活便利。

④ 快件自寄自取。在“嘿客”寄送快递，首重可以少 2 元。有些顾客在网购时为了保护隐私，不愿意将自己的家庭地址透露出去，“嘿客”便为这些顾客提供收货地址，顾客在货到后可到“嘿客”自提包裹，可以节省 2 元快递人员送货上门的费用。

⑤ 门店下单可以享受优惠。在“嘿客”门店下单，便可以享受诸如满 200 减 20 等优惠。有些产品在“嘿客”门店中的售价，会比网络上的价格更低。

⑥ 在“嘿客”下单的商品退货可以受到保障。比如消费者在网络上购买了一件衣服，到货后可以先去“嘿客”门店中试穿，倘若感觉大小不合适或是款式不喜欢，可以直接取消购买，无须承担任何费用，省去了以往后续交涉退款、退货等复杂程序。

3. 垂直类农产品电商：以“本来生活网”为例

垂直电商是指在某一个行业或细分市场深化运营的电子商务模式，一般来说网站旗下商品都是同一类型的产品。而垂直类农产品电商多是指一些专注于互联网高端农业服务商，以本来生活网、天天果园、易果网和沱沱工社等为代表。2013 年以来，这些公司已经成为一股新生力量，活跃在各个城市与乡村。它们的共同特点是面向高端客户，提供以“有机”为卖点的产品，同时远离超市和菜市场，通过类似于电商的渠道销售。

（1）垂直类农产品电商的业务渠道。“本来生活网”在销售渠道拓展中有效纳入了消费者端和企业端，在消费者端建成了一网（本来生活网）一店（本来生活社区店），在企业端积极运作相关企业把本来生活网纳入员工福利、商务礼品和促销礼品的范围，使消费者端和企业端相辅相成。

① 本来生活网。即传统电商平台的 B2C 模式，线上提供包括健康安全的蔬菜水果、肉禽蛋奶、米面粮油、母婴童、熟食面点等在内的超过 6 000 种产品，琳琅满目的线上商品展示是吸引客流量的主要入口。

② 本来生活社区店。这是“本来生活”为优化客户体验的重要一步，在 O2O 模式中将这种体验店投放到相应社区，打造互联网化的生鲜社区店，为

消费者提供家门口的水果类便利的体验购物，还可以作为线上购物的社区终端店。2015年8月11日，本来生活网在京宣布旗下的生鲜O2O项目——“本来便利”正式上线。2015年5月，“本来便利”在北京地区开启试运营，仅仅两月时间已与北京300多家便利店达成合作，而用户数已达到百万规模。

③ 开展企业团购。为企业提供员工福利、商务礼品和促销礼品的整体解决方案，包括制定套餐组合，提供精美定制包装等。相比于从传统水果店购买果篮，这一方案对商务群体来说更有购买吸引力。

（2）食物即媒介：本来生活的精神营销设计。

① 将“品牌＋精神”打包销售。2012年，褚橙与“本来生活网”开始合作，授权在“本来生活网”北京电商平台销售褚橙。2012年10月，经济观察报发表了一篇《褚橙进京》的报道，写了85岁褚时健汗衫上的泥点、嫁接电商、新农业模式等，“本来生活网”迅速跟进，做了一个转发，引发财经话题，接下来企业界的大佬等都对这一条微博进行了转发，最后由王石微博转发点燃了事件，这条微博是“衡量一个人的成功标志，不是看他登到顶峰的高度，而是看他跌到低谷的反弹力”。一个产品或者品牌要迅速流行，必须有深厚的可以激发人们共鸣的精神和故事。褚橙能够被引爆的核心点是褚时健的故事，在当今的中国，很少人的经历能够与褚时健相比，而正是因为褚时健的这种历经磨难和创业的精神，才让创业家和名人能够主动引爆。

② 以爆款产品支撑品牌提升。“本来生活网”得出了2013年的营销思路，为了引发“80”后成为传播和消费的主题，在企业礼品的基础上推动个人礼品的概念。其次就是突出“本来生活网”的身份和名称，因为“本来生活网”是褚橙的一家经销商，希望大家记住褚橙的时候，同时记住“本来生活网”站，最后利用社会化媒体作为传播的主渠道，由财经媒体向生活方式类媒体延展，进行更大众化的传播。传播的核心就是将老一辈的这种自强不息的精神传承到年轻人身上，采用的传播路径就是从传统媒体到微博然后再到自媒体，主力人群就是“80”后。

③ 寻求意见领袖，产生圈子效应。在预售阶段，“本来生活网”在北京电台打了第一波广告，做了一个视频，找了10位“80”后各行各业在自己领域里面有影响力或者有杰出成就的人，拍了一段视频，他们处在事业的转型期，在人生中遭遇了一定的挫折，他们是如何面对自己事业的转型，在遭遇挫折的时候如何解决的？这10个人物是都比较有代表性，最后一位嘉宾是2008年奥

运会领舞的演员，她非常坚强，她发明了手舞，还为“80”后的代表蒋方舟拍摄了视频。视频上传当天浏览量大得惊人，这10个人每个人背后都有自己的粉丝，视频在粉丝群体里获得很好地传播。同时，“本来生活网”还找到很多意见领袖来传播褚橙的理念。例如，“本来生活网”邀请韩寒来传播，他也很乐意。之后，韩寒就褚时健的事情接受了媒体的采访，并在网络上获得了很好的传播效果。

④ 个性化的“内容＋包装”。除了宣传，褚橙的包装是非常重要的策划内容。褚橙包装上面有一些非常年轻化的语言，把“本来生活网”原创以及微博上征集的一些语言印在了包装上，很多用户可以根据自己的喜好或者根据自己的审美来选择这样的包装。比如说，“谢谢你让我站着把钱挣了”，有一些企业的负责人买来送给欠他钱的合作伙伴。再比如结合王菲、李亚鹏离婚热点事件设计的“我很好，你也保重”的包装，有很多女孩子买了之后送给前任男友。还有一些是“即便你很努力，但是你的成功主要靠天赋”，“就算你很有钱，我还是觉得你很帅”。2013年11月，“本来生活”又策划褚时健和柳传志两位业界大佬对话，推出“褚橙柳桃”组合套装。此外，“本来生活”还携手潘石屹，推广其家乡甘肃天水花牛苹果，并成为销售“潘苹果”的唯一平台。

（三）典型案例分析

1. 政府主导：“盱眙龙虾”的品牌化与电商化

（1）政府主导宣传，打造盱眙龙虾品牌。为带动盱眙经济发展，盱眙县人民政府于2000年7月中旬举办了首届中国龙年盱眙龙虾节。其间举办了“大型文艺晚会”“天泉湖龙舟赛”“山地越野车表演赛”“水上传统民俗婚礼”“千人龙虾宴”等活动。尤其是第八届“中国龙虾节”首次被升格为国际权威机构认可的国际性节庆，更名为“中国盱眙国际龙虾节”，“盱眙龙虾”终于实现了跻身国际市场的“华丽转身”，成为名副其实的国际品牌。

2004年12月28日，“盱眙龙虾”正式被国家商标局核准注册，成为全国第一例活体动物类证明商标，如今这一品牌已成为盱眙富民强县的产业品牌和“金名片”。“盱眙龙虾”不但拥有“中国名牌农产品”“中国名菜”“中国地理标志产品”“江苏省著名商标”等称号，还拥有“中国驰名商标”，在品牌形象上拥有别人无可比拟的优势。2009年第八届“龙虾节”分别在中国、澳大利亚、新西兰、瑞典等4国和盱眙、南京、上海、北京、宁波、深圳等6个城市举办。同时，第八届龙虾节被升格为“中国·盱眙国际龙虾节”。仅盱眙龙虾调料院就拥有注册商标16个。据不完全统计，迄今为止，仅长三角地区挂盱眙龙虾招牌的饭店就超过25 000家。盱眙县单就2009年全年销售龙虾10万吨，创产值20亿元。

（2）赋予品牌文化内涵，定位高端市场。在品牌形象的塑造上，“盱眙龙虾”首先确保质量安全，对养殖过程、产品样态进行标准化管理，同时积极探索各种龙虾烹饪的各种口味创新，已经形成集“养殖—捕捞—贩运—烹饪—调料配制—中草药‘十三香’原料的栽培采集-加工（龙虾甲壳素提取、龙虾仁及龙虾冷冻出口）”于一体的完整产业链。其次，更重要的是，积极挖掘产品的文化内涵，将现代人关注的“时尚”“绿色”与小龙虾结合起来。在产品宣传时，常常以“绿色食品”“营养丰富”“功效多样”等作为自己的品牌主张。这就在龙虾市场确立了自己的独特性，也更为高档消费人群所接受。根据调查，“盱眙龙虾”的品牌战略实施使其具有较高的价格优势，“盱眙龙虾”价格均比其他产地龙虾价格高20%～30%。

（3）积极化解品牌遭遇的公共危机。在实际发展中，“盱眙龙虾”也遇到了普遍的问题，即很多其他地区的龙虾，冒用“盱眙龙虾”品牌，甚至一些店牌惹人注目，规模很大的所谓“盱眙龙虾馆”，其所销售的龙虾也并非正宗的“盱眙龙虾”。面对此种情形，政府着力塑造盱眙龙虾的独特性和差异性。在各类美食周刊、杂志、报纸和网络上刊登宣传“盱眙龙虾”美味、标准、优质以及与其他品牌龙虾差异的文章，潜移默化地引导潜在消费群体。此外，2010年的“南京小龙虾事件”曾一度使小龙虾市场低迷，在很多养殖同行转行的情况下，盱眙通过借助政府、行业协会的公信力，联合媒体及时对外公布龙虾产业链生产情况，加大打假力度，并推行“盱眙龙虾”保险制度等积极应对措施，保持了“盱眙龙虾”的品牌形象和传播的一致性，成功地将此次危机事件演变成了事件营销，把迫近的灭顶之灾成功转化为“盱眙龙虾”发展的契机，进一步奠定了“盱眙龙虾”的行业地位。

（4）从实体到互联网：龙虾产业的进一步发展。

① 在淘宝、京东、苏宁易购开设“盱眙馆”。2015年6月是“盱眙龙虾”走向互联网的重要时节。6月6日，“盱眙龙虾”节走进南京，苏宁易购“盱眙馆”开馆。6月8日，淘宝网特色中国“盱眙馆”开馆。6月9日，“中国盱眙·京东”互联网龙虾节启动。初步统计显示，2016年盱眙龙虾节期间3家

电商平台上“盱眙龙虾”的销售额累计已超过 1 500 万元。正宗“盱眙龙虾”通过网络通道，抵达更多消费者的餐桌，更多的消费者坐在家里也能吃到美味小龙虾。

生鲜食材、衣服、电器等互联网销售模式已为用户熟知，对线下实体店的销售冲击也显而易见，作为近年来火爆夏夜的食材，“盱眙龙虾”的互联网销售潜力值得以挖掘。盱眙政府、盱眙龙虾协会与互联网销售渠道合作，不仅有利于养殖业的“互联网＋”战略，也可以通过“产地直供”减少“盱眙龙虾”销售的中间环节，杜绝掺假的可能，维护“盱眙龙虾”的品牌形象。未来，电商的“产地直供”模式将获得更多原产地资源供应商的认可，催生农业、养殖业的互联网式裂变。

② 自建“盱眙龙虾网上商城”。除了在既有电商平台上建立“盱眙馆”之外，盱眙县政府支持盱眙龙虾协会搭建了“盱眙虾都商城”电子商务平台，这个新成立的平台覆盖了从龙虾养殖到生鲜交易、调料、龙虾熟食全产业链上的物资交易。产品的供货商均为盱眙本地比较知名的企业。就龙虾而言，在物流上和第三方平台一样，实现了全程冷链运输，一定范围内 24 小时到达，确保龙虾的品质和口感。同时，网上商城还将更加扩大规模，将分布在全国的 1 500家“盱眙龙虾”加盟店全部进驻，食客在当地购买正宗的“盱眙龙虾”将不再是难事。因此，在这一轮“互联网＋”大潮中，“盱眙龙虾”产业实现了转型升级，不仅促进了本地餐饮企业的龙虾熟食销售、酒店生鲜龙虾采购、调味料制作销售等关联行业，也为与之同类的水产类特色农产品提供了范例。

2. 企业主导：江苏如皋“寿都密码”运营分析

（1）自建平台——“长寿密码网”。“长寿密码网”是寿都密码公司致力于实现打造“中国长寿农产品电商第一品牌”和“中国长寿产业电商第一品牌”这一战略目标的主打产品，自 2014 年上线运行以来，该网先后开设了 58 个长寿之乡农产品旗舰店，整合全国长寿之乡特色产品近千种，并将全国 58 个长寿之乡的相关资讯云集于此，致力于占领中国长寿产业网络制高点。同时，超过 1 000 家食品类的商家与“长寿密码网”确立了合作关系。其中，寿之源、玉兔、三香斋、如皋、硒土水乡、仁宗、赛雪梨、平康、卤全、佰味挑、天之葵、壹株草、金海霸、长寿结、响想、乔西、甜舒、伊芙令、天目湖南山竹海、红红琳帝、爱食派、茅山人家、富春龙、天目湖畔人家、追花、祯祥、李堡、天目湖、江山有道、米卢、满山跑等品牌的公司等都选择了“长寿密码网”作为自身开展电子商务的重要平台。

（2）第三方平台——天猫商城、京东、1号店、苏宁易购“寿都密码农产品旗舰店”。在进军互联网的过程中，“寿都密码”并没有单纯采用自建网络平台这一“一步到位”式途径，而是先后在“天猫商城”“京东”“1号店”“苏宁易购”四大电商平台开设“寿都密码农产品旗舰店”，依托供销合作社、中国长寿之乡互助联盟等平台，从如皋扩至江苏，再逐步向外辐射到全国，整合长寿农产品展开销售，长寿农产品及“寿都密码”的知名度得以快速提升。2014年7月6日，“寿都密码”农产品旗舰店在“天猫商城”“京东”“1号店”同步上线，这三大平台涵盖了目前农产品电商网销最主流的第三方平台，汇集了全国超过80%的农产品买家，把玉兔肉松、白蒲茶干等最具代表性的如皋长寿食品完成了产品上架。通过“天猫”等旗舰店的销售量优势，逐步扩展长寿产品的概念，引导自建平台的网络流量，让更多的网上电子商务消费者去专业化的“长寿密码网”选购长寿农产品，实现打造“中国长寿农产品电商第一品牌”的战略目标。

（3）依托供销社平台，整合长寿之乡资源。该公司作为如皋市重点培育的农产品电商企业，也得到了市供销合作总社的大力支持。依靠供销社这一优势独特的平台，整合全国长寿之乡的优质健康农产品，成为“寿都密码”发展的一大特色。围绕“长寿密码网”，公司大胆创新，开设“最美乡村”店铺，目前已有10余个乡村、百余个客户有了网上开店意向，围绕各乡村经济发展主题，挖掘乡村生态休闲、旅游观光、文化教育价值。扶持建设一批具有历史、地域、民族特点的特色景观旅游村镇，打造形式多样、特色鲜明的乡村旅游休闲产品，推进农村产业融合发展。以如皋市丁堰镇为例，“长寿密码网”为丁堰镇在主页上开通一个专门的二级页面，首先呈现的是丁堰镇概况和丁堰美食的介绍，再往下可以看到丁堰美食的实物展示和商品售价，并可以直接点击返回主页进行购买。再有一些产自丁堰镇的初级农产品（如丁堰镇香米），在二级页面的展示图片继续点击后，会有专门的三级页面介绍该种产品的产地情况，加工公司的基本情况，以及该种农产品之所以不同于其他同类产品的营养价值以及赋予的长寿理念。还有一些水产品（如丁堰镇南美白对虾），则会为消费者介绍丁堰镇该种海产品养殖基地的基本情况，甚至为该种水产品提供该种水产品的最佳烹饪方法以供参考。

（4）依托各类活动，提升网络流量。通过各类活动为电商平台聚集人气、积攒流量是“寿都密码”的另一个特色。目前，“寿都密码”已经运用“长寿之乡互助联盟”“中国（如皋）首届长寿农产品博览会暨长寿农产品网购节”“江海寿都电商学院”“长寿之乡微电影大赛”“长寿农场”“众筹”等多样化的线上线下活动，作为激活网络流量的重要手段。

3. 互联网企业：“三只松鼠”的品牌化营销

“三只松鼠”极为重视打造自身金字招牌，对于品牌形象塑造的用心可见于每一单生意从开始到结束乃至于到售后的各个阶段。

首先是形象突出，定位明确。看过“三只松鼠”的人，都能过目不忘。其次是形式多样，口号独特。“三只松鼠”率先将自己定义为“森林食品”品牌，以倡导“慢食快活”的生活方式作为品牌推广的特色。在“天猫”旗舰店首页的“全网坚果领导品牌”等将企业归于品类领导者的字眼。宣传口号从最初“认准这个大头”的朗朗上口，到“松鼠小美，就是好喝”“全世界的零食将被我承包”的品牌个性鲜明，通过上述品牌传播渠道和手段，“三只松鼠”成功地营造了一个健康、饱满的形象，吸引住了“80”后“90”后的消费者，在某种程度上迎合了消费者的需求，从感官上给予了顾客消费刺激。

（1）用互联网思维做企业。新媒体的介入改变了以往种种交往模式，其中之一就是购物与消费模式。传统企业在面临互联网大潮时，要么一直痛，直到死，要么经历短时间的阵痛，而后涅槃重生。其中首要因素之一，便是打造符合互联网这种新的媒介形态的思维方式。企业的转型发展之难很大程度上是思维没有实现转型。众多的传统企业一直囿于传统思维的禁锢，难以实现真正的转型，以至于在第一次“触网”时会出现种种的“水土不服”。因此，传统企业要实现突破，必须首先打破传统思维的桎梏，真正拥抱和理解互联网思维。“三只松鼠”的成功得益于以互联网思维为导向，实现产品、设计、运输等各个环节的互联网创新，进而快速成长为互联网“森林食品”领先品牌。这对于经营传统产品的企业有很大的启示，也即如何通过互联网改造传统的企业经营方式。其中，极致思维和大数据思维可以说是互联网思维的两翼。

（2）以顾客体验为中心的营销策略。

① 巧用媒体，迎合顾客。对于新进入市场的年轻企业，如何刺激消费者，吸引消费者的眼球是品牌是否能够成功推广的一个重要指标。巧妙地利用各种互联网媒体进行营销推广，将消费者从竞争对手手中抢下，诸如：优先提出独特定义，抢占消费者市场。加大广告力度，利用门户网站，截获消费者。针对

目标消费者的特点，提出与消费者相符合的品牌定位，主动去迎合消费者等。多媒体的传播力度远高于传统广告，因为它不受时间、地点的限制，合理巧妙地利用多媒体手段，将会让企业的品牌传播事半功倍。

② 情感营销，文化传播。将有形的产品投注无形的感情，让产品也带上感情。不管是让企业成为顾客的“宠物”还是其他，始终让顾客有种“顾客是上帝”的主观存在感，以维护顾客的利益为己任，并通过各种与顾客的线上（线下）活动让顾客也融入企业中，化身企业的一员来主观维护企业形象，进行品牌传播。另外突出本企业区别于其他同类企业的企业文化，在与顾客（潜在顾客）接触的时候，强调本企业的企业文化，让顾客形成刻板思维，一说到与企业文化相关的内容，第一个想到的就是你的企业。

③ 极致体验，口碑传播。在无法面对面沟通来维护企业自身形象的条件下，将客户体验做到极致。先于客户所想，一切以满足客户需求出发，从产品、周边等有形物品和客服、文化、情感等无形的体验，让客户感受到企业的用心，能够让客户体验到等同于甚至超出实体店购物一样的愉悦，那么顾客就会自发地进行口碑传播，维护产品的形象，将自己的好评感染传播给身边的每一个朋友（网友）。对于口碑传播这种辐射式的传播手段，是每一个企业进行品牌传播时候必须把握利用的手段，无论如何都要把口碑做起来，那样企业才能够茁壮成长。

④ 紧抓顾客体验。无论在何种媒介形态下进行销售行为，顾客体验都是商品行为中的重要一环。通过“三只松鼠”的案例，我们不难发现，一切以用户为中心的用户思维是销售环节的核心和基础。因为，互联网时代是一个物质极大丰富的时代，生产者与消费者之间的信息不对称日益消弭，消费者面临的选择更多。如此一来，生产者更要坚持以用户为中心，切实以顾客需求为起点，并竭诚为客户创造价值。

4. 村级微商：江苏如皋长港村“如果”运营观察

（1）精准定位，发挥本土优势。地方特色农产品若想借助微商平台，首先需要明确自身定位为何，毕竟农产品不同于一般工业产品，且地方特色农产品亦具有其独特的文化意涵。“如果”目前定位为销售如皋本地的产品，其主要目标消费群体是本地高端消费者，以及外地的如皋人。“尝到家乡的味道”是生活在异乡的人的普遍“乡愁”。此外，因为农产品不同于工业产品，其销售存在断季情况。“如果”采取了一种动态产品时间轴的销售策略，一年四季销售当季特色果蔬，并提前预告。这种按照季节打造的产品时间轴，即做到了产品不断季，又充分体现新鲜的品牌特点。

（2）整合资源，打造在地品牌。除却定位精准，“如果”现阶段亦成为一个诸多资源汇流的平台。临近乡村的特色农产品通过这个平台改“各自为战”为“抱团取暖”。由此，诸多农产品通过“如果”而成为一个统一的品牌。可以说，“如果”联合各个不同的村镇街道，用如皋特色农产品的大概念，整合各个村不同的特色农产品，如南宁的藕，江安的花生，元桥的红提等。此外，在品牌打造的视觉符号方面，“如果”亦做出相关努力。目前微信平台的任务之一便是设计统一的包装、标识，进行产品推广。“如果”微商平台针对在其平台上销售的特色农产品，设计的统一包装和标识并根据各特色农产品的不同形状大小，有针对性地设计了不同包装的方式，以便于运输。同时，“如果”不只是做产品，还是做文化。

（3）把握网络，善用人际传播。“如果”选择了移动互联网人际传播的方式来推广自身品牌。在暑期，“如果”刚筹划之际，各个村书记便代言各个村的特色农产品。在“如果”微商平台充分体制化之后，其继续充分利用人际传播的优势。人际传播的最大特点便是可以积聚口碑效应。在此，“如果”通过招募民间试吃员的方式进一步扩大其品牌优势。此外，就固定消费群体维持方面，“如果”亦呈现出其人际传播的高明之处。说来并不复杂，目前，“如果”已有一批消费者组成微信群，群内成员黏合度高，可谓忠实用户。

（四）新媒体时代地方特色农产品发展的对策建议

1. 新形势与新定位

一是地域的定位。地方特色农产品产自本地，但其主要市场一定不在本地，因为“特色”只有在外地才能成立。因此，在发展特色农产品产业时，对产品的预期就要调整，其定位至少要从县级的地理空间，扩展到省级、省际等区域乃至全国或世界。

二是产品的定位。特色农产品的初级状态，往往利润空间较低。且由于市场定位在本地之外，因此，考虑时间、运输等成本因素，应重点发展附加值较高、能够适应长途运输的产品，创造相对高端的农产品消费文化。

三是人群的定位。通过互联网、社交媒体购买特色农产品的人群，普遍具有消费能力高、偏好年轻时尚、追求绿色健康的特质。因此，特色农产品要特别注重创造出产品的时尚元素和文化内涵，以抓住相对年轻的网络购物群体的注意力。譬如，安徽著名网络品牌“三只松鼠”的形象设计就极其“萌”化，吸引了大批年轻人购买。“烟台苹果”利用“平安夜送苹果”的新时尚，进行宣传和销售，也是较好的着力点。

2. 品牌化：努力将“地方名声”转化为“全国名牌”

目前，我国地方特色农产品的品牌化程度普遍处于较低的水准，产品主要是以地域而闻名，譬如“新疆葡萄干”“赣南脐橙”“盱眙龙虾”等。这些特色农产品所在地区往往具有较为深厚的文化传统或历史渊源，在全国享有一定的知名度，对特色农产品的销售起促进作用，但长期看，“名声”并不等同于“品牌”，建立在地域色彩基础上的品牌，才是特色农产品的发展方向。

因此，特色农产品的互联网道路，必须改变以往单一的以“地域”代替“品牌”的消极现象。相关地方政府或企业，在创建、塑造和传播新的品牌时，应注重将地方特色加以操作、改造或重新定义，转化为可以抓住现代消费者心理、具有购买动力的品牌。譬如，江苏省如皋市在全国享有“长寿之乡”的名声，在创建特色农产品品牌时，即可将“长寿”转化为中国人向来看重的“孝”，从而与节日回家、孝敬父母等行为进行勾连，达到促进购买行为的效果。这种方式既丰富了特色农产品的内涵，也扩大了市场空间。地方政府、相关企业必须善于利用本地资源，巧妙转化，打造具有购买动力的品牌。

3. 整合本地资源，打造重点品牌面对全国市场

地方政府要从政策的引导者转变为组织者和参与者，要有效发挥行政力量，组织当地企业、农民进行联合生产，应对地方的整体形象和品牌塑造负责，参与到特色农产品的营销中。再以江苏省如皋市为例，一方面，如皋市政府应积极整合全国“长寿之乡”资源，确立和巩固如皋在长寿文化中的领头地位。另一方面，在本地区内部进行资源重组，重点扶持两至三个品牌，以改变当地相对零乱分散的市场格局。

4. 地方政府应扶持地方特色农产品企业

地方政府应重点扶持区域内具有竞争力和创新精神的企业，参与特色农产品的生产和营销中，对其厂房、物流、税收等给予政策支持。结合互联网销售和农产品外销的特点，政府要对本地特色农产品资源进行规划，选择适合长途运输、生产附加值较高的产品类型，作为本地区生产和营销的重点产业，以扩大特色农产品的利润空间和可持续发展，提高农民的收入。要对特色农产品企业制定较为严格的管理制度，引入质量检测体系，促进产品标准化、标识统一化。

5. 特色农产品企业要运用互联网思维经营

特色农产品企业要学会利用大数据分析消费者的购物行为；要善于利用各种网络营销手段吸引消费者；要重视生产过程的透明性、产品产地的可追溯性，保证产品的生命历程可以真实地展示在网络空间；要善于在虚拟空间营造身临其境的购物氛围，使特色农产品的互联网购买具有可体验性和情感性；要特别注意的是互联网虚拟购物对口碑的依赖。企业一定要重视顾客的反馈意见，对每一起有可能影响消费者的负面购物体验，均要追踪分析并妥善处理，以建立、积累和维护产品在互联网的良好口碑。

6. 特色农产品企业应主要依托现有电商平台

特色农产品的互联网营销尚处于起步阶段，相关企业的规模普遍不大，资金流量有限，互联网设计和营销人才相对匮乏，因此，前期不宜投入较多的精力自建自主性平台，而应把主要精力放在特色农产品的内涵挖掘、品牌化、生产过程可视化、购买体验和情感维护等方面。在此基础上，企业通过建设微信商城、产品宣传网站等自主性平台予以配合主平台，整合本地相对较小规模的农产品品牌或企业，对产品的销售可以起到事半功倍的效果。

7. 降低电商准入门槛，在互联网上建立营销平台

目前，我国著名的电商平台（如京东、天猫、苏宁易购、亚马逊、1 号店等）是网络购物人群最集中的空间。地方政府、特色农产品企业已经逐步在利用这些平台的优势，进行本地产品的电子商务。但客观而言，对贫困地区政府、资金流不够充沛的企业，上述电商企业的准入门槛还比较高。较高的准入门槛已成为中小特色农产品企业进一步拓展网络平台、扩大影响力的障碍。因此，建议国家有关部门出台相关政策，借助行政力量，要求电商平台给予贫困地区或我国中小规模的特色农产品企业以一定的优惠政策，在前期适当降低准入门槛，积极扶持它们在电商平台上成长，为农业、农村和农民谋福利。

8. 提高农民的新媒介素养，积极发展农村电商产业

我国地方特色农产品所在地区多为经济不发达的乡镇，普遍缺乏能够运用新技术、拥有新眼光的专业人才。因此，地方政府应继续加大大学生村官的引进工作，吸收具有一定计算机水平、市场营销能力的大学生进入乡镇，既可以解决人才问题，又能带动村、镇的整体发展水平。同时，地方政府要积极创造条件，发展农村电商事业。加强对农民的互联网知识培训力度，在农民中形成新的思想风气，使他们从传统生产者转变为具有一定新媒体知识、市场和品牌意识的新农民。

四、蔬菜品牌创建路径分析

（一）蔬菜品牌创建基础与环境研究

近年来，我国蔬菜产量稳步提高，蔬菜均衡供应水平稳步提升，蔬菜区域布局逐步优化，蔬菜流通格局基本形成，蔬菜产业科技水平不断增强，综合生产能力不断巩固，蔬菜品牌效用初步显现。多年来各地陆续开展蔬菜品牌创建实践，为蔬菜品牌创建积累了经验。多项农业发展战略和投入的增加，为蔬菜品牌创建营造了良好的环境。

1. 蔬菜生产已从数量型向质量型转变

改革开放以来，随着农业生产技术水平和人民生活水平的提高，我国蔬菜产业较为平稳地实现了供需关系从供不应求转变为供求平衡，蔬菜品种不断增加，蔬菜质量不断提升，形成了完善的市场体系，其具体产业发展现状表现为：

（1）蔬菜生产持续增长，逐渐满足居民的蔬菜消费需求。

（2）蔬菜区域布局逐步优化，开通了全国鲜活农产品“绿色通道”，六大优势区域形成了，呈现出蔬菜种类互相补充、上市档期相互交错、区域协调发展的格局。

（3）蔬菜质量显著提高，蔬菜包装、预冷等新技术使得蔬菜质量得到有效保障。

（4）蔬菜产业科技水平不断提高，科技含量显著增加，实现培育优良品种3 000多个，优良品种覆盖率达到90%，特别是日光温室蔬菜研发成功，达到世界先进水平。同时，蔬菜疾病预防、无土栽培、集约化育苗等技术不断进步。

（5）蔬菜市场流通体系不断完善，大型蔬菜批发市场已有2 000多家。

（6）品牌蔬菜发展迅速，已形成初具规模的品牌蔬菜达100家。

改革开放30多年来全国蔬菜播种面积、总产量持续增长。2016年蔬菜播种面积2 232.828万公顷，占世界总面积的36%，总产量为7.98亿吨，分别是1978年的333万公顷、8 243万吨的6.7倍和9.68倍。2016年全国蔬菜平均单产35.7吨/公顷，比1978年的24.75吨/公顷，增长了44%，全国人均蔬菜占有量已达578.96千克，超过世界人均占有量3倍。目前，全国蔬菜产区更加集中，蔬菜大县不断增多，蔬菜播种面积在10万亩以上的县由1990年的163个发展到2000年的559个，2016年的850个，其中播种面积在30万亩以上的大县已有160多个。我国蔬菜播种面积前7位的省份与总产量前7位的省份是一致的，这说明蔬菜产区的区域化集中程度已经相当明显。随着蔬菜生产的发展，蔬菜产业在农村经济尤其是种植业中的地位越来越重要，2015年全国蔬菜产值为17 570.1亿元，高于渔业和林业的平均产值，在种植业中仅次于粮食。

2. 蔬菜品牌效用初步显现，为蔬菜品牌创建奠定了基础

品牌蔬菜实力逐步壮大。一是品牌蔬菜数量进一步增加。据中国绿色食品发展中心统计（本段落下同）：2015年绿色食品品牌蔬菜数量7 930个，比2009年的2 858个，增加1.78倍。二是品牌蔬菜面积有所扩大。2015年绿色食品品牌蔬菜基地面积为1 191.5万亩，比2009年增加248.8%。三是生产能力进一步增强，2015年绿色食品品牌蔬菜2 203.58万吨，比2009年增加85.03%。四是创汇能力进一步提升，2015年绿色食品品牌蔬菜出口额85 623万美元，比2009年增加57.67%。五是带动能力进一步加大。2015年绿色食品品牌蔬菜带动农户242.8万户，比2009年增加175.6%。品牌蔬菜的知名度不断提高，知名度高的蔬菜品种不断增多。随着品牌知名度的提高，蔬菜市场销路日益拓宽，品牌蔬菜价格看涨，品牌效益开始显现。全国有74个蔬菜专业合作社与北京物美、京客隆、易初莲花、华润万家和天津乐购、米澜等近30家超市建立了长期供货关系，日供货量600多吨，其中品牌蔬菜占60%以上，丰富了京津市民菜篮子。

3. 多年来各地蔬菜品牌发展实践，为蔬菜品牌创建积累了经验

我国推进了蔬菜发展“三品一标”，实施“从土地到餐桌”全程质量控制的标准化生产模式，推行“环境有监测、操作有规程、生产有记录、产品有检验、上市有标识”的全程标准化生产，有效促进了农业科学技术成果的应用，提高了蔬菜质量安全水平，实现了蔬菜质量可追溯。推行蔬菜质量安全认证制度，有利于引导和促进企业增强质量意识，积极采用先进标准，建立健全质量保障体系，加强质量管理，提高产品质量，增强市场竞争力。实施品牌战略是增强我国蔬菜竞争力的必由之路，打造品牌的基础是建立可靠的质量安全保障制度。认证体系的建设必将促进蔬菜质量安全制度的建设，从而增强消费者对蔬菜质量安全的信任度。我国蔬菜质量安全认证制度的建立和发展，将培育出越来越多被广大消费者认可的知名蔬菜品牌。蔬菜发展“三品一标”是推动农业产业化发展的有效途径。对蔬菜生产全过程实行质量安全认证，构建“以认证标志为纽带、以龙头企业为主体、以基地建设为依托、以农户参与为基础”的产业一体化发展模式，既是产业组织结构的创新，也是全程质量安全控制的基本组织保障。既有利于强化企业、基地、农户间的联结，促进产销机制创新，又有利于培育龙头企业，加快蔬菜产业化进程。近些年来各地蔬菜品牌发展实践及政府鼓励“三品一标”政策的不断推进，为蔬菜品牌创建打下了坚实的基础，为我国蔬菜产业品牌化发展积累了经验。

4. 多项农业发展战略和投入的增加，为蔬菜品牌创建营造了良好的环境

近年来，我国农业逐渐由传统农业向现代农业转化。生态环保型农业的主要发展模式是猪-沼气-蔬果，以养殖业为源头，以沼气为中间环节，以蔬菜、水果为最终收益处，实现了能源的循环利用和最大极限的开发。也有一部分地区实现了生态环保农业发展，带动旅游为副业的发展模式。农业的标准化建设战略也是我国农业建设的一个重点，我国的农业建设标准化虽然已经形成了一定的规模并取得了一定的成绩，形成的是以国家标准为首，在地方标准的基础上建立企业标准的农业标准体系。直到 2014 年，农业部一共参与制定了 450 多个国家标准和 1.7 万多个地方标准。农业的所有分支行业的标准都得到了全面的提高和完善。蔬菜产业是农业中的子产业，在农业大战略、大政策、大投入的环境下，蔬菜产业发展迅速，蔬菜品牌建设步伐也得以加快。无论是基础设施建设，还是产业标准化推进，在多方面为蔬菜品牌创建营造了良好的环境。

（二）蔬菜品牌创建的有利条件和面临的挑战研究

1. 蔬菜品牌创建的有利条件

“十二五”以来，我国不断加大强农惠农富农政策力度，农业现代化建设取得了巨大成就，综合生产能力迈上新台阶。粮食实现连年增产，产量连续3年超过6 000亿千克。肉蛋奶、水产品等“菜篮子”产品丰产丰收、供应充足，农产品质量安全水平稳步提升，现代农业标准体系不断完善。物质技术装备达到新水平。农田有效灌溉面积占比、农业科技进步贡献率和主要农作物耕种收综合机械化率分别达到52%、56%和63%，良种覆盖率超过96%，现代设施装备、先进科学技术支撑农业发展的格局初步形成。适度规模经营呈现新局面。以土地制度、经营制度、产权制度和支持保护制度为重点的农村改革深入推进，家庭经营、合作经营、集体经营、企业经营共同发展，多种形式的适度规模经营比例明显上升。产业格局呈现新变化。农产品加工业与农业总产值比达到2.2∶1，电子商务等新型业态蓬勃兴起，发展生态友好型农业逐步成为社会共识。农民收入实现新跨越。农村居民人均可支配收入达到11 422元，增幅连续6年高于城镇居民收入和国内生产总值增幅，城乡居民收入差距缩小到2.73∶1。东部沿海、大城市郊区和大型垦区的部分县市已基本实现农业现代化，国家现代农业示范区已成为引领全国农业现代化的先行区。农业现代化已进入全面推进、重点突破、梯次实现的新时期。农业现代化的不断推进为我国蔬菜产业及蔬菜品牌创建提供了有利的环境。

（1）外部拉动更加强劲。新型工业化、信息化、城镇化快速推进，城乡共同发展新格局加快建立，为推进“四化”同步发展提供了强劲拉动力。2016年，全国蔬菜播种面积为2.3亿亩左右，产量5亿吨，人均占有量370千克左右，常年生产蔬菜达14大类150多个品种。全国蔬菜播种面积占农作物播种面积的11.9%，总产值1.2万亿元，占种植业总产值的33%。预估到2020年，我国蔬菜人均占有量将达到400千克左右。

（2）转型基础更加坚实。农业基础设施加快改善，农产品供给充裕，农民发展规模经营主动性不断增强，为农业现代化提供了不竭原动力。“十二五”期间，我国累计完成投资1 053亿元，解决了2.1亿农村老百姓的饮水安全问题，全国农村集中式供水人口比例提高到58%，“十三五”规划则要将其提高到80%左右。农村基础设施的不断完善提高了农业生产力，降低了农业生产成本，提高了农产品流通效率，减少了农产品流通过程中的损耗，为农业生产流通、消费和贸易的顺畅进行创造了良好条件。

（3）市场空间更加广阔。人口数量继续增长，个性化、多样化、优质化农产品和农业多种功能需求潜力巨大，为拓展农业农村发展空间增添了巨大带动力。随着我国二胎政策的放开，人口数量将呈现较大幅度的增长，预计每年将增加800万新生儿童。人口的增加，必定对农产品的需求变大。与此同时，随着生活水平的不断提高，特色农产品生产规模的不断增大，个性化、多样化、优质化蔬菜产品市场将呈现不断扩大的局面。不同需求的增加，为市场增添了更多的动力。

2. 蔬菜品牌创建面临的挑战

（1）在居民消费结构升级的背景下，部分蔬菜供求结构性失衡的问题日益凸显。优质化、多样化、专用化蔬菜农产品发展相对滞后，部分蔬菜产品库存过多，确保蔬菜供给总量与结构平衡的难度加大。随着生活水平的不断提高，蔬菜消费人群出现分化，对蔬菜的花色品种、周年均衡供应和质量安全提出了更高要求，如何保障不同层次消费者的需求成为蔬菜品牌创建所面临的挑战。此外，随着城乡发展一体化速度的加快，大量农民转移到城市，大中城市面临人口迅速扩张、菜地逐渐减少的严峻现实，如何保障大中城市居民蔬菜供应成为了一个重要问题。据相关数据表明大中城市蔬菜自给率均较高，如北京市为28%，上海市约为55%，武汉市平均为70%，旺季高达80%左右。因此，随着人口的扩张和土地面积的减少，蔬菜供给必然存在着较大的挑战和压力。

（2）在资源环境约束趋紧的背景下，农业发展方式粗放的问题日益凸显。当前，我国农村正发生着深刻变化，传统农业经营方式面临诸多新挑战，经营规模小、方式粗放、劳动力老龄化、组织化程度低、服务体系不健全等问题凸显，离构建"四化"相结合的新型农业经营体系还有很大差距，面临诸多的新情况、新挑战。与发达国家相比，我国农业生产目前仍处于依靠化肥、农药和大水漫灌来提高产量的粗放生产阶段。数据显示，目前，我国亩均化肥用量为21.2千克，是世界平均水平的4.1倍，粮食生产依然没有摆脱"大药、大水、大肥"的特征。这样的粗放发展方式直接导致了土壤地力的衰减，目前我国耕地退化面积已占耕地总面积的40%以上。东北黑土层变薄，南方土壤酸化，华北平原耕层变浅，严重影响着耕地产出。工业"三废"和城市生活垃圾等污染向农业农村扩散，耕地数量减少、质量下降、地下水超采、投入品过量使用、农业面源污染问题加重，农产品质量安全风险增多，推动绿色发展和资源永续利用十分迫切。

（3）在国内外农产品市场深度融合的背景下，农业竞争力不强的问题日益凸显。劳动力和土地等生产成本持续攀升，主要农产品国内外市场价格倒挂，部分农产品进口逐年增多，传统优势农产品出口难度加大，我国农业大而不强、多而不优的问题更加突出。此外，随着我国人口老龄化速度的推进，农村劳动力大量转移，城镇化的推进导致大量青壮年进入城市，农业生产面临着劳动力缺乏的压力，同时随着劳动力成本的迅速上升，种植蔬菜的利润率越来越低。蔬菜标准化生产技术体系的应用与普及还需要一段时间的积累，蔬菜生产配套机械研发和推广严重滞后，目前生产环节中对劳动力需求过多。蔬菜冷链设施不发达影响着蔬菜的采收、储运与加工，加剧了蔬菜季节性和结构性过剩的矛盾。传统散户种植方式已不能满足蔬菜标准化生产的需求，蔬菜产业化经营模式需要调整。与发达国家相比，我国发展竞争力仍然较弱。

（4）在经济发展速度放缓、动力转换的背景下，农业持续增收难度加大的问题日益凸显。2018 年随着农产品价格形成机制改革的进一步深化，我国农产品价格由供求决定的特征更加明显，外部因素对农业的影响进一步增强，国内外农产品市场融合程度进一步加深，农产品价格波动风险进一步加大。从“农产品批发价格 200 指数”对 2017 年的测度和市场供需分析情况看，大宗农产品价格国内外联动性增强，蔬菜、水果季节性波动特征明显，大蒜等个别蔬菜品种价格涨幅较大。整体上，我国农产品价格上涨支撑因素不足，价格提升空间较为有限，依靠转移就业促进农民收入增长的空间狭窄，家庭经营收入和工资性收入增速放缓，加快缩小城乡居民收入差距，确保如期实现农村全面小康任务艰巨。

（三）基于供给侧结构性改革视角的蔬菜品牌创建路径探析

1. 农业供给侧结构性改革与蔬菜品牌发展内在关联研究

（1）蔬菜品牌化是顺应消费升级的必然选择。蔬菜品牌化发展有利于推动蔬菜产业规模化、标准化和专业化，促进蔬菜生产经营者规范生产投入品和生产过程，提高蔬菜产品质量安全水平，生产优质安全的蔬菜产品，满足消费者提档升级的需求。同时，品牌成为产品质量安全和信誉的载体，有利于引导消费者放心消费，增强公众对蔬菜产品质量安全的信心。

（2）蔬菜品牌化是促进农民增收的有效途径。蔬菜生产经营收入是菜农收入的重要组成部分。蔬菜品牌有利于生产者构建不完全竞争优势，增加价格刚性，获得产品溢价，提高收入弹性，提升产品的附加值，扩大产品市场需求，从而提升蔬菜生产经营的效益和收入。据相关蔬菜合作社反映，品牌产品终端销售价格一般是普通产品的数倍。

（3）蔬菜品牌化是参与国际竞争的重要手段。近些年来，以农业品牌产品为主的国际市场竞争日趋激烈，欧美等发达国家以产品标准、质量安全为手段的技术贸易壁垒越演越烈。以品牌为抓手，抢占农业发展制高点，已经成为一些国家的通行做法。随着农业全球化水平不断提高，农业品牌的竞争已成为国际市场竞争焦点之一。近年来，我国蔬菜产业品牌化发展增速较快，初步探索出以区域公用品牌、企业品牌和产品品牌为主体的品牌建设路径。

2. 基于供给侧结构性改革视角的蔬菜品牌建设发展路径

（1）狠抓产品质量，保障品牌的品质。质量是品牌产品的生命力，企业要创品牌、保品牌，必须要保证品牌的品质，实施全方位的质量管理，重视科学技术进步，不断改进和提高产品的质量性能和服务质量。没有高质量的产品做保证，是很难创造出成功的品牌产品的，只有以顾客为中心，不断满足或超越顾客的需求，确保品牌产品的质量及其在顾客心目中的地位，才能够创出真正名副其实的品牌产品。

（2）完善产品标准化体系。蔬菜标准化是蔬菜工业化发展的基础，是实施品牌蔬菜战略，提高蔬菜市场竞争力的有效着力点。蔬菜标准化要求蔬菜生产过程的标准化管理和产品质量达到标准。蔬菜质量标准制定要从生产环境（土壤、水质、大气等）、生产过程（肥料、农药、生长调节剂等的施用量、施用方法、施用时间、施用次数等技术规程）到产品品质（外观、营养、卫生质量等）、加工包装（保鲜、贮藏、分级、包装等）等环节的一系列标准，使蔬菜生产的每一个环节都纳入标准化管理的轨道，形成一整套完善的全程标准指标体系，达到蔬菜质量从土壤到餐桌的全过程控制。蔬菜标准化生产是创品牌的前提，高质量的蔬菜通常有一套贯穿产中、产前、产后的蔬菜技术标准。结合实际情况，应以蔬菜标准化为依托，制定蔬菜标准体系发展规划。一是以建立健全蔬菜质量标准体系、蔬菜质量安全检测体系和蔬菜标准推广应用体系为重点，加快推进蔬菜标准化，建立结构合理、层次分明、重点突出、逐步与国际标准接轨的蔬菜标准体系。二是突出抓无公害、绿色产品蔬菜标准的制定，发布地方标准。三是突出地方特色，对洪山菜薹、三水黑皮冬瓜等具有地理标志保护的特色名特优产品要因地制宜并参照国际标准修订地方标准，积极争取实现原产地域保护，形成品牌优势。四是加强标准化示范区建设，促进特色蔬菜品牌发展。

(3) 剖析自身优势，确立产品的市场定位。根据目标市场上顾客的不同需求，合理地进行市场定位，并以此为基础，设计出具有自身特色和竞争优势，并与市场上同类产品有明显差异的产品，为争创品牌打下良好基础。在生产、经营、管理及销售过程中，遵循“人无我有、人有我优、人优我特、人特我廉”的经营宗旨。只有具有独特形象和价值并能够获得顾客认同的产品，才有可能提高产品的知名度和市场占有率，成为被社会认可的品牌产品。如有些以“绿色”为主题开展“绿色营销策略”，在整个营销过程中充分体现环保意识和社会意识，向消费者提供科学的、无污染的生产和销售方式，引导并得到了使消费者有利于环境保护及身心健康的消费需求。在市场行为中，消费者常常不是仅仅认定某一特定的品牌产品，而是通过企业的牌子去购买系列产品。所以，企业应根据消费者对蔬菜需求的多样性与层次性不同，以及企业自身的特点与条件，给自己及生产的产品确定合适的位置。

(4) 加强产销互动，增加售后回头率。借助广告宣传，加强产销互动，以提高产品的知名度，帮助顾客了解、认识和选购产品，使产品成为众所周知的品牌，实现拓展市场的最终目的。由于蔬菜很强的时效性特点，许多蔬菜存储时间短，因此蔬菜更需要广告促销。好的蔬菜广告有利于宣传蔬菜的品牌，有利于蔬菜的销售，提高经济效益。蔬菜公关广告对蔬菜的品牌塑造有很大的作用。比如湖北省沙洋县举办油菜节，既实现了与外界的沟通，传播了产品信息，又营造了市场，提高了知名度，起到了良好的宣传效果。

(5) 注重产品的科学包装，提升品牌蔬菜的价值。一个企业要打出品牌产品，既要有持续稳定的产品质量，又要有产品外观的设计与包装。农产品包装贯穿于产品的产前、产中、产后，特别是产后的整个过程，是科技和生产相互衔接的一种实现形式，是实现农产品由数量型生产向质量型生产转变，由低产值、低科技含量的初级产品向高附加值、高科技含量的终极产品转变，由无名牌、无市场、无竞争力向创名牌、有市场、有竞争力转变的关键环节。据了解，我国出口到日本的鲜竹笋每千克仅售 5.5 元，而日方进行简单加工，并进行精美包装后，再转卖到国际市场的价格就提高 20 倍以上。发达国家收获

1 元钱的初级农产品，将科学的包装用于产品储藏、保鲜、加工等多方面，美国能增值 3.72 元，日本能增值 2.8 元，而我国仅能增值 0.38 元，可见我国农产品在包装方面还有很大的潜力可挖。科学的包装既可以延长农产品的保鲜期，避免产品损坏，降低成本，又能够美化产品外观，吸引消费者，促进产品销售。企业在创品牌过程中，必须投入一定量的人力、物力、财力用于产品的包装上，切实与科研单位或高等院校合作，针对不同类型的产品进行不同的包装，提高产品知名度。

图书在版编目（CIP）数据

粮食安全与农业结构调整 / 张天佐主编．—北京：中国农业出版社，2019.9

（农业软科学研究丛书．2013—2017）

ISBN 978-7-109-25860-0

Ⅰ.①粮… Ⅱ.①张… Ⅲ.①粮食安全—研究—中国②农业经济结构—经济结构调整—研究—中国 Ⅳ.①F326.11②F321

中国版本图书馆 CIP 数据核字（2019）第 186575 号

中国农业出版社出版

地址：北京市朝阳区麦子店街 18 号楼

邮编：100125

策划编辑：徐　晖　　责任编辑：杜　婧　　文字编辑：刘金华

版式设计：杜　然　　责任校对：刘丽香

印刷：北京中兴印刷有限公司

版次：2019 年 9 月第 1 版

印次：2019 年 9 月北京第 1 次印刷

发行：新华书店北京发行所

开本：720mm×960mm　1/16

印张：33.75

字数：615 千字

定价：80.00 元

版权所有・侵权必究

凡购买本社图书，如有印装质量问题，我社负责调换。

服务电话：010-59195115　010-59194918